Die Rechtsprechung

der

Oberlandesgerichte

auf dem Gebiete des Civilrechts.

Herausgegeben von

B. Mugdan, Kammergerichtsrat, und **R. Falkmann,** Senatspräsident am Kammergericht.

Dreizehnter Band.

(Jahrgang 1906, zweites Halbjahr.)

Leipzig,

Verlag von Veit & Comp.

1906

Unter Mitwirkung der Herren

Dr. Bauer, Geheimer Justizrat, Berlin
Dr. Berchelmann, Oberlandesgerichtsrat, Darmstadt
Burlage, Oberlandesgerichtsrat, Oldenburg
Chrestien, Oberlandesgerichtsrat, Rostock
Dr. Creizenach, Oberlandesgerichtsrat, Frankfurt a. M.
Dompierre, Oberstlandesgerichtsrat, München
Donle, Oberlandesgerichtsrat, Augsburg
Ebert, Oberlandesgerichtsrat, Breslau
Dr. Eller, Landgerichtsdirektor, Karlsruhe
Engelmann, Senatspräsident, Breslau
Freudenthal, Oberlandesgerichtsrat, Colmar
Fuchs, Oberlandesgerichtsrat, Kassel
Grattenauer, Oberlandesgerichtsrat, Stettin
Groth, Landgerichtspräsident, Glatz
Haidlen, Oberlandesgerichtsrat, Stuttgart
Dr. Hangen, Oberlandesgerichtsrat, Darmstadt
Happich, Oberlandesgerichtsrat, Celle
Hertz, Kammergerichtsrat, Berlin
Heynacher, Oberlandesgerichtsrat, Marienwerder
Kalb, Oberlandesgerichtsrat, Augsburg
Marezoll, Oberlandesgerichtsrat, Dresden
Dr. Mittelstein, Oberlandesgerichtsrat, Hamburg
Prof. Mosse, Geheimer Justizrat, Königsberg
Mügge, Oberlandesgerichtsrat, Stettin
Nehse, Geheimer Justizrat, Berlin
Neukamp, Oberlandesgerichtsrat, Köln
Niesert, Oberlandesgerichtsrat, Hamm
Niemöller, Landgerichtsdirektor, Oldenburg
Ott, Oberlandesgerichtsrat, München
Dr. Petzold, Kammergerichtsrat, Berlin
Dr. Raddatz, Oberlandesgerichtsrat, Posen
Dr. Riedel, Oberlandesgerichtsrat, Naumburg
Röser, Kammergerichtsrat, Berlin
Rosenstock, Oberlandesgerichtsrat, Breslau
Rukser, Oberlandesgerichtsrat, Posen
Schäfer, Oberlandesgerichtsrat, Bamberg
Schäffer, Oberlandesgerichtsrat, Breslau
Schlockermann, Kammergerichtsrat, Berlin
Schmitt, Oberlandesgerichtsrat, Zweibrücken
Schneider, Oberlandesgerichtsrat, Stettin
Schück, Kammergerichtsrat, Berlin
Schultze-Görlitz, Geheimer Justizrat, Berlin
Simon, Oberlandesgerichtsrat, Naumburg
Simonson, Oberlandesgerichtsrat, Breslau
v. Spindler, Oberlandesgerichtsrat, Hamm
Sprenger, Oberlandesgerichtsrat, Oldenburg
Thiele, Oberlandesgerichtsrat, Königsberg
Dr. Vorbrodt, Kammergerichtsrat, Berlin
v. Wartenberg, Geheimer Justizrat, Berlin
Zehler, Oberlandesgerichtsrat, Nürnberg
Ziemssen, Kammergerichtsrat, Berlin

und zahlreicher anderer Juristen.

Druck von Metzger & Wittig in Leipzig.

Systematisches Inhaltsverzeichnis.

(Verfaßt vom Staatsanwalt Dr. Rindfleisch in Göttingen.)

Die Zahlen bedeuten die Seiten.

I. Zivilrecht.

Erster Abschnitt. Rechtsquellen.

Statutenkollision.

Zweiter Abschnitt. Allgemeine Grundsätze von den Rechten und deren Verfolgung.

a) Verjährung.

Dritter Abschnitt. Von den Personen.

a) Von den natürlichen Personen.

b) Von den juristischen Personen.

Vierter Abschnitt. Von den Sachen.

Fünfter Abschnitt. Von den Handlungen.

Sechster Abschnitt. Recht der Schuldverhältnisse.

Siebenter Abschnitt. Sachenrecht.

a) Besitz.

b) Allgemeine Vorschriften über Rechte an Grundstücken.

c) Eigentum.

d) Reallasten.

e) Hypothek.

Achter Abschnitt. Familienrecht.

a) Gesetzliches Güterrecht.

b) Vertragsmäßiges Güterrecht.

c) Verwandtschaft.

d) Vormundschaft. Pflegschaft.

Neunter Abschnitt. Erbrecht.

a) Rechtliche Stellung des Erben.

b) Testament.

Zehnter Abschnitt. Handelsrecht.

a) Handelsfirma.

b) Handlungsgehilfen und Handlungslehrlinge.

Elfter Abschnitt. Wechselrecht.

Zulässigkeit einer Vereinbarung über Zuständigkeit des Gerichts im Wechsel 81.

Zwölfter Abschnitt. Industrierecht.

a) Urheberrecht an Werken der Literatur und Tonkunst.

1) Begriff des Schriftwerks 17. — 2) Geschäftsbücher keine Schriftwerke 17 Anm. — 3) Wann ist eine Komposition eines Ausländers in Deutschland erschienen? 19.

b) Patentrecht.

Unterschied zwischen Abhängigkeits- und Untersagungsklage. Übergang von der einen zur anderen 138.

c) Versicherungsrecht.

1) Versicherung zugunsten der Rechtsnachfolger 398. — 2) Versicherung mit der Bestimmung, daß an die legitimierten Erben des Versicherten unter Ausschluß der Nachlaßgläubiger und des Fiskus bezahlt werden soll 400.

Dreizehnter Abschnitt. Arbeiterversicherung.

a) Unfallversicherung.

1) Rechtshilfe der ordentlichen Gerichte auf Ersuchen des Reichsversicherungsamts und der Berufsgenossenschaften. Zuständigkeit zur Entscheidung über die Beschwerde wegen Verweigerung 2. 304. — 2) Offenbarungseid und Haft wegen Nichtbezahlung der Beiträge 220. — 3) Beginn des Fristlaufs für Anfechtung der nach Reichsunfallfürsorgegesetz festgesetzten Pension. Erhöhung der Pension infolge Steigerung der Erwerbsunfähigkeit 336.

II. Freiwillige Gerichtsbarkeit.

Erster Abschnitt. Allgemeine Vorschriften.

1) Rechtshilfe zwecks Eröffnung und Verkündung eines Testaments 305. — 2) Ersuchen um Beitreibung von Ordnungsstrafen 306.

Zweiter Abschnitt. Grundbuchrecht.

a) Allgemeines.

Bei Austreten eines Gesellschafters aus off. Handelsges., Eintreten eines Kommanditisten ꝛc ist Auflassung erforderlich 23.

b) Hypothek.

1) Vormerkung zur Sicherung des Anspruchs auf Umwandlung einer Höchstbetragshypothek und auf Unterwerfung unter sofortiger Zwangsvollstreckung 196. — 2) Bei Höchstbetragshypothek ist Unterwerfung unter sofortige Zwangsvollstreckung nicht möglich. Einheitliche Eintragungsbewilligung 197. — 3) Laufende Zinsen einer Höchstbetragshypothek sind nicht eintragungsfähig 231.

Dritter Abschnitt. Vormundschaftssachen.

1) Beschwerde eines Entmündigten 315 β. — 2) Pflegschaft zur Besorgung des Verkehrs eines an Querulantenwahnsinn Leidenden mit dem Gericht 323 β.

Vierter Abschnitt. Nachlaßsachen.

Ersuchen um Eröffnung und Verkündung eines Testaments 305.

Fünfter Abschnitt. Kosten der freiwilligen Gerichtsbarkeit. Gebührenordnung für Notare.

III. Zivilprozeß.

Erster Abschnitt. Rechtsweg.

Zweiter Abschnitt. Die Gerichte.

a) Gerichtsverfassung.

b) Wert des Streitgegenstandes.

c) Gerichtsstand.

4) Gerichtsstand für Klage auf Umschreibung (Löschung) einer Hypothek 75. — 5) Gerichtsstand der Erbschaft für Klagen gegen den Singularnachfolger des Erblassers 77. — 6) Kann am Erfüllungsort auf Abnahme der dem Käufer nach einem andern Orte zugesandten Kaufsache geklagt werden? 77. — 7) Gerichtsstand für Aussonderungsklagen im Konkurs 78. — 8) Gerichtsstand für die Feststellung, daß Beklagter den Zwangsvergleich nicht aufechten könne 79. — 9) Fakturenvermerk über den Erfüllungsort 79. — 10) Vereinbarung der Zuständigkeit im Wechsel. Unzulässigkeit einer Vereinbarung ausschließlicher Zuständigkeit 81 u. Anm. daselbst. — 11) Bestimmung des zuständigen Gerichts 173. — 12) Gerichtsstand des Vermögens am Wohnort eines im Ausland lebenden Schuldners 182. — 13) Gilt die Vereinbarung des Gerichtsstandes auch gegenüber dem Erwerber des Mietgrundstücks im Falle des § 571 BGB.? 379.

d) Ausschließung und Ablehnung der Richter.

1) Ausschließung nach § 41 Nr. 6 ZPO. 82. — 2) Ablehnung von Richtern; Begründung; Befangenheit 82.

Dritter Abschnitt. Die Parteien.

a) Prozeßfähigkeit. Gesetzlicher Vertreter.

1) Firma als Partei 111. — 2) Prozeßführung eines wegen Geistesschwäche Entmündigten 322.

b) Streitgenossenschaft. Haupt- und Nebenintervention.

1) Anerkenntnisurteil gegen einzelne der notwendigen Streitgenossen 83. — 2) Urteilszustellung durch den Nebenintervenienten 84. — 3) Widerspruch gegen die Zulassung des Nebenintervenienten. Erlöschen seines rechtlichen Interesses 84. — 4) Der Nebenintervenient, der die Klageforderung nach der Klagabweisung erwarb und dann Berufung einlegt, kann Zahlung nur an den Kläger fordern 86. — 5) Kostenvorschuß, wenn der Nebenintervenient das Rechtsmittel einlegt 86. — 6) Entlassung aus dem Rechtsstreit nach § 75 ZPO. 87. — 7) Kosten des Nebenintervenienten bei Klagezurücknahme 98 Anm.

c) Prozeßbevollmächtigte. Anwaltszwang.

1) Berücksichtigung der Erklärung eines ohne Anwalt im Ehescheidungsprozesse persönlich aufgetretenen Ehegatten 88. — 2) Vergleich durch Prozeßbevollmächtigten 89. — 3) Verurteilung des vollmachtlosen Prozeßvertreters in die Kosten (§ 89); Rechtsmittel dagegen 91.

d) Prozeßkosten im allgemeinen.

1) Kostenvorschuß, wenn der Nebenintervenient das Rechtsmittel einlegt 86. — 2) Verurteilung des Vormunds der unterliegenden Partei in die Prozeßkosten 93. — 3) Kostenentscheidung in Arrestsachen 94 β. — 4) Kein Anspruch der obsiegenden Partei auf Befreiung von Kostenschulden 95. — 5) Kosten vorprozessualer Gutachten 95. — 6) Kosten eines frühern Rechtsstreits 96. — 7) Kosten für die Zustellung des Urteils 97. — 8) Kosten für Beschaffung der Mittel zur Sicherheitsleistung sind nicht erstattungsfähig 97. — 9) Die Erhebungsgebühr des Rechtsanwalts (§ 87 GebO. f. RA.) ist nicht erstattungsfähig 97. 265. — 10) Umfang der ersatzfähigen Parteikosten. Reisen. Zeitversäumnis 98. — 11) Zu den Prozeßkosten gehören im Fall der Klagezurücknahme die Kosten des Nebenintervenienten 98 Anm. — 12) Erstattung der Kosten für Wahrnehmung auswärtiger Termine 99. — 13) Korrespondenzgebühr, wenn Beklagter vor ein auswärtiges Gericht geladen wird 101. — 14) Kostenverteilung, wenn ein zweiter unrichtiger Vertreter des beklagten Fiskus benannt ist 101. — 15) Kostenentscheidung bei Obsiegen nur eines von mehreren Beklagten 107. — 16) Bedeutung des § 98 S. 2 ZPO. 107. — 17) Verteilung der Kosten nach Kopfteilen auch bei Verbindung mehrerer Prozesse durch das Gericht § 91 GKG., § 100 ZPO. 110. — 18) Kostenerstattung bei Streitgenossenschaft zwischen unterliegender gebührenfreier und gebührenpflichtiger Partei 113. — 19) Übertragung des Kostenerstattungsanspruchs 113. — 20) Ausgleichungsverfahren des § 106 im Falle des

Achter Abschnitt. Besondere Prozeßarten.

a) Urkunden- und Wechselprozeß.

b) Ehesachen.

Neunter Abschnitt. Zwangsvollstreckung.

a) Allgemeine Bestimmungen.

b) Einspruch dritter Personen.

c) Zwangsvollstreckung in das unbewegliche Vermögen.

Zehnter Abschnitt. Arrest und einstweilige Verfügung.

des ersten Gesuchs 128. — 3) Zum Begriff der Dringlichkeit im § 937 Abs. 2 ZPO. 175. — 4) Einwendungen gegen die Vollstreckung eines Arrestes oder einer einstweiligen Verfügung. Anwendbarkeit von § 767 ZPO. 189 γ. — 5) Arrestgrund im Sinne des § 917 ZPO. 228. — 6) Kein Schriftwechsel im Widerspruchsverfahren 230. — 7) Aufhebung von Arrestmaßregeln 230. — 8) Beschwerde wegen verweigerter Verlängerung der Frist aus § 926 ZPO. 230. — 9) Vollziehung des Arrestes in ein Grundstück 231. — 10) Genaue Benennung des Passivbeteiligten 235. — 11) Einstweilige Verfügung; einzelne Fälle: a) Verbot des Auftretens in anderem Theater 236 α; b) Anordnung des Verkaufs zur Verfügung gestellter Waren 236 β; c) Anspruch aus dem Anfechtungsgesetz bezüglich Grundstücke 236 Anm.; d) Hebung von Geldbeträgen aus dem Gesamtgut nach Scheidung der Ehe 236 Anm.; e) Verhinderung der Vollstreckung vollstreckbarer Urteile 237 β, γ; f) Verbot des Bordellbetriebes 238 ε; g) Rangstreitigkeiten unter Hypothekengläubigern 238 ζ; h) Nichtbeachtung einer Vormerkung zur Sicherung des Anspruchs auf Auflassung 239 η. — 12) Kosten der einstw. Verfügung nach Erledigung des sachlichen Antrages 239. — 13) Ladung vor das Landgericht, wenn im Falle des § 942 ZPO. das Amtsgericht mündliche Verhandlung über das Gesuch anordnet 240. — 14) Gericht der Hauptsache 241.

Elfter Abschnitt. Schiedsrichterliches Verfahren.

1) Feststellungsklage, daß ein erhobener Anspruch durch Schiedsrichter zu entscheiden sei 243. — 2) Befugnis des Schiedsgerichts zur Kostenentscheidung, Festsetzung des Streitwertes und des eigenen Honorars 243 Anm. — 3) Schiedsvertrag oder Vereinbarung gemäß § 317 BGB. 244. — 4) Ablehnung eines Schiedsrichters 244. 248. — 5) Ernennung eines Schiedsrichters durch das Gericht während schwebenden Konkurses 246. — 6) Weigerung der im Schiedsvertrag bestimmten Instanz, die Schiedsrichter zu ernennen 247. — 7) Das um Ernennung eines Schiedsrichters angegangene Gericht hat auch zu prüfen, ob ein gültiger Schiedsvertrag vorliegt 248. — 8) Solange § 1039 ZPO. von den Schiedsrichtern nicht erfüllt ist, können sie ihren Spruch ändern 249. — 9) Anfechtung ausländischer Schiedssprüche 250. — 10) Umfang und Kosten des Vollstreckungsurteils 250 Anm. — 11) Keine Mahnung vor Erhebung der Klage auf Erlaß eines Vollstreckungsurteils 251. — 12) Klage auf Aufhebung des Schiedsspruchs; Begründung, Änderung 251 Anm.

IV. Konkurs.

1) Zuständigkeit für Aussonderungsklagen im Konkurs 78. — 2) Deutsche Schutzgebiete kein Ausland 154.

V. Staatsrecht.

a) Rechtsverhältnisse der Beamten.

1) Haftung des Gerichtsvollziehers für formwidrige Zustellung 127. — 2) Haftung des Staates (in Württemberg der Gemeinde) für Unterschlagungen des Gerichtsvollziehers 346. — 3) Haftung eines Notars aus § 839 BGB. 348. — 4) Stellung der Hofbeamten des Kgl. preuß. Hofes. Schloßbaukommission 270. — 5) Beginn des Fristlaufes für Anfechtung der nach Reichsunfallfürsorgeges. vom 18. Juni 1901 festgesetzten Pension. Erhöhung der Pension infolge Steigerung der Erwerbsunfähigkeit 336. — 6) Die Festsetzung geringerer Gehaltssätze für die Militär- als für die Zivilanwärter bei den Kommunalbehörden ist gesetzlich unzulässig 341. — 7) Auf Kündigung angestellte Reichsbeamte haben keinen klagbaren Anspruch auf Versetzung in den Ruhestand 343. — 8) Form der Kündigung gegenüber einem auf Kündigung angestellten Reichsbeamten 344. — 9) Rechtsweg für Ansprüche der Beamten aus dem Dienstverhältnis 341. 422.

b) Stempelsteuer.

1) Stempel für eine bei den Gerichtsakten zurückbehaltene beglaubigte Abschrift einer notariellen Urkunde, deren Original auf Antrag zurückgegeben wird 280. — 2) Stempelpflichtigkeit von Verträgen, durch welche im Enteignungsverfahren der Eigentümer Grund-

stücke einem Dritten veräußert, der sie dem Unternehmer zu übereignen hat 286. — 3) Tausch oder doppelter Kaufvertrag 288. — 4) Unter Veräußerungsgeschäften im Sinne des Abs. 5 der Tarifstelle 32 preuß. StStG. sind nicht nur die in Abs. 1 daselbst erwähnten lästigen Veräußerungsgeschäfte zu verstehen, sondern alle, also auch freigebige 2c 290. — 5) Verstempelung von Teilungsverträgen, wenn schon beim Ankauf des gemeinschaftlichen Grundstücks die Teilung bestimmt wurde 292. — 6) Aufhebung eines Grundstückkaufs 295. — 7) Prozeßvollmacht des Anwalts; keine Anwendung des Abs. 2 der Tarifstelle 73 preuß. StStG. Begriff des Dienstverhältnisses 297. — 8) Stempelpflichtigkeit der von einer Kommunalbehörde ausgestellten Bescheinigung über die Legitimation einer Sparkassenadministration. Begriff der Legalisation in Tarifstelle 35 des StStG. 299. — 9) Verstempelung von Schiedssprüchen 300.

c) Sonstige öffentlich-rechtliche Verhältnisse.

1) Haftung einer Stadtgemeinde für Unfälle infolge fehlerhafter Straßenanlage 309 Anm. — 2) Nichtgeltung des preuß. inneren Staatsrechts, insbesondere des Adelsrechts in der Rheinprovinz 351. — 3) Kein Anspruch des Gefangenen auf Herausgabe von Sendungen und auf den Arbeitslohn 353. — 4) Gültigkeit einer Umsatzsteuerordnung. Verpflichtung zur Tragung der Steuer 408.

1

a) **Rechtshilfe. Angabe des Beweissatzes.**

OLG. Breslau, I. ZS. Beschluß v. 25. Mai 1906.

An dem in der Rechtsprechung wiederholt festgestellten Grundsatz, daß der um Beweiserhebung ersuchte Richter zur Rechtshilfe nur dann verpflichtet ist, wenn die Beweiserhebung auf Grund des Beweisbeschlusses selbst geschehen kann (Gruchot 44 S. 1187), ist wegen ZPO. § 359 Ziff. 1 grundsätzlich festzuhalten. Zwar wird unter Berücksichtigung der jedesmaligen Sachlage zu prüfen sein, ob auch ohne wörtliche Aufnahme der Parteibehauptungen in den Beschluß, infolge dessen besonderer Fassung der ersuchte Richter in der Lage ist, eine sachdienliche Beweiserhebung vorzunehmen (oben S. 186). Diese Möglichkeit kann aber hier nicht als gegeben, die an sich zulässige Beschwerde daher nicht als begründet erachtet werden. Denn die im Beschluß des LG. Hamburg getroffene Fassung: „Beweis zu erheben über die näheren Umstände des Zusammenstoßes zwischen dem klägerischen Kahn und dem beklagtischen Dampfer bei Pommerzig am 14. November 1904" enthält zunächst nicht die streitigen Tatsachen, wie § 359 ausdrücklich vorschreibt. Der Beschluß selbst oder das beigefügte Ersuchungsschreiben machen aber auch nicht einmal erkennbar, in welcher Richtung der ersuchte Richter die Ermittelungen leiten soll. Sie ergeben weder den Gegenstand noch den Grund des Anspruchs, was freilich nicht vorgeschrieben ist. Deshalb kann aber auch nicht dem ersuchten Richter zugemutet werden, sich hierüber aus den umfänglichen Schriftsätzen zu unterrichten und z. B. diejenigen Umstände oder Personen zu ermitteln, deren Eingreifen für die Klägerin etwa einen Schadensanspruch begründen könnte. — Diese Erwägungen können nicht durch die Ausführung des Landgerichts beseitigt werden, daß in Kollisionsprozessen die Parteien vor der Beweisaufnahme häufig nicht in der Lage seien, ganz präzise Behauptungen über den Hergang aufzustellen, daß vielmehr die Beweisaufnahme selbst erst ihnen die Grundlage für eine sachlich kontradiktorische Verhandlung biete. Denn es kann auch in derartigen Zivilprozessen nicht Aufgabe des Zeugenbeweises sein, den Parteien erst das Material für ihre Behauptungen zu beschaffen, so daß dem ersuchten Richter die Ermittelung der erheblichen Tatsachen aufgebürdet wird. Ihm fällt lediglich die Verpflichtung zu, über die von den Parteien von vornherein behaupteten und vom Prozeßgericht auf ihre Erheblichkeit geprüften Tatsachen die Bekundungen der Zeugen festzustellen (Entsch. d. RG. 6./5. 03 in Recht 7 S. 364). Noch weniger darf das Landgericht aus der Mitsendung der Akten die Pflicht des ersuchten Richters folgern, von ihrem Inhalt eingehende Kenntnis zu nehmen; denn die Mitsendung ist gesetzlich nicht geboten (ZPO. § 362). Rn.

b) **Zuständigkeit zur Entscheidung über Verweigerung der Rechtshilfe bei Ersuchen des Reichsversicherungsamts oder der Berufsgenossenschaften.**

α) Kammergericht, I. ZS. Urteil v. 3. Mai 1906.

... Allerdings hat das RG. 33 S. 423, wie auch neuerdings im Beschluß vom 16. Dezember 1905 (IV. B. 442/05) auf die den Gerichten in § 32 Patentges. auferlegte Verpflichtung, dem Patentamt Rechtshilfe zu leisten, die §§ 157ff. GVG. für anwendbar erklärt. Dagegen ist dem Reichsversicherungsamt nicht zuzugeben, daß der Fall des § 144 GewUVG. dem des § 32 Patentges. ganz gleich liege. Gerade in dem vom Reichsversicherungsamt angeführten Beschlusse des II. ZS. vom 7. Februar 1896 (JW. S. 145; Böhms Zeitschrift 7 S. 268), in welchem es sich um einen Fall der Rechtshilfe auf Grund des § 131 Inv.- und AltersVG. vom 22. Juni 1889 handelte, ist mit Nachdruck auf die grundsätzliche Verschiedenheit der Fälle hingewiesen worden. Die §§ 157ff. GVG. regeln, wie das Reichsgericht zutreffend ausführt, die von den Gerichten zu gewährende Rechtshilfe nicht in allgemeiner Weise, sondern sie beziehen sich, was im § 157 ausdrücklich gesagt ist, nur auf diejenige Rechtshilfe, welche sich die Gerichte gegenseitig in bürgerlichen Rechtsstreitigkeiten und in Strafsachen zu leisten haben. Auch heißt es im EG. § 2, daß die Vorschriften des GVG. nur auf die ordentliche streitige Gerichtsbarkeit und deren Ausübung Anwendung finden. Die Ausdehnung der §§ 157ff. auf andere Angelegenheiten erscheint deshalb unstatthaft, soweit sie nicht entweder, wie im § 2 FrGG., in § 61 Gewerbegerichtsf., in § 16[1] des Ges. betreffend Kaufmannsgerichte u. a., besonders angeordnet werden oder nach der Natur der Angelegenheiten geboten ist. Letzteres trifft in Patentsachen um deswillen zu, weil diese vorwiegend dem Privatrecht angehören und nur aus besonderen Gründen nicht den ordentlichen Gerichten zugewiesen worden sind (vgl. § 13 GVG., § 1 FrGG.). Dagegen handelt es sich in den Fällen des § 144 GewUVG. um Angelegenheiten rein öffentlichrechtlicher Natur, und die Rechtshilfepflicht der Gerichte besteht nur deswegen, weil auch diese zu den öffentlichen Behörden gehören, denen das Gesetz allgemein die Verpflichtung auferlegt, den in seinem Vollzuge ergehenden Ersuchen des Reichsversicherungsamts usw. zu entsprechen (vgl. auch die entsprechende Bestimmung in § 103p GewO.).

Sind aber auf ein derartiges Ersuchen die Rechtshilfebestimmungen des GVG. überhaupt unanwendbar, so gilt dies auch, wie die OLG. Hamburg (Rsp. 8 S. 181, 10 S. 135), Naumburg (das. 12 S. 185) angenommen haben, von dem die Zuständigkeit des OLG. regelnden § 160 GVG. Daraus ergibt sich zugleich, daß gegen die Weigerung des angegangenen Amtsgerichts, einem Ersuchen des Reichsversicherungsamts zu entsprechen, bei einem höheren Gericht Abhilfe nicht gesucht werden kann. Denn es fehlt an einer allgemeinen Vorschrift, die schlechthin jede Maßnahme eines unteren Gerichts der Abänderung im gerichtlichen Instanzenzuge unterwürfe. Überdies handelt es sich, wie schon die Fassung des § 144 cit. erkennen läßt, bei der Entscheidung über das Ersuchen nicht um eine rein richterliche, sondern um eine allgemein behördliche Tätigkeit, die gleich jeder Maßregel der Justizverwaltung der Korrektur im Dienstaufsichtswege, und nur einer solchen Korrektur unterliegt. Dieser Standpunkt, den für Preußen der Justizminister wiederholt vertreten hat, ist zwar weder in der Theorie (vgl. Jastrow, Handbuch für amtsrichterliche Geschäfte S. 510f., 519 Anm. 4; Delius-Böhm, Handbuch des Rechtshilfeverfahrens 2. Aufl. S. 70f.), noch in der Praxis (vgl. Beschl. der OLG. Köln vom 6. April 1896 in Böhms Zeitschr. 7 S. 52; Breslau und Colmar Rsp. 12 S. 186[1], 6 S. 494; Frankfurt vom 24. März 1902 „Recht" 6 S. 535) überall als richtig anerkannt worden. Bei der gegenwärtigen Lage der Gesetzgebung stellt er sich jedoch als allein haltbar dar. Namentlich erscheint es unzutreffend, wenn das OLG. Breslau und mit ihm Delius S. 71 annehmen, daß die Zuständigkeit des OLG. jetzt unmittelbar aus dem durch Art. 130 Ziff. XI preuß. FrG. dem § 87 Ausf.-Ges. zum GVG. hinzugefügten Absatz 2 zu folgern sei. Wie das OLG. Naumburg a. S. mit Recht hervorgehoben hat, ist das der Reichsgesetzgebung überlassene Versicherungswesen (vgl. Art. 4 Ziff. 1 Ges. v. 16. April 1871) der Landesgesetzgebung entzogen, und die letztere würde daher auch die auf dem Gebiete des Versicherungswesens zu leistende Rechtshilfe nur dann besonders regeln können, wenn ihr durch Reichsgesetz die Regelung vorbehalten wäre. Einen solchen Vorbehalt enthält jedoch weder das GewUVG. noch irgend ein anderes Reichsgesetz. Daß mit § 87[2] Ausf.-Ges. zum GVG. auch nichts weiter beabsichtigt war, als eine Ergänzung derjenigen landesgesetzlichen Vorschriften, nach denen die Gerichte verpflichtet sind, anderen als gerichtlichen Behörden Beistand zu leisten, daran läßt übrigens die Begründung zu Art. 128 preuß. FrG. S. 85 keinerlei Zweifel. Der Hinweis auf § 38 V. v. 2. Januar 1849 und auf die §§ 36, bezw. 29, bezw. 28 der drei Verordnungen vom 26. Juni 1867 stellt klar, daß nur die nach Landesgesetz bestehende Unterstützungspflicht eine neue formelle Regelung erhalten sollte. D.

β) OLG. Breslau, I. ZS. Beschluß v. 31. Mai 1906.

Die Sektion der Berufsgenossenschaft in X. beschwert sich darüber, daß das Amtsgericht ihr Ersuchen um zeugeneidliche Vernehmung des A. abgelehnt hat. Die Beschwerde ist zulässig und begründet.

... Trotz dieser Gegnerschaft [des Justizmin. und des OLG. Naumburg] bejaht der Senat seine Zuständigkeit. Er hat sich 1901 (Rsp. 12 S. 186) auf § 87[2] Ausf.-G. zum GVG. bezogen und lehnt jedenfalls die Ansicht ab, das Landesrecht könne nicht die Landesbehörden mit Entscheidungen beauftragen, welche das Reichsrecht bestimmten Behörden nicht zugewiesen hat. § 87[2] bestimmt jedoch: über Beschwerden andrer als gerichtlicher Behörden wegen einer vom Gerichte verweigerten Beistandsleistung entscheiden die OLGerichte. Über den Zweck dieser den § 87[1] — welcher nur Rechtshilfe der Gerichte untereinander betrifft — ausdehnenden Bestimmung ergeben die

Materialien nichts Näheres. Der Senat erachtet zwar den Begriff der Beistandsleistung im Verhältnis zum Begriffe der Rechtshilfe für den weiteren und nicht auf diejenigen Fälle beschränkt, über welche das Ges. vom 9. Juni 1895 über Beistand bei Einziehung von Abgaben bestimmt; er sieht also hierin kein Hindernis zur Anwendung des § 87². Dagegen vermag er die Berufsgenossenschaften und deren Sektionen oder Vorstände nicht als Behörden zu erachten. Die Berufsgenossenschaften sind im wesentlichen privatrechtliche Korporationen, wenn ihnen auch — im öffentlichen sozialpolitischen Interesse — erhebliche Sonderrechte zugewiesen sind, besonders zur Festsetzung von Geldstrafen, welche den Kranken- und Genossenschaftskassen zufließen und zur Ersuchung aller Reichsbehörden (GewUVG. §§ 28, 29, 36 ff., 55, 107 ff., 112, 144, 146, 153, 154). Gegen ihre Behördeneigenschaft spricht § 144, der die Genossenschafts- und Sektionsvorstände den öffentlichen Behörden gegenüberstellt, sowie die Vergleichung der §§ 41, 42 GewUVG. mit den entsprechenden §§ 68, 73, 74 InvVG. vom 13. Juli 1899. Auch die Invalidenversicherungsanstalt ist eine juristische Person; ihr Vorstand aber ist ausdrücklich zur Behörde erklärt. Der Fortfall dieser Bestimmung im neueren GewUVG. muß als Absicht aufgefaßt werden, wie denn auch seine „Motive" ergeben, daß es die Berufungsgenossenschaft als eine Partei im Verhältnis zum Unfallverletzten auffaßt und deshalb grundsätzlich die amtliche Feststellung des Unfalls der Ortspolizeibehörde überträgt (§ 64 ff., Woedtke-Caspar, GewUVG. S. 365; Laß, Prozeß im UnfVersVerfahren 1899 S. 16). Auch das RG. (Entsch. in Str. 4 S. 367) hat dem Vorstand der Berufsgenossenschaft die Eigenschaft einer öffentlichen Behörde im Sinne des § 255 StrPO. abgesprochen. Das Beschwerdegericht vermöchte daher den § 87² für die Bejahung seiner Zuständigkeit ferner nur heranzuziehen, wenn es sich in der Lage befände, ihn auf die Ersuchen der Genossenschaftsvorstände auszudehnen. Hiervon kann jedoch abgesehen werden angesichts des Wortlautes des GewUVG. § 144 selbst. Durch ihn sind auch sämtliche ordentliche Gerichte zur Rechtshilfe verpflichtet; deshalb erscheint es selbstverständlich, daß die Verpflichtung nach Maßgabe des GVG. geordnet ist, womit auch der Instanzenzug bei Verweigerung der Rechtshilfe gegeben ist. Dieser Auffassung gegenüber erscheint es überflüssig, daß das GewGG. vom 30. Juni 1901 in § 60 ausdrücklich sagt, die Rechtshilfe sei von den ordentlichen Gerichten den Gewerbegerichten „nach Maßgabe der Bestimmungen des GVG." zu leisten; hiermit wird nicht notwendig etwas von § 144 GewUVG. Abweichendes bestimmt, sondern nur ein Zweifel ausgeschlossen. Es ist kein gesetzgeberischer Grund abzusehen, die Rechtshilfe und deren Instanzenzug im Falle Ersuchens von Gerichten durch Gerichte anders zu regeln, als im Falle Ersuchens eines anderen dazu Berechtigten. Diese Auffassung wird durch die Entsch. des RG. 33 S. 423 unterstützt, welche auf Grund § 32 PatentG. ergangen ist; auch hier bestimmt § 32 nur: „Die Gerichte sind verpflichtet, dem Patentamt Rechtshilfe zu leisten." ... Allerdings hat die Reichstagsjustizkomm. einen

Antrag abgelehnt, die §§ 157 ff. GVG. auch für jede andere Art von gerichtlichen Geschäften entsprechend anwendbar zu erklären. Indes vermag dieser Vorgang auf die Vorschriften späterer Reichsgesetze und deren Auslegung keinen Einfluß zu üben.

Die weitere Frage, ob das Ersuchen der Sektion durch § 144 GewUVG. gerechtfertigt wird, ist ebenfalls zu bejahen. Die Bejahung setzt voraus, daß das Ersuchen im Vollzuge des genannten Gesetzes erfolgte. Dies wäre nicht der Fall, wenn es nach Erlaß des Entschädigungsfeststellungsbeschlusses der Berufsgenossenschaft ergangen wäre (§§ 69, 75 d. Ges.; Woedtke-Caspar zu § 144; Laß S. 244). Dieser Beschluß ist aber vorliegend noch nicht ergangen und wird von der Sektion vorbereitet. Sie erachtet die Zeugenvernehmung für erforderlich. Sie ist anerkanntermaßen an die Ergebnisse und den Umfang der polizeilichen Untersuchung nicht gebunden, darf vielmehr selbständige Erhebungen veranlassen (Laß S. 298; v. Frankenberg im Arch. f. öff. Recht 10 S. 565; Woedtke S. 373). Das Ersuchen ist daher im Vollzuge des GewUVG. ergangen. Daß es sich auf Vernehmung von Zeugen erstrecken darf, ergibt sich aus § 144² unmittelbar. Der Abs. 2 beweist, daß der Gesetzgeber im Abs. 1 auch Zeugenvernehmungen im Auge hatte.

Die weitere Frage, ob die Sektionen auch eidliche Zeugenvernehmung fordern dürfen, wird von Schneider (Arch. f. öff. Recht 10 S. 512) verneint. Auch Woedtke-Caspar S. 521 meint, daß die Gerichte zu eidlichen Vernehmungen mangels gesetzlicher Grundlage schwerlich angehalten werden können. Bejaht wird die Frage in den MinErlassen von 1887 und 1891, von Laß S. 245, von Frankenberg S. 565 und Rosin, Arbeiterversicherung § 94 Anm. 34. Ihnen schließt sich das Beschwerdegericht an. Zwar reicht der im Beschluß vom 28. November 1901 gegebene Grund nicht aus, daß andernfalls § 144 GewUVG. seinen klaren Zweck verfehlen würde; denn die eidliche Zeugenvernehmung könnte die Berufsgenossenschaft mittels eines die Entschädigungspflicht ablehnenden Beschlusses und das sich eventuell daran schließende Berufungsverfahren vor dem Schiedsgericht erreichen (GewUVG. §§ 75, 76; Mantelges. 30. Juni 1900 § 3; InvVG. §§ 103, 172). Aber schon der letztere Umstand spricht gegen die Annahme, der Gesetzgeber habe den Genossenschaftsvorständen das Ersuchen um eidliche Vernehmung vorenthalten wollen; denn es liegt weder im öffentlichen Interesse, noch in dem der Genossenschaft oder des Verletzten, durch unzuverlässige Aufklärung des Sachverhalts viele Entschädigungsansprüche in das Rechtsmittelverfahren zu drängen, wie auch das Reichsversicherungsamt den Vorständen ausdrücklich eröffnete (RVA. Nachr. 1904 S. 645). Ferner ist der § 144 so allgemein gefaßt, daß er keinen Anhalt dafür bietet, uneidliche Vernehmungen für zulässig, eidliche für unzulässig zu halten. Auch die Ersuchen um uneidliche Vernehmung sind in Abs. 1 nicht ausdrücklich gestattet; ihre Zulässigkeit ergibt sich aber jedenfalls aus Abs. 2, obwohl die Vorstände auch zu uneidlichen eigenen Vernehmungen gesetzlich nicht besonders ermächtigt sind (GewUVG. §§ 63—75).

Der § 144 stellt also durch seine uneingeschränkte Fassung den Vorständen ꝛc, soweit sie sich im Vollzuge dieses Gesetzes bewegen, alle Mittel zur Verfügung, welche den ersuchten Behörden zustehen; es hebt nur insbesondere die Vollstreckung hervor und regelt in Abs. 2 die Erstattung der Zeugenvernehmungskosten. Der § 144 macht die Erledigung der Ersuchen nicht davon abhängig, daß die ersuchenden Organe selbst befugt sind, gleichartige Handlungen vorzunehmen. Täte er dies, so würde er diesem Zwecke, die Wirksamkeit der Organe des GewUVG. zu erweitern, in vielen Fällen entgegen wirken; denn bei der Verschiedenheit der Wirkungskreise der in Betracht kommenden Verwaltungsbehörden und Organe einerseits und der Gerichte anderseits müßte es vielfach zur Ablehnung der Ersuchen führen, wenn Gleichheit der Befugnisse der ersuchenden und ersuchten Stelle vorausgesetzt wäre. Daß dem nicht so ist im Verhältnis von Verwaltungsbehörde und Gericht, hat das RG. Entsch. 33 S. 423 anerkannt, indem es das Amtsgericht zu einer Amtshandlung (Erteilung der Vollstreckungsklausel) verpflichtete, die dem Patentamte nicht zusteht. Auch das Kammergericht hat das Handelsregistergericht auf Grund des § 144 cit. für verpflichtet erklärt, Auskunft darüber zu erteilen, ob die Firmen von versicherungspflichtigen Betriebsunternehmern im Handelsregister eingetragen sind (Jahrbuch 27 S. 214). Rn.

2

a) Vormerkung auf Auflassung bei der Zwangsversteigerung.

OLG. Königsberg, II. ZS. Urteil v. 12. Mai 1906.

Da die Vormerkung als ein dem betreibenden Gläubiger nachstehendes Recht im geringsten Gebot nicht berücksichtigt war und daher durch den Zuschlag erloschen ist (§ 44, 45, 52 S. 291¹), hat sie nur noch die Wirkung, daß sie für den Beklagten den nacheingetragenen Ansprüchen gegenüber das Recht auf den Erlös wahrt. Da der Auflassungsanspruch vorliegend definitiv festgestellt wird, gebührt dem vorgemerkten Beklagten der nach Befriedigung der voreingetragenen Gläubiger übrig bleibende Erlös (§ 883³ BGB.; vgl. Turnau-Förster 1 S. 328, 329 Anm. b³; Jaeckel ZwVG. 7³ zu § 38 und § 48; Fischer-Schäfer 4 zu § 48 ZwVG.). Unbegründet ist der Einwand des Klägers, daß Beklagter auf den Erlös nur nach Erfüllung aller ihm aus dem Kaufvertrage obliegenden Verpflichtungen, also erst nach Zahlung des Kaufgelderrestes von 2000 Mark einen Anspruch hat, so daß er sich diese 2000 Mark von der eingeklagten Summe abziehen lassen müsse. Allerdings wird durch die Vormerkung nur der obligatorische Anspruch aus dem Vertrage, wie er besteht, gesichert, nicht aber ein neuer Anspruch geschaffen. Wenn daher nach dem Vertrage der Käufer die Auflassung nur Zug um Zug gegen Zahlung des Kaufgeldes beanspruchen kann, so wird hieran durch die Vormerkung zur Erhaltung des Rechts auf Auflassung nichts geändert, so daß also auch der Beklagte die Auflassung nur gegen Zahlung der noch rückständigen 2000 Mark verlangen könnte. Das gilt aber nur für den rein obligatorischen Auflassungsanspruch aus dem Kaufvertrage, also für den Anspruch, der sich gegen den Verkäufer richtet. Die Verkäufer würden dem Auflassungsanspruche der Beklagten gegenüber unzweifelhaft die Einrede des nicht erfüllten Vertrags haben. Vorliegend wird aber die, schlechthin aus dem Gesetze (§ 888 BGB.) folgende Unwirksamkeit der nach Eintragung der Vormerkung vorgenommenen und den vorgemerkten Anspruch beeinträchtigenden Grundbucheintragungen geltend gemacht. Wäre die Vormerkung bestehen geblieben, so könnte der Beklagte, da sein Auflassungsanspruch gegen die Verkäufer jetzt feststeht, auf Grund des § 888 die Zustimmung des Erstehers zur Eintragung des Beklagten als Eigentümer und von den nach der Vormerkung eingetragenen Hypothekaren die Bewilligung der Löschung ihrer Hypotheken verlangen, ohne daß der Ersteher und die Hypothekare ihm Einreden aus dem Rechtsverhältnis zwischen Käufer und Verkäufer entgegensetzen konnten (vgl. Turnau-Förster II[1] zu § 888 BGB.). Ebensowenig aber haben die nacheingetragenen Hypothekare ein Einrederecht, wenn die Vormerkung erloschen und der Erlös an die Stelle des Grundstücks getreten ist. Der vorgemerkte Auflassungsberechtigte, der den ganzen Rest des Versteigerungserlöses vor den nacheingetragenen Hypotheken beansprucht, macht gleichfalls nur von dem gesetzlichen Recht des § 888 cit. Gebrauch. Hiernach steht dem Kläger die aus dem Kaufvertrage resultierende Einrede, daß Beklagter zunächst noch die rückständigen 2000 Mark Kaufgeld bezahlen müsse, nicht zu. Dem Beklagten gebührt also der ganze Rest des Versteigerungserlöses ohne Abzug.

Allerdings haben die Kläger den Anspruch der Verkäufer gegen den Beklagten auf Zahlung des Restkaufgeldes gepfändet und sich zur Einziehung überweisen lassen. Dies können sie aber dem Anspruch des Beklagten auf den Rest des Erlöses nicht entgegensetzen. Denn der letztere Anspruch steht dem Beklagten nicht gegen die Kläger zu. Also können die Kläger auch nicht mit der ihnen infolge der Pfändung zustehenden Restkaufgeldforderung aufrechnen. Denn die Aufrechnung findet nur statt unter Personen, die einander Leistungen verschulden. Auch von einer Zurückbehaltung des Erlöses durch die Kläger im Sinne des § 273 oder des § 320 BGB. kann keine Rede sein, weil sich nicht Ansprüche der Parteien gegenüberstehen, die auf demselben rechtlichen Verhältnis beruhen oder aus dem Kaufvertrag entspringen. Der Einwand der Kläger, daß der Beklagte, weil er im Versteigerungstermine Forderungen nur in dem geringeren Betrage von 2500 Mark angemeldet habe, nur diesen Betrag an der durch die Vormerkung gesicherten Stelle beanspruchen könne, ist unbegründet. Die Kläger zielen damit auf §§ 37[4], 110 ZwVG. hin. Diese Vorschrift kann aber hier keine Anwendung finden, weil der Anspruch auf den ganzen Resterlös ohne weiteres aus der eingetragenen Vormerkung folgt und somit im Sinne des § 37[4] aus dem Grundbuch ersichtlich war. Näher konnte dieser Anspruch einstweilen natürlich nicht berechnet werden. Th.

b) **Beschwerderecht eines „Beteiligten" und des Erstehers. Festsetzung der Versteigerungsbedingungen.**

OLG. Colmar, II. ZS. Beschluß v. 21. Februar 1906.

In der zur Aufhebung der Gemeinschaft zwischen A. u. B. schwebenden Zwangsversteigerung hatte der Versteigerungsbeamte dem Antrage des A., in die Bedingungen aufzunehmen, daß die Entscheidung über den Zuschlag erst nach Ablauf einer Woche verkündet werde, nicht stattgegeben, hatte vielmehr, nachdem er die Verkündung des Zuschlags auf eine Stunde vertagt hatte, nach deren Ablauf dem Meistbietenden A. die gemeinschaftlichen Güter zugeschlagen. Auf dessen Anrufung hob das Vollstreckungsgericht den Zuschlag wegen Verletzung der §§ 83, 59 ZwVG. auf. Auf die Beschwerde des B. wurde dieser Beschluß aufgehoben. Die weitere Beschwerde des A. wurde zurückgewiesen. Gründe:

Den Ausführungen des Beschwerdeführers kann nicht beigetreten werden. Mit dem Vorderrichter ist zu unterscheiden zwischen den Rechten, welche dem Beschwerdeführer in seiner Eigenschaft als Beteiligter (§ 9 ZwVG.) und solchen, welche ihm als Ersteher der versteigerten Grundstücke zustehen. Diese Unterscheidung ist keine willkürliche, sondern ergibt sich unmittelbar aus dem Gesetze, welches das Beschwerderecht bezw. das Recht der Anrufung des Vollstreckungsgerichts (§ 13² EG. z. ZwVG.) für die Beteiligten anders regelt, als für den Ersteher, so daß für die ersteren das Beschwerderecht bereits durch Fristablauf erloschen sein kann, während es für letzteren noch besteht. Es ist aus dem Gesetze auch nicht zu entnehmen, daß diese Unterscheidung nicht gewollt sei, wenn, wie hier, einer der Beteiligten das Grundstück bei der Versteigerung erstanden hat. Die Erinnerung, die der Beschwerdeführer gegen den Zuschlagsbeschluß gemäß dem cit. § 13 erhoben hat, ist insoweit er als Beteiligter in Betracht kommt, verspätet, da er, obgleich im Versteigerungstermine vertreten. Diese Erinnerung bei dem Amtsgerichte erst nach Ablauf der zweiwöchigen, mit der Verkündung des Beschlusses beginnenden Notfrist des § 98 eingereicht hat. Der Beschwerdeführer behauptet allerdings, daß der Beschluß nicht ordnungsmäßig verkündet sei, da nicht der zum (Versteigerungsbeamten bestellte) Notar, sondern dessen Schreiber ihn verlesen habe. Indessen kann dahingestellt bleiben, ob bei einer ordnungswidrigen Verkündung die Notfrist des § 98 auch für die anwesenden Beteiligten erst mit der Zustellung des Zuschlagsbeschlusses in Lauf gesetzt worden wäre; denn das Protokoll läßt eine ordnungswidrige Verkündung nicht erkennen, vielmehr ist nach dem Wortlaute des Beschlusses, dessen Fassung der allgemeinen Praxis entspricht, anzunehmen, daß der Beschluß durch den Notar verkündet worden ist. Der Zulassung des erbotenen Zeugenbeweises steht daher der § 164 ZPO. entgegen, wonach gegen den die Förmlichkeiten betreffenden Inhalt des Protokolls nur der Nachweis der Fälschung zulässig ist.

In seiner Eigenschaft als Ersteher hat dagegen der Beschwerdeführer die Aufhebung des Zuschlagsbeschlusses rechtzeitig bei dem Amtsgerichte beantragt, da gegen ihn als Ersteher die zweiwöchige Frist erst vom Tage der Zustellung des Zuschlagsbeschlusses zu laufen begonnen hat. Es entsteht daher die Frage, ob er durch den Zuschlagsbeschluß bezw. durch die gerügte Verletzung der §§ 59, 83 Nr. 1 in seinen Rechten als Ersteher verletzt worden ist. Denn nach § 100² kann die Beschwerde auf einen Grund, der „nur das Recht eines anderen betrifft", nicht gestützt werden. Den Rechten eines anderen aber sind gleichzustellen Rechte, die einem Beteiligten früher zugestanden haben, deren Geltendmachung er aber durch die Versäumung der Frist des § 98 verwirkt hat. Obige Frage ist zu verneinen. Die Versteigerungsbedingungen werden vom Notar unter Mitwirkung der Beteiligten festgesetzt. Anderen Personen, insbesondere Bietungslustigen, ist die Möglichkeit, eine von den gesetzlichen Vorschriften abweichende Festsetzung der Versteigerungsbedingungen zu erlangen, nicht gewährt. Eine Mitwirkung bei den Verhandlungen, die zwischen dem Notar und den Beteiligten über die Versteigerungsbedingungen geführt werden, steht ihnen nicht zu. Sie können daher durch die auf Grund dieser Verhandlungen ergehenden Entscheidungen nicht betroffen werden. Für die Bieter sind allein die vor Beginn der Versteigerung verlesenen Bedingungen maßgebend, auf Grund deren sie ihre Gebote abgeben und auf Grund deren dem Meistbietenden der Zuschlag erteilt wird. Hieraus ergibt sich, daß der Meistbietende aus dem Umstande, daß der Antrag eines der Beteiligten auf abweichende Festsetzung der Versteigerungsbedingungen unberücksichtigt geblieben ist, ein Recht zur Beschwerde nicht herleiten kann, da sein Recht als Ersteher, das sich nur auf die tatsächlich festgesetzten Versteigerungsbedingungen stützen kann, dadurch nicht berührt ist, und zwar macht es dabei keinen Unterschied, daß der Ersteher einer der Beteiligten und daß er durch diese Eigenschaft zum Bieten veranlaßt ist.

Bei dieser Rechtslage ist die Untersuchung überflüssig, ob es für den Beschwerdeführer als Ersteher im Hinblick auf § 81 vorteilhafter gewesen wäre, wenn durch die Versteigerungsbedingungen die Hinausschiebung der Verkündung des Zuschlags festgesetzt worden wäre. Denn auch in diesem Falle würde er durch die Nichtaufnahme in seinem Rechte als Ersteher nicht beeinträchtigt sein, da sich dieses Recht nur auf die vor der Versteigerung verlesenen Bedingungen stützt. Frdthl.

c) **ZwVG. § 91² ist nicht beschränkt auf die durch das Meistgebot gedeckten Beträge.**

OLG. Hamburg, I. ZS. Urteil v. 24. November 1905.

Der § 91¹ enthält die Regel, daß die Rechte, die nicht nach den Versteigerungsbedingungen bestehen beiben sollen, mit dem Zuschlag erlöschen. Von dieser Regel stellt jedoch der Abs. 2 die Ausnahme auf, daß die Rechte bestehen bleiben, deren Bestehen vom Berechtigten und vom Ersteher im Verteilungstermin vereinbart ist. Eine Einschränkung dieser Ausnahme auf die durch das Meistgebot gedeckten Beträge ist nicht aus der Fassung zu entnehmen. Umgekehrt wird der unbeschränkte Umfang der Ausnahme überdies bestätigt durch Vergleichung der Fassung des Abs. 2 mit der des § 116 des sonst vielfach vorbildlichen preuß. Ges. vom 12. Juli 1883. Ebensowenig ist aus Abs. 3 eine Einschränkung der Ausnahme des Abs. 2 zu entnehmen. Der Satz 1 enthält eine Spezialbestimmung für den Fall, daß das Recht, dessen Bestehen vereinbart war, ganz oder teilweise durch das Meistgebot gedeckt war, also insoweit ohne die Vereinbarung vom Ersteher hätte ausbezahlt werden müssen, schließt aber nicht die Wirksamkeit einer Vereinbarung über das Bestehen ungedeckter Rechte aus. Auch der Satz 2 steht nicht entgegen; er trifft eine Anordnung nur „im übrigen", d. h. abgesehen von dem vereinbarten Fortbestehen des dinglichen Rechts im versteigerten Grundstück, besonders wegen Mithaftung anderer Personen oder Grundstücke, wie auch die Motive zum ersten Entwurf 1889 ausdrücklich aussprechen. Hiermit stimmen auch die meisten Kommentatoren überein, vgl. Jaeckel. M. M.

d) **Mehrere Beschwerden gegen den Zuschlagsbeschluß. Relative Rechtskraft gegenüber einem Beteiligten.**

OLG. Cassel, II. ZS. Beschluß v. 11. Juni 1906.

Der Gläubiger S. betrieb die Zwangsversteigerung der Grundstücke Nr. 1—19 wegen Hypothekenzinsen. Im Versteigerungstermin fand auf den Antrag sämtlicher Beteiligten zunächst ein Einzelausgebot verschiedener Grundstücksgruppen statt, wobei die Höchstgesamtsumme der Einzelausgebote 6516 Mark betrug. Hierauf wurde zum Gesamtausgebot geschritten; hier blieb mit dem Gebot eines durch Barzahlung zu berichtigenden Betrags von 8600 Mark R. Höchstbietender. Darauf schloß sich der Gläubiger N. der unter Nr. 6—17 eingetragenen Hypotheken dem Verfahren an: Das Amtsgericht ließ den Beitritt zu und schlug die Grundstücke Nr. 1, 2 und 11 dem Höchstbietenden H. für 629 Mark und die Nr. 14 und 15 für 2620 Mark dem Höchstbietenden L. zu, versagte bezüglich der übrigen Grundstücke den Zuschlag und bestimmte neuen Termin zur Versteigerung dieser Grundstücke.

Gegen diesen Beschluß erhoben R. und der nachträglich beigetretene N. sofortige Beschwerde mit dem Antrag, den Zuschlag der sämtlichen Grundstücke auf das Gesamthöchstgebot des R. zu erteilen. Ferner legten die Ersteher H. und L. Beschwerde mit dem Antrag ein, den Zuschlag aufzuheben. Das Landgericht erteilte dem auf Nr. 4, 5, 6, 7 höchstbietend gebliebenen B. den Zuschlag, versagte ihn bezüglich der übrigen Stücke und ordnete die Fortsetzung der Versteigerung dieser Stücke an. Hierüber führten R. und N. weitere Beschwerde mit dem früheren Antrag. Ferner legte der Schuldner G. sofortige Beschwerde ein mit dem Antrag, die nochmalige Versteigerung aller Grundstücke anzuordnen. Das OLG. hat hierauf den Zuschlag hinsichtlich aller Grundstücke versagt. Gründe:

1. Die Beschwerde des Schuldners ist zulässig. Allerdings hat nach § 101¹ ZwVG. das Beschwerdegericht bei begründeter Beschwerde in der

Sache selbst zu entscheiden. Der demgemäß auf die Beschwerde von L. und H. ergangene Beschwerdebeschluß tritt aber nicht dergestalt an die Stelle des amtsgerichtlichen Beschlusses, daß ihn nunmehr diejenigen Personen, die sich gegen den amtsgerichtlichen Beschluß nicht beschwert hatten, mit der ersten Beschwerde anfechten können. Er bleibt vielmehr insoweit Beschwerdebeschluß, der nur bei Vorliegen des nach § 96 ZwVG. zur Anwendung gelangenden § 568[3] ZPO. mit der weiteren Beschwerde anfechtbar ist. Dieses Rechtsmittel steht nicht nur den ehemaligen Beschwerdeführern, sondern allen den Personen zu, die § 97[1] ZwVG. aufzählt. Da durch den Beschwerdebeschluß wenigstens einige Grundstücke zugeschlagen sind, ist also der Schuldner, der nach § 9[1] zu den „Beteiligten" gehört, gemäß § 97 zur weiteren Beschwerde legitimiert. Da ferner das Amtsgericht die Nr. 1, 2, 11 dem H. und die Nr. 14, 15 dem L. zugeschlagen hat, während das Landgericht die Grundstücke Nr. 4, 5, 6, 7 dem B. zugeschlagen und bezüglich aller anderen Grundstücke den Zuschlag versagt hat, liegen keine zwei gleichlautenden Entscheidungen dem Schuldner gegenüber vor, so daß für ihn in der Entscheidung des Landgerichts ein neuer selbständiger Beschwerdegrund enthalten ist.

Die Beschwerde ist auch begründet. Der Versteigerungstermin ist nach § 43 aufzuheben und der Zuschlag nach § 83 Nr. 1 zu versagen, wenn der erste Beschlagnahme- oder ein Beitrittsbeschluß dem Schuldner nicht zwei Wochen vor dem Termin zugestellt ist. Das ist vorliegend nicht geschehen. Der Beitritt des N. ist erst im Termin erklärt und zugelassen und bisher überhaupt nicht zugestellt, und der von S. erwirkte erste Einleitungsbeschluß ist dem Schuldner nicht zugestellt worden, vielmehr nur einem vom Amtsgericht nach § 6 ernannten Zustellungsvertreter. Diese Ersatzzustellung war aber gemäß § 8 unzulässig, so daß die erforderliche ordnungsmäßige Zustellung, die nach §§ 208—213, also schließlich gemäß § 204 ZPO. vorzunehmen gewesen wäre, nicht stattgefunden hat (vgl. Wolff Anm. 2 zu § 8 ZwVG.), daß der Schuldner auf Geldentmachung dieses Mangels, wie nach § 43[2] angängig ist, überhaupt und in der Form des § 84[2] verzichtet hätte, ist nicht ersichtlich, vielmehr hat er ausdrücklich erklärt, er sei mit der Entscheidung des Amtsgerichts nicht einverstanden (vgl. dazu Fischer-Schäfer S. 338 A Nr. 1 zu § 84 und S. 341 zu 6).

2. Die somit begründete Beschwerde des Schuldners bewirkt nicht nur die Aufhebung des land- unter Wiederherstellung des amtsgerichtlichen Beschlusses, sie beseitigt vielmehr seinem Antrage gemäß beide Beschlüsse. Allerdings hat er gegen den ihm — nach § 6 hier zulässigerweise zu Händen des Zustellungsvertreters — zugestellten Beschluß des Amtsgerichts innerhalb der zweiwöchigen Notfrist kein Rechtsmittel eingelegt. Allein die Beschwerde, die der Gläubiger N. und die Bieter R., H. und L. rechtzeitig erhoben, haben den Eintritt der Rechtskraft des amtsgerichtlichen Beschlusses auch gegenüber dem Schuldner verhindert. Denn nach § 101[1] hat das Beschwerdegericht — auch das über die weitere Beschwerde entscheidende — in der Sache selbst

zu entscheiden, so daß es an der Stelle des Vollstreckungsgerichts steht (Jaeckel Anm. 1 zu § 101; Fischer-Schäfer Anm. 3a zu § 100; Rsp. 2 S. 519). Nun kann das Vollstreckungsgericht über den Zuschlag nur einheitlich entscheiden. Deshalb schreibt auch für das Beschwerdegericht, das eine Zurückverweisung an die erste Instanz gegen die Regel des § 575 ZPO. aussprechen kann (vgl. Henle, Note 2 zu § 101), der § 99² die Verbindung mehrerer Beschwerden vor, um dadurch eine einheitliche Entscheidung zu erzwingen. Es hat deshalb die Einlegung des Rechtsmittels seitens eines bei dem Verfahren Beteiligten die Wirkung, daß die Rechtskraft des von ihm angefochtenen Beschlusses schlechthin suspendiert wird, so daß ein anderer Beteiligter, der — wie vorliegend der Schuldner — zulässig weitere Beschwerde einlegt, sich darauf berufen kann, daß der Beschluß des Amtsgerichts überhaupt und deshalb auch ihm gegenüber noch nicht rechtskräftig ist, wenn ihm auch die Befugnis zur Einlegung der ersten Beschwerde deshalb ermangelt, weil ihm gegenüber für ihre Einlegung die Frist abgelaufen ist. In diesem Sinne ist die „relative Rechtskraft" für das Gebiet der für die Zwangsversteigerung hierin maßgebenden ZPO. und auf dem verwandten Gebiet der freiwilligen Gerichtsbarkeit in Abrede zu stellen. Wenn auch für das Gebiet der ZPO. die relative Rechtskraft, besonders bezüglich der Berufung wegen Möglichkeit der Anschlußberufung, verneint wird (vgl. Entsch. des RG. 54 S. 226, 56 S. 31; Seuffert 48, 227 II, so wird diese Verneinung doch auch mit Recht bezüglich der Rechtsmittel überhaupt ausgesprochen (vgl. Gaupp-Stein 2 S. 6 und 346; Heilfron-Pick, Lehrbuch des Zivilprozesses 2 S. 13; Schulzenstein in Busch Z. 24 S. 481). Für das Gebiet der freiwilligen Gerichtsbarkeit hat insbesondere das Kammergericht (Jahrbuch 27 S. 24; vgl. auch Schneider in Busch Z. 29 S. 153) mit Recht die Möglichkeit der relativen Rechtskraft eines Beschlusses für einen Beteiligten verneint, wie denn in der Tat für die Fälle des FrGG. und der ZPO. — die gegenteilige Ansicht — infolge der dadurch gegebenen Möglichkeit gegensätzlicher Entscheidungen für die Beteiligten derselben Angelegenheit zu praktisch unmöglichen Folgen führen würde. Fs.

e) **Aufrechnungen des Erstehers. Einfluß des Besitzes des Grundschuldbriefs hierbei.**

OLG. Dresden, II. ZS. Urteil v. 20. April 1906.

Der Ansicht des LG., die zwischen der Versteigerung des Grundstücks und der Aufstellung des Verteilungsplanes erfolgte Aufrechnung sei unzulässig, weil eine persönliche Forderung eines Realberechtigten gegen den Ersteher erst durch eine nach § 118 seitens des Gerichts geschehende Übertragung entstehe und weil es hier nach Lage des Falles und im Hinblick auf § 107³ zu einer solchen Übertragung nicht habe kommen können, läßt sich nicht beitreten. Die Verfügungsgewalt des Vollstreckungsgerichts über die dem bisherigen Eigentümer zustehende Forderung gegen den Ersteher beruht auf dem Umstande, daß der Versteigerungserlös in erster Linie zur Befriedigung der Realgläubiger dienen soll. Soweit der Erlös hierzu nicht gebraucht wird, also dem bisherigen Eigentümer gebührt, kann folgeweise ihm gegenüber der Ersteher nach § 387 ff. BGB. aufrechnen. Ist eine solche Aufrechnung vor der Feststellung der Teilungsmasse (§ 107[1] ZwVG.) erfolgt, so ergibt sich aus dem Wegfalle der Forderung des bisherigen Grundstückseigentümers von selbst, daß ein an sich zu ihrer Deckung dienlicher Geldbetrag, der zur Sicherheit für das Gebot des Erstehers hinterlegt ist, i. S. des § 107[3] nicht mehr als gezahlt gelten kann, sondern für den Hinterleger frei wird. Von diesem Standpunkte wäre hier die Aufrechnung nach § 392 BGB. nur dann ausgeschlossen, wenn die Forderung des Klägers erst nach der Beschlagnahme und später als die in Beschlag genommene Forderung fällig geworden wäre. Schon an der ersten Voraussetzung aber gebricht es. Die Pfändung der M.schen Eigentümergrundschuld für den Beklagten ist wirkungslos geblieben, da letzterer nicht in den Besitz des Teilgrundschuldbriefs gelangt ist (RG. 56 S. 184, 59 S. 313). Daß nicht der Beklagte diesen besitzt, vielmehr der Kläger sich den Brief verschafft hat, müßte übrigens zur Anerkennung des Klaganspruchs auch dann führen, wenn man der Aufrechnung des Klägers rechtliche Bedeutung zu versagen hätte. Die Pfändung des Berichtigungsanspruchs M.s durch den Beklagten hatte nur die grundbücherliche Umschreibung des zur Eigentümergrundschuld gewordenen Hypothekenanteils auf M. zum Gegenstande. Dadurch also wurden andere Gläubiger M.s nicht gehindert, nebenher ihrerseits die kraft Gesetzes (§ 1163 Satz 1 BGB.) dem M. auch ohne die Grundbuchsberichtigung bereits zustehende Eigentümergrundschuld selbst zu pfänden und insbesondere sich um Erlangung des Briefes zu bemühen, da erst durch den Besitz dieser Urkunde sich entschied, welche Pfändung wirksam wurde. Daß zur Erwirkung des Briefs Erklärungen dritterseits abgegeben werden mußten, die zugleich geeignet waren, die Grundbuchsberichtigung zu ermöglichen, ist belanglos, ebenso die bloße Kenntnis des Klägers von den Zwangsvollstreckungsmaßregeln des Beklagten. Im übrigen kommt es im Verhältnis der Parteien nicht sowohl auf die Art der Besitzerlangung, als vielmehr auf die Tatsachen des Besitzers an dem Briefe an. Dr. v. F.

3

a) Trajektdampfer als Eisenbahn.

OLG. Stettin, V. ZS. Urteil v. 30. Oktober 1905.

Der Trajektdampfer gehört dem beklagten Eisenbahnfiskus und vermittelt den Übergang der fahrplanmäßigen Personenzüge von der Station A. nach Stralsund. Ausschließlich hierzu ist er bestimmt. In der Mitte seines Oberdecks ist ein Bahngleis eingefügt. Auf dieses werden mehrere zum Bahnzug gehörige Wagen durch die auf der Station zurückbleibende Lokomotive unmittelbar auf den Dampfer geschoben. Die Passagiere bleiben nach ihrem Belieben in den Wagen oder auf dem Verdeck oder in der Kajüte des Schiffes. Nach Ankunft am andern Ufer werden von der dort zum Betriebe bereiten Lokomotive die an sie angehängten Wagen auf das an das Gleis des Dampfers anpassende Bahngleis des Festlandes gezogen und verkehrsmäßig weiterbefördert.... Die Schadensersatzpflicht des Beklagten für die Verletzung, die der Kläger beim Aussteigen aus dem in Stralsund landenden Dampfer erlitten hat, ergibt sich hierdurch aus § 1 Haftpflichtges. Die mit Schienen versehene, ausschließlich dem öffentlichen Bahnbetrieb dienende und dafür gerade auch damals tätige Dampffähre ist ein integrierender Teil der bezeichneten Staatseisenbahn, keine Nebeneinrichtung, nicht Gegenstand eines Nebengewerbes (Eger 4. Aufl. S. 29, 52 und die dort angezogenen Entsch.). Nach Lage des konkreten Falls überwiegt bei der verhältnismäßig kurzen Wasserfahrt von etwa 15 Min. der Charakter des Eisenbahnbetriebes den der Schiffahrt. Gr.

b) **Unfall während des Haltens des Zuges auf einer Station?**

OLG. Celle, II. ZS. Urteil v. 8. Januar 1906.

Der Kläger sah auf der Station L., während der Zug hielt, zum Fenster hinaus und stützte sich dabei mit der einen Hand an die Wand gerade dort, wo sich die an dieser Stelle befindliche Klosettüre in Angeln bewegt. Beim Heraustreten einer Person aus dem Klosett wurde die Türe geöffnet, der Kläger geriet dabei mit einem Finger in den durch das Öffnen der Türe entstehenden Zwischenraum, und beim Zurückschlagen der Türe wurde ihm dann ein Glied jenes Fingers abgeschlagen. Zur Begründung der Haftpflicht der beklagten Eisenbahn reicht unter allen Umständen aus, wenn nur feststeht, daß der Unfall sich während der bestimmungsmäßigen Beförderung von Personen oder Sachen — d. h. im eigentlichen Bahnbetriebe — ereignet hat. Es kommt alsdann gar nicht in Frage, ob auch die besonderen mit dem Bahnbetriebe verbundenen Gefahren bei der Entstehung des Unfalls mitgewirkt haben. Diese werden erst dann von Bedeutung, wenn gerade nur aus ihnen ein Zusammenhang des Unfalls mit dem Betriebe der Bahn hergeleitet werden kann (Entsch. des RG. 50 S. 93, 55 S. 231). Nun umfaßt die Beförderungstätigkeit der Eisenbahn nicht allein die Fortbewegung der Wagen, sondern zugleich das sowohl den Zwecken des inneren Betriebes wie (durch Absetzen und Aufnahme von Reisenden) dem Beförderungszwecke selbst dienende Anhalten auf Zwischenstationen. Durch solches Anhalten wird die Beförderungstätigkeit nicht unterbrochen, vielmehr stellt es einen gerade durch deren Ausübung bedingten Vorgang dar (Entsch. des RG. 6 S. 37; JW. 1903 S. 403, 1905 S. 112; Gruchot 48 S. 376). Im Bereiche des sonach auch beim Anhalten des Zuges in L. fortdauernden Betriebes lag weiter auch der Vorgang, durch den der Kläger zu Schaden gekommen ist. Einmal war der Kläger in diejenige Lage, in der ihm der Unfall zustieß, während der Beförderung gebracht, und anderseits hing die Benutzung des Aborts insofern mit dem Bahnbetriebe zusammen, als einmal die Einrichtung der Aborte in den Bahnzügen überhaupt im Interesse des Betriebs, um einem Verkehrsbedürfnisse nachzugeben, von der Bahnverwaltung getroffen ist und als bei Nichtausübung der Beförderungstätigkeit die Benutzung des Aborts durch das Publikum ausgeschlossen gewesen wäre. Der streitige Unfall war sonach eine Folge der durch den eigentlichen Transport bedingten Tätigkeit der Eisenbahn, und es ist gleichgültig, ob ein gleichartiger Unfall sich nicht nur bei dem Eisenbahnbetriebe, sondern auch bei anderen Transportgewerben ereignen kann (vgl. JW. 1905 S. 160; Entsch. des RG. 50 S. 93). Daß die Entstehung des Schadens erst durch die hinzutretende Tätigkeit eines Dritten vermittelt wurde, ändert nichts an dem dargelegten ursächlichen Zusammenhange mit dem Betriebe. . . . Hch.

c) **Anspruch auf Schmerzensgeld.**

OLG. Celle, II. ZS. Urteil v. 5. Oktober 1905.

Das Haftpflichtges. bietet dem Anspruche auf Schmerzensgeld keine Stütze. Es enthält keine dem § 847 BGB. entsprechende Regel. Es gibt aber selbständig eingehende und offenbar erschöpfende Vorschriften über die Person des Ersatzberechtigten und über die Art und den Umfang des Schadensersatzes. Die in dieser Hinsicht gegebenen Normen des Spezialgesetzes sind für seinen Bereich ausschließlich maßgebend. In weiterem Umfange als dort zugelassen, kann auf Schadensersatz nicht erkannt, insbesondere kann also auch ein Schmerzensgeld nicht zugesprochen werden. Die Anwendung des § 847 kann auch nicht etwa aus dem Grunde auf das Haftpflichtgesetz übertragen werden, weil die Haftung des Bahnunternehmers als eine solche aus unerlaubter Handlung aufgefaßt werden könnte und weil der § 847 im Titel über „Unerlaubte Handlungen" steht. Diese Vorschriften sind für den Bereich des Sondergesetzes jedenfalls insoweit unanwendbar, als sie eine von diesem Gesetze besonders geregelte Materie betreffen. Dahin gehört die Art und der Umfang des Schadensersatzes, wodurch auch eine analoge Anwendung des § 847 ausgeschlossen ist (Entsch. des RG. 57 S. 54 ff.). — Auch aus dem mit der Bahn geschlossenen Beförderungsvertrag kann der verletzte Kläger einen Anspruch auf Schmerzensgeld nicht ableiten, auch dann nicht, wenn anzunehmen sein sollte, daß die Beklagte auch aus jenem Vertrage dem Kläger für dessen Verletzung zu haften habe. Denn wegen eines Schadens, der nicht Vermögensschaden ist, kann Entschädigung in Geld nur in den durch das Gesetz bestimmten Fällen gefordert werden (§ 253 BGB.). Für den wegen Verletzung von Vertragspflichten der im zweiten Buche des BGB. normierten Art zu leistenden Schaden ist eine solche Vorschrift nicht getroffen. Die schuldhafte Verletzung von Vertragspflichten ist aber keine unerlaubte Handlung im Sinne des § 847. Hch.

d) **Städtisches Wasserwerk als Fabrik des § 2 Haftpflichtges. Betrieb außerhalb der Fabrikanlagen.**

OLG. Hamburg, II. ZS. Urteil v. 19. Oktober 1905.

. . . Mit Recht erklärt das Landgericht den Bremischen Staat in seiner Eigenschaft als Betriebsunternehmer einer Fabrik für schuldig, den der Klägerin durch den Unfall entstandenen Schaden zu ersetzen. Der Staat bestreitet, daß der Unfall durch die Ausführung eines von ihm als Fabrik betriebenen Unternehmens herbeigeführt ist; entscheidend sei, ob das vom Staat betriebene Wasserwerk, nicht aber ob das von ihm betriebene Gaswerk als eine Fabrik anzusehen ist. Dies Bedenken ist dann anzuerkennen, wenn man die beiden Unternehmungen als technisch völlig voneinander getrennte Betriebe ansieht. Bei dem von [dem mitbeklagten schuldigen Vorarbeiter] Z. vorgenommenen Anschlusse eines Privatgrundstücks an das Rohrnetz des Wasserwerks handelte es sich nicht um Arbeiten, die in den speziellen Bereich des Betriebes des Gaswerks fallen; dadurch, daß die Betriebsleiter des Wasserwerks die Legung der Röhren durch die besonders gutgeschulten Arbeiter des Gaswerks ausführen lassen, treten diese Arbeiten nicht in den Kreis des Gaswerksunternehmens hinüber.... Streicht man aus der im übrigen zutreffenden Definition von Eger (Haftpflichtges. 3. Aufl.): „Fabrik ist jede gewerbliche Anstalt, in der die Be- oder Verarbeitung beweglicher Sachen für den Handel gewerbsmäßig und im großen betrieben wird" mit dem ROHG. (Seuffert 34 Nr. 216) die gesperrten Worte, so kann es keinem Zweifel unterliegen, daß das „Wasserwerk" des Beklagten eine „Fabrik" ist. Den gewerblichen Charakter, der seinen Unternehmer dem § 2 unterwirft, verliert das „Wasserwerk" dadurch nicht, daß der Staat zu diesem Betriebe sich durch die Erwägung bestimmen läßt, die Versorgung der Stadt Bremen mit Wasser gehöre zu seinen öffentlichrechtlichen Funktionen, und daß er dies Unternehmen nicht betreibt, um Gewinn daraus zu erzielen. Bei dem Betrieb des Gaswerks ist übrigens letzteres der Fall, und der Umstand, daß beide Unternehmungen unter einem gemeinschaftlichen Namen betrieben werden, legt in Verbindung mit der gerade vorliegend scharf hervortretenden Tatsache, daß die Arbeiter des einen Betriebes ohne weiteres und ständig zur Ausführung gewisser Arbeiten des anderen Betriebes verwendet werden, den Gedanken nahe, daß es sich hier in der Tat um einen einheitlichen Betrieb handelt, der nur aus Zweckmäßigkeitsgründen bis zu einem gewissen Grade in verschiedene Abteilungen zerfällt.

Allerdings handelte es sich um Außenarbeit und nach Eger S. 197 erstreckt sich die Haftung aus dem Betriebe der im § 2 genannten Anlagen nur auf deren lokale Grenzen. Dieser einschränkenden Auslegung kann jedoch nicht zugestimmt werden. Wie Eger S. 198 anerkennt, widerspricht sie auch der Praxis. Zutreffend sagt das RG. (Blums Ann. 5 S. 358): „Auch Arbeiten außerhalb der eigentlichen Fabrikräume gehören zum Fabrikbetriebe, wenn sie mit diesem technisch im Zusammenhang stehen." Das ist hier der Fall. Denn die Verwaltung des Wasserwerks behält die Ausführung des Anschlusses der Privatgrundstücke an das Hauptröhrennetz sich ausschließlich vor. Dies Monopol beansprucht sie offenbar im Interesse der Sicherheit und der Einheitlichkeit des gesamten Wasserversorgungsbetriebes. Damit erklärt und behandelt sie die Anschlußarbeiten als einen Teil dieses ihres Fabrikbetriebes. Wie das RG. (Gruchot 29 S. 1021) ausführt, ist ein Unfall des

§ 2 eingetreten, wenn die Verrichtung, bei der er sich ereignet hat, mit dem technischen und mechanischen Betriebe der Fabrik überhaupt in Verbindung steht; ob die Verbindung mit dem Fabrikbetriebe eine innere oder äußerliche ist, unterscheidet das Gesetz nicht. M. M.

e) **Fallen Schiebebühnen unter das Haftpflichtgesetz?**

OLG. Hamburg, I. ZS. Urteil v. 16. März 1906.

Die Schiebebühne kann nicht schon deshalb, weil sie auf Eisenschienen bewegt wird, als „Eisenbahn" angesehen werden. Sie bildet keine selbständige, für den öffentlichen Verkehr bestimmte Transportstraße, kommt vielmehr nur als Akzessorium der Bahnanlagen im Hafengebiet in Betracht, und es würde daher höchstens eine in Verbindung mit dem Bahnbetriebe stattfindende Benutzung der Bühne als ein unter § 1 fallender Betrieb angesehen werden können. Ein Eisenbahnbetrieb fand aber zu jener Zeit an der fraglichen Stelle noch nicht statt. Überdies muß die Schiebebühne, solange sie noch nicht abgenommen war und noch Proben mit ihr stattfanden, als noch in Bau befindlich und noch nicht dem Betriebe übergeben angesehen werden. Nach erfolgter Abnahme sollte sie auch nicht von der Beklagten, sondern von der Bauverwaltung betrieben werden. Ebensowenig kann der § 2 Anwendung finden. Auch wenn man die außerhalb der Fabrikanlage der Beklagten erfolgte Aufstellung der Schiebebühne als eine zum Fabrikbetriebe gehörige Arbeit ansehen will, so kann Beklagte doch nicht auf Grund des § 2 belangt werden, weil der Ingenieur X., dem die Beklagte die Aufstellung der Schiebebühne übertragen, den sie also lediglich mit der Ausführung faktischer Dienstleistungen beauftragt hatte, nicht als Bevollmächtigter oder Repräsentant oder Betriebsleiter im Sinne des § 2 anzusehen ist. Überdies wurde die probeweise Vorführung der Schiebebühne, gelegentlich welcher der Unfall sich ereignete, unter Leitung des Bauinspektors B. und des Baumeisters M. vorgenommen. Ein etwaiges Verschulden des X. würde hiernach noch nicht eine Haftung der Beklagten aus § 2 begründen. . . . M. M.

4

a) **Begriff des Schriftwerks.**[1]

OLG. Hamburg, I. ZS. Urteil v. 2. März 1906.

Daß die Schrift des Klägers, wenn sie ein Schriftwerk ist, ein Bühnenwerk im Sinne des § 11 Ges. vom 19. Juni 1901 darstellt, ist unzweifelhaft. Ob sie ein dramatisches Werk darstellt, kann unerörtert bleiben, da das jetzige Gesetz diesen Begriff im Gegensatz zum früheren (§ 50) in seinen hier in Betracht kommenden Bestimmungen nicht kennt. Die zu entscheidende Frage ist aber zu bejahen.

Das Gesetz selbst hat ebensowenig wie das vom 11. Juni 1870 gesagt, welche Schriften als Schriftwerke in seinem Sinne angesehen werden sollen.

[1] Geschäftsbücher u. zwar auch solche mit eingedruckten Kolumnenüberschriften haben auf den Schutz von Schriftwerken keinen Anspruch (OLG. Hamburg, I. ZS. Urteil v. 11. Nov. 1904).

Abgesehen von dem Zweck des Gesetzes als ganzem ist das einzige, was für die Abgrenzung des Begriffs benutzt werden könnte, wohl die Überschrift, nach welcher das Urheberrecht an Werken der Literatur geregelt werden soll. Es kann daraus vielleicht geschlossen werden, daß nur solche Schriften gemeint sind, bei denen wenigstens denkbar ist, daß sie für sich allein oder mit anderen zusammen vervielfältigt werden und so einen Teil einer Literatur — das Wort im weiten Sinne genommen — bilden könnten. Abgesehen hiervon ist die Abgrenzung des Begriffs vollständig der Rechtsprechung überlassen worden. Eine Umschreibung des Begriffs läßt sich leicht geben. Eine Definition ist — soweit bekannt — bisher nicht gelungen, wie das auch in Entsch. des RG. 41 S. 43 anerkannt wird. Bemerkt mag nur werden, daß die in der Literatur vielfach angeführte Wendung der Motive zum früheren Gesetze, nach welcher es sich um Schriften handeln muß, welche sich als Ausfluß einer individuellen geistigen Tätigkeit darstellen, — daß auch diese Wendung als Begriffsbestimmung unbrauchbar ist. Es kann Schriften — beispielsweise gewisse Privatbriefe — geben, welche auf einer (in Betracht kommenden) „individuellen geistigen Tätigkeit" beruhen und welche doch zweifellos keine Schriftwerke im Sinne des Gesetzes sind. Ergeben sich Zweifel, ob bestimmte Schriften noch als Schriftwerke angesehen werden können, so bleibt nichts übrig, als auszugehen von solchen Schriften, welche zweifellos Schriftwerke sind (z. B. Dichtungen anerkannter Dichter), und von solchen, welche es zweifellos nicht sind (wie gewöhnliche Privatbriefe ohne jedes literarische Interesse), und dann von Fall zu Fall zu entscheiden, ob die zur Beurteilung stehende Schrift noch der einen oder schon der anderen Gruppe zuzurechnen ist.

Die hier vorliegende Schrift stellt eine zur Aufführung auf einer Bühne geeignete — wie man sagen kann, in sich abgeschlossene — Handlung, eine Wirtshausszene dar, in welcher zwei Menschen und ein Affe handelnd auftreten. Sie gibt sowohl an, was die Menschen zu sagen und zu tun haben, wie, was der Affe zu tun hat. Die Handlung ist einfach. Eine in Betracht kommende Zeichnung der Charaktere der handelnden Personen ist nicht vorhanden. Wenigstens der gebildetere Leser oder Zuschauer wird keinem von beiden ein Interesse abgewinnen können. Das kann aber nicht hindern, die Schrift als Schriftwerk anzusehen. Es gibt unzweifelhaft Schriften, welche gedruckt und verlegt werden und bei welchen über die Qualität als Schriftwerk kein Zweifel bestehen kann, bei denen aber das Werturteil der gebildeteren Leser in jenen Richtungen im allgemeinen keinen in Betracht kommenden Unterschied aufweisen würde. — Die Handlung ist ersichtlich ersonnen, um Gelegenheit zu geben, die Dressur eines Affen dem Publikum vorzuführen. Auch das steht der Annahme eines Schriftwerks nicht entgegen. Es gibt zweifellose Schriftwerke, bei denen die Dinge ähnlich liegen: beispielsweise Possen, bei welchen die Handlung und die Charaktere weder im Sinne des Autors noch im Sinne des Publikums eine in Betracht kommende Rolle spielen, bei welchen die Handlung vielmehr im wesentlichen nur dazu dient, um mit ihrer Hilfe Scherze in Worten und Situationen aneinander zu reihen. — Will man die oben der Überschrift des Gesetzes entnommene Einschränkung des Begriffs anerkennen, so steht auch das nicht im Wege. Es ist wohl denkbar, daß der Kläger (etwa wenn er aufhörte, selbst Affen vorzuführen) seine Schrift vervielfältigen ließe, damit sie von anderen benutzt werden könne. — Wohl aber würde der Annahme eines Schriftwerks vielleicht entgegenstehen, wenn die geistige Tätigkeit, die der Kläger bei der Abfassung der Schrift aufgewendet hat, so minimal wäre, daß sie nicht in Betracht kommen oder daß der Kläger deshalb nicht als „Urheber" eines Werkes im Sinne des § 2 Ges. angesehen werden könnte. Das ist jedoch nicht der Fall. Den Kläger hat es eine Arbeit von Jahren gekostet, ehe er die zur Aufführung durch Menschen und Affen geeignete Handlung fertigstellte. Auch hat der Sachverständige bestätigt, daß Handlungen wie die hier vorliegende (im Gegensatz zu kleineren, keinen Zusammenhang mit anderen bildenden Szenen) bei der Vorführung von Affen vor den Aufführungen des Klägers unbekannt gewesen seien.

Die Beurteilung steht — im Ergebnis — in Einklang mit dem in der Dambachschen Sammlung S. 174 abgedruckten Gutachten des Literarischen Sachverständigenvereins, in welchem das Textbuch zu einer unter dem Titel „Die lustigen Heidelberger" im Zirkus aufgeführten Pantomime als geschütztes Schriftwerk, als dramatisches Werk im Sinne des früheren Gesetzes anerkannt ist. Allerdings hat der Sachverständigenverein ausdrücklich hervorgehoben, daß die von ihm anerkannten Grundsätze seiner Meinung nach nicht dazu führen könnten, auch Szenen auf dem Affentheater für geschützt zu erklären. Allein Handlungen wie die hier vorliegende sind früher bei der Vorführung von Affen nicht bekannt gewesen. Übrigens ist auch zweifelhaft, ob der Sachverständigenverein nicht etwa nur an Vorführungen gedacht hat, in denen ausschließlich Affen auftreten, nicht aber Menschen und Affen zusammen. — Die Beurteilung steht weiter im Einklang mit den Verhandlungen der Reichstagskommission, insofern dort anscheinend ohne Widerspruch anerkannt ist, daß Pantomimen Gegenstand des Schutzes sein könnten, sofern nur der Hergang schriftlich vorgezeichnet sei (Session 1900—1902, Anl.-Bd. 2 S. 1272). M. M.

b) **Wann ist eine Komposition eines Ausländers in Deutschland „erschienen"?**

OLG. Hamburg, I. ZS. Urteil v. 2. März 1906.

Ist das Werk der Tonkunst, dessen Schutz die nicht reichsangehörige Klägerin beansprucht, überhaupt nicht als im Deutschen Reiche „erschienen" anzusehen, so konnte der Beklagte es auch ruhig nachdrucken und vertreiben, ebenso wie umgekehrt in Rußland, das auch nicht der Berner Übereinkunft vom 3. September 1886 nebst der Pariser Zusatzakte vom 4. Mai 1896 beigetreten ist, in Deutschland erschienene Werke ungehindert nachgedruckt werden können. Unter dem Ausdrucke „erscheinen" versteht das Ges. v.

19. Juni 1901 die „Herausgabe des Werkes, also das öffentliche Angebot von Vervielfältigungen im Verlagshandel" (so die Begründung auf S. 392 [Einleitung] der Reichstagsverh. 1900 Anlagebd. 1). In der Begründung speziell des § 55 (auf S. 407 daselbst) heißt es weiter, unter Bezugnahme darauf, daß auch im internationalen Rechte, nämlich durch die Pariser Zusatzakte, der Schutz des ausländischen „Urhebers" an die Stelle des noch in der Berner Übereinkunft geschützt gewesenen inländischen „Verlegers" auswärtiger Schriftsteller und Komponisten treten sollte:

Ein „Verleger"schutz, der das Werk nur nach bestimmten Richtungen deckt, im übrigen aber es preisgibt, erscheint mit der Sicherheit des Verkehrs nicht vereinbar und führt zu fortwährenden Verwicklungen. Der Entwurf schützt deshalb den ausländischen „Urheber" als solchen und zwar ohne Unterschied, ob das Werk von einem inländischen Verleger herausgegeben wird oder ob es im Kommissionsverlag oder Selbstverlag erscheint.

Ebenso spricht die Begründung betr. die Pariser Zusatzakte, die in ihrem entsprechenden Art. 3 zwar nicht vom „Erscheinen" aber von dem erstmaligen „Veröffentlichen" der Werke in einem der Verbandsländer redet, an der entsprechenden Stelle (S. 3320 der Reichstagsverh. 1895 6. Anlagebd.) von der „ersten verlagsmäßigen" Veröffentlichung, die innerhalb des Verbandes erfolgt sein müsse.

Es fragt sich also, ob die Klägerin, von der vorausgesetzt werden mag, daß ihr der Vertrag entsprechende Rechte (also auch gegen Dritte wirkende) verschafft hat, wie es ein nach deutschem Rechte zu beurteilender Verlagsvertrag getan hätte, in einer der genannten Formen des Verlagshandels in Deutschland — eventuell wann zuerst — die hier fraglichen Kompositionen herausgegeben, d. h. vervielfältigt und die Vervielfältigungen öffentlich angeboten hat. Mag auch dazu nicht erforderlich gewesen sein, auch den Druck der Noten in Deutschland vornehmen zu lassen, so kann doch keine Rede davon sein, daß, was die Klägerin nach 1902 in Leipzig ins Werk gesetzt hat, indem sie nämlich daselbst die ersten 10 Exemplare der ersten Lieferung bei X. aufs Lager gab, damit dieser ihren weiteren Vertrieb besorge, als ein solches „Erscheinen" der Kompositionen in Leipzig bezeichnet werden könnte. Eine Zweigniederlassung der Klägerin daselbst bestand nicht. X. ist, indem er den Auftrag entgegennahm, auch nicht etwa unter der in Leipzig eingetragenen Firmenbezeichnung der Klägerin tätig geworden.

Ein Herausbringen des Werkes im „Selbstverlag" kommt überhaupt nicht in Frage. Höchstens könnte also noch in Betracht kommen, ob die Klägerin sich etwa des X. als ihres Kommissionärs, d. h. nicht eines gewöhnlichen Verkaufskommissionärs, der die einzelnen Exemplare des russischen Verlagsvertrieb, sondern eines Verlegers, der mit der Klägerin ein Kommissionsverlagsgeschäft abgeschlossen hatte, bedient habe, als sie jene 10 Exemplare bei ihm auflegte und die fraglichen Veröffentlichungen in den Zeitungen vornahm. Auch diese Frage ist aber zu verneinen. Es versagt schon das Kriterium für das Herausgeben des Werks im eigenen Verlag des X., wenn auch eines für Rechnung der Klägerin besorgten, nämlich: daß das einzelne Exemplar den Namen des X. als Verlegers getragen hätte....

Auch sonst hat es sich bei dem Vertriebe des Werkes durch F. nur um eine durch ihn vermittelte Besorgung der eigenen Verlagsgeschäfte, also des russischen Verlages der Klägerin gehandelt. Für dieses auswärtige Verlagsgeschäft, ebenso wie für andere, hielt X. in Leipzig ein Auslieferungslager, dessen Spesen, soweit durch ihr Lager erwachsen, die Klägerin trug und durch dessen Vermittelung der Verkehr des Moskauer Geschäfts mit den Sortimentern bezw. mit dem kaufenden Publikum direkt aufrechterhalten wurde. Dafür bezog dann X. offenbar seine Kommissionsgebühren. Es ist das also nichts anderes, als was auch sonst im Buchhandel üblich ist, speziell in Leipzig. Selbständige Verleger, besonders Kommissionsverleger, sind solche Kommissionäre keineswegs, auch wenn das von ihnen für die einzelne Verlegerfirma gehaltene Auslieferungslager noch so groß ist, worauf es garnicht ankommt (vgl. über den besonderen Inhalt des Kommissionsverlagsgeschäfts die Begründung des Entw. über das Verlagsrecht S. 415 der Reichstagsverh. 1900; Anlagebd. 1). M. M.

c) **„Nutzungswert". Abzahlungsgesetz § 2.**

OLG. Hamburg I. ZS. Urteil v. 15. Dez. 1905.

Nach § 2 ist im Falle des Rücktritts dem Verkäufer „für die Überlassung des Gebrauchs oder der Benutzung deren Wert zu vergüten, wobei auf die inzwischen eingetretene Wertminderung der Sache Rücksicht zu nehmen ist". Danach hat der Abzahlungskäufer den allgemeinen Nutzungswert der Sache oder, wie die Motive sagen, „diejenige Entschädigung zu gewähren, die unter entsprechenden Verhältnissen für den gemeingewöhnlichen Gebrauch derartiger Gegenstände im allgemeinen üblich ist", d. i. der übliche Mietpreis. Nach allgemeiner Auffassung ist in diesem Äquivalente für die überlassene Nutzung der Sache nicht nur die Verzinsung ihrer Anschaffungskosten, sowie ein entsprechender Anteil an den Gesamtunkosten des Geschäftsbetriebs und ein mäßiger Reingewinn für den Überlasser enthalten, sondern auch ein Entgelt für die notwendige und gewöhnliche Abnutzung und dadurch bewirkte Wertminderung der Sache selbst (vgl. OLG. Jena Thür. Bl. f. Rechtspfl. 30 S. 205). Dies erkennen auch die Motive als selbstverständlich an, indem sie ausführen, daß bei Bemessung der Entschädigung auf die Verringerung des Verkehrswerts, den z. B. neue Möbel durch eine wenn auch nur kurze Benutzung erleiden, gebührende Rücksicht zu nehmen sei. Dieser Gedanke ist bei der Beratung im Reichstag durch Annahme eines dahingehenden Antrags zum gesetzgeberischen Ausdruck gebracht worden, indem der Zusatz betreffend Rücksichtnahme auf die Wertminderung, der sich ursprünglich im Entwurf nicht fand, in diesen aufgenommen wurde. Dadurch hat der Grundgedanke des Gesetzes nicht verändert werden, sondern dieser nur weiter und zwar dahin klargestellt werden sollen, daß die Wertminderung — wie die Anknüpfung des diese betreffenden Passus mit dem Worte „wobei" erkennen läßt — nur im Rahmen der Nutzungsvergütung berücksichtigt werden soll, diese aber infolgedessen bei Hingabe neuer Sachen, welche eine Einbuße ihres Werts schon allein durch ihre Gebrauchnahme erleiden, entsprechend höher zu bewerten ist, als bei Überlassung von Sachen, die bereits gebraucht sind und vermietet zu werden pflegen. M. M.

5

a) Pflichten eines kaufmännischen „Lagerhalters".

OLG. Hamm, III. ZS. Urteil v. 3. Mai 1906.

Die Klägerin A. war 1902 als „Lagerhalterin" bei der Beklagten angestellt. Der Vertrag bestimmt:

§ 3. Für alle der A. erwachsenden Verpflichtungen, insbesondere für allen Schaden, welcher durch ihr Verschulden der Genossenschaft erwächst, haftet sie mit der von ihr zu hinterlegenden Kaution von 1000 Mark. Nach Auflösung des Vertragsverhältnisses wird die Kaution zurückgegeben, sobald festgestellt ist, daß die Genossenschaft Ansprüche nicht mehr hat.

§ 4. Für Einwiegen, Schwinden 2c der Ware wird der A. ein Mankosatz von $^1/_2$ % der Bruttoeinnahme gewährt. Wenn dieser Satz überschritten wird, hat sie den überschießenden Betrag bar zu erstatten. Wenn der Satz nicht erreicht wird, hat sie auf den Differenzbetrag keinen Anspruch.

Nach Auflösung des Dienstverhältnisses 1904 hat die Beklagte die Kaution zurückbehalten, weil sich ein Fehlbetrag am Warenvorrate von über 1000 Mark herausgestellt habe. Aus den Gründen:

Als Lagerhalterin eines kaufmännischen Geschäfts mußte die Klägerin an sich ohne weiteres für den ihr übergebenen Warenbestand aufkommen, sich bezüglich jedes Fehlbetrags durch Nachweis des ordnungsmäßigen Abgangs ausweisen, andernfalls sie für den Verlust der ihr anvertrauten Waren regelmäßig verantwortlich wurde. Dies folgt ohne weiteres aus der Natur des von ihr eingegangenen Dienstverhältnisses und § 260 BGB. Selbstverständlich konnten ihre Vertragspflichten durch besondere Vereinbarungen gemildert werden, und es wäre an sich gewiß denkbar, daß die Haftung der Sicherheit von 1000 Mark auf *besondere Fälle*, ein Verschulden u. dgl., beschränkt wäre. Der Vertrag sieht aber keine Milderung der Pflichten der Lagerhalterin vor und § 3 spricht deutlich und klar aus, daß die Sicherheit für *alle* Verpflichtungen der Klägerin haften sollte. Wenn hinzugesetzt wird „insbesondere . . .", so läßt schon die *grammatische* Auslegung des ersten Satzes des § 3 keine andere Deutung zu, als daß mit „insbesondere 2c" *lediglich* ein *besonders hervorgehobenes Beispiel* einer Verpflichtungsverletzung gegeben werden sollte, für welche die Sicherheit hafte. Die Auffassung, der § 3 habe *überhaupt* die Haftung der Sicherheit auf solche Fälle von Verpflichtungsverletzungen beschränken wollen, welche ein *Verschulden* der Klägerin enthielten, ist nach dem *Wortlaute* unhaltbar. Will man die *logische* Auslegung noch heranziehen, so stellt der § 4 außer Zweifel, daß die Vertragschließenden sich darüber klar waren, daß die Klägerin für *jeden*

Fehlbetrag, der den Satz von $1/_2$ % der Bruttoeinnahme überschritt, aufzukommen und den Wert der fehlenden Waren in bar zu erstatten hatte. Daß der Mankosatz von $1/_2$ % „für Einwiegen" gewährt werden solle, hat lediglich den Sinn, daß eine beispielsweise Erklärung des Grundes dieser Vergünstigung der Lagerhalterin gegeben werden sollte, wie der Zusatz „2c" hinter „Schwinden" außer Zweifel setzt. Nicht die Beklagte hat zu beweisen, daß die Klägerin „durch Vernachlässigung der erforderlichen Aufsicht des ihr anvertrauten Lagers, Verderbenlassen von Waren oder sonstige unordentliche Wirtschaftsführung oder Veruntreuung" einen Fehlbetrag verschuldet habe, der mindestens die Höhe der zurückgeforderten Sicherheit erreicht, sondern die Klägerin muß, wenn ihr das Vorhandensein eines Fehlbetrags, über $1/_2$ % der Bruttoeinnahme hinaus, nachgewiesen wird, sich über den ordnungsmäßigen Abgang ausweisen oder den Entschuldigungsbeweis dafür führen, daß der Verlust an Waren auf einem Umstande beruhe, den sie durch vertragsmäßige Sorgfalt nicht habe abwenden können (beispielsweise auf einem Einbruchsdiebstahle zur Nachtzeit oder dgl.). Andernfalls haftet sie mit der bestellten Sicherheit für ihre Vertragspflicht der sicheren Verwahrung der ihr anvertrauten Waren. v. Sp.

b) **Auflassung bei Aufnahme eines Kommanditisten.**

Kammergericht, I. ZS. Beschluß v. 18. Januar 1906.

Die Grundstückseigentümerin, die aus A. und B. bestehende offene Handelsgesellschaft R. D., hatte sich aufgelöst. A. führte das Geschäft unter unveränderter Firma fort und nahm als Kommanditistin die Aktiengesellschaft M. auf. Der Antrag der Firma, im Grundbuche zu vermerken, daß sie nunmehr eine Kommanditgesellschaft sei, wurde zurückgewiesen. Auch die weitere Beschwerde blieb erfolglos. Gründe:

Einer Auflassung bedarf es einerseits nur dann, anderseits dann aber auch stets, wenn infolge rechtsgeschäftlicher Verfügung ein Personenwechsel im Eigentum eintritt. Ein solcher Wechsel liegt aber dann vor, wenn bei Auflösung einer off. H.-Gesellschaft ein Gesellschafter das Gesellschaftsvermögen übernimmt. Der Grund ist darin gefunden, daß nach § 124 HGB. das Gesellschaftsvermögen sich dem Vermögen der einzelnen Gesellschafter gegenüber als ein mit Selbständigkeit ausgestatteter Vermögenskomplex darstellt, die Überführung von Gesellschaftsvermögen in Sondervermögen der Gesellschafter also der zur Eigentumsübertragung erforderlichen Form bedarf (Jahrbuch 24 S. 110, 27 S. 276, 28 S. 252). Naturgemäß muß das gleiche auch dann gelten, wenn jemand Sondervermögen in eine off. H.-Gesellschaft oder, was dem gleich steht, in eine Kommanditgesellschaft einbringt. Diese Auffassung hat in neuerer Zeit auch das Reichsgericht anerkannt (Entsch. 56 S. 98, 211, 432; 57 S. 434; JMBl. 1905 S. 321). Den älteren Entscheidungen (JW. 1898 S. 609[30], 1899 S. 320[48]) ist nicht beizutreten. Daraus ergibt sich, daß, wenn sich mehrere derartige Rechtsakte zeitlich hintereinander abspielen dergestalt, daß zunächst unter Auflösung einer off. H.-Gesellschaft der eine der beiden Gesellschafter das Geschäft übernimmt, und sodann in sein Geschäft einen andern als Gesellschafter oder als Kommanditisten aufnimmt, es bei jeder der beiden Neubildungen einer Auflassung bedarf, indem zunächst der austretende Gesellschafter das Grundstück seinem bisherigen Mitgesellschafter, und dieser es alsdann an die neue off. Handels- bezw. die Kommanditgesellschaft aufläßt. Selbstverständlich kann, wenn die neue Gesellschaft bereits vor Auflassung entstanden ist, die Auflassung durch den Ausgetretenen an die neue Gesellschaft sofort erfolgen, ohne daß es einer Zwischenauflassung an denjenigen bedarf, welcher das Vermögen der alten Gesellschaft übernommen und sodann die neue Gesellschaft gebildet hat.

Anders gestaltet sich die Rechtslage, wenn ein Kommanditist in eine bestehende Gesellschaft eintritt. Für das frühere Recht hatte das RG. 32 S. 47 hierin die Auflösung der alten und Gründung einer neuen Gesellschaft mit einem Wechsel des Rechtsträgers gefunden. Nach den jetzigen §§ 139, 162³ HGB. kann es aber keinem Zweifel unterliegen, daß in solchem Falle die Identität der Gesellschaft gewahrt bleibt und deshalb für eine Übertragung des Gesellschaftsvermögens auf die neue Gesellschaft kein Raum ist (Denkschr. S. 112; Entsch. d. RG. 55 S. 126; Jahrbuch 26 S. 221; Staub § 162 Anm. 6).

Bestritten ist, ob, wenn bei einer aus zwei Gesellschaftern bestehenden Gesellschaft der eine austritt und zugleich ein Anderer Teilnehmer des Nichtaustretenden wird, die Annahme eines Fortbestandes der bisherigen Gesellschaft logisch und rechtlich möglich ist (vgl. die Literatur im JW. 1901 S. 845²⁸). Die herrschende Meinung hat sich bisher dafür ausgesprochen. Neuerdings ist aber in zwei Entsch. des VI. u. VII. ZS. des RG., dessen I. S. der herrschenden Ansicht beigetreten war, dieser in Zweifel gezogen worden, ohne daß jedoch eine bestimmte Stellung zu der Frage eingenommen ist (JW. 1899 S. 675¹³; 1901 S. 845²⁸). Einer solchen bedarf es auch hier nicht. Denn soviel ist jedenfalls unbedenklich, daß in solchem Falle eine Forterxistenz der alten Gesellschaft nur dann vorliegt, wenn nach Inhalt des Vertrages der neue Gesellschafter in die alte Gesellschaft eingetreten ist, nicht auch, wenn zunächst der eine Teilhaber das Geschäft als das seine übernommen und alsdann in sein Geschäft einen neuen Gesellschafter aufgenommen hat. Vorliegend trifft aber das letztere zu. Die Beschwerdeführerin erklärt selbst, daß die Aktiengesellschaft M. in das von A. übernommene, unter der bisherigen Firma fortgeführte Geschäft als Kommanditistin eingetreten sei, und dem entsprechen auch der Vertrag mit der Aktiengesellschaft und die Anmeldung und Eintragung im Handelsregister.... Hiernach haben die Vorderrichter zur Umschreibung des Grundstücks auf die zwar dieselbe Firma führende aber einen neuen Rechtsträger darstellenden Kommanditgesellschaft die Auflassung für erforderlich erklärt.

Hingewiesen werden mag übrigens noch auf das Bedenken, ob überhaupt eine rechtswirksame Kommanditgesellschaft zustande gekommen ist und die

Eintragung derselben im Handesregister aufrecht erhalten werden kann. Nimmt man an, daß eine Aktiengesellschaft nur unter einer Firma ihre Geschäfte betreiben darf (Staub § 22 Anm. 9), und daß demnach eine Aktiengesellschaft nicht Mitglied einer offenen Handels- oder Kommanditgesellschaft werden kann (Staub § 105 Anm. 19, § 161 Anm. 5, Entsch. des RG. 36 S. 140), so liegt der Schluß nahe, daß eine dem zuwider errichtete Kommanditgesellschaft als eine solche im Sinne der §§ 161 ff. HGB. nicht anzusehen ist, da die Eintragung in das Handelsregister, auch wenn sie zu Unrecht erfolgt, ist, unter Umständen zwar nach außen hin Wirkungen äußern, aber niemals die einer Gesellschaftsbildung anhaftenden rechtlichen Mängel beseitigen und die nachträgliche Löschung der Firma von Amts wegen hindern kann (FrGG. § 142). Eine Entscheidung dieser Frage erfordert die Sachlage indessen nicht. Dr. H.

c) **Einforderung von Einlagerückständen durch die Liquidatoren auf Grund des § 24 Ges. m. b. H. Aufrechnung.**

OLG. Köln, XI. ZS. Urteil v. 17. Januar 1906.

Nach § 71 haben die Liquidatoren im allgemeinen die Rechte und Pflichten des Geschäftsführers. Dies gilt jedoch nur, soweit sich nicht aus dem Wesen der Liquidation ein anderes ergibt (§ 69). Das Wesen der Liquidation besteht darin, daß das Vermögen der Gesellschaft in Geld umgesetzt, die Aktiva angemessen verwertet, insbesondere die Forderungen eingezogen werden, damit die Gläubiger befriedigt und die Überschüsse gleichmäßig verteilt werden (§§ 70, 72). Innerhalb dieses Rahmens sind die Liquidatoren an Beschlüsse der Gesellschafter nicht gebunden und der § 46 Nr. 2, wonach die Gesellschafter über die Einforderungen von Einzahlungen auf die Stammeinlagen zu bestimmen, greift nicht Platz; sie sind sogar kraft der ihnen vom Gesetze übertragenen selbständigen Stellung verpflichtet, etwaige dem Zwecke der Liquidation widersprechende Beschlüsse der Gesellschafter unbeachtet zu lassen (Entsch. des RG. 59 S. 59; Staub § 69 Anm. 30).

Hinsichtlich der Frage, ob die Voraussetzungen des § 24 erfüllt sind, ist die Ansicht des Beklagten offenbar unzutreffend, es bedürfe des Nachweises der erfolglosen Durchführung aller gegen die Zahlungsunfähigen möglichen Zwangsmittel und des weiteren Nachweises, daß der Verkauf des Geschäftsanteils wenigstens versucht und der Versuch ganz ohne Ergebnis oder nur mit einem Ausfall möglich gewesen sei. Das Gesetz stellt diese Erfordernisse nicht auf und deshalb muß genügen, wenn die vorbezeichneten Maßregeln als aussichtslos zu betrachten sind (Staub § 24 Anm. 2). Ebensowenig hat der Kläger nachzuweisen, daß der eingeforderte Betrag zur Deckung der Schulden erforderlich sei. Allerdings sollen die Liquidatoren an rückständigen Einlagen nicht mehr einziehen, als für die Zwecke der Liquidation erforderlich ist; aber es gehört nicht zur Begründung der Klage, eine rechnungsmäßige Aufstellung über den Bedarf zu geben oder gar den Beweis dafür anzutreten, daß die zu deckenden Schulden wirklich bestehen. Regelmäßig wird die Einforderung auch schon erforderlich, damit die Liquidatoren Barmittel in die Hand bekommen zur Beendigung der schwebenden Geschäfte, zu welchem Zwecke sie nach § 70 Satz 2 auch neue Geschäfte eingehen dürfen, und es wird sich meist kaum im voraus übersehen lassen, welcher Mittel sie hierzu bedürfen werden. Will man den Einwand, der eingeforderte Betrag sei für die Zwecke der Liquidation nicht erforderlich, überhaupt zulassen (Staub § 69 Note 1 Nr. 7, JW. 1899 S. 305), so muß der Beklagte ihn durch bestimmte Behauptungen dahin begründen, daß bei sachgemäßer, verständiger Abschätzung der vorhandenen Mittel der Rückgriff aus § 24 nicht erforderlich ist und die Einforderung sich als offenbare Unbilligkeit darstellt.

Gegen die Klagforderung kann der Beklagte nicht mit Gegenforderungen aufrechnen. Der § 19² ist auf den Fall des § 24 ebenfalls anzuwenden, denn auch die zu deckenden Fehlbeträge sind Stammeinlagen und die Gesellschaft hat im Interesse ihrer Existenzfähigkeit, nicht minder aber auch ihrer Gläubiger ein Recht darauf, daß alle bar zu zahlenden Stammeinlagen wirklich geleistet werden, gleichviel ob sie von dem zunächst Verpflichteten oder von den in zweiter Linie haftbaren Gesellschaften zu leisten sind. Wenn man nicht so weit gegangen ist, den Geschäftsanteil, aus dem der Fehlbetrag herrührt, auf die zahlenden Gesellschafter übergehen zu lassen (arg. e contr. § 22⁴, Motive S. 28), so geschah dies im Interesse der Gesellschaft, die in der Lage ist, den Geschäftsanteil anderweit zu verwerten, aber es folgt nicht daraus, daß sie bei der Einziehung von Fehlbeträgen schlechter gestellt sein soll, als bei der Zahlung durch den ursprünglich Verpflichteten. Staub verweist für seine gegenteilige Ansicht auf § 25, der eine Befreiung der Gesellschaft nur von den in §§ 21—24 bezeichneten Rechtsfolgen für unstatthaft erklärt, ohne das Verbot der Aufrechnung zu erwähnen. Indessen handelt es sich hier um verschiedene Dinge. § 25 verneint die Zulässigkeit einer Vereinbarung über den Nichteintritt der in §§ 21—24 bezeichneten Folgen unterbliebener Einzahlung von Stammanteilen, dagegen bestimmt der § 19² hinsichtlich der Aufrechnung nur, daß der Gesellschafter diesen Rechtsbehelf nicht einseitig geltend machen kann, während die vertragsmäßige Aufrechnung vollwertiger Gegenforderungen nicht ausgeschlossen ist (§ 19³, Entsch. des RG. 54 S. 289). Solange aber die Gesellschaft die Aufrechnung ablehnt, bleibt diese auch für ihre Ansprüche aus § 24 unzulässig. An dieser Rechtslage ist nun dadurch, daß die Klägerin in Liquidation getreten ist, nichts geändert. Dr. N.

d) **Lieferung eines Policenauszuges bei Cif-Geschäften.**

OLG. Hamburg, IV. ZS. Urteil v. 30. Oktober 1905.

Wenn das Landgericht Hamburg von einer „hiesigen Usance" spricht, nach der bei Cif-Geschäften der Verkäufer einen Policenauszug über die erfolgte Versicherung der Ware zu liefern habe, so versteht es darunter offenbar nicht einen Handelsgebrauch, der sich auf die vom Verkäufer zu Hamburg zu erfüllenden Geschäfte beschränkt. Ein Gebrauch dieses Inhalts würde im wesentlichen nur die hamburgischen Kaufleute treffen, die mit der Bedingung cif nach einem auswärtigen Bestimmungsorte verkaufen. Gemeint ist aber zweifellos, daß gemäß dem Gebrauche, der den Verkehr der hiesigen Kaufleute mit auswärtigen, sowohl deutschen wie ausländischen, Käufern und Verkäufern beherrscht, der Verkäufer bei allen mit der Klausel cif geschlossenen Kaufgeschäften einen Policenauszug zu liefern hat. Es ist also von den Handelsrichtern auf Grund ihrer hiesigen Geschäftserfahrung ein nicht nur am hiesigen Platz gültiger, sondern den gesamten deutschen sowohl wie internationalen Handelsverkehr beherrschender Gebrauch festgestellt. Daß ein solcher in der Tat besteht, nimmt das Berufungsgericht ohne Bedenken an, da auch die Erfahrungen seiner Judikatur die Feststellung der sachverständigen Handelsrichter bestätigen. Der Grund dieses Gebrauchs liegt darin, daß der Käufer ein erhebliches Interesse daran hat, zu erfahren, in welcher Weise die Versicherung genommen ist. Er muß wissen, wie hoch sie ist, muß auch seinen auswärtigen Abnehmer in die Lage setzen, im Schadensfalle die Vorschriften der Police zu wahren und die Entschädigung zu reklamieren. In vielen Fällen bedarf er der Polize, um die Konnossemente von Bankiers aufnehmen zu lassen. Die örtliche Geltung dieses Handelsgebrauchs erstreckt sich also auch auf die [in Sachsen belegene] Niederlassung der Klägerin, weshalb auch sie durch ihn verpflichtet wird.

Der Umstand, daß die Klägerin die Versicherung zulässiger und der Beklagten bekanntermaßen in laufender Police genommen hatte, steht der Anwendung dieses Handelsgebrauchs nicht entgegen, denn gerade für Fälle dieser Art dienen die verkehrsüblichen Policenauszüge, während bei Einzelversicherung die Police selbst dem Käufer ausgehändigt wird. M. M.

e) **Veräußerung eines Geschäfts. HGB. § 348. Bestätigung einer Geschäftsübertragung. BGB. § 141.**

OLG. Hamburg, II. ZS. Urteil v. 13. Januar 1906.

... Einer Herabsetzung der Vertragsstrafe gemäß § 343 BGB. steht schon der § 348 HGB. im Wege. Daß der Beklagte nach Übertragung seiner Firma und seines Geschäfts an X. eine Zeitlang „privatisiert" hat, ist unerheblich. Nach § 348 HGB. kommt es darauf an, ob die Vertragsstrafe von einem Kaufmann im Betriebe seines Handelsgewerbes versprochen ist. So wie der ursprüngliche Vertrag mit X. stellt sich auch der Vertrag, durch den der Beklagte sein Geschäft und seine Firma dem Kläger übertrug, dar als eine Betätigung des Beklagten als Kaufmann in seinem Handelsgewerbe.[1] Daß der Beklagte angeblich in der Zeit zwischen dem Abschluß seines Vertrags mit X. und der Übertragung der Rechte und Pflichten aus diesem Vertrage an den Kläger keine Geschäfte betrieben hat, nimmt diesem zweiten und neuen Vertrage mit Kläger nicht die unmittelbare Beziehung zu seinem Handelsgewerbe; vielmehr stellt sich diese Abmachung als der letzte und als ein her-

[1] Vgl. Rsp. 11 S. 406; Staub § 343 Anm. 26.

vorragend wichtiger Akt in der Ausübung des bisherigen Handelsgewerbes dar (Staub Anm. 26 zu § 343, 25 zu 348 HGB.).

Der Einwand, Beklagter sei zur Zeit des Vertragschlusses unzurechnungsfähig gewesen, ist unbegründet, weil er das vermeintlich nichtige Rechtsgeschäft in rechtlich wirksamer, den Anforderungen des § 141 BGB. entsprechender Weise dem Kläger gegenüber nachträglich bestätigt hat. Eine solche Bestätigung kann bei Verträgen, die, wie der hier fragliche, an keine besondere Form gebunden sind, auch durch konkludente Handlungen stillschweigend erfolgen und sie wird besonders regelmäßig darin zu finden sein, wenn die Vertragschließenden nach Wegfall des Nichtigkeitsgrundes die Erfüllung des Vertrags bewirken und annehmen (vgl. Planck Anm. 1 zu § 141 BGB.). Ein solcher Fall liegt hier vor. Der Beklagte, der seit dem 3. Oktober 1903 zurechnungsfähig war, hat seitdem nicht nur den Vertrag, auf den sich die Klage gründet, nicht angefochten, sondern die Erfüllung des Vertrags, wie eines gültigen, die Gegenseite vornehmen lassen, sogar schließlich auf der Grundlage des Vertrags mit dem Kläger abgerechnet und dann auch noch widerklagend bei alleiniger Beanstandung der das Konkurrenzverbot betreffenden Sondervorschrift das Ergebnis der Abrechnung gegen den Kläger geltend gemacht. Allerdings will Beklagter irrigerweise geglaubt haben, er könne den Vertrag wegen seiner früheren Geschäftsunfähigkeit nicht als nichtig anfechten, und will dies erst jetzt erfahren haben. Ein solcher Irrtum, selbst wenn er zur Zeit der Bestätigung des Rechtsgeschäfts bei dem Beklagten bestanden haben sollte, kann die in der Bestätigung abgegebene und als Bestätigung gewollte Willenserklärung nicht einmal nach § 119 BGB. anfechtbar machen. M. M.

f) **Selbsthilfeverkauf. Versteigerung in einzelnen Posten.**

OLG. Dresden, VII. ZS. Urteil v. 25. April 1906.

Die Vertagung des Versteigerungstermins in O. vermöchte die Wirksamkeit der Veräußerung für das Verhältnis der Parteien zueinander nur dann zu beeinträchtigen, wenn dadurch die Öffentlichkeit der Versteigerung beeinflußt, wenn insbesondere der neue Termin nicht rechtzeitig bekanntgegeben worden wäre. Dafür liegt nichts vor. In Frage könnte kommen, ob der Verkauf nicht in Z., wohin der Kläger im Mangel anderer Weisungen des Beklagten zu liefern hatte, zu bewirken gewesen wäre. Im Zweifel ist jedoch davon auszugehen, daß schon zur Vermeidung überflüssiger Frachtkosten der Selbsthilfeverkauf dort vorzunehmen sei, wo sich die Ware zur Zeit der Vornahme desselben befindet, vorausgesetzt, daß die Ware nicht erst in einer durch den Vertrag nicht gerechtfertigten und unzweckmäßigen Weise dahin gebracht worden ist. Letzteres war nicht der Fall; dem Kläger stand frei, von welchen schlesischen Orten aus er die Hölzer liefern wollte. Es ist auch nach der ganzen Sachlage die Annahme gerechtfertigt, daß die versteigerten Hölzer bereits bei Eintritt des Annahmeverzugs des Beklagten sich an den Orten befunden und dort dem Kläger zur Verfügung gestanden haben, wo sie dann versteigert worden sind. Es fehlt ferner an Anhalt dafür, daß der Kläger die Vornahme der Versteigerung an diesen Orten für unzweckmäßig und den Interessen des Beklagten zuwiderlaufend habe ansehen müssen, oder daß sie auch nur objektiv unsachgemäß gewesen sei, daß besonders die Versteigerung in Z. voraussichtlich ein günstigeres Ergebnis erbracht, nämlich zu einem Erlöse geführt haben würde, der unter Abzug der ersparten Frachtspesen den erreichten überstiegen hätte.

Unzulässig war dagegen die Versteigerungsbedingung, durch die bei den in O. versteigerten Hölzern die Gewährleistung für Güte und Beschaffenheit des Holzes abgelehnt wurde. Indessen diese Bedingung war für den Erfolg unerheblich;[1] das Ergebnis der Versteigerung wäre das nämliche gewesen, auch wenn jene weggelassen worden wäre. Die Beschaffenheit der Hölzer konnte nämlich, besonders was deren Länge und Stärke und ihre Eigenschaft als grobästiges oder nicht grobästiges Holz betrifft, ohne weiteres von den Kauflustigen vor und bei der Versteigerung durch den Augenschein festgestellt werden. Außerdem war für diese das Vorliegen oder Fehlen einer der hervorgehobenen Eigenschaften gleichgültig; das Versteigerungsprotokoll ergibt, daß die Hölzer in ganz kleinen Posten ausgeboten und zugeschlagen worden sind, daß also keiner der außer dem Kläger erschienenen Bieter ein solcher war, der sie zur fabrikmäßigen Herstellung von Holzstoff oder zur Weiterveräußerung an einen Besitzer einer Holzstofffabrik zu erwerben beabsichtigt hatte. Sie haben vielmehr auf das Holz offenbar nur als Feuerholz geboten und von vornherein bieten wollen.

Die den Gegenstand des Lieferungsvertrags bildende Holzmenge war ferner nicht auf einmal, sondern in einzelnen Posten zu liefern, wobei dem Kläger die Wahl des Absendungsorts freistand. Deshalb durfte er auch einzelne Posten und zwar an verschiedenen Orten im Wege des Selbsthilfeverkaufs zur Versteigerung bringen, immer vorausgesetzt, daß er dabei, namentlich hinsichtlich der Bemessung des Umfangs der versteigerten Posten nicht in einer unsachgemäßen, dem Sinne des Vertrags oder den Interessen des säumigen Beklagten widersprechenden Weise verfuhr. Er war also nicht gezwungen, den ganzen rückständigen Teil der Lieferung zu versteigern, sondern konnte sachgemäß bemessene Einzelposten an den Orten, wo sie zur Absendung für ihn bereitlagen, zur Versteigerung bringen, hinsichtlich des verbleibenden Restes aber von dem Selbsthilfeverkaufe absehen und Zahlung des vollen Kaufpreises fordern. Die Selbsthilfeverkäufe sind für Rechnung des Beklagten vorgenommen worden; mit ihnen hat der Kläger sonach nicht etwa das Recht auf Schadensersatz, sondern das auf Erfüllung gewählt (Entsch. des RG. 41 S. 64; Sächs. Archiv 1892 S. 237; Seuffert 60 S. 136). Deshalb war er durch die Androhung des Selbsthilfeverkaufs nicht gehindert, von der angedrohten Maßnahme ganz oder teilweise abzusehen und einfach den Kaufpreis für den Teil der Hölzer zu fordern, deren er sich nicht im

[1] Vgl. dagegen JW. 1895 S. 440, 1900 S. 665, 1902 S. 545 Nr. 11.

Wege des Selbsthilfeverkaufs entledigt hatte. Ein unzulässiges Ändern der einmal getroffenen Wahl, wie solches in dem Übergehen vom Schadensersatz- zum Erfüllungsverlangen liegen würde, hat damit der Kläger nicht bewirkt.... M.

g) **Rüge der verspäteten Lieferung.**

OLG. Hamburg, IV. ZS. Urteil v. 15. November 1905.

Die Beklagten rügen nicht die Beschaffenheit, sondern nur die verspätete Lieferung. Eine Vorschrift oder ein allgemeiner Handelsgebrauch, nach denen der Käufer die verspätete Lieferung sofort zu rügen hätte und durch Unterlassung solcher Rüge seiner ihm durch den Verzug des Verkäufers erwachsenen Rechte verlustig ginge, besteht nicht. Die weitere Behauptung des Klägers aber, „daß kraft einer allgemeinen Handelsusance, falls die in der hier streitigen Order enthaltenen Bedingungen hinsichtlich Überschreitung der Lieferfrist getroffen sind, der Käufer sich auf dieselben dann nicht mehr beziehen könne, wenn er nicht sofort nach Eingang der Beanstandung des überseeischen Abnehmers dem Verkäufer Kenntnis gibt", kann ohne weiteres verworfen werden. Die hier fraglichen Vertragsbestimmungen sind nicht allgemein gebräuchlich, sondern von den Beklagten speziell für ihr Geschäft verfaßt, und weichen von dem, was sonst in den Orderformularen der Exporteure bedungen zu werden pflegt, nicht unwesentlich ab. Über die Behandlung von Vertragsbedingungen, die an sich nicht üblich sind, kann sich aber unmöglich ein Handelsgebrauch gebildet haben. M. M.

h) **Unterlassene Rüge von Quantitätsmängeln.**

OLG. Hamm, III. ZS. Urteil v. 3. Mai 1906.

Beklagte hat weder das Fehlen der 2 Mark (Sendung vom 2. August), noch der 4 Mark (Sendung vom 28. Juli) vor Prozeßbeginn gerügt. Nach § 378 muß daher ein etwaiges Manko bei beiden Sendungen als genehmigt gelten, ohne daß Beklagter eine entsprechende Preisminderung begehren kann. Nach Lage der Umstände kann nicht angenommen werden, daß die gelieferte Ware offensichtlich von der Bestellung so erheblich abwiche, daß der Kläger die Genehmigung des Beklagten als ausgeschlossen habe betrachten müssen. Nun besteht allerdings in der Literatur Streit darüber, in welchem Umfange bei Quantitätsmängeln die Genehmigung des Käufers anzunehmen ist. Während Lehmann-Ring (Nr. 10 zu § 378) ausspricht: „Unterläßt der Käufer, rechtzeitig zu rügen, so gilt das Manko als genehmigt, der Käufer kann nicht einmal Preisminderung begehren," also die hier vertretene Ansicht teilt, wollen Litthauer (Handausgabe S. 476) und Düringer-Hachenburg (3a, b zu § 378) unterscheiden, ob die Ware wie vorliegend nach einem Einheitspreise für Stück, Maß oder Gewicht verkauft, oder für die Ware ein Pauschalpreis verabredet ist, der nicht nach Einheiten der Quantität bestimmt wurde; nur in letzterem Falle solle das Präjudiz der Genehmigung des Manko eintreten, während im ersteren Falle der Käufer die Lieferung nicht wegen Unvollständigkeit der Leistung zurückweisen dürfe, aber nicht zur

Zahlung des Manko verpflichtet sei. Was die Praxis anlangt, so hat die Frage, soweit ersichtlich, das RG. noch nicht beschäftigt; das OLG. Hamburg (Rsp. 10 S. 341) hat sie dahingestellt sein lassen; dagegen ist das OLG. Stettin (Goldschmidt Z. 54 S. 91) dahin gelangt, daß mangels Rüge auch in bezug auf das berechnete Gewicht die Leistung des Verkäufers als vertragsmäßig zu gelten habe.[1]

Nach dem Wortlaut des Gesetzes erscheint die Frage schon entschieden. Nach § 377 und seiner konstanten Auslegung beseitigt die bei fehlender Rüge fingierte Genehmigung der Ware jeden aus einem Qualitätsmangel hergeleiteten Anspruch, ohne jede Rücksicht darauf, ob eine vertragswidrige Beschaffenheit der Ware später etwa festgestellt wird. § 378 läßt aber den § 377 auch dann Anwendung finden, wenn eine andere als die bedungene Menge von Waren geliefert ist, dehnt also die für Qualitätsmängel geltenden Bestimmungen schlechthin auf Quantitätsmängel aus. Damit erledigen sich, de lege lata jedenfalls, alle Ausführungen der Gegner um so mehr, als die Entstehungsgeschichte des neuen Paragraphen keine Handhabe bietet, dem Wortlaut des Gesetzes eine andere Deutung zu geben, das Ergebnis der grammatischen Auslegung zu widerlegen. Wahrscheinlich hat die Reichstagskommission mit Rücksicht auf die dem § 377 (Art. 347) zugrunde liegenden gesetzgeberischen Gedanken, daß im Handelsverkehr der Verkäufer nicht ungebührlich darüber im Ungewissen gelassen werden soll, ob seine zum Zwecke der Erfüllung gemachte Lieferung als vertragsmäßig angenommen wird oder nicht, die Bestimmungen des § 377 ausdrücklich auf Quantitätsmängel ausdehnen wollen, um nach Ablauf einer angemessenen Frist Streitigkeiten wegen eines nicht sehr erheblichen Manko abzuschneiden, nachdem die Rechtsprechung eine analoge Anwendbarkeit des Art. 347 auf Quantitätsmängel verneint hatte. v. Sp.

i) **Der Verkäufer hat den auf den Kaufpreis erhaltenen Scheck in angemessener Frist vorzulegen.**

OLG. Braunschweig, I. ZS. Urteil v. 20. April 1906.

Der Beklagte hatte behufs Deckung seiner Kaufgeldschuld einen auf die M. Bank lautenden Scheck durch die Firma X. am 1. August ausstellen und der Klägerin zusenden lassen. Der Scheck ist von ihr weiter begeben und schließlich am 12. September mit Retourspesen belastet ihr zurückgesandt, nachdem er Anfang September bei der Bank ohne Erfolg zur Zahlung vorgelegt worden war. Bis zum 23. August würde er honoriert sein; die Zahlung ist verweigert, weil am 24. August X. in Konkurs ging. Die Klägerin fordert nunmehr den Kaufpreis, wurde aber abgewiesen. Gründe:

Der vorliegende Scheck ist keine kaufmännische Anweisung (§ 363 HGB.), da er der Orderklausel entbehrt. Die ihm mit den Worten „oder Überbringer" eingefügte Überbringerklausel bietet keinen Ersatz für die Order-

[1] Siehe auch OLG. Breslau im Recht 1905 S. 229. Vgl. aber auch S. 365, 366.

klausel. Letztere bedarf eines unzweifelhaft auf die Schaffung eines Orderpapiers gerichteten Ausdrucks, während erstere nur zu erkennen gibt, daß der Angewiesene von der Prüfung der Frage, ob der Überbringer den Scheck rechtmäßig erworben hat, befreit ist (Cosack, HR. § 58 1; Düringer-Hachenburg, HGB. II u. III d zu § 363; Seuffert 53 Nr. 99). Da der für Rechnung des Beklagten von X. zugunsten der Klägerin ausgestellte Scheck von der angewiesenen Bank nicht honoriert wurde, blieb die unterliegende Kaufgeldforderung der Klägerin unverändert bestehen; der Versuch des Beklagten, aus dem Guthaben des X. bei der Bank die Erfüllung der ihm gegenüber der Klägerin obliegenden Verbindlichkeit zu bewirken, ist nicht in die Tat umgesetzt. Ein Regreßanspruch wegen Nichthonorierung des Schecks erwuchs für die Klägerin nicht, sie war auf das zugrunde liegende obligatorische Verhältnis zurückzugehen gezwungen (Staub, HGB. A. 12 zu § 363, 13 zu § 364; Düringer-Hachenburg N. V Vorbemerk. zu § 363, Entsch. des RG. 44 S. 158/9, Motive BGB. 2 S. 564). Dieser Klage begegnet der Beklagte mit einem Schadensersatzanspruche, der von der Vorfrage abhängt, ob die Klägerin zu alsbaldiger Vorlegung des Schecks bei der Bank verpflichtet war, und ob sie solche Diligenzpflicht durch Nichtvorlegung bis zum 23. August verletzt hat. Die Vorfrage ist in beiden Beziehungen zu bejahen. Wenngleich Reichs- und Landesgesetze wie hinsichtlich des Schecks überhaupt so auch hier keine Normen geben, so ist man doch in der Rechtslehre darüber einig, daß der Empfänger eines zur Tilgung ihm gegen Aussteller zustehender Forderung gegebenen Schecks diesen bei dem Angewiesenen innerhalb einer billig zu bemessenden Frist vorlegen müsse; Verkehrssitte und Handelsgebrauch sprechen hierfür (Cosack VI 3 zu § 58; Düringer-Hachenburg a. O. V 1b aa, welcher unverzügliche Vorzeigung fordert; Endemann, Handb. 3 S. 1159, der eine Frist von acht Tagen nach der Ausstellung gewährt, Koch über Bedürfn. u. Inhalt v. Scheckges. S. 27). Danach war die vorliegend zu beobachtende Präsentationsfrist jedenfalls vor dem 24. August abgelaufen. Daß die Vorlegefrist — innerhalb billig zu bemessender Frist zu realisieren — durch den Wortlaut des Schecks ausgeschlossen sei, ist eine unrichtige Auffassung der Klägerin. Vielmehr ist als Wille der Parteien die alsbaldige Präsentation anzusehen; denn es lag in beider Interesse, das bestehende Schuldverhältnis möglichst schnell zu lösen und zu diesem Zwecke den Angewiesenen zur Zahlung zu veranlassen. Die Worte „oder Überbringer" haben mit der Diligenzpflicht ebensowenig zu schaffen, wie das in der Fußnote ausgesprochene Verbot der Streichung dieser Worte und der Setzung einer Zahlungsfrist. Hätte die Klägerin ihrer Diligenzpflicht genügt, so wäre der Scheck honoriert und damit der Beklagte von der Kaufgeldschuld befreit worden. Daß dieser Erfolg nicht eingetreten ist, hat die Klägerin verschuldet; sie ist ersatzpflichtig. Die Höhe des Schadens besteht in dem Betrage, um den der Beklagte durch Honorierung des Schecks von seiner Kaufgeldschuld befreit worden wäre, d. i. in der Schecksumme. Dr. H.g.

k) **Haftung der Eisenbahn für ihr nicht zur Verwahrung übergebene Güter.**

OLG. Hamburg, II. ZS. Urteil v. 10. April 1906.

Die Kläger verkennen den Begriff des Verwahrungsvertrags, wenn sie aus dem Umstande, daß der beklagte Eisenbahnfiskus auf seinem Terrain seine Eisenbahnwagen den Spediteuren X. zu dem Zwecke zur Verfügung gestellt hat, damit diese dort mit ihren Leuten ihre Waren einlüden, den stillschweigenden Abschluß eines Verwahrungsvertrags ableiten. Mit dieser Bereitstellung ist nichts anderes geschehen, als daß der Beklagte auf seinem Terrain den Spediteuren einen Raum zur Verfügung gestellt hat, damit diese dort ihre Sachen verwahrten. Daß dies geschehen ist zu dem Zwecke, damit demnächst die Eisenbahn von X. das von diesen in den gedachten Raum eingelagerte Gut zur Beförderung übernehme, spricht nicht für, sondern gegen die Annahme, daß schon vor Übernahme des Gutes zur Beförderung ein Verwahrungsvertrag mit Bezug auf das zukünftige Frachtgut abgeschlossen gewesen sei. Der § 688 BGB. läßt deutlich erkennen, daß der Abschluß eines Verwahrungsvertrags voraussetzt, daß die zu verwahrende Sache vom Hinterleger dem Verwahrer übergeben wird. An dieser Beziehung des Verwahrers zur Sache fehlte es vorliegend vor der Übernahme des Frachtguts zur Beförderung völlig; durch die bloße Hergabe des Raumes an den Spediteur zum Zwecke der Einladung von Sachen wird, gleichgültig, ob der Beklagte wußte, daß es Kaffee oder was sonst war, was der Spediteur dort einladen wollte, diese Beziehung des Beklagten zur Sache nicht hergestellt. Hieran wird auch dadurch nichts geändert, daß der Beklagte eine Bewachung des Bahnhofs während des Tages und besonders auch während der Nacht eintreten läßt. Damit, daß die Bahnverwaltung dies im öffentlichen Interesse tut, tritt sie nicht zu dem einzelnen, dem sie auf ihrem Terrain einen Raum zur Verwahrung von Sachen zur Verfügung gestellt hat, in das Verhältnis eines Verwahrers von dessen Sachen.

Eine Möglichkeit, den Beklagten wegen des Abhandenkommens der Güter in Anspruch zu nehmen, hätte nur dann vorgelegen, wenn entweder die Bahnverwaltung ihrerseits auf einen dahin gerichteten Antrag der Spediteure das Aufladen der als Sammelladung aufgegebenen Güter übernommen gehabt hätte (§ 44 Gütertarif I B), oder wenn die gedachten Güter der Bahnverwaltung vor Abschluß des Frachtvertrags gegen Empfangsbescheinigung zur einstweiligen Verwahrung übergeben worden wären (§ 55^2 EVO. vom 30. September 1899). M. M.

l) **Natur und Verjährung der „Frachtzuschläge“. Begriff der „unrichtigen Anwendung des Tarifs“ und der „Rechnungsfehler“. Haftung des Empfängers „nach Maßgabe des Frachtbriefs“.**

HGB. §§ 436, 470. EVO. §§ 53, 61, 67.

OLG. Dresden, II. ZS. Urteil v. 5. Februar 1906.

Die EVO. vom 16. Oktober 1899 spricht von Frachtzuschlägen an mehreren Stellen, jedoch in verschiedenem Sinne: einmal als Entgelt besonderer Leistungen, z. B. bei Angabe des Interesses an der Lieferung, bei Beförderung von Gütern in gedeckten Wagen (§§ 34, 48, 57, 84 nebst Allgem. Zus.-Best.), sodann in § 53. In den ersteren Fällen sie, wo nicht als Fracht, so doch gleich der Fracht oder als tarifmäßige Nebengebühr zu behandeln, wird keinem Bedenken begegnen; anders im Falle des § 53. Nach Abs. 7 das. „ist bei unrichtiger Angabe des Inhalts einer Sendung oder bei zu niedriger Angabe des Gewichts einer Wagenladung, abgesehen von der Nachzahlung des etwaigen Frachtunterschieds und dem Ersatze des entstandenen Schadens, sowie den durch strafgesetzliche oder polizeiliche Bestimmungen vorgesehenen Strafen, ein ... Frachtzuschlag zu zahlen". Daraus geht klar hervor, daß der auf die falsche Deklaration gestützte Frachtzuschlag weder Entgelt für den Transport (so auch Entsch. d. RG. 47 S. 33), noch Schadensersatz, noch Deliktsstrafe sein soll, also auch nicht den hierfür von der EVO. getroffenen Vorschriften unterfallen kann, sofern sie sich nicht etwa selbst als auch auf ihn anwendbar bezeichnen. Das ist aber nirgends geschehen; auch nicht in § 61. Dessen Abs. 4 sagt nur, daß, wenn der Tarif unrichtig angewendet worden ist oder Rechnungsfehler bei der Festsetzung der Fracht und der Gebühren vorgekommen sind, das zu wenig Geforderte nachzuzahlen und das zu viel Erhobene zurückzuerstatten ist, und Abs. 5 verfügt lediglich, daß Ansprüche der Bahn auf Nachzahlung zu wenig erhobener Fracht oder Gebühren, sowie Ansprüche gegen die Bahn auf Rückerstattung zu viel erhobener Fracht oder Gebühren in einem Jahre seit Ablauf des Tages, an dem die Zahlung erfolgt ist, verjähren. § 470 HGB. enthält eine fast wörtliche Wiedergabe dieser Vorschrift. Wäre ihre Erstreckung auf die in EVO. § 53 für falsche Deklarationen angedrohten Frachtzuschläge beabsichtigt gewesen, so hätte es, bei der begrifflichen Gegenüberstellung dieser Zuschläge zu dem Transportlohn und ihrer Wesensverschiedenheit von demselben, eines ausdrücklichen Ausspruchs bedurft. Das Schweigen der Gesetzgebung bestätigt darum, daß der aus dem Zusammenhange mit den sonstigen Anordnungen der EVO. nicht willkürlich loszulösende, wiewohl auch an sich allein schon kaum mißverständliche Wortlaut und Sinn des § 61 Abs. 4, 5 nicht gestattet, auch die Frachtzuschläge der einjährigen Verjährungsfrist zu unterwerfen.

In letzterer Hinsicht kommt für den jetzigen Klaganspruch überdies folgendes in Betracht. Die kurze Verjährung ist durch die unrichtige Anwendung des Tarifs oder durch Unterlaufen von Rechnungsfehlern bei Festsetzung der Frachten und Gebühren bedingt. Was hierunter zu verstehen sei, ist nicht zweifellos. Nach Eger (EVO. S. 341, s. auch Sächs. Arch. 15 S. 16) soll unrichtige Tarifanwendung die Anwendung eines nicht zu Recht bestehenden oder nicht gehörig veröffentlichten Tarifs, desgl. Anwendung eines Tarifs auf nicht darunter fallende Routen, Güter, Qualitäten oder Quantitäten mit in sich begreifen und sollen Rechnungsfehler nicht bloß kalkulatorische, sondern auch solche sein, die auf tatsächlich falscher Grundlage, z. B. unrichtiger Angabe der Art oder Menge oder des Gewichts des Gutes, beruhen. Eine Begründung ist dieser Ansicht nicht beigefügt, und es wird sich nicht behaupten lassen, daß sie die Ausdrucksweise des Gesetzes für sich hat. Letztere ist keine andere als die des Verkehrslebens und danach erscheint es nicht angängig, jene Begriffe über das, was sie in der Regel bedeuten, hinaus zu erweitern. Unrichtig tarifiert oder rechnet der Eisenbahnbeamte, der bei Einreihung der aufgelieferten Frachtgüter in die geltenden Beförderungsklassen und Frachtsätze sich versieht und so zu einer zu niedrigen oder zu hohen Frachtpreisbestimmung gelangt. Von einem „Rechnungsfehler" (§ 61⁴) oder einem „Fehler bei der Berechnung" (HGB. § 470) pflegt man im täglichen Leben nur dann zu reden, wenn das Rechnen, die Rechnungsoperation selbst nicht stimmt, wenn der Rechnende selbst bei der Lösung der Aufgabe und nicht der, der die Aufgabe stellt, bei deren Stellung unrichtig verfährt. Daß das Gesetz hiervon habe abweichen wollen, ist um so weniger anzunehmen, als es auf den allgemeinen Sprachgebrauch insbesondere mit den Worten „bei der Festsetzung der Fracht und Gebühren" (§ 61⁴) deutlich hinweist. Auch anderwärts gebraucht übrigens die Gesetzgebung „Rechnungsfehler" im gleichen Sinne, z. B. § 319¹ ZPO. Ist also die Abforderung zu geringer Fracht und Gebühren durch den Absender mittels Unterbreitung wahrheitswidriger Grundlagen der Berechnung verursacht, so stellt das falsche Ergebnis einer richtigen Rechnungsoperation des Beamten der Versandstation noch keinen Tarifierungs- oder Rechnungsfehler i. S. jener Vorschriften dar und es ist zudem nicht der mindeste Grund erfindlich, hierfür den Schutz einer kurzen Verjährung zu gewähren (so auch Entsch. d. RG.; Holdheims MSchr. 14 S. 268 wenigstens für den Fall vorsätzlicher Herbeiführung eines Irrtums). Wohl läßt sich das Verkehrsbedürfnis, alle Eisenbahnfrachtgeschäfte glatt und schnell zu erledigen, dafür ins Feld führen, daß die Folgen einer Verrechnung des Beamten rechtlich nicht allzulange nachwirken. Eine sittlich anfechtbare Bevorzugung des Absenders aber würde es bedeuten, wollte man ihm einräumen, daß er bei unrichtiger Deklaration der Frachtgüter schon nach einem Jahre die Früchte seines meist unlauteren Handelns, dessen strafrechtliche Verfolgung nicht selten an der Schwierigkeit des Nachweises der subjektiven Verschuldung scheitern wird, ungestört genießen dürfte. Bietet jedoch der eventuelle Deliktanspruch der Bahn keinen genügenden Ersatz, so bestärkt dies ebenfalls die Ansicht, daß die Irrtumserregung bei der Tarifierung und Berechnung durch den Absender nicht imstande ist, die Nachzahlungsforderung der Bahn zeitlich zu beschränken, daß vielmehr für die Nachforderung von Fracht und Gebühren, also auch von Frachtzuschlägen, dafern sie zu ihnen gehören, die allgemeinen Verjährungsgrundsätze (jetzt BGB. § 196 Nr. 2) gelten.

Die Frachtzuschläge des § 53 EVO. gehören indessen nicht hierzu. Über deren Natur herrscht in der Literatur heftiger Streit (vgl. Eger in

D.JZ. 1903, S. 123, neuerdings bes. Schmitt in Eisenb.E. 1906 S. 195ff.). Nach dem einen ist der Frachtzuschlag Vertragsstrafe, d. h. eine neben der Hauptverbindlichkeit im Frachtvertrage für den Fall ihrer Sicherstellung ausbedungene Nebenverbindlichkeit, nach andern eine unmittelbar aus dem Gesetze abfließende Nebenverbindlichkeit zur Sicherung der Hauptverbindlichkeit, der Frachtvertragspflichten, wieder nach andern eine tarifmäßige Nebenverbindlichkeit. Die erste Meinung überwiegt und wird vom RG. geteilt. Der Senat schließt sich ihr an. Sie geht davon aus, daß die Frachtzuschläge ebenso wie Fracht, Nebengebühren und bare Auslagen zu den durch den Frachtvertrag begründeten Forderungen der Bahn gehören (Eger S. 269). Das RG. bezeichnet sie als eine ihrem Wesen nach mit Fracht oder Nebenkosten unvereinbare Strafe, die den Zweck habe, auf die Erfüllung der dem Absender obliegenden Verbindlichkeit, richtige und vollständige Angaben zu erstatten, hinzuwirken; diese Strafe stelle „eine aus einem besonderen Nebenvertrage hervorgehende Forderung dar, auf die weder § 60 noch § 61 EVO. hinweise" (Entsch. d. RG. 47 S. 33, so auch 20 S. 33 und JW. 1903 S. 61). Ob unter „besonderem Nebenvertrag" ein zweiter selbständiger Vertrag neben dem eigentlichen Frachtvertrage gemeint oder nicht vielmehr, was wohl richtiger erscheint, gesagt sein solle, aus dem einen Frachtvertrage entsprängen zwei selbständige Verbindlichkeiten, die Frachtschuld und die Vertragsstrafe, kann auf sich beruhen. Hier wie dort würde die Folge die sein, daß beide in ihrem Bestande unabhängig voneinander sind und die Vertragsstrafe nicht mit der Fracht verjährt. Wie weit in der Tat die Unabhängigkeit reicht, erhellt u. a. daraus, daß der Anspruch auf Frachtzuschlag selbständig bestehen kann, ohne daß überhaupt ein Anspruch auf Entrichtung der Fracht für die Eisenbahn erwachsen ist, z. B. wenn die unrichtige Deklaration schon bei der Aufgabe des Gutes entdeckt wird (Reindl in D.JZ. 1903 S. 100; Eger S. 269). Es ist darum Eger (D.JZ. 1903 S. 123) nicht beizupflichten, der gemäß BGB. § 224 die Vertragsstrafe als Akzessorium der Frachtverbindlichkeit mit dieser verjähren lassen will; sie verjährt vielmehr nach § 195 das. erst in 30 Jahren....

Fehl geht auch der Einwand der Beklagten W. und B., ihre Verbindlichkeiten als Empfänger regelten sich lediglich nach den Frachtbriefen, für deren etwa vom Beklagten, Spediteur M. zu vertretende Unrichtigkeit ihm ein Verschulden nicht anzusinnen sei. Sie haben dabei offenbar die EVO. § 67 v. m. HGB. § 436 im Auge, wonach durch Annahme des Gutes und des Frachtbriefs der Empfänger verpflichtet wird, „der Eisenbahn nach Maßgabe des Frachtbriefs Zahlung zu leisten". Allein, ungeachtet der Schwierigkeiten, die aus der sich nicht deckenden Fassung der gedachten Gesetzesstellen sowie ä. HGB. Art. 405 einerseits und EVO. § 61 Abs. 1, 4, worauf § 67 ausdrücklich verweist, und § 66 sowie n. HGB. §§ 435, 440, die von den durch den Frachtvertrag begründeten Rechten und Forderungen reden, anderseits folgen (Eger EVO. S. 410, 411), ist soviel sicher, daß sich die

Zahlungspflicht des Empfängers, sobald er durch Annahme des Gutes und des Frachtbriefs in den Frachtvertrag eingetreten ist, hinsichtlich der auf ihn angewiesenen Frachtgelder (EVO. § 61[1]) nicht mit dem im Frachtbriefe zahlenmäßig verzeichneten Betrage erschöpft, sondern auch diejenigen Beträge umfaßt, die sich, ohne unmittelbar im Frachtbriefe angesetzt zu sein, doch mittelbar aus den darin in Bezug genommenen Tarifen oder sonstigen Schriftstücken, sei es auch im Wege nachträglicher Ausmachung, als der Eisenbahn geschuldete Transportvergütung herausstellen (Eger S. 290, 412; Entsch. d. RG. 21 S. 182). § 67 Satz 2 EVO: „Vergleiche jedoch § 61 Abs. 4 wegen Berichtigung der Frachtsätze" behebt jeden Zweifel hierüber. Denn danach soll bei zu wenig oder zu viel erhobenen Beträgen nicht der Frachtbrief, vielmehr die dem wahren Vertragswillen der Kontrahenten entsprechende Tarifnorm maßgebend sein und die Nachforderung oder die Rückerstattung begründen. Um dies den Adressaten deutlich vor Augen zu führen, tragen sowohl die gewöhnlichen wie die Eilfrachtbriefe (Anl. C u. D zu EVO. § 52) den Aufdruck: „Sie empfangen die nachstehend verzeichneten Güter auf Grund der Bestimmungen der Eisenbahnverkehrsordnung und der für diese Sendung in Anwendung kommenden Tarife." Demzufolge können sich die Mitbeklagten, nachdem sie Gut und Frachtbrief angenommen haben, der Nachzahlung der Frachtgelder, soweit solche zu wenig erhoben sind, nicht entschlagen. Dr. v. F.

m) **Pflichten des Spediteurs aus HGB. §§ 417, 388.**

OLG. Braunschweig, I. ZS. Urteil v. 25. Mai 1906.

Die Klägerin hat dem Beklagten auf Grund eines Lager- und Frachtvertrags 1904 von Koblenz aus und Anfang 1905 von Leipzig insgesamt 37 Kisten mit Porzellanwaren zur Aufbewahrung bis zur Braunschweiger Wintermesse übersandt. Am 9. Februar 1905 schickte der Beklagte die Kisten nach ihrem Meßstande auf dem Egydienmarkt; dort zeigte sich, daß die Leipziger Kiste zerschlagen und 5 weitere Kisten erbrochen waren. Der Beklagte wurde zum Ersatz der zertrümmerten, bezw. geraubten Sachen verurteilt.

Gründe:

Nach der allgemeinen Vorschrift des BGB. § 282, mit der das HGB. §§ 390, 429 übereinstimmt, muß er dartun, daß die Unmöglichkeit, die Kisten ebenso abzuliefern, wie sie bei der Aufgabe zur Bahn waren, auf keinen von ihm zu vertretenden Umstand zurückzuführen ist. Zu vertreten hatte er nicht nur sorgfältige Aufbewahrung (HGB. §§ 417, 390) und Beförderung (§ 429) durch ihn und seine Gehilfen. Durch §§ 417, 388 war ihm überdies zur Pflicht gemacht, falls sich die Kisten bei der Ankunft in einem äußerlich erkennbaren Zustande der Beschädigung befanden, die Rechte der Klägerin gegen die Eisenbahn zu wahren, für den Beweis des Zustandes zu sorgen und die Klägerin unverzüglich zu benachrichtigen. Unstreitig hat er Schritte der letzterwähnten Art nicht getan. Sollte eine Beschädigung auf dem hiesigen Bahnhof erkennbar gewesen sein, so wäre er der Pflichten, die ihm das Gesetz auferlegte, nicht dadurch enthoben, daß auf dem Leipziger Frachtbrief stand „Inhalt klirrend“. Die Klägerin behauptet, dieser Vermerk sei nicht richtig gewesen; nur eine einzige der acht von Leipzig abgesandten Kisten, die Spielzeug enthielt und unversehrt mit vollständigem unzerbrochenem Inhalt angekommen sei, habe geklirrt. Ob das zutrifft, bedarf keiner Untersuchung. Denn einmal sind auch Koblenzer Kisten beschädigt an die Klägerin abgeliefert, und zweitens hat der Vermerk über den klirrenden Inhalt mit der äußern Beschädigung der Kisten, der Verpackung, überhaupt nichts zu schaffen. Der Entlastungsbeweis, der dem Beklagten obliegt, ist also dahin zusammenzufassen, daß die Kisten weder bei der Ankunft in Braunschweig in einem äußerlich erkennbaren beschädigten Zustande gewesen sind noch während der Verwahrung auf dem Lager des Beklagten oder auf dem Transport nach dem Egydienmarkt durch ein Verschulden des Beklagten oder seiner Leute Schaden erlitten und an ihrem Inhalt eingebüßt haben. Die Meinung des Landgerichts, aus den letzteren Gründen könne der Beklagte nur dann haftbar gemacht werden, wenn ihm zuvor die unbeschädigte Übergabe an ihn nachgewiesen würde, ist im vorstehenden widerlegt. Jene Beweisverteilung greift nur Platz, wenn ein Spediteur nichts weiter zu tun hat als zu lagern und zu befördern, wenn er m. a. W. das Gut direkt vom Einlagerer übernimmt. Empfängt er es aus der Hand eines Frachtführers, so hat er mit Rücksicht auf § 388 den umfassenderen Beweis zu erbringen. Dr. H.g.

n) **Firma der Zweigniederlassung.**

OLG. Darmstadt, II. ZS. Beschluß v. 27. Juni 1906.

Die Frage, ob eine Zweigniederlassung eine von der Firma des Hauptgeschäfts abweichende Firma führen dürfe, wird bejaht von Behrend § 38 Anm. 24; Düringer-Hachenburg zu § 30; Makower zu § 13; Goldmann zu § 30; Jahrbuch 12 S. 35, 14 S. 13; nach Agricola (Siebenhaars Arch. 12 S. 285) würde auch die Entstehungsgeschichte des früheren Art. 21 HGB. dafür angerufen werden können. Dagegen verneinen: Puchelt HGB. S. 53 Nr. 1a; Lehmann-Ring § 13 Nr. 5b; Agricola a. O.; OLG. Stuttgart in Busch Arch. 9 S. 449; Bad. Rechtspraxis 1901 S. 201 und Lobe, Zentralblatt 2 S. 358; OLG. Dresden Rsp. 2 S. 516. In ganz gleicher Weise, wie die hier streitige Firma: „Friedberger Bank, Filiale der Landgräflich Hessischen konzessionierten Landesbank“, welche ihren Sitz in Homburg v. d. H. hat, sind nach den glaubhaften Angaben der Beschwerdeführerin in verschiedenen, auch außerpreußischen Staaten 38 Firmen von Zweigniederlassungen gebildet. Gegen diese Praxis bestehen jedoch erhebliche Bedenken. Der § 30³ wäre überflüssig, wenn das HGB. nicht Firmenidentität voraussetzte, denn § 30¹ schreibt bereits vor, daß jede neue Firma sich von der an demselben Orte etwa eingetragenen unterscheiden muß. § 30³ ist deshalb nur zu verstehen, wenn man darin die Vorschrift finden will, daß, obwohl Firmengleichheit verlangt wird, doch in dem dort vorgesehenen Fall eine Abweichung stattfinden, ein Zusatz gemacht werden dürfe, der aber die Firma der Zweigniederlassung doch noch als

Firma des Hauptgeschäfts erscheinen läßt. Auch der Wortlaut des Art. 21, der jetzt im § 13 eine neue Fassung erhalten hat, weist auf die Firmengleichheit hin. Ist schon an sich die Zweigniederlassung kein selbständiges Unternehmen, sondern nur ein mit einer gewissen Selbständigkeit ausgestatteter Teil des gleichartigen Hauptgeschäfts, der darin als Teil des Ganzen im Interesse der Verkehrssicherheit den gleichen Namen führen soll, so ist die Bestimmung, daß „die Firma auch für die Zweigniederlassung angemeldet werden muß", kaum anders zu verstehen, als daß die Firma, d. h. diejenige, unter der das Unternehmen betrieben wird, das ist diejenige der Haupt- auch für die Zweigniederlassung eingetragen werden soll. Dies tritt mit noch größerer Deutlichkeit im § 13 hervor, wonach die Eintragungen bei jedem Registergericht, in dessen Bezirk „der Inhaber der Firma" eine Zweigniederlassung besitzt, „in gleicher Weise" wie bei dem Gericht der Hauptniederlassung bewirkt werden müssen. Auch § 50^3 und § 126 kann für die abweichende Ansicht nicht angerufen werden; indem das Gesetz hier die Beifügung eines Zusatzes gestattet, der die Firma (sc. des Hauptgeschäfts) als Firma der Zweigniederlassung bezeichnet, läßt es vielmehr klar erkennen, daß er die Firmenidentität unterstellt. Vorliegend kommt noch hinzu, daß es sich — wie in den meisten der 38 erwähnten gleichartigen Firmen — um die Firma der Zweigniederlassung einer Aktiengesellschaft handelt. Nach § 201^3 hat die Eintragung einer Zweigniederlassung die im § 198 HGB. bezeichneten Angaben zu enthalten, wozu auch die Firma der Aktiengesellschaft gehört. Nach dem Statut und entsprechend dem § 182 führt sie nur die eine Firma „Landgräflich Hessische konzessionierte Landesbank". Die für die Zweigniederlassung gewählte Firma ist aber eine ganz andere, abweichende Firma. „Friedberger Bank" erscheint als der eigentliche Name, und dasjenige, was der eigentliche Name sein sollte, erscheint als ein nebensächlicher Zusatz, der eben nur erkennen läßt, daß die „Friedberger Bank" eine Filiale der Landesbank ist. Die Firma der Zweigniederlassung ist also nicht mehr diejenige des Hauptgeschäfts.

Zu einem Verfahren nach § 28^2 GFG. lag ein Anlaß nicht vor, da die entgegenstehenden Entscheidungen des Kammergerichts vor 1900 liegen und spätere abweichende Entscheidungen nicht bekannt sind. F.

6

a) Ist das Hebefloß einer Torpedobatterie ein Schiff? Wann wird ein treibendes Schiff besitzlos?

OLG. Hamburg, V. ZS. Urteil v. 1. Juni 1906.

Zweifelhaft erscheint, ob das Hebefloß als ein Schiff anzusprechen und daher überall das HGB. oder das BSchG. und nicht vielmehr lediglich die StrandungsO. anzuwenden wären. Zwar kann darauf nichts ankommen, daß dem Hebefloß die eigenen Mittel zur Fortbewegung durch das Wasser fehlen. Es gehört dieses Moment nicht zum Begriff des Schiffs, wie zahlreiche Fahrzeuge dieser Art, z. B. Leichter, Schuten und dgl., anerkanntermaßen darunter fallen. Wenn aber das Floß allerdings dem Typus eines Schiffes nur wenig entspricht, vielmehr im wesentlichen und seiner vornehmlichen Bestimmung entsprechend ein technischer Apparat ist, der allerdings auch wegen seines Verwendungszweckes Schwimmfähigkeit und Tragfähigkeit im Wasser besitzen muß, so kann doch auch das nicht entscheidend sein, dem Dinge den Charakter eines Schiffes abzusprechen. Denn wenn die — allerdings sehr weitgehende — Praxis namentlich auch dieses Gerichts Baggern, die eigentlich nichts anderes sind, als schwimmende Maschinen, und selbst einem kleinen zur Verwendung auf der Binnenalster bestimmten Fischheger den Charakter eines Schiffes zugesprochen hat, so muß das um so mehr hier gelten, wo das Ganze gebildet wird aus zwei gekuppelten pontonartigen Schiffskörpern, das in diesen Schiffskörpern sowohl als auf Deck Raum zur Aufbewahrung von Gegenständen und zum Aufenthalt von Menschen bietet, und das vor allem — neben anderem — auch dazu bestimmt ist, die freilich nicht in die Räume des Apparates zu verladenden, aber doch an ihm hängenden Batterien zu befördern.

Die weitere Frage, ob dieser Apparat ein See- oder ein Binnenschiff ist, da seine Verwendung sich gerade auf jenen Gebieten bewegt, wo das Binnengewässer in die offene See übergeht, ob ferner im ersteren Falle das HGB. gleichwohl keine Anwendung finden könnte, weil er zum Erwerb durch die Schiffahrt auf keinen Fall bestimmt ist, ob letzteren Falles, wenn die Voraussetzungen des § 93 BSchG. nicht gegeben sein sollten, die StrandungsO. anzuwenden wäre, bedarf keiner Entscheidung, weil auf alle Fälle hin der Anspruch der Beklagten unbegründet erscheint.

An den Voraussetzungen der §§ 20, 21 StrandungsO. fehlt es schon deswegen, weil das Hebefloß nicht besitzlos geworden war. Die Frage, was unter einem besitzlosen Gegenstand zu verstehen ist, entscheidet sich auch hier nach dem bürgerlichen Recht, und nach §§ 854ff., bes. § 856² BGB. ist weder für die Erlangung des Besitzes unbedingt, noch vor allem für dessen Fortdauer die unmittelbare und stets bereite Möglichkeit einer körperlichen Verfügung und Gewaltausübung über den Gegenstand des Besitzes erforderlich. War vorliegend das Hebefloß zweifellos dadurch noch nicht aus dem Besitz der Marinekommandobehörde gekommen, daß es, von Menschen verlassen, verankert in der Elbmündung lag, und zwar auch unter der Voraussetzung nicht, daß es wegen Wind und Wetter oder aus sonstigen Gründen, Mangel an bereiten Fahrzeugen und dgl. zeitweilig ausgeschlossen gewesen sein sollte, an das Floß heranzukommen, so muß dasselbe auch noch gelten, wo wie hier das Floß in das Treiben geraten war, dabei aber nicht einmal dem Gesichtskreis der maßgeblichen Personen entzogen, daher gewiß noch nicht verloren gegangen war und die Elbe hinauf in Gewässer trieb, wo zahlreiche Marinefahrzeuge, die Dampf aufhatten und hinzueilen konnten, in der Lage waren, des Gegenstandes wieder habhaft zu werden.

Aber auch von den Vorschriften des HGB. und des BSchG. aus betrachtet, lassen sich die Geschehnisse als ein Fall von Bergung nicht auffassen. Selbst zugegeben, was das Strandamt allerdings annimmt, aber gleichwohl zweifelhaft erscheint und jedenfalls sehr an der Grenze liegt, daß das Floß sich in Seenot oder in Gefahr befunden hat, so ist es doch jedenfalls nicht in dem Sinne der Verfügung der Schiffsbesatzung entzogen oder von ihr verlassen gewesen, in welchem dieses § 740 HGB. und § 93 BSchG. vorschreiben. Wie man es bei diesem Floß mit einem regelmäßigen Schiffstyp von üblicher Verwendungsart überhaupt nicht zu tun hat, so müssen auch die angezogenen Rechtsnormen bei Anwendung auf solche eigenartigen Fahrzeuge nicht wörtlich, sondern sinnentsprechend angewendet werden. Hatte das Floß überhaupt keine Besatzung, so kann dem Fehlen der Besatzung nicht die Bedeutung beigemessen werden, die die gesetzlichen Bestimmungen ihm — sichtlich unter Voraussetzung normaler Verhältnisse — wörtlich allerdings beimessen. Vielmehr kommt es auch hier darauf an, ob das vorgelegen hat, wofür unter jenen normalen Verhältnissen das Fehlen der Schiffsbesatzung ein im allgemeinen zutreffendes Anzeichen bietet, daß nämlich die Verfügungsgewalt über das Schiff verloren gegangen ist. Das ist eine Frage, die sich allerdings nicht rein aus den besitzrechtlichen Vorschriften des bürgerlichen Rechts beantwortet, die aber vorliegend ebenfalls lediglich zu verneinen ist. Denn auch diese Verfügungsgewalt braucht nicht immer und durchaus eine unmittelbare und gegenwärtige zu sein. Ebenso wie die Schiffsbesatzung oft der Macht der Elemente hilflos preisgegeben sein wird und dann wenigstens auf die Bewegung des Schiffes keinen Einfluß mehr ausüben kann, so wird hier, wo es überhaupt nicht in der Verwendungsart des Floßes begründet ist, daß es eine Schiffsbesatzung hat, vollends die entferntere Möglichkeit einer Verfügung über das Fahrzeug genügen müssen, die dann naturgemäß nur unter Zeitaufwand und nach Überwindung einiger — mehr oder weniger erheblichen — Schwierigkeit werden stattfinden können. Auch hier ist also angesichts des Umstandes, daß das Floß beobachtet war und dahin trieb, wo alle Mittel, es einzuholen, bereit waren, zu sagen, daß es nicht aus der Verfügungsgewalt des Eigners oder seines Stellvertreters gekommen war. — Endlich aber hat der Beklagte seine Hilfe aufgedrängt: HGB. § 750 Nr. 1, BSchG. § 96 Nr. 1, StrandungsO. §§ 20, 21.... M. M.

b) **Nach welchem Rechte bestimmt sich die Frachtforderung bei vorzeitiger Löschung der Ladung?**

OLG. Hamburg, I. ZS. Urteil v. 7. März 1906.

Die Charter enthält keine Bestimmung darüber, welches örtliche Recht gelten soll. Eine bestimmte Intention der Kontrahenten hinsichtlich des anzuwendenden Rechts wird sich nicht konstruieren lassen, weil es sich hier nicht um die regelmäßigen Wirkungen des Vertrags, Zahlung der Fracht gegen Auslieferung der Güter am Bestimmungsort, handelt, sondern um die Folgen von Zufällen, welche die Parteien nicht vorhersehen konnten. Wenn sonach auch ein wirklicher konkreter Parteiwille nicht vorgelegen hat, so kann er doch für den eingetretenen unvorhergesehenen Fall nach allgemeinen verständigen Erwägungen interpretiert werden. Bei der Ermittlung aber, wie man sich den Willen zu denken hat, muß der Natur der Sache nach von der Voraussetzung ausgegangen werden, daß jeder inbetreff der von ihm zu übernehmenden Verpflichtungen die Grundsätze des ihm bekannten heimatlichen Rechts wird angewendet wissen wollen. Daß in Ermangelung besonderer Umstände das am Wohnort oder der Handelsniederlassung des Schuldners geltende Recht die Obligation beherrscht, ist auch in der Literatur ziemlich allgemein anerkannt (Windscheid I § 35; Regelsberger I S. 174; Mommsen, Thöl, Stobbe, v. Bar, Zitelmann, Seuffert 47 Nr. 2 und öfter). Diesem Prinzip kann auch nicht entgegengehalten werden, daß bei gegenseitigen Verträgen, wenn die Parteien unter einem verschiedenen, inhaltlich voneinander abweichenden Heimatrecht stehen, und das Rechtsgeschäft mehrere von verschiedenen Gesetzen beherrschte obligatorische Wirkungen hat, es an dem nötigen Konsense fehlen würde, anderseits auch dem Personalstatut einer Partei nicht ausschließliche Geltung beigelegt werden könne, denn es ist eine unbegründete petitio principii, daß alle aus einem Vertrage entstehenden Rechtsverhältnisse nach einem und demselben Recht entschieden werden müssen, das zweiseitige Rechtsgeschäft kann in zwei einseitige zerlegt werden, und es kann unbedenklich angenommen werden, daß die Wirkungen, welche das Rechtsgeschäft hervorbringt, für jede Partei von ihrem eigenen Recht beherrscht werden, und daß das, was jede Partei der anderen zu leisten verpflichtet ist, nach dem Heimatsrecht des betreffenden Verpflichteten bestimmt wird (so auch v. Bar[2] S. 15; Zitelmann[2] S. 403ff.).

Diese Konstruktion muß hier als allein sachgemäß erachtet werden und läßt sich auch ohne alle Schwierigkeit durchführen. Es handelt sich um eine in London zwischen Deutschen als Befrachtern und einer englischen Reederei geschlossenen Charter über einen Transport von Spanien nach mehreren französischen Bestimmungsorten. Es besteht kein vernünftiger Grund, unter diesen Umständen das französische Recht als gemeinsames Gesetz zu fingieren und für die Entscheidung der bei vorzeitiger Lösung des Vertrages infolge eingetretenen Unfalls entstehenden obligatorischen Wirkungen zugrunde zu legen, ein Recht, welches vom heimatlichen Recht beider Kontrahenten wesentlich abweicht — das englische Recht kennt überhaupt keine Distanzfracht, das deutsche und französische Recht regeln die Distanzfracht in verschiedener Weise — und welches, wie anzunehmen, die Parteien nicht in Betracht gezogen, nicht gekannt und nicht gewollt haben. Es fragt sich sonach, ob und eventuell in welchem Umfange nach deutschem Recht der Anspruch der Kläger auf Zahlung der Fracht für die nach Dunkerque bestimmte, aber in Granville ausgeladene und zur Verfügung der Beklagten gestellte Ladung begründet ist... M. M.

c) **Bescheinigung über die zur Abladung gebrauchte Zeit.**

OLG. Hamburg, IV. ZS. Urteil v. 13. Oktober 1905.

Der Streit über die Zahl der verbrauchten Tage erledigt sich ohne weiteres durch die Bescheinigungen, die A. als Ablader dem Kapitän auf dessen Exemplar der Charter erteilt hat. Danach sind 29 Tage für Beladung der Vidonia und vier Tage für Ein- und Ausladen des Ballastes verbraucht. Der Kapitän hat diese Bescheinigung ohne Protest entgegengenommen und die in ihr enthaltenen Tatsachen sind somit zwischen ihm als Vertreter der Reederei und A. vertragsmäßig festgestellt worden. Dieser hat aber als Vertreter des Beklagten gehandelt, denn er war der Ablader, an den der Kapitän behufs Empfangnahme der Ladung vom Beklagten gewiesen war. Dadurch hatte Beklagter den Kapitän angewiesen, die die Beladung des Schiffes betreffenden Geschäfte mit A. zu erledigen (ROHG. 23 S. 22). M. M.

d) **Klausel des zeitlich nach der Chartepartie errichteten Konnossements: „Im übrigen nach den Klauseln und Bedingungen der Chartepartie."**

OLG. Marienwerder, II. ZS. Urteil v. 24. November 1905.

Diese Klausel läßt die Bestimmung der Chartepartie, daß der Schiffer oder Reeder ein unbedingtes Pfandrecht an der Schiffsladung wegen Liegegeld und aller anderen Kosten irgendwelcher Art haben soll, zum Inhalt des Konnossements werden. Diese Bestimmung für die Chartepartie umfaßt zweifellos auch die in Buenos-Aires entstandenen Überliegekosten. Unbegründet aber ist die Annahme, daß — insofern als diese Bestimmung Inhalt des Konnossements geworden ist — sie diese Gelder nicht, sondern etwa nur die im Löschungshafen entstandenen Liegegelder umfassen sollte. Die Entscheidungen der Hamburger Gerichte können nicht überzeugen. Schon die allgemeine Erwägung trifft nicht zu, daß die Bezugnahme auf die in der Chartepartie enthaltenen Bestimmungen nur bezogen werden könne auf die dem Empfänger als solchem an und für sich schon obliegenden Verpflichtungen und deren nähere Regelung in der angezogenen Chartepartie. Denn da diese, ihrer Zweckbestimmung nach, das Verhältnis des Befrachters zum Verfrachter und nicht das Verhältnis des Verfrachters zum Empfänger regelt, so ist — bei einer Bezugnahme auf sie im Konnossement — anzunehmen, daß neben anderem auch gerade beabsichtigt ist, dem Empfänger gegen den Verfrachter Verpflichtungen aufzuerlegen, oder Rechte zu geben, die in der Regel nur der Befrachter zu erfüllen oder zu beanstanden hat. Insbesondere weist vorliegend schon der Wortlaut der in der Chartepartie enthaltenen Bestimmung, welche auf ein unbedingtes („absolutes") Pfandrecht an der Ladung für die Einziehung und Zahlung aller Fracht, Liegegeld und aller anderen Kosten irgendwelcher Art geht, es von der Hand, daß sich diese Bestimmung nicht auch auf den Empfänger und auf das im Abladehafen entstandene Liegegeld nebst Nebenkosten hat beziehen sollen. Solche Vertragsabsicht der Chartepartie ist überdies auch sachlich durchaus geboten. Schon an sich wäre es durchaus ungewöhnlich, ein gewährtes Pfandrecht nicht gegen jeden Dritten wirken zu lassen. Überdies aber hat für den Reeder (Schiffer) die Bestellung eines Pfandrechts an der Ladung nur dem Ablader oder Befrachter gegenüber sehr wenig Bedeutung, wenn er die Ladung dem Empfänger ausliefern müßte und nicht vielmehr wegen seiner im Abladehafen entstandenen Überliegeforderung auch auf Grund eines Pfandrechts dem Empfänger gegenüber gesichert wäre. Solcher Vertragswille in der Charteparti, also zwischen Be- und Verfrachter konnte den Konnossementempfänger allerdings noch nicht ohne weiteres binden. Diese Bindung sollte aber aus den angeführten Gründen entstehen und ist auch entstanden dadurch, daß der Empfänger ein Konnossement annahm, in welchem ausdrücklich auf die vorher bestellte Chartepartie Bezug genommen wurde; und zwar genügt die allgemeine Bezugnahme. Daß der im § 651 vorgeschriebenen „ausdrücklichen" Bezugnahme nur genügt werde, wenn nicht allgemein auf alle Bestimmungen der Chartepartie, sondern im einzelnen auf die gerade maßgebliche Bestimmung verwiesen wird, können Beklagte und Nebenintervenientin nicht geltend machen. Mit Recht billigen die überwiegende Theorie und Praxis diese Hamburger Rechtsansicht nicht (ROHG. 15 Nr. 63, 17 Nr. 20, 19 Nr. 78; Seuffert 31 Nr. 230; Entsch. d. RG. 1 S. 39, 14 S. 117; Boyens, Seerecht 2 S. 246, 342; Schaps Anm. 2 zu § 651, 21 zu § 614 HGB.; Makower II zu § 651). Es würde sonst auch § 651[2] Satz 2 überflüssig sein.

Die Ansicht des OLG. Hamburg, daß in der nicht ausdrücklichen Aufnahme der bereits entstandenen Überliegekosten in das Konnossement ein Verzicht auf das wegen dieser Forderung festgesetzte Pfandrecht gegenüber dem Empfänger liege, trifft jedenfalls vorliegend nicht zu, weil der Schiffer, wie die Proteste erweisen, wider Willen gehindert wurde oder sich doch jedenfalls gehindert glaubte, Entstehung und Höhe der Überliegekosten in das Konnossement aufzunehmen. Anderseits kann man daraus, daß der Schiffer für nötig hielt, die Proteste aufzunehmen, nicht etwa auf den Mangel eines von vornherein vorhanden gewesenen Vertragswillens schließen, durch Bezugnahme auf die Chartepartie im Konnossement, dem gewährten Pfandrecht Wirkung gegen den Empfänger zu verschaffen. Denn die Proteste verfolgten nicht den Zweck, solche Wirkung erst zu schaffen, sondern festzustellen, daß die tatsächlichen Voraussetzungen für diese Wirkung und für das durch die Chartepartie und die Konnossementsklausel bereits bestellte Pfandrecht überhaupt — nämlich die Überschreitung der Liegezeit in bestimmter Höhe — eingetreten seien. Ebensowenig ist die in den Protesten erwähnte Weigerung des Befrachters, die Überliegekosten in das Konnossement aufnehmen zu lassen, ein Anzeichen dafür, daß ihm der Vertragswille gefehlt habe, das dem Schiffer gewährte Pfandrecht auch auf etwa im Abladehafen entstandene Überliegekosten zu beziehen und durch die allgemeine Klausel im Konnossement auch gegen den Empfänger hinsichtlich im Abladehafen entstandener Überliegekosten auszudehnen. Denn, wie der Gegenprotest des Befrachters erweist, ist die Aufnahme nur deshalb verweigert worden, weil Befrachter sich wegen eines Ausstandes nicht für verpflichtet hielt, für den vorliegenden Fall Liegegelder zu bezahlen, nicht aber weil er das dem Schiffer gewährte Pfandrecht hinsichtlich etwaiger im Abladehafen entstandener Liegegelder im allgemeinen grundsätzlich nicht hat anerkennen wollen. — Endlich besteht nach der Auskunft der Handelskammer Danzig kein allgemeiner Handelsbrauch, wonach die Klausel den Vertragswillen nicht zum Ausdruck bringt, daß der Inhaber des Konnossements gehalten ist, ein in der Chartepartie für den Verfrachter festgesetztes Pfandrecht an der Ladung für das im auswärtigen Abladehafen (Buenos-Aires) entstandene Liegegeld gegen sich gelten zu lassen. H.

e) **Einziehung der Konnossementsfracht bei Unterverfrachtung durch den Schiffer (HGB. § 662).**

OLG. Hamburg, V. ZS. Urteil v. 28. März 1906.

Wie nach § 662 für die Erfüllung des Unterfrachtvertrages, soweit dessen Ausführung zu den Obliegenheiten des Schiffers gehört, nicht der Unterverfrachter, sondern der Reeder haftet, so steht auch der Anspruch auf die Fracht dann dem Reeder und nicht dem Unterverfrachter zu, wenn und soweit der Übung entsprechend die Fracht vom Inhaber des Konnossements beim Empfang der Güter zu zahlen ist. Denn nach § 614 wird der Empfänger der Güter eben durch die Annahme der Güter selbständig zur Zahlung der Fracht verpflichtet. Die Fracht vom Empfänger zu erheben, ist Sache des Schiffers, der hierbei in Ausführung des mit seinem Reeder abgeschlossenen Frachtvertrages handelt, und den in seiner Rechtsstellung als Vertreter seines Reeders etwaige Vertragsabreden zwischen dem Befrachter seines Reeders und dem Empfänger der Güter nicht berühren könne. Wo mithin ein Unterfrachtvertrag des Inhalts eingegangen wird, daß die Fracht ganz oder teilweise, vom Inhaber des Konnossements gegen Empfangnahme der Güter bezahlt werden soll, erscheint zugleich vereinbart, daß die Fracht nicht an den Unterverfrachter, sondern an den Schiffer in seiner Stellung als Vertreter des Reeders gezahlt werden soll, und hat sich der Befrachter von vornherein für den Fall und insoweit des Anspruchs auf Zahlung der Frachtbeträge begeben, als die vereinbarten Güter zur Abladung und Ablieferung an den Empfänger gelangen. Insoweit muß sich mit seinen Ansprüchen der Unterverfrachter an seinen Verfrachter halten, der die Konnossementsfracht erhebt zwar im eigenen Namen, aber, was den Überschuß der Konnossementsfracht über die ihm zukommende Charterfracht angeht, für Rechnung des Unterverfrachters. M. M.

f) **Auslieferung des Frachtguts an Nichtlegitimierte. Verjährung. Unterbrechung durch Klage vor unzuständigem Gericht.**

OLG. Hamburg, III. ZS. Urteil v. 13. März 1906.

Der Agent der beklagten deutschen Schiffahrtsgesellschaft hat im September 1902 in Punta Arenas gewisse Waren, die der (franz.) Kläger mit einem Schiff der Beklagten gesandt hatte, an den später als zahlungsunfähig erwiesenen Kaufmann M. ausgeliefert, obwohl sich dieser nicht durch Vorzeigung eines Konnossements legitimieren konnte. Hieraus wird aus §§ 606, 645, 659 HGB. wegen fehlerhafter Erfüllung des Frachtvertrages, als auch aus

§ 823 BGB. wegen widerrechtlicher Beschädigung klägerischen Eigentums geklagt. Letzterer Anspruch verjährt nach § 852 BGB. in drei Jahren, ersterer aber nach § 901 bzw. 754 Nr. 7 HGB. in einem Jahre und zwar nach § 902 nicht nur hinsichtlich seiner dinglichen Wirkung, sondern auch als persönlicher Anspruch. Der Forderung wegen Nichtablieferung (nämlich an den legitimierten Empfänger) ist die Forderung auf Schadensersatz wegen Ablieferung an einen nicht legitimierten Empfänger gleich zu setzen (vgl. Hans.G. 1904 S. 10, 70). Da die Klage im November 1904 erhoben ist, so ist der Anspruch aus § 823 BGB. nicht verjährt; denn diese läuft (Brodmann, Seegesetzgebung zu § 902) unabhängig von der des Vertragsanspruchs. Das Landgericht hat aber die Klage jetzt schon ganz abgewiesen, weil die Ablieferung an eine im Konnossement als Empfänger benannte Persönlichkeit keine Widerrechtlichkeit darstelle. Allein, wie die §§ 645, 659[4] HGB. ergeben, darf das Frachtgut an einen nicht durch Vorzeigung des Konnossements Legitimierten nur dann abgeliefert werden, wenn Ablader und Destinatär einwilligen (vgl. Goldschmidt, Handelsr. S. 692, 767; Lewis zu Art. 647, HGB.; Schaps S. 503/4; ROHG. 15 S. 230; HansGZ. 1894 Nr. 39 S. 118). Geht durch solche Ablieferung das Eigentum des Abladers verloren, so handelt der ausliefernde Vertreter der Reederei nicht nur vertragswidrig, sondern auch allgemein widerrechtlich im Sinne des § 823[1] BGB. und für den Fall, daß seine Handlungen der Beklagten zuzurechnen sind, wird diese haftbar gemacht werden können.

Verjährt ist dagegen die auf den Frachtvertrag gestützte Klage, es sei denn, daß die Verjährung rechtzeitig (also binnen einem Jahre) unterbrochen worden ist, also nach § 209 BGB. durch Klagerhebung. Einfache Mahnung (und somit gerichtliche Maßnahmen, die zweifellos eine solche enthalten, nicht aber eine eigentliche Klagerhebung sind) reichen nicht mehr wie nach früherem hamburgischen Rechte aus. Die Verjährung begann erst mit Ablauf des Jahres 1902 zu laufen (§ 903 Nr. 2 HGB.) und wäre daher durch Klaganstellung bis Ende 1903 unterbrochen worden. Der Kläger beruft sich darauf, daß er wegen des hier streitigen Anspruchs im Oktober 1903 vor dem Handelsgericht zu Bordeaux die Beklagte verklagt und 1904 ein Versäumnisurteil erwirkt habe. Durch diese Klaganstellung konnte aber die Verjährung überhaupt nicht unterbrochen werden, da § 209 BGB. mit den Worten „Erhebung der Klage" zwar vielleicht nicht an eine Erhebung nur vor dem zuständigen Gericht, aber jedenfalls an eine solche Klagerhebung gedacht hat, welche irgendwie zur zwangsweisen Befriedigung des Anspruchs führen konnte. Schon nach gemeinem Recht war es eine viel erörterte Streitfrage, ob eine zwar erhobene aber angebrachtermaßen z. B. wegen Formmängel abgewiesene Klage zur Unterbrechung der Verjährung ausreichte, was Entsch. des RG. 5 S. 123 bejaht hat. Unabhängig davon bestand die andere Streitfrage, ob die Erhebung der Klage vor einem unzuständigen Gericht die Verjährung unterbrechen konnte, was z. B. vom OLG. Darmstadt selbst bei Bejahung der obigen Frage verneint wurde (Seuffert 9 S. 250 zu 3). Gegenüber der früher einhelligen Verneinung dieser Frage (s. die Nachweise RG. 24 S. 200 und Windscheid-Kipp 1 S. 485) sind Hellmann, Dernburg und Regelsberger, sowie das RG. a. O. für die Bejahung eingetreten. Jedoch handelte es sich in letzterem Falle um Klagerhebung vor deutschen Gerichten, also wie Entsch. des RG. 24 S. 202 es ausdrückt: „um einen prozessualen Schritt, der nach der subjektiven Ansicht des Klägers ihm Befriedigung seines Anspruchs verschaffen kann". Weiter wird man doch keinesfalls gehen dürfen. Hier war aber bei dem Vorgehen des Klägers in Bordeaux ganz ausgeschlossen, daß er sich dadurch Befriedigung zu verschaffen hoffen durfte. Die Beklagte hat weder dort noch in Frankreich eine Handelsniederlassung. Eine Verurteilung in Bordeaux konnte, da Gegenseitigkeit mit Frankreich nicht besteht, etwelche Beachtung vor deutschen Gerichten nicht finden und zu praktischen Folgen nur dann führen, wenn es etwa möglich werden sollte, Werte des Beklagten innerhalb Frankreichs zu arrestieren. Dieses prozessuale Vorgehen eines Franzosen vor französischen Gerichten gegen Ausländer, die in Frankreich weder eine Niederlassung noch Vermögen haben (C. c. Art. 24), ist eine dem deutschen Recht fremde Singularität, die keinerlei Anspruch auf Beachtung erheben kann. M. M.

g) **Verwirkung der Ansprüche, wenn auf eine offene Police nicht alle Sendungen angemeldet werden.**

OLG. Hamburg, I. ZS. Urteil v. 5. Juni 1905.

Wenn die vorliegende Versicherung auf offene Police bezweckt, alle auszuführenden Verschiffungen von Gütern, bei denen der Versicherte beteiligt sein wird, zu decken, und den Versicherten für alle Abladungen schadlos zu halten, so versteht sich auch von selbst, daß dem Versicherer für alle auf Gefahr des Versicherten ausgeführten Seetransporte die Prämie zu zahlen ist, und daß der Versicherte alle Abladungen auf die Police anmelden muß. Er verletzt deshalb die Anzeigepflicht, wenn er glücklich verlaufene Abladungen verschweigt und verwirkt durch solchen Kontraktbruch die Ansprüche aus der Versicherung (JW. 1884 S. 176 Nr. 28; Voigt, Seerecht S. 341 ff.). M. M.

h) **Beschädigung eines Schiffs durch Desinfektion.**

OLG. Hamburg, I. ZS. Urteil v. 31. Mai 1905.

An Bord des klägerischen Dampfers wurden nach dessen Ankunft im Hamburger Hafen tote Ratten gefunden, deren bakteriologische Untersuchung Pestverdacht ergab. Danach war auf Grund §§ 11, 19, 20 Ges. betr. die Bekämpfung gemeingefährlicher Krankheiten sowie der Ausf.-Bestimmungen vom 4. Oktober 1900 unter 5 und 6 sowie Anlage 1 die beklagte Polizeibehörde zu den von ihr getroffenen Anordnungen berechtigt. Vorliegend bestand die Gefahr, daß, wenn der Verdacht sich bestätigte, die Pest, eine gemeingefährliche Krankheit, sich in Hamburg und Deutschland verbreitete. Von dem Schiffe, auf dem die Rattenkadaver sich befunden hatten, konnte angenommen werden, daß es mit dem Peststoffe behaftet war. Nach § 19[1] war daher zulässig, seine Desinfektion anzuordnen. Ferner war mit der Möglichkeit zu rechnen, daß außer den gefundenen Rattenkadavern noch andere tote und lebendige Ratten in den Schiffsräumen sich befanden. Ihre Vertilgung anzuordnen, gebot der Beklagten der § 20....

Der Kläger vermag hiernach seinen Anspruch auf Ersatz des seinem Schiffe durch die Desinfektion angeblich zugefügten Schadens nicht, wie er vermeint, auf die §§ 823ff. BGB., sondern allein auf das Ges. vom 30. Juni 1900 §§ 28ff. zu stützen. Danach soll nicht für jede Beschädigung eines Gegenstandes infolge einer polizeilich angeordneten und überwachten Desinfektion Entschädigung gewährt werden, sondern nur für solche Gegenstände, deren Beschädigung die weitere Verwendung zu ihrem bestimmungsmäßigen Gebrauche nicht zuläßt. Zunächst kann zweifelhaft erscheinen, was als „beschädigter Gegenstand" vorliegend anzusehen ist. Hat als solcher das Schiff als ganzes, und nicht die Wand oder Decke irgend eines Teiles desselben zu gelten, so schließt die Beschädigung die weitere Verwendung des Schiffes zu seinem bestimmungsmäßigen Gebrauche, der Beförderung von Gütern auf hoher See, trotz der Beschädigung der Dekorationen der Decke und der Wände der Kajüte, sicher nicht aus. Sodann aber spricht das Gesetz nicht von der Haftung für Schäden am Gegenstande, sondern von der Entschädigung für den Gegenstand als solchen; diese aber setzt voraus, daß er zu seinem bestimmungsmäßigen Gebrauche infolge der Beschädigung dauernd untauglich sei, nicht aber, daß er nach geringfügiger Reparatur wieder wie bisher benutzt werden kann. Solche Reparaturen hat der Eigentümer zu tragen, in dessen Interesse zunächst der Eingriff der Behörde gelegen hat. Der im § 29 ausgedrückte gesetzgeberische Gedanke geht dahin, daß eine Schadensverteilung zwischen Eigentümer und Staat stattfinden soll, so zwar, daß dort, wo der Gegenstand für den Eigentümer wertlos geworden ist, der Staat eintreten soll, dort aber, wo der Gegenstand ohne jeden Eingriff oder doch mit einem im Verhältnis zu seinem Werte nur geringe Kosten erfordernden Eingriff dazu, wozu er bestimmt ist, weiter benutzt werden kann, der Eigentümer selber für seinen Schaden einstehen soll. Die Grenze der Selbsthaftung des Eigentümers wird richtig da zu ziehen sein, wo die für die Reparatur aufzuwendenden Kosten nicht mehr im Verhältnis zum Gebrauchswerte des Gegenstandes stehen. Dieser Auslegung des § 29 entspricht auch der § 30, wonach stets der — gemeine — Wert des Gegenstandes als Entschädigung zu gewähren ist, allerdings unter Anrechnung des verbleibenden Wertes auf nur beschädigte oder teilweise vernichtete Gegenstände. Vom Ersatze von Reparaturkosten ist überhaupt nicht die Rede. M. M.

i) Auslegung der §§ 50 u. 52 SeemannsO.

OLG. Hamburg, V. ZS. Urteil v. 11. Oktober 1905.

... Der Kläger hat sich am 20. Juni 1901 in Hongkong für den in Hamburg beheimateten Dampfer verheuert und ist bis zum 5. Mai 1904, während das Schiff ununterbrochen in der ostasiatischen Küstenfahrt beschäftigt war, in Dienst gewesen. Für die Zeit nach Ablauf der ersten zwei Jahre wurde ihm gemäß § 52 Nr. 3 die auf 400 Mark monatlich bemessene Heuer um $^1/_5$ erhöht. Gründe:

Allerdings scheint die Vorschrift wenig auf Verhältnisse zu passen, wie die vorliegenden, wo die Anheuerung im Auslande und in der Gegend stattgefunden hat, in der das Schiff seiner Bestimmung nach offenbar dauernd beschäftigt sein sollte, wo der Heuervertrag nicht für eine oder mehrere bestimmte Reisen geschlossen ist, vielmehr durch die dreimonatliche Kündigungsfrist dem Kläger die Möglichkeit gewahrt war, einer ihm beschwerlichen Verlängerung des Verweilens im Auslande vorzubeugen, wo endlich offenbar die höhere Bemessung der Heuer jener Beschwer eines Dienstes in ferner Gegend im vollsten Maße bereits Rechnung trug. Gleichwohl trifft die SeemannsO. auch einen solchen Fall. Die fr. Bestimmung ist nicht neu. Die SeemannsO. von 1872 (§ 41) hat sie, dem Grundgedanken nach unverändert dem HGB. Art. 541 entnommen. Im wesentlichen enthielt bereits der preuß. Entwurf die gleiche Vorschrift im Art. 454[3], der unverkennbar auf dem Art. 22 der hamburgischen SeemannsO. vom 12. Juni/2. August 1854 beruht. Ließe sich dem preuß. Entwurfe gegenüber noch der Umstand, daß der Abs. 3 dort im engsten Anschluß an die beiden voraufgehenden Absätze erscheint, dafür verwerten, daß man dabei nur an die Fälle zu denken habe, wo der Schiffsmann für eine bestimmte Reise geheuert ist, welche Fälle auch noch die SeemannsO. von 1872 als die typischen behandelt und in erster Linie regelt, so hat doch schon der Entwurf I. Lesung diesen Zusammenhang beseitigt, indem er den Abs. 3 in den besonderen Art. 419 verwies, was dann im Gesetz selbst (Art. 541) beibehalten ist. Die SeemannsO. von 1872 hat den Zusammenhang mit dem voraufgehenden Artikel völlig gelöst, indem sie den (veränderten) Inhalt des Art. 541 in den § 41, den der Art. 538 ff. dagegen nach § 54 verlegte. Es kommt hinzu, daß schon von vornherein die einleitenden Worte jenes Abs. 3 des Art. 454 des preuß. Entwurfs: „In allen Fällen, wo ein Schiff länger als zwei Jahre verweilt, zc", welche Fassung bis auf die neueste Gesetzgebung sachlich beibehalten ist, in nicht mißzuverstehender Weise auch wiederum einen gewissen Gegensatz gegen die voraufgehenden Bestimmungen kennzeichnen, und es geradezu aussprechen, daß sie von jeder Art von Heuervertrag, also auch von dem auf bestimmte oder unbestimmte Zeit geschlossenen gelten wollen. Wenn schließlich auch die SeemannsO. von 1872 die Worte des Art. 541 HGB.: „für den seit der Ausreise im Dienst befindlichen Schiffsmann" im § 41 dahin geändert hat: „für den seit zwei Jahren im Dienste befindlichen Schiffsmann", wodurch man nur beabsichtigt haben kann, die Fälle zu treffen, wo ein Schiffsmann erst nach der Ausreise angenommen ist, so wird dadurch auch die an sich denkbare Auslegung ausgeschlossen, als habe der Gesetzgeber nur an die Fälle gedacht, wo der Schiffsmann mit dem Schiffe vom Heimatshafen aus die Reise oder die Reisen angetreten hat....

Der Anspruch der Beklagten aus § 50 SeemannsO. erscheint dagegen nicht begründet. Der § 50 hat lediglich den Fall im Auge, wo während einer Reise der von Anfang für diese Reise bestimmte und vorhanden gewesene Mannschaftsbestand eine Verminderung an Zahl und vielleicht auch an Qualität der einzelnen Leute erfährt. Nur ein solches ganz bestimmtes tatsächlich unschwer festzustellendes Vorkommnis gibt den Schiffsleuten den Anspruch auf die ersparte Heuer. Es kann nicht die Meinung des Gesetzes sein, daß auch da, wo von vornherein die Besatzung des Schiffes eine für die beabsichtigte Reise als ausreichend zu erachtende nicht gewesen ist, die Schiffsleute den Anspruch auf eine Verteilung ersparter Heuer haben sollten. M. M.

k) **Wiederholter Ungehorsam. SeemannsO. § 57.**

OLG. Hamburg, IV. ZS. Urteil v. 14. Juli 1905.

Wiederholter Ungehorsam liegt nicht etwa dann vor, wenn der Schiffsmann, wie der § 86 es voraussetzt, in einem einzelnen Falle wiederholten Befehlen des Schiffers oder eines anderen Vorgesetzten den schuldigen Gehorsam verweigert, sondern dann, wenn er in mehreren selbständigen Fällen ungehorsam gewesen ist, sollte es auch in keinem einzelnen Falle zu wiederholten Befehlen des Vorgesetzten gekommen sein. Daraus folgt, daß der § 57 Nr. 2 auch dann angewendet werden kann, wenn nur Ungehorsamsfälle im Sinne von § 84 vorgekommen sind. Nun ist der Kläger durch den vorgetragenen Spruch des deutschen Konsuls auf Grund des § 84 zu der schwersten hier vorgesehenen Geldstrafe verurteilt worden. Danach lag ein zur Entlassung berechtigendes grobes Dienstvergehen im Sinne des § 57 Nr. 2 vor. M. M.

l) **Weder Aufhebung noch Heuererhöhung bei Kriegsgefahr.**

α) OLG. Hamburg, IV. ZS. Urteil v. 11. Oktober 1905.

Es ist streitig (vgl. ROHG. 8 S. 345; Lewis, HGB.; Brodmann, Seeges.; Knitschky-Rudorff, Seeges.; Perels und Löwe-Makower, SeemannsO.), ob der § 74 die Gründe, aus denen der Schiffsmann die Aufhebung des Heuervertrages fordern darf, erschöpfend aufzählt, oder ob neben den angeführten noch andere wichtige Gründe zuzulassen sind. Die letztere Ansicht verdient den Vorzug; für sie spricht vor allem die Entstehungsgeschichte. Die SeemannsO. von 1902 ist aus der von 1872 und diese wiederum aus dem Buch 5 Titel 4 HGB. hervorgegangen. Die Begründung des neuen Entw. erklärt ausdrücklich, es werde nicht bezweckt, die Verhältnisse der Seeleute auf einer völlig neuen Grundlage aufzubauen, vielmehr handele es sich nur darum, unter Beibehaltung des Bewährten, zum wesentlichen Teil schon aus dem Seerechte des HGB. Übernommenen, die bestehenden Vorschriften dem heutigen Stande des Seeschiffahrtsbetriebes und der sozialen Verhältnisse der Seeleute anzupassen. Danach müssen die Vorschriften des neuen Gesetzes übereinstimmend mit denen der alten ausgelegt werden, wenn sich nicht aus der neuen Fassung die Absicht, etwas an dem früheren Rechtszustande zu ändern, ergibt, und diese Erwägung fällt ganz besonders ins Gewicht, wenn und soweit die Vorschriften der neuen Seemannsordnung auch ihrer Wortfassung nach aus dem alten Gesetze entnommen sind. Das ist bezüglich des § 74 der Fall.

Die SeemannsO. von 1872 hat die Art. 539[1] und 547[1] HGB. wortgetreu in den § 61 übernommen und als dritten Grund zur Aufhebung des Vertrages, den Flaggenwechsel des Schiffes hinzugefügt. Dieser § 61 ist wiederum in etwas weiterer Ausgestaltung in das neue Gesetz als § 74 (im Entwurf § 69) übernommen. Die Ziffer 1 ist etwas weiter gefaßt, in Ziffer 3 sind die Fristen verkürzt, Ziffer 4 und 5 sind hinzugefügt. Im übrigen ist der alte Wortlaut erhalten geblieben. Die Motive besagen, abgesehen von der Besprechung der einzelnen Ziffern, nur: „Die Gründe, aus denen der Schiffsmann seine vorzeitige Entlassung verlangen kann, sind um einige vermehrt." Daß die Aufzählung dieser Gründe im neuen Gesetze eine andere Bedeutung haben solle, als im alten, ist nicht gesagt, und da der Wortlaut dafür gar keinen Anhalt bietet, also auch sicher nicht gewollt. Daß aber im HGB. die angeführten Gründe nicht als ausschließliche gemeint waren, ist vom ROHG. 8 S. 345 ausgesprochen und unterliegt keinem Zweifel, denn es ist in der Seeamtskonferenz (Prot. S. 2007) einstimmig anerkannt, daß von Erwähnung anderer Gründe, wegen welcher ein Seemann seine Entlassung fordern könnte, ... Umgang zu nehmen sei, da die allgemeinen Grundsätze des Rechts für deren Beurteilung ausreichten. Damit erledigt sich auch der Einwand daraus, daß das HGB § 547[3] den Landesgesetzen freistellt, zu bestimmen, ob und aus welchen anderen Gründen dem Seemann das Recht, die Entlassung zu fordern, außerdem noch zusteht. Es ist damit nur den Landesgesetzen die Möglichkeit gegeben, das Recht des Seemanns zu erweitern, oder auch es auf die im HGB. ausdrücklich aufgeführten Fälle zu beschränken, welche Möglichkeit durch die SeemannsO. von 1872 beseitigt ist. Das Recht des HGB. aber geht dahin, daß der Anspruch des Seemanns auf vorzeitige Entlassung in anderen als den ausdrücklich erwähnten Fällen nach allgemeinen Grundsätzen zu beurteilen sei. Bei diesem Rechtszustande ist es sowohl in der SeemannsO. von 1872 wie in der von 1902 verblieben, da beide Gesetze die Grundsätze des HGB. einfach übernommen haben, indem sie, wie bereits dargelegt, nur die ausdrücklich aufgeführten Gründe, aus denen die Entlassung gefordert werden kann, um einige vermehrten, sonst aber alles beim alten ließen. Hiergegen wird angeführt, daß die SeemannsO. von 1902 im § 70 Nr. 6 dem Kapitän ausdrücklich das Recht einräume, den Schiffsmann vorzeitig zu entlassen, wenn die Reise wegen Krieges nicht angetreten oder fortgesetzt werden könne, und daß eine entsprechende Befugnis des Schiffsmanns, die Entlassung zu fordern, im § 74 hätte erwähnt werden müssen, wenn es nicht die bewußte Absicht des Gesetzgebers gewesen wäre, sie ihm abzusprechen. Allein dieselbe ungleichmäßige Fassung zeigen die entsprechenden Art. 543, 547 HGB. und sie ist in den Prot. S. 1959, 2007 damit erklärt, daß es nur zur Vermehrung von Streitigkeiten führen könne und deshalb nicht rätlich sei, die Schiffsleute auf solche Befugnisse besonders hinzuweisen. Die hierdurch verursachte Fassung des alten Gesetzes ist in die Überarbeitungen einfach übernommen und kann folglich nicht zum Beweise dafür dienen, daß das neue Gesetz andere Absichten verfolge als das alte.

Die Richtigkeit der somit aus der Entstehungsgeschichte gewonnenen Auslegung wird auch dadurch bestätigt, daß sie allein den Erfordernissen der Billigkeit entspricht. Denn wenn man die im § 74 enthaltene Aufzählung von Fällen, in denen der Schiffsmann seine Entlassung fordern kann, als erschöpfend erachtete, so würden vielfach Entscheidungen von monströser Härte notwendig. Man setze z. B. den Fall, daß der Bestimmungshafen eines Schiffes infolge eines während der Reise ausgebrochenen Krieges blockiert wird, daß das Schiff einen sicheren Zwischenhafen anläuft, der Reeder, der seine materiellen Interessen durch Assekuranz oder Vertrag mit den Charterern sicherstellen kann, aber auf Ausführung der Reise besteht, obwohl dabei die Mannschaft durch die Blockadeschiffe, durch Minen zc in die dringendste Lebensgefahr gebracht werden würde. Unter solchen Umständen würde nach der hier bekämpften Auslegung des § 74 die Mannschaft für verpflichtet erklärt werden müssen, auf dem Schiffe zu bleiben. Schon die Seerechtskonferenz (Prot. S. 1959) hat es für unnötig erklärt, das Gegenteil im Gesetze zu sagen, denn unter solchen Umständen werde der Schiffer auch ohne ausdrückliche Bestimmung bei jedem Richter Schutz finden. Daß in der Tat die einfachste Billigkeit dies fordert, ist einleuchtend. Außerdem können auch in der Person des einzelnen Schiffsmanns Umstände aller Art eintreten, wegen welcher ihm aus zwingenden Gründen der Billigkeit das Recht, den Schiffsdienst zu verlassen, gewährt werden muß. Des weiteren sind aber die Fälle zu bedenken, in denen durch die Verfügung des Reeders über das Schiff der Dienst darauf ein anderer wird, als zu welchem der Schiffsmann sich verheuert hat. In solchem Falle kann der Schiffsmann ohne auf Lösung des Heuervertrages zu bestehen, den Dienst auf dem Schiffe deswegen verweigern, weil er sich zur Leistung der Dienste, die von ihm gefordert werden, nicht verpflichtet habe. Dies trifft vor allem zu, wenn der Schiffsmann für eine Reise nach einem bestimmten Hafen geheuert ist, und das Schiff nachträglich auf eine ganz andere Reise gesandt wird. Das Schiffahrtsunternehmen kann aber nicht nur hinsichtlich des Zieles, sondern auch der Art nach geändert werden, so z. B. wenn ein Dampfer anstatt auf Frachtreisen auf andere Unternehmungen, wie Fischerei ausgesandt wird. Wenn durch derartige nachträgliche Verfügungen des Reeders der Schiffsdienst wesentlich verändert wird, kann die vorher geheuerte Mannschaft nicht verpflichtet sein, ihn auszuführen.

Diese Erwägungen würden auch hier zutreffen, wenn durch besondere Umstände der vom Kläger zu leistende Schiffsdienst ein anderer geworden wäre als der, zu dem er sich verheuert hatte. Er war im April 1904 auf den beklagtischen Dampfer für eine Fahrt nach Nordamerika und weiter angeheuert. Da der Dampfer ein Frachtdampfer war, so war unter der Fahrt zweifellos eine gewöhnliche Frachtreise verstanden und es war sicherlich etwas ungewöhnliches, daß der Reeder den Dampfer auf der streitigen Reise verwendete, um der russischen Kriegsflotte Kohlen zuzuführen, und diese teils vor Vigo, teils auf ihrem ferneren Wege in der Richtung nach Ostasien in die Kriegsschiffe überzugeben. War dies aber auch etwas ungewöhnliches, so wurde dadurch doch der Dienst des Klägers nicht verändert. Zwar handelte es sich zweifellos um den Transport von Konterbande, da die Kohlen nicht von einem Hafen in den anderen, sondern an die Kriegsschiffe einer kriegführenden Macht zur Benutzung im Kriege gebracht wurden. Allein ob die Kohlen in die russischen Kriegsschiffe oder an einen anderen Abnehmer übergegeben wurden, war für die dem Kläger obliegende Arbeit gleichgültig und von einer Gefahr, daß das Schiff auf der von Vigo aus anzutretenden Fahrt durch das Mittelmeer in kriegerische Konflikte verwickelt werde, konnte keine Rede sein. M. M.

β) OLG. Hamburg, III. ZS. Urteil v. 19. Juni 1906.

... Wenn die Mannschaft der „Linde" auch vielleicht nicht auf den Kriegsschauplatz selbst gelangte, so ist sie doch, da das Schiff Konterbande führte, in Kriegsgefahr gewesen, besonders solange sie vom 5. bis 9. Mai 1905 in nächster Nähe der noch in der Kamranbucht befindlichen russischen Flotte weilte. Allein der Umstand, daß die Mannschaft ohne ihr Wissen und wider ihren Willen in Kriegsgefahr gebracht wurde, konnte sie höchstens (ROHG. 8 S. 345) berechtigen, ihre Entlassung zu fordern, niemals aber eine die vertraglichen Festsetzungen um das Doppelte übersteigende Heuer zu beanspruchen. Dies hat Kläger denn auch nur durch Behauptung einer „Usance" zu rechtfertigen versucht, indem er sich nicht etwa auf frühere Fälle von Kriegszeiten, die auf den Seeverkehr einwirkten (z. B. deutsch-französischer Krieg, spanisch-amerikanischer Krieg, Burenkrieg rc), sondern ausschließlich auf die Vorgänge im russisch-japanischen Kriege stützt. Es ist aber ausgeschlossen, aus einer so geringen Anzahl von Präzedenzfällen während einer so beschränkten Periode politischer Ereignisse auf die Bildung eines jedermann bindenden Handelsgewohnheitsrechts zu schließen. Es braucht daher nicht untersucht zu werden, ob die Fälle, in denen z. B. die H.A.P.A.G. und Jebsen ihren Mannschaften eine Extravergütung gewährt haben, deshalb ganz anders lagen, weil diese Leute auf den Kriegsschauplatz selbst, also in imminente Kriegsgefahr gebracht worden sind. Ein Recht der Mannschaft der „Linde", von der Reederei eine höhere Heuer als die versprochene zu fordern, ist jedenfalls zu verneinen. M. M.

m) **Bergung in ausländischen Gewässern.**

OLG. Hamburg, V. ZS. Urteil v. 18. Oktober 1905.

Der Umstand kann nicht entscheiden, daß, weil die Rettung nicht in einem zum Bezirke eines bestimmten deutschen Strandamts gehörigen Gewässer erfolgte, nicht feststehe, welches Strandamt angegangen werden müsse; denn alsdann müßte, was der Gesetzgeber sicher nicht gewollt habe, auch bei Bergung oder Hilfeleistung auf hoher See die Mitwirkung der Verwaltungsbehörde bei der Festsetzung des Lohnes wegfallen. Wohl aber fällt diese Mitwirkung, weil der Lohnanspruch der Klägerin nach holländischem Rechte zu beurteilen ist, es aber nicht die Meinung des Gesetzes sein kann, einen Vorbescheid herbeizuführen, der, da die Verwaltungsbehörden ausschließlich deutsches Recht anwenden dürfen (§ 38 StrO.), wegen Anwendung eines unrichtigen Rechts überall da zu unrichtigem Ergebnis führen muß, wo nicht zufällig das richtigerweise anzuwendende fremde Recht mit dem deutschen Rechte übereinstimmt (Hans.GZ. 1888 Nr. 92). Da das beklagtische [deutsche] Viermastschiff in einem holländischen Gewässer in Not geraten, der Vertrag auf Rettung aus dieser Not in einem holländischen Hafen geschlossen ist und endlich das Schiff nach einem anderen holländischen Hafen verbracht werden sollte und verbracht ist, so ist holländisches Recht anzuwenden. Allerdings haben die Parteien auf ein deutsches Strandamt als Schiedsgericht kompromittiert, und auch die Klägerin hat gewußt, daß das Strandamt nur deutsches Recht anwenden dürfe. Allein das Strandamt als Schiedsgericht war so frei wie jedes andere Schiedsgericht in der Wahl des anzuwendenden Rechts, so daß die Klägerin unmöglich voraussehen konnte, daß das Strandamt, wie es in der Tat erfolgt ist, die Übernahme des Amtes eines Schiedsrichters davon abhängig machen würde, daß die Parteien sich mit der Anwendung deutschen Rechts einverstanden erklärten. M. M.

D) **Ausschließlicher Gerichtsstand des § 39 StrO. Anwendung des § 528 Satz 2 ZPO.**

OLG. Celle, IV. ZS. Urteil v. 31. Mai 1906.

Die Klägerin, die vom Marinefiskus Zahlung eines Bergelohnes verlangt, hatte gemäß §§ 36—38 StrO. einen Bescheid des Strandamts zu G. erwirkt und klagt dagegen nicht bei dem Gericht, zu dessen Bezirk der Ort des Strandamts gehört, sondern bei dem Gericht, in dessen Bezirk die den Fiskus vertretende Marine-Intendantur ihren Sitz hat. Das Landgericht hat, ohne daß der Beklagte die Unzuständigkeit eingewendet hatte, die Klage wegen Unzuständigkeit abgewiesen. In zweiter Instanz wurde die Einrede geltend gemacht und die Berufung zurückgewiesen. Gründe:

Der § 39 ordnet einen ausschließlichen Gerichtsstand an. Im Entw. § 39 war das für den Ort der Bergung oder Hilfeleistung zuständige Gericht als zuständig bezeichnet. Die Begründung verweist dafür auf die zu § 20 (jetzt § 19) angeführten Gründe. Nach § 20 sollte das Strandamt beim Streit über die Empfangsberechtigung oder mangels Ermittlung der Berechtigten die geborgenen Gegenstände oder deren Erlös dem für den Ort der Bergung zuständigen Gericht zur Verfügung stellen. Die Begründung bemerkt dazu: „Die Verweisung der bezeichneten Angelegenheiten vor dieses Gericht rechtfertigt sich durch die Erwägung, daß es im Interesse der Vereinfachung der Rechtspflege liegt, alle auf einen Strandungsfall bezüglichen Prozeduren in demselben Forum vor sich gehen zu lassen und deshalb an die Stelle verschiedener persönlicher fora, die sonst konkurrieren könnten, den Gerichtsstand der belegenen Sache zu setzen." Welches von mehreren am Bergungsort bestehenden, erstinstanzlichen Gerichten, die nebeneinander ständen, zuständig sei, habe das Landesrecht zu entscheiden. In der Kommission ist dann der § 20 geändert, indem die Zuständigkeit des Gerichts ausgeschaltet ist bis zur Erledigung des vom Strandamt einzuleitenden Administrativverfahrens, das für den Fall des § 20 obligatorisch gemacht ist. Im § 39 Entw. sind weiter die Worte „bei dem zuständigen Gericht des Ortes, wo die Bergung oder Hilfeleistung stattgefunden hat" ersetzt durch die Worte „bei dem für den Ort des Strandamts zuständigen Gericht" und zur Begründung ist bemerkt, daß die Änderung vorgenommen sei wegen der zu § 20 veranlaßten Änderungen (StenBer. 1874 Bd. 3 S. 9, 18, 21, 217, 219, 220 ff.). Der Wille des Gesetzgebers, daß die Zuständigkeit des für den Ort des Strandamts zuständigen Gerichts eine ausschließliche sein solle, steht hiernach außer Zweifel. Er hat im Gesetze aber auch den genügenden Ausdruck gefunden. Es liegt das schon in der Zuständigkeitsvorschrift überhaupt. Zur Zeit des Erlasses der StrO. war die Zuständigkeit der Gerichte nicht durch Reichsgesetz geregelt. Eine durch Reichsgesetz vor Erlaß der Justizgesetze geordnete Zuständigkeit der Gerichte konnte vernünftigerweise im Regelfalle nur den Zweck haben, eine ausschließliche Zuständigkeit zu bestimmen. Sonst hätte sich die StrO. richtiger enthalten, eine Zuständigkeitsvorschrift überhaupt zu geben. Als Beleg mag angeführt werden, daß § 108 GewO. v. 1869 lediglich „die Berufung auf den Rechtsweg binnen präklusivischer Frist" vorsieht, andererseits daß § 42 Rayonges. von 1871 eine Zuständigkeitsvorschrift gibt, die, ohne daß darin von einer Ausschließlichkeit der Zuständigkeit die Rede wäre, ohne jeden Zweifel als Anordnung eines ausschließlichen Gerichtsstandes aufgefaßt werden muß. Damit erledigen sich auch die Bedenken, die die Klägerin daraus ableitet, daß § 39 nicht ausdrücklich von einem ausschließlichen Gerichtsstande spricht. Im § 39 ist aber auch nach seinem Wortlaute die Anordnung eines ausschließlichen Gerichtsstandes zu finden. „Die Partei hat die Klage bei dem für den Ort des Strandamts zuständigen Gericht anzubringen," sagt das Gesetz und es läßt damit an seiner Absicht keinen Zweifel. Da hiernach ein ausschließlicher Gerichtsstand vorgesehen ist, mußte das Landgericht seine Zuständigkeit von Amts wegen prüfen; es hat mit Recht seine Unzuständigkeit angenommen.

Die Beachtung des ausschließlichen Gerichtsstandes in der jetzigen Instanz wird auch nicht durch § 528 ZPO. ausgeschlossen. Nach § 40² ZPO. hat das Gericht in den Fällen eines ausschließlichen Gerichtsstandes seine Zuständigkeit von Amts wegen zu prüfen und folgeweise die Klage wegen Unzuständigkeit auch dann abzuweisen, wenn der Beklagte die Unzuständigkeit nicht rügt. Würde der § 528 Satz 2 auch auf den Fall der Klageabweisung wegen Unzuständigkeit dann bezogen, wenn der Beklagte die Unzuständigkeit nicht vorgeschützt, das Gericht sie aber nach § 402 beachtet hat, so würde ein Widerspruch zwischen diesen Bestimmungen vorliegen. Da nämlich der Beklagte die Unzuständigkeit — von dem Falle der entschuldbaren Unterlassung abgesehen — nicht mehr vorbringen könnte und das Berufungsgericht seine Zuständigkeit nicht mehr prüfen dürfte, würde das Gericht in dem Augenblicke zuständig, indem es auf Grund der von Amts wegen vorgenommenen Prüfung die Klage wegen Unzuständigkeit abwiese. Es könnte also von Amts wegen niemals dazu gelangen, seine Unzuständigkeit anzunehmen, weil es in demselben Zeitpunkt, in dem es dies durch Urteil ausspräche bzw. aussprechen wollte, zuständig würde. Da ein solcher Widerspruch nicht gewollt sein kann, muß angenommen werden, daß § 528 Satz 2 auf einen Fall, in dem das Gericht erster Instanz von Amts wegen seine Zuständigkeit geprüft und wegen Unzuständigkeit die Klage abgewiesen hat, überhaupt keine Anwendung findet. Ein Widerspruch des § 528 Satz 2, wenn man ihn in dem weiteren Sinne faßte, mit § 40^2 würde auch darin liegen, daß die Parteien eine Vereinbarung über die Zuständigkeit auch beim Vorliegen eines ausschließlichen Gerichtsstandes treffen könnten: der Beklagte würde bei einer solchen Vereinbarung in der Berufungsinstanz nie mehr geltend machen können, daß er die Rüge der mangelnden Zuständigkeit ohne sein Verschulden unterlassen habe. Es würde daher faktisch von dem Willen des Beklagten allein abhängen, ob die Anordnung eines ausschließlichen Gerichtsstandes befolgt werden soll oder nicht. Es würde, wenn man den § 528 Satz 2 im weiteren Sinne verstehen wollte, sich auch ergeben, daß der wegen Unzuständigkeit abgewiesene Kläger durch Beschreiten der Berufungsinstanz unter den Voraussetzungen des § 528 Satz 2 die Unzuständigkeit aus der Welt schaffen könnte. Auch hiernach kann nur die beschränktere Auslegung des § 528 Satz 2 als richtig anerkannt werden. Diese Auslegung findet eine Stütze auch in der Entstehungsgeschichte. Die Vorschrift ist von der Kommission zur Beratung der Novelle vom 17. Mai 1898. Daselbst war beantragt, dem § 40 als dritten Absatz hinzuzufügen:

> Ist für die Klage ein ausschließlicher Gerichtsstand begründet, so wird ein an sich unzuständiges Gericht durch Verkündung eines in der Hauptsache ergehenden Urteils zuständig, wenn der Rechtsstreit vermögensrechtliche Ansprüche betrifft und der Beklagte die Unzuständigkeit nicht geltend gemacht hat.

Begründet wurde der Antrag damit, daß in den vielfach zweifelhaften Fällen des ausschließlichen Gerichtsstandes nicht selten erst in der Berufungs- oder Revisionsinstanz festgestellt werde, daß der Kläger ein unzuständiges Gericht angerufen habe. Wenn in solchen Fällen der Beklagte in erster Instanz die Unzuständigkeit nicht geltend gemacht habe, entspreche die Abweichung der Klage wegen Unzuständigkeit in höherer Instanz nicht dem Interesse der Rechtspflege und sei für das rechtsuchende Publikum unverständlich. Die

Fassung des Antrages, in dem das Wort „Hauptsache“ aus § 247 a. F. zu erläutern ist, und seine Begründung ergeben ganz klar, daß der Antrag nur die Fälle im Auge hatte, in denen die erste Instanz die von Amts wegen zu beachtende Unzuständigkeit nicht beachtet oder zwar beachtet, aber zu Unrecht verneint hatte. Mit einer hier nicht interessierenden Änderung wurde der Antrag von der Kommission angenommen. Es wurde dabei anerkannt, daß damit das Prinzip der ZPO., wonach in den Fällen des ausschließlichen Gerichtsstandes die Unzuständigkeit ohne Rücksicht auf eine entgegenstehende Vereinbarung der Parteien in jedem Prozeßstadium von Amts wegen zu berücksichtigen sei, durchbrochen werde. Dies hielt man aber zur Beseitigung der hervorgehobenen Übelstände in der Praxis für geboten. In zweiter Lesung ist dann auf Vorschlag der Redaktionskommission der § 40^3 gestrichen und für die Berufungsinstanz ersetzt durch einen Zusatz zu § 490, dessen Wortlaut sich mit § 528 Satz 2 deckt. Für die darin liegende sachliche Abweichung von dem Beschlusse erster Lesung war maßgebend, daß es nicht angängig erschien, für die Berufungsinstanz die Einrede der Unzuständigkeit des Gerichts in den Fällen des ausschließlichen Gerichtsstandes weiter als in den übrigen Fällen zu beschränken. Danach ist zweifellos, daß man den im ersten Antrage zum Ausdrucke gelangten Satz mit einer Einschränkung akzeptieren wollte. Der § 528 Satz 2 kann daher auch nur für den Fall gelten, daß in erster Instanz die Unzuständigkeit nicht beachtet oder zu Unrecht verneint ist. Wollte man übrigens annehmen, daß der Wortlaut des § 528 Satz 2 keine solche einschränkende Auslegung vertrage, würde das Ergebnis doch dasselbe bleiben. Den in diesem Falle zwischen § 528 und dem § 40^2 festzustellenden Widerspruch könnte man nur zugunsten des § 40^2 lösen. Nach seiner Fassung und Stellung enthält der § 528 Satz 2 eine Ausnahme, die im Konflikt mit anderen allgemeinen Normen, zu denen der § 40^2 zu rechnen ist, zurückstehen müßte, um so mehr, als sie bei der engeren Auslegung einen vernünftigen Sinn ergibt und die mit ihrer Schaffung erstrebten Ziele erreicht. Hiernach muß, weil das angefochtene Urteil die Klage wegen Unzuständigkeit abgewiesen hat, auch in der Berufungsinstanz die Unzuständigkeit, obwohl sie in erster Instanz vom Beklagten nicht geltend gemacht ist, beachtet werden. H. ch.

o) **Beschreitung des Rechtsweges vor Zustellung des Strandamtsbescheids. Wirkung der nachgeholten Zustellung.**

OLG. Hamburg, IV. ZS. Urteil v. 9. April 1906.

Der Bescheid des Strandamts war nach § 38 StrandungsO. den Beteiligten zu Protokoll bekannt zu machen oder zuzustellen; solange weder das eine noch das andere geschah, war das Verfahren vor dem Strandamt nicht erledigt. Die Zustellungen vom 20. Oktober 1905 entsprechen aber nicht den gesetzlichen Vorschriften; sie sind also ungültig (Hans.GZ. 1901 Nr. 6). Inzwischen sind aber am 16. Januar 1906 die bisher ungültigen Zustellungen durch ordnungsmäßige Zustellungen ersetzt worden. Damit ist das Hindernis beseitigt, welches bisher der Geltendmachung des Klag- und des Widerklaganspruches entgegenstand, und es ist nunmehr die Möglichkeit gegeben, in eine materielle Prüfung der beiderseitigen Ansprüche einzutreten. Daß diese Prüfung im vorliegenden Prozeß zu erfolgen hat und daß es dazu nicht erst einer neuen Klage bedarf, erscheint zweifellos, wie denn auch bei der Klage aus § 1042 ZPO. die nicht oft nur mangelhaft erfolgte Zustellung oder Niederlegung des Schiedsspruchs noch nach Erhebung der Klage nachgeholt werden kann (Gaupp-Stein, ZPO. § 1042 Anm. 19). M. M.

Dazu: OLG. Hamburg, IV. ZS. Urteil v. 7. Februar 1906.

Daß die Hilfslohnforderung etwa schriftlich oder in bestimmter kurzer Frist nach der Hilfeleistung angemeldet werden müsse, ist nicht vorgeschrieben. Das Strandamt hat jedoch jede weitere amtliche Tätigkeit abgelehnt und sich darauf beschränkt, dem A. den Bescheid zuzuschicken, daß der Schiffsunfall der „Dora" bei ihm nicht angemeldet sei. In solchem Falle ist, wie das RG. Entsch. 12 S. 61 und öfter erkannt hat, die vom Gesetz angeordnete Zuständigkeit der Verwaltungsbehörde erschöpft, ohne daß die zuvorige Beschreitung eines etwaigen Beschwerdeweges erforderlich wäre. Weiter fällt dann aber auch die im § 39³ StrandungsO. für den Rechtsweg gegen den Bescheid des Strandamtes angeordnete Zuständigkeitsbeschränkung auf das für den Ort des Strandamtes zuständige Gericht weg. Wenn es zu einem sachlichen Bescheide des Strandamts überhaupt nicht gekommen ist, geschweige denn zu einer Hilfslohnfestsetzung durch die Aufsichtsbehörde, das Amt vielmehr einfach seine Tätigkeit verweigert, so fehlt es an jedem Grunde dazu, bei der nunmehr zulässigen Anrufung der Gerichte, die im § 39² angeordnete Zuständigkeitsbeschränkung oder gar die kurze Ausschlußfrist von 44 Tagen „nach der Bekanntmachung oder Behändigung des Bescheides" gelten zu lassen, vielmehr ist der Rechtsweg bei jedem nach den allgemeinen Bestimmungen zuständigen Gerichte zulässig und es läuft die allgemeine Verjährung. M. M.

7

a) Liegegeld. Mitzählung der Sonntage.

OLG. Marienwerder, II. ZS. Urteil v. 10. November 1905.

Der Vorderrichter hat dem Kläger kein Liegegeld für die Sonn- und Feiertage zugebilligt, welche in die Zeit nach Ablauf der gesetzlichen Ladezeit fallen. In dieser Hinsicht ist aber zu scheiden zwischen der gesetzlichen Ladezeit, d. h. derjenigen Zeit, welche ein Schiffer auf Ladung kraft Gesetzes warten muß, ohne einen Anspruch auf Vergütung für das Warten zu haben, und zwischen der Zeit, die hinter der gesetzlichen Ladezeit liegt. Für jeden Tag, den der Schiffer nach Ablauf der gesetzlichen Ladezeit auf die Ladung wartet, darf er nach § 30 Liegegeld beanspruchen. Daß dies für die Ladezeit kraft Gesetzes dem Schiffer nicht zusteht, ergibt sich aus dem Inhalt des § 30. Die Zeit, während deren der Schiffer nach Ablauf der gesetzlichen Ladezeit auf Ladung wartet, wird ferner zur Überliegezeit im eigentlichen technischen Sinne unter der Voraussetzung, daß der Schiffer zufolge der mit dem Absender getroffenen Vereinbarung **verpflichtet** ist, auf Ladung zu warten, und diese Überliegezeit dauert so lange, als der Schiffer zu warten sich verpflichtet hat. Das ist die Bedeutung des § 31 [1].

Der Standpunkt des BSchG. hinsichtlich der Berechnung dieser drei verschiedenen Zeiträume ist, soweit es sich um die Mitzählung der Sonn- und Feiertage handelt, der nachbezeichnete. Der § 29 [3] schreibt ausdrücklich vor, daß bei Berechnung der Ladezeit die Sonntage nicht in Ansatz kommen. Für die Überliegezeit im eigentlichen Sinne findet nach § 31 [2] der § 29 Abs. 2—4 mit der Maßgabe Anwendung, daß die Überliegezeit mangels besonderer Vereinbarung höchstens eine Woche beträgt. Auf die dritte Art der Liegezeit, für die das Gesetz nichts Ausdrückliches vorschreibt, die erwähnte, für Lade- und Überliegezeit gegebene Vorschrift entsprechend anzuwenden, muß aber als unzulässig abgelehnt werden. Mit Recht weist **Mittelstein** 3 zu § 30 darauf hin, daß im § 31 [2] die Anwendung der für die Ladezeit vorgeschriebenen Berechnungsart ausdrücklich für die Überliegezeit angeordnet ist, dagegen im § 30 dem Schiffer Liegegeld für **jeden** Tag zugebilligt wird, der hinter der Ladezeit liegt. Es ist somit im § 30 für die nach Ablauf der Ladezeit verstreichende Liegezeit der Grundsatz aufgestellt, daß der Schiffer für jeden Tag, um den die Ladezeit überschritten wird, Liegegeld verlangen darf. Im § 31 dagegen wird für die ja auch hinter der Ladezeit liegende Überliegezeit im eigentlichen Sinne eine Ausnahme dahin gemacht, daß die Sonn- und Feiertage nicht mitgezählt werden. Dementsprechend ist auch die Reihenfolge der Bestimmungen im Gesetz beachtlich, indem zunächst der Grundsatz im § 30 und dann die Ausnahme im § 31 bestimmt sind. Es erscheint daher auch eine entsprechende Anwendung der Ausnahmevorschrift auf andere Fälle unzulässig. Es wäre anderenfalls auffallend, warum das Gesetz nicht schon im § 30, wo es von der nach Ablauf der Ladezeit verstreichenden Liegezeit schlechthin spricht, die Anwendung des § 29 [2—4] vorschreibt, sondern erst in einem Paragraphen, der nur von einer besonders charakterisierten Unterart jener Zeit, nämlich von der Überliegezeit, handelt.

Eine andere Auffassung würde auch zu einer unbilligen Härte gegen den Schiffer führen. Denn während der Schiffer, sofern nicht die eigentliche Überliegezeit in Betracht kommt, auf die Ladung nach Ablauf der Ladezeit nicht länger zu warten braucht und, vorausgesetzt, daß er dem § 33 genügt hat, abfahren darf, vielleicht nach Vervollständigung der Ladung von anderer Seite, dann aber auch an Sonn- und Feiertagen zu fahren nicht gehindert ist, würde ihm eine wirtschaftliche Ausnutzung dieser Tage durch Arbeit nicht möglich sein und der so auf diese Tage fallende Verdienst ohne Ersatz dafür entgehen, wenn er, statt abzufahren und dies dem Absender vorher rechtzeitig anzudrohen, länger auf Ladung wartete und für die solchergestalt im Interesse des Absenders zugebrachten Sonn- oder Feiertage keine Entschädigung in Gestalt von Liegegeld erhielte. Wenn das Gesetz im § 31 das Liegegeld für die Sonn- und Feiertage der Überliegezeit dem Schiffer abspricht, so kann er sich dadurch nicht beschwert fühlen, da es in seinem Willen lag, sich auf eine eigentliche Überliegezeit nicht einzulassen. H.

b) **Berechtigung der Leichterung, wenn schon beim Frachtschluß der Wasserstand zu gering war.**

OLG. Hamburg, IV. ZS. Urteil v. 7. März 1906.

Anfang September 1904, als die klagenden Schiffer abschlossen, war der Wasserstand der Elbe außerordentlich niedrig und die Schiffahrt war deswegen geschlossen. Sie konnten also derzeit überhaupt nicht abfahren. Wenn sie trotzdem Ladungen einnahmen, und zwar solche, die den Tiefgang ihrer Kähne auf mehr als einen Meter brachten, ohne etwas über die Zeit ihrer Abfahrt und die Verhältnisse, unter denen sie abgeschleppt zu werden erwarteten, zu bedingen, so kann, auch wenn dies nicht ausdrücklich besprochen ist, die Meinung nur die gewesen sein, daß sie warten wollten, bis der Wasserstand genügte, um die Ladungen, die sie eingenommen hatten, zu befördern. Demzufolge hatten sie kein Recht die Abschleppung zu verlangen, bevor ein solcher Wasserstand eingetreten war. Der § 44³ BSchG. steht ihnen nicht zur Seite, denn die Umladung der Güter in ein anderes Schiff ist nicht nach der Einladung wegen niedrigen Wasserstandes erforderlich geworden, sondern der Wasserstand war schon zur Zeit des Vertragsschlusses und der Einladung so niedrig, daß die Fahrt mit der eingeladenen Gütermenge unmöglich war. Wären also die Frachtverträge nicht so zu verstehen, daß die Kläger mit der Abfahrt warten sollten, bis genügender Wasserwuchs eintrat, so hätten sie gar nicht so viel Ladung, wie geschehen, einnehmen dürfen. Sie waren demnach gemäß den Verträgen nicht berechtigt abzuleichtern, und hatten keinen Anspruch abgeschleppt zu werden, bevor die Kähne mit der eingenommenen Ladung abschwimmen konnten. Ihr Anspruch auf Ersatz des Schadens, der ihnen dadurch entstanden sein soll, daß Beklagte sich geweigert habe, die Leichterung zu genehmigen und ihre Kähne nebst Leichtern abzuschleppen, ist demnach vom Landgerichte mit Recht zurückgewiesen. M. M.

c) **Abladen „auf Wasserstand". Liegegeld.**

OLG. Karlsruhe, II. ZS. Urteil v. 11. Juli 1905.

1. Die Vereinbarung des Abladens „auf Wasserstand" bedeutet nicht, daß der zur Zeit des Beginns der Abladung und in den nächsten Tagen vorhandene Wasserstand für das Maß der Ladung des Schiffes maßgebend sein soll. Vielmehr soll das Schiff in der Weise beladen werden, als dies während der ganzen Zeit der Beladung mit Rücksicht auf den Wasserstand möglich ist. Dabei ist aber natürlich auch auf ein etwaiges Fallen des Wassers in der nächsten Zeit Rücksicht zu nehmen, was zur Folge hat, daß das Schiff, auch wenn der Wasserstand zur Zeit der Beladung die volle Belastung des Schiffes gestatten würde, doch nicht unter allen Umständen bis zur äußersten zulässigen Grenze beladen zu werden braucht. Vorliegend

betrug die Beladung nur $^4/_5$ der Tragfähigkeit. Es fand aber in der Zeit vom 1.—6. Dezember 1903 ein erhebliches Fallen des Wassers statt; ferner hat das Schiff bei der Ausfahrt aus dem Hafen schon den Sand gestreift. Unter solchen Umständen muß die vom Kläger vorgenommene Beladung als eine dem Wasserstand entsprechende angesehen werden.

2. Das Landgericht hat das Liegegeld der Beklagten deshalb abgesprochen, weil dafür nach der Ablieferung der Ware nur der Empfänger haftbar sei. Dem kann nicht beigetreten werden. Der Anspruch des Frachtführers auf Liegegeld wegen verzögerter Abnahme der Ladung (§ 49 BSchG.) ergibt sich aus dem Frachtvertrag und die Verpflichtung zur Zahlung des Liegegeldes liegt deshalb, selbst wenn es am Bestimmungsorte erwachsen ist, dem Absender als Gegenkontrahenten des Frachtführers ob (Mittelstein, BSchG. S. 212). Es wird nun allerdings, wenn das Liegegeld durch ein offensichtliches Verschulden des Empfängers bei der Abnahme der Ladung entstanden ist, der Frachtführer regelmäßig verpflichtet sein, das Liegegeld vom Empfänger zu erheben, d. h. diesem die Ladung nur gegen Zahlung des Liegegeldes auszufolgen; es ergibt sich dies aus der dem Frachtführer obliegenden allgemeinen Verpflichtung, den Frachtvertrag sorgfältig zu erfüllen. Allein vorliegend war für die Beklagte bzw. den Schiffer nicht ohne weiteres ersichtlich, wer die Überliegezeit verschuldet hatte. Die gesetzliche Liegezeit ist augenscheinlich dadurch überschritten worden, daß die Ladung in verschiedenen Partien an eine ganze Reihe von Adressaten auszufolgen war. Sollte selbst in solchem Falle der Frachtführer von den Empfängern Zahlung des Liegegeldes verlangen können, so ist er doch nicht bei Verlust seines Anspruchs an den Absender hierzu verpflichtet. Er kann vielmehr jedenfalls auch auf Grund des Frachtvertrags seinen Anspruch auf Liegegeld gegen den Absender als Gegenkontrahenten geltend machen. Dr. E.r.

d) **Haftung des Schiffers für Lagerung.**

OLG. Karlsruhe, II. ZS. Urteil v. 14. Juli 1905.

Die Beklagte hatte vom Kläger die Spedition der nach Mannheim verbrachten Felle von „Waggon Rheinquai“ bis New York um einen festen Satz übernommen. Sie hat deshalb ausschließlich die Rechte und Pflichten eines Frachtführers (§ 413 HGB.), die sich, soweit nichts abweichendes vereinbart ist, hinsichtlich der Spedition bis Rotterdam nach dem BSchG. regeln. Der § 41, wonach der Absender gepackte Güter auf das Schiff zu bringen hat, war vertragsmäßig dahin abgeändert, daß die Beklagte die Felle am Waggon in Empfang zu nehmen und dort nach dem Schiffe zu verbringen hatte. Diese Obliegenheit war keine selbständige, neben dem Frachtvertrage bestehende Vertragspflicht; sie bildete vielmehr eine Nebenverpflichtung der Beklagten aus dem Frachtvertrage selbst. Einen dabei aus Fahrlässigkeit zugefügten Schaden hat die Beklagte nach Maßgabe der §§ 26, 58 BSchG. und § 431 BGB. zu vertreten, wenn eine solche Haftung nicht ausgeschlossen ist. Letzteres ist nicht anzunehmen. Ein Ballen Felle ist nach dessen Entladung aus dem Waggon bei der Lagerung auf dem Rheinquai ins Wasser gefallen. Nun läßt zwar § 2 der Konnossementsbedingungen die Haftbarkeit der Reederei erst mit der vollendeten Empfangnahme der Ware im Schiffe beginnen; allein, wie sich aus dem weiteren Inhalte ergibt, soll damit nur eine Haftbarkeit der Beklagten für Schäden, welche gelegentlich der Verladung der Ware auf das Schiff entstehen, ausgeschlossen sein. Dabei ist offenbar an den auch im § 41 BSchG. geregelten Fall gedacht, daß die Ware dem Frachtführer an Bord gebracht wird; dagegen hat sich die Beklagte nicht auch von solchen Schäden in § 2 freigezeichnet, welche wie hier vor Beginn der Verladung auf das Schiff entstanden sind ... Dr. E.r.

e) **Teilverlust i. S. des § 61 BSchG.**

OLG. Hamburg, V. ZS. Urteil v. 4. April 1906.

Fraglich ist, ob man den Klaganspruch, der sich darauf gründet, daß der Schiffer 227 Sack einer geringeren Sorte von Mehl abgeliefert hat, als er eingenommen hatte, ohne weiteres als einen Anspruch wegen einer Beschädigung des Gutes behandeln dürfte. Aber jedenfalls hat der Schiffer das entsprechende Quantum der in den Kahn verladenen wertvolleren Ware nicht abgeliefert und insofern ist der geltend gemachte Anspruch ein solcher wegen Minderung des Gutes. Unter den vorliegenden Umständen, wo nicht nur mangels einer durchgehenden Numerierung dem einzelnen Sack jedes individualisierende Merkmal abging, sondern auch die Ladescheine, die vorgelegt sind und die sich freilich nur auf die A.sche Partie beziehen, neben der Sackzahl das Gesamtgewicht angeben und den Nachdruck darauf legen, nicht daß die Sackzahl stimmt, sondern daß die Ladung richtig zugewogen sei, wo endlich auch die Parteien selbst davon ausgehen, daß die gesamte Ladung als eine einheitliche Partie von Mehl zu betrachten sei, die nur ihrer natürlichen Beschaffenheit wegen nicht wohl anders als in Säcken verpackt auf den Transport gegeben werden konnte, handelt es sich ohne jeden Zweifel nicht um den Totalverlust eines Teiles der Güter, sondern um einen Teilverlust am einheitlichen Ganzen, um eine Minderung des Gutes. — Durch den Nachweis eines Irrtums kann der Kläger nicht das Präjudiz des § 61 BSchG. schlagen. Es ist nicht einmal richtig, daß der tiefere Grund der Bestimmung die Vermutung der Genehmigung der abgelieferten Ware wäre. Diese Vermutung wäre höchstens das Hilfsmittel der juristischen Konstruktion. Der Grund der Bestimmung liegt vielmehr in der Absicht, den einer weitgehenden Haftung unterliegenden Verfrachter gegen verspätete Ansprüche zu schützen und den Befrachter zu einer sofortigen Prüfung und Geltendmachung seiner Ansprüche zu zwingen. Diesem Zwecke würde die Zulassung der Berufung auf einen Irrtum zuwiderlaufen.... M. M.

f) **Steuerschaden beim Abbringen eines Kahns als große Haverei.**

OLG. Hamburg, V. ZS. Urteil v. 21. Februar 1906.

Anlangend die Frage, ob der Schaden, welchen der bei Dömitz auf Grund geratene klägerische Kahn beim Abbringen am Steuer erlitten hat, als große Haverei zu erachten ist, so sieht § 82 Nr. 3 nur den Fall absichtlicher Strandung vor, wogegen für den Fall unabsichtlicher Strandung dort nichts bestimmt ist, während im HGB. nach Nr. 3[4] des analogen § 706 bestimmt wird, daß solchenfalls zwar nicht die durch die Strandung veranlaßten Schäden, wohl aber die auf die Abbringung verwendeten Kosten und die zu diesem Zweck dem Schiffe oder der Ladung absichtlich zugefügten Schäden zur großen Haverei gehören. Wie indes die Begründung des BSchG. ergibt (Anlageband 1894/1895 S. 348), hat man hier von einer besonderen Vorschrift nur deshalb abgesehen, weil im Bereiche der Binnenschiffahrt in der Regel durch eine unfreiwillige Strandung keine gemeinsame Gefahr für Schiff und Ladung herbeigeführt und aus diesem Grunde es an der Voraussetzung für eine große Haverei fehlen werde; man war sich aber klar darüber, daß eventuell die allgemeinen Prinzipien der großen Haverei auch für die Binnenschiffahrt zu gelten haben würden, und ist, da vorliegend unstreitig durch die unfreiwillige Strandung eine gemeinsame Gefahr für Schiff und Ladung herbeigeführt wurde, der im § 706 ausgesprochene Grundsatz anzuwenden, da er lediglich eine Konsequenz des Grundprinzips ist, daß Schäden nur dann als große Haverei anzusehen sind, wenn sie entweder vorsätzlich zugefügt wurden oder als Folgen einer vorsätzlichen Schadenszufügung sich darstellen (HGB. § 700 und BSchG. § 78). Da der hier fragliche Steuerschaden nicht die Folge eines vorsätzlich zugefügten Schadens gewesen ist, so fragt sich, ob er selbst als ein vorsätzlicher Schaden im Sinn des Gesetzes zu gelten hat. Mit Lewis-Boyens 2 S. 472 und Ulrich (Große Haverei, Berlin 1903 zu § 700 HGB.) ist anzunehmen, daß im Sinn der Vorschriften über große Haverei als „vorsätzlich" auch derjenige Schaden zu gelten hat, welchen der Schiffer als wahrscheinliche oder mögliche Folge einer von ihm angeordneten Rettungsmaßnahme vorausgesehen und eventuell gewollt hat. Es ist nun aus der Verklarung zu entnehmen, daß bei einer Situation, wie sie hier vorlag, erfahrungsgemäß Sand hinten am Steuer eines festgeratenen Kahns deshalb angespült wird, weil die Strömung zwischen Kahn und Steuer hindurchgeht und Sand anhäuft, sowie daß beim Abschleppen des Schiffs durch einen losreißenden Bugsierdampfer das Steuer leicht gegen den also entstandenen Sandhaufen gerät und dann nachgeben muß. Die Entstehung des Steuerschadens war deshalb hier ersichtlich eine so naheliegende Möglichkeit, daß der Schiffer mit ihr notwendig gerechnet haben muß, und, da ein Aushaken des Steuers unmöglich war, er entschlossen war, diesen Schaden dem Kahn zufügen zu lassen, falls sich dies beim Losreißen des Kahns nicht vermeiden ließe. M. M.

g) **Große Haverei. Einrede der Rechtskraft.**

OLG. Naumburg, II. ZS. Urteil v. 19. September 1905.

Die Klägerin fordert Ersatz eines Teiles der aus Anlaß des Unfalles vom 19. März 1903 entstandenen Kosten und Auslagen als den den Kahn des Beklagten treffenden Beitrag zur großen Haverei. Der Einwand der rechtskräftig entschiedenen Sache greift nicht durch. Denn wenn sich auch die Klageforderung nur als Teil der Forderung des Vorprozesses darstellt, und sich im wesentlichen auf das gleiche tatsächliche Vorbringen stützt, so hat sich dort die Forderung gegründet auf ein angebliches Vertragsverhältnis zwischen B. und dem Beklagten, sowie auf den gegen den Beklagten gerichteten Vorwurf schuldhafter Verletzung seiner Pflichten als Schiffsführer. Jetzt wird sie dagegen auf eine auch ohne Vorliegen eines Vertragsverhältnisses oder eines Verschuldens kraft Gesetzes eintretende Haftung für gewisse Kosten und Schäden gestützt.

Bezüglich dieses Anspruchs verlangt der § 78[1] BSchG., daß die Aufwendungen zum Zwecke der Errettung von Schiff und Ladung aus gemeinsamer Gefahr gemacht sind. Daß aber damals, als der Kahn bei den Kaitzschhäusern am Ufer der Elbe lag, eine solche gemeinsame Gefahr bestanden habe, ist nicht dargetan.... Es war deshalb ebensowenig wie die dort vorgenommene Reparatur auch das Fortschleppen nach dem Lößniger Winkel eine zur Errettung aus solcher Gefahr (objektiv) notwendige Maßregel. Zur Anwendbarkeit des § 78 würde allerdings ausreichen, wenn auch nur subjektiv nach Ansicht des Schiffers diese Gefahr wirklich und gegenwärtig war, und er in seiner den Umständen nach gerechtfertigten Annahme eine nur subjektiv zweckmäßige Maßregel zur Errettung aus der vermeintlichen Gefahr ergriff. Maßgebend ist aber hier allein die Ansicht des für die Leitung des Kahnes verantwortlichen Schiffers, nicht auch die eines anderen, selbst wenn dieser andere am Schiffsgut ein erhebliches Interesse haben sollte. Darum ist gleichgültig, ob B. die Gefahr als vorhanden und die Maßregel als notwendig ansah, solange nicht der Beklagte als Schiffsführer seine Ansicht teilte und seiner Anordnung zustimmte. Daß der Beklagte dies getan habe, ist nicht anzunehmen.... Nachdem dann der Kahn auf dem Häger festgefahren war, lag eine gemeinsame Gefahr für Kahn und Ladung vor, es war besonders zu besorgen, daß der Boden des Kahnes unter der Last der Ladung durchgedrückt wurde und dadurch Kahn und Ladung untergingen. Deshalb war es notwendig, die Ladung in einen anderen Kahn zu übernehmen und den Kahn von der Unfallstelle hinwegzubringen. Da beides zweifellos mit Einwilligung des Beklagten, der selbst den B. von dem neuen Unfall mit dem Ersuchen um Abnahme der Ladung in Kenntnis gesetzt hat, erfolgt ist, so ist bezüglich der hierdurch veranlaßten Aufwendungen auch die weitere Voraussetzung der großen Haverei gegeben, daß sie nämlich auf Geheiß oder nach Anweisung des Schiffers gemacht sind. Hinsichtlich des Leichterlohnes und der infolge des Überladens der Ladung zugefügten Schäden bestimmt § 82 Nr. 2 ausdrücklich, daß sie unter den angegebenen und festgestellten Voraussetzungen zur großen Haverei gehören. Das gleiche ist bezüglich der durch die Aufstellung der Dispache verursachten Kosten in § 84 ausgesprochen. Die durch das Festfahren auf den Häger entstandenen Kosten und Schäden sind also an sich nach §§ 78[2], 85 von Schiff und Ladung gemeinsam zu tragen.

Diese Haftung ist nicht durch ein mitwirkendes Verschulden des B. ausgeschlossen. B. war zwar unstreitig von der Klägerin dazu bestellt, für die Ladung Sorge zu tragen. Für ein ihm in Ausübung dieser Verrichtung zur Last fallendes Verschulden muß daher die Klägerin nach § 831 BGB. wie für ein eigenes einstehen. Ferner ist zwar § 79 BSchG., wonach der Beteiligte, welchem an dem Eintritt der Gefahr ein Verschulden zur Last fällt, wegen der ihm entstandenen Schäden keine Vergütung fordern kann, und den Beitragspflichtigen verantwortlich ist, nicht anwendbar, da wohl der bei der Klägerin versicherte Absender der Ladung, nicht aber die Klägerin selbst, die nur dessen von ihr erworbene Rechte geltend macht, zu den Beteiligten zu rechnen ist. Infolge ihrer aus dem Versicherungsvertrage entspringenden Verpflichtungen stellt sie sich aber als die in letzter Linie durch die Haverei Geschädigte dar. Hat also bei der Entstehung des Schadens ein Verschulden ihres Angestellten mitgewirkt, so kann sich der Beklagte ihr gegenüber auf die allgemeine Vorschrift des § 254 BGB., dessen Anwendbarkeit durch § 79 BSchG. nicht ausgeschlossen wird, berufen. Indessen ist dem B. nach Lage der Dinge kein Vorwurf daraus zu machen, daß er das Fortschleppen des Kahnes anordnete. . . . S.

h) **Haftung des Floßeigentümers für Beschädigung fremder Sachen (Flößereigesetz §§ 22, 23).**

OLG. Hamburg, IV. ZS. Urteil v. 3. November 1905.

. . . Es handelt sich um eine durch das Floß verursachte Beschädigung, denn, wenn auch zu der Zeit, als die treibenden Balken das Eigentum der Kläger und des L. beschädigten, das Floß gänzlich auseinander gebrochen war, und also als solches nicht mehr bestand, so ist doch gerade das Auseinanderbrechen des Floßes die Ursache des Schadens.

Die rechtlichen Verhältnisse, unter denen die Fahrt des Floßes vonstatten ging, waren die folgenden: Der Beklagte hat das Floß im eigenen Betriebe erbauen lassen. Er hat es dann nicht einem Unternehmer (Frachtflößer) zur Beförderung übergeben, sondern den dem A. gehörigen Dampfer „Flott" als Schleppkraft engagiert, während er selbst das Floß mit zweien seiner Leute bemannte, deren einer also der Floßführer war. A. hat den Schlepper, den sie vom Nebenintervenienten engagierten, gleichviel ob mit oder ohne Einverständnis des Beklagten ihrem Dampfer substituiert. Da aber der Führer des Schleppers nicht den Befehl über das Floß übernahm, sondern diesem nur mit der Schleppkraft seines Dampfers zu dienen hatte, so steht dessen Besatzung hinsichtlich der Verantwortlichkeit des Beklagten als Floßeigners der Mannschaft des Floßes gleich. Wäre dieser Punkt übrigens anders zu beurteilen, wäre der Befehl über das Floß bei dem Kapitän des Schleppers gewesen, so würde dieser als Floßführer zu betrachten sein und Beklagter würde also auch dann das Verschulden desselben zu vertreten haben.

Beklagter haftet demnach für die Festigkeit des Floßes nicht nur im Falle eigenen Verschuldens, sondern unter allen Umständen. Denn nach § 3

Flößereiges. hat der Floßführer vor Antritt der Reise dafür zu sorgen, daß das Floß fest und dauerhaft verbunden ist, und gemäß § 22 hat Beklagter für den Floßführer einzustehen. Er haftet ferner aus gleichem Grunde dafür, daß ein geeigneter, besonders ein im Verhältnis zur Festigkeit des Floßes nicht zu starker Schlepper benutzt, daß dessen Führer, soweit erforderlich, über das beim Schleppen des Floßes einzuhaltende Verfahren instruiert und daß die Fahrt nicht bei gefährlichem Wetter angetreten wurde; denn in diesen Punkten die nötige Vorsicht zu üben, war Pflicht des Floßführers, der sich insbesondere nicht einen zu starken Schlepper von A. aufdrängen lassen durfte. Er haftet endlich auch für jedes Verschulden des Schlepperkapitäns, weil dieser zur Floßmannschaft zu rechnen ist.

Angesichts dieses Umfanges der Haftbarkeit des Beklagten ist seine Schadensersatzpflicht unzweifelhaft.... Bei einer Fahrt wie der streitigen [auf der Elbe etwas unterhalb Altona] mußte zu der Jahreszeit, in der sie stattfand, nämlich am 6. April, selbstverständlich mit einem Umschlage des Wetters gerechnet werden. Das Floß mußte so konstruiert und behandelt werden, daß es Wind und Wetter, wie sie bei schlechtem stürmischem Wetter auf der Unterelbe vorzukommen pflegen, widerstehen konnte. War dies nicht möglich, so durfte die Fahrt nicht unternommen werden. Der Beklagte würde sich also mit höherer Gewalt nur entschuldigen können, wenn der plötzliche Windwechsel und die stürmische Bö, die allem Anscheine nach die letzte Ursache des Auseinanderbrechens des Floßes gewesen sind, von größerer Stärke gewesen wären, als sie erfahrungsgemäß auf der Unterelbe zu erwarten sind. M. M.

8

a) **Streitwert. Widerspruch gegen den Teilungsplan.**[1]

OLG. Colmar, I. ZS. Beschluß v. 11. April 1906.

Unrichtig ist die Auffassung, als ob es für den Streitwert auf denjenigen Betrag ankäme, „um den es sich bei dem Widerspruch des Beschwerdeführers gegen den Teilungsplan handelt, auf 200 Mark." Maßgebend ist vielmehr das Interesse des Klägers daran, daß er mit seiner Forderung von 6000 Mark vor den beiden Beklagten angewiesen werde. Es ist gleich demjenigen Betrag, der nach Abzug der beiden ihm unbestritten vorgehenden Forderungen des A. und des B. von den hinterlegten 916 Mark zur Befriedigung des Klägers übrig bleibt. Es beläuft sich mithin auf 916 Mark $-(21+60)=835$ Mark. Dementsprechend ist der Betrag, dessen Erstattung

---

[1] Handelt es sich um die Herausgabe einer Urkunde als körperlicher Sache, so entscheidet nicht der Wert des verbrieften Rechts, sondern das Interesse des Klägers an der Herausgabe (OLG. Dresden, III. ZS. Beschluß v. 23. Juni 1905; Annalen 27 S. 72). Ebenso entscheidet bei Klagen auf Aufrechthaltung einer Gemeinschaft an einem Grundstücke das Interesse des Klägers an dieser Aufrechthaltung (OLG. Dresden, II. ZS. Beschluß v. 21. April 1905, a. O. S. 73).

in dem von einem Streitwert von 900—1200 Mark ausgehenden angefochtenen Beschlusse dem Beklagten auferlegt worden ist, zu ermäßigen.... Frdthl.

b) **Rechnungslegung und Herauszahlung.**

OLG. Karlsruhe, III. ZS. Beschluß v. 30. März 1905.

Die Parteien standen in einem „Kippe"verhältnis dergestalt, daß unter gemeinsamer Beteiligung am Gewinn und Verlust Güter (Hofgüter 2c) gekauft und wieder verkauft wurden. Der Kläger begehrt Rechnungslegung über eine größere Anzahl von Geschäften und zugleich Verurteilung zur Herauszahlung des den Kläger treffenden Gewinnanteils, wobei die bestimmte Angabe der Höhe desselben klägerischerseits bis zur Vorlage der Rechnung vorbehalten wird. Hiernach sind zwei an sich selbständige und einer Erledigung durch Teilurteil fähige Ansprüche in zulässiger Weise verbunden. Gemäß § 10a GKG. sind jedoch für die Gebührenberechnung diese beiden Ansprüche abweichend von der Regel der §§ 5 ZPO. und 9 GKG. nicht zusammenzurechnen, sondern es ist nur der eine der verbundenen Ansprüche und zwar der höhere maßgebend. Der Kläger schätzt nun die Höhe des Gewinnanteils, den er auf Grund der Rechnungslegung begehrt, auf 80000 Mark. Anhaltspunkte dafür, daß diese Schätzung offenbar unrichtig ist, sind jedenfalls zurzeit nicht gegeben. Es unterliegt daher keinem Bedenken, den Streitwert dieses Anspruchs zurzeit auf 80000 Mark festzusetzen. Ergibt sich im Verlauf des Prozesses, besonders nach der Rechnungslegung, daß diese Schätzung zu niedrig oder zu hoch gegriffen war, so steht einer nachträglichen Änderung der Festsetzung nichts im Wege (§ 16 Satz 2 GKG.).

Der Anspruch auf Rechnungslegung ist jedenfalls auf einen geringeren Betrag als 80000 Mark zu bewerten. Er ist nicht gleich dem Werte der Vermögensmassen, auf die sich die Rechnungslegung bezieht, sondern zu bemessen nach dem Interesse, das der Kläger an dieser den Leistungsanspruch vorbereitenden Auskunft und Nachweisung hat. Gemäß § 10a GKG. bleibt also dieser der Höhe nach im vorliegenden Falle geringere Anspruch außer Betracht. Dr. E.r.

c) **Streitwert. Futterkosten als Nebenforderungen. ZPO. § 4.**

OLG. Kiel, I. ZS. Beschluß v. 2. März 1905.

Der Ersatz der Futterkosten wird vorliegend aus dem Gesichtspunkte des Schadensersatzes verlangt. Der Käufer ist nach § 433² BGB. zur Abnahme der gekauften Sache verpflichtet. Gerät er damit in Verzug, so hat er nach § 286 BGB. den entstehenden Schaden, hier also die zur Erhaltung des Pferdes aufzuwendenden Fütterungskosten zu ersetzen. Eine Forderung ist aber gegenüber einer anderen Forderung, mit der sie geltend gemacht wird, als Nebenforderung anzusehen, wenn sie zu ihr in einem objektiven Abhängigkeitsverhältnisse steht, d. h. wenn ihre Existenz begriffsnotwendig durch die Existenz jener anderen Forderung bedingt ist (Entsch. des RG. 55 S. 82). Dieses Verhältnis ist hier gegeben. Denn wenn der Beklagte den Kaufpreis nicht schuldig geworden, ein Kaufvertrag nicht zustande gekommen ist, so kann auch an dem Schadensersatzanspruche wegen verzögerter Abnahme der gekauften Sache keine Rede sein. Dieser Anspruch steht und fällt mit dem Anspruche auf Erfüllung des Kaufvertrags; im Verhältnisse zueinander muß der letztere als der prinzipale angesehen werden. Hiernach ist bei der Wertfestsetzung nur der Kaufpreis zu berücksichtigen (Gaupp-Stein Anm. 3 zu § 4). Gr.

d) **Der Anspruch auf Leistung und der auf ihre Sicherstellung bilden nicht „mehrere Ansprüche". ZPO. § 5.**

OLG. Naumburg, II. ZS. Beschluß v. 19. Januar 1906.

Die Klägerin will durch Schuld des Beklagten einen körperlichen Unfall erlitten und infolgedessen eine Beschränkung ihrer Erwerbsfähigkeit erfahren haben. Sie klagt 1. auf Feststellung der Ersatzpflicht, 2. auf Zahlung einer lebenslänglichen Rente und 3. auf Sicherstellung dieser Rente. Das Landgericht hat unter Berufung auf JW. 1896 S. 270[2] angenommen, daß der Antrag zu 3 für die Wertfestsetzung als selbständiges Begehren nicht in Betracht komme, sondern sich mit der zu sichernden Forderung decke. Die Beschwerde der Prozeßbevollmächtigten wurde zurückgewiesen. Gründe:

Der vom Reichsgericht entschiedene Fall lag allerdings in tatsächlicher Beziehung anders als der gegenwärtige. Das der Entscheidung zugrunde liegende Rechtsprinzip ist jedoch auch hier anwendbar. Denn der Anspruch auf Leistung und der auf Sicherstellung der letzteren bilden nie „mehrere Ansprüche". Werden sie auch koordiniert nebeneinander erhoben, so fehlt dem Sicherheitsverlangen doch die Selbständigkeit. Es ist auch hier abhängig von dem und bedingt durch den Umstand der Haupt- d. h. der Rentenforderung. Die letztere kann daher schon deshalb nur allein für die Wertfestsetzung entscheidend sein. Dementsprechend ist auch, wenn beispielsweise eine Sicherungsmaßregel allein, — ohne gleichzeitige Geltendmachung der Hauptleistung — begehrt wird, der Streitwert nur nach dem Betrage oder dem Werte dieser letzteren zu berechnen (§ 6). Wechselt ihr Betrag im Laufe des Rechtsstreits, so wechselt auch der Streitwert, selbst wenn die allein strittige Sicherungsmaßregel dieselbe bleibt (JW. 1898 S. 657, 658[2]). Man wird also auch hier das Sicherheitsverlangen im Verhältnis zu dem gleichzeitig erhobenen Rentenzahlungsanspruch als ein nebensächliches, unselbständiges auffassen und als Nebenforderung des § 4 behandeln müssen.

Zu demselben Ergebnis führen auch folgende Erwägungen: Rente und Sicherstellung werden nicht für verschiedene Zeiträume, sondern einheitlich für die Lebensdauer gefordert. Trotzdem schreibt das Gesetz eine zweifache der wirklichen Lebensdauer nicht entsprechende Wertberechnung vor. Nach § 9 ZPO. ist der $12\frac{1}{2}$fache Betrag der einjährigen Leistung für die Feststellung der sachlichen Zuständigkeit und der Revisibilität, nach § 9[2] GKG. deren fünffacher Betrag für die Gebührenberechnung maßgebend. In beiden Paragraphen wird ein Streitwert fingiert, welcher dem wirklichen Forderungswert dann nicht gerecht wird, wenn der lebenslänglich Berechtigte längere oder kürzere Zeit als 12 1/2 Jahre bzw. 5 Jahre lebt. Das Lebensalter ist eben ein beweglicher, unbestimmter und unbestimmbarer Faktor. Deshalb hat das Gesetz zur Ausgleichung der verschiedenen bei der Wertfestsetzung in Betracht kommenden Interessen bei gleichbleibenden, wiederkehrenden Leistungen ein für allemal bestimmte Zahlen als Multiplikator des einjährigen Bezugs festgelegt. Ursprünglich galt in Fällen vorliegender Art für die Wertberechnung nur § 9, dessen Anwendung aber häufig zu Härten und zu einer Überlastung der Parteien führte. Der gesetzgeberische Zweck, eine Gebührenverbilligung herbeizuführen, würde aber völlig verfehlt sein, wenn es dem alimenten- oder rentenberechtigten Kläger freistände, durch das Verlangen auf Sicherstellung seines Alimenten- oder Rentenanspruchs den Streitwert ins Ungemessene zu erhöhen. P.

e) **Streitwert für Besitz- und Eigentumsklagen.**[1]

α) OLG. Dresden, II. ZS. Urteil v. 27. April 1906.

Wenn das Gesetz in § 6 die Wertberechnung bei Besitzklagen regelt, setzt es als selbstverständlich voraus, daß der Wert der Sache auch bei allen Klagen entscheide, bei denen das Eigentum den Streitgegenstand bildet (Gaupp-Stein Anm. 1 zu § 6; JW. 1893 S. 73[1]; a. M. Seuffert Anm. 2 zu § 6). Diese Erwägung muß um so mehr dann Platz greifen, wenn von dem die Streitsache als ihm gehörend besitzenden Beklagten die Herausgabe verlangt wird, also sowohl Eigenbesitz (§ 872 BGB.) als Eigentum den Streitgegenstand bildet. Außer Betracht bleibt der § 4, der nur den Fall regelt, wenn der Wert im Laufe des Prozesses eine Veränderung erfährt (JW. 1905 S. 372). Dr. v. F.

β) OLG. Karlsruhe, III. ZS. Beschluß v. 3. November 1905.

Nach dem Inhalt der Klage, der neben den formulierten Klaganträgen für die Ermittlung des Streitgegenstands in Betracht zu ziehen ist (vgl. Entsch. des RG. 26 S. 433; JW. 1900 S. 527[19] und 827[2]) verlangt der Kläger auf Grund der Feststellung des streitigen Eigentums die Herausgabe des ihm entzogenen Grundstücks in dem ursprünglichen lastenfreien Zustande. Daraus ergeben sich die zwar formell getrennten, aber im Verhältnis zu einander nicht selbständige Ansprüche im Sinne des § 5 darstellenden Klaganträge auf Berichtigung des Grundbuchs und Befreiung des Grundstücks von der Hypothek. In diesem Zusammenhang hat die Berichtigung keineswegs nur die Bedeutung, ein formelles Hindernis in der freien Verfügung des Klägers über sein Eigentum zu beseitigen, vielmehr bildet das Eigentum an dem Grundstück, dessen Herausgabe verlangt wird, selbst den Streitgegenstand. Bei Klagen über Eigentum entscheidet aber regelmäßig der Wert der Sache. Der in § 6 für den Besitzstreit aufgestellte Grundsatz gilt schon

[1] Wird die Feststellung der Nichtigkeit nicht nur des Grundstückskaufs, sondern auch des Eigentumsübertragungsvertrags begehrt, so ist der Wert des Grundstücks ohne Rücksicht auf seine Belastung der Streitwert (Bayer. Ob. LG. I. ZS. Urteil v. 9. Juni 1905, Sammlung 6 S. 393).

der Natur der Sache nach auch bei dem Streit über das Eigentum, den durch Vindikation verfolgten Anspruch auf Herausgabe (vgl. Pfafferoth, GKG. 8. Aufl. S. 35, S. 48 Nr. 25, S. 77 Anm. 1 Ziffer 2; Walter-Joachim, GO. f. RA. S. 128/29 Anm. Ziff. 3 u. 4; JW. 1893 S. 467[5]; 1899 S. 694[1], 1896 S. 355[1], 1900 S. 10, 1904 S. 94[14]). Auch mit Rücksicht auf das akzessorisch hinzutretende, in dem Anspruch auf ungeschmälerte Restitution enthaltene Klagbegehren auf Herbeiführung der Löschung der Hypothek kann ein den Wert des Grundstücks übersteigender Streitwert nicht angenommen werden. Allerdings ist die Existenz des Hypothekenpfandrechts nicht streitig; auch handelt es sich nicht um die direkte Klage gegen den Gläubiger auf Löschungsbewilligung. Indessen ist § 6 auch dann — mindestens entsprechend — anwendbar, wenn der Streit nicht unmittelbar die rechtliche Existenz des Pfandrechts, sondern den Anspruch auf Befreiung der Sache vom Pfandrecht betrifft, wie z. B. der mit Widerspruchsklage verfolgten Freigabe der Sache vom Pfandrecht oder bei dem auf obligatorischer Verpflichtung beruhenden Anspruche auf Befreiung der Sache von der Pfandlast (vgl. hierzu Gaupp-Stein § 6 Nr. II u. III; Seuffert § 6 Nr. 4; Walter-Joachim S. 135 Anm. 119/20, 124; JW. 1900 S. 829). Selbst die Anwendung des § 3 würde vorliegend zu keinem anderen Ergebnis führen. Denn wenn auch das Einzelgrundstück für die Hypothek zur vollen Höhe haftet, findet das mit dem Fortbestand der Last verbundene Risiko und das Interesse des Klägers an der Beseitigung der Last seine naturgemäße Begrenzung in dem tatsächlichen Wert des Grundstücks; für die Bestimmung des Wertes eines konkreten Leistungsgegenstands ist aber nur der unmittelbare Inhalt der streitigen Leistung, nicht aber der darüber hinaus sich für die Parteien geltend machende Vorteil oder Nachteil maßgebend, insbesondere hat außer Betracht zu bleiben ein Mehraufwand, den der Leistungspflichtige zur Beschaffung der geschuldeten, z. B. käuflich zu liefernden Sache zu machen genötigt ist. Übrigens muß nach der Sachlage davon ausgegangen werden, daß die Beseitigung der Hypothek durch eine dem Wert des Grundstücks entsprechende Zahlung oder Ersatzleistung erreichbar ist (JW. 1901 S. 649; Pfafferoth S. 58 Anm. 7 D. Nr. 32, S. 61 Nr. 55). Dr. E. r.

Dazu: OLG. Celle, II. ZS. Beschluß v. 9. Februar 1905.

Bei einem Prioritätsstreit unter Pfandgläubigern ist der Streitwert unter entsprechender Anwendung des § 6 dem Werte der geringeren Forderung gleichzusetzen, sofern nicht etwa der Wert des Pfandgegenstands noch geringer ist (vgl. Entsch. des RG. 4 S. 366; JW. 1900 S. 292[1]).

f) **Streitwert für Mietverhältnisse von unbestimmter Dauer.**

OLG. Kiel, I. ZS. Beschluß v. 25. Mai 1905.

Nach dem Klagvorbringen bildet das Fortbestehen des Mietverhältnisses den eigentlichen Gegenstand des Streites. Wenn im Plenarbeschlusse (Entsch. des RG. 33 S. 1) gesagt ist, daß es sich bei Anwendung des § 8 um eine bestimmte Zeitdauer handeln müsse, so ist damit nicht gemeint, daß in der

Klagbegründung diese Zeit zahlenmäßig oder sonst genau angegeben sein müsse. Für eine solche Annahme böte der Wortlaut des Gesetzes keinen Anhalt. Es genügt vielmehr, wenn ersichtlich ist, daß der Streit sich um die Fortdauer des Vertragsverhältnisses über einen bestimmten Zeitpunkt hinaus dreht, und wenn die in Betracht kommende Zeit aus dem Klagvorbringen, sei es auch nur bei Heranziehung der gesetzlichen Vorschriften, zu ermitteln ist. Die „streitige Zeit", welche der Wertbemessung zugrunde zu legen ist, muß lediglich bestimmbar sein. Ist ein auf bestimmte Zeit abgeschlossener Mietvertrag nicht behauptet, so ist bei der Wertfestsetzung die aus der gesetzlichen Kündigungsbefugnis sich ergebende Mindestdauer in Betracht zu ziehen (JW. 1895 S. 537[3], 1898 S. 500[2]; Gaupp-Stein Anm. 2 zu § 8). Gr.

g) **Streitwert für Mietbürgschaft.**

Kammergericht, XIV. ZS. Beschluß v. 4. Januar 1906.

Der Kläger hat die Bürgschaft für die Verbindlichkeiten des Mieters X. aus dem von diesem mit dem Beklagten bis zum 30. Juni 1907 geschlossenen Mietvertrage übernommen und ficht die Bürgschaft wegen Betrugs als nichtig an. Der Antragsteller beantragt, den Streitwert nach den gesamten Mietraten bis zum 30. Juni 1907 festzusetzen; denn es werde darüber gestritten, ob der Kläger aus dem zwischen dem Beklagten und X. bestehenden Mietsvertrag als Bürge hafte. Das Bestehen des Mietvertrages zwischen dem Beklagten und X. ist allerdings nicht streitig, sondern das eines zweiten zwischen den Parteien geschlossenen Vertrags, welcher dadurch bedingt ist, daß X. seinen Vertrag nicht erfüllt. Der Klagantrag verlangt aber Feststellung der Folgen, welche sich aus der durch die Anfechtbarkeit und Anfechtung bedingten Nichtigkeit der für die Mietverbindlichkeit des X. übernommenen Bürgschaft ergeben. Deshalb ist auch auf ihn der § 9a GKG. analog anwendbar. Dr. S.

h) **Rentenansprüche aus Vertragsverletzung.**

Kammergericht, XIV. ZS. Beschluß v. 21. Dezember 1905.

Der § 9a GKG. unterscheidet nicht zwischen Rentenansprüchen aus vertraglich und außervertraglich verschuldeter Körperverletzung, sondern regelt allgemein die Wertberechnung solcher Rentenansprüche, die nach den §§ 843, 844 BGB. erhoben werden. Der § 843 regelt die Form des Schadenersatzes, der für eine Körperverletzung zu leisten ist, bestimmt also den Inhalt des Ersatzanspruchs für den Fall, daß der vom Ersatzpflichtigen auszugleichende Schaden in einer Verletzung des Körpers besteht. Für die Anwendung des § 843 macht es keinen Unterschied, ob der Rechtsgrund der Haftung auf einer unerlaubten Handlung beruht, oder ob dem Ersatzpflichtigen Verletzung einer vertragsmäßigen Sorgfaltspflicht zur Last fällt. Der Inhalt des Schadensersatzanspruchs ist in beiden Fällen derselbe, und es muß daher auch der Streitwert in beiden Fällen nach den gleichen Grundsätzen berechnet werden. Die abweichende Ansicht des XI. Zivilsenats (im Beschluß vom 17. März 1905) wird nicht für zutreffend erachtet. Dr. S.

i) **Rechte auf wiederkehrende Nutzungen.**

α) OLG. Celle, II. ZS. Beschluß v. 2. Februar 1905.

Für die Festsetzung der klagend beantragten grundbuchmäßigen Sicherstellung des Nießbrauchsrechts der Klägerin an dem Hausgrundstücke des Beklagten ist der Wert dieses Nießbrauchsrechts — zur Zeit der Klagzustellung — zugrunde zu legen (§§ 6', 4). Dafür ist aber nicht der § 9 maßgebend. Denn das Nießbrauchsrecht ist kein Recht auf wiederkehrende Nutzungen, sondern ein Recht auf fortdauernde und ununterbrochene Nutzung. Anzuwenden für seine Wertschätzung ist sonach lediglich das freie Ermessen des § 3 (Gaupp-Stein u. Petersen § 9; Seuffert 54 Nr. 110; JW. 1899 S. 1). Hch.

β) OLG. Celle, II. ZS. Beschluß v. 12. Oktober 1905.

Der Wert des Rechts auf wiederkehrende Nutzungen oder Leistungen ist nach § 9, der Wert eines Rechts auf dauernde Nutzung (wie z. B. Nießbrauch, Wohnrecht) dagegen nach § 3 zu berechnen. Gewährt ein Altenteil Recht auf Wohnung und auf wiederkehrende Leistungen, so ist dementsprechend zur Ermittlung des Wertes des Streitgegenstandes teils die eine, teils die andere Berechnungsart zur Anwendung zu bringen ... Hch.

k) **Streitwert bei Entmündigung.**

OLG. Karlsruhe, I. ZS. Beschluß v. 8. November 1905.

Bei Beurteilung der Frage, ob ein anderer Betrag als der regelmäßige von 2000 Mk. als Streitwert für die Klage auf Aufhebung der Entmündigung wegen Geistesschwäche festzusetzen sei, sind die Standes- und Vermögensverhältnisse der Partei nicht außer Betracht zu lassen (JW. 1893 S. 488[12] und 1896 S. 373[19]). Vorliegend handelt es sich um einen 64 Jahre alten, ledigen Landwirt mit 1792 Mk. Vermögen. Der Vermögensbetrag kann natürlich hier nicht ohne weiteres in voller Höhe berücksichtigt werden, er ist vielmehr nur einer derjenigen Umstände, welche bei der Bemessung des Streitwerts in Betracht kommen. Erwägt man das Alter, den Stand und das geringe Vermögen des X. und für die Beschwerdeinstanz auch den weiteren Umstand, daß auch das Amtsgericht R. nur einen Streitwert von 600 Mk. angenommen hat, so erscheint es durchaus gerechtfertigt, daß vorliegend ausnahmsweise ein Streitwert in erheblich geringerem Betrag als 2000 Mk. festgesetzt worden ist. Dr. E.

l) **Gerichtsstand in Ehesachen. Nachträgliche Begründung der örtlichen Zuständigkeit?**

Kammergericht, III. ZS. Urteil v. 9. Februar 1906.

1. Da nach § 606[1] das Landgericht, bei dem der Kläger seinen allgemeinen Gerichtsstand hat, ausschließlich zuständig ist und der Zeitpunkt der Klagerhebung für den Gerichtsstand maßgebend bleibt (§ 263 Nr. 2), so kommt es auf die Behauptung des Klägers, er habe jedenfalls seit dem 15. Januar 1906 seinen Wohnsitz in Berlin genommen, nicht an. Allerdings ist die nachträgliche Heilung der örtlichen Unzuständigkeit „jedenfalls vor der ersten

mündlichen Verhandlung" in der Entsch. d. RG. 52 S. 136 für zulässig erklärt. Indessen handelte es sich hierbei um einen vermögensrechtlichen Anspruch, und wesentliche Gründe der Entscheidung, besonders die Bezugnahme auf die Zulässigkeit der Prorogation und auf die Notwendigkeit der Geltendmachung der Unzuständigkeit durch eine — in der Regel — verzichtbare Einrede, treffen vorliegend nicht zu (§ 40[2]). Denn in Ehesachen ist die Zuständigkeit eine von Amts wegen zu prüfende, nicht verzichtbare Prozeßvoraussetzung. Außerdem steht auch der Umstand, daß die Zuständigkeit erst im Laufe der Berufungsinstanz herbeigeführt wäre, der Annahme entgegen, daß die Unzuständigkeit hierdurch geheilt sein könnte.

2. Hauptsächlich stützt der Kläger die Zuständigkeit des Landgerichts Berlin I darauf, er habe hier zur Zeit der Klagezustellung seinen Aufenthalt gehabt. Allein der Gerichtsstand des „dauernden" Aufenthalts (ohne festen Wohnsitz) kommt nach § 20 für gewisse Verhältnisse in Frage, wenn es sich um vermögensrechtliche Ansprüche handelt. Für Ehesachen kann es sich dagegen lediglich um den Gerichtsstand des § 16 handeln. Im Sinne dieser Vorschrift ist der „Aufenthalt" als ein rein tatsächliches Verhältnis zu beurteilen. Es kommt also allein darauf an, ob der Kläger zur Zeit der Zustellung der Klage, sei es auch noch so vorübergehend, sich hier faktisch befunden hat (vgl. JW. 1892 S. 461[3]). Z.

m) **Allgemeiner Gerichtsstand einer ausländischen offenen Handelsgesellschaft, die im Inlande Zweigniederlassungen hat.**

OLG. Colmar, I. ZS. Urteil v. 19. Januar 1906.

In Straßburg befindet sich Vermögen der beklagten offenen Handelsgesellschaft S. zu Wien. Deren Einrede, das Landgericht Straßburg sei örtlich unzuständig für die vom Kläger aus seinem Vertrage mit der Antwerpener Zweigniederlassung der Beklagten erhobene Klage, ist unbegründet. Denn nach § 23 ist gegen eine Person, welche im Deutschen Reiche keinen Wohnsitz hat, das Gericht zuständig, in dessen Bezirk sich Vermögen derselben befindet. Dem Wohnsitz bei natürlichen Personen entspricht bei Gesellschaften deren „Sitz". Als solcher gilt nach § 17[1], „wenn nicht ein anderes erhellt", der Ort, wo die Verwaltung geführt wird. „Ein anderes erhellt" nun gerade bezüglich der Beklagten. Durch die gemäß § 106 Nr. 2 HGB. auf ihre Anmeldung hin und auf Grund des Gesellschaftsvertrages erfolgte Eintragung ins Handelsregister ist nämlich festgestellt, daß sie ihren Sitz in Wien hat, und zwar nicht bloß den „Haupt"sitz. Eine Mehrheit von Wohnsitzen ist zwar durch § 7[2] BGB. zugelassen. Allein trotz des § 107[2] HGB. und Art. 2 EG. dazu läßt sich jener § 7 nicht auf die offene Handelsgesellschaft ausdehnen. Denn er betrifft bloß die natürlichen Personen und seine Übertragung auf die o. H. wäre mit dem in jenem ersten Abschnitt geregelten Wesen der o. H. unvereinbar, das für sie einen einzigen Mittelpunkt erfordert, in welchem alle Fäden und Verzweigungen des handelsgewerblichen Betriebs schließlich zusammenlaufen. Der einzige „Sitz" der

Beklagten befindet sich daher in Wien, und es fehlt ihr an einem allgemeinen Gerichtsstand in Deutschland. Unberechtigt ist ihr Hinweis auf die Unzuträglichkeiten, die ihr dadurch erwachsen könnten, wenn sie trotz ihrer Zweigniederlassungen in Deutschland doch an jedem anderen deutschen Orte verklagt werden könnte, an dem sich Vermögen von ihr antreffen läßt. Es stand in ihrem Belieben, diese Folgen abzuwenden; sie brauchte nur durch Gründung ihres Sitzes in Deutschland sich dort einen allgemeinen Gerichtsstand zu schaffen. Übrigens sind solche Unzuträglichkeiten hier für die Beklagte nicht zu besorgen. Denn wenn ihr die Klägerin mit dem aus dem Antwerpener Vertrage entstandenen Rechtsstreit weder nach der Antwerpener Niederlassung noch nach Wien zu folgen braucht, kann es ihr gleichgültig sein, ob sie vor dem Gericht einer ihrer jenem Vertrage sämtlich fernstehenden deutschen Zweigniederlassungen oder vor einem deutschen Gerichtsstand des Vermögens belangt wird.

Daß sie durch die Errichtung ihrer Zweigniederlassungen in Deutschland einen dortigen allgemeinen Gerichtsstand nicht erworben hat, ergibt sich schon daraus, daß, mögen sie auch mit noch so großer Selbständigkeit verwaltet werden, überhaupt kein Ort der Verwaltung, sondern der vertragsmäßig festgesetzte Sitz der Beklagten für ihren allgemeinen Gerichtsstand maßgebend ist. Wie wenig sie selbst an diesem Sitz etwas durch ihre Zweigniederlassungen hat ändern wollen, geht daraus hervor, daß sie, wie aus den von ihr überreichten Handelsregisterauszügen von Hamburg, Mannheim und Passau ersichtlich bei der Anmeldung ihrer dortigen Zweigniederlassungen immer noch Wien als ihren Sitz angegeben hat. Endlich mit dem „Bayerischen Transport-Kontor S. & C. in München, Nürnberg, Lindau", welches von der Beklagten als ihre in Deutschland bestehende Hauptniederlassung ausgegeben wird, verhält es sich folgendermaßen: Zunächst widerspricht dieser Angabe der Wortlaut ihrer von ihr vorgelegten gegen sie beweisenden Briefe vom 13., 15., 19. Dezember 1905. Denn an deren Spitze ist vorgedruckt: „Bayerisches Transport-Kontor S. & C., München-Lindau-Nürnberg. Hauptniederlassung: Wien" — ein Zeichen, daß die Beklagte selbst entgegen ihrem Vertrage in der Berufungsverhandlung ihren genannten bayerischen Niederlassungen nicht die Eigenschaft von Hauptniederlassungen im Verhältnis zu der Wiener Firma beilegt. Im übrigen walten hinsichtlich dieser Transport-Kontore nur zwei Möglichkeiten ob. Entweder handelt es sich bei ihnen um solche Niederlassungen, welche eine von derjenigen der Beklagten vollständig gesonderte Existenz führen und, abgesehen von der Identität der Teilhaber beider Firmen, in keinem Zusammenhange mit der Wiener Firma stehen —. Dann wären München, Nürnberg, Lindau nicht der Sitz der Beklagten, sondern des Transport-Kontors, dessen allgemeiner Gerichtsstand für den vorliegenden Prozeß ohne Bedeutung sein würde. Oder sie stehen in Beziehung zur Wiener Firma — dann behält es dabei sein Bewenden, daß lediglich der Sitz der letzteren den Ausschlag gibt. Frdthl.

n) **Gerichtsstand für die Klage auf Umschreibung (Löschung) einer Hypothek.**

α) OLG. Hamburg, III. ZS. Urteil v. 27. Januar 1906.

Der § 25 enthält nichts davon, daß für die Umschreibung einer Hypothek der dingliche Gerichtsstand maßgebend sei. In welchen Fällen dieser — ausschließliche — Gerichtsstand Platz greift, ergibt sich aus dem § 24. Danach ist für die Umschreibung einer Hypothek das Gericht der belegenen Sache dann zuständig, wenn die Umschreibung zugleich die dingliche Belastung des Grundstücks oder seine Freiheit von einer dinglichen Belastung in sich schließt, wie es z. B. der Fall sein würde, wenn der Eigentümer des Grundstücks die Umschreibung der Hypothek auf seinen Namen begehrte. Eine derartige Umschreibung steht aber nicht in Frage, wenn, wie hier, die Klägerin die Umschreibung einer bestehenden Hypothek auf ihren Namen begehrt. Dabei handelt es sich nur um die Änderung des Hypothekgläubigers bei Fortdauer der Belastung des Grundstücks. Da es Fälle gibt, in denen die Klage auf Umschreibung im dinglichen Gerichtsstande erhoben werden muß und andere, in denen das nicht der Fall ist, so darf aus § 25, wonach mit der Klage auf Umschreibung auch die Klage auf Befreiung von der persönlichen Verbindlichkeit im dinglichen Gerichtsstande verbunden werden kann, nicht geschlossen werden, daß stets die Klage auf Umschreibung im dinglichen Gerichtsstande angestrengt werden könne.

Die Zuständigkeit des Gerichts ergibt sich aber aus § 29. Die Klägerin verlangt aus dem Pfandvertrage Rückgabe des der Beklagten bestellten Pfandes nach getilgter Schuld. Versteht man diesen Antrag so, daß sie Rückgabe der Buchhypothek verlangt, die sie der Beklagten behufs Pfandbestellung übertragen hat, so kann diese Verpflichtung nur in Hamburg erfüllt werden, weil die Rückübertragung nur durch Umschreibung im Grundbuch möglich ist. Allerdings kann die Beklagte ihre Bewilligung zur Umschreibung in notarieller und gerichtlicher Form auch in Altona erklären und dann die Klägerin ihrerseits die Umschreibung auf Grund der ihr ausgehändigten Erklärung vornehmen lassen (§§ 13, 19, 29 GrBO.). Allein mit der Ausstellung der Umschreibungsbewilligung hat Beklagte ihre Rückgabeverpflichtung noch nicht erfüllt, sondern erst mit der Umschreibung im Grundbuche, die zu beschaffen sie verpflichtet ist, weil sie der Klägerin das Pfand zurückgewähren muß.

Legt man aber den Antrag der Klägerin so aus, daß sie zufrieden ist, wenn ihr nur die jetzt bestehende Briefhypothek zurückgewährt wird, so ist nicht minder Hamburg Erfüllungsort für die Beklagte. Denn wenn auch der Pfandvertrag in Altona geschlossen wurde, so ist die Bestellung des Pfandes doch in Hamburg erfolgt, weil die frühere Buchhypothek nicht anders als durch Umschreibung im Hypothekenbuche in Hamburg bestellt werden konnte. Hat die Klägerin aber das Pfandrecht durch Abtretung der Hypothek in Hamburg bestellt, so entspricht es dem präsumtiven Willen der Parteien, daß es nach getilgter Schuld auch in Hamburg zurückgegeben werde. Auch hier ist gleichgültig, daß Beklagte die Übertragung der Hypothek durch Abtretungserklärung und Übergabe des Briefes gemäß § 1154 BGB. bewirken kann, da sie erst mit der Aushändigung dieser Urkunden, die die Klägerin in Hamburg beanspruchen darf, ihre Verpflichtung erfüllt hat. M. M.

β) Kammergericht, XVII. ZS. Urteil v. 26. Januar 1906.

Für den Beklagten war auf einem in Frankfurt belegenen Grundstück des Klägers eine Hypothek eingetragen. Der Kläger verlangt Bewilligung der Löschung im persönlichen Gerichtsstand des Beklagten, der die Unzuständigkeit des Gerichts einwendet. Allerdings ist der ausschließliche dingliche Gerichtsstand nach § 24 auch für solche Klagen begründet, durch welche die Beseitigung einer bestehenden dinglichen Last gegen den formell durch die Eintragung dinglich berechtigten Gläubiger auf Grund eines persönlichen Anspruchs verlangt wird (Entsch. des RG. 15 S. 387, 20 S. 400). Diese Ansicht ist auch in der Entsch. 35 S. 365 aufrecht erhalten, jedoch mit der Einschränkung, daß auch der Kläger ein legitimierter Vertreter der Interessen des Grundstücks, also entweder der Eigentümer oder dessen Vertreter oder ein eingetragener Hypothekengläubiger sein muß. Vorliegend ist zwar der Kläger als Eigentümer des Grundstücks, der Beklagte aber nicht mehr als Gläubiger eingetragen. Allerdings ist die Klage schon im Mai 1904 zugestellt. Der Beklagte hatte bereits die Hypothek an seinen Bruder Max abgetreten, auch die Umschreibung bewilligt und beantragt, sowie in Aushändigung des Briefes an ihn gewilligt. Allein die Umschreibung ist mangels Einreichung des Antrages bei dem Amtsgericht nicht erfolgt. Vielmehr blieb der Beklagte als Gläubiger eingetragen bis auf Grund der Zessionsurkunden vom 15. Februar 1904 und 1. Februar 1905, durch welche Max Teilbeträge an M. und N. abgetreten hat, die Umschreibung am 15. Mai 1905 erfolgt ist. Zur Zeit der Klagerhebung war daher, da die Übertragung des dinglichen Rechts an den Zessionar nicht erfolgt war (§ 873 BGB.), der Beklagte noch als dinglich Berechtigter am Grundstück anzusehen. Daher würde damals der ausschließliche dingliche Gerichtsstand gegeben und die Einrede der örtlichen Unzuständigkeit des angerufenen Gerichts begründet gewesen sein. Jetzt ist dies aber nach der inzwischen erfolgten Umschreibung der Hypothek auf andere Gläubiger nicht mehr der Fall. Durch diese Umschreibung ist die dingliche Berechtigung des Beklagten am Grundstück und damit auch der ausschließliche dingliche Gerichtsstand weggefallen. Bei der Frage der Zuständigkeit können derartige nach der Klagerhebung eingetretenen Umstände berücksichtigt werden (Entsch. des RG. 52 S. 136). Der § 263² Nr. 2 steht nicht entgegen; er bestimmt nur, daß die einmal vorhandene Zuständigkeit durch eine Veränderung der sie begründenden Umstände nicht berührt wird. Er ordnet aber nicht an, daß die Unzuständigkeit fortdauern soll, obwohl inzwischen Veränderungen eingetreten sind, welche die Unzuständigkeit beseitigt haben. Auch hier greift das Prinzip Platz, wonach die Zahl der Prozesse nach Möglichkeit vermindert werden soll. H. tz.

o) **Gerichtsstand der Erbschaft für Klagen gegen den Singularnachfolger des Erblassers. ZPO. § 27.**

OLG. Kiel, III. ZS. Urteil v. 31. Januar 1906.

Der Kläger hat auf Grund der Behauptung, daß die letztwillige Verfügung, auf die sich die Beklagten für die ihnen gemachte Schenkung auf den Todesfall berufen, wegen eines Formmangels nichtig sei, Erstattung eines zum Nachlasse gehörigen Betrages beansprucht, den Beklagte eingezogen haben. Es handelt sich also um einen Anspruch aus rechtloser Bereicherung. Trotzdem ist die Zuständigkeit der Vorinstanz aus § 27 deshalb gegeben, weil die Klage einen Anspruch aus einer Verfügung von Todes wegen betrifft. Hierfür spricht schon der Wortlaut. Während der § 27 zunächst Ansprüche erwähnt, welche von den Erben gegen den Erbschaftsbesitzer erhoben werden, spricht er dann von Klagen, „welche Ansprüche aus Vermächtnissen oder sonstigen Verfügungen zum Gegenstand haben", ohne Rücksicht darauf, ob der Kläger oder der Beklagte einen Anspruch aus dieser Verfügung des Erblassers herleitet (vgl. Gaupp-Stein § 27 III[3]). Hätte der Gesetzgeber beabsichtigt, den Gerichtsstand im Sinne der Vorinstanz einzuschränken, so wäre nicht abzusehen, weshalb dann nicht die Fassung gewählt wäre: „Ansprüche des Erben gegen den Erbschaftsbesitzer, Ansprüche des Vermächtnisnehmers oder eines durch eine sonstige Verfügung von Todes wegen Bedachten." Nach dem Inhalt des § 27 kann also der Erbe ebenso wie der Erbschaftsbesitzer in dem besonderen Gerichtsstande auch den belangen, der sich für seinen Besitz zwar nicht auf Erbrecht, immerhin aber als Singularnachfolger auf eine letztwillige Verfügung des Erblassers beruft. Für diese Entscheidung ist auch das Gericht der Erbschaft besonders geeignet, da in den meisten Fälle dessen Recht für die materielle Beurteilung der Sachlage maßgebend ist, auch durch die Schaffung dieses besonderen Gerichtsstands einer Zersplitterung der aus Anlaß des Erbfalls entstehenden Prozesse vorgebeugt wird (Begründung zum Entw. der ZPO. § 28 bei Hahn, Materialien S. 155). Gr.

p) **Kann am Erfüllungsort auf Abnahme der dem Käufer zugesandten Kaufsache geklagt werden?**

OLG. Hamburg, III. ZS. Urteil v. 6. Februar 1906.

Die Klägerin hatte die verkaufte Maschine gemäß § 447 BGB. nach einem anderen Orte als dem Erfüllungsorte, als welcher Bremen vereinbart ist, nämlich nach Burg, dem Wohnsitze des Beklagten, übersandt und, als Beklagter sie nicht abnahm, bei dem Bahnhofsspediteur in Burg gelagert. Sie hat auf Abnahme der Maschine bei dem Spediteur geklagt und die Zuständigkeit des Bremer Gerichts auf den § 29 gestützt. Läge die Vertragsbedingung, daß „Erfüllungsort für beide Teile Bremen" sei, nicht vor, so würde die Zuständigkeit allerdings nicht anzuerkennen, vielmehr der Wohnsitz des Beklagten der Ort sein, wo er die Erfüllung der Vertragspflicht, die Maschine abzunehmen, zu leisten hätte. Dies folgt daraus, daß der Verkäufer — zwar nicht von Gesetzes wegen, auch nicht nach § 447 BGB., aber nach einem allgemeinen Handelsgebrauche — bei Distanzgeschäften im Regelfalle die Ware dem Käufer an seinen Wohnsitz oder an den sonst etwa angegebenen Bestimmungsort zu übersenden und ihm dort Gelegenheit zu geben hat, die Ware zu prüfen und abzunehmen (vgl. Staub 2 Anm. 35 zu § 372, 46 vor § 373 und 29 zu § 382 HGB., auch Rsp. 8 S. 57). Demgemäß würde allerdings der Wohnsitz (gewerbliche Niederlassung) des Beklagten, also Burg, der Erfüllungsort für die Abnahme der Maschine gewesen und, wenn man den Ausführungen Staubs (Anm. 19 im Exkurse zu § 372) über die Einflußlosigkeit des Erfüllungsverzuges auf den Erfüllungsort folgen würde, trotz der inzwischen erfolgten Zurückschaffung der Maschine nach Bremen geblieben sein.

Durch die Bestimmung Bremens zum Erfüllungsort stellt sich die Sache nun aber anders. Die Entsch. des RG. 41 S. 360 trifft hier nicht zu. Dort war die nach der besonderen Sachlage sich ergebende Perplexität einer ähnlichen Vertragsbestimmung nur dafür geltend gemacht, daß der Käufer sich ihr nicht nachträglich unterworfen haben könne. Vorliegend steht dem aber nichts entgegen, daß der Beklagte alle seine Verpflichtungen in Bremen erfüllt, nicht nur betreffs der Zahlung, sondern auch betreffs der Abnahme. Er muß nach dem Vertrage in Bremen abnehmen. Danach fiel hier die erwähnte Übersendungspflicht der Klägerin fort und war es lediglich ein Entgegenkommen, daß sie die Maschine nach Burg übersandte. War dies infolge der Annahmeweigerung des Beklagten vergeblich, so blieb es dabei, daß die Klägerin vertragsgemäß Abnahme in Bremen fordern konnte. Die Bemerkung der Klage in der Klagebegründung, daß die Maschine noch bei dem Bahnspediteur lagere, hatte nur insofern Bedeutung, als der Beklagte danach seine Verpflichtung zur Abnahme der Maschine noch durch deren nachträgliche Annahme in Burg erfüllen konnte, hinderte aber nicht die beantragte Verurteilung zur Abnahme an dem vertragsmäßigen Erfüllungsorte, nämlich in Bremen, wohin die Klägerin die Maschine jeden Augenblick zur Ermöglichung der urteilsmäßigen Abnahme zurückkommen lassen konnte und inzwischen auch zurückgeschafft hat. M. M.

q) **Zuständigkeit für Aussonderungsklagen im Konkurs.**

OLG. Dresden, II. ZS. Urteil v. 19. Januar 1906.

Im Anschluß an JW. 1894 S. 181 ist die Einrede der Unzuständigkeit nicht begründet. Entscheidend ist hierbei nicht die Rechtsstellung des Verwalters des Konkurses des K. (in Berlin) im Verhältnis zum Gemeinschuldner, sondern die Erwägung, daß der Klage auch dann stattzugeben sein würde, wenn nicht der Kläger (in Leipzig), vielmehr ein andrer als Eigentümer der Maschinen anzusehen sein sollte. Hat der Kläger mit K. vereinbart, daß er bis zur vollständigen Bezahlung des Kaufpreises Eigentümer der Maschinen bleiben und Erfüllungsort für alle aus den abgeschlossenen Kaufverträgen entspringenden Rechte und Pflichten Leipzig sein solle, so kommt darauf, ob er Eigentümer der Maschinen ist, nichts an; er kann, auch wenn er es nicht ist, bis zur vollständigen Bezahlung seines Kaufpreisanspruchs verlangen, daß die Kaufsgegenstände nicht zur Konkursmasse gezogen, sondern an ihn zurück- und herausgegeben werden. Dieses Verlangen kann er in Leipzig als dem vereinbarten Erfüllungsort stellen, weil die getroffene Vereinbarung durch die Konkurseröffnung in ihrem rechtlichen Bestande nach § 17 KO. nicht berührt wird, sondern bestehen bleibt, und ebensowenig der Anspruch auf Herausgabe dadurch, daß er als Aussonderungsanspruch gegen einen Konkurs gerichtet wird, eine Veränderung erfährt. Insbesondere hat die KO. eine besondere Zuständigkeit für Aussonderungsklagen nicht vorgesehen, vielmehr in § 43 nur gesagt, daß sich die Aussonderungsansprüche nach den außerhalb des Konkursverfahrens geltenden Gesetzen bestimmen sollen. Die Klage durfte deshalb im Gerichtsstande des vereinbarten Erfüllungsortes erhoben werden. Dies lehrt auch die Erwägung, daß das Aussonderungsrecht nach § 43 KO. auch auf ein persönliches Recht gestützt werden darf. Dr. v. F.

r) **Gerichtsstand für die Feststellung, daß Beklagter den Zwangsvergleich nicht anfechten könne.**

OLG. Hamburg, III. ZS. Urteil v. 7. Juli 1904.

Als „streitige Verpflichtung" gilt diejenige, bezüglich deren das Urteil verlangt wird. Beantragt der Kläger die Feststellung des Nichtbestehens einer nach der Behauptung des Beklagten ihm obliegenden Vertragspflicht, so ist dies die streitige Verpflichtung, und zwar auch dann, wenn der Klagantrag auf Verurteilung des Beklagten zur Anerkennung gerichtet ist, daß ihm der nach Angabe des Klägers erloschene Anspruch nicht zustehe (D. JZ. 1902 S. 475 Nr. 84). Nun gibt § 196 KO. jedem Gläubiger das Recht, den vergleichsmäßigen Erlaß seiner Forderung anzufechten, wenn der Zwangsvergleich durch Betrug zustande gebracht ist, und diese Anfechtung kann sowohl im Wege der Klage, nämlich der Feststellungsklage, als im Wege der Replik gegen die der Klage auf Zahlung des Ganzen entgegengesetzte Einrede des teilweisen Erlasses geltend gemacht werden (Sarwey-Bossert Anm. 2 zu § 196). Immer aber bleibt der Rechtsgrund der Forderung des Gläubigers an den früheren Gemeinschuldner stets der ursprüngliche, nach der Behauptung des Gläubigers befreit von dem unwirksamen Erlasse, und dieser ist der Klage zugrunde zu legen. Gegen den Einwand aus dem Zwangsvergleiche ist dann die Replik des Betruges zu erheben (Wilmowski 5. Aufl. Anm. 4 zu § 182). Wie aber der Gläubiger die Entscheidung auch in Form einer Feststellungsklage erheben kann, wenn deren Voraussetzungen vorliegen, so kann unter derselben Voraussetzung auch der frühere Gemeinschuldner die negative Feststellungsklage erheben, für die dann dieselben Gerichte zuständig sind, die zur Entscheidung über eine vom Gläubiger erhobene Klage berufen sind. M. M.

s) **Fakturenvermerk über den Erfüllungsort.**

α) OLG. Kiel, I. ZS. Urteil v. 13. Januar 1905.

Klägerin hat sich für die von ihr behauptete stillschweigende Vereinbarung des Erfüllungsortes Altona darauf berufen, daß während der längeren Geschäftsverbindung der Parteien die von der Klägerin dem in Berlin wohnhaften Beklagten übersandten Rechnungen stets den Ausdruck enthalten hätten: „Erfüllung für Lieferung und Zahlung stets in jedem Falle Altona", und daß Beklagter dagegen niemals Widerspruch erhoben habe. Das Vorbringen ist nicht geeignet, die Annahme, daß Parteien Altona als Erfüllungsort vereinbart hätten, und damit die Zuständigkeit des angegangenen Altonaer Gerichts zu begründen. Ein nachträglicher Vermerk des Verkäufers auf der dem Käufer übersandten Rechnung über den Erfüllungsort ist rechtlich unerheblich; der Empfänger der Rechnung hat keine Verpflichtung, sich auf die einseitige Abänderung des Vereinbarten zu äußern, sein Schweigen kann nicht als stillschweigendes Einverständnis ausgelegt werden. Es kann sich nur fragen, ob mit Rücksicht darauf, daß der Verkäufer in zahlreichen früheren Fällen die nachträglich übersandte Rechnung mit dem Vermerk versehen hatte, zu folgern ist, daß er bereits zur Zeit des Abschlusses des neuen Geschäfts die gleiche Bestimmung als solche des neuen Vertrages gewollt und der Käufer dies gewußt und stillschweigend zugestimmt oder nach den Grundsätzen von Treu und Glauben als zustimmend zu gelten hat. Zu einer Feststellung in diesem Sinne bedarf es aber besonderer Umstände. Wenn der nachträgliche Vermerk auf der Rechnung in dem einzelnen Falle unerheblich ist, so muß das gleiche von den mehreren Fällen in ihrer Gesamtheit gelten. Sie sind sämtlich ohne rechtliche Bedeutung für den Käufer geblieben, denn zu einer Erörterung der Rechtswirksamkeit des Ausdrucks und zu einer ausdrücklichen nachträglichen Zustimmung des Beklagten ist es in den früheren Fällen nach der eigenen Erklärung der Klägerin nicht gekommen. Bei dieser Rechts- und Sachlage ist es nicht zulässig, ohne weiteres anzunehmen, daß der Beklagte beim Abschlusse des neuen Geschäfts Altona als Erfüllungsort hat vereinbaren wollen oder daß er nach den Grundsätzen von Treu und Glauben den in früheren Fällen rechtsunwirksam auf die Rechnung gesetzten Vermerk bei Abschluß des neuen Geschäfts hat beachten müssen (vgl. Entsch. d. RG. Bd. 52 S. 133; JW. 1903 Beil. S. 15 Nr. 32). Da besondere Verhältnisse, die eine abweichende Beurteilung erfordern, nicht behauptet sind, ist die Klage abzuweisen. Gr.

β) OLG. Hamburg, IV. ZS. Urteil v. 18. Mai 1906.

Wie das RG. Entsch. 52 S. 133 eingehend ausführt, hat auch bei längerer Geschäftsverbindung und häufiger Wiederholung die stillschweigende Entgegennahme von Fakturen mit einer beim Vertrage selbst nicht verabredeten Klausel über den Erfüllungsort nicht die Wirkung, daß nun für zukünftige ähnliche Abschlüsse diese Klausel als stillschweigend vereinbart gelte. Ebensowenig wie die einseitige Nachschiebung dieser oder einer anderen Vertragsbestimmung in die Faktura bei dem allerersten Geschäft der Parteien, auch wenn der Käufer dazu schweigt, an dem bereits feststehenden Vertragsinhalt etwas ändert, geschieht dies bei den folgenden Abschlüssen und so bleibt die betreffende Klausel eben immer wieder unwirksam. Deshalb kann aber auch den ohne ausdrückliche Bezugnahme auf die Klausel erfolgenden späteren Vertragserklärungen der Parteien nicht die Bedeutung beigelegt werden, als wäre die Geltung jener Klausel als selbstverständlich vorausgesetzt und also stillschweigend gewollt. Die Klägerin, von deren Angaben über den Inhalt des der Klage zugrunde liegenden Vertrags bei Prüfung der Zuständigkeitsfrage auszugehen ist, kann sich mithin auf eine stillschweigend getroffene Vereinbarung, daß Hamburg für die Zahlungspflicht des Beklagten Erfüllungsort sein solle, nicht berufen.... M. M.

t) **Vereinbarung der Zuständigkeit durch Erklärung im Wechsel. Unzulässigkeit einer Vereinbarung ausschließlicher Zuständigkeit.**[1]

OLG. Cassel, II. ZS. Urteil v. 11. Dezember 1905.

Die Parteien haben als Bürgen des Hauptschuldners einen eigenen Wechsel unterschrieben, der folgenden Passus enthält: „Zugleich erkenne ich, der Hauptschuldner, wie auch die Bürgen, im Falle der gerichtlichen Einklagung dieser Schuld gemäß § 38 ZPO. das Amtsgericht zu B. als das allein zuständige Gericht hiermit an." Der Kläger, der die Schuld bezahlt hat, fordert Ersatz der Hälfte bei dem Gericht des Wohnorts des Beklagten. Die Einrede der Unzuständigkeit wurde verworfen. Gründe:

Der Umstand, daß die auf die Zuständigkeit bezügliche Erklärung in der Wechselurkunde enthalten ist, steht der Gültigkeit dieser Erklärung nicht entgegen. Denn die Ansicht, daß alle in einem Wechsel enthaltenen Erklärungen, die nicht ausdrücklich von der WO. gestattet sind, unzulässig seien, hat im Gesetz keinen Ausdruck gefunden; es sind vielmehr nur diejenigen Erklärungen für unstatthaft zu halten, welche verboten sind oder gegen die Natur des Wechsels als einer auf Zahlung einer fest bestimmten Geldsumme gerichteten, abstrakten, formalen Obligation verstoßen (vgl. Staub, WO. Art. 4 § 63). Dies trifft aber hier nicht zu.

Die Zuständigkeit des angegangenen Gerichts hängt davon ab, welcher Anspruch erhoben ist. Der Mitbürge, der den Gläubiger befriedigt, kann anteilmäßigen Ersatz des Geleisteten von dem Mitbürgen sowohl aus eigenem Recht auf Grundlage der zwischen ihnen bestehenden Gemeinschaft als auch kraft des auf ihn übergegangenen Forderungsrechts des Gläubigers verlangen. Für den ersteren Anspruch ist das Amtsgericht B. überhaupt nicht zuständig. Im Wechsel haben Hauptschuldner und Bürgen das Amtsgericht B. als das allein zuständige Gericht im Falle der gerichtlichen Einklagung dieser Schuld anerkannt. Darunter ist nur die Schuld aus dem Wechsel zu verstehen, nicht auch der davon verschiedene Regreßanspruch aus der zwischen den Miterben

[1] Der Vermerk des Wechsels: „Das Amtsgericht A. ist ausdrücklich vereinbarter Gerichtsstand" hindert den gutgläubigen Erwerber nicht, den Wechsel bei dem an sich zuständigem Landgericht einzuklagen (JW. 1903 S. 46 Nr. 5). — Die vor dem Inkrafttreten des Ges. betr. Kaufmannsgerichte getroffene Vereinbarung über die Zuständigkeit eines bestimmten ordentlichen Gerichts bleibt in Kraft (OLG. Hamburg, V. ZS. Urteil v. 11. April 1906).

bestehenden Gemeinschaft. Übrigens stellt sich die Erklärung nicht als eine Vereinbarung der Parteien dar, weil sie nur dem Gläubiger gegenüber abgegeben sind, nicht auch von einem der Bürgen gegenüber dem anderen. Für den dem Kläger kraft des Forderungsübergangs zustehenden Anspruch ist allerdings das Amtsgericht B. auf Grund der im Wechsel enthaltenen Erklärung zuständig; denn es handelt sich hier um den Anspruch aus dem Wechsel. Es fragt sich aber, ob durch die vereinbarte Zuständigkeit die gesetzlich begründete Zuständigkeit des Landgerichts H. ausgeschlossen ist. Voraussetzung dafür würde jedenfalls sein, daß der Wechselgläubiger den Willen erklärt hätte, sich für die von ihm zu erhebenden Klagen ebenfalls an dieses Gericht als das allein zuständige zu binden. Er hat aber im Wechsel eine Erklärung überhaupt nicht abgegeben. Auch muß — allerdings im Gegensatz zur herrschenden Meinung (Seuffert 49 S. 451) — angenommen werden, daß die ZPO. die Begründung eines ausschließlichen Gerichtsstandes nicht zuläßt. Denn das Prozeßrecht ist öffentliches Recht in dem Sinne, daß es durch Vereinbarung nur insoweit abgeändert werden kann, als es selbst gestattet. Der § 38 mit § 40 gibt die Regelung der Zuständigkeit in gewissen Grenzen dem Dispositionsrecht der Parteien frei. Sie bestimmt diese Grenzen dahin, daß dadurch ein an sich nicht zuständiges Gericht zuständig wird. Sie legt also der Vereinbarung eine das Gesetz ergänzende Wirkung bei, indem neben das an sich zuständige Gericht auch das vereinbarte Gericht als zuständiges tritt. Die weitergehende Befugnis, das Gesetz abzuändern, legt sie den Parteien nicht bei. Um diese Befugnis handelt es sich aber, wenn man der Vereinbarung eine den gesetzlichen Gerichtsstand ausschließende Wirkung beilegt. Diese, über Wortlaut und Sinn des § 38 hinausgehende Auslegung widerspricht den anerkannten Auslegungsgrundsätzen. Die entgegengesetzte Meinung kann sich auch nicht auf die Bemerkung der Motive zu § 38 stützen, wonach § 38 der Vereinbarung eines ausschließlichen Gerichtsstandes nicht entgegenstehe. Denn Gesetz ist nur der im Gesetz ausgesprochene, nach den Regeln der Auslegung zu ermittelnde Wille des Gesetzgebers. An einem Ausspruche der Zulässigkeit der Vereinbarung eines ausschließlichen Gerichtsstandes, die nach den Motiven S. 68 in deren Absicht lag, fehlt es aber im Gesetze. Eine dahingehende Vereinbarung ist allerdings zivilrechtlich wirksam, und ihre Verletzung kann einen Schadensersatzanspruch begründen. Da nun, wie das Reichsgericht sagt, nur innerhalb der gezogenen Grenzen die gesetzlichen Zuständigkeitsnormen vor dem Dispositionsrecht der Parteien zurücktreten, diese Grenzen aber durch § 38 klar und deutlich gezogen sind, so ergibt sich daraus die Richtigkeit der hier vertretenen Meinung (vgl. auch **Kleinfeller** in Krit. VJSch. 35 S. 536; **Hellmann**, Lehrbuch S. 127; **Schwalbacher** in Ziv. Archiv 64 S. 293). Fs.

u) **Ablehnung von Richtern. ZPO. §§ 41, 42.**

α) OLG. Hamburg, II. ZS. Beschluß v. 17. Oktober 1905.

Der Landrichter X. hat in der ersten Instanz bei der angefochtenen Entscheidung nicht mitgewirkt, sondern nur als Amtsrichter über die Einstellung der Zwangsvollstreckung aus dem gegen die Beklagte zunächst ergangenen Versäumnisurteil vom 14. Juli 1904 entschieden und ferner wiederholt über Anträge auf Sicherung des Beweises befunden. Das ist aber keine Mitwirkung „bei der Erlassung der angefochtenen Entscheidung", nämlich des gegen die Beklagte am 6. Dezember 1904 ergangenen Endurteils des Amtsgerichts. Der § 41 Nr. 6 trifft nur die Tätigkeit des erkennenden Richters oder, wie die Entsch. des RG. 26 S. 384 es ausdrückt, die Urteilsfindung. Eine solche Tätigkeit hat aber X. als Amtsrichter in dieser Sache nicht entwickelt.

Dann bleibt nur noch der Beschwerdegrund übrig, daß die beiden abgelehnten Richter, weil sie das später vom Oberlandesgericht der Beklagten gewährte Armenrecht wegen Aussichtslosigkeit der Rechtsverfolgung abgelehnt hätten, befangen sein müßten. Das ist eine durch nichts begründete Auffassung der Beklagten, welcher die dienstliche Äußerung der abgelehnten Richter entgegensteht. Ob die Beklagte trotzdem die Befangenheit der Richter besorgt, ist gleichgültig, wenn nicht ein stichhaltiger Grund für solche Besorgnis vorliegt. M. M.

β) OLG. Hamburg, I. ZS. Beschluß v. 12. Juli 1905.

Zur Begründung eines Ablehnungsgesuchs bedarf es allerdings nicht des Nachweises der wirklichen Befangenheit des abgelehnten Richters, vielmehr kommt es darauf an, ob vom Standpunkt der Partei aus vernünftige Gründe vorhanden sind, um Mißtrauen gegen den Richter zu hegen (Hans. GZ. 1901 Nr. 103 und Gaupp-Stein zu § 42). Allein es reicht nicht schon aus, wenn die ablehnende Partei aus den von ihr geltend gemachten Gründen Besorgnis über die Unbefangenheit des Richters hegt, sondern die Gründe müssen objektiv geeignet sein, Mißtrauen gegen die Unparteilichkeit des Richters zu rechtfertigen. Ob dies der Fall sei, ist unter Erwägung aller Umstände nach freiem Ermessen zu entscheiden.... M. M.

9

a) Anerkenntnisurteil gegen einzelne der notwendigen Streitgenossen.

Kammergericht, XV. ZS. Urteil v. 23. Juli 1905.

Der Mitbeklagte A. hat den Klaganspruch anerkannt. Obwohl eine notwendige Streitgenossenschaft vorliegt, bezieht sich doch der § 62, wonach die säumigen Streitgenossen durch die nicht säumigen vertreten werden, nicht auf die materiell-dispositiven Akte zur Beseitigung des Rechtsstreits: Vergleich, Anerkenntnis und Verzicht. Es kann dem einzelnen Beklagten nicht das Recht genommen werden, daß er als dominus litis von vornherein derart über den Rechtsstreit verfügt, daß er ihn durch sein Anerkenntnis beseitigt. Gegenüber dem strikten, keine Ausnahme zulassenden § 307 war das Urteil auf das Anerkenntnis zu erlassen, ohne daß auf die materielle Seite des Rechtsstreits überhaupt einzugehen war. Ganz abgesehen davon, daß der anerkennende Streitgenosse durch Verbleiben als Partei im Prozeß zu Kosten genötigt würde, welche er nicht aufwenden will, würde eine solche Auslegung der ZPO., einem in ihr ausgesprochenen Grundprinzip, der Verhandlungsfreiheit der Parteien, diametral widersprechen.

In der Literatur sowohl wie in der Rechtsprechung ist die vorliegende Frage noch nicht präzis entschieden. Der Einwand, es verletze die Grundsätze der Logik, wenn ein Anerkenntnisurteil gegen einzelne Streitgenossen erlassen werde in Prozessen, in welchen das streitige Rechtverhältnis nur einheitlich gegenüber allen Streitgenossen festgestellt werden könne, ist nicht berechtigt. Nach § 747 ist zur Vollstreckung in einem Nachlaß ein gegen alle Erben ergangenes Urteil erforderlich. Hiernach ist zwar mit dem gegen A. nur erwirkten Anerkenntnisurteil, solange noch ein weiterer Beklagter im Prozeß sich befindet, eine Vollstreckung nicht möglich. Dieser Umstand kann aber nicht veranlassen, von dem Erlaß eines Urteils abzusehen, wenn der Kläger es ausdrücklich verlangt. Ihm muß überlassen bleiben, zu beurteilen, ob sein Verlangen vorteilhaft für ihn ist oder nicht. Ist der Nachlaß geteilt, so fällt übrigens die Beschränkung des § 747 fort. Man kann also auch nicht behaupten, daß das Anerkenntnisurteil zwecklos sei. W.n.

b) **Urteilszustellung durch den Nebeninterveníenten.**

OLG. Hamburg, III. ZS. Urteil v. 6. Juli 1905.

Der Nebenintervenient kann allerdings nach Maßgabe des § 67 alle Prozeßhandlungen wirksam vornehmen, dem Gegner auch die ergangenen Urteile zustellen, und er bewirkt dadurch den Beginn der Rechtsmittelfrist für den Gegner. Dieses Ergebnis kommt auch seiner Partei zugute, weil er für sie handelt. Wenn er durch die von ihm bewirkte Urteilszustellung aber auch die Frist zugunsten der von ihm unterstützten Partei in Lauf setzt (vgl. Entsch. des RG. 34 S. 391), so kann er sie dadurch doch auch nicht zu ihrem Nachteile in Lauf setzen. Dies würde dem Wesen der Nebenintervention widersprechen, die lediglich zur Unterstützung der Hauptpartei erfolgt. Daraus ergibt sich, daß die Partei nicht dadurch, daß sie die Frist versäumt, welche durch die vom Nebenintervenienten bewirkte Zustellung eröffnet wurde, mit der Berufung ausgeschlossen werden kann. Die abweichende Ansicht wird auch durch die von Struckmann-Koch in Bezug genommenen §§ 516, 221 nicht gerechtfertigt. Vielmehr besagt der § 221² nur, daß der Lauf einer Frist, deren Beginn von einer Zustellung abhängt, mit dieser auch gegen diejenige Partei beginne, die die Zustellung habe bewirken lassen. Hier hat die Partei die Zustellung aber nicht bewirken lassen. M. M.

c) **Widerspruch gegen die Zulassung des Nebenintervenienten. Erlöschen seines rechtlichen Interesses.**

OLG. Dresden, II. ZS. Urteil v. 9. April 1906.

Die ZPO. kennt keine zeitliche Begrenzung des Antrags einer Partei auf Zurückweisung einer Nebenintervention im schwebenden Prozesse. Wie nach § 66² der Beitritt eines Nebenintervenienten auch behufs Einlegung eines Rechtsmittels geschehen darf, läßt § 71 jenen Antrag noch in der Berufungsinstanz zu. Ingleichen findet, außer wenn die Nebenintervention an einem formellen Mangel leidet, ein Ausschluß des Rügerechts nach § 295, der nur die Verletzung rein formeller Vorschriften im Auge hat, nicht statt (Gaupp-Stein 1 S. 211, 668), anders, sofern der Antragsteller bereits ausdrücklich oder stillschweigend auf sein Widerspruchsrecht verzichtet hat. Ein solcher Verzicht ist zwar hier noch nicht in der Streitverkündung des Beklagten an den Nebenintervenienten enthalten, da dieser nicht ihm, sondern dem Gegner beigetreten ist. Wohl aber wird jene Annahme regelmäßig dann begründet sein, wenn der Antragsteller in der mündlichen Verhandlung, woran der Nebenintervenient teilgenommen, in Kenntnis der Sachlage eine Rüge gegen den Beitritt nicht erhoben hat (vgl. a. O.; Petersen-Anger zu § 71; JW. 1893 S. 196, 1896 S. 369; Sächs. Arch. 6 S. 579; OLG. Colmar in Elsaß-Lothr. Z. 30 S. 370). Infolge seines Verzichts ist der Beklagte auch nicht mehr befugt, den Widerspruch im Berufungsverfahren nachzuholen. Nur eine Ausnahme könnte Platz greifen. Die Kehrseite der Zulässigkeit der Erneuerung einer zurückgewiesenen Nebenintervention auf Grund eines neuen Interesses (Entsch. d. RG. 23 S. 242) bildet die Zulassung des Widerspruchs einer Partei für den Fall, daß das ursprünglich vorhandene rechtliche Interesse des Nebenintervenienten am Rechtsstreite erlischt (Petersen-Anger a. O.) oder, wie man erweiternd hinzuzusetzen haben wird, irrtümlich als gegeben angenommen worden war. Allein hier hat der Beklagte nicht widersprochen, weil er bei der Zweifelhaftigkeit der Sache prozessuale Weiterungen vermeiden wollte und überdies das Eintreten des Nebenintervenienten für unschädlich und ungefährlich hielt.

Der Widerspruch wäre übrigens auch sachlich nicht gerechtfertigt. Die Daseinsberechtigung der Nebenintervention wurzelt in dem rechtlichen Interesse des Beitretenden, daß in einem zwischen Anderen anhängigen Rechtsstreite die eine Partei obsiegt (§§ 66[1], 70 Nr. 2). Fehlt dieses Interesse, so ist sie unzulässig (Bayr. Ob. LG. 2 S. 101). Das Interesse darf nach dem Gesetz bloß ein rechtliches, nicht z. B. ein nur wirtschaftliches und nicht ein rein eigenes des Nebenintervenienten sein. Er darf zwar ohne, aber nicht gegen den Willen der Hauptpartei handeln. Im jetzigen Prozesse nun hat sich die Klägerin bei der Klagabweisung beschieden. Daß sie jedoch dies deshalb getan habe, weil sie wegen seiner Aussichtslosigkeit überhaupt kein Rechtsmittel eingelegt wissen wolle, erhellt nicht. Es blieb daher dem Nebenintervenienten unbenommen, seinerseits durch Einlegung der Berufung auf einen für die Klägerin günstigen Erfolg, den sie voraussetzlich nicht ablehnen würde, hinzuwirken (Sächs. OLG. 22 S. 507; OLG. Karlsruhe Rsp. 11 S. 168). Immer ist indessen für den Umfang seines Interesses das maßgebend, was die von ihm unterstützte Partei erstrebt. Diese, die Klägerin, beansprucht vom Beklagten Ersatz des Wertes ihrer von ihm behauptetermaßen wissentlich an den Nebenintervenienten mit dem Schankgrundstück mitverkauften

Billards. Gegenstand der Klage ist somit eine Geldforderung, nicht die Herausgabe von Eigentum. Der Nebenintervenient bestreitet nicht das frühere, vielmehr nur ihr gegenwärtiges Eigentum an den Billards und fördert die Klagbitte, indem er jenes erweisen will. Siegt die Klägerin und treibt sie den Werterſatz bei, so begründet das Urteil freilich nicht Rechtskraft dahin, daß ihm das Eigentum an den Billards zustände, wohl aber wäre die Klägerin infolge eingetretener Befriedigung gehindert, ihn auf Herausgabe der Billards oder Ersatzleistung zu belangen. Unterliegt A., so droht ihm ihrerseits die Eigentumsklage. Er hat sonach auch jetzt noch an der Durchführung der Klagbitte im anhängigen Prozesse ein lebhaftes rechtliches Interesse. Dr. v. F.

d) **Der Nebenintervenient, der die Klagforderung nach der Klagabweisung erwarb und dann Berufung einlegt, kann Zahlung nur an den Kläger fordern.**

OLG. Naumburg, II. ZS. Urteil v. 17. Oktober 1905.

Der Nebenintervenient hat dem Sachverhalt, der durch die von ihm selbst geltend gemachte Abtretung des Schadensersatzanspruchs verändert ist, dadurch Rechnung getragen, daß er in erster Linie die Zahlung an sich selbst als Zessionar, in zweiter Linie die Zahlung an die gesetzliche Hinterlegungsstelle und in letzter Linie die Zahlung an den Kläger verlangt. Die Einführung der Abtretung des Anspruchs in den Streitstoff durch den Nebenintervenienten allein erscheint dann unzulässig, wenn sie den vom Kläger gestellten Antrag nicht mehr zu tragen vermag. Einen solchen Einfluß hat indessen die Abtretung hier nicht. Zwar bewirkt die Abtretung des Klaganspruchs im Laufe des Prozesses, wenn dadurch auch die Aktivlegitimation des Klägers nicht beseitigt wird (§ 265 [1]), im allgemeinen, daß nunmehr nur noch die Zahlung an den Zessionar verlangt werden kann (vgl. Entsch. d. RG. 56 S. 308). Wenn jedoch der Zessionar selbst darein willigt, daß die Zahlung nach wie vor an den Kläger geleistet wird, so vermag der Beklagte, da eine solche Zahlung ihn ebenso wie eine Zahlung an den Zessionar von der Verbindlichkeit befreit (§ 362 [2] BGB.), aus der Abtretung keinen Einwand dagegen herzuleiten, daß der Kläger seinen auf Zahlung an ihn selbst gerichteten Klagantrag aufrecht erhält. Eine Einwilligung in diesem Sinne ist darin zu erblicken, daß der Nebenintervenient, der selbst Zessionar ist, in dritter Linie die Zahlung des Klaganspruchs an den Kläger verlangt. Hieraus folgt, daß der Nebenintervenient, indem er in dritter Linie den ursprünglichen Klagantrag aufrecht erhält, mit der Behauptung der Abtretung gehört werden kann, während die widersprechenden Anträge 1 und 2 die Befugnisse des Nebenintervenienten überschreiten und den Erklärungen und Handlungen des Klägers widersprechen (§ 67). S.

e) **Kostenvorschuß, wenn der Nebenintervenient das Rechtsmittel einlegt.**

OLG. Hamburg, III. ZS. Beschluß v. 3. Februar 1906.

Nach RG. Entsch. 42 S. 391 kann der Nebenintervenient, wenn er ein Rechtsmittel einlegt, dies stets nur für die von ihm unterstützte Partei tun. Deshalb soll die Partei sogar dann, wenn sie untätig geblieben ist, in die Kosten des vom Nebenintervenienten eingelegten Rechtsmittels verurteilt werden (JW. 1904 S. 288 [7]), während umgekehrt nach RG. Entsch. 59 S. 173 sich dies auf den Fall beschränkt, daß die Partei sich auch in der zweiten Instanz am Rechtsstreit beteiligt. Da dies hier geschehen ist, so hätte das Berufungsurteil richtiger die Beklagte in die Kosten des Rechtsmittels verurteilen sollen. Wenn nun an dem Urteilstenor auch nichts mehr zu ändern ist, so ließ sich doch zur Zeit der Einforderung des Kostenvorschusses für die zweite Instanz von der Beklagten noch gar nicht übersehen, ob sie untätig bleiben würde, und hat diese Einforderung sich auch erst nachträglich dadurch, daß Beklagte tätig geworden ist, als berechtigte herausgestellt. Da aber zu Recht eingeforderte Kostenvorschüsse auch dann nicht zurückerstattet werden, wenn der vorschießenden Partei nachher im Urteil diese Kosten nicht auferlegt werden, so ist der Beklagten zu überlassen, diese Kosten von der in die Kosten verurteilten Partei zurückzufordern.... M. M.

f) **Zur Anwendung des § 75 ZPO.**

α) OLG. Karlsruhe, IV. ZS. Urteil v. 17. Februar 1905.

Gegen die Entscheidung, welche gemäß § 75 die Entlassung des Beklagten aus dem Rechtsstreit ausspricht, ist die Berufung das an sich statthafte Rechtsmittel (Entsch. d. RG. 34 S. 429; Puchelts Z. 32 S. 334). Das die Entlassung aussprechende Urteil ist Endurteil, weil der Rechtsstreit mit dem ursprünglichen Beklagten sein Ende erreicht durch die Entlassung des letzteren — vorbehaltlich des untergeordneten Kostenpunkts — und das weitere Verfahren zwischen anderen Parteien sich vollzieht, zwischen denen der Rechtsstreit unter ganz veränderten Gesichtspunkten geführt wird. Auch die für die Anwendung des § 75 erforderliche Identität der Forderung ist vorhanden. Unbestritten besteht nur eine Forderung von 894 Mark aus dem zwischen dem Beklagten mit Bäcker X. abgeschlossenen Brotlieferungsvertrag, in den die Frau X. an Stelle ihres Mannes vom 1. Oktober 1903 ab eingetreten zu sein behauptet. Diese Forderung nimmt der in den Rechtsstreit eingetretene Müller für sich in Anspruch. Damit aber ist die vom Gesetz erforderte Identität hergestellt, welche keineswegs dadurch beeinträchtigt wird, daß mehrere Prätendenten über die Aktivlegitimation zu dieser Forderung streiten. Sie wird als vom Subjekt losgetrennt gedacht, also auch in der Person eines anderen Berechtigten als identisch angesehen (Gaupp-Stein zu § 75 III b und zu § 64 II d). Ob Müller die vom Kläger gegen den Beklagten geltend gemachte Forderung mit Recht für sich beansprucht, ist in dem zwischen diesem und dem Kläger weitergehenden Rechtsstreit zu entscheiden, und braucht nicht vom Beklagten, der an den Berechtigten zahlen will und deshalb zur Verfügung des letzteren den schuldigen Betrag hinterlegt hat, ausgetragen zu werden. Dr. E.r.

β) OLG. Hamburg, III. ZS. Beschluß v. 19. April 1906.

Der auf seinen Antrag gemäß § 75 aus dem Streite entlassene Beklagte ist bezüglich der Sache selbst nicht mehr Prozeßpartei und kann das ergangene Urteil insoweit durch Rechtsmittel nicht anfechten. — Dagegen bleibt er nach richtiger Ansicht trotz der Entlassung doch hinsichtlich der ihm auferlegten Kosten Partei, und es steht ihm gegen die ihn betreffende Kostenentscheidung die sofortige Beschwerde aus § 99[3] zu (Gaupp-Stein V d zu § 75; Struckmann-Koch zu § 75; Begründung der Nov. S. 89; Komm.-Ber. S. 89 f.; a. M. Seuffert u. Petersen zu § 75). Insoweit ist die Beschwerde daher an sich zulässig; sie ist aber unbegründet. Das Landgericht hat dem Beklagten die Kosten, abgesehen von denen der Nebenintervention, mit Recht auferlegt, weil sie durch seinen unbegründeten Widerspruch, d. h. durch den Widerspruch gegen die objektive Existenz der Forderung (Gaupp-Stein I S. 221 oben), veranlaßt worden sind. Der Beklagte hat sich nicht darauf beschränkt, geltend zu machen, daß die Zession an den Kläger aus dem Grunde nicht zu Recht bestehe, weil X. die Zession an D., den Rechtsvorgänger des Klägers, mit Erfolg angefochten habe, sondern in erster Linie eingewandt, daß dem X. überhaupt keine Forderung an den Beklagten zugestanden habe, und hierüber ist Beweis erhoben worden. Erst nachträglich hat dann der Beklagte seinen Widerspruch fallen lassen. M. M.

γ) OLG. Hamburg, IV. ZS. Urteil v. 5. Januar 1906.

Die Beklagte hat den F. durch den Schriftsatz der Streitverkündung vom 18. Februar 1905 aufgefordert, dem Streite „zur Unterstützung der Beklagten beizutreten", also eine Nebenintervention vorzunehmen. Darauf hat F. den Parteien einen Schriftsatz zustellen lassen, in dem er erklärt, „dem Prozesse beitreten zu wollen". Darin läßt sich nichts weiter finden als die Vornahme einer Nebenintervention, und lediglich den Inhalt dieses Schriftsatzes hat er in der mündlichen Verhandlung wiederholt. Er ist also nur Nebenintervenient der Beklagten geworden. Der Eintritt eines Dritten gemäß § 75 in den Prozeß an Stelle des Beklagten ist aber etwas anderes als eine Nebenintervention zugunsten der Beklagten. Es ist eine Prozeßhandlung eigener Art, die im wesentlichen den sachlichen Inhalt einer Hauptintervention hat, aber nicht der für die Hauptintervention im § 64 vorgeschriebenen Form selbständiger Klage bedarf. Für die Beklagte in den Prozeß eintreten zu wollen, was dann für ihn die Verbindlichkeit, im Falle des Unterliegens alle Kosten zu tragen, zur Folge haben würde, hat er nicht erklärt. Er hat nicht einmal angegeben, zu welcher Höhe er die Klagforderung für sich beanspruche. Die Beklagte kann daher zurzeit nicht aus dem Streite entlassen werden. M. M.

g) **Berücksichtigung der Erklärungen eines ohne Anwalt im Ehescheidungsprozesse persönlich aufgetretenen Ehegatten.**

Kammergericht, XII. ZS. Urteil v. 21. Dezember 1904.

Die Frau hat aus § 1568 BGB. auf Scheidung geklagt und den Beklagten zu dem Verhandlungstermin geladen, in dem er ohne einen Anwalt erschienen ist. Das Landgericht hat ihn zu einer längeren Erklärung zur Sache verstattet und sodann die Klägerin, ohne sie darüber persönlich zu hören, abgewiesen. Aus den Gründen:

Nach § 78 müssen Parteien vor den Landgerichten durch einen bei dem Prozeßgerichte zugelassenen Anwalt vertreten werden. Dieser Satz gilt auch für Ehesachen und wird dadurch nicht ausgeschlossen, daß das Verfahren in Ehesachen im öffentlichen Interesse in weiterem Umfange dem Parteibetriebe entzogen und dem amtlichen Ermessen des Prozeßgerichts unterstellt ist. Die Parteien müssen deshalb in Ehesachen regelmäßig durch Anwälte vertreten sein. Neben diesem allgemeinen Grundsatze bietet der § 619 dem Ehegerichte die Möglichkeit, das persönliche Erscheinen einer Partei anzuordnen und sie über die von ihr selbst oder vom Gegner oder vom Staatsanwalte behaupteten Tatsachen zu vernehmen. Gegen die, eine solche Anordnung nicht befolgende Partei ist wie gegen einen vorgeladenen, aber nicht erschienenen Zeugen zu verfahren. Damit ist ausgesprochen, daß es sich bei Vernehmung einer Partei gemäß § 619 nicht um eine mündliche Verhandlung der §§ 128 ff. handelt. Eine Anordnung des Erscheinens, die einen Gerichtsbeschluß zur Voraussetzung hat, ist nicht ergangen, eine Vernehmung des Beklagten gemäß § 619 war daher unstatthaft, und die vom Gerichte zugelassene Erklärung des Beklagten ist deshalb in Wirklichkeit ein mündliches Verhandeln des Beklagten selbst, das nicht zulässig war.

Dieses Verfahren verstieß zugleich, zwar nicht formell, aber doch in der Sache gegen den Grundsatz des beiderseitigen Gehörs, auf dem die mündliche Verhandlung beruht. Die Klägerin war für die mündliche Verhandlung auf das persönliche Erscheinen des Beklagten, insbesondere auf dessen persönliche Vernehmung nicht vorbereitet, denn ein dahingehender gerichtlicher Beschluß ist nicht gefaßt und demgemäß auch der Klägerin nicht bekannt gemacht worden (§ 329). Das Landgericht hat gleichwohl den Beklagten zu einer Erklärung zugelassen und daraufhin sogleich ein Urteil erlassen und zwar, ohne der Klägerin, deren Anwalt über das Vorbringen des Beklagten nicht unterrichtet sein konnte, die Möglichkeit zu geben, sich auf das Vorbringen des Beklagten zu erklären und dementsprechend ihren Anwalt zu unterrichten.

Aus diesen beiden Gründen würde an sich das angefochtene Urteil aufzuheben sein, allein da der Rechtsstreit spruchreif ist und keiner weiteren Verhandlung bedarf (§ 300), so konnte von der Aufhebung abgesehen werden. Sp.

h) **Prozeßvollmacht. Vergleichsschluß.**

α) OLG. Karlsruhe, II. ZS. Urteil v. 6. Dezember 1904.

Nach Erhebung des Vorprozesses kam am 7. Juni 1900 außergerichtlich ein Vergleich zustande, den für den Beklagten der RA. X. abschloß. Daß X. damals vom Beklagten bereits mündlich bevollmächtigt war, ihn in dem bei dem Landgericht anhängigen Arrest- und Klageverfahren zu vertreten, kann auf Grund der Aussagen des X. angenommen werden. Damit ist aber nicht auch die Befugnis des X. zum Vergleichsabschluß dargetan. Wenn der Anwalt, was sehr häufig vorkommt, seinen Vollmachtsformularen die Beschränkung des § 83¹ beifügt, so folgt daraus, daß er die Prozeßvollmacht regelmäßig nur in diesem Umfange entgegennehmen will; anderseits ist davon auszugehen, daß — sofern nichts Gegenteiliges besprochen wird — die Partei die Vollmacht in dem Umfange erteilen will, in welchem der Anwalt sie zu übernehmen wünscht. Es würde sonst in den vielen Fällen, in welchen — wie auch hier — die Bevollmächtigung zunächst mündlich geschieht und nach kurzer Frist die schriftliche Vollmacht ausgestellt wird, die eigentümliche Sachlage gegeben sei, daß die Rechtsstellung des Bevollmächtigten eine nach den vorerwähnten Zeitabschnitten verschiedene wäre, was der Absicht der Beteiligten in keiner Weise entsprechen würde. Nun hat X. als Zeuge angegeben, er halte es für wahrscheinlich, daß der Beklagte vor Abschluß des Vergleichs ihm gegenüber telephonisch geäußert habe, er sei damit einverstanden, wenn man sich vergleiche. Dadurch ist das Vorbringen der Klägerin, X. habe auch besondere Vergleichsvollmacht gehabt, soweit unterstützt, daß darüber ein richterlicher Eid auferlegt werden kann. Dr. E.r.

β) OLG. Cassel, II. ZS. Urteil v. 18. Dezember 1905.

Im Vorprozesse hatte der Kläger Ersatz des ihm durch einen Unfall zugestoßenen Schadens durch Zahlung einer Rente, sowie von 70 Mark Kurkosten verlangt. Nachdem der Anspruch dem Grunde nach für gerechtfertigt erklärt worden war, kam nach längeren Verhandlungen ein Vergleich zustande, nach welchem die Beklagte auf die Dauer seines Lebens eine jährliche Rente von 700 Mark zahlt. Der Kläger verlangt jetzt Ersatz des ihm infolge des Unfalls an Körper und Gesundheit erwachsenen Schadens, der nicht Vermögensschaden ist, da er fortwährend Schmerzen habe, an Schwindel leide, beim Gehen schwanke rc.

Die Klage ist abgewiesen worden. In den Gründen wird zunächst ausgeführt, daß der erkennbare Wille aller bei dem Vergleich Beteiligten dahin gegangen sei, Kläger solle für alle aus dem Unfall ihm erwachsenen und etwa noch erwachsenden Ansprüchen mit der Rente von 700 Mark abgefunden sein. Dann heißt es: „Auch der Wille des Klägers ist, wie aus seinem eigenen Vorbringen zu entnehmen ist, auf eine endgültige Regelung gerichtet gewesen. Er hat mit seiner Klage alle ihm seiner Ansicht nach zustehenden Ansprüche geltend gemacht. Er ist in dem Glauben gewesen, daß durch den Klaganspruch seine Rechte erschöpft würden, und hat infolge dieses Glaubens in Übereinstimmung mit dem Beklagten den Willen gehabt, durch die vergleichsweise ihm gewährte Rente sich für alle ihm zustehenden Ansprüche abfinden zu lassen. Es kann keinem Zweifel unterliegen, daß Kläger den Vergleich auch genehmigt haben würde, wenn dieser in der sonst üblichen Form dahin gefaßt worden wäre, daß der Kläger gegen die Rente auf alle ihm aus dem Unfall erwachsenen und etwa noch erwachsenden weitergehenden Ansprüche verzichtet.

Der Anwalt des Klägers war auf Grund der ihm erteilten Prozeßvollmacht befugt, den Vergleich mit dem oben dargelegten Inhalt abzuschließen. Nach § 81 ermächtigt die Prozeßvollmacht zu allen **den Rechtsstreit** betreffenden Prozeßhandlungen. Unter „Rechtsstreit" ist aber (JW. 1894 S. 193) nicht nur der anhängige Streit, sondern allgemein die Streitsache oder das streitige Rechtsverhältnis der Parteien ohne Rücksicht auf die Rechtshängigkeit zu verstehen. Rechtsstreit ist, wie **Wach** (Handbuch I S. 574) sagt, nicht nur der Streit über den in der Vollmacht bezeichneten Anspruch, sondern über jeden auf Grund des Klaganspruchs sich entwickelnden Rechtsstreit. Rechtsstreit bedeutet den Prozeß in seiner virtuellen, rechtlich möglichen objektiven und subjektiven Ausdehnung. Wie der Anwalt des Klägers auf Grund seiner Prozeßvollmacht befugt gewesen wäre, den Klagantrag durch Begehren eines Schmerzensgeldes zu erweitern, so war er auch befugt, ohne vorherige, lediglich unnötige Kosten verursachende Klagerweiterung den Anspruch auf Schmerzensgeld vergleichsweise zu erledigen. Fs.

i) **Hat der vollmachtlose Prozeßvertreter gegen die Entscheidung, die ihm die Kosten auferlegt, das Rechtsmittel der Beschwerde?**

Kammergericht, VIII. ZS. Beschluß v. 24. März 1906.

In dem von dem Beschwerdeführer als angeblichem Prozeßbevollmächtigten der Klägerin angestrengten Interventionsprozeß hat die Beklagte im ersten Verhandlungstermin beglaubigte Prozeßvollmacht der Klägerin verlangt. Dem Beschwerdeführer, der zur Prozeßführung einstweilen zugelassen wurde, ist aufgegeben worden, bis zum nächsten Verhandlungstermin eine beglaubigte Vollmacht der Klägerin vorzulegen. Vor diesem Termin ist der Klägerin ein Abwesenheitspfleger bestellt worden, der den Prozeß fortführt und auch einer im ersten Termin angeordneten Beweisaufnahme beigewohnt hat. Im Verhandlungstermin ist der Beschwerdeführer mit dem Abwesenheitspfleger erschienen und hat unter Überreichung der Bestallung des letzteren erklärt, daß er die notarielle Vollmacht der Klägerin nicht vorzulegen vermöge, der miterschienene Pfleger jedoch bereit sei, ihm durch mündliche Erklärung Vollmacht zu erteilen. Auf Antrag der Beklagten ist hierauf die Klägerin durch Versäumnisurteil mit der Klage abgewiesen und verurteilt worden, die Kosten zu tragen. Letzteres wurde dahin berichtigt, daß die Kosten dem Beschwerdeführer auferlegt würden.

Die Beschwerde hierüber ist begründet. Die angefochtene Kostenentscheidung widerspricht zunächst schon dem § 89, wonach der einstweilen zur Prozeßführung Zugelassene für den Fall, daß er die verlangte Vollmacht in der ihm gestellten Frist nicht beibringt, wohl zum Ersatz der dem Gegner **infolge der Zulassung** erwachsenen Kosten, nicht jedoch zu den gesamten Prozeßkosten zu verurteilen ist. Die durch die Zulassung erwachsenen Kosten fallen nicht etwa notwendig mit den Kosten des Rechtsstreits zusammen, weil schon vorher Kosten entstanden sein können, ja regelmäßig entstanden sein werden. Diese dürfen nur der unterliegenden Partei selbst auferlegt werden. Es ist ferner aber die Anwendung des § 89 überhaupt ausgeschlossen, da durch die Bestellung des Abwesenheitspflegers, der den Prozeß fortführt, dem Verlangen der Beklagten nach beglaubigter Vollmacht der Klägerin die Grundlage entzogen, ein Verlangen nach beglaubigter Vollmacht des Pflegers im Prozeß aber nicht gestellt war, somit eine Verurteilung des Beschwerdeführers zu dem Ersatz der durch seine Zulassung entstandenen Kosten nur für den Fall in Frage kommen konnte, daß er eine ihm zur Beibringung einer beglaubigten Vollmacht des Pflegers gestellte Frist erfolglos verstreichen ließ.

Fraglich aber ist, ob dem vollmachtlosen Prozeßvertreter gegen die Entscheidung, die ihn zur Tragung der durch seine einstweilige Zulassung erwachsenen Kosten verurteilt, überhaupt ein Rechtsmittel zusteht. Der § 89 selbst enthält keine Vorschrift darüber; § 102 kann nicht zur Anwendung kommen, weil er sich nur auf die Entscheidungen des Prozeßgerichts bezieht, durch welche Gerichtsschreiber 2c zur Tragung solcher Kosten verurteilt werden, welche sie durch grobes Verschulden veranlaßt haben. Darunter fällt die auf Grund des § 89 erlassene Entscheidung nicht, denn diese hat ohne Rücksicht auf solches Verschulden zu ergehen und ist durch die zwingende Vorschrift des § 89 dem Ermessen des Gerichts entzogen. Die angegriffene Entscheidung ist auch nicht eine solche, durch die ein das Verfahren betreffendes Gesuch zurückgewiesen ist, so daß auch § 567 nicht Platz greift. Eine analoge Anwendung des in der ZPO. zutage tretenden Grundsatzes, daß Dritten, die am Rechtsstreit nicht als Partei beteiligt sind, die sofortige Beschwerde gewährt wird, falls gegen sie eine Entscheidung ergeht (vgl. §§ 71, 102, 135, 387, 402 u. a.), ist nach § 567, welcher die Beschwerde — abgesehen von den Entscheidungen, durch die ein das Verfahren betreffendes Gesuch zurückgewiesen wird — nur auf die im Gesetz ausdrücklich vorgesehenen Fälle beschränkt, nicht angängig. Es bleibt hiernach allein der § 99³ übrig. Dieser ist anwendbar. Er bestimmt, daß gegen die Entscheidung über den Kostenpunkt die sofortige Beschwerde stattfindet, wenn eine Entscheidung in der Hauptsache nicht ergangen ist. Eine solche liegt zwar gegen die Partei selbst vor. Im Verhältnis zwischen dem einstweilen Zugelassenen und dem Gegner gibt es aber keine Hauptsache, folglich auch keine Entscheidung darüber (vgl. Petersen-Anger 4. Aufl. zu § 89 Note 3, zu § 99 Note 1; Hellmann in Buschs Zeitschr. 27 S. 292). Die gegenteilige Ansicht von Gaupp-Stein zu § 99 V⁴ ist nicht zutreffend. Hiernach wäre das durch den Berichtigungsbeschluß geänderte Urteil auf die prozessual durch § 99³ gerechtfertigte Beschwerde nach Anhörung der Beklagten hinsichtlich des Kostenpunktes aufzuheben gewesen. Einer vorgehenden Anhörung des Gegners bedurfte es indessen vorliegend deshalb nicht, weil der angegriffene Beschluß als Berichtigungsbeschluß überhaupt nicht erlassen werden durfte und schon aus diesem Grunde der Aufhebung unterlag. Nach § 319 ist zwar die Berichtigung von Schreibfehlern, Rechenfehlern und ähnlichen offenbaren Unrichtigkeiten des Urteils erlaubt und geboten. Es wäre also auch die Berichtigung einer Kostenentscheidung zulässig, wenn es offenbar ist, daß das

Gericht bei Verkündung des Urteils nicht das in der Urteilsformel Gesagte, sondern das in dem Berichtigungsbeschluß zum Ausdruck Gebrachte gewollt hat, d. h. bei der Verkündung bzw. bei der Niederschrift lediglich ein Mangel der Erklärung vorliegt. Um einen derartigen Mangel handelt es sich hier aber nicht. Das Landgericht hat zunächst offenbar die Kosten der Partei selbst auferlegen wollen und eine diesem Willen entsprechende Entscheidung verkündet. Erst nach Verkündung des Urteils hat es gemerkt, daß seine Entscheidung sich mit § 89 in Widerspruch setzte und hat nunmehr nicht sowohl ein Versehen bei der Verkündung, als vielmehr einen rechtlichen Irrtum bei der Entscheidung, den es nachträglich entdeckt hat, verbessern wollen. Das war nach § 319 unzulässig.

Der Aufhebung des Berichtigungsbeschlusses aus diesem Grunde steht nicht etwa die Tatsache entgegen, daß der Beschwerdeführer die Zulässigkeit des angefochtenen Beschlusses nicht besonders bemängelt hat. Denn da sich die Beschwerde gegen den Fortbestand des Beschlusses richtet, lag es dem Beschwerdegericht auf jeden Fall ob, gemäß § 319³ die Zulässigkeit des Beschlusses zu prüfen. [Vgl. unten S. 111.] Schl.

10

a) **Die Vorschriften über die Kostentragung (§§ 91 ff.) sind erschöpfend.**[1]

α) OLG. Hamburg, III. ZS. Beschluß v. 10. Oktober 1905.

Das Landgericht hat den Beklagten, der durch eine Fahrlässigkeit in seiner Amtsführung als Vormund des Klägers diesen zur Anstellung einer sachlich unbegründeten Klage veranlaßt habe, zu den Prozeßkosten verurteilt; denn dabei kämen neben den §§ 91 ff. auch die allgemeinen Grundsätze des bürgerlichen Rechts in Frage und hätten bei einem Widerstreit den Ausschlag zu geben. Allein die §§ 91 ff. behandeln nicht nur den „Regelfall“, sondern stellen erschöpfende und zwingende Grundsätze darüber auf, welche Partei die Prozeßkosten zu tragen hat. Das leitende Prinzip wird in § 91 hingestellt; Abweichungen davon sind nur insoweit zulässig, als dies die §§ 92 ff. ausdrücklich vorschreiben. Es ist aber nicht zulässig, die Ausnahmevorschrift des § 93, daß der obsiegende Kläger unter Umständen die Kosten zu tragen habe, weiter fortzuspinnen und nunmehr auch den obsiegenden Beklagten für kostenpflichtig zu erkennen, wenn er durch sein Verhalten zu einer unbegründeten Klage Veranlassung gegeben habe. Gerade der Umstand, daß die Ausnahme nur zugunsten des unterliegenden Beklagten erlassen ist, hätte darauf hinführen müssen, daß eine Ausnahme zugunsten des unterliegenden Klägers für den Fall vom Gesetze nicht gewollt war, daß Beklagter zur Klagerhebung Veranlassung gegeben hat.

Das Landgericht hat die hier allein maßgebenden zivilprozessualischen

[1] Schon vor der Entscheidung des Rechtsstreits besteht ein bedingter Anspruch auf Kostenerstattung und kann als solcher zum Konkurse des Gegners angemeldet werden (OLG. Hamburg, V. ZS. Beschluß v. 16. Mai 1906).

Bestimmungen über die Prozeßkosten von den Vorschriften des bürgerlichen Rechts über den Schadensersatz nicht auseinander gehalten. Hier kann es lediglich darauf ankommen, welche Partei nach der ZPO. die Kosten zu tragen hat, während dem Kläger vorbehalten bleibt, etwaige Schadensersatzansprüche nach den Grundsätzen des BGB. gesondert zur Geltung zu bringen. Es ist sogar nicht ausgeschlossen, daß Gegenstand dieser Schadensersatzklage gerade die Rückerstattung der Prozeßkosten bilden, zu denen der Ersatzberechtigte nach der ZPO. verurteilt werden mußte. Wenn es in Entsch. des RG. 22 S. 23 heißt, daß Prozeßkosten als solche nicht den Gegenstand eines anderen Rechtsstreits bilden könnten, wenn der anhängige Rechtsstreit im übrigen erledigt sei, so muß hier doch zwischen dem Prozeßkostenanspruch nach den Vorschriften der ZPO. und dem Schadensersatzanspruch nach dem bürgerlichen Rechte unterschieden werden, denn in dem dem Reichsgerichte vorgelegten Falle handelte es sich nur darum, daß, wenn über die Kostenersatzpflicht im Prozesse überhaupt nicht entschieden sei, nicht durch einen neuen Prozeß, sondern nur im Wege des § 292 (bzw. § 321) ZPO. Abhilfe zu schaffen sei. Der künftigen Schadensersatzklage wegen der Prozeßkosten würde die Einrede der abgeurteilten Sache nicht entgegenstehen, weil im neuen Prozesse die dann in Frage kommende Schadensersatzpflicht aber nicht auf die ZPO., sondern auf einen neuen selbständigen Grund gestützt werden müßte. Von einem Schaden, den eine Prozeßpartei der anderen zu ersetzen hätte, kann übrigens nicht früher die Rede sein, als bis durch die Verurteilung zu den Prozeßkosten ein Schade wirklich eingetreten ist (vgl. Entsch. des RG. 54 S. 39—41, 57 S. 381; Hahn, Mat. S. 197). Die Vorschriften der ZPO. über die Prozeßkosten sind so zwingender Natur, daß die Nachteile, die mit einer nochmaligen Prozeßführung verbunden sind, überhaupt nicht ins Feld geführt werden können. Der Umstand, daß in einzelnen seltenen Fällen die zu den Prozeßkosten verurteilte Partei zur Erlangung ihres Rechts auf den Weg einer gesonderten Schadensersatzklage gedrängt wird, schließt übrigens einen geringeren Nachteil in sich, als wenn in jedem Rechtsstreit geforscht werden müßte, wer die Klage veranlaßt habe. M. M.

β) OLG. Colmar, I. ZS. Beschluß v. 3. Juli 1906.

Der Grundsatz, daß bei der Entscheidung über den Arrestwiderspruch die Sachlage zur Zeit des Urteils zu berücksichtigen ist (Freudenthal Anm. 2 zu § 925 ZPO.), trifft jedenfalls bezüglich der Kosten nicht ausschließlich zu; betreffs ihrer ist auch zu prüfen, ob sie mit Recht verursacht worden sind, d. h. ob die Voraussetzungen des Arrestbefehls, die zur Zeit des Urteils über den Widerspruch etwa weggefallen sind, zur Zeit des Arrestgesuchs und des Arrestbefehls vorhanden waren; wenn nur infolge nachträglich veränderter Umstände eine andere Auffassung Platz greift, so ist zu prüfen, ob der Erlaß des Arrestbefehls nach der ursprünglichen Sachlage gerechtfertigt war, und es ist dies bei der Kostenentscheidung zu berücksichtigen. Nun war hier der Schuldner unter verdachterregenden Umständen abgereist, seine Frau hatte dem

H., wie aus dem Arrestgesuche hervorgeht, damals schon die Wurstmaschine an Zahlungsstatt übergeben, was nur durch das Dazwischentreten des Gläubigers verhindert wurde, und Sachen waren bereits verpackt worden. Da auch der Anspruch glaubhaft gemacht war, so war mit Recht der Arrestbefehl beantragt und erlassen worden und die Kosten treffen daher den Schuldner, welcher zum Arrestverfahren Anlaß gegeben hat, während der Gläubiger infolge der mittlerweile veränderten Sachlage sofort in der ersten Verhandlung erklärte, den Arrest aufzugeben, mithin den Anspruch des Schuldners auf Aufhebung anerkannt hat (analog § 93). Frdthl.

b) **Kein Anspruch der obsiegenden Partei auf Befreiung von Kostenschulden.**

OLG. Celle, II. ZS. Beschluß v. 29. September 1904.

Ein Recht des Beklagten, von dem zur Tragung der Prozeßkosten verurteilten Kläger Befreiung von den aus Anlaß des Prozesses eingegangenen, als Prozeßkosten sich darstellenden Verbindlichkeiten zu verlangen, besteht überhaupt nicht. Die Frage der Kostenerstattung ist erschöpfend in den §§ 91 ff. geregelt und entzieht sich dadurch als eine dem materiellen Prozeßrechte angehörige jedem Zurückgreifen auf das materielle Zivilrecht (Entsch. des RG. 22 S. 423). Damit erledigt sich auch alles das, was in der JW. 1903 S. 370 ausgeführt ist. Dort wird der § 257 BGB. ohne weiteres auch in der Frage der Kostenerstattung für anwendbar gehalten. Da dieser Satz unrichtig ist, so fallen damit auch die daraus gezogenen Folgerungen. Lediglich aus der ZPO. ist zu entscheiden, ob eine Partei, die gemäß §§ 91 ff. Erstattung der Prozeßkosten verlangen kann, damit einen Anspruch auf Befreiung von eingegangenen Verbindlichkeiten erlangt hat. Die ZPO. spricht von einer solchen Befugnis überhaupt nichts. Die früheren Prozeßordnungen, die die historische Grundlage derselben bildeten, kannten aber nur ein Recht auf Zahlung, auch soweit es sich um Prozeßkosten handelte, die die obsiegende Partei selbst noch nicht bezahlt hatte; der Gedanke eines Anspruchs auf Befreiung ist ihnen völlig fremd (Gruchot 39 S. 314). H.ch.

c) **Kosten vorprozessualer Gutachten.**

OLG. Colmar, I. ZS. Beschluß v. 18. Oktober 1905.

Der Kläger hat, um sich nicht mit einer bloß auf Feststellung der Schadensersatzpflicht gerichteten Klage der Abweisung wegen Mangels der Erfordernisse des § 256 auszusetzen, auf eine bestimmte Schadenssumme geklagt. Zur Bezifferung seines Anspruchs, den er auf die Notwendigkeit des Umbaues seines Hauses stützte, hat er der Mitwirkung eines Bauverständigen bedurft, da kein Anhaltspunkt dafür vorliegt, daß er als Bankier imstande war, selbst einen bezüglichen Kostenanschlag aufzustellen. Der Kostenanschlag ist in der mündlichen Verhandlung erörtert und in dem Gutachten des demnächstigen gerichtlichen Sachverständigen berücksichtigt worden. Der Anschlag hat mithin zur Vorbereitung der Verhandlung und der Beweisaufnahme und mithin zur zweckentsprechenden Verfolgung des Rechts gedient. Frdthl.

d) **Kosten eines früheren Rechtsstreits.**

OLG. Karlsruhe, I. ZS. Urteil v. 30. September 1905.

1904 hatte der Kläger, vertreten durch den RA. X., eine Klageschrift gegen A. bei dem Amtsgerichte eingereicht und damit ein Arrestgesuch verbunden, dem entsprochen wurde; die Klage ist, weil Beklagter starb, nicht zugestellt worden. Nunmehr macht der Kläger gegen die Erben des A. den früheren Anspruch geltend und verlangt gleichzeitig Ersatz der durch die frühere Klage und die Erwirkung des Arrestes entstandenen Kosten, darunter eine Prozeßgebühr mit 28 Mark. Mit dieser Gebühr wurde er jedoch abgewiesen. Gründe:

Ein Anspruch auf Erstattung der 1904 durch die Klageinreichung entstandenen Kosten besteht nicht, da es zu einer Zustellung der Klage und damit zum Beginn eines Prozesses nicht gekommen ist. Es steht aber nichts im Wege, daß der Kläger diese Kosten in einer besonderen Klage geltend macht, nur mußte er den Rechtsgrund dieses Anspruchs angeben. Da als solcher der § 91 nicht in Betracht kommen kann, müßte er als Schadensersatzklage (§§ 204, 288² BGB.) begründet werden. Diese wiederum würde voraussetzen, daß Verzug des Schuldners, ferner Bezahlung der Anwaltskosten behauptet werden könnte (vgl. Gaupp, Petersen, Reincke zu § 91; Gruchot 35 S. 616, 629, 36 S. 241). Es kann aber von diesen Bedenken abgesehen werden. Denn wenn auch der Prozeßbevollmächtigte des Klägers an sich für seine mit Einreichung der Klageschrift beendete Tätigkeit eine volle Prozeßgebühr anzusprechen hatte, so ist doch die Frage zu erheben, ob jene Tätigkeit damit wirklich beendigt war und die auf die demnächst erhobene landgerichtliche Klage verwendete Mühe einer neuen Sache galt, oder ob nicht vielmehr nur ein Auftrag und eine fortgesetzt derselben Sache gewidmete Tätigkeit des Rechtsanwalts vorliegt. Diese Frage ist im letzteren Sinne zu beantworten. In der Prozeßgebühr erhält der Anwalt die Vergütung für den gesamten, innerhalb der Instanz erforderlichen Geschäftsbetrieb, insbesondere für die Anfertigung aller vorkommenden Schriftsätze und Anträge im Rahmen der ZPO. Es kann deshalb nicht entscheidend sein, daß der Rechtsanwalt zwei Klageschriften angefertigt hat. Ebenso muß als belanglos erklärt werden, daß die erste Klageschrift beim Amtsgerichte, die spätere beim Landgerichte eingereicht wurde. Da die erstere nicht zugestellt wurde, hat sie auch keine besondere Instanz eröffnet. Von Erheblichkeit kann sonach nur sein, daß die zweite Klage gegen andere Beklagte gerichtet ist. Da diese neuen Beklagten aber nur die allgemeinen Rechtsnachfolger des früheren Beklagten sind, anderseits der eingeklagte Anspruch derselbe bleibt und eine neue Information des Anwalts nicht erforderlich war, so sprechen überwiegende Gründe dafür, daß der Rechtsanwalt nicht zwei getrennte Aufträge, sondern nur einen Auftrag erhalten hat und daß er demgemäß die Prozeßgebühr nur einmal zu fordern berechtigt ist. Den Ersatz derselben muß aber der Kläger in dem hierfür bestimmten Festsetzungsverfahren anstreben.

Für das Arrestgesuch, eine vom landger. Verfahren völlig getrennte Angelegenheit, steht dem Anwalte eine Gebühr von $^3/_{10}$ zu. Da der Kläger diese Gebühr nicht im landger. Festsetzungsverfahren geltend machen kann, ist er auf den Weg einer besonderen Schadensersatzklage angewiesen. Unter den eingeklagten Anwaltskosten ist aber eine Gebühr für das Arrestgesuch nicht erwähnt, und es ist einleuchtend, daß diese Gebühr sich zu der geforderten Prozeßgebühr nicht wie ein minus zum majus verhält, sondern daß sie ein aliud ist. Es wird damit ein neuer Anspruch eingeführt; dem steht das Verbot des § 529[2] entgegen. E. r.

e) **Kosten für die Zustellung des Urteils.**

OLG. Celle, I. ZS. Beschluß v. 6. Februar 1906.

Die Zustellung des Urteils war bereits früher auf Betreiben des Gegners erfolgt und damit die Rechtsmittelfrist für beide Parteien gleichmäßig in Lauf gesetzt; insoweit war also eine spätere nochmalige Zustellung wirkungs- und zwecklos. Wäre der Antragsteller in die Lage gekommen, seinerseits in einer ferneren Instanz die Zustellung des Urteils nachweisen zu müssen, so hätte es sich dabei doch immer nur um die allein maßgebliche frühere Zustellung handeln können, und für diesen Nachweis war das über die spätere Zustellung lautende Empfangsbekenntnis des gegnerischen Anwalts selbstverständlich ohne jeden Wert. Die frühere Zustellung war von Anwalt zu Anwalt erfolgt; der Antragsteller konnte sich also darüber die im § 198[2] vorgesehene (kostenlose) Bescheinigung erteilen lassen, die von der Novelle gerade zu dem Zwecke eingeführt worden ist, dem Zustellungsempfänger den Nachweis der Zustellung zu ermöglichen. Auch von einer Notwendigkeit oder Zweckmäßigkeit der Zustellung an den Gegner aus dem Gesichtspunkt des § 750 kann nicht die Rede sein; denn auch zur Zwangsvollstreckung bedarf es dann keiner vorgängigen oder gleichzeitigen Zustellung des Urteils an den Vollstreckungsschuldner, wenn dieser schon seinerseits es dem Gläubiger hat zustellen lassen. H.

f) **Beschaffung der Mittel zur Sicherheitsleistung.**

OLG. Rostock, I. ZS. Beschluß v. 1. Februar 1906.

Der obsiegende Kläger hatte 2 Mark Zinsen liquidiert, welche er angeblich seinem Rechtsanwalt dafür schuldete, daß dieser zwecks Vollstreckung des Urteils eine Sicherheit von 600 Mark bestellt hatte. Allein die Beschaffung der erforderlichen Mittel zur Bestellung einer Sicherheit, gegen deren Leistung einer Partei die Zwangsvollstreckung gestattet ist, erfolgt zwar in Veranlassung des voraufgegangenen Rechtsstreits, liegt aber außerhalb desselben, und die dadurch erwachsenen Kosten gehören nicht zu den nach § 91 von der unterliegenden Partei zu tragenden Prozeßkosten, können also auch nicht im Festsetzungsverfahren berücksichtigt werden. Chr.

Dazu: OLG. Dresden, III. ZS. Beschluß v. 26. Januar 1906.

Der Anwalt kann nach §§ 29, 25 GebO. für RA. für seine gesamte Tätigkeit im Prozesse nur die in § 13 daselbst genannte Gebühr und auch diese rücksichtlich eines jeden Teils des Streitgegenstandes nur einmal verlangen; andererseits besteht aber auch für den zum Prozeßbevollmächtigten bestellten Anwalt ein Anspruch auf die Gebühr aus § 87 daselbst für die von ihm im Laufe der Instanz bewirkte Erhebung und Ablieferung der Klagsumme. Hieraus folgt, daß diese Handlungen nicht zu den vom Anwalt auf Grund des gesetzlichen Inhalts der Prozeßvollmacht zu entfalten gewesenen prozessualen Tätigkeit gehören. Nur die durch den Prozeßbetrieb in diesem Sinne entstehenden Anwaltskosten können aber als Kosten des Rechtsstreites im Sinne von § 91 angesehen werden, nicht auch diejenigen, die lediglich ihren äußeren Entstehungsgrund in der Prozeßführung haben und zu denen auch die Inkassogebühr zu rechnen ist, da die Erfüllung der streitigen Verpflichtung eine außerhalb des Rechtsstreits liegende Handlung ist. Die Erstattung der Inkassogebühr kann daher der Kläger wider den Beklagten jedenfalls nicht im Wege der Kostenfestsetzung erlangen, denn es fehlt, da das den Beklagten zu den Prozeßkosten verurteilende vollstreckbare Urteil diese Gebühr eben nicht mit umfaßt, bezüglich dieser an einem vollstreckbaren Schuldtitel (§ 104[1]). J. M.

g) **Begriff der „Reise". ZPO. § 91 Satz 2.**[1]

α) OLG. Braunschweig, I. ZS. Beschluß v. 20. April 1906.

Die Beschwerde wendet sich gegen den Ansatz von 20 Mark, die der hier wohnhafte Kläger für Zeitversäumnis durch acht Wege zur Instruierung seines hiesigen Anwalts liquidiert. Nach § 91 Satz 2 umfaßt die Kostenerstattung die Entschädigung des Gegners für die durch notwendige Reisen oder durch die notwendige Wahrnehmung von Terminen entstandene Zeitversäumnis. Weder die eine noch die andere Voraussetzung trifft hier zu. Insbesondere verbietet der Sprachgebrauch, einen Weg innerhalb derselben Ortschaft als Reise zu bezeichnen. Daß die Fassung der Vorschrift sorgfältig erwogen ist und die Absicht der gesetzgebenden Faktoren dahin ging, eine Entschädigung für Zeitversäumnis in weiterem Umfange auszuschließen, hat der Senat am 30. März 1904 (im Recht 8 S. 254) dargelegt. Schon damals ist ausgesprochen, daß für Wege, die behufs Besprechung der Partei mit ihrem an demselben Orte wohnhaften Anwalt unternommmen sind, Entschädigung nicht beansprucht werden kann. An dieser Auffassung, die nach Sörgel 1905 S. 400f. vom OLG. Karlsruhe geteilt wird, muß festgehalten werden. Für die entgegengesetzte, von Skonietzki-Gelpcke Bem. 10 zu § 91 vertretene Ansicht gewährt der bloße Hinweis auf Seuffert 46 Nr. 133 keine Stütze. Nicht nur daß dieser Beschluß des OLG. Cassel vor der Novelle erging: über den entscheidenden Punkt, ob Anwalt und Partei an demselben Orte wohnten, läßt der Abdruck nichts erkennen. Auch konnte der Kläger, ein Bauunternehmer, Reiseversäumnis nur dann ersetzt verlangen,

[1] Zu den Kosten des Rechtsstreits gehören im Falle der Klagerücknahme (§ 271 Abs. 3) auch die Kosten des Nebenintervenienten (OLG. Hamburg, III. ZS. Beschluß v. 3. März 1906; vgl. JW. 1904 S. 492 Nr. 18).

wenn der Betrieb seines Geschäftes gestört, wenn Gewinn entgangen wäre, Vertreterkosten hätten aufgewendet werden müssen, oder wenn er sonst eine Einbuße am Erwerb erlitten hätte. Nichts dergleichen ist behauptet. Der durch § 91[1] für anwendbar erklärte § 2[3] GebO. für Zeugen 2c befreit von der Pflicht zur Substantiierung nur diejenigen Personen, welche durch gemeine Handarbeit 2c ihren Unterhalt suchen oder sich in gleichen Verhältnissen mit solchen Personen befinden. Nur sie erhalten Entschädigung ohne den Nachweis der Versäumnis eines Erwerbs, übrigens auch nur nach dem geringsten Satze. Zu diesen Personen ist der Kläger nicht zu rechnen. H.g.

β) OLG. Karlsruhe, II. ZS. Beschluß v. 7. März 1905.

Der Beklagte hat Ersatz für Zeitversäumnis dafür begehrt, daß er an drei Tagen dem vom Gerichte aufgestellten Sachverständigen dahier die erforderlichen Erläuterungen zu dem ihm übergebenen Material zu geben hatte und daß er deshalb an diesen Tagen seinem Berufe als Geschäftsreisender nicht habe nachkommen können. Allein nach § 91 Satz 2 steht der obsiegenden Partei eine Entschädigung für Zeitversäumnis insoweit zu, als diese durch notwendige Reisen oder durch notwendige Wahrnehmung von Terminen entstanden sind. Nur in diesem Umfange ist ein Anspruch auf Entschädigung für Zeitversäumnis zugelassen. Vorliegend kann jedoch diese Entschädigung nicht eintreten, weil es an deren Voraussetzungen gebricht. Der Beklagte, welcher in Karlsruhe wohnhaft ist, hat zu dem ebenda wohnhaften Sachverständigen keine „Reise" unternommen; und die Verhandlungen mit ihm können nicht als „Termine" angesehen werden. Überdies stellt sich die Anforderung des Beklagten nicht als Entschädigung für Zeitversäumnis dar; er verlangt den Ersatz ihm entgangener Reisespesen; diese bilden aber im wesentlichen einen Ersatz für Barauslagen und höchstens nebenbei und zum kleineren Teil einen Teil des Einkommens des Reisenden. Dr. E.r.

b) **Wahrnehmung auswärtiger Termine.**[1]

α) OLG. Hamburg, III. ZS. Beschluß v. 22. Juni 1905.

Die Reisekosten des von der Beklagten mit ihrer Vertretung im Beweistermine in Schandau beauftragten Dresdener Anwalts wären nicht entstanden, wenn die Beklagte einen in Schandau ansässigen Anwalt mit ihrer Vertretung beauftragt hätte. Dazu hatte sie aber zwecks Vermeidung unnötiger Kosten Veranlassung. Mit Unrecht macht sie geltend, sie habe, da in Schandau nur ein Anwalt ansässig sei, bei dem sie keine Erfahrung in nautischen Dingen habe voraussetzen können, ihren ständigen, auf diesem Gebiete erfahrenen Rechtsbeistand nach dem 40 km entfernten Terminsorte entsenden dürfen. Es mag dies der Beklagten zweckmäßig und sachdienlich

[1] Ist der Anwalt nur deshalb schon an dem dem Terminstage vorausgehenden Tage nach O. gefahren, weil er sich den mit dem Antritt der Reise am frühen Morgen verbundenen Unannehmlichkeiten nicht hat aussetzen wollen, so sind die dadurch erwachsenen Mehrkosten nicht zu erstatten, die durch einen Antrag auf Terminsverlegung zu vermeiden gewesen wären (OLG. Dresden, III. ZS. Beschluß v. 7. Juli 1903; Annalen 27 S. 77).

erschienen sein; daraus folgt aber nicht, daß sie die besonderen Kosten, die durch die Entsendung des Dresdener Anwalts entstanden sind, dem Gegner in Rechnung stellen darf.

Weitere 32 Mark Kosten sind dadurch veranlaßt worden, daß die Beklagte sich in den späteren Beweisterminen durch ihren nach Schandau entsandten Beamten X. hat vertreten lassen. Da der § 357 den Parteien auf die Anwesenheit in Beweisterminen ein Recht gibt, so sind die Kosten für ihr Erscheinen (einschließlich der Reisekosten) oder für ihre Vertretung regelmäßig erstattungsfähig (Gaupp-Stein 1 S. 271). Dagegen sind die Reisekosten der Partei selbst stets nur insoweit erstattungsfähig, als sie nicht die Kosten einer Vertretung durch einen Rechtsanwalt übersteigen (JW. 1897 S. 458). Nun hätte sich, wie im früheren Termin so auch in den späteren Terminen die Beklagte durch den in Schandau ansässigen Anwalt vertreten lassen können. Dieser würde sich nach richtiger Ansicht für die Wahrnehmung jener Termine zwar nicht von neuem eine Beweisgebühr, wohl aber eine einmalige neue Gebühr von $^3/_{10}$ der Prozeßgebühr, mithin 7 Mark habe berechnen dürfen (vgl. Beschluß dieses Senats vom 30. April 1904 Hans. GZ. 1905 Nr. 108; a. M. Entsch. des RG. 47 S. 412), woraus sich ergibt, daß die Beklagte die Kosten des X. zwar nicht in voller Höhe, wohl aber mit 7 Mark ansetzen darf.... M. M.

β) OLG. Karlsruhe, IV. ZS. Beschluß v. 10. November 1905.

Der Plenarbeschluß v. 21. Juni 1902 (Entsch. d. RG. 51 S. 11) spricht sich über die Frage nicht aus, ob in dem Falle, daß kein Anwalt substituiert wurde, die durch die Reise des Prozeßbevollmächtigten entstandenen Mehrkosten auch dann zu ersetzen sind, wenn in völlig ausreichender Weise die Partei beim auswärtigen Beweisaufnahmetermin durch einen substituierten Anwalt vertreten sein konnte und die dann entstehenden Kosten die Reisekosten des Prozeßbevollmächtigten nicht erreicht hätten. Die Partei durfte einen Anwalt zuziehen, daß sie auch immer den Prozeßanwalt mit Wahrnehmung des Beweisaufnahmetermins ersatzmäßig betrauen dürfe, sagt das Reichsgericht nicht. Es führt vielmehr auch aus, nicht für jede Prozeßhandlung, sie möge auch noch so überflüssig sein, seien nach § 91² die Gebühren zu ersetzen, Abs. 2 werde von dem Grundsatze des Abs. 1 insofern beherrscht, als die Notwendigkeit der einzelnen, vom Anwalt angesetzten Kosten immer der Prüfung des Gerichts unterliege. Die Zuziehung eines Anwalts ist der Prüfung entzogen. Wenn ein Substitut aufgestellt ist, dann müssen seine Gebühren bis zum Belaufe der Reisekosten des Prozeßbevollmächtigten als ersatzmäßig gelten. Wenn kein Substitut aufgestellt ist, so bleibt die Bahn zur Prüfung der Notwendigkeit der einzelnen Ansätze für den Fall frei, wenn die zweckentsprechende Rechtsverfolgung durch einen Substituten gerade so gut gewahrt werden konnte und dadurch Mehrkosten erspart worden wären. In einem solchen Falle waren Reisekosten und Tagegelder nicht notwendig. Dr. E.r.

γ) OLG. Hamburg, I. ZS. Beschluß v. 4. Oktober 1905.

Der Kläger war zur zweckentsprechenden Rechtsverfolgung wohl berechtigt, seinen Anwalt zur Sachverständigenbesichtigung des technischen Verfahrens zuzuziehen, damit der Anwalt den Sachverständigen auf Beachtung aller der Einzelheiten hinwiese, die im Sinn des gerichtlichen Beweisbeschlusses dienlich und erforderlich sein konnten. Auch war die gleichzeitige möglichst genaue technische Instruierung des Anwalts an Ort und Stelle erforderlich für die demnächstige gerichtliche mündliche Verhandlung, so daß die vom Landgericht gestrichenen Reisekosten des Anwalts wieder in die Kostenrechnung einzusetzen sind.... M. M

i) **Korrespondenzgebühr, wenn Beklagter vor ein auswärtiges Gericht geladen wird.**

OLG. Hamburg, IV. ZS. Beschluß v. 25. Juni 1906.

Wie erst vor kurzem gegen S. am 2. Februar 1906 im Anschluß an JW. 1895 S. 263[4] erkannt ist, darf eine Korrespondenzgebühr nicht angesetzt werden, wenn es sich um eine Unzuständigkeitseinrede handelt, deren tatsächliche Unterlagen so einfacher Natur sind, daß der auswärts (Halle) wohnende Beklagte imstande sein mußte, sie seinem hamburgischen Anwalt brieflich darzulegen. Demnach hatte der Beklagte nur ein Recht darauf, von einem Rechtsanwalte seines Wohnorts über die Zuständigkeit des fremden Gerichts sich beraten und gegebenenfalls zur Beanstandung der Zuständigkeit sich an einen Anwalt des fremden, hier hamburgischen, Gerichts verweisen zu lassen, um sich selbst mit diesem in Verbindung zu setzen.... M. M.

k) **Kostenverteilung, wenn ein zweiter unrichtiger Vertreter des beklagten Fiskus benannt ist.**

OLG. Hamburg, II. ZS. Beschluß v. 23. November 1905.

Die Klageschrift ist gerichtet gegen den preußischen Fiskus, vertreten durch den Rendanten der Gerichtskasse. Nachträglich erklärte die Klägerin, daß der Beklagte auch durch den Oberstaatsanwalt vertreten werde. Diese Ansicht war unrichtig, die Zustellung der Klageschrift an den Oberstaatsanwalt war eine überflüssige, aber für die Klägerin völlig unschädliche Maßregel. Allerdings hat der Beklagte die durch diese und die weiteren Zustellungen an den Oberstaatsanwalt verursachten Auslagen trotz seiner Verurteilung in die Kosten ebensowenig der Klägerin zu erstatten, wie etwa die Schreibgebühren des Klagenachtrages und etwaiger sonstiger zur zweckentsprechenden Rechtsverfolgung nicht notwendiger Schriftstücke. Würde die Klägerin diese Posten in ihre Rechnung einstellen, so wären sie ihr im Kostenfestsetzungsverfahren zu streichen. Nicht aber kann die allerdings überflüssige und unrichtige Maßregel der Klägerin zur Folge haben, daß ihr ein Teil der Prozeßkosten zur Last zu legen ist.

Insoweit es sich um ein erfolgloses Angriffsmittel der Klägerin handelt, ist die Sachlage auch nicht derartig, daß von der Befugnis des § 96 Gebrauch zu machen wäre. Die infolge des „Nachtrags" entstandenen Kosten besonders zu behandeln und auszuscheiden, erscheint um so weniger gerechtfertigt, als diese Maßnahme der Klägerin den Beklagten zu nur ganz geringen Aufwendungen veranlaßt hat. Es kann sich höchstens um ein Instruktionsschreiben des Oberstaatsanwalts an den Anwalt des Beklagten oder an den Rendanten handeln. Diese Kosten treffen mit Recht den Fiskus als die unterliegende Partei.... M. M.

l) Die Kosten der Hypothekenklage bei sofortigem Anerkenntnis des Eigentümers.[1] ZPO. § 93.

a) OLG. Cassel, II. ZS. Urteil v. 22. Januar 1906.

Es handelt sich um die Frage, ob im Fall des Konkurses des dinglich und persönlich für eine Sicherheitshypothek haftenden Gemeinschuldners die Konkursmasse die Kosten einer Klage des Hypothekengläubigers auf Duldung der Vollstreckung in das Pfandgrundstück wegen der Sicherheitshypothek tragen muß, obwohl die Beklagte den Klaganspruch sofort anerkannt hat. Eine Analogie hierzu bietet der Fall, wenn der persönlich nicht haftende Besitzer des Pfandgrundstücks belangt wird und den Anspruch sofort anerkennt. Was den letzteren Fall betrifft, so spricht sich bereits Eccius, Privatr. 3 S. 503 für die Kostenpflicht des Beklagten aus. Vom Standpunkt des neuen Rechts entscheiden in gleicher Weise OLG. Celle [Rsp. 3 S. 319]; Oberneck, Reichsgrundbuchrecht I S. 926, 949. Auch im erstangeführten Falle legen die Kosten der Konkursmasse auf: OLG. Dresden und Königsberg (Seuffert 59 Nr. 113, das. Nr. 113 II; Jäger, KO. Anm. 13 zu § 11). In beiden Fällen tritt bei Skonietzki-Gelpke, ZPO. zu § 93. Diese Urteile und Schriftsteller kommen dahin überein, daß es Sache des Beklagten (Pfandbesitzers oder Konkursverwalters) sei, durch Angebot eines Schuldtitels nach § 794 Nr. 5 der Klage vorzubeugen, und die Unterlassung eines solchen Angebots Veranlassung zur Klage gegeben habe. Vereinzelter Widerspruch ist zwar hiergegen erhoben, so von Nissen (JW. 1902 S. 439), doch kann dem gegenüber die andere Ansicht als die herrschende bezeichnet werden. Von dieser Ansicht abzuweichen, liegt keine Veranlassung vor. Der Hypothekar ist zwecks Beschaffung des erforderlichen Titels zur Vollstreckung in das Pfandgrundstück nicht gehalten, den Drittbesitzer oder Konkursverwalter zunächst zur Ausstellung eines solchen nach § 794[5] aufzufordern. Er handelt innerhalb seiner Rechte, wenn er nach Fälligkeit der gesicherten Forderung einen solchen Titel im Wege der Klage verfolgt. Daraus wird aber zu folgern sein, daß der letztere, um einer solchen Klage zu entgehen, einen solchen Titel anbieten oder wenigstens seine Bereitschaft zur Ausstellung eines solchen dem Gläubiger kundtun muß. Tut er das nicht, so hat er zur Klage Veranlassung gegeben. Auch aus § 11 KO. ist hiergegen nichts herzuleiten; denn er betrifft zur Zeit der Konkurseröffnung bereits gegen den Gemeinschuldner anhängige Rechtsstreitigkeiten, er stellt sich als eine streng auszulegende Sonder-

---

[1] Rsp. 1 S. 259, 3 S. 214 Nr. 1 u. S. 318, 6 S. 386, 9 S. 65, 10 S. 192.

bestimmung dar und gestattet keine Rückschlüsse auf den Fall einer erst gegen den Konkursverwalter zu erhebenden Klage.

Vorliegend liegen besondere Umstände nicht vor, welche eine abweichende Beurteilung rechtfertigten. Das vom Kläger bereits vor Konkurseröffnung erwirkte Urteil vom 10. Mai 1905 gegen den späteren Gemeinschuldner und einen anderen Wechselverpflichteten auf Zahlung eines Wechsels über 2000 Mark war nach Konkurseröffnung ein genügender Titel zur Vollstreckung in das Pfandgrundstück nicht mehr, da dieses ohne weiteres in die Konkursmasse gefallen war und von neuem zur Vollstreckung in dasselbe es eines Titels des Konkursverwalters bedurfte. Ob etwa ein solcher Titel durch die Anerkennung der Forderung des Klägers und die Eintragung in die Tabelle beschafft und hierdurch die Beschaffung eines sonstigen Titels erübrigt wurde, kann unerörtert bleiben. Denn festgestelltermaßen ist die teilweise Anerkennung der Forderung des Klägers erst im Prüfungstermin, den 10. Januar 1906 erfolgt und konnte bei der bereits im August 1905 erfolgten Klagerhebung noch nicht in Betracht gezogen werden. Fs.

β) OLG. Celle, II. ZS. Urteil v. 26. April 1906.

Der Beklagte, der die belasteten Grundstücke nach der Hypothekbestellung erworben hatte, hat zwar den Anspruch auf Duldung der Zwangsvollstreckung sofort anerkannt. Indessen hat er auch als dinglich Verpflichteter Veranlassung zur Klage gegeben (Rsp. 3 S. 318). Nach § 1147 BGB. geht der Anspruch des Hypothekars gegen den Eigentümer, der nicht zugleich persönlicher Schuldner ist, allerdings nur dahin, daß ihm aus dem Grundstücke Befriedigung gewährt wird. Zur Bezahlung der persönlichen Forderung ist der Eigentümer dem Gläubiger schuldrechtlich nicht verpflichtet. Daraus folgt aber nicht, daß der Eigentümer dem Gläubiger keine Veranlassung zur Erhebung der dinglichen Klage gebe, wenn er sich — ohne den Anspruch zu bestreiten — lediglich passiv verhält. Der Eigentümer ist zu einem solchen passiven Verhalten nicht genötigt. Es steht ihm vielmehr nach § 1142 BGB. das Recht zu, den Gläubiger zu befriedigen. Durch eine solche Befriedigung ist ihm die Möglichkeit gegeben, die Vollstreckung in sein Grundstück abzuwenden. Macht er von diesem Rechte keinen Gebrauch, so zwingt er den Gläubiger, die Klage aus § 1147 zu erheben. Denn ohne vollstreckbaren Titel kann der Gläubiger zur Befriedigung aus dem Grundstück nicht gelangen. . . . H.ch.

m) **Wann hat der Beklagte die Klage veranlaßt?**

α) OLG. Hamburg, III. ZS. Urteil v. 13. Juli 1905.

Die Beklagte hat nach Entstehung der das Gesamtgut treffenden Verbindlichkeit mit ihrem Manne Gütertrennung vereinbart und vollzogen, ohne zuvor die klägerische Forderung zu berichtigen. Wäre dadurch eine Rechtslage geschaffen, in welcher der Kläger nach vernünftigem Ermessen annehmen konnte, daß er des Zwangsmittels der vorliegenden Klage [auf Duldung der Vollstreckung] zur Durchführung eines Anspruchs bedürfe, so würde, da die Kostenlast grundsätzlich von der Frage des Verzuges, überhaupt eines Verschuldens unabhängig ist (vgl. Hans. GZ. 1905 Nr. 92), die Beklagte auch mit dem Einwande nicht zu hören sein, daß sie sich niemals geweigert habe, dem Kläger die Pfändung in die ihr zugeteilten Samtgutssachen zu gestatten. Allein vorliegend war die Erhebung einer Klage wie der vorliegenden, wenn sie auch nach § 1480 BGB. begründet war, doch keineswegs erforderlich. Der Fall liegt anders wie nach § 739 ZPO., wo es sich bei dem Güterstande der Verwaltung, der Errungenschafts- oder Fahrnisgemeinschaft um eine Vollstreckung in das eingebrachte Gut handelt; da bedarf der Gläubiger zur Durchführung der Pfändung zweier vollstreckbarer Titel, nämlich eines auf Leistung lautenden gegen die Frau und eines auf Duldung der Vollstreckung lautenden gegen den Mann. Für diesen Fall haben die Gerichte entschieden, daß der Mann, selbst wenn er immer bereit gewesen sei, sich die Pfändung in das eingebrachte Gut gefallen zu lassen, doch zur Erhebung einer gegen ihn gerichteten Duldungsklage schon dann Veranlassung gegeben habe, wenn er unterlassen habe, dem Gläubiger, auch ohne ausdrückliche Anregung, eine dem § 794 Nr. 5 entsprechende Urkunde auszustellen (Rsp. 2 S. 295, KGBl. 1902 S. 105), welche Ansicht freilich von Gaupp-Stein 2 S. 417 Note 18 bekämpft wird. Vorliegend war aber die bis dahin zwischen den Eheleuten D. bestehende Gütergemeinschaft beendigt worden, nachdem der Kläger gegen den Mann einen vollstreckbaren Titel erwirkt hatte. Auf Grund dieses Titels konnte er zwar nicht ohne weiteres die der Beklagten zugeteilten Gegenstände pfänden (§ 750[1]; Hellwig, Anspruch und Klagrecht S. 343). Wohl aber hatte er das Recht, gemäß § 744 gegen die Beklagte eine vollstreckbare Ausfertigung des gegen ihren Mann ergangenen Urteils zu erwirken, welche ihm gemäß § 727 bei Vorlage eines Auszuges aus dem Güterrechtsregister nicht hätte versagt werden können.... M. M.

β) OLG. Naumburg, II. ZS. Urteil v. 21. November 1905.

Die Kosten der ersten Instanz hat der Kläger gemäß § 93 zu tragen. Das schriftsätzliche Bestreiten der Beklagten, das in der Verhandlung nicht wiederholt ist, kann hierfür nicht in Betracht kommen; maßgebend ist dabei vielmehr nur ihr Verhalten vor Anstellung der Klage; daß sie aber vorher den Klaganspruch bestritten hätten, ist nicht behauptet. Allerdings haben sie es bei dem Anerkenntnis bewenden lassen und eine Befriedigung des Klägers auch hinterher nicht bewirkt. Daraus kann aber nicht, wie im Fall der JW. 1900 S. 714[3] geschlossen werden, daß der Kläger ohne die Klage nicht weiter gekommen wäre. Denn vorliegend waren Beklagte gar nicht zu einer Leistung, sondern nur zur Duldung der Vollstreckung in ihr Grundstück verpflichtet, so daß ihr passives Verhalten ihrer Verpflichtung durchaus entspricht. S.

γ) Kammergericht, XIV. ZS. Beschluß v. 18. September 1905.

Der Beklagte als Mieter von Fabrikräumen weigerte sich, die Einziehung von Bolzen durch den Fußboden des Mietraums, an denen der Kläger eine

Transmission im darunter liegenden Raume befestigen wollte, zu dulden. Zwischen Einreichung und Zustellung der Klage erlangte der Kläger eine ihn dazu ermächtigende einstweilige Verfügung; bei Zustellung der Klage war die Arbeit bereits beendigt. Die Kosten des Hauptprozesses sind dem Beklagten auferlegt worden. Gründe:

Die einstweilige Verfügung enthält nur eine vorläufige Anordnung. Auch wenn sie den in der Hauptsache verfolgten Zustand bereits herstellt, was nur ausnahmsweise zulässig ist (Gruchot 44 S. 745), gewährt sie dem Gläubiger keine Befriedigung, weil sie in der Schwebe läßt, ob das Recht dem Gläubiger auch wirklich zusteht und nicht bloß nach den beigebrachten Bescheinigungen glaubhaft ist. Die augenblickliche Herstellung des begehrten Zustandes schließt das Klagrecht nicht aus, das auf die endgültige Feststellung des Rechts geht, während die einstweilige Verfügung nur den tatsächlichen Zustand bis zu dieser endgültigen Feststellung regelt und regeln kann (§ 926). Überflüssig wäre die Klage durch Befriedigung des Klägers geworden, also dann, wenn der Beklagte vor der Klagerhebung die Vornahme der Arbeiten in Anerkennung des klägerischen Rechts geduldet hätte. Daß dies geschehen, erhellt aus seinem Verhalten nicht. Es liegt nichts anderes vor, als daß er sich der einstweiligen Verfügung beugte. Der Widerspruch gegen diese war zulässig, auch wenn sie bereits durchgeführt worden war (§ 924) und der Kläger war, selbst wenn Widerspruch nicht erhoben wurde, nicht davor sicher, daß der Beklagte Schadensersatzansprüche aus § 945 erheben würde. Durch die einstweilige Verfügung und ihre Durchführung war also sein Klagerecht nicht erloschen. Dr. S.

δ) OLG. Braunschweig, I. ZS. Urteil v. 13. Oktober 1905.

Der jetzige Beklagte ist, nachdem das Konkursverfahren infolge rechtskräftig bestätigten Zwangsvergleichs aufgehoben worden, an Stelle des Verwalters den Prozeß fortzuführen befugt. Denn sobald jene Aufhebung ausgesprochen und nach gehöriger Bekanntmachung in Wirksamkeit getreten war (KO. §§ 190, 76), endete das Amt des Verwalters; insbesondere war er zur Fortführung schwebender Prozesse nicht mehr befugt. Der frühere Gemeinschuldner, der das Recht zurückerlangte, über die Konkursmasse frei zu verfügen (KO. § 192), trat kraft Gesetzes in den anhängigen Prozeß ein, ohne daß es dazu einer Anzeige oder Aufnahme bedurfte (ZPO. §§ 240, 241). Hieran ändert auch der Umstand nichts, daß es sich bei dem nach Erledigung der Hauptsache auf den Kostenpunkt beschränkten Klagbegehren um einen Masseanspruch handelt (KO. § 59 Nr. 1). Hat der Gemeinschuldner die volle Verfügungsbefugnis wiedererlangt, so ist damit eine fortdauernde Berechtigung des Verwalters zur Prozeßführung unvereinbar; und da die vom letzteren kraft seines Amts vorgenommenen Rechtshandlungen für und gegen den Gemeinschuldner wirksam sind, so geht auch der Prozeß über einen Masseanspruch in der Lage auf ihn über, in der er sich bei der Aufhebung des Konkurses befindet. Wenn der Vorderrichter für den Fall, daß die bestrittenen Masseansprüche nach § 191 KO. sichergestellt sind, eine Ausnahme machen will, so fehlt es hierfür an einem durchschlagenden Grunde. Der Fall liegt wesentlich anders als die in § 166 KO. geregelten Fälle; eine analoge Anwendung dieses Paragraphen erscheint nicht statthaft (Entsch. des RG. 27 S. 113, 31 S. 42, 47 S. 372, 56 S. 72).

Die ZPO. hat in § 91 an die Spitze des von den Prozeßkosten handelnden Titels den Satz gestellt, daß die unterliegende Partei die Kosten des Rechtsstreits zu tragen hat. Damit ist die Haftung für die Kosten grundsätzlich an die bloße Tatsache des Unterliegens im Prozesse geknüpft. Wenn § 91 weiter vorschreibt, daß die Kosten soweit zu tragen seien, als sie zur zweckentsprechenden Rechtsverfolgung notwendig waren, so ist damit keine weitere Voraussetzung der Kostenpflicht aufgestellt, sondern nur ihr Maß oder Umfang normiert, nur eine allgemeine Vorschrift darüber gegeben, inwieweit die entstandenen Kosten vom Pflichtigen zu tragen und zu erstatten sind. Dem § 91 ist nicht zu entnehmen, daß die unterliegende Partei keine Kosten zu tragen habe, wenn die Klagerhebung überhaupt zur zweckentsprechenden Rechtsverfolgung nicht notwendig war. Vielmehr ist es eine positive Ausnahme von der in § 91 aufgestellten Regel, daß nach § 93 der Beklagte, der nicht durch sein Verhalten zur Erhebung der Klage Veranlassung gegeben hat, nicht kostenpflichtig ist, wenn er den Anspruch *sofort* anerkennt. Als *sofort* erklärt kann das Anerkenntnis nur gelten, wenn es in der ersten mündlichen Verhandlung oder, falls der Anspruch erst später entsteht oder fällig wird, in der danach zunächst stattfindenden mündlichen Verhandlung erklärt wird.

Vorliegend beanspruchte die Klägerin kraft einer ihr an dem Grundstücke des Gemeinschuldners bestellten Sicherungshypothek von 17500 Mark, daß der verklagte Konkursverwalter wegen eines durch diese Hypothek gesicherten, dem Gemeinschuldner von ihr gegen Wechselakzept gegebenen und fälligen Darlehns von 16800 Mark nebst Zinsen die Zwangsversteigerung dulde. Der Verwalter beantragte im ersten Verhandlungstermine Abweisung der Klage, indem er gegen deren Schlüssigkeit vorbrachte, es fehle die Behauptung, daß die Klägerin den Wechsel besitze. Als sie hierauf den Wechsel vorlegte, bat der gegnerische Anwalt um Anberaumung eines neuen Termins. Erst in diesem Termine erkannte der Verwalter den Klaganspruch an. Aus der Vorlegung des Wechsels ergab sich, daß die Klägerin ihn besaß. Der Anspruch war auch fällig; dazu war nicht erforderlich, daß der Wechsel dem Akzeptanten zur Zahlung vorgelegt war; die Vorlegung hatte nur Bedeutung für den Eintritt des Verzuges. War also der Klaganspruch, objektiv betrachtet, zur Zeit der ersten Verhandlung begründet, so kann das erst im zweiten Verhandlungstermine erklärte Anerkenntnis als ein *sofortiges* nicht gelten. Es verschlägt auch nicht, wenn der Konkursverwalter bei der Prozeßführung mit aller Sorgfalt verfahren und doch nicht in der Lage gewesen sein sollte, sich und seinen Anwalt über den Wechsel so zeitig zu unterrichten, daß das Anerkenntnis im ersten Termine erfolgen konnte. Derartige subjektive Momente müssen außer Betracht bleiben; maßgebend ist allein die objektive Sachlage. Weil es an einem *sofortigen* Anerkenntnis fehlt, so kommt nicht in Frage, ob die andere Voraussetzung für die Anwendung des § 93 vorliegt, ob der ursprünglich verklagte Konkursverwalter nicht durch sein Verhalten zur Erhebung der Klage Veranlassung gegeben hat. Vielmehr greift die Regel des § 91 Platz: Beklagter hat als unterliegende Partei die Kosten des Rechtsstreits zu tragen (Entsch. des RG. 54, 37; Rsp. 5 S. 468; *Seuffert* 56 S. 156; *Gaupp*, ZPO. § 93 II 1). Dr. H. g.

n) **Kostenentscheidung bei Obsiegen nur eines der Beklagten.**[1]

OLG. Colmar, I. ZS. Beschluß v. 15. November 1905.

Das Festsetzungsgesuch der Beklagten K., dem der angefochtene Beschluß stattgab, ist verfrüht, weil diese Beklagte noch keinen zur Vollstreckung geeigneten Titel gegen die Kläger besitzt. Durch das landgerichtliche Urteil ist nämlich zwar die Klage, insoweit sie gegen die K. gerichtet war, abgewiesen und diese Abweisung hat die Rechtskraft beschritten. Aber mit Berufung angefochten zur Hauptsache und zum Kostenpunkt ist die von den Klägern gegen die beiden andern Beklagten erwirkte, zum Teil dem Klagantrage entsprechende Verurteilung; mit Anschlußberufung von den Klägern angefochten ist deren Belastung mit einem Teile der Kosten; die Kosten des Rechtsstreits waren nämlich zu $1/3$ den Klägern, zu $2/3$ jenen beiden Beklagten auferlegt worden. Es hätte aber im Urteil ausgesprochen werden müssen, daß oder zu welchem Teile den Klägern die Erstattung der der K. erwachsenen Kosten auferlegt wird. Über die Verpflichtung der Kläger zum Ersatz aller Kosten der K. ist nun weder aus der Formel noch aus den Gründen des Urteils etwas ersichtlich. Eine Ergänzung desselben wegen teilweiser Übergehung des Kostenpunkts hat die Beklagte nicht herbeigeführt und die Frist hierfür ist jetzt längst verstrichen. Nach der jetzigen Fassung der Urteilsformel, nach welcher unter den zwischen den Klägern und den beiden anderen Beklagten verteilten Kosten des Rechtsstreits auch die der Beklagten entstandenen verstanden zu sein scheinen, könnte die Beklagte nur $1/3$ ihrer Kosten von den Klägern ersetzt verlangen, und auch dies ist abhängig davon, daß das Urteil nicht aufgehoben wird. Die Beklagte K. muß daher dessen Rechtskraft abwarten, ehe sie die Festsetzung ihrer Kosten verlangen kann. Frdthl.

o) **Bedeutung des § 98 Abs. 2 ZPO.**

OLG. Naumburg, II. ZS. Urteil v. 16. Mai 1905.

Da durch den im Interventionsprozesse der Frau des Beklagten gegen den Kläger am 7. März 1905 zwischen den Parteien abgeschlossenen Vergleich der hier anhängige Rechtsstreit materiell vollständig erledigt ist, handelt es sich jetzt nur noch um die Kosten des Rechtsstreits. Da hier der § 98 nicht

[1] Sind die Streitgenossen durch denselben Anwalt vertreten, so kann der Obsiegende vom Gegner regelmäßig nicht den ganzen Betrag der Kosten, sondern nur einen Kopfteil erstattet verlangen (OLG. Hamburg, III. ZS. Beschluß v. 24. April 1906).

deshalb ausgeschlossen ist, weil der Vergleich nicht in diesem, sondern in einem anderen Prozesse abgeschlossen ist, der § 98 vielmehr nur voraussetzt, daß der Rechtsstreit überhaupt durch einen Vergleich erledigt ist (Gaupp-Stein I zu § 98 und 1b zu § 794), so waren die Kosten, soweit sie bis zum Vergleichsschlusse entstanden sind, gegeneinander aufzuheben. S.

p) **Anfechtung der Kostenentscheidung.**

α) OLG. Braunschweig, I. ZS. Urteil v. 13. Juli 1906.

Der Beklagte wurde auf die Klage des Mitklägers A. verurteilt, an diesen 800 Mark zu zahlen und die dadurch entstandenen Kosten zu tragen. Dagegen wurde die Mitklägerin B. schon jetzt mit 300 Mark abgewiesen und verurteilt, von den durch ihre Klage verursachten Kosten $^{13}/_{24}$ zu tragen, während dem Beklagten davon $^{6}/_{24}$ auferlegt sind; wenn endlich der Beklagte einen ihm auferlegten Eid leistet oder nicht leistet, soll auch die weitere Klage der B. abgewiesen oder der Beklagte zur Zahlung von 300 Mark nebst $^{5}/_{24}$ der Kosten verurteilt werden. Hiergegen hat der Beklagte Berufung eingelegt und beantragt, den A. abzuweisen und beiden Klägern sämtliche Kosten aufzuerlegen. Soweit sich also die Berufung gegen die B. wendet, begehrt der Beklagte nicht etwa Abweisung der Klage auch ohne Eid, vielmehr ist er zur Leistung des Eides erbötig und beantragt nur, die ihm auferlegten $^{6}/_{24}$ der durch die Klage der B. erwachsenen Kosten gleichfalls ihr selbst zur Last zu legen. Damit verstößt er gegen § 99[1]. Es wäre unrichtig, wollte man einen Angriff auf die Hauptsachentscheidung um deswillen annehmen, weil die Berufung zugleich die Abweisung der von A. erhobenen Klage bezweckt. A. und B. sind gewöhnliche Streitgenossen. Als solche sind sie nach dem im § 61 zum Ausdruck gelangten Grundsatz, auch wenn die Kostenentscheidung angefochten wird, jeder für sich und ohne Rücksicht auf den andern zu beurteilen. Anerkannt ist, daß von zwei Streitgenossen nur derjenige, gegen den sachlich entschieden ist, Berufung einlegen kann (JW. 1894 S. 359[4]). Hat sich bei einem von ihnen die Hauptsache ohne Entscheidung erledigt, bei dem andern nicht, so steht nur dem ersteren die sofortige Beschwerde nach § 99[3] zu (Gaupp-Stein 9. Aufl. zu § 100 Note 6). Die Konsequenz gebietet gleichmäßige Behandlung des Falls, wenn der Gegner der Streitgenossen der Rechtsmittelkläger ist. Danach muß für die Zulässigkeit der Berufung gegenüber allen Streitgenossen gefordert werden, daß bei allen die Entscheidung zur Hauptsache angegriffen wird. Richtet sich, wie hier, bei einem der Streitgenossen der Angriff nur auf den Kostenpunkt, so ist insoweit die Berufung unzulässig und somit auch die Anschlußberufung der B. (§ 522[1]). H.g.

β) OLG. Colmar, I. ZS. Urteil v. 21. April 1906.

Die Beklagte, die sich unter Verzicht auf die Vorausklage für eine nach sechsmonatiger Kündigung rückzahlbare Schuld des X. verbürgt hatte, ist auf ihr Anerkenntnis verurteilt worden, die Schuld sechs Monate nach der Klagezustellung zu bezahlen, der weitere Antrag auf eine Sicherungshypothek wurde abgewiesen und der Kläger in sämtliche Kosten verurteilt. Seine Berufung hiergegen ist zulässig. Denn die Beklagte ist gemäß ihrem Anerkenntnisse auf Antrag des Klägers verurteilt worden. Daß gleichzeitig die Klage, insoweit sie auf sofortige Zahlung und auf Einräumung einer Sicherheit ging, abgewiesen und mit Rücksicht hierauf dem Kläger ein Teil der Kosten zur Last gelegt wurde, ändert an dem Umstande nichts, daß die Entscheidung, insoweit sie auf Anerkenntnis erfolgte, ein Anerkenntnisurteil darstellt und nach § 99² wegen der Kostenentscheidung selbständig angefochten werden kann. Die Berufung ist jedoch unbegründet. Mangels anderer Abmachung wird der in einem Gesamtschuldverhältnis stehende Bürge durch eine dem Hauptschuldner gegenüber erfolgte Kündigung nicht berührt, vielmehr ist besondere Kündigung gegenüber dem Bürgen nach Maßgabe der für die Hauptschuld bestehenden Kündigungsbedingungen erforderlich. Der Verzicht auf die Vorausklage bedeutet kein Aufgeben dieses Rechts, wird doch damit bloß das Recht aufgegeben, zu verlangen, daß der Gläubiger zunächst gegen den Schuldner vollstrecke, ein Recht, das der Schuldner erst geltend zu machen braucht, wenn die Bürgschaftsschuld fällig geworden ist, da er andernfalls überhaupt noch nicht zu zahlen braucht. Frdthl.

γ) Kammergericht, XVI. ZS. Beschluß v. 5. März 1906.

Gegen ein Versäumnisurteil, das den Beklagten (nach erledigter Hauptsache) lediglich in die Kosten verurteilte, ist nur der Einspruch, nicht auch nach § 99² die sofortige Beschwerde zulässig. Denn durch die Novelle sollte in den Abs. 2 u. 3 des § 99 nur für solche Fälle, in denen dies bisher nicht zulässig war, die selbständige Anfechtung einer Kostenentscheidung ermöglicht werden; gegen ein Versäumnisurteil über die Kosten war aber schon nach bisherigem Rechte der Einspruch gemäß § 338 (303) gegeben (Entsch. des RG. 13 S. 329), und dies gilt auch für das jetzige Prozeßrecht (Struckmann-Koch, Reincke, Petersen-Anger, Seuffert zu § 99). Es liegt daher kein Grund vor, jetzt statt des Einspruchs die sofortige Beschwerde zuzulassen. Diese aber neben dem Einspruch gegen solche Kosten-Versäumnisurteile zuzulassen, kann, obwohl der Wortlaut des § 99³ nicht entgegensteht, wegen der wesentlichen Verschiedenheit der beiden Rechtsbehelfe entgegen der Ansicht von Gaupp-Stein (zu § 99 III u. V) nicht gebilligt werden. Dr. R.

δ) OLG. Cassel, II. ZS. Urteil v. 20. November 1905.

Die Beklagte, nach dem Klagantrage durch Versäumnisurteil verurteilt, legte Einspruch ein, worauf nach streitiger Verhandlung erkannt wurde: „Das Versäumnisurteil wird insoweit aufgehoben, als die Kosten zu $^{2}/_{10}$ dem Kläger, zu $^{8}/_{10}$ der Beklagten auferlegt werden." Damit soll gesagt sein, daß Klägerin $^{2}/_{10}$, Beklagte $^{8}/_{10}$ der Kosten zu tragen hat. Die Beschwerde des Klägers darüber, daß ihm Kosten auferlegt worden, wurde als nach § 99³ unzulässig verworfen, da, wie sich aus den Gründen des angefochtenen Urteils ergebe, das Versäumnisurteil in der Hauptsache aufrechterhalten worden sei, also eine Entscheidung in der Hauptsache vorliege. Der Kläger legte nunmehr Berufung ein mit dem Antrag, der Beklagten sämtliche Kosten aufzuerlegen. Allein nach § 99¹ ist die Anfechtung der Entscheidung über den Kostenpunkt unzulässig, wenn nicht gegen die Hauptsache ein Rechtsmittel eingelegt wird. Diese Entscheidung steht mit dem Beschlusse, durch den die sofortige Beschwerde als unzulässig verworfen ist, nicht im Widerspruch. Die sofortige Beschwerde war nach § 99³ unzulässig, da eine Entscheidung in der Hauptsache vorliegt.... Wenn auch § 99 die Möglichkeit, ergangene Entscheidungen nur wegen der Kosten anzufechten, erweitert hat, so sind doch Fälle bestehen geblieben, in denen dies ausgeschlossen ist. Dies gilt für den vorliegenden Fall. Fs.

ε) OLG. Karlsruhe, I. ZS. Urteil v. 8. November 1905.

Das zulässige Rechtsmittel ist die Berufung und nicht die außerdem eingelegte sofortige Beschwerde des § 99³. Neben der Verurteilung des Klägers in die Prozeßkosten enthält das angefochtene Urteil auch die auf §§ 600², 302⁴ Satz 2—4 gestützte Bestimmung, daß der Kläger dem Beklagten 77 Mark nebst Zinsen zu bezahlen habe. Diesen Betrag hatte der Beklagte dem Kläger entrichtet, um die Vollstreckung abzuwenden aus dem Festsetzungsbeschlusse, den der Kläger auf Grund des Vorbehaltsurteils vom 20. März 1905 erwirkt hatte. Danach enthält aber das Urteil des Landgerichts auch eine die Hauptsache betreffende Entscheidung. Die Forderung des Beklagten ist zwar verursacht durch eine frühere Kostenentscheidung, hat aber im angefochtenen Urteile mit dem Kostenpunkte nichts mehr gemein. Denn das Gesetz hat den in § 302⁴ eingeräumten Ersatzanspruch, unabhängig von seinem Ursprunge, als materielle Schadensersatzforderung konstruiert, die den Regeln einer solchen folgt und rechtshängig wird wie ein sonstiger von den Parteien im Prozesse geltend gemachter materieller Anspruch, somit sachlich einer Widerklage gleichkommt. Dr. E.r.

q) **Anwendbarkeit des § 91 GKG. auch bei Verbindung mehrerer Prozesse durch das Gericht. § 100 ZPO.**

OLG. Celle, II. ZS. Beschluß v. 13. Juli 1905.

Das Landgericht hatte, nachdem es mehrere bei ihm von verschiedenen Klägern gegen denselben Beklagten anhängig gemachte Prozesse verbunden hatte, die Kläger abgewiesen und in die Kosten verurteilt. Da es nicht — wie allerdings angezeigt gewesen wäre — von der Befugnis des § 100² Gebrauch gemacht, sondern die Kosten ohne Unterscheidung „den Klägern" auferlegt hat, so sind die Kosten mit Recht nach § 91 GKG. von den Klägern nach Kopfteilen eingefordert worden. Daß die Verbindung der Klagen nicht von den Klägern selbst ausgegangen, macht keinen Unterschied. Denn von der Verbindung an wirkt die vom Gericht angeordnete Verbindung gerade so wie eine schon durch die Klage vorgenommene (Gruchot 41 S. 1158). Daß das Ergebnis für diejenigen Kläger, die nur mit geringen Klagsummen beteiligt sind, ein hartes ist, kann nicht verkannt werden; der Grund hiefür liegt aber nur in dem Urteil des Landgerichts; so lange dies Urteil besteht, ist die vorgenommene Kostenverteilung zutreffend. H.ch.

r) **Beschwerde des in die Kosten verurteilten Dritten, bes. des Vertreters** (oben S. 91). **Firma als Partei.**

Kammergericht, XVI. ZS. Beschluß v. 26. März 1906.

Der Beschwerdeführer, Rechtsanwalt X., hatte als Prozeßbevollmächtigter des (wie es in der Klageschrift heißt) Kaufmanns Paul A. aus einer Schuldurkunde, durch die die Beklagten sich zur Schuldtilgung dem „Herrn Paul A." verpflichtet hatten, auf Zahlung geklagt. Die Beklagten erwiderten, Paul A. sei bereits tot, der Kläger sei ein Sohn des Paul A., ihm stehe aber der Anspruch nicht zu, sie beantragten Abweisung der Klage und widerklagend die Feststellung, daß dem Kläger ein Anspruch aus jener Urkunde nicht zustehe. Darauf entgegnete der X., daß mit „Kaufmann Paul A." in der Klageschrift die Firma Paul A., die der verstorbene Paul A. führte, gemeint sei und daß der Kläger, dessen Persönlichkeit er sonst nicht näher bezeichnete, der alleinige Inhaber dieser Firma sei; später gab er an, daß der bürgerliche Name des Firmeninhabers jetzt (z. Z. der Klagerhebung) Witwe S. A. und diese also der Kläger sei. Nachdem die Beklagten der Zulassung dieses Klägers widersprochen hatten, wies das Landgericht die Klage ab und verurteilte den Kläger nach dem Widerklagantrage, indem es ausführte, daß die Klage für eine nicht existierende physische Person, den verstorbenen Paul A. erhoben, die Einführung der Firma an dessen Stelle im Rahmen des Prozesses unzulässig, die Widerklage zwar gegenstandslos, die damit begehrte Feststellung jedoch aus formellen Gründen zu treffen sei. Die Kosten des Rechtsstreits wurden dem RA. X. auferlegt, da dieser den Prozeß durch die Erhebung der Klage für eine nicht existierende Person veranlaßt habe. Dieses Urteil ist dem X. von Amts wegen zugestellt. Die von ihm gegen die Kostenentscheidung innerhalb zwei Wochen erhobene sofortige Beschwerde ist zulässig. Freilich kann hier der § 99³ keine unmittelbare Anwendung finden; denn wenn auch gegen den Beschwerdeführer keine besondere Entscheidung in der Hauptsache ergangen ist, so setzt doch § 99 voraus, daß eine von der Kostenentscheidung gesonderte Entscheidung in der Hauptsache möglich war. Dies ergibt der Zusammenhang zwischen § 99 Abs. 1 und 2 mit Abs. 3. Würde die Novelle unabhängig von den beiden ersten Absätzen eine Anwendbarkeit auch dann erfahren, wenn eine besondere Entscheidung in der Hauptsache nicht möglich war, so würde man zu dem „höchst bedenklichen Ergebnis gelangen müssen, daß vor der Novelle gegen Kostenentscheidungen der vorliegenden Art eine Abhilfe überhaupt nicht bestanden habe" (vgl. Entsch. des RG. 53 S. 69, 46 S. 349 und 57 S. 311). Es liegt aber in der Natur der Sache, wie das RG. (Entsch. 53 S. 70) betont, daß Dritten, die durch Entscheidungen des Gerichts derartig in ihrem Vermögen betroffen werden, ein Rechtsmittel zu Gebote stehen muß. Die in den §§ 71, 135, 387 sich kundgebende Tendenz und die Analogie des § 102 weisen auf die sofortige Beschwerde als das hierfür gegebene Rechtsmittel hin. Daran ändert sich auch nichts durch die Tatsache, daß die angefochtene Entscheidung im Urteil enthalten ist; denn diese Verbindung stellt sich nun als eine äußerliche dar, rechtlich und besonders im Hinblick auf ihre Anfechtung trägt sie das Gepräge eines Beschlusses (Gaupp-Stein II zu § 102). Dahingestellt bleiben kann, ob X. hätte besonders gehört werden müssen. Denn da § 102 keine unmittelbare Anwendung hier findet, auf ihn der Vorderrichter seine Entscheidung auch nicht in erster Linie stützt, so mangelt es an einer zwingenden Vorschrift solches Inhalts und mußte es dem Ermessen des Vorderrichters überlassen bleiben, ob er eine derartige Maßnahme für geboten hielt. Jedenfalls bedarf es in dieser Instanz einer besonderen Äußerung des X. nicht mehr, da er in der Beschwerdeschrift sich bereits über die einschlägigen Punkte ausgelassen hat. Die Beschwerde ist auch begründet.

... Die Firma Paul A. selbst war und konnte niemals Klägerin sein. Denn die Firma ist nach §§ 17, 124, 161² HGB. nur der Handelsname eines Kaufmanns; die Firma hat keine Parteifähigkeit, sondern das Gesetz gestattet allein, daß unter diesem Namen ein Kaufmann im Rechtsstreit auftreten kann, daß also die Bezeichnung der Partei nur durch die Firma eine dem § 253² genügende Parteibezeichnung ist. Durchaus weiter nichts bestimmt der § 17² HGB., wie dies besonders scharf Goldmann zu § 17 hervorhebt. Partei bleibt also immer derjenige Firmeninhaber, welcher den Anspruch rechtshängig macht oder gegen den ein solcher Anspruch rechtshängig gemacht wird. Es ist daher ausgeschlossen, daß ein Einzelkaufmann etwa als Gesamtschuldner mit seiner Firma verklagt und daß in den Prozessen die Firma als Klägerin oder Verklagte betrachtet wird (JW. 1906 S. 158[48]). Daher erscheint es auch trotz der den Kaufleuten zu ihrer Bequemlichkeit gewährten Befugnis, sich bei den durch den Betrieb des Handelsgewerbes hervorgerufenen Rechtsstreitigkeiten nur mit ihrer Firma zu bezeichnen, Pflicht des Richters festzustellen, ob und welches Rechtsgebilde, ob eine physische Person oder eine Gesellschaft oder wer sonst sich unter der Firma verbirgt, da er ja nur dann entscheiden kann, ob die Voraussetzungen des § 17 HGB. gegeben sind, ganz abgesehen von den durch eine solche Feststellung vermiedenen Weiterungen bei der Unterbrechung und Aussetzung des Verfahrens oder in der Zwangsvollstreckung (JW. 1900 S. 551[1]). Wird im Laufe des Verfahrens aufgedeckt, wer zur Zeit der Klagerhebung Inhaber der Firma war, so liegt darin keine Klagänderung, sondern nur eine im Rahmen des § 268¹ durchaus zulässige Verbesserung und nähere Bestimmung der Parteibezeichnung (JW. 1902 S. 128[17]; Gaupp-Stein III zu § 50, A. I. zu § 268). Ebenso unerheblich ist, wenn X. den Alleininhaber der Firma zuerst als Kaufmann angegeben hat, während eine Kauffrau die Firma führt; denn Kaufmann ist unabhängig vom Geschlecht: „wer ein Handelsgewerbe betreibt“. Eine Frau wird dadurch, daß sie ein Handelsgewerbe betreibt, Kaufmann. Ein Wechsel in der Person der Firmeninhaber hat während des Rechtsstreits nicht stattgefunden. Die Ansicht der Gegenpartei, wer Kläger sei, ist natürlich für die Entscheidung völlig belanglos

(Entsch. des RG. 54 S. 18). Klägerin war, wie sich im Laufe des Rechtsstreits herausgestellt hat, von Anfang an die Witwe A. Danach ist nicht richtig, daß die Klage für eine nicht existente Person erhoben ist, an deren Stelle dann eine physische Person gesetzt sei.... Daß X. nicht sofort in der Klageschrift die Alleininhaberin der Firma Paul A. als Klägerin eingeführt hatte, kann nicht einmal als ein Verschulden angesehen werden. Er handelte sachgemäß, wenn er auf Grund der ihm erteilten Information als den Kläger den Kaufmann Paul A. bezeichnete, da ihm der Name der Firmeninhaberin nicht mitgeteilt war und mit dem Ausdruck Kaufmann Paul A. die Firma umfaßt und die Partei ausreichend bezeichnet war. Dr. R.

s) **Kostenerstattung bei Streitgenossenschaft zwischen unterliegender gebührenfreier und gebührenpflichtiger Partei.**

OLG. Colmar, I. ZS. Beschluß v. 20. Juni 1906.

Das Verlangen des — samtverbindlich mit N. in die Kosten verurteilten — Reichsfiskus, daß, soweit er selbst in Betracht kommt, der Gebührenvorschuß von der Rechnung des Klägers abgesetzt werde, ist begründet. Da der Fiskus Gebührenfreiheit genießt, so hat der Gegner, dem gegenüber die gebührenfreie Partei zu den Kosten verurteilt worden ist, nicht etwa einen Erstattungsanspruch gegen diese. Er muß sich vielmehr wegen Rückzahlung seines Gebührenvorschusses an die Kasse wenden, bei der er ihn eingezahlt hat. Ist diese, wie hier, zur Rückzahlung nicht in der Lage, weil neben und mit der gebührenfreien noch eine nicht gebührenfreie Partei zur Kostentragung verurteilt ist, so ändert dies an dem Verhältnis des Gegners zur gebührenfreien Partei nichts. Er kann sich vielmehr lediglich, und zwar wegen des gesamten Gebührenbetrags, an die nicht gebührenfreie, gesamtverbindlich für die Kosten haftende Partei halten. Die Tatsache der Verurteilung der gebührenfreien Partei unter Gesamtverbindlichkeit ist bedeutungslos gegenüber dem Umstand, daß sie nach dem Gesetz nicht zur Gebührenzahlung herangezogen werden kann. Nachdem die Folge dieser Befreiung für die Kostenpflicht im Urteil keine Berücksichtigung gefunden hat, bleibt nichts anderes übrig, als diesem Übersehen im Kostenfestsetzungsverfahren Rechnung zu tragen.... Frdthl.

t) **Übertragung des Kostenerstattungsspruchs.**

Kammergericht, XIV. ZS. Beschluß v. 14. Juni 1906.

Der Prozeßbevollmächtigte des Mitbeklagten B. hat den Kostenerstattungsanspruch, welcher dem B. nach dem rechtskräftigen Urteil gegen den Kläger zusteht, zu einem Teilbetrage pfänden und sich überweisen lassen. Er beantragt im eigenen Namen, die ihm danach zu erstattenden Kosten festzusetzen. Allein die Kostenerstattung bildet den Gegenstand eines zur ersten Instanz des Prozesses gehörenden besonderen „Anhangsverfahrens" (Gaupp-Stein Anm. I zu § 103), in dem die durch das Urteil nur ihrem Grunde nach festgestellte Erstattungspflicht nunmehr ihrem Betrage nach auszumitteln ist. Dieses Nachtragsverfahren steht unter den allgemeinen Grundsätzen des Prozesses; dazu gehört auch, daß die Veräußerung des Anspruchs auf den

Streit selbst keinen Einfluß hat und ein Wechsel der Parteirolle ohne Zustimmung des Gegners nicht stattfinden darf (§ 265). Ebenso wie nach der Pfändung des Hauptanspruchs der bisherige Kläger den Prozeß fortsetzt und nur der Antrag dahin geändert werden kann, daß der Beklagte verurteilt werde, an den Pfandgläubiger zu leisten, so kann auch nach der Pfändung und Überweisung des Kostenersatzanspruchs nur die erstattungsberechtigte Partei die Kostenfestsetzung betreiben, wenn sie auch den Antrag auf Festsetzung zugunsten des Rechtsnachfolgers würde stellen dürfen.

Nach § 104 kann ferner der Erstattungsanspruch nur auf Grund eines vollstreckbaren Titels geltend gemacht werden. Damit ist ein auf den Namen des Antragstellers lautender Titel gemeint. Ein solcher steht dem Beschwerdeführer nicht zur Seite. Er wird nicht dadurch ersetzt, daß der Beschwerdeführer einen vollstreckbaren Titel gegen den Gläubiger des Erstattungsanspruchs und dieser wieder einen solchen gegen den Kostenschuldner besitzt. Die Vollstreckungsklausel aus den Urteilen, auf die der Festsetzungsantrag gegründet wird, ist auf den Beschwerdeführer jedenfalls nicht umgeschrieben. Ob eine Umschreibung der Klausel des nur die Kostenpflicht als solche aussprechenden Urteils zulässig sein, insbesondere ob sie nicht schon an der Vorschrift des § 265 scheitern würde, muß für jetzt dahingestellt bleiben. Dr. S.

u) **Ausgleichungsverfahren des § 106 im Falle des § 124 ZPO.**

OLG. Celle, II. ZS. Beschluß v. 27. Februar 1905.

Der § 106 kommt auch dann zur Anwendung, wenn wie hier nur die Kosten der ersten Instanz nach Quoten geteilt, die Kosten der Berufungsinstanz dagegen ganz einer der beiden Parteien auferlegt sind. Der § 106 hebt den hier gegebenen Fall einer teilweisen Teilung der Prozeßkosten nach Quoten ausdrücklich hervor und auch die Entsch. des RG. 19 S. 431 erklärt den § 106 nur dann für unanwendbar, wenn die Kosten überhaupt nicht, auch nicht für einen Teil des Rechtsstreits nach Quoten, sondern nur zeitlich geteilt sind.... Der § 106 ist hier auch deshalb nicht unanwendbar, weil nicht die Partei selbst, sondern der ihr bestellte Armenanwalt zweiter Instanz kraft eigenen Rechts (§ 124) seine Gebühren liquidiert. Aus der Fassung des Gesetzes ist nichts dafür zu entnehmen, daß nur die §§ 103—105 und nicht auch der § 106 auf den Fall des § 124 Anwendung finden; wenn man überhaupt das Festsetzungsverfahren auf Antrag des Armenanwalts zuläßt, so muß man, da das Gesetz keine Ausnahme bestimmt, auch den § 106 anwenden. Unterstützt wird diese Ansicht durch § 124², der zwar im allgemeinen die Einreden aus der Person der armen Partei gegenüber dem Anspruche des Armenanwalts ausschließt, hinsichtlich des Anspruchs auf Erstattung der Kosten aber den Gegner der armen Partei gegenüber dem Armenanwalt nicht ungünstiger stellen will als gegenüber der armen Partei selbst. Der Armenanwalt muß daher die Formen des § 106 wahren, ehe die Festsetzung seiner Gebühren erfolgen kann. Will sich seinem Festsetzungsgesuche der erstinstanzliche Armenanwalt nicht anschließen, so bleibt nichts übrig, als daß er seine zweitinstanzlichen Gebühren allein liquidiert und gegenüber den der Gegenpartei zu erstattenden Kosten verrechnet. Erleidet er hierdurch einen Nachteil, so ist das eine Folge lediglich der Uneinigkeit der beiden Prozeßbevollmächtigten der armen Partei, durch die nur diese selbst und nicht der Gegner einen Nachteil erleiden darf.... H. ch.

v) **Anordnung der Rückgabe der Sicherheit.**

α) OLG. Karlsruhe, II. ZS. Beschluß v. 4. Oktober 1905.

Das Landgericht hat die beantragte Anordnung der Rückgabe der Sicherheit abgelehnt. Die Beschwerde hierüber ist unzulässig, soweit sie geltend macht, daß das Landgericht auf Grund des § 43² des Bad. Hinterlegungsgesetzes[1] zu beurkunden gehabt habe, daß der Rückgabe der Sicherheit nichts im Wege stehe. Denn der § 567 setzt jedenfalls eine nach Maßgabe der ZPO. erlassene „Entscheidung des Gerichts" voraus. Um eine solche handelt es sich hier nicht. Durch den § 43² ist, wie sich aus dessen Entstehungsgeschichte ergibt, aus Zweckmäßigkeitsgründen den „Behörden" die Prüfung einer Frage auferlegt, die eigentlich nur die Hinterlegungsstelle angeht und auch nur von dieser im vollen Umfang geprüft werden kann. Soweit diese Auflage andere „Behörden" als die Zivilgerichte betrifft, ist sie keineswegs zu beanstanden. Was jedoch die Zivilgerichte und das Hauptanwendungsgebiet, für welches der § 43² gedacht war, das der prozessualischen Sicherheiten, betrifft, so bestehen Zweifel. Die ZPO. hat mit der Novelle vom 17. Mai 1898 — den jetzigen §§ 109, 715, 943² — ausdrückliche Vorschriften über das Verfahren behufs Erwirkung solcher Sicherheiten gegeben. Diese Materie ist damit als eine prozeßrechtliche gekennzeichnet und, soweit sie der ZPO. als ordnungsbedürftig erschien, erschöpfend geordnet. Nach allgemeinen Grundsätzen, die in § 14 EG. zur ZPO. Ausdruck gefunden haben, ist aber eine landesgesetzliche Ergänzung dieser Vorschriften so wenig wie eine Abänderung zulässig (Schmidt, Lehrbuch des Zivilprozeßrechts S. 97; Dorner, Bad. Ausf.-Ges. zu Art. 37). Durch Art. 195 EG. zum BGB. ist der Landesgesetzgebung zwar anheimgegeben, „über die Hinterlegung" nähere Bestimmungen zu treffen, nicht aber das prozeßrechtlich geregelte Verfahren bei der Hinterlegung. Ob der § 43² aus diesen Gründen in der erwähnten Richtung als einem Reichsgesetz zuwiderlaufend und deshalb insoweit überhaupt als unverbindlich zu erachten sei, kann hier dahingestellt bleiben, keinesfalls kann ihm die Tragweite zukommen, daß er in Ergänzung der ZPO. eine der Beschwerde des § 567 unterliegende „Entscheidung des Gerichts" einführt.

Der Ausspruch des Gerichts über die Erteilung der Beurkundung ist aber auch seinem Wesen nach überhaupt keine „Entscheidung" (Schmidt a. O. S. 207). Rechtsfolgen in bezug auf die Rückgabe der Sicherheit erzeugt

[1] § 43² lautet: „Die Behörde, welche die Hinterlegung angeordnet oder zugelassen hat, ist, wenn der Grund der Hinterlegung weggefallen ist, verpflichtet, auf Antrag eine Beurkundung darüber auszustellen, daß der Zurückgabe kein Hindernis entgegensteht."

die von dem Gerichte auszustellende „Beurkundung" oder deren Verweigerung in keiner Weise, wenn sie auch formell eine Feststellung über das materielle Rechtsverhältnis zu enthalten scheint. Die Hinterlegungsstelle kann trotz der „Beurkundung" die Rückgabe verweigern und trotz der Verweigerung der „Beurkundung" die Rückgabe anordnen. Der Ausspruch des Gerichts ist vielmehr seinem Wesen nach nichts anderes, als das Ergebnis einer zur Information der Hinterlegungsstelle dienenden dienstlichen gutachtlichen Äußerung und insofern vielleicht als überhaupt das prozeßrechtliche Verfahren über Rückgabe prozessualischer Sicherheiten nicht berührend zu erachten.

Im übrigen ist die Beschwerde unbegründet. Die nach § 109[2] ZPO. anzuordnende Rückgabe der Sicherheit ist nicht auch dann auszusprechen, wenn von vornherein freiwillig die Einwilligung des Gegners in die Rückgabe, sei es dem Hinterleger, sei es dem Gericht gegenüber, erklärt worden ist. In § 109 ist ein bestimmt geregeltes Verfahren vorgeschrieben. Nach den Motiven S. 91 ist damit eine Erleichterung der Rückerlangung der Sicherheit bezweckt, „weil die Einwilligung des Gegners in die Rückgabe oft nur im Wege des Prozesses zu beschaffen" war. „In dieser Beziehung" wollte der Entwurf Abhilfe treffen. Damit ist deutlich ausgedrückt, daß der Entwurf davon ausging, bei freiwillig erklärter Einwilligung des Gegners bedürfe es eines gerichtlichen Verfahrens und einer gerichtlichen Anordnung der Rückgabe überhaupt nicht, die Rückgabe sei in solchem Falle auch ohne gerichtliches Dazwischentreten ohne weiteres zu erlangen. Dem entspricht auch die ganze Konstruktion des Verfahrens. Erste Voraussetzung ist, daß „die Veranlassung zur Sicherheitsleistung weggefallen" ist. Der Hinterleger muß also zunächst die Tatsachen darlegen, aus denen sich der Wegfall der Veranlassung zur Sicherheitsleistung ergibt, d. h. der Wegfall „der Möglichkeit, der Gefahr, daß durch die prozessuale Maßregel dem Betroffenen ein widerrechtlicher Nachteil entsteht" (JW. 1902 S. 125). Das Gericht hat diese Behauptungen zu prüfen und, wenn sie erschöpfend und schlüssig jede Gefahr auszuschließen scheinen, die Frist zu der Erklärung der Einwilligung oder zum Nachweis der Klagerhebung zu setzen und dann die Rückgabe anzuordnen oder zu verweigern. Hiernach ist es ein gewillkürtes, weder der Absicht, noch dem Wortlaut des § 109 entsprechendes Verfahren, wenn der Gegner des Hinterlegers freiwillig dem Gerichte seine Zustimmung zur Rückgabe erklärt und darauf der Hinterleger unter Abstandnahme von dem Antrage auf Setzung einer Frist die gerichtliche Anordnung der Rückgabe begehrt. Freilich nehmen verschiedene Kommentare (Gaupp-Stein S. 295; Reincke S. 131; Seuffert zu § 109 Nr. 3b) an, daß nicht nur mangels des Nachweises der Klagerhebung in der gesetzlichen Frist, sondern auch bei innerhalb der Frist erfolgter Einwilligung die Anordnung der Rückgabe zu erfolgen habe. Allein wenn auch dieser von Petersen 5. Aufl. zu § 109, Schmidt a. O. Ergänzung S. 122 nicht geteilten Ansicht beizupflichten wäre, so folgt daraus noch nicht, daß das gleiche gelten muß, wenn gar keine Veranlassung zur Eröffnung des gerichtlichen Verfahrens vorgelegen hat. Letzterenfalls ist das Gericht auf ordnungsmäßig prozessualem Wege mit der Sache überhaupt nicht befaßt worden.

Wenn man sich aber auch auf den von der Beschwerde zu Ziff. 1 eingenommenen Standpunkt stellt, so steht ihr jedenfalls der vom Landgericht angeführte Grund entgegen. Beklagt war „die Firma Max Thiede & Co. in Schwetzingen, Inhaber Max Thiede". Wenn auch diese von der Beklagten bis jetzt im Prozesse nicht bestrittene Angabe über den Charakter und Inhaber der beklagten Firma richtig ist, so genügt die Einwilligung des Konkursverwalters in dem mittlerweile eröffneten Konkurs über das Vermögen des Max Thiede nicht. Nach der eigenen Angabe des Hinterlegers ist vor der Konkurseröffnung gegen die beklagte Firma schon gepfändet worden. Ob hieraus dem Schuldner Ansprüche zustehen, kann sich jedenfalls erst entscheiden, wenn das für vorläufig vollstreckbar erklärte Urteil, auf Grund dessen die Pfändung erfolgte, aufgehoben oder abgeändert wird (§ 717 [2]). Deshalb ist auch der Hinweis der Beschwerde auf §§ 1, 6 KO. bedeutungslos. Solche Ansprüche können nicht Gegenstand der Konkursmasse geworden sein, weil sie noch gar nicht zur Existenz gelangt sind. Die Sache schwebt als beruhend in der Berufungsinstanz und steht vollständig dahin, ob das Verfahren aufgenommen wird und ob während des Konkursverfahrens, wenn es überhaupt nicht schon längst beendigt ist, eine das Urteil aufhebende oder abändernde Entscheidung noch ergehen kann. Erfolgt sie später, so steht selbstverständlich die Verfügung über einen hieraus abgeleiteten Anspruch nicht mehr dem Konkursverwalter, sondern dem früheren Gemeinschuldner in Person zu. Möglich wäre es freilich, daß die Forderung im Konkurse angemeldet und entsprechend dem angefochtenen Urteil festgestellt ist; allein dies ist nicht behauptet, würde übrigens auch wohl nicht den § 109, sondern den § 715 als anwendbar erscheinen lassen. Dr. E. r.

β) OLG. Hamburg, V. ZS. Beschluß v. 9. Mai 1906.

Mit dem Beschlusse des Landgerichts vom 2. November 1905 sind tatsächlich zwei einstweilige Verfügungen erlassen worden, von denen sich die eine gegen A., die andere gegen B. richtete. Die bestellte Sicherheit haftet beiden für die ihnen etwa erwachsenen Schadensersatzansprüche. Die Rechte, welche A. einerseits, B. anderseits an den hinterlegten Werten erworben haben, bestehen selbständig nebeneinander, nur beschränken sie sich gegenseitig, weil die bestellte Sicherheit beiden haftet. Bei dieser Rechtslage ist ein Grund nicht wohl ersichtlich, weshalb nicht ein Verfahren nach § 109 gegen jeden der Beklagten gesondert eingeleitet werden könnte. Damit würde eine Freigabe der Sicherheit allerdings nur erreicht werden, soweit die Rechte des betreffenden Beklagten in Frage kommen. Aber auch hieran kann die Partei, welche die Sicherheit bestellt hat, ein Interesse haben, wenn sie mit der Möglichkeit rechnen kann, daß die Anrechte an der bestellten Sicherheit, welche dem zweiten von der prozessualen Maßregel Betroffenen zustehen, in anderer Weise ihre Erledigung finden. Das Gericht wird allerdings in solchem Falle die Rückgabe der Sicherheit nur mit einem entsprechenden Vorbehalt anordnen können. Aber ein Grund, anzunehmen, daß das Gesetz eine solche Anordnung, welche mit einem Vorbehalt getroffen wird, nicht habe zulassen wollen, liegt nicht vor. M. M.

w) **Kostenvorschuß. Peruanische und italienische Nationalität.**

OLG. Hamburg, IV. ZS. Urteil v. 6. Januar 1906.

Der Einwand der Klägerin gegen ihre Kostenvorschußpflicht, daß es sich um ein im Grundbuche eingetragenes Recht handle, ist unbegründet. Sie fordert die Einwilligung des Beklagten, ihres Mannes, in die Löschung einer für sie eingetragenen Hypothek sowie dazu, ihr die Erhebung dieses inzwischen auf ein Sparkassenbuch eingezahlten Kapitals zu gestatten. Das ist nicht eine Klage aus dem eingetragenen Rechte, welche nur gegen den Grundeigentümer und Schuldner der Hypothek gerichtet sein könnte, sondern ein auf die güterrechtlichen Verhältnisse der Parteien gestützter Anspruch; die Ausnahme des § 110 Nr. 5 liegt also nicht vor. Der Beklagte kann auch als Ausländer einen Kostenvorschuß verlangen, und dafür, daß dieses Recht zwischen peruanischen Eheleuten aus Gründen des peruanischen Rechts nicht Platz greife, ist nichts beigebracht. Es ist endlich außer Streit, daß für Peruaner die Ausnahme des § 110 Nr. 1 nicht gilt, so daß die Kostenvorschußpflicht für die Klägerin besteht, falls Beklagter und damit sie selbst als Peruaner anzuerkennen ist.... M. M.

Dazu: OLG. Hamburg, III. ZS. Urteil v. 10. Februar 1906.

Mit den Vereinigten Staaten von Nordamerika besteht keine Gegenseitigkeit. Daraus durfte das Landgericht aber nur die Folge ziehen, daß es dem Kläger nur eine Sicherheitsleistung für die Kosten aller drei Instanzen auferlegte. Es war ein wesentlicher Mangel des Verfahrens, daß es gleich die Klage abwies. Die Einrede aus § 110 führt nur im Falle ihrer Verwerfung zu einem selbständig anfechtbaren Zwischenurteil. Ist sie dagegen begründet befunden, so ist zunächst die Sicherheit gerichtsseitig festzusetzen, und erst wenn dann der Kläger sich weigert, sie zu leisten, ist nach ZPO. § 113 seine Klage „für zurückgenommen zu erklären", also wieder nicht „abzuweisen". Hiergegen steht ihm dann ein Rechtsmittel zu, womit er auch die Höhe der angeordneten Sicherheit angreifen kann (JW. 1899 S. 337, 1902 S. 90; Gaupp § 274 Nr. 5).

Unbegründet ist die vom Beklagten jetzt erhobene Einrede aus § 110[1]. Denn bei der jetzt erfolgenden Zurückverweisung besteht sein in erster Instanz erhobener Anspruch, Sicherheit für alle drei Instanzen zu erhalten, unverändert fort. Daneben gibt es nicht einen besonderen Anspruch auf Sicherheit für die Berufungsinstanz, die hier infolge des wesentlichen Mangels des landgerichtlichen Verfahrens hat beschritten werden müssen.... M. M.

x) **Verpflichtungen des Armenanwalts bei der Einlegung von Rechtsmitteln.**

OLG. Colmar, III. ZS. Urteil v. 1. Mai 1906.

Das Erfordernis des § 233[1], daß die Partei durch Naturereignisse 2c verhindert worden ist, die Berufungsfrist einzuhalten, ist hier nicht erfüllt. Der RA. X. ist dem Beklagten im Armenrecht bereits durch den am 11. April zugestellten Beschluß für die zweite Instanz beigeordnet worden, hat aber die Einlegung der Berufung, für die die Frist am 16. April ablief, versäumt, obwohl ihm hierzu genügende Zeit zu Gebote stand. Der Einwand, daß der Armenanwalt nach Mitteilung seiner Beiordnung nicht ohne weiteres, be- besonders nicht vor der ihm noch besonders zu erteilenden Vollmacht, tätig zu sein brauche, ist unbegründet. Im Gegenteil hat er sich sofort aus eigenem Antrieb der armen Partei anzunehmen und demzufolge auf die Wahrung der hierbei etwa in Betracht kommenden Fristen bedacht zu sein. Weiß er nicht, wann die Berufungsfrist abläuft, so hat er sich so zu verhalten, als ob die Sache Eile hätte, d. h. er muß vorsorglich sofort das Rechtsmittel einlegen. Diese Pflicht liegt ihm schon auf Grund des Auftrags ob, den ihm das durch den Antrag der armen Partei veranlaßte Gericht zu erteilen gesetzlich berechtigt ist und welchem der Anwalt in der vorbezeichneten Weise zu entsprechen hat. Jedenfalls wäre durch den allgemeinen Antrag der Partei auf Erteilung des Armenrechts und auf Beiordnung irgend eines vom Gericht zu bestimmenden Anwalts dem Erfordernis seiner Bevollmächtigung genügend Rechnung getragen; denn in diesem Antrag ist gleichzeitig auch die Bevollmächtigung des zu bestimmenden Anwalts enthalten. Dem widerspricht weder der § 613, der lediglich eine der Ausdehnung nicht zugängliche Ausnahme bestimmt, noch der § 80[2], welcher lediglich den Nachweis der Bevollmächtigung gegenüber der Gegenpartei betrifft; somit lassen beide Bestimmungen das Verhältnis zwischen Armenanwalt und der armen Partei unberührt (vgl. JW. 1904 S. 386; Sächs. Annalen 24 S. 281; a. M. OLG. Dresden in Busch, Zeitschr. 32 S. 354). Frdthl.

y) **Armutszeugnis[1] eines im Auslande wohnhaften Deutschen.**

OLG. Dresden, IV. ZS. Beschluß v. 12. Juli 1904.

Im Haager Abkommen werden in den Artt. 15[1], 16[1] als Grundlagen für die Erteilung des Armenrechts nebeneinandergestellt: ein von der Behörde des Aufenthaltsorts ausgestelltes Armutszeugnis und die von einer solchen Behörde entgegengenommene Erklärung des Unvermögens zur Bestreitung von Prozeßkosten. Damit ist eine solche Erklärung für den internationalen Rechtsverkehr den Armutszeugnissen gleichgestellt. Die vereinigten Staaten von Amerika gehören zwar nicht zu den Staaten, die das erwähnte Abkommen getroffen haben. Es dürfen und müssen aber die dort ausgesprochenen Grundsätze vorliegend entsprechende Anwendung finden. Denn es kann nicht der Wille des Gesetzes sein, daß ein Deutscher, wenn er sich in einem der

[1] Dem Vormunde, der auf Herausgabe des Mündels klagt, ist auf Grund der Vermögenslosigkeit des Mündels das Armenrecht zu bewilligen (OLG. Dresden, V. ZS. Beschluß v. 15. Juni 1905; Annalen 27 S. 81).

Vertragsstaaten befindet, nur sein Unvermögen vor der zuständigen Behörde zu versichern brauchte, während er, wenn er sich in einem andern Staate aufhält, wo vielleicht die Erlangung eines Armutszeugnisses noch schwieriger ist, ein Armutszeugnis gemäß § 118² ZPO. beibringen müßte. Vielmehr gelangt in dem Abkommen der allgemeine Rechtsgedanke zum Ausdruck, daß es genügen muß, wenn eine Partei ihr Unvermögen sich von einer Behörde des Auslandes bezeugen läßt, oder vor ihr erklärt, je nachdem es die Gesetze des Auslandes zulassen, daß also in solchen Fällen nicht durchaus eine Urkunde gemäß § 118² gefordert zu werden braucht, daß anderseits die beigebrachten Urkunden der freien Beweiswürdigung unterstehen. Dr. W.

z) **Kostenfestsetzung für den Armenanwalt.**[1]

α) Kammergericht, II. ZS. Beschluß v. 12. Dezember 1905.

Der Beschwerdeführer hat in der Berufungsinstanz die Beklagte zu 1, der er als Armenanwalt beigeordnet worden, und die Beklagte zu 3 vertreten. Nachdem die Prozeßkosten jenen Beklagten zu $^1/_7$ und dem Kläger zu $^6/_7$ auferlegt worden, hat er in eigenem Namen die Festsetzung der vom Kläger zu erstattenden $^6/_7$ seiner auf 46 Mark berechneten Gebühren und Auslagen beantragt. Das Landgericht will nur die Hälfte = $^3/_7$ auf den Namen des Beschwerdeführers festsetzen. Dem ist beizutreten: Nach § 124 kann der Beschwerdeführer nur die, der von ihm vertretenen armen Partei zu erstattenden Vertretungskosten auf seinen Namen festsetzen lassen, bei der Vertretung von Streitgenossen also nach feststehender Rechtsprechung nur den auf die arme Partei entfallenden Kopfteil (JW. 1898 S. 12[32]). Aus der behaupteten Zahlungsunfähigkeit der Beklagten zu 3 könnte wohl die Beklagte zu 1, wenn sie die Rechnung des Beschwerdeführers zu $^6/_7$ berichtigt hätte, den Anspruch auf Erstattung des ganzen bezahlten Betrages gegen den Kläger herleiten (JW. 1893 S. 468[8]). Dem Beschwerdeführer aber einen Erstattungsanspruch über den auf die arme Partei entfallenden Kopfteil hinaus zuzubilligen, bietet die Zahlungsunfähigkeit der Beklagten zu 3 keinen Anlaß. Der letzteren steht ein selbständiger Erstattungsanspruch gegen den Kläger zu, für dessen Übergang auf den Beschwerdeführer ein gesetzlicher Grund nicht gegeben ist. V.

β) OLG. Braunschweig, I. ZS. Beschluß v. 13. Juli 1906.

Der dem Kläger als Armenanwalt beigeordnete Beschwerdeführer A. hat auf Grund obsieglichen Urteils die dem Kläger zu erstattenden Prozeßkosten festsetzen lassen und eine vollstreckbare Ausfertigung des Beschlusses erhalten. Demnächst hat er erfolglos beantragt, den überreichten rechtskräftigen Beschluß mit einer auf ihn selbst lautenden Klausel zu versehen event. die nach § 124 an ihn selbst zu erstattenden Kosten in früherer Höhe festzusetzen. Die Beschwerde ist begründet:

Das Recht des Armenanwalts, seine Gebühren von dem verurteilten Gegner beizutreiben, wird zwar nach richtiger Ansicht (Gruchot 45 S. 652)

[1] Vgl. den Beschluß des RG. v. 28. Januar 1904 (JW. S. 145 Nr. 17).

nicht durch gesetzliche Zession erworben, sondern steht ihm kraft Gesetzes als ein eigenes Recht zu. Immerhin ist es aus der Person der armen Partei abgeleitet, und deshalb muß der Armenanwalt, der von dem gesetzlichen Rechte Gebrauch macht, als Rechtsnachfolger der armen Partei angesehen werden (Gaupp-Stein 9. Aufl. § 174). Dem Beschwerdeführer würde daher ein Recht darauf zustehen, daß die zurückgereichte Ausfertigung des Beschlusses mit der Klausel für ihn als Rechtsnachfolger versehen würde. Dem würde auch nicht im Wege stehen, daß der Beschluß schon vor dem Antrage rechtskräftig geworden war. Denn es ist nicht einzusehen, weshalb der Rechtsnachfolger das Recht auf Erteilung des vollstreckbaren Schuldtitels auf seinen Namen nur bis zur Beschreitung der Rechtskraft solle ausüben können. Der entgegengesetzten, nicht weiter motivierten Ansicht des OLG. Colmar (Rsp. 11 S. 68) kann nicht beigetreten werden (vgl. auch Gaupp-Stein § 174 Erl. III). Der Beschwerdeführer hätte jedoch seinen Prinzipalantrag nicht an das Prozeßgericht, sondern an den Gerichtsschreiber richten müssen (§ 724). Allerdings bedarf es hier nach § 730 der Anordnung des Vorsitzenden. Diese Funktion betätigt sich aber, abgesehen von der Erwähnung in der Klausel, nach außen hin nicht weiter. Auch in diesem Falle ist der Antrag bei dem Gerichtsschreiber zu stellen und erst gegen dessen ablehnenden Bescheid die Entscheidung des Prozeßgerichts anzurufen (§ 576). Diesen Weg hat der Antragsteller nicht eingeschlagen und das unmittelbar angegangene Prozeßgericht hätte bei richtiger Behandlung den Antrag wegen Unzuständigkeit ablehnen müssen. Dadurch, daß die Ablehnung inkorrekt aus anderen Gründen erfolgte, ist der Antragsteller nicht beschwert. Seine Beschwerde ist daher insoweit nicht begründet.

Er hat jedoch event. beantragt, die Kosten aufs neue für seine Person festzusetzen. Das Recht auf Festsetzung stand ihm persönlich von vornherein nach § 124 zu. Er hat dies Recht auch dadurch nicht verloren, daß er zunächst als Vertreter der armen Partei den Festsetzungsbeschluß und dessen vollstreckbare Ausfertigung erwirkt hat. Denn damit hat er auf das ihm nach § 124 zustehende Recht nicht verzichtet. Auch steht der Geltendmachung seines Rechts nicht im Wege, daß der Beschluß vor der Antragstellung rechtskräftig geworden war. Nur dann würde sein Eventualantrag als unzulässig zu verwerfen sein, wenn er neben dem bisherigen Beschlusse für die arme Partei einen zweiten Beschluß mit demselben Inhalte für sich begehrt hätte. Denn dann liefe die Beklagte die Gefahr der zweimaligen zwangsweisen Beitreibung einer Leistung, die sie nur einmal, sei es an die arme Partei, sei es an den Armenanwalt zu bewirken verpflichtet ist. Diese Gefahr ist aber durch die Zurückreichung des zu den Akten zu nehmenden früheren Beschlusses abgewandt. Der Eventualantrag ist daher begründet. Die dadurch entstehenden Kosten hat der Antragsteller veranlaßt und deshalb zu tragen.

Dr. H.g.

11

a) Aussetzung des Verfahrens nach § 148.

α) OLG. Königsberg, Ferien-ZS. Beschluß v. 18. August 1905.

Der Kläger ficht auf Grund eines rechtskräftigen im Wechselprozeß unter Vorbehalt ergangenen Urteils die Hypothekbestellung seines Schuldners an den Beklagten an. Das Landgericht hat diesen Prozeß ausgesetzt bis zur rechtskräftigen Entscheidung über den im Nachverfahren anhängigen Anspruch. Allein die Fälle, in welchen eine Aussetzung statthaft ist, sind in der ZPO. eng eingegrenzt; außerhalb des § 148 ist sie, soweit nicht etwa das Landesrecht nach § 15 Nr. 1 EG. zur ZPO. weitere Bestimmungen trifft, unzulässig. Es kann sich daher hier nur fragen, ob die Entscheidung über den Anfechtungsprozeß ganz oder zum Teil von dem Bestehen oder Nichtbestehen des Rechtsverhältnisses abhängt, welches den Gegenstand des anhängigen Nachverfahrens bildet. Diese Voraussetzung ist nicht schon dann gegeben, wenn die bloße Möglichkeit besteht, daß der Prozeß gegenstandslos werden könnte (JW. 1894 S. 61[2], 1901 S. 34[3]; Rsp. 5 S. 52[11]), sondern der § 148 setzt voraus, daß der Rechtsstreit ohne die Feststellung im schwebenden Nachverfahren noch nicht spruchreif wäre (JW. 1903 S. 251[4]). Daran fehlt es. Denn der § 2 AnfG. erfordert nur einen vollstreckbaren Titel, keineswegs einen unanfechtbaren Titel. Ein vollstreckbarer Titel liegt aber vor, da dem Kläger das Urteil im Wechselprozeß zur Seite steht. Um die Entscheidung im Anfechtungsprozeß spruchreif zu machen, ist also keineswegs die Abweisung des Schuldners mit seinen Einwendungen im Nachverfahren erforderlich. Beide Prozesse stehen in keinem Abhängigkeitsverhältnis. Die gegenteilige Auffassung würde geradezu dahin führen, an die Stelle des in § 2 erforderten vollstreckbaren Titels eine rechtskräftige Entscheidung zu setzen, da sonst in jedem Falle, wo die Anfechtung auf Grund eines vollstreckbaren Titels erfolgt, der Gegner die Aussetzung verlangen könnte, bis ein etwa eingelegtes Rechtsmittel erledigt ist.

Th.

β) Kammergericht, XIV. ZS. Beschluß v. 4. Januar 1906.

Die Klage ist auf Unterlassung des Abgrabens eines im Separationsrezesse von 1861 ausgeworfenen Weges gerichtet. Das Landgericht hat die Verhandlung bis zur Entscheidung der Generalkommission über die Genehmigung des Abgrabens ausgesetzt. Die Voraussetzung des § 148 liegt aber nicht vor. Von einer Verwaltungsbehörde ist ein Rechtsverhältnis nur dann festzustellen, wenn sie zu einer Entscheidung darüber durch das Gesetz berufen ist. Von den Entscheidungen verschieden sind die Verwaltungsakte, welche nicht Rechtsverhältnisse feststellen, sondern in sie eingreifen. Es gibt keine gesetzliche Bestimmung, wonach eine Verwaltungsbehörde zur Entscheidung darüber berufen wäre, ob der Beklagten ein solches Recht zum Abgraben des Weges zusteht. Die Zuständigkeit der Generalkommission für Entscheidungen über Streitigkeiten der Separationsinteressenten ist mit der Bestätigung des Rezesses erloschen (V. vom 20. Juni 1817 §§ 169—171).

Nach dem eigenen Vortrage hat die Beklagte gegenwärtig noch kein Recht zur Wegabgrabung. Sie hofft es erst durch eine Verfügung des zum Vertreter der Separationsinteressenten bestellten Gemeindevorstehers und ihre von der Auseinandersetzungsbehörde auszusprechende Genehmigung (§ 4 d. G. vom 2. April 1887) zu erlangen. Diese Genehmigung würde keine Feststellung eines Rechtsverhältnisses, sondern ein, neues subjektives Recht schaffender Verwaltungsakt sein. Die Aussetzung des Verfahrens würde hiernach nicht ein Abwarten einer für den Prozeß maßgebenden Verwaltungsentscheidung bedeuten, sondern nur Zeitgewinn der Beklagten für eine ihr günstige Änderung des Rechtsverhältnisses. Dr. S.

b) **Aussetzung gemäß § 152 ZPO.**

Kammergericht, XX. ZS. Beschluß v. 15. Mai 1906.

Der Kläger hat wegen arglistiger Täuschung über das sittliche Vorleben der Frau die Ehe angefochten und die Frau widerklagend die Scheidung der Ehe wegen Ehebruchs des Mannes begehrt. Nachdem bereits zwei Beweisbeschlüsse ergangen waren, hat das Landgericht den vom Kläger gestellten Antrag, das Verfahren über die Widerklage bis zur Erledigung der Anfechtungsklage auszusetzen, zurückgewiesen. Die sofortige Beschwerde hierüber ist unbegründet. Allerdings hängt die Widerklage insofern von der Entscheidung auf die Anfechtungsklage ab, als die Widerklage auf Ehescheidung überhaupt nur Erfolg haben könnte, wenn die auf Anfechtung der Ehe gerichtete Klage abgewiesen wird und daß anderseits, wenn der Mann mit der Anfechtungsklage durchdringt, die Widerklage — da eine nichtige Ehe nicht geschieden werden kann — ohne weiteres abzuweisen ist. Dieses Abhängigkeitsverhältnis von Klage und Widerklage in demselben Prozeß bildet aber nicht die Voraussetzung, unter der das Gericht nach § 152 verpflichtet ist, dem Aussetzungsantrage stattzugeben. Vielmehr ergibt sich schon aus dem Wortlaut, daß zwei verschiedene Rechtsstreitigkeiten vorausgesetzt werden, von denen der eine die Anfechtungsklage und der andere dasjenige Verfahren betrifft, dessen Entscheidung von der Entscheidung auf die Anfechtungsklage abhängig ist. Der § 152 hängt mit dem § 1343² zusammen, der, sobald die Anfechtung durch Klage stattgefunden hat, die anderweite Geltendmachung der Nichtigkeit der angefochtenen Ehe, also jede Verhandlung und Entscheidung darüber, verbietet, es sei denn, daß die Ehe nachher für nichtig erklärt oder aufgelöst wird. Gerade mit Rücksicht auf dieses Verbot ergab sich die Notwendigkeit, die Aussetzung obligatorisch zu machen, wenn die Entscheidung eines Rechtsstreits von der schon in einem anderen Prozesse streitigen Anfechtbarkeit der Ehe abhängt (Gaupp-Stein § 152 I), zumal nach Maßgabe des § 629 das auf eine Anfechtungsklage ergehende rechtskräftige Urteil nicht bloß unter den Prozeßparteien, sondern für und gegen alle wirkt. Die Aussetzungsvorschrift setzt mithin einen ganz anderen Sachverhalt, als den hier angegebenen, voraus. Im vorliegenden Prozeß, in dem der Anfechtungsklage zulässigerweise (§ 615) die Widerklage auf Scheidung entgegengesetzt ist,

ist der Fortbestand der Ehe in Frage gestellt und das eheliche Verhältnis im ganzen ist Gegenstand des Streites. Würde die Aussetzung auf die Widerklage angeordnet, so würde damit der künftige Erlaß eines Teilurteils, nämlich die Entscheidung auf die Anfechtungsklage, vorausgesetzt werden und der Erlaß eines Teilurteils muß nach den in den Entsch. des RG. 58 S. 310 dargelegten besonderen Grundsätzen des Eheprozesses auch dann unzulässig erscheinen, wenn der Anfechtungsklage eine Widerklage auf Ehescheidung gegenübersteht. R.

c) **Vollziehung und Beglaubigung der Berufungsschrift.**

OLG. Posen, III. ZS. Urteil v. 24. Oktober 1905.

Der vom Amtsgericht abgewiesene Kläger ließ durch den Beklagten JR. A. Berufung einlegen. In der Berufungsschrift ist A. als Prozeßbevollmächtigter des Klägers aufgeführt; die Unterschrift lautet: „RA. M., als bestellter Vertreter des A. auf Grund der beiliegenden Substitutionsvollmacht." In der letzteren wird M., der damals als Generalsubstitut des A. amtlich bestellt worden war, „zur Vollziehung und Beglaubigung des anliegenden Schriftstücks" (der Berufungsschrift) durch A. bevollmächtigt. In der Zustellungsurkunde des Gerichtsvollziehers heißt es, daß die Zustellung im Auftrage des A. bewirkt sei. Das Landgericht hat die Berufung als unzulässig verworfen; denn es sei mit Rücksicht auf § 170² unzulässig, daß ein Rechtsanwalt als Prozeßbevollmächtigter die ihm obliegende Zustellung selbst betreibe, die Beglaubigung der zuzustellenden Schriftstücke dagegen einem anderen Anwalte übertragen. Jetzt verlangt der Kläger Ersatz des ihm durch die unwirksame Berufung entstandenen Schadens. Er wurde jedoch abgewiesen.

Gründe:

Ob Beklagter den Auftrag zur Zustellung an den Gerichtsvollzieher bereits wieder in eigner Person erteilte, oder ob dies ebenfalls noch durch den Vertreter M. geschah, kann auf sich beruhen. Ging nämlich auch der Zustellungsauftrag von M. aus, so können die auf § 170² gestützten Bedenken des Landgerichts überhaupt nicht aufkommen; denn dann würden sämtliche mit der Einlegung der Berufung zusammenhängenden Geschäfte von demselben Anwalt zur Ausführung gebracht, welcher als Generalsubstitut des Beklagten hierzu unzweifelhaft berechtigt war. Wenn der Gerichtsvollzieher in seiner Urkunde vermerkte, daß er „im Auftrage des A." handle, so steht dies der Gültigkeit der Berufungseinlegung ebensowenig entgegen. Denn mag auch der Akt der Auftragserteilung unmittelbar durch M. ausgeführt sein, so war es dennoch gerechtfertigt, den Beklagten als den damaligen Prozeßbevollmächtigten des Klägers hinsichtlich der Zustellung als Auftraggeber zu bezeichnen, weil ersterer nur als Stellvertreter des letzteren den Auftrag gegeben hatte. — Das Rechtsmittel im Vorprozeß wurde jedoch auch dann wirksam eingelegt, wenn Beklagter selbst, nachdem er inzwischen die Geschäftstätigkeit wiederaufgenommen hatte, den Gerichtsvollzieher mit der Zustellung beauftragte. M. besaß als der berufene Vertreter des Beklagten das Recht, grundsätzlich alle mit der Anwaltstätigkeit in Verbindung stehenden Geschäfte für den Vertretenen zu erledigen, namentlich also auch Rechtsmittel einzulegen. Vorliegend hatte er die dem Anwalte behufs Geltendmachung der Berufung obliegenden Geschäfte erst teilweise ausgeführt; seine Tätigkeit als Stellvertreter hörte angeblich auf, nachdem die Berufungsschrift und das erste Urteil vollzogen, bzw. zwecks Zustellung beglaubigt war. Falls in der Tat der Beklagte jetzt die weiteren Geschäfte selbst übernahm, so verlor damit alles das, was M. bisher erledigt hatte, keineswegs seine Wirksamkeit. Vielmehr brauchte Beklagter den Akt der Berufungseinlegung nur an der Stelle aufzunehmen und weiter fortzusetzen, bis zu welcher er durch den Vertreter gefördert war. Einer Neuanfertigung der Berufungsschrift und Beglaubigung der Urkunden durch den Beklagten selbst bedurfte es unter solchen Umständen nicht. Um den in den Entsch. des RG. 33 Nr. 106, 24 Nr. 93; Gruchot 44 S. 353, 41 S. 165 erörterten Fall, daß der Prozeßbevollmächtigte einen anderen Anwalt mit der Beglaubigung allein beauftragte, handelt es sich hier gar nicht, sondern um den Wiedereintritt des bisher durch einen Generalsubstituten vertretenen Prozeßbevollmächtigten. Namentlich läßt sich der gegen die Wirksamkeit „einer Spezialvollmacht nur zur Beglaubigung" verwertete „öffentlich-rechtliche Charakter" des § 170² gegen die hier vertretene Ansicht nicht geltend machen, weil sie sich ausschließlich darauf gründet, daß § 25 RAO. ganz allgemein die Zulässigkeit der Stellvertretung eines an der Ausübung seines Berufs zeitweise verhinderten Rechtsanwalts ausdrücklich anerkennt und M. nicht Spezialbevollmächtigter sondern Generalsubstitut des Beklagten war. Allerdings lag den demnächst zugestellten Schriftstücken eine besondere Vollmacht des Inhalts bei, daß Beklagter den M. „zur Vollziehung und Beglaubigung" jener Urkunden substituiere. Da M. indessen schon in seiner Eigenschaft als Generalsubstitut zur Vollziehung und Beglaubigung legitimiert war, so hatte die Substitutionsvollmacht überhaupt keine Bedeutung; sie war überflüssig und darum, was die Rechtswirksamkeit der Berufung anlangt, mindestens nicht schädlich. Deshalb ist es unzutreffend, wenn das Landgericht im Vorprozeß davon ausging, daß in der Spezialvollmacht eine Einschränkung der allgemeinen amtlichen Vertretungsbefugnis zu erblicken sei. Weder der Inhalt der Substitutionsvollmacht noch die obwaltenden Umstände rechtfertigen einen derartigen Rückschluß. Dr. R.

d) **Beglaubigung der Terminsbestimmung auf der Klagabschrift. Abgesonderte Verhandlung hierüber.**

OLG. Cassel, II. ZS. Urteil v. 2. April 1906.

Auf der Klagabschrift befindet sich über dem Texte handschriftlich eine Abschrift der vom 15. September datierten Terminsbestimmung. Diese ist nicht beglaubigt, während der Schriftsatz selbst zum Schlusse zunächst das Datum „14. September" und dann den handschriftlichen Vermerk: „beglaubigt RA. K." trägt. Der Beklagte rügt mangelhafte Klagerhebung und das Landgericht hat die Verhandlung hierauf beschränkt. Dieses Verfahren leidet insofern an einem wesentlichen Mangel, als über die Sache selbst nicht verhandelt worden ist. Das Gericht mußte auch die Erklärungen des Beklagten zur Sache entgegennehmen. Die ZPO. kennt ein Verfahren abgesonderter Verhandlungen nur bei den prozeßhindernden Einreden, nicht aber bei anderen formellen Einwendungen. Das Verfahren erster Instanz ist, wenn das Berufungsgericht die Einwendung für unbegründet erachtet, infolge dieses Mangels nicht geeignet, die Grundlage für die Erlassung eines die Sache selbst betreffenden Berufungsurteils zu bilden (Gaupp-Stein I zu § 539). Die Klage ist aber ordnungsmäßig erhoben. Dem Beklagten ist eine Abschrift der Klage zugestellt worden, die am Schlusse einen nicht datierten Beglaubigungsvermerk trägt. Dieser Vermerk deckt aber nicht nur den Schriftsatz selbst, sondern auch die über dem Beginn des Schriftsatztextes stehende, nicht besonders beglaubigte Abschrift der Terminsbestimmung. Einer besonderen Beglaubigung dieser Abschrift bedurfte es nicht, auch braucht aus dem unter der Abschrift der Klageschrift stehenden Beglaubigungsvermerk nicht hervorzugehen, wann er auf das Schriftstück gesetzt worden ist (Gaupp-Stein III zu § 270 und Note 17 das.; Busch Zeitschr. 19 S. 447). Wenn der Beklagte behaupten will, die ihm zugestellte Abschrift sei hinsichtlich der Terminsbestimmung nicht beglaubigt gewesen, weil diese erst nach erfolgter Beglaubigung des Schriftsatzes auf diesen gesetzt worden sei, so liegt ihm der Nachweis hierfür ob, und wenn er sich zum Beweise darauf beruft, daß es bei den Anwälten des Klägers üblich sei, bei einer nach der Terminsbestimmung erfolgten Beglaubigung zu sagen: „Zur Beglaubigung einschließlich der Terminsbestimmung", so kann aus diesem Umstande keineswegs gefolgert werden, daß vorliegend die Terminsbestimmung noch nicht auf dem Schriftstück stand als die Beglaubigung darauf gesetzt wurde. F. S.

e) **Zustellung im Auslande.**

OLG. Colmar, III. ZS. Beschluß v. 10. Juli 1906.

Der in Frankreich wohnhafte Beklagte hat gegenüber dem mit der Zustellung beauftragten Bürgermeisteramt die Annahme der zuzustellenden Schriftstücke verweigert und letztere sind ihm nicht zurückgelassen, sondern vom Bürgermeisteramt zurückgeschickt worden. Auch die Botschaft in Paris hat diese Urkunden zurückgesandt mit dem Bemerken: „Beifolgend übersende ich diejenigen Schriftstücke, durch welche die erfolgte Insinuation der ... zugegangenen gerichtlichen Urkunden konstatiert bzw. dargelegt wird, aus welchem Grunde dieselbe nicht zu bewirken war". Es fehlt mithin der nach § 202² erforderliche Zustellungsnachweis. Die Anwendung des § 186, sofern sie auf Zustellungen im Auslande an sich statthaft sein sollte, ist schon mangels derjenigen seiner Voraussetzungen ausgeschlossen, daß das zu übergebende Schriftstück am Orte der Zustellung zurückgelassen werden muß; es fehlt die nach § 170 erforderliche Übergabe. Auch das OLG. Darmstadt (Seuffert 45 S. 362) steht auf dem hier vertretenen Standpunkt und geht sogar (im Gegensatz zu Petersen I C zu § 202) soweit, daß es in solchem Falle nicht einmal die öffentliche Zustellung für zulässig erachtet, sondern die Zustellung der Klageschrift mit Ladung nach Maßgabe des französischen Prozeßrechts fordert. Frdthl.

f) **Formwidrige Zustellungen. Haftung des Gerichtsvollziehers.**
OLG. Colmar, III. ZS. Ureil v. 13. März 1906.

Das im Vorprozesse ergangene Urteil, das mangels gehöriger Urteilszustellung die Berufung der heutigen Kläger verwarf, ist für den beklagten Gerichtsvollzieher in keiner Weise bindend, da er in seinem Rechtsstreit weder als Partei noch als Nebenintervenient, noch als Streitbenachrichtigter mitgewirkt hat. Es ist deshalb ohne Rücksicht auf jenes Urteil zu prüfen, ob er fahrlässig die ihm den Klägern gegenüber obliegende Amtspflicht verletzt hat. Allerdings hätte ihm bei sorgfältiger Prüfung die Abweichung der Abschrift der Zustellungsurkunde von der Urschrift nicht entgehen können und hätte er vor Aushändigung an die Zustellungsempfängerin das Schreibversehen berichtigen müssen. Dagegen fehlt der ursächliche Zusammenhang zwischen dieser Handlung des Beklagten und dem den Klägern entstandenen Schaden. Bei Abweichungen der beglaubigten Abschrift von der Urschrift ist letztere maßgebend. Durch die im Vorprozesse vorgelegte Urschrift war mithin bewiesen, daß die Urteilszustellung auf Anstehen der Magda J. und Genossen erfolgt war. Allerdings waren die Genossen nicht namentlich bezeichnet. Indessen konnte bei Prüfung der Zustellungsurkunde in Verbindung mit dem zugestellten Urteil kein Zweifel daran aufkommen, daß unter den Genossen die Mitbeklagten der J. zu verstehen waren; die Zustellung entsprach deshalb den gesetzlichen Anforderungen. Auch bei gegenteiliger Auffassung würde übrigens die gegenwärtige Klage nicht gerechtfertigt sein. Denn vor Einlegung der Berufung war es Pflicht der damaligen Beklagten und heutigen Kläger, besonders ihres rechtskundigen Prozeßbevollmächtigten, die ordnungsmäßige Urteilszustellung zu prüfen, wobei der angebliche Mangel hätte entdeckt werden müssen. In der Unterlassung dieser Prüfung läge ein eigenes Verschulden der Kläger, welches gemäß § 254 BGB. den hier geltend gemachten Anspruch ausschließen würde, oder mindestens eine Fahrlässigkeit ihres Anwalts, welches diesen auf Grund des Auftragsverhältnisses zum Schadensersatz verpflichtet, so daß gemäß § 839 ¹ BGB. der Gerichtsvollzieher als Beamter erst dann belangt werden könnte, wenn die Kläger von ihrem damaligen Prozeßbevollmächtigten keinen Ersatz zu erlangen vermöchten. Daß übrigens bei Abweichungen die Urschrift maßgebend ist, hat das RG. (Entsch. 4 S. 433; JW. 1891 S. 164²) ausdrückdrücklich ausgesprochen. Seine weitere Bemerkung, daß der Empfänger, sofern er durch die ihm ausgehändigte fehlerhafte Abschrift der Zustellungsurkunde zu einem schädlichen Tun veranlaßt wurde, sich auf die Abschrift berufen dürfe, trifft vorliegend nicht zu. Zustellungsempfänger war lediglich der für A. in erster Instanz aufgetretene Prozeßbevollmächtigte. Wenn dieser im Vertrauen auf die Richtigkeit der ihm eingehändigten Abschrift der Zustellungsurkunde, nämlich, daß das Urteil ihm lediglich auf Veranlassung der Magda F. zugestellt sei, der von anderen Beklagten eingelegten Berufung keine Folge geleistet und dadurch der A. einen Nachteil erlitten hätte, würde er möglicherweise gegen den Gerichtsvollzieher Schadensersatz fordern können. Nachdem er sich aber auf die Berufung eingelassen hat, konnte er durch diese nicht geschädigt werden. Die Kläger aber haben auf Grund der richtigen Urschrift gehandelt. Frdthl.

g) **Öffentliche Zustellung. Auslagenvorschuß.**

Kammergericht, XVII. ZS. Beschluß v. 18. Februar 1905.

Der angefochtene Beschluß vom 4. Februar 1905 enthält, insofern unter Zurückweisung der Erinnerung des Klägers das Verlangen der Zahlung eines Auslagenvorschusses von 50 Mark aufrecht erhalten wird, eine Entscheidung gemäß § 4 Satz 1 GKG., gegen welche gemäß § 4² die Beschwerde zulässig ist. Er enthält aber zugleich auch eine ablehnende Entscheidung auf das Gesuch des Klägers vom 19. Januar 1905, insofern die Bewilligung der öffentlichen Zustellung von der Einzahlung des Auslagenvorschusses abhängig gemacht wird. Gegen diese Entscheidung, durch welche ein das Verfahren betreffendes Gesuch zurzeit zurückgewiesen ist, ist die Beschwerde nach § 567¹ gegeben. Sie ist auch begründet. Denn die Entscheidung über das Gesuch um Bewilligung der öffentlichen Zustellung hätte von der vorherigen Einzahlung des Auslagevorschusses selbst dann nicht **abhängig** gemacht werden dürfen, wenn der Ansatz eines Auslagenvorschusses gemäß § 204 ZPO., §§ 79³, 84 GKG. gerechtfertigt wäre. Die Fälle, in welchen eine solche Abhängigmachung gestattet ist, sind im Gesetz ausdrücklich erwähnt (§§ 84³, 85⁵, 97² GKG., §§ 379, 402, 911 ZPO.). Bezüglich des gemäß § 204 ZPO., §§ 79³, 84¹ GKG. zu erhebenden Auslagenvorschusses fehlt es an einer entsprechenden Bestimmung.

Der Ansatz eines Auslagenvorschusses ist aber vorliegend **überhaupt** nicht gerechtfertigt. Nach § 204² erfolgt die öffentliche Zustellung eines Urteils lediglich durch Anheftung an die Gerichtstafel. Nur für die öffentliche Zustellung des eine Ladung enthaltenden Schriftstücks ist außerdem die Veröffentlichung eines Auszugs in bestimmten Blättern vorgeschrieben. Der § 204³ schließt sich lediglich an die in § 204² Satz 2 enthaltene Vorschrift an und ist deshalb, wenngleich sie einen besonderen Absatz bildet, nur auf die Zustellung von solchen Schriftstücken zu beziehen, welche eine Ladung enthalten. Für diese Auslegung spricht auch die Fassung des § 206². H.tz.

h) **Wiederholung eines Gesuchs um Zustellung eines Arrestbefehls ist kein neues Gesuch i. S. § 207 ZPO.**

OLG. Hamburg, III. ZS. Beschluß v. 14. November 1905.

Auf Antrag der Arrestkläger hat das Landgericht am 22. Juni 1905 den Pfändungsbeschluß erlassen, der den Drittschuldner vor Ablauf der im § 929² gesetzten zweiwöchigen Frist zugestellt und damit zur Wirkung gebracht ist (§ 829[3]). Diese Wirkung würde er verloren haben, wenn nicht die Zustellung an den Schuldner, innerhalb einer Woche nach der Vollziehung und nicht vor Ablauf der im § 929[2] gesetzten zweiwöchigen Frist bewirkt worden wäre. Nach § 207[1] treten die Wirkungen der Zustellung bereits mit der Überreichung des Gesuchs bei Gericht ein, wenn die Zustellung mittels Ersuchens anderer Behörden bewirkt werden soll und demnächst die Zustellung bewirkt wird. Das erste Gesuch der Antragsteller um Bewirkung der Zustellung ist — wenn auch falsch an das Amtsgericht adressiert — doch ausweislich des Präsentationsvermerks am 21. Juni 1905 beim Landgericht eingegangen, so daß, wenn auf dieses Gesuch hin die Zustellung erfolgte, die Fristen des § 929 gewahrt sein würden. Nun geht das Landgericht, wenn es, nachdem der erste Versuch der Zustellung des Arrestbefehls an den Schuldner mißglückt ist, das erneute Gesuch um Zustellung ablehnt, weil die Vollziehung des Arrestbefehls wegen Ablaufs der im § 929[2] gesetzten Frist unstatthaft und die Vollziehung des Arrestes gemäß § 929[3] ohne Wirkung und daher die Zustellung an den Schuldner zwecklos sei, offensichtlich von der Auffassung aus, daß das erste Gesuch mit dem Mißlingen der Zustellung erledigt, das zweite aber als ein völlig neues für die Wahrung der Fristen des § 929 untauglich sei. Es kann aber schon die Frage aufgeworfen werden, ob das Gericht, wenn bei ihm die Zustellung von prozessualen Schriftstücken gemäß §§ 199, 202 beantragt wird, in eine Prüfung darüber eintreten darf, ob die Zustellung einen vernünftigen Zweck hat, da es nicht seine Sache ist, die Partei vor unnützen Zustellungen zu bewahren, und da die Frage, ob und welche Wirkungen eine Zustellung hat, nicht schon bei der Entscheidung über die Zulassung des Gesuchs ausgetragen werden kann. Will man aber dem Gericht auch das Recht geben, offensichtlich unnütze Gesuche um Zustellung als zwecklos abzulehnen, so würde man den vorliegenden Fall nicht als einen solchen ansehen können. Denn es läßt sich sehr wohl die Auffassung vertreten, daß der erneute Antrag nichts weiter sei, als eine Wiederholung des ersten Antrags und daß, wenn nunmehr die Zustellung noch erfolgt, die Frage, ob die im § 929 gesetzten Fristen gewahrt seien, sich nicht nach dem Tage des Eingangs des zweiten Gesuchs, sondern nach dem Eingange des ersten Gesuchs richtet. Es dürfte kaum zu bezweifeln sein, daß das Gericht ohne Anregung des Gesuchstellers Veranlassung nehmen kann, die Bitte um Zustellung bei der auswärtigen Behörde zu wiederholen, wenn es aus den zurückgekommenen Urkunden sieht, daß sie sich wegen eines vorübergehenden Hindernisses nicht bewirken ließ und daß, wenn dann die Zustellung noch geschieht, sie als im Augenblick der Einreichung des Gesuchs als geschehen anzusehen ist. Gibt man das aber zu, so würde es eine nicht zu billigende, allzu formale Auffassung sein, wenn man dann, wenn die Anregung zur Wiederholung des Versuchs der Zustellung durch ein erneutes Gesuch der Partei gegeben wird, die Wirkungen der später erreichten Zustellung nicht auf den Zeitpunkt der Einreichung des ersten Gesuchs zurückdatieren wollte.

Eine andere Auffassung würde auch zur großen Benachteiligung des Inländers die Vollziehung von Arresten gegen einen Ausländer in zahlreichen Fällen unmöglich machen. Man braucht nur an den Fall zu denken, daß wegen Wechsels des Aufenthaltsorts des Schuldners die Zustellung auf das erste Gesuch hin nicht erfolgen konnte.... M. M.

i) **Zur Auslegung des § 236 ZPO.**

Kammergericht, XV. ZS. Urteil v. 20. Februar 1906.

Nach Nr. 2 § 236 sind im Schriftsatz die Mittel für die Glaubhaftmachung der Tatsachen, welche die Wiedereinsetzung begründen sollen, anzugeben. Der Beklagte hat in der gleichzeitig mit dem Wiedereinsetzungsantrage nochmals zugestellten Einspruchsschrift allein auf das Versäumnisurteil Bezug genommen, von welchem eine Ausfertigung beigefügt ist, aus der zu ersehen ist, daß dort als Prozeßbevollmächtigter des Klägers der „RA. JR. H." aufgeführt wird. Im Antrage auf Wiedereinsetzung wird behauptet, daß die rechtzeitige Zustellung der innerhalb der Notfrist eingereichten Einspruchsschrift dadurch versäumt worden sei, daß der Zustellungsempfänger fälschlich als Justizrat statt als Rechtsanwalt bezeichnet worden sei. Wegen dieser unrichtigen Bezeichnung sei nämlich die Annahme der Zustellung im Bureau des Rechtsanwalts H. abgelehnt worden. In der nach Ablauf der zweiwöchigen Wiedereinsetzungsfrist stattgehabten mündlichen Verhandlung ist sodann noch der zurückgekommene Brief vorgelegt, dessen Umschlag mit einem Vermerk des bestellenden Beamten versehen ist, welcher den angegebenen Grund der Annahmeweigerung bestätigt.

Zweifellos wurde hiermit in der mündlichen Verhandlung der Grund der Versäumung der Einspruchsfrist glaubhaft gemacht. Ebenso unbedenklich ist aber auch davon auszugehen, daß im Wiedereinsetzungsantrage die Angabe des zuletzt erwähnten Mittels der Glaubhaftmachung fehlte, und daß diese Angabe unbedingt notwendig war; denn damit, daß das Urteil den „Justizrat H." aufführte, ist keineswegs weiter glaubhaft gemacht, daß gerade wegen dieser Benennung die Zustellung mißlungen ist. Auch in der mündlichen Verhandlung würde es offenbar noch an der Glaubhaftmachung dieses Grundes des Mißlingens gefehlt haben, wenn nicht in dieser der zurückgekommene Brief vorgelegt worden wäre (Entsch. des RG. 31 S. 400). Da mithin die Wiedereinsetzung nicht in zulässiger Weise beantragt worden ist, bedarf es keiner Erörterung darüber, ob unter Voraussetzung eines zulässigen Antrags die Versäumung der Einspruchsfrist einem unabwendbaren Zufalle wäre zuzuschreiben gewesen. W. n.

k) **Wird der im Interesse des einen Erben gegen die übrigen vom Testamentsvollstrecker geführte Prozeß bei dessen Wegfall unterbrochen?**

OLG. Dresden, VII. ZS. Beschluß v. 27. Februar 1905.

Der Testamentsvollstrecker ist nicht der gesetzliche Vertreter der Erben, sondern verwaltet ein Amt (Entsch. des RG. 56 S. 330). Kraft des ihm zustehenden Verfügungsrechts ist er in dem von ihm geführten Rechtsstreit

Inhaber der Parteistellung. Immerhin handelt er, indem er gemäß der ihm zugewiesenen Aufgabe die Verfügungen des Erblassers zur Ausführung bringt (§ 2203 BGB.), materiellrechtlich für die Erben, die einerseits durch seine im Rahmen seiner Machtsphäre getroffenen Verfügungen gebunden und anderseits an eigenen Verfügungen in Ansehung des Nachlasses gehindert werden. Mit dem Wegfall des Vollstreckers erledigt sich die Beschränkung ihres Verfügungsrechts, und sie erlangen in den von jenem geführten Prozessen die Legitimation zur Sache derart, daß sie ohne weiteres an seine Stelle in die Parteirolle einrücken. Stand jedoch dem Vollstrecker in dem Rechtsstreit ein Teil der Erben als Partei gegenüber, so können naturgemäß nur die übrigen Erben an seine Stelle treten. Demzufolge hatte vorliegend lediglich der unmündige Sohn des Beklagten, der neben seinem Vater als Erbe eingesetzt war, in die Stellung des Klägers einzurücken. Es fragt sich jedoch, ob der Wechsel in der Klägerrolle eine Unterbrechung des Verfahrens bewirkt. Ist auch der Vollstrecker nicht gesetzlicher Vertreter der Erben, muß doch der § 241 [1] im Hinblick auf das zwischen ihm und den Erben bestehende materiellrechtliche Verhältnis, das diese an dessen Verfügungen wie an solche eines gesetzlichen Vertreters bindet, sinngemäß auf den Fall erstreckt werden, daß der Vollstrecker stirbt, oder daß seine Vertretungsbefugnis aufhört, er insbesondere entlassen wird und infolgedessen die Erben an seine Stelle in den Prozeß einzutreten haben. Demzufolge würde eine Unterbrechung nach § 241 nur dann eintreten, wenn der einrückende Erbe nicht prozeßfähig und ohne gesetzlichen Vertreter ist. Das Vorhandensein eines solchen muß, wenn schon die Vorschrift dies nicht ausdrücklich erwähnt, die Unterbrechung hindern, weil der Paragraph lediglich die Fälle treffen will, wo die Partei infolge des Wegfalls des Vertreters unvertreten ist. Da hier der Beklagte wegen der vorhandenen Interessenkollision seinen Sohn im Rechtsstreit nicht zu vertreten vermag, würde ein dem § 241 zu unterstellender Fall dann gegeben sein, wenn zur Zeit der Entlassung des Vollstreckers ein Pfleger für ihn nicht bestellt gewesen. Ob das der Fall war oder nicht, hatte das Prozeßgericht von Amtswegen zu prüfen, und nur wenn der Beklagte den Nachweis erbrachte, daß in dem maßgebenden Zeitpunkte ein Pfleger für seinen Sohn in Pflicht stand, konnte das Landgericht seinem Antrage auf Versäumnisurteil entsprechen. Mangels dieses Nachweises, den das Gericht zu erfordern hat, war trotz des Unterbleibens eines solchen Erforderns die Erlassung des Versäumnisurteils unzulässig und die Zurückweisung des Antrags nach § 335 [1] geboten. Die Tatsache allein, daß zur Zeit des Verhandlungstermins, in dessen Verlauf der Antrag gestellt wurde, ein Pfleger für den Unmündigen in Pflicht stand und dies dem Prozeßgericht bekannt war, konnte zur Ausschließung der Unterbrechung nicht genügen.

Wenn die Vorinstanz eine Unterbrechung des Verfahrens aus § 244 herleitete, so kann ihr darin nicht beigestimmt werden, ganz abgesehen von der Frage, ob die von ihr vertretene analoge Anwendung der Vorschrift auf die Fälle zu billigen sei, wo die kraft eines Amtes in der Parteirolle stehende Person, die zufolge ihrer Eigenschaft als Rechtsanwalt sich selbst vertreten hat, das Amt und damit die Parteistellung verliert. Dieser Fall liegt gar nicht vor, denn der ursprüngliche Kläger hatte sich in der Person seines Sozius einen Prozeßbevollmächtigten bestellt. Dieser hat nämlich nicht nur die Klageschrift vollzogen, sondern ist noch in dem ersten Verhandlungstermine für den Kläger erschieneu. Als Prozeßbevollmächtigter muß aber im landgerichtlichen Prozesse der Anwalt gelten, der als solcher für die Partei aufgetreten ist (Entsch. des RG. 38 S. 408). Hier fand also zur Zeit des Wegfalls des Vollstreckers eine Vertretung durch einen Prozeßbevollmächtigten statt, der fähig war, sie für den unmündigen Sohn des Beklagten fortzuführen. Fragen könnte sich dagegen, ob deshalb eine Unterbrechung nach § 241 nicht überhaupt ausgeschlossen sei. Das muß jedoch verneint werden, weil der § 246 die an sich nach § 241 begründete Unterbrechung nur in den dort aufgeführten Fällen unter der Voraussetzung ausschließt, daß eine Vertretung durch einen Prozeßbevollmächtigten besteht. Zu diesen Fällen gehört aber der des Wegfalls eines Vollstreckers nicht. Eine analoge Ausdehnung der Vorschrift auf ihn erscheint unzulässig, weil der § 86 über die Fortdauer der Prozeßvollmacht auf ihn nicht anwendbar ist, übrigens noch die Gesetzesgeschichte und der § 243 darauf schließen lassen, daß die Nichterwähnung des Wegfalls eines Vollstreckers in § 246 nicht bloß auf einem Versehen beruhe. Dr. Mz.

l) **Genügt ein Hinweis auf den Inhalt eines Zahlungsbefehls zur Erfüllung des § 253 Nr. 2?**

OLG. Naumburg, II. ZS. Urteil v. 3. Februar 1905.

Der Kläger hatte einen Zahlungsbefehl auf 3500 Mark „laut Rechnung, Restforderung auf Bau eines Grundstückes in der A straße" erwirkt. Nach erhobenem Widerspruch lud er den Beklagten zur mündlichen Verhandlung vor die Zivilkammer des Landgerichts. Der Schriftsatz beginnt: „Nachdem der Beklagte gegen den Zahlungsbefehl des Amtsgerichts hierselbst Widerspruch erhoben hat" usw. Der Beklagte rügte in der Verhandlung, in welcher der angekündigte Antrag verlesen wurde, daß die Klage mangels der bestimmten Angabe des Grundes des erhobenen Anspruchs eines wesentlichen Erfordernisses entbehre. Dies wurde verworfen. Gründe:

Der § 253 Nr. 2 will, daß der Beklagte durch die Klageschrift über die rechtsbegründenden Tatsachen, welche den Klagantrag rechtfertigen sollen, aufgeklärt werde, damit er wisse, um was für einen Anspruch es sich handle und was Gegenstand des Rechtsstreits sei. Lediglich in des Beklagten Interesse ist diese Vorschrift gegeben, wie sich daraus ergibt, daß er einen Mangel in der bezeichneten Richtung durch Nichtrügen heilen und überhaupt das Nachbringen wesentlicher Bestandteile der Klage nach seinem Belieben zulassen kann (vgl. §§ 264, 527 über Klagänderung). Zwar kommt auch das Gericht in die Lage, die Ordnungsmäßigkeit der Klagerhebung zu prüfen, wenn diese bemängelt wird, oder wenn ein Versäumnisverfahren in Frage steht, aber der maßgebende Grund für die Anforderungen des § 253 liegt doch in der Wahrung der Interessen des Beklagten (Gaupp-Stein S. 524 IV). Da dem Beklagten durch die Bezugnahme auf einen vorher ihm zugestellten Zahlungsbefehl in zweifelsfreier Weise kundgetan wird, welcher Anspruch gegen ihn geltend gemacht werden soll, so würde statt der Darstellung der rechtsbegründenden Tatsachen eine solche Bezugnahme dem § 253 Nr. 2 genügen und erscheint um so weniger bedenklich, als das Gesetz einen Zusammenhang zwischen dem Mahnverfahren und dem nachher sich anschließenden Rechtsstreit durch Hineinziehen der Kosten und Zurückbeziehen der Rechtshängigkeit des Prozesses auf die Zustellung des Zahlungsbefehls anerkennt (vgl. §§ 697, 698). Allerdings enthält der die vorliegende Klage einleitende Schriftsatz keine ausdrückliche Bezugnahme auf den Zahlungsbefehl, sondern lediglich den Bericht, daß ein Zahlungsbefehl voraufgegangen und dagegen Widerspruch erhoben sei. Aber der Sinn und unverkennbare Zweck dieser Anführung ist der, daß der im Zahlungsbefehl bezeichnete Anspruch, weil Widerspruch erhoben sei, nunmehr im ordentlichen Rechtsstreit verfolgt werden solle. Es ist also darin eine genügend deutliche Bezugnahme auf den Inhalt des Zahlungsbefehls zu erkennen, dieser wird als Bestandteil der Klage hingestellt. Dem Beklagten ist dieses Prozeßmaterial bekannt, seinem Interesse wird durch die Verweisung voll Rechnung getragen. Dr. P.

m) **Unrichtiger Beklagter. Eintritt der wahren Beklagten. Seine Zustimmung zur Klagänderung.**

OLG. Dresden, II. ZS. Urteil v. 27. Oktober 1905.

Aus der Urkunde über die Zustellung der gegen Ferd. F. und A. gerichteten Klage hat der RA. S. vom Vorhandensein der Firma: „Offene Handelsgesellschaft Ferd. F.“ Kenntnis erhalten. Da ihm der Kläger erklärte, daß er nur mit F. persönlich zu tun gehabt, daß aber die Firma möglicherweise die Lieferantin sei, so hat er Zweifel darüber, wer richtigermaßen zu verklagen sei, gehegt und im Verhandlungstermin vorgebracht. In der Folge erklärte er, daß sich die Klage gegen die Firma und A. richte und vermerkte sodann zu seinen Handakten: „Parteien einverstanden, daß die Klage zu 1 gegen die Gesellschaft Ferd. F. gerichtet ist.“ Auch der Vertreter der Beklagten hat auf seinem Exemplare der Klageschrift die Worte: „den Kaufmann“ in: „offene Handelsgesellschaft“ geändert und daneben die Namen der Inhaber vermerkt. Hiernach muß nicht bloß die Zustimmung des Prozeßbevollmächtigten der beklagten Partei zur Klagänderung, sondern auch eine Einigung der Parteien dahin angenommen werden, daß die Firma alles, was ihr Mitinhaber F. dem Kläger gegenüber getan und erklärt hat, gegen sich gelten zu lassen hat, und daß seine Zusagen so angesehen werden sollen, als wären sie für die Gesellschaft abgegeben worden. In betreff der Zustimmung zur Klagänderung kommt in Betracht, daß der Kläger nach der Zustellung der Klage an F. gar nicht in der Lage war, den Eintritt der Beklagten in den

Prozeß einseitig und wider deren Willen zu erzwingen. Hätte aber die Frage offen bleiben sollen, ob die Gesellschaft Ferd. F. die Erklärungen ihres Mitinhabers gegen sich gelten zu lassen habe, so würde, zumal nach den Erklärungen des Klägers gegenüber seinem Prozeßvertreter, nicht zu ersehen sein, was letzteren veranlaßt haben sollte, die neben der Klage gegen die Gesellschaft jedenfalls zulässige und haltbare Klage gegen einen ihrer Gesellschafter zurückzunehmen und es darauf ankommen zu lassen, ob F. in Vertretung der Firma gehandelt habe. Dr. v. F.

n) **Unrichtige Bezeichnung des Beklagten. Begriff der Staatsmedaille.**

OLG. Hamburg, II. ZS. Urteil v. 21. Dezember 1905.

Das landgerichtliche Urteil bezeichnet als Beklagten zu 1 den Kaufmann H. F. Daß damit der Vater und nicht der Sohn Henri F. gemeint ist, ergibt sich aus der Begründung. Das Urteil ist demnach zwischen dem Kläger und dem H. F., dem Vater, ergangen. Es kommt nicht darauf an, ob diesem die Klage zugestellt und ob er vor Gericht vertreten war, das Urteil schafft so lange formelles Recht zwischen den Parteien, bis es durch ein ordentliches Rechtsmittel oder durch Wiederaufnahme des Verfahrens beseitigt ist. Das Urteil und die Berufungsschrift des Klägers sind unstreitig dem RA. S. zugestellt worden. Dieser hat dem Berufungsgericht erklärt, daß er von H. F., Vater, keine Prozeßvollmacht habe, auch niemals für ihn als Vertreter aufgetreten sei. Es ist demnach das Urteil dem Beklagten zu 1 bisher wirksam nicht zugestellt. Denn eine Zustellung von Anwalt zu Anwalt kann nach § 198 nur erfolgen, wenn die Parteien durch Anwälte vertreten sind. Die Berufung ist daher wirkungslos.

Bezüglich der übrigen Beklagten steht fest, daß auf der Ausstellung von Singvögeln an H. F. eine massive goldene Medaille „als Staatsehrenpreis“ verliehen worden, daß also die Medaille, deren Inhaber H. F. geworden, vom Staate gestiftet ist. Es ist deshalb nicht abzusehen, weshalb H. F. nicht berechtigt sein sollte, auf den Umhüllungen seiner Waren sich auf die Auszeichnung durch eine goldene Staatsmedaille zu berufen. Daß der Staat bei Fachausstellungen die Auswahl der Auszuzeichnenden nicht durch seine Beamten vornimmt, vielmehr den Veranstaltern der Ausstellung überläßt, selbst oder mit Hilfe einer Jury zu bestimmen, wem die von ihm gestiftete Auszeichnung verliehen werden soll, entspricht der Natur der Sache und ist allgemein üblich, ebenso ist üblich, auf diese Weise verliehene Medaillen als Staatsmedaillen zu bezeichnen. Wenn daneben in einigen Staaten noch andere Medaillen unmittelbar von den Behörden als besondere Auszeichnungen für persönliche Verdienste verliehen werden, die als Staatsmedaillen im engeren Sinne gelten können, so verlieren dadurch jene andern Medaillen, soweit sie vom Staate gestiftet sind, nicht ihre Natur als Staatsmedaillen. Es enthält daher die Bezeichnung der dem Beklagten zu 1 verliehenen Medaille keine unrichtige Angabe von Tatsachen. Die Möglichkeit, daß einer der Leser der angegriffenen Aufschrift glauben sollte, es handle sich nicht um eine der regelmäßig bei Ausstellungen gestifteten, sondern um eine dem H. F. für besondere persönliche Verdienste verliehene Auszeichnung, erscheint ausgeschlossen.... M. M.

o) **Ladung auf einen in der Vergangenheit liegenden Termin.**

Stuttgart, III. ZS. Urteil v. 21. November 1905.

Die am 17. August zugestellte Klagabschrift enthielt: „Termin: Donnerstag, den 3. August." Wäre der Beklagte in dem in Wirklichkeit auf 24. August bestimmten Termin nicht erschienen, so hätte ein Versäumnisurteil gegen ihn nicht erlassen werden können. Es fragt sich aber, ob nur „die nicht erschienene Partei nicht ordnungsmäßig, insbesondere nicht rechtzeitig geladen" (§ 335 Nr. 2) oder ob überhaupt eine Klage gegen diese Partei nicht wirksam erhoben war. Der II. Senat hat früher (vgl. Busch Zeitschr. 19 S. 288) die Einrede der Unzulässigkeit der Berufung verworfen in einem Falle, in welchem die zugestellte Abschrift der Berufungsschrift die Terminsbestimmung: „Donnerstag, 14. Januar" statt: 17. Januar trug, der Berufungskläger aber dem Gegner vor dem 14. Januar den richtigen Termin mitgeteilt hatte. Von diesem Falle unterscheidet sich der vorliegende vor allem darin, daß als Terminstag ein zur Zeit der Zustellung schon in der Vergangenheit liegender Tag bezeichnet war. Nach § 253 muß ein Schriftsatz, um als Klage gelten zu können, enthalten: „die Ladung des Beklagten vor das Prozeßgericht zur mündlichen Verhandlung". Allgemein anerkannt ist, daß die Zustellung eines keine Terminsbestimmung tragenden Schriftsatzes nicht als Klagerhebung gelten kann. Diesem Falle muß aber der vorliegende gleichgeachtet werden: der Beklagte war nicht bloß „nicht rechtzeitig" (d. h. verspätet) oder „nicht ordnungsmäßig" (d. h. in formell ungenügender, mit einem heilbaren Mangel der Zustellung behafteter Weise), sondern überhaupt nicht geladen. Denn eine Ladung auf einen zur Zeit der Zustellung schon in der Vergangenheit liegenden Termin ist in sich widersinnig, auf etwas Unmögliches gerichtet und läßt sich daher überhaupt nicht mehr als Ladung bezeichnen (vgl. Entsch. des RG. in Sächs. Arch. 10 S. 163). Ob dieselbe Beurteilung einzutreten hätte im Falle der Ladung auf einen in der Zukunft liegenden, aber unrichtig bezeichneten Termin, bedarf hier keiner Entscheidung; übrigens mag bemerkt werden, daß sich die Ansicht verteidigen läßt, in solchem Falle genüge, wenn dem Beklagten nachträglich aber vor dem richtigen Termin dieser mitgeteilt wird (vgl. Gaupp-Stein Note 51 zu § 253). Jedenfalls ist es aber eben Sache des Klägers, sich vor der Zustellung der Klageschrift zu vergewissern, ob dieser Schriftsatz die richtige — eine nach dem Kalender mögliche — Terminsbestimmung trägt.

Der Umstand, daß im vorliegenden Falle der Beklagte in dem Termin vom 24. August 1905 vertreten war, hat ihn nicht des Rechts, den Mangel der Klagerhebung zu rügen, verlustig gemacht (Entsch. des RG. 13 S. 337), ebensowenig, daß er im ersten Termin eine Verlegung des Termins beantragte und erwirkte, oder der Umstand, daß nach dem Termin vom 24. August der Kläger den bei der Klagerhebung „untergelaufenen Schreibfehler" berichtigt hat. H.

p) **Irrige Bezeichnung des Terminstages auf der Urschrift.**

OLG. Darmstadt, II. ZS. Urteil v. 16. Juni 1905.

Die Terminsbestimmung auf der Berufungsschrift lautet auf „Mittwoch, den 17. Juni 1905" und ist auch dem Gegner so rechtzeitig zugestellt worden. Da der 17. Juni aber ein Samstag ist und an Samstagen regelmäßige Sitzungen am OLG. nicht gehalten werden, hat der Kläger nach Entdecken des offenbaren Versehens Berichtigung begehrt, die auf „Mittwoch, den 7. Juni 1905 erfolgte". Zu diesem Termine hat er jedoch den Gegner erst — allerdings nach Ablauf der Berufungsfrist — geladen. Gleichwohl ist die Berufung gehörig eingelegt. Zwar hat das RG. (Entsch. 55 S. 305) sie dann für ungültig erachtet, wenn die Terminsbestimmung des Vorsitzenden auf die dem Gegner behändigte beglaubigte Abschrift der Berufungsschrift insofern unrichtig übertragen ist, als die Abschrift einen anderen Terminstag bezeichnet. Allein das RG. begründet dort seine Ansicht mit dem Fehler der Zustellung und hebt dabei hervor, daß es sich also hier nicht um einen dem Geladenen sofort erkennbaren Schreibfehler, nicht um eine schon in der Urschrift vorhandene unklare Bezeichnung, weil etwa der angegebene Monatstag nicht vorkomme, oder um einen dem angegebenen Monatstag widersprechenden Wochentag, wie bei dem Urteile des OLG. Stuttgart in Busch Zeitschr. 19 S. 288 handle. Vorliegend aber handelt es sich gerade um einen dem Geladenen sofort erkennbaren Schreibfehler, um eine bereits in der Urschrift vorhandene unklare Bezeichnung, denn der angegebene Monatstag korrespondierte nicht mit dem angegebenen Wochentag, um den gleichen Fall wie bei dem Stuttgarter Urteile. Mit dem letzteren erachtet das Berufungsgericht in solchem Falle die Einlegung der Berufung als wirksam, da die Berufungsschrift und die zugestellte Abschrift gemäß §§ 518, 216 eine Ladung zu einem vom Vorsitzenden bestimmten Termin enthalten hat, die Wochentagsbezeichnung als eine nebensächliche neben dem Kalendertage angesehen werden müßte und die Richtigkeit einer Terminsbezeichnung nicht als wesentliches Erfordernis der Einlegung der Berufung angesehen werden muß. Dazu kommt, daß dem Berufungsbeklagten keinerlei Nachteil entstanden ist, daß er im berichtigten Termine erschienen ist und verhandelt hat, ohne das unterlaufene Versehen irgendwie zu rügen. Bei dieser Sachlage aber ist kein Anlaß gegeben, den fraglichen Mangel von Amts wegen zu berücksichtigen, so wenig wie wenn etwa überhaupt die Übertragung der erfolgten Terminsbestimmung auf die dem Gegner zugestellte Abschrift der Berufungsschrift unterblieben sein sollte (Entsch. des RG. 9 S. 388). Wie der letztgedachte Mangel, so hat auch der vorliegende vielmehr gemäß § 295 als geheilt zu gelten (Seuffert, ZPO. § 518 Anm. 2d und Entsch. des RG. 9 S. 388). Dr. B.

q) **Eventuelle Verbindung der Klage auf Individualleistung mit der Klage auf Werterſatz in Geld.**

OLG. Stettin, V. ZS. Urteil v. 6. Februar 1906.

Die Klage auf Schadensersatz kann, gerichtet auf eine bestimmte Geldsumme oder unter Vorbehalt der Feststellung des Betrags, fürsorglich mit der Klage auf Individualleistung, auf Herausgabe von Sachen, von vornherein verbunden werden, um doppelte Prozeßführung, zunächst wegen der Leistung, dann wegen des Geldersatzes entbehrlich zu machen. Ein auf Anerkennung dieser Befugnis gerichteter Antrag ist von der II. Kommission (Prot. 1 S. 321, 322 zu 4) nur abgelehnt, um die Rechtsprechung, die solche Verbindung bereits zulasse, nicht zu binden. Die Zulässigkeit solcher Verbindung ist nach wie vor anerkannten Rechtens (Falkmann, Zwangsvollstreckung, 2. Aufl. S. 103c und dort Note 32 bezeichnete Rechtsprechung und Literatur, ferner Stölzel, Schulung, 3. Aufl. S. 363ff., 379 Nr. 4; Willenbücher, Prozeßverfahren S. 13). Die abweichende Ausführung des OLG. Hamburg (Seuffert 47 S. 346) ist nicht überzeugend. Es erscheint ferner durchaus zulässig, falls der Individualleistungsanspruch spruchreif ist und die Vertretungspflicht des Schuldners auf Geldersatz dem Grunde nach gerechtfertigt ist (Entsch. des RG. 54 S. 30), diese Folgen durch Urteil unbedingt auszusprechen und in einem späteren Urteil auf den Betrag des Geldersatzes ebenfalls unbedingt zu erkennen. Der Gläubiger hat dann freilich zwei unbedingte Urteile; die Vollstreckung des einen schließt die Vollstreckung des andern aus. Die gleiche Lage ist aber keineswegs ausgeschlossen, wenn man doppelte Prozeßführung fordert; das Urteil des älteren Prozesses auf Individualleistung wird im Prozeß auf Geldersatz nicht aufgehoben; der Gläubiger kann noch die Vollstreckung auf jene versuchen. Ob Individualleistung und Geldersatz in einem einheitlichen oder in zwei vollstreckbaren Urteilen und ob letztere in einem Prozesse als Teilurteile oder mit doppelten Kosten in zwei Prozessen erlangt sind, ist für die Vollstreckung gleichgültig. Wie die Klaganträge zu formulieren sind, ob eventuell oder alternativ (facultas alternativa), ist für diesen Streit ebensowenig zu erörtern wie die Frage über die Erteilung der Vollstreckungsklauseln (Falkmann a. O. S. 104 gegen Gaupp-Stein 2 S. 391). Gr.

r) **Negative Inzidentfeststellungsklage. Aufrechnung.**

OLG. Dresden, II. ZS. Urteil v. 27. April 1906.

Wäre der Hauptanspruch unbegründet, so wäre für ihn die vom Beklagten zur Aufrechnung gestellte Gegenforderung bedeutungslos und die mit Rücksicht auf sie erhobene Inzidentfeststellungsklage unzulässig (Gaupp-Stein § 280 II 2, 3, bes. 9). Die Abhängigkeit der Hauptforderung vom Bestehen der Gegenforderung läßt sich in der Berufungsinstanz nicht nachweisen, da der Rechtsstreit wegen der Hauptforderung nicht dahin gelangt ist. Dennoch ist eine Entscheidung über die Feststellungsklage erzielbar, da diese, obwohl nach § 280 erhoben, doch auch alle Bedingungen einer selbständigen kumulativ neben dem Hauptanspruche erhobenen Feststellungsklage erfüllt (§§ 256, 260). Etwaige Bedenken, daß die Art der Erhebung (§ 253) die Annahme einer selbständigen Feststellungsklage entgegenstehe, lassen sich durch den Hinweis auf §§ 295, 506² beseitigen (Gaupp-Stein § 260 III 6). Ein Feststellungsinteresse haben die Kläger, weil der Beklagte sich der Forderung berühmt. Seine Erklärung, er denke nicht daran, die Forderung anders als durch Aufrechnung gegen die Klagforderung geltend zu machen, enthält keinen rechtsgültigen Verzicht auf die Durchführung seines Anspruchs außerhalb dieses Rechtsstreits, sondern nur den Ausdruck seiner jederzeit abänderbaren Absicht, wie er es zunächst mit seiner Gegenforderung zu halten gedenke. Da er den Beweis für seine Forderung zu führen (Entsch. des RG. 9 S. 339; JW. 1900 S. 249), aber nicht geführt hat, ist festzustellen, daß sie nicht besteht. Dr. v. F.

s) **Unterschied zwischen Abhängigkeits- und Untersagungsklage im Patentrechte. Zulässigkeit des Übergangs von der einen auf die andere.**

OLG. Bamberg, I. ZS. Urteil v. 2. März 1906.

Die Klage stellt sich, wie sie in I. Instanz erhoben ist, als eine auf § 4 PatGes. gestützte negative Feststellungsklage dar. Es soll ausgesprochen werden, daß der Beklagte nicht befugt sei, die im Patent Nr. 1380 beschriebene Erfindung ohne Genehmigung der Klägerin gewerbsmäßig anzuwenden, solange das Patent Nr. 752 besteht. Es hat zwar die Klägerin auch verlangt, positiv auszusprechen, der Beklagte habe die Abhängigkeit seines Patents von jenem der Klägerin anzuerkennen; allein dieser Ausspruch gehört nicht in den Urteilssatz: er stellt bloß das Rechtsverhältnis dar, worauf sich die Nichtberechtigung des Beklagten zur Benutzung seines Patents gründet, und es ist überflüssig, dieses in den Urteilsgründen festzustellende Verhältnis in die Urteilsformel aufzunehmen (Gaupp-Stein § 3 Note 15). Letzterer Zusatz im Klagantrage ist nicht geeignet, den Charakter der Klage als einer rein negativen Feststellungsklage zu alterieren.

In II. Instanz hat die Klägerin diesen Antrag als eventuell bezeichnet und einen weiteren als primären Antrag gestellt, ohne die tatsächliche Begründung der Klage selbst zu ändern. Dieser primäre Antrag, dahingehend, den Beklagten zu verurteilen, die Herstellung von Schulbänken nach seinem Patente, solange das klägerische Patent besteht, bei Strafvermeidung zu unterlassen, ist nicht auf Feststellung, sondern auf Leistung gerichtet; er paßt nicht auf die Abhängigkeitsklage, sondern auf die Untersagungs- oder abwehrende Klage (actio negatoria) nach § 1004 BGB. Der Übergang von einer Feststellungsklage auf die entsprechende Leistungsklage ist aber hier unzulässig. Es handelt sich um die Feststellung eines absoluten Rechts; bei einem solchen ist vor Eintritt einer Rechtsverletzung ein Leistungsverpflichteter gar nicht vorhanden. Ein Übergang von einer derartigen Feststellungs- auf eine Leistungsklage kann nur unter Änderung des Klagegrundes geschehen, indem die Behauptung spezieller Rechtsverletzungshandlungen nachgebracht werden muß. Die Verteidigung hiergegen darf aber dem Beklagten nicht verkümmert werden (Gaupp-Stein § 256 II 1c).

Für die Statthaftigkeit der Nachtragung solcher tatsächlicher Behauptungen ist § 264 maßgebend; sie geht über § 268 Nr. 1 hinaus, weil dadurch der Klagegrund geändert wird. Die Abhängigkeitsklage im Patentrechte setzt keine Verletzung des Patents voraus, sondern es genügt schon eine Berühmung in bezug auf das betreffende Patentrecht (Allfeld, PatGes. § 4 Ziff. 13b; Seligsohn, PatGes., 2. Aufl., § 4 Ziff. 20[3]). Die Abhängigkeitsklage geht bloß auf Feststellung der Nichtberechtigung des Beklagten, die Untersagungsklage aber auf Beseitigung einer konkreten Rechtsverletzung und verlangt zu ihrer Begründung einen tatsächlichen Eingriff in das Patent, eine wirkliche Störung dieses Rechts, z. B. durch Herstellen, Feilhalten oder Gebrauchen des Gegenstands der Erfindung; die Störung muß eine gegenwärtige, nicht bloß der Vergangenheit angehörige sein, und es muß die Fortsetzung der Störung zu befürchten sein. Der Klagantrag geht auf eine Leistung, nämlich auf Unterlassung der Störung (Allfeld § 4 Ziff. 13 a, α, β; Seligsohn § 4 Ziff. 22 Abs. 5, 6).

Ist die Untersagungsklage begründet, so kann der Patentinhaber allerdings stets die Klage auf den Antrag, es sei die Nichtberechtigung des Beklagten festzustellen, beschränken; denn diese Klage geht nach materiellem Rechte immer auch auf die Feststellung des beklagtischen Nichtrechts (Allfeld § 4 Ziff. 13b; Seligsohn § 35 Ziff. 12; Bolze 9 Nr. 727). Der Übergang von der Untersagungs- auf die Abhängigkeitsklage ist also immer zulässig; es liegt darin eine teilweise Zurücknahme der Klage, welche sowohl auf Abwehr, als auch auf Feststellung des die Abwehr begründenden Rechtsverhältnisses gerichtet war: die abwehrende Klage wird zurückgenommen, die Feststellungsklage aufrecht erhalten. Anders verhält es sich aber im umgekehrten Falle: von der Abhängigkeitsklage kann nicht auf die Untersagungsklage übergegangen werden, weil hier wohl ein neuer Klagegrund, die tatsächlich erfolgte Patentverletzung, nachgebracht werden muß; darin liegt eine Klagänderung, welche, weil § 268 Nr. 1 nicht Platz greift, nur im Rahmen des § 264 zulässig ist, d. h. wenn der Beklagte einwilligt, oder wenn durch die Änderung die Verteidigung des Beklagten nach dem Ermessen des Gerichts nicht wesentlich erschwert wird. In II. Instanz darf nach § 527 die Klage nur mit Einwilligung des Gegners geändert werden; da diese versagt wurde, war der primäre Klagantrag abzuweisen. Sch.

t) **Der Prozeßvergleich beseitigt nicht die Rechtshängigkeit. Er kann im ursprünglichen Verfahren angefochten werden.**[1]

α) OLG. Celle, II. ZS. Urteil v. 26. März 1906.

Den Abschluß eines Prozeßvergleichs focht der Kläger, weil er selbst geisteskrank gewesen sei, an und nahm zu diesem Zwecke das ursprüngliche Verfahren wieder auf mit dem Verlangen, daß der Vergleich als nichtig an-

[1] Rsp. 5 S. 128, 11 S. 106; auch Seufferts Arch. 60 Nr. 132.

gesehen und daß deshalb in der Sache selbst erkannt werde. Das Landgericht nimmt an, daß durch den Vergleich die Rechtshängigkeit erloschen sei, und daher die Nichtigkeit des Vergleichs nur in besonderem Verfahren festgestellt werden könne. Diese Ansicht erscheint aber als unrichtig. Da ein Vergleich nur auf einem Vertrage der Parteien beruht, besitzt er niemals die formelle und materielle Rechtskraft, die einem Urteile als einem auf dem Hoheitsrechte der Gerichtsbarkeit ruhenden Staatsakte innewohnt. Ein jeder Vergleich hat zwar insofern dieselbe Wirkung wie ein Urteil, als er den Rechtsstreit beilegt; jedoch tritt diese Wirkung nicht schlechthin ein, sondern nur dann, wenn der Vergleich formell und materiell rechtsgültig ist. Die Tatsache, daß das Gericht den Vergleich aufnimmt und beurkundet, ist in dieser Hinsicht ohne jeden Einfluß. Es steht infolgedessen auch nichts entgegen, im Falle der Nichtigkeit des Vergleichs das scheinbar beigelegte Verfahren wieder aufzunehmen und den Streit über die Nichtigkeit des Vergleichs in diesem Verfahren zum Austrage zu bringen, und zwar ohne Unterschied, ob die Nichtigkeit von vornherein feststeht oder noch durch weitere Verhandlung festgestellt werden muß. Das Landgericht hat für seine von Paul (Vergleich im Zivilprozeß) vertretene, im übrigen aber von Gaupp-Stein, Seuffert (zu § 794 ZPO.), Kohler in Busch 29 S. 47, Wolf im Archiv 88 S. 213, Kretschmar (Vergleich im Zivilprozesse S. 57) gemißbilligte Ansicht, daß auch ein nichtiger Vergleich das Prozeßverfahren beende, sich auf JW. 1905 S. 535 Nr. 21 berufen. Gegen diesen — dem Urteil vom 3. Juli 1905 (JW. S. 533 Nr. 16) widersprechenden — Beschluß erweckt schon dessen mehrfache Verklausulierung und der dadurch hervorgerufene Zweifel an der Möglichkeit konsequenter Durchführung Bedenken. Vor allem aber erscheinen seine Gründe nicht überzeugend. Er ist zunächst damit begründet, es sei „nicht anzunehmen, daß nach der Absicht des Gesetzes die völlig klare Prozeßposition, die durch den Vergleichsabschluß gewonnen sei, zugunsten eines noch unentschiedenen Verfahrens sollte aufgegeben werden müssen". Ob diese Zweckmäßigkeitsrücksicht de lege ferenda zu berücksichtigen sein möchte, kann dahingestellt bleiben; de lege lata aber fehlt es an einer Bestimmung, die einem an sich nichtigen Vergleiche rechtswirkende Kraft zu verleihen vermöchte, und mangels einer solchen ist nicht abzusehen, wodurch er jene Kraft gewinnen sollte. Ebensowenig kann der weitere Grund, daß sich das Vorbringen bezüglich der Nichtigkeit als unschlüssig oder sogar als unwahr erweisen könne und daß alsdann das nachträgliche Verfahren zugelassen sei, obwohl der Rechtsstreit durch den Vergleich bereits vollständig erledigt und die Rechtshängigkeit endgültig beseitigt gewesen sei, daß für ein derartiges Verfahren aber die ZPO. keinen Anhalt biete, für überzeugend erachtet werden. Denn für eine derartige prozessualische Gestaltung gibt die ZPO. vielfach Raum. Wird z. B. einer Klage der Einwand entgegengesetzt, der Kläger sei infolge von Geisteskrankheit prozeßunfähig, so muß hierüber, wenn die Geisteskrankheit nicht von vornherein feststeht, auch Beweis erhoben werden, und es kann sich also auch hier herausstellen, daß die Klagerhebung von Anfang an nichtig war; trotzdem findet ein Verfahren statt, und es ist nach der ZPO. der Streit über die Geisteskrankheit in diesem Verfahren auszutragen. H.ch.

β) Kammergericht, IV. ZS. Beschluß v. 18. Mai 1905.

Nachdem das Prozeßgericht Sühneversuch und für den Fall des Mißlingens der Sühne Beweiserhebung beschlossen hatte, haben sich die Parteien vor dem beauftragten Richter unter Vorbehalt des Widerrufs binnen drei Wochen verglichen, aber noch vor Ablauf dieser drei Wochen die Verlängerung der Widerrufsfrist um zwei Wochen nachgesucht. Als das Gericht dies ablehnte, widerrief der Kläger den Vergleich und beantragte, die beschlossene Beweisaufnahme auszuführen. Auf den Bescheid des Gerichts, daß der Beweisbeschluß nicht ausgeführt werde, weil der Vergleich nicht rechtzeitig widerrufen worden, wiederholte der Kläger seinen Antrag und bat eventuell um Bestimmung eines Verhandlungstermins. Auf Beschwerde wurde letzteres angeordnet. Gründe:

Ein vor dem Gericht erklärter Vergleich wirkt überhaupt nicht in der Art auf das Verfahren ein, daß er dieses wie ein rechtskräftiges Urteil erledigt. Vielmehr muß das Verfahren auf den Betrieb der Parteien seinen Fortgang nehmen, wenn der Vergleich sich als nichtig erweist, und noch mehr, wenn sich ergibt, daß er an sich nicht zustande gekommen ist. Jede Partei muß daher unbedingt das Recht haben, eine Entscheidung des Gerichts darüber herbeizuführen, ob der Vergleich besteht oder nicht besteht. Sonach darf das Gericht nicht den Antrag auf Anberaumung eines Verhandlungstermins deshalb zurückweisen, weil es der Ansicht ist, daß der Vergleich zustande gekommen sei. Darüber kann nur durch Urteil entschieden werden. Hier hat der Kläger geltend gemacht, daß der Vergleich zufolge seines Widerrufs nicht zustande gekommen sei, und hat, wenn nicht die Ausführung des Beweisbeschlusses angeordnet werden sollte, um Anberaumung eines Verhandlungstermins angetragen. Diesem Antrage muß also stattgegeben werden.

Der prinzipale Antrag auf Erlaß der zuerst begehrten Anordnung war freilich ungerechtfertigt. Die prozessuale Wirkung eines Vergleichs ist jedenfalls die, daß sie das Verfahren einstweilen zum Stillstande bringt, gleichgültig, ob der Vergleich unbedingt oder unter der Bedingung des Widerrufs geschlossen worden ist. Es trifft also die Folge ein, daß das Verfahren ruht, als hätten die Parteien diesen Zustand ausdrücklich vereinbart. Daraus ergibt sich weiter, daß das Verfahren nur auf solche Weise wieder in Gang gebracht werden kann, wie es im Falle des Ruhens nach dem Grundsatze des § 251 geschehen soll, mithin nur durch Zustellung einer Ladung. K.

u) **Einfluß von Veränderungen in einer offenen Handelsgesellschaft auf die Parteistellung im Prozeß.**

OLG. Dresden, II. ZS. Urteil v. 23. Februar 1906.

In dem von einer offenen Handelsgesellschaft geführten Prozesse sind die Gesellschafter in ihrer gesellschaftlichen Verbindung Partei, insofern sie nicht für ihr Privatvermögen, sondern für das aus diesem ausgesonderte Gesellschaftsvermögen auftreten. Wird die Gesellschaft im Laufe des Prozesses durch Beschluß der Gesellschafter aufgelöst, so treten, falls die Liquidation unterbleibt, die Gesellschafter persönlich als Streitgenossen der anderen Partei gegenüber. Die Übertragung des Gesellschaftsvermögens auf einen der Gesellschafter und die Fortführung der Firma durch ihn hat für sich allein seinen Eintritt an Stelle des bisherigen Prozeßsubjekts nicht zur Folge. Der Gesellschafter, der den Prozeß allein übernehmen will, bedarf hierzu der Zustimmung des Gegners. Vorliegend hat K. ein solches Verlangen nicht gestellt. Als Klagpartei sind daher nach der Auflösung der Gesellschaft ihre drei früheren Inhaber zu behandeln. Wohl aber haben die im Gesellschaftsbetriebe begründeten Forderungen nach § 25 Satz 2 HGB. den Schuldnern gegenüber als auf den jetzigen Alleininhaber übergegangen zu gelten, da die bisherigen Mitgesellschafter in die Fortführung der Firma durch K. gewilligt haben und von ihnen eine abweichende Vereinbarung i. S. von § 25² nicht behauptet ist. Da der Klagantrag von vornherein auf Zahlung an die Firma, wenn auch in ihrer damaligen Eigenschaft als einer offenen Handelsgesellschaft, gerichtet war, darf davon ausgegangen werden, daß die Kläger unter den veränderten Verhältnissen Zahlung an den jetzigen Firmeninhaber begehren. Dr. v. F.

v) **Änderung des Klagantrags.**

OLG. Braunschweig, I. ZS. Urteil v. 17. November 1905.

Das Landgericht hat angenommen, daß durch Änderung des Klagantrags die Verteidigung nicht wesentlich erschwert sei, aber unentschieden gelassen, ob eine Änderung der Klage vorliege. Die Ansicht des Beklagten, daß die Entscheidung hierüber nunmehr trotz des § 270 vom Berufungsgerichte nachzuholen sei, geht fehl. War der Vorderrichter der Ansicht, daß die Verteidigung nicht wesentlich erschwert werde, so mußte er den neuen Antrag zulassen, gleichviel ob damit die Klage geändert war oder nicht (§ 264). Hing also von dieser Frage die sachliche Prüfung des mit dem neuen Antrage bezielten Anspruchs nicht ab, so war er nicht gehalten, sie zu beantworten (Gaupp, ZPO. § 264 II b). Angemessen wäre gewesen, wenn der Vorderrichter seinen Ausspruch näher begründet hätte. Allein dabei handelt es sich um eine nach freiem Ermessen des Gerichts zu entscheidende Frage, so daß kein wesentlicher Mangel (vgl. § 539 mit § 551 Nr. 7) vorliegt. Dem Beklagten gereicht dies um so weniger zur Beschwerde, als nicht ersichtlich ist, daß er in erster Instanz irgendwelche Tatsachen dafür angeführt hat, daß seine Verteidigung erschwert werde (§§ 128, 314). H.

w) **Klagerücknahme. Kostenurteil.**

α) OLG. Kassel, II. ZS. Beschluß v. 5. Oktober 1905.

Beklagte haben nach Klagerhebung die eingeklagte Summe bezahlt, worauf der Kläger die Klage zurücknahm. Ist aber die Klage zulässig zurückgenommen, so sind für die Kostenentscheidung nicht die allgemeinen rechtlichen Gesichtspunkte maßgebend, die bei durchgeführtem Rechtsstreit bestimmend wären. Die Prüfung dieser Gesichtspunkte hat deshalb nicht in einem zum Zwecke der Kostenentscheidung fortgesetzten Verfahren zu erfolgen. Mit der Zurücknahme der Klage ist eine solche prozessual überhaupt nicht mehr vorhanden; es fehlt deshalb die prozessuale Möglichkeit, in ein weiteres Verhandlungsverfahren einzutreten. Es ist vielmehr nur noch zulässig wie geboten, die im § 271 ausgesprochene Konsequenz zu ziehen. Die von Gaupp-Stein (V 2 zu § 271) und sonst vertretene gegenteilige Ansicht findet im Gesetz keine Stütze. Fs.

β) Kammergericht, XVI. ZS. Beschluß v. 25. Januar 1906.

Der Kläger hatte die Klage vor der mündlichen Verhandlung zurückgenommen und auch die Kostenrechnung des Beklagten, jedoch abzüglich 32 Mark Korrespondenzgebühr, sofort bezahlt. Der Beklagte ließ gleichwohl den Kläger in die Prozeßkosten verurteilen und beantragte hierauf die Festsetzung seiner Kosten, die er nach Abzug der bereits gezahlten (34 Mark) auf noch 39 Mark, nämlich auf 34 Mark Kosten seines Korrespondenzanwalts und 5 Mark als die durch die Ladung zur mündlichen Verhandlung und diese selbst entstandenen weiteren Kosten des Rechtsstreits berechnete. Das Landgericht hat die Korrespondenzkosten als unnötig abgesetzt, dagegen die übrigen Kosten nebst den Kosten des Festsetzungsbeschlusses festgesetzt. Die Beschwerde des Klägers hierüber ist begründet. Die Korrespondenzkosten konnte der Beklagte mit Rücksicht auf die tatsächliche und rechtliche Einfachheit der Sache und seinen Stand nicht fordern. Daraus ergibt sich, daß der Beklagte wegen seines Kostenanspruchs aus § 271³ von dem Kläger durch die sofort nach Zurücknahme der Klage freiwillig erfolgte Zahlung von 34 Mark in vollem Umfange bereits befriedigt war, noch bevor der Beklagte zur mündlichen Verhandlung wegen der Kosten geladen und ein Kostenurteil erwirkt hatte. Die Verhandlung und das Kostenurteil waren also nicht nur nicht notwendig zur zweckentsprechenden Rechtsverfassung, sondern sogar völlig überflüssig, da der Beklagte alles, was er zu beanspruchen hatte, bereits erhalten hatte. Er kann also die Erstattung der 5 Mark, die lediglich durch seine überflüssigen Maßregeln nach Zurücknahme der Klage entstanden sind, nicht beanspruchen. Der § 271³ steht nicht entgegen, da das dem Beklagten gegebene formale Recht, die Kostenpflicht des Klägers durch Urteil aussprechen zu lassen, als zweckmäßige Prozeßhandlung natürlich nur so lange gelten kann, als der Beklagte wegen seiner Kosten nicht befriedigt ist. Diese Entscheidung widerspricht aber auch nicht dem vom Beklagten erwirkten Urteil, das sich nur über die Kostenpflicht, nicht über die Erstattungsfähigkeit und Notwendigkeit der einzelnen Kostenbeträge ausspricht. Dr. R.

γ) OLG. Hamburg, II. ZS. Beschluß v. 30. Januar 1906.

Nach Rücknahme der Klage haben die Beklagten beantragt, den Kläger in die Kosten abzüglich darauf gezahlter 31 Mark zu verurteilen. Der Kläger hat widersprochen, weil er mit den 31 Mark die vollen Kosten der Beklagten erstattet habe. Diese sind der Meinung, daß ihnen weitere 14,40 Mark als $^5/_{10}$ Verhandlungsgebühr zustehen. Das Landgericht hat diese Gebühr nicht für begründet erachtet und deshalb den Antrag zurückgewiesen. Hiergegen haben die Beklagten rechtzeitig das zulässige Rechtsmittel der sofortigen Beschwerde eingelegt. Es entsteht zunächst die Frage, ob nicht nach § 271[3] dem Antrage der Beklagten ohne Sachprüfung hätte stattgegeben werden müssen. Das kann trotz der Fassung des Gesetzes nicht angenommen werden. Gewiß gehört der Streit über die Berechtigung einer Gebühr nicht in das Verfahren über die Auferlegung der Kosten. Die Sache liegt aber anders, wenn die Partei, welche die Klage zurückgenommen hat und deren Verurteilung in die Kosten beantragt wird, geltend macht, daß sie die Kosten schon beglichen habe und deshalb kein Raum für solchen Antrag sei. Der die Klage zurücknehmende Kläger ist nach § 271[3] regelmäßig als unterliegender Teil zu behandeln und deshalb auf Antrag des Gegners in die Kosten zu verurteilen. Wie aber dem in der Hauptsache unterliegenden Beklagten z. B. nach dem Grundsatz des § 93 nicht die Prozeßkosten zur Last fallen, sondern dem in der Sache siegreichen Kläger, so kann auch nicht der die Klage zurückziehende Kläger auf Antrag des Beklagten in die Kosten verurteilt werden, dann, wenn er sie z. B. dem Beklagten nach Begleichung des eingeklagten Anspruchs erlassen oder gestundet hatte, oder wenn er sie, wie hier behauptet wird, dem Beklagten schon erstattet hatte (Gaupp-Stein zu § 271 III). Alsdann besteht eine Verpflichtung des Klägers zur Kostenerstattung nicht, weshalb sie auch nicht auf Antrag der Beklagten ausgesprochen werden kann. Das Landgericht hat daher mit Recht geprüft, ob den Beklagten die beanspruchte halbe Verhandlungsgebühr zusteht. Wie die Protokolle ergeben, ist zur Sache nicht verhandelt worden. Vielmehr ist nur wiederholt auf Antrag der Parteien ein neuer Termin zur Verhandlung anberaumt und dann schließlich die Klage zurückgenommen worden. Zu Unrecht erachten die Beklagten, daß durch solche „Anträge auf Vertagung" die Gebühr des § 16 GebO. für eine nicht kontradiktorische Verhandlung verdient sei. In Frage könnte allenfalls nur kommen, ob eine Verhandlung stattgefunden hätte, für welche eine Gebühr n. M. des § 23 Nr. 1 GebO. mit § 47 Nr. 1 GKG. erwachsen wäre (JW. 1897 S. 140[47], 1899 S. 493[31]; Walter-Joachim zu § 23 Note 31). Das ist aber zu verneinen: eine mündliche Verhandlung „über die Prozeß- oder Sachleitung, einschließlich der Bestimmung oder Änderung von Terminen und Fristen" (GKG. § 47 Nr. 1) hat hier nicht stattgehabt, sondern die Parteien haben ohne „vorgängige mündliche Verhandlung" (Entsch. des RG. 23 S. 369) die Vertagung der mündlichen Verhandlung auf einen anderen Termin beantragt. Den Beklagten steht daher die geforderte Verhandlungsgebühr nicht zu (vgl. JW. 1893 S. 564[26], auch Willenbücher zu § 23 S. 156; Walter-Joachim zu § 23 Note 31). . . . M. M.

x) **Zuständigkeit der Kaufmannsgerichte.**[1] **„Anhängigkeit."**
Kammergericht, VIII. ZS. Urteil v. 24. Januar 1906.

1. Die Beklagte wendet ein, daß der Rechtsstreit nicht vor die ordentlichen Gerichte, sondern vor ein reichsgesetzlich bestelltes besonderes Gericht, das Kaufmannsgericht gehöre. Sie erhebt also die unter § 274 Nr. 1 fallende prozeßhindernde Einrede der Unzuständigkeit. Die Ansicht von Haas in Note 1 zu § 6, es handle sich um die Einrede der Unzulässigkeit des Rechtswegs, trifft nicht zu. Die bürgerlichen Rechtsstreitigkeiten, auf die das Kaufmannsgerichtsgesetz Anwendung findet, sind nicht dem Rechtsweg, sondern zunächst nur der Rechtsprechung der ordentlichen Gerichte entzogen und besonderen Gerichten überwiesen, die — wie die Gewerbegerichte — staatliche Gerichte sind und wie diese im Namen des Königs Recht sprechen (vgl. die Erklärung des Staatsministers von Bötticher, Sten. Ber. 1890 S. 423; vgl. auch § 13 GVG.).

2. Die Einrede gründet sich auf § 6 Kaufmannsgerichtsges., wonach durch die Zuständigkeit eines Kaufmannsgerichts die der ordentlichen Gerichte ausgeschlossen wird. Wo solche Gerichte bestehen, sind sie nach § 1 zur Entscheidung von Streitigkeiten aus dem Dienst- oder Lehrverhältnis zwischen Kaufleuten einerseits und ihren Handlungsgehilfen oder Handlungslehrlingen anderseits berufen, wobei in § 4 — abgesehen von den in Apotheken beschäftigten Gehilfen und Lehrlingen — nur diejenigen Handlungsgehilfen ausgenommen sind, deren Jahresarbeitsverdienst an Lohn oder Gehalt den Betrag von 5000 Mark übersteigt. Daß der Beklagte nicht zu diesen Handlungsgehilfen gehört, ergibt der Sachverhalt. Sein festes Jahresgehalt belief sich auf 1800 Mark und nach den Provisionsbeträgen, die von ihm in der Zeit vom 1. Januar bis zum 15. Mai 1905 im Betrage von 724 Mark verdient worden sind, ist anzunehmen, daß der Jahresbetrag der Provision — die dem Gehalt zuzuzählen ist — höchstens 2000—2500 Mark erreicht haben würde. Der gesamte Jahresgehalt des Beklagten überstieg also jedenfalls 5000 Mark nicht. Nach § 5 sind nun nicht alle Streitigkeiten aus dem Dienstverhältnis dem Kaufmannsgericht unterworfen, sondern nur diejenigen, die dort besonders aufgeführt sind. Das Landgericht verneint, daß der vorliegende Anspruch überhaupt aus dem Dienstverhältnis erwachse, weil die Klägerin zuviel gezahlte Vorschüsse, also Gelder zurückverlange, die der Beklagte auf ihre Kosten ohne rechtlichen Grund erlangt habe, so daß nicht sowohl ein Vertragsanspruch als vielmehr ein Anspruch aus ungerechtfertigter Bereicherung in Frage stehe. Dieser Ausführung kann nicht beigetreten werden. Es trifft zunächst nicht zu, daß der Beklagte die Vorschüsse ohne rechtlichen Grund erlangt habe. Die Zahlung dieser Vorschüsse auf die von ihm zu verdienende Provision geschah auf Grund getroffener

[1] Die vor dem Inkrafttreten des Gesetzes getroffene Vereinbarung über die Zuständigkeit eines bestimmten ordentlichen Gerichts bleibt in Kraft (OLG. Hamburg, V. ZS. Urteil v. 11. April 1906).

Abrede als eine der Klägerin vertraglich obliegende Vorleistung. Wohl aber ist der rechtliche Grund für das Behalten hinterher weggefallen, wenn und soweit sich nach Auflösung des Dienstverhältnisses herausstellt, daß der Handlungsreisende die ihm gewährten Vorschüsse nicht voll ins Verdienen gebracht hat. Die Rückzahlung solcher Vorschüsse läßt sich allerdings nach § 812 Satz 2 BGB. aus ungerechtfertigter Bereicherung begründen, aber nicht ausschließlich. Geldvorschüsse, wie sie hier gemacht sind, werden nämlich unter der stillschweigenden Willenseinigung der Vertragschließenden vereinbart, gegeben und angenommen, daß sie zu verrechnen und bei Auflösung des Dienstverhältnisses an die Geber zu erstatten seien, soweit sie vom Empfänger nicht verdient sind. Die Rückforderung gründet sich also in erster Reihe — ohne Rücksicht darauf, ob eine Bereicherung erfolgt oder noch vorhanden ist — auf den geschlossenen Vertrag — was insbesondere in Anbetracht des § 818³ BGB. von Bedeutung sein kann —, so daß die Klageforderung hauptsächlich und in erster Reihe sich als eine Forderung auf Leistung aus dem Dienstvertrag darstellt und nach § 5 Ziffer 2 Kaufmannsgerichtsges. als solche der Rechtsprechung der Kaufmannsgerichte unterworfen ist. Wenn es richtig ist, daß der Anspruch aus der ungerechtfertigten Bereicherung nur subsidiär erhoben werden kann, wie dies nach § 277 ALR. I. 13 der Fall war und auch für das BGB. vereinzelt behauptet wird (so früher Endemann § 198 Anm. 4; von Mayr, Der Bereicherungsanspruch S. 356 ff), dann könnte die Klageforderung sogar ausschließlich aus dem Vertrag hergeleitet werden. Es mag das aber hier auf sich beruhen. Wenn auch mit der herrschenden Lehre der Bereicherungsanspruch des BGB. nicht als subsidiärer anzusehen ist, sondern mit anderen Ansprüchen konkurrieren kann, so wird für den Klaganspruch die Zuständigkeit des Kaufmannsgerichts nicht aufgehoben. Denn das Gesetz erfordert nicht, daß die Begründung des Anspruchs sich ausschließlich aus dem Vertrag ergeben müsse.

3. Der § 21, wonach solche Streitigkeiten, die anhängig geworden sind, bevor ein für sie zuständiges Kaufmannsgericht bestand, von den bis dahin zuständigen Behörden zu erledigen sind, trifft nicht zu, denn die Klage ist am 30. Mai eingereicht und alsbald mit der Terminsbestimmung versehen, aber erst am 5. Juni dem Beklagten zugestellt worden, nachdem am 1. Juni 1905 das Kaufmannsgericht in Tätigkeit getreten war. Das Landgericht nimmt zwar an, es sei eine „Anhängigkeit“ schon mit der Einreichung der Klageschrift eingetreten. Allein hätte das Gerichtsgesetz mit dem Begriff der Anhängigkeit etwas von den sonstigen Prozeßgesetzen abweichendes verbinden wollen, so hätte es das gewiß hervorgehoben. Dabei ist nur dem Landgericht soviel zuzugeben, daß „Anhängigmachen“, „Anhängigwerden“ von der Rechtshängigkeit zu unterscheiden ist. Es ergibt sich das aus zahlreichen Bestimmungen der ZPO., namentlich aus § 263² Nr. 1. Dort wird bestimmt, daß, wenn während der Dauer der Rechtshängigkeit von einer Partei die Streitsache anderweit anhängig gemacht wird, der Gegner die Ein-

rede der Rechtshängigkeit geben könne. Anhängigmachen kann nun aber hier nicht mit Einreichung der Klageschrift identisch sein, denn von dieser und ihrem Zeitpunkt hat der Beklagte regelmäßig keine Kenntnis. Es ist darunter vielmehr die Erhebung der Klage zu verstehen. Erst wenn diese erfolgt ist, kann der Beklagte überhaupt in die Lage kommen, eine prozessuale Einrede zu erheben. So hat denn auch die Entsch. des RG. S. 396 sich dahin ausgesprochen, daß „Anhängigmachen" diejenige Prozeßhandlung bezeichne, durch welche der eine gewisse Dauer in sich tragende Zustand der Rechtshängigkeit begründet werde, und sich mit der Erhebung der Klage (nicht also mit deren Einreichung) decke. Auch sonst ist aus § 263 zu entnehmen, daß im Sinne der ZPO. die Frage der Zuständigkeit der Gerichte durch die Verhältnisse am Tage der Klagerhebung sich beantwortet (vgl. Stölzel in Busch Zeitschr. 32 S. 61—62). Dieses Ergebnis wird durch die Ausführungen des Landgerichts nicht erschüttert. Aus § 18 EG. zur ZPO. ist nichts zu entnehmen. Der § 1 des preuß. Ges. vom 31. März 1879 spricht sogar gegen die Ansicht des Landgerichts. Dort heißt es zunächst im Abs. 1, daß die vor dem Inkrafttreten der ZPO. anhängig gewordenen Rechtsstreitigkeiten grundsätzlich nach den bisherigen Vorschriften zu erledigen seien. Wenn der Abs. 2 an die Einreichung der Klageschrift das Anhängigwerden knüpft, so liegt das daran, daß in Preußen die Erhebung der Klage sich an deren Einreichung knüpfte. Daß das Gesetz im übrigen das entscheidende Gewicht gerade auf die Erhebung der Klage gelegt hat, ergibt die Anordnung, daß für die Bezirke Köln und Celle, wo die Erhebung durch Zustellung der Klage geschah, nicht die Einreichung sondern die Zustellung oder die Behändigung der Klage für den entscheidenden Zeitpunkt erklärt wird. Schl.

Dazu: OLG. Karlsruhe, IV. ZS. Urteil v. 23. Juni 1905.

Der Kläger fordert wegen verspäteter Ausstellung des Dienstzeugnisses, ohne das er keine Anstellung habe finden können, Schadensersatz. Allein er war bei der Beklagten ein „mit höheren technischen Dienstleistungen betrauter Angestellter". Unerheblich ist, ob der Kläger nach dem Dienstvertrag auch als zeitweiser Vertreter des kaufmännischen Leiters angestellt war; denn dies war gegenüber seinen Dienstobliegenheiten als Ingenieur nur eine nebensächliche Dienstleistung, wie der Kläger selbst auch dadurch anerkannte, daß er das von der Beklagten schließlich ausgestellte Zeugnis, worin er nur als technischer Leiter bezeichnet ist, als seinen berechtigten Anforderungen entsprechend angenommen hat. Auch hat er in seiner Stellung bei der Beklagten ein 2000 Mark nicht übersteigendes Gehalt bezogen, da er monatlich 160 Mark zu beanspruchen hatte. Die Gratifikation von 200 Mark kommt nicht als Gehaltsteil in Betracht, da es sich nicht um eine im Vertrag festgesetzte jährlich wiederkehrende Vergütung handelt, sondern um eine an Weihnachten 1901 zugesagte einmalige Gratifikation, welche für den Fall versprochen war, daß für 1901 die Gesellschaft 15% Gewinn verteile (Wilhelm-Cromer, GewGerGes.

§ 3 Note 8). Danach ist für die hier in Betracht kommenden Ansprüche das Gewerbegericht zuständig. Dr. E.r.

y) **Bedeutung des die prozeßhindernde Einrede für begründet erklärenden Berufungsurteils für das inzwischen ergangene Endurteil erster Instanz.**

OLG. Rostock, I. ZS. Urteil v. 17. Oktober 1905.

Nachdem durch Zwischenurteil die Einrede der Unzuständigkeit verworfen war, wurde durch Endurteil vom 8. April 1905 der Beklagte dem Klagantrag entsprechend verurteilt. Auf seine Berufung gegen das Zwischenurteil war dieses am 9. Mai 1905 aufgehoben und die Klage wegen Unzuständigkeit abgewiesen. Inzwischen hatte der Beklagte auch gegen das Endurteil Berufung eingelegt. Diese Berufung wurde auf Kosten des Beklagten „als gegenstandslos verworfen". Gründe:

Das Zwischenurteil ist gemäß des § 275 ergangen. Die weitere Verhandlung zur Hauptsache und die darauf erfolgte Entscheidung war daher durch den Rechtsbestand des Zwischenurteils inhaltlich bedingt. Das Zwischenurteil ist aber aufgehoben worden und das Berufungsurteil durch fruchtlosen Ablauf der Revisionsfrist mit dem 20. Juni 1905 rechtskräftig geworden. Infolgedessen ist gleichzeitig das jetzt angefochtene Erkenntnis, obwohl ein besonderer Vorbehalt darin nicht ausgedrückt ist, kraft des dem Urteile prozeßordnungsmäßig innewohnenden Vorbehalts ohne besondere Anfechtung von selbst weggefallen (vgl. Entsch. des RG. 5 S. 426, 15 S. 349; Reincke 4. Aufl. § 275 Vb). Hat das Urteil aber seit dem 20. Juni 1905 keinen Bestand mehr, so kann in der Berufungsinstanz darüber nicht mehr entschieden werden und zwar weder der Hauptsache noch der Kosten halber. Der Beklagte hat allerdings geltend gemacht, zur Verhinderung der Vollstreckung auch des materiell unwirksamen Urteils sei erforderlich, es durch Berufungsurteil formell zu beseitigen. Das trifft jedoch nicht zu. Der Beklagte würde, falls der Gerichtsschreiber unberechtigt die vollstreckbare Ausfertigung erteilen sollte, die Unzulässigkeit der Klausel auf dem im § 732[1] vorgesehenen Wege bei dem Gerichte geltend machen und bei einer ihre Einwendung verwerfenden Entscheidung die Klage nach § 768 erheben können (vgl. Entsch. des RG. 15 a. O.). Wenn er meint, die Kosten der Berufung habe der Kläger zu tragen, die Berufung sei, um sie sich für den Fall der Aufhebung des am 5. Juni 1905 (dem Tage, an welchem die Frist zur Berufung gegen das landgerichtliche Urteil vom 8. April 1905 ablief) noch nicht rechtskräftigen Berufungsurteils zu sichern, zur zweckentsprechenden Rechtsverteidigung notwendig gewesen, so schlägt das nicht durch. Dabei ist übersehen, daß das Urteil vom 8. April 1905 selbst, wenn es vorher formelle Rechtskraft erlangt hätte, doch mit der Rechtskraft des Berufungsurteils vom 9. Mai 1905 in Wegfall gekommen wäre. Der Beklagte hat Berufung eingelegt im Zweifel darüber, ob das Berufungsurteil Bestand behalten werde, hat das aber auf eigene Gefahr getan. Chr.

12

a) Zur Lehre vom Teilurteile. ZPO. § 301.

OLG. Dresden, II. ZS. Urteil v. 22. Januar 1906.

Das LG. nimmt an, daß der Beklagte ein jährliches Einkommen von 2700 Mark habe und imstande sei, es noch durch eigene Arbeit um mindestens 800 Mark zu erhöhen; deshalb billigt es der Klägerin von der Klagerhebung an eine gewisse Mindestrente zu, verschieden je für die Zeit bis zur Wiederverheiratung des Beklagten und von da ab, indem es die Festsetzung der wirklichen Höhe der Einkünfte des Beklagten sowie des behaupteten früheren Anfangspunktes der Unterhaltspflicht dem Schlußurteile vorbehält. Kann nun auch die Verteilung des Anspruchs auf verschiedene Zeitperioden der Unterhaltspflicht an sich die rechtlich zulässige Grundlage für ein Teilurteil bilden, so gilt doch nicht Gleiches für den anderen Teilungsmaßstab. Nach § 301 ist, wenn ein Teil des Klag- oder Widerklaganspruchs zur Entscheidung reif ist, diese durch Teilurteil zu erlassen. Vorausgesetzt ist dabei, daß es sich um einen quantitativen, zahlenmäßig oder sonst bestimmten, individualisierten Teil des Anspruchs handelt (Gaupp-Stein § 301 III 4). Die Weise, wie hier der Streitstoff auf das vorliegende und auf das noch zu erlassende Teilurteil verteilt ist, beruht aber nicht auf einer solchen Teilung des Anspruchs, vielmehr darauf, wie sich derselbe Unterhaltsanspruch nach der jetzt vorgenommenen summarischen oder wie er sich nach der noch vorzunehmenden endgültigen Würdigung des Streitstoffs darstellt. Eine solche summarische Prüfung kann aber immer nur die Grundlage für die einstweilige Regelung der Unterhaltspflicht durch einstweilige Verfügung bilden. Den Erlaß eines Teilurteils, das die ZPO. bloß als ein auf erschöpfender Würdigung der Verhandlungs- und Beweisergebnisse beruhendes **Endurteil** über einen **absolut bestimmten** Teil des Anspruchs kennt, vermag sie nicht zu rechtfertigen. Nicht einmal insoweit ließe sich das Teilurteil halten, als man darin etwa die endgültige Entscheidung über eine einzelne Einnahmequelle des Beklagten, z. B. über die aus seiner Erwerbstätigkeit, zu finden hätte. Denn die einzelnen Einnahmequellen des Mannes, mögen sie auf Kapital oder Grundbesitz oder Erwerbstätigkeit beruhen, bilden nur die Elemente der einheitlichen Wertsberechnung der der Frau gebührenden Rente und sind daher nicht selbständig entscheidungsfähig (Gaupp a. O.).

Die Richtigkeit dieser Auffassung zeigt sich namentlich aus den Vorschriften über die Berufung. Das Berufungsgericht hat nach § 537 den dahin devolvierten Anspruch endgültig zu erledigen. Es kann also, wenn, wie hier, Beklagter gegen ein ihn verurteilendes Teilurteil Berufung einlegt, nur entweder diese oder den zuerkannten Anspruch ganz oder teilweise abweisen. Erachtete es vorliegend den Anspruch in dem ihm durch die angefochtene Entscheidung gegebenen Rahmen nicht oder doch nicht in der erkannten Höhe für gerechtfertigt, so würde es gleichwohl an einer Klagabweisung behindert sein, da sich ja der Anspruch insoweit nach der noch vorbehaltenen

Prüfung des Streitstoffs, insbesondere wegen des dem Beklagten nachzuweisenden Kapitalvermögens als begründet darstellen kann. Gleichwohl könnte aber auch eine Zurückverweisung an die erste Instanz nicht erfolgen. Die Fälle solcher Zurückverweisung sind in §§ 538, 539 erschöpfend geregelt und dazu gehört der genannte nicht. Gemäß § 539 war daher das unzulässige Teilurteil aufzuheben und die Sache an die erste Instanz zurückzuverweisen. Dr. v. F.

b) **Ein im Prozesse abgegebenes Anerkenntnis kann in demselben Rechtsstreit nicht mit der Kondiktionseinrede beseitigt werden.**

OLG. Cöln, VIII. ZS. Urteil v. 19. Januar 1906.

Allerdings kann nach § 812² BGB. die Aufhebung des Vertrages, wodurch ein Schuldverhältnis anerkannt worden ist, verlangt werden, und zwar ebensowohl im Wege der Klage, als der Einrede. Diese Bestimmung findet aber auf das prozessuale Anerkenntnis des Klaganspruchs gemäß § 307 ZPO. keine Anwendung, weil es sich zunächst hierbei nicht um einen Anerkennungsvertrag handelt. Es ist lediglich der dem Prozeßgericht gegenüber erklärte Wille des Beklagten, auf die Verteidigung gegen den Klaganspruch im anhängigen Rechtsstreit verzichten zu wollen. Dagegen stellt es sich nicht etwa als ein Vertragsangebot gegenüber dem Gegner dar; ein solches aber wird zu einem Vertrage notwendig erfordert. Ebensowenig kann der Antrag des Klägers auf Erlaß eines Anerkenntnisurteils als die Annahme einer im Anerkenntnis liegenden Vertragsofferte angesehen werden, sondern er hat nur die Natur einer dem Gericht gegenüber vorgenommenen Prozeßhandlung zur Erzielung eines vollstreckbaren Titels. Es kommt aber hinzu, daß, wenn der Kläger beantragt hat, dem Anerkenntnis gemäß zu verurteilen, das Prozeßgericht nach dem imperativen Wortlaut des § 307 das Anerkenntnisurteil erlassen muß, wenn nur der Beklagte das Anerkenntnis mit rechtlicher Wirksamkeit abgeben konnte und es nicht etwa als unsittlich oder gesetzwidrig oder wegen Willensmängel rechtsungültig ist. Dagegen ist das Gericht nicht verpflichtet und nicht einmal berechtigt, nachzuprüfen, ob das Anerkenntnis dem wahren Sachverhalt entspricht und ebensowenig ist der Beklagte nach der herrschenden Meinung befugt, das Anerkenntnis im Prozeß einseitig zu widerrufen. Mit diesen aus dem § 307 sich ergebenden Folgerungen ist die Kondiktionseinrede im anhängigen Rechtsstreit unvereinbar. Ihre Zulassung würde gleichbedeutend sein mit dem Widerruf des Anerkenntnisses und müßte notwendig zu der Prüfung führen, ob das Anerkenntnis mit der wirklichen Sachlage im Einklang steht, was gerade der § 307 auszuschließen bezweckt. Dr. N.

c) **Berichtigung des Urteils. ZPO. § 319.**

α) OLG. Karlsruhe, I. ZS. Beschluß v. 25. Januar 1905.

Allerdings kann das erkennende Gericht nach § 319 ZPO. nicht eine Entscheidung deshalb zurücknehmen, weil sie auf einem bei der Erlassung untergelaufenen Irrtum beruht. Wohl aber können diejenigen Mängel einer Entscheidung beseitigt werden, welche dem Inhalt der Entscheidungsgründe widersprechen und dergestalt erkennbar sind, daß aus dem Zusammenhalten von Tenor und Gründen sowohl das Vorhandensein eines Versehens als auch das vom Richter wirklich Gewollte mit Gewißheit sich ergibt. Liegen diese Voraussetzungen wie hier vor, dann können auch von Amts wegen nicht nur Schreib- und Rechnungsfehler, sondern Unrichtigkeiten jeder Art berichtigt werden, auch wenn sich durch die Berichtigung die Entscheidung gegenüber der verkündeten in das Gegenteil umkehrt. Selbstverständlich kann das Gesetz nicht die Voraussetzung aufstellen, daß sofort bei der Verkündung des Urteils die Divergenz zwischen der verkündeten und der vom Gerichte wirklich gewollten Entscheidung erkennbar sein müsse, weil es in § 311[1] nur die Verkündung der Formel vorschreibt. Dr. E.r.

β) OLG. Karlsruhe, I. ZS. Beschluß v. 30. Januar 1905.

Eine Verteilung der Kosten unter den Beklagten nach dem Maßstabe ihrer Beteiligung am Rechtsstreite ist versehentlich unterblieben. Das Landgericht kann aber nicht behaupten, daß es, als es die verkündete Entscheidung beschloß, eine andere als die verkündete Kostenentscheidung gewollt hat; vielmehr ist unzweifelhaft, daß es erst auf die Vorstellung des Beklagten nachträglich die gewollte und verkündete Kostenentscheidung als eine unbillige angesehen und deshalb dem Antrage des Beklagten entsprechend den angefochtenen Beschluß erlassen hat. Es handelt sich also um einen Irrtum in der Beurteilung, nicht um einen Mangel des Ausdrucks, der verbessert werden sollte. Zu einer derartigen Berichtigung bietet indessen § 319 keine gesetzliche Handhabe. Es kann hier nicht mehr von einer aus dem Inhalt des Urteils sich ergebenden „offenbaren Unrichtigkeit" gesprochen werden. Dr. E.r.

γ) OLG. Karlsruhe, I. ZS. Beschluß v. 3. Februar 1905.

Das Urteil hat dem Kläger $^1/_3$ und dem Beklagten $^2/_3$ der Kosten auferlegt. Später wurde es auf die Vorstellung des Beklagten dahin berichtigt, daß diesem $^1/_3$ und dem Kläger $^2/_3$ auferlegt wurden. Allein daß hinsichtlich der Kostenentscheidung ein Versehen beim Diktieren des Urteils unterlief, ist aus den Urteilsgründen nicht ersichtlich, weil die Begründung sich auf die Anziehung des § 92 beschränkt und das vom Richter wirklich Gewollte ist um so weniger aus dem Urteile zu ersehen, als sich die Verteilung der Kosten nach § 92 nicht lediglich nach der Höhe der im Urteil zu- und aberkannten Beträge richten muß. Dr. E.r.

δ) Kammergericht, XIII. ZS. Beschluß v. 23. Oktober 1905.

Die Klage ist gegen den Bauunternehmer Wilhelm in O. gerichtet und unter dieser Adresse zugestellt. Der Postbote hat jedoch die Abschrift der Klage in der Wohnung des Bauunternehmers Wilhalm dem Dienstmädchen übergeben. Es erging Versäumnisurteil gegen Wilhelm. Auf Antrag des Klägers hat das Landgericht den Namen des Beklagten in „Wilhalm" berichtigt. Die Beschwerde des Wilhalm ist rechtzeitig eingelegt. Allerdings ist der Beschluß entgegen dem § 329 nur dem Kläger von Amts wegen zugestellt worden; die etwa von ihm veranlaßte Zustellung an den Beklagten

Wilhelm oder Wilhalm würde unwirksam sein, indes ist die Einlegung der sofortigen Beschwerde auch vor der Zustellung der beschwerenden Entscheidung zulässig. Sie ist ferner nach § 319 zulässig, sie steht insbesondere dem Beschwerdeführer zu. Wenn dieser auch bestreitet, daß er Prozeßpartei sei, so ist er doch, auch wenn dieses Bestreiten gerechtfertigt sein sollte, befugt, eine Entscheidung, durch die er ohne vorgängiges rechtliches Gehör nach ergangenem Spruche zur Prozeßpartei gemacht werden soll, anzugreifen.

Die Beschwerde ist endlich auch begründet. Der § 319 dient dazu, um Abhilfe zu schaffen, wenn infolge eines Versehens des Richters sein Wille in der Erklärung nicht den richtigen Ausdruck gefunden hat. Ein solcher Fall liegt nicht vor, wie schon die Begründung des angefochtenen Beschlusses ergibt. Da die Klage gegen Wilhelm gerichtet war, konnte sich das Urteil nur auf Wilhelm beziehen, ein Versehen des Gerichts hinsichtlich dieser Verurteilung ist also nicht untergelaufen. Ob das Gericht Wilhelm hätte verurteilen dürfen, wenn die Zustellungsurkunde hätte ersehen lassen, daß die Zustellung an Wilhalm, also überhaupt nicht ordnungsmäßig erfolgt war; wenn es ferner aus dem Original des Wechsels und Protestes ersah, daß der Wechselverpflichtete Wilhalm und nicht Wilhelm hieß, ist unerheblich, ein etwaiger Verstoß des Gerichts in dieser Beziehung würde nicht unter § 319 fallen. Durchaus unerheblich ist auch der Umstand, daß Wilhalm schon vor dem Verhandlungstermin von dem Inhalt der Klage Kenntnis erlangt hat, also wenn er in der Tat nicht die Person war, gegen die die Klägerin zu klagen beabsichtigt hatte, Anlaß gehabt hätte, sein Interesse vor oder in dem Termine zu wahren. Der Beschwerdeführer konnte darauf rechnen, daß aus einer gegen Wilhelm erhobenen Klage eine Verurteilung gegen ihn nicht hervorgehen könne, zumal auch die Zustellung der Klage nicht ordnungsmäßig war, und es kann ihm daraus, daß er unterließ, auf das offenbare Versehen hinzuweisen, kein besonderer Vorwurf gemacht werden, besonders wenn er, was sich nicht übersehen läßt, Einwendungen gegen den Klaganspruch zu haben glaubte. Daß es unzulässig ist, der Partei, die das Gericht im Versäumnisurteile verurteilen wollte und verurteilt hat, eine andere Partei unterzuschieben, hat auch das Reichsgericht (Gruchot 46 S. 1080) anerkannt. Wenn dort die Frage offen gelassen worden ist, ob eine unverfängliche Verbesserung in der Rechtschreibung des Namens statthaft sei, so ist auch gegenwärtig eine Erörterung hierüber nicht geboten, da die Veränderung des Namens Wilhelm in Wilhalm mehr ist als eine Berichtigung der Rechtschreibung. v. W.

ε) Kammergericht, XVI. ZS. Beschluß v. 14. Dezember 1905.

Die Klage gegen den Schauspieler Max W. ist diesem zugestellt worden; er hat Einwendungen erhoben, ist aber rechtskräftig zur Zahlung verurteilt, worauf die Klägerin seine Ansprüche gegen die Theaterdirektion in H. durch das Amtsgericht daselbst pfänden und sich zur Einziehung überweisen ließ. Der Beklagte hat nunmehr bei dem Amtsgericht in H. beantragt, die Pfändung für unzulässig zu erklären, weil er gar nicht Max W. heiße; Max W. sei nur sein Theatername, während sein bürgerlicher Name Max S. sei. Infolgedessen hat die Klägerin bei dem Prozeßgericht beantragt, im Urteile den Namen des Beklagten Max W. als Berichtigung eines Schreibfehlers in Max S. umzuändern, und als das Gericht dies, weil ein Schreibfehler des Gerichts nicht vorliege, ablehnte, die Vollstreckungsklausel auf den Namen des Beklagten Max S. umzuschreiben. Auch dieses Gesuch wurde zurückgewiesen, weil ein Fall des § 727 ZPO., insbesondere eine Rechtsnachfolge auf seiten des Beklagten nicht vorliege.

Die Beschwerde über die Ablehnung einer Berichtigung ist unbegründet, weil, wenn auch an sich die Berichtigung der Parteibezeichnung in der Überschrift des Urteils unter § 319 fallen könne, hier doch die Berichtigung versagt werden muß, weil § 319 nur Schreibfehler, die auf einem Irrtum des Gerichts, nicht solche, die auf einem Irrtum der Partei beruhen, betreffen. Dagegen ist die Beschwerde über den zweiten Beschluß begründet und die Vollstreckungsklausel „gegen den Schauspieler Max S. mit dem Theaternamen Max W." zu erteilen.

Die Verurteilung richtet sich gegen diejenige Person, der die Klage zugestellt ist und die darauf sich auf die Klage eingelassen hat, gleichviel, ob sie mit ihrem richtigen bürgerlichen Namen bezeichnet ist oder nicht. Vorliegend heißt der Beklagte und Verurteilte Max W. in Wahrheit mit seinem bürgerlichen Namen Max S., so daß Max S. der rechtskräftig Verurteilte ist. Dem Vorderrichter mag zuzugeben sein, daß die ZPO. nur Vorschriften über die Umschreibung der Vollstreckungsklausel für oder gegen Dritte gibt (§§ 727, 738, 742, 744, 749). Allein dadurch wird keineswegs ausgeschlossen, daß bei Identität der Person die Klausel „zur Aufdeckung des wahren Sachverhalts" auf einen anderen Namen als den im Urteil angegebenen geschrieben werden kann. So kann z. B., wenn ein Einzelkaufmann nur unter seiner Firma verklagt und verurteilt ist, die Klausel sehr wohl auf seinen bürgerlichen Namen gestellt werden, um den Vollstreckungsorganen eine ihre Kräfte oft übersteigende Prüfung, wer zur Zeit der Klagerhebung Inhaber der Firma war, ob dieser zur Führung der Firma berechtigt war ꝛc, abzunehmen (Gaupp Anm. I zu § 727). Da nun vorliegend die Erklärung des verurteilten Beklagten Max W. ergibt, daß mit diesem Theaternamen eben die Person des Max S. bezeichnet ist, so durfte zur Klarstellung der Sachlage die Klausel gegen Max S. umgeschrieben werden. Inwieweit etwa auch ohne solche Umschreibung die Zwangsvollstreckung aus dem Urteile hier, wo mit dem Antrage des Beklagten die Zwangsvollstreckung für unzulässig zu erklären, zugleich die Identität des Max S. mit dem im Urteile angeführten Max W. dargetan war, sich gegen Max S. hätte ermöglichen lassen, bedarf keiner Erörterung. Die Klägerin aber in solchem Falle auf einen neuen Rechtsstreit zu verweisen, was sich aus den Entscheidungen des Vorderrichters ergeben würde, wäre eine Belohnung der Arglist des Beklagten, der während des ganzen Prozesses die Klägerin in ihrem Irrtum über seinen wahren

Namen erhalten und dadurch eine Berichtigung der Klage nach § 268 verhindert hat. Dies wird von dem Gesetze nicht gebilligt; denn § 750 fordert nur, daß in dem **Urteil oder der Vollstreckungsklausel** die Person, gegen welche vollstreckt werden soll, namentlich bezeichnet ist. Es genügt also, wenn die **Klausel** den richtigen bürgerlichen Namen der in dem Urteile bezeichneten, verurteilten Person angibt. Dr. R.

d) **Deutsche Schutzgebiete kein Ausland.**

OLG. Hamburg, V. ZS. Urteil v. 29. März 1905.

... Der Kläger meint, die deutschen Schutzgebiete seien Ausland, die Wirksamkeit des in Togo eröffneten Konkurses sei deshalb auf das Gebiet des Konkursgerichts beschränkt, die Feststellung zur Tabelle für das Rechtsverhältnis der Parteien nicht verbindlich, und die Zulässigkeit der vorliegenden Klage nicht ausgeschlossen. Dem kann nicht beigestimmt werden. Nach § 3 Schutzgebietges., und nach dem entsprechende Anwendung findenden § 26 KonsGG. kann allerdings durch Kais. Verordnung bestimmt werden, inwieweit die Schutzgebiete im Sinne speziell auch der KO. als deutsches Gebiet oder Inland oder als Ausland anzusehen sei. Eine solche Verordnung ist aber nicht erlassen. Bei dieser Sachlage ist mit **Gaupp**, ZPO. 1 S. 8 anzunehmen, daß die Gerichte in den deutschen Schutzgebieten **nicht** als ausländische Gerichte anzusehen sind, sondern daß ihre Entscheidungen — hier das Gericht in Togo im Konkursverfahren —, bei der sachlichen Übereinstimmung des Rechts, auf dem sie beruhen, dieselbe Wirkung wie diejenigen inländischer Gerichte haben, als Entscheidungen deutscher Gerichte zu erachten sind.... M. M.

e) **§ 325[1] erstreckt sich nicht auf die Kosten.**

OLG. Dresden, III. ZS. Beschluß v. 26. Januar 1906.

Der Beklagte R. ist kostenfällig verurteilt, über seine durch Hypothek gesicherte Darlehnsforderung dem Kläger zu quittieren und den Brief herauszugeben. Während des Rechtsstreites hat V. die den Streitgegenstand bildende Hypothek erworben. Auf Antrag des Klägers ist hierauf zu den in der Sache ergangenen Urteilen gegenüber V. als dem Rechtsnachfolger des Beklagten Vollstreckungsklausel erteilt worden. Dagegen ist das Gesuch des Klägers um Erteilung der Vollstreckungsklausel zu den Kostenfestsetzungsbeschlüssen zurückgewiesen. Das Rechtsmittel des Klägers hiergegen kann Beachtung nicht finden. Die in § 325 verfügte Ausdehnung der Rechtskraftwirkung über die Parteien hinaus hat den Sinn, daß sie begrenzt wird durch den Umfang der Rechtsnachfolge. Dem Singularsukzessor gegenüber tritt sie also in der Regel nur soweit ein, als die Entscheidung sich auf den erworbenen Gegenstand selbst bezieht. Die Wirkung der Rechtskraft auf die Kosten auch dann zu erstrecken, wenn diese — was hier der Fall ist — nicht derart mit der Hauptsache zusammenhängen, daß die Rechtsnachfolge sich **nach bürgerlichen Rechte** auf sie miterstreckt (**Gaupp-Stein** zu § 325), lag auch gar keine Veranlassung vor, weil die Kostenpflicht der unterliegenden Prozeßpartei sich darauf gründet, daß sie zu Unrecht prozessiert hat, dies aber auf den Rechtsnachfolger nicht zutrifft (Rsp. 1 S. 224 ff). Allerdings ist in § 325[1] die im früheren § 236[3] enthaltene Einschränkung, wonach die Entscheidung nur in Ansehung der Sache selbst auch gegen den Rechtsnachfolger wirksam und vollstreckbar sein soll, nicht aufgenommen worden. Allein hiermit ist, wie die Motive zum BGB. 1 S. 380 darlegen, nicht der Zweck verfolgt worden, daß nunmehr auch die Kostenentscheidung gegen den Rechtsnachfolger wirken solle. J. M.

f) **Zustellung eines Versäumnisurteils im Ausland (ZPO. § 339 Abs. 2).**

α) OLG. Hamburg, III. ZS. Urteil v. 26. September 1905.

Die Zustellung des Versäumnisurteils ist gemäß §§ 174, 175 durch Aufgabe zur Post erfolgt und konnte in dieser Weise bewirkt werden, nachdem die Beklagten, welchen die Klage am 3. August 1903 in Osnabrück zugestellt war, am 6. Oktober 1903 ihren Wohnsitz in das Ausland verlegt hatten, ohne einen Zustellungsbevollmächtigten zu ernennen. Nach § 339[2] hat das Gericht, wenn die Zustellung im Auslande erfolgen muß, die Einspruchsfrist zu bestimmen, und nach richtiger Ansicht (Seuffert 1 S. 538 Note 3; Dresden, Sächs. Archiv 3 S. 496; a. M. Gaupp-Stein 1 S. 790 Note 5 und Petersen-Anger Note 2 zu § 339) gehört dazu auch die nach § 175 zulässige Zustellung durch Aufgabe zur Post, wenn der Bestimmungsort im Ausland ist. Vorliegend hat das Landgericht dem Antrage des Klägers gemäß nach Erlaß des Versäumnisurteils durch besonderen Beschluß die Einspruchsfrist am 18. Dezember 1903 auf 3 Wochen festgesetzt, da dem Gericht erst nachträglich mitgeteilt worden war, daß Zustellung im Auslande erforderlich sei. Solchenfalls wurde aber die Einspruchsfrist gegen das Versäumnisurteil nicht schon durch die vorher ohne Zustellung des Beschlusses bewirkte Zustellung des Urteils im Auslande, sondern erst mit der Zustellung dieses Beschlusses eröffnet. Solange der Beschluß nicht erlassen und der säumigen Partei nicht mitgeteilt worden war, durfte gegen das Versäumnisurteil immer noch Einspruch erhoben werden, gleichviel ob und wann es der säumigen Partei zugestellt wurde (Petersen-Anger S. 694 Note 2; Seuffert S. 538 Note 3; Gaupp-Stein S. 790 zu 2; Protokolle der Justizkommission S. 115, 548). Das Verfahren gestaltet sich solchenfalls so, daß der nach § 339[2] erlassene Beschluß der Partei, die das Urteil erwirkt hat, gemäß § 329[2] von Amts wegen zuzustellen ist, während er dem Gegner, wie auf eine Anfrage in der Reichstagskommission erklärt wurde, in gleicher Weise wie das Versäumnisurteil, also von Partei wegen, zugestellt werden muß (Gaupp-Stein, Petersen-Anger a. O.). Vorliegend ist der Beschluß im Parteibetrieb bisher überhaupt nicht, sondern nur von Amts wegen zugestellt worden. Wollte man übrigens die letztere Zustellung als rechtswirksam ansehen, so wäre gleichfalls die dreiwöchige Einspruchsfrist gewahrt. M. M.

β) Die Bestimmung der Einspruchsfrist (§ 339²) bleibt wirksam, wenngleich das Urteil im Inlande zugestellt wird.[1]

Kammergericht, XVI. ZS. Urteil v. 21. Juni 1906.

Gegen die auf diplomatischem Wege in Brüssel geladene Beklagte erging ein Versäumnisurteil, das gemäß § 339² die Einspruchsfrist auf 3 Wochen bestimmte. Die Zustellung des Urteils erfolgte durch Aufgabe zur Post, worauf die Beklagte in der dritten Woche Einspruch einlegte. Das Landgericht hat ihn als unzulässig verworfen. Der Berufung wurde stattgegeben. Gründe:

Allerdings waren die Voraussetzungen nicht gegeben, unter denen nach § 339² die Einspruchsfrist zu bestimmen war; denn eine Zustellung durch Aufgabe zur Post, wie sie hier erfolgen konnte und erfolgt ist, muß als eine Zustellung im Inlande angesehen werden (Entsch. des RG. 57 S. 355). Daraus aber, daß das Landgericht über die Zulässigkeit der Fristerstreckung irrte, ergibt sich noch nicht die Befugnis des Berufungsgerichts, den vorderrichterlichen Beschluß aufzuheben oder als nichtig zu betrachten. Nach § 512 unterliegen zwar der Beurteilung des Berufungsgerichts auch diejenigen Entscheidungen, die dem Endurteile vorangegangen sind, sofern sie nicht unanfechtbar oder mit der Beschwerde anfechtbar sind. Hier handelt es sich aber um eine nach dem Endurteil erster Instanz ergangene Entscheidung, die zudem der Anfechtung durch das Gesetz entzogen ist. Denn der Beschluß ist ein prozeßleitender Akt, gegen den es keine Beschwerde gibt (vgl. Seuffert 55 Nr. 116;

[1] Obige Entscheidung erscheint bedenklich. Sie führt zunächst zu unhaltbaren Ergebnissen. Danach könnte der Richter, der zu der völlig unbegründeten und vom Kläger bekämpften Überzeugung gelangt, daß das Urteil im Auslande oder öffentlich wird zugestellt werden müssen, eine mehrjährige Einspruchsfrist bestimmen, ohne daß der Kläger gegen diese „prozeßleitende Verfügung" ein Rechtsmittel hätte. Andrerseits könnte sich, da der § 339 nur von „Bestimmung", nicht von „Erstreckung" der Einspruchsfrist spricht, der Richter für befugt erachten, diese Frist zu verkürzen; der Kläger wäre dann derjenige, der diesem Richterworte unbedingt trauen dürfte. Sodann kommt in Betracht, daß der § 339 die Fristbestimmung an objektive Voraussetzungen knüpft, über deren Vorliegen ein Zweifel nie aufkommen kann. Die öffentliche Zustellung „muß" nicht schon dann, wenn der Aufenthalt des Beklagten jetzt unbekannt ist, sondern erst dann erfolgen, wenn der Kläger sie nachgesucht und das Gericht sie bewilligt hat. Geschieht dies in der mündlichen Verhandlung, so ist sofort im Urteile, sonst durch einen Nachtragsbeschluß die Frist zu bestimmen. Eine Änderung der tatsächlichen Verhältnisse in der kurzen Zwischenzeit zwischen Bewilligung und Anheftung des Urteils erscheint ausgeschlossen. Ähnlich verhält es sich mit der Zustellung im Auslande, sie „muß" erfolgen, wenn die Partei sie beantragt und der Vorsitzende sie für erforderlich erachtet (§§ 199, 202), ohne daß die Gründe, die ihn dabei leiteten, einer Nachprüfung des Berufungsgerichts unterliegen. Hieraus folgt, daß in allen anderen Fällen die Fristbestimmung zunächst wirkungslos ist und erst Bedeutung gewinnt, wenn tatsächlich das Urteil öffentlich oder im Auslande zugestellt wird. Der Beklagte selbst weiß, wie ihm zugestellt worden ist; er erfährt ferner aus dem Urteil, worauf die Fristbestimmung beruht, und ist somit in der Lage, die richtigen Maßnahmen zu ergreifen; event. kann ihm nur durch Wiedereinsetzung geholfen werden. Daß übrigens vorbehaltlose Gerichtsbeschlüsse doch nur für einen bestimmten Fall ergehen, zeigt die Bestimmung des zuständigen Gerichts: im Falle des § 36 Nr. 3 steht den Beklagten der Einwand frei, daß sie ihren Wohnsitz nicht in den vom Kläger in seinem Gesuche angegebenen Orten gehabt oder daß sie einen besonderen Gerichtsstand verabredet hätten. D. E.

JW. 1899 S. 573, 768). Die Vorinstanz hat den Beschluß nicht aufgehoben. Jetzt, nachdem die Beklagte im Vertrauen auf ihn ihre Handlungen eingerichtet hat, wäre auch seine Aufhebung nicht mehr zulässig, denn der Richter darf auf solche Weise die Lage der Partei nicht verschlechtern (Planck, Lehrb. 1 S. 476). Hieran ist auch das Berufungsgericht gebunden; jedenfalls würde der auf Grund des Beschlusses eingelegte Einspruch nicht hinfällig werden (Hellwig, D. JZ. 1904 S. 834). Es kann sich daher nur fragen, ob der Beschluß von selbst nichtig ist. Nun gibt es aber im gegenwärtigen Prozeßrecht keine von selbst nichtige Entscheidungen; selbst in den Fällen der §§ 578, 579 kann das Urteil nur durch Wiederaufnahme beseitigt werden. Inwieweit dieser Grundsatz auch auf Beschlüsse Anwendung findet, die nicht in den Rahmen des gesetzlichen Verfahrens gehören und prozeßrechtlich unmögliche Situationen schaffen, wie etwa die richterliche Normierung der Berufungsfrist auf 6 Monate oder der Einspruchsfrist auf 1 Woche, kann hier unerörtert bleiben. Denn an sich gehört die Erstreckung der Einspruchsfrist unter gewissen Bedingungen zu den Befugnissen des Richters. Ob diese Voraussetzungen gegeben sind, hat der Richter zu entscheiden und ein Irrtum in der Entscheidung nimmt dieser noch nicht ihre Wirksamkeit (vgl. Entsch. des RG. 59 S. 259). Man kann auch nicht einwenden, der Beschluß ergehe gewissermaßen unter der stillschweigenden Bedingung oder für den Fall, daß die Zustellung tatsächlich im Ausland oder öffentlich erfolgen müsse, was der Richter zurzeit nicht übersehen könne; die Bestimmung werde deshalb wirkungslos, wenn die Zustellung später im Inlande geschehen könne. Das Gesetz gestattet keine solche Auslegung des Beschlusses. Wie der Wortlaut des § 339 ergibt, hat der Richter zunächst zu prüfen, ob die Voraussetzungen für die Fristerstreckung vorhanden sind. Bejaht er diese Frage, so bestimmt er die Frist. Kann er das Vorliegen der Voraussetzungen noch nicht übersehen, so darf er die Frist nicht bestimmen. Maßgebend sind also für ihn Tatumstände zur Zeit des Erlasses des Beschlusses. Er gibt seine Entscheidung nicht für den Fall, daß die Zustellung im Auslande oder öffentlich zu bewirken ist, sondern weil sie nach seiner Überzeugung in dieser Weise stattfinden muß (vgl. JW. 1906 S. 312, wo betont wird, daß die öffentliche Zustellung eines Versäumnisurteils nicht für mögliche künftige Fälle, sondern für einen schon vorhandenen Fall zu bewilligen sei). Ändern sich später die tatsächlichen Verhältnisse, so fällt damit nicht schon von selbst der Beschluß; an ihn ist vielmehr der Richter so lange gebunden, bis er ihn befugterweise aufgehoben hat.

Wollte man die Wirksamkeit der Fristbestimmung davon abhängig machen, ob sich etwa in der Folgezeit die Notwendigkeit der Zustellung im Auslande zeigt, so würde man die Entscheidung über die Geltung der Anordnung den Parteien selbst aufbürden, was jedenfalls der Tendenz der ZPO. widerspricht. Dann wäre auch nicht erforderlich gewesen, im § 339² noch die Möglichkeit einer nachträglichen Fristsetzung vorzusehen. Die Fristerstreckung im Versäumnisurteile würde schon genügt haben, alle etwa künftighin erst eintretenden

Fälle einer im Ausland oder öffentlich zu bewirkenden Zustellung zu treffen. Zudem würde eine Auslegung, wie die hier bekämpfte, nicht mit Treue und Glauben zu vereinen sein, die auch den Prozeß beherrschen. Will der Richter eine Bestimmung nur für einen bestimmten Fall ergehen lassen, so muß er dies ausdrücklich hervorheben. Die Partei muß dem Wort des Richters unbedingt trauen dürfen; sie ist berechtigt, eine vorbehaltlos abgegebene Erklärung auch vorbehaltlos aufzufassen.... Vorliegend haben sich überdies die tatsächlichen Verhältnisse vom Erlaß des Beschlusses bis zur Zustellung des Urteils nicht geändert; der Richter hat also die Entscheidung gerade für die bei der erfolgten Zustellung vorhandene Sachlage getroffen.... M.

g) **Benachrichtigung vom ausländischen Eidestermine.**

OLG. Colmar, I. ZS. Urteil v. 22. Juni 1906.

Nachdem das bedingte Endurteil rechtskräftig geworden ist, hat der Kläger den Eid geleistet. Der Beklagte hat dessen nochmalige Abnahme beantragt, weil er vom Eidestermine überhaupt nicht benachrichtigt worden. Diesem Antrage war jedoch nicht stattzugeben. Das zuständige Gericht in Paris war um die Abnahme des Eides ersucht und zugleich unter Hinweis auf die diesseitigen Prozeßvorschriften um Benachrichtigung vom Eidestermine gebeten worden, damit dieser den Vertretern mitgeteilt werden könne. Diese Benachrichtigung ist jedoch — aus welchem Grunde, steht nicht fest — unterblieben, so daß der § 357 ZPO. nicht hat beobachtet werden können. Für die in Paris erfolgte Eidesabnahme ist aber der Code de proc. maßgebend. Nach Art. 121 soll zwar die Eidesleistung einer Partei in Gegenwart der anderen erfolgen. Allein die Unterlassung dieser Förmlichkeit hat nach der herrschenden Rechtslehre und Rechtsprechung keine Nichtigkeit zur Folge (vgl. Art. 1030 das.; Carré 3. Aufl. S. 610 Nr. 520 bis zum Art. 121), somit ist die Eidesleistung gültig erfolgt. Frdthl.

h) **Recht zur Verweigerung des Zeugnisses.**

α) OLG. Karlsruhe, III. ZS. Beschluß v. 4. Juli 1905.

Die Verpflichtung zur Verschwiegenheit besteht auch dann, wenn eine Person, wie hier der Beklagte, nur den Rat eines Anwalts hinsichtlich der Frage einholt, wie ein ihr drohender Prozeß vermieden werden kann und wenn dann der Anwalt behufs Erzielung einer gütlichen Verständigung mit dem Gegner seiner Partei Unterhandlungen führt. In solchem Fall kann der Anwalt nicht gezwungen werden, über den Inhalt der vor ihm stattgehabten Verhandlung, wenn es später doch zum Prozeß zwischen den Verhandelnden gekommen ist und der Anwalt hier als Zeuge vernommen werden soll, Auskunft zu geben. Dies ist ihm verboten mit Rücksicht auf den vertraulichen Charakter einer solchen Verhandlung und darauf, daß die Beteiligten annehmen dürfen, daß der Inhalt derselben nicht weiter verbreitet werden dürfe. Die Anwesenheit eines Dritten bei einer solchen Verhandlung, wie hier, vermag daran nichts zu ändern.... Dr. E.r.

β) OLG. Hamburg, V. ZS. Beschluß v. 2. März 1906.

Wie bereits früher ausgesprochen (Rsp. 5 S. 38; Entsch. des RG. 54 S. 325), ist auch auf handelsgeschäftliche Gewerbegeheimnisse der § 384³ anwendbar. Es ist auch nicht die in Entsch. des RG. 53 S. 43 vertretene Ansicht, daß der § 384³ als Ausnahmebestimmung einer besonders strengen Auslegung unterliege, für richtig zu halten, vielmehr darauf hinzuweisen, daß seine Bestimmung nicht allein den Schutz der Interessen des Zeugen bezweckt, sondern wesentlich auch im öffentlichen Interesse, um die Gefahr, daß Meineide geleistet werden, zu vermindern, getroffen ist, wie das die Motive ergeben, und daß diesem Interesse jedenfalls das Privatinteresse, welches die Partei an der Herbeiführung der Zeugenaussage hat, nachstehen muß. Andrerseits ist davon auszugehen, „daß eine Tatsache nur unter der Voraussetzung als ein ‚Gewerbegeheimnis' betrachtet werden kann, daß der Zeuge oder ein anderer, dem gegenüber der Zeuge zur Geheimhaltung der Tatsache verpflichtet ist, zur Zeit der Vernehmung ein erhebliches, unmittelbares Interesse an der Nichtoffenbarung der Tatsache hat." Ob diese Voraussetzung im einzelnen Falle gegeben ist, wird das Gericht bei der Entscheidung über die Berechtigung des Zeugen, seine Aussage zu verweigern, auf Grund der zur Zeit der Zeugenvernehmung vorliegenden Sachlage zu prüfen haben. Dem Zeugen liegt ob, dem Gerichte die Möglichkeit dieser Prüfung durch Angabe und Glaubhaftmachung der Tatsachen, auf welche er seine Weigerung gründet, zu verschaffen, insoweit nicht aus den vorliegenden Umständen schon die Berechtigung der Zeugnisweigerung zu entnehmen ist. Daß unter Umständen eine Angabe und Glaubhaftmachung der in Betracht kommenden Tatsachen nicht möglich sein wird, ohne daß damit gleichzeitig das Geheimnis, dessen Kundgebung vermieden werden soll, offenbart wird, ist richtig. Dem wird das Gericht je nach Lage des einzelnen Falles Rechnung tragen können. Dieser Umstand kann aber nicht dahin führen, daß das Gericht statt in eine Prüfung der objektiven Sachlage einzutreten, sich mit der eidlichen Versicherung des Zeugen, es liege ein Geschäftsgeheimnis vor, begnügen und daraufhin seine Entscheidung treffen durfte. Mit der eidlichen Versicherung des Zeugen würde nur die Überzeugung des Zeugen, daß ein Geschäftsgeheimnis in Frage komme, glaubhaft gemacht sein, es würde aber sich der Nachprüfung des Gerichtes entziehen, ob der Zeuge die vorliegenden Tatsachen richtig gewürdigt hat.... M. M.

γ) OLG. Colmar, III. ZS. Beschluß v. 10. März 1906.

Wie bereits im Beschlusse vom 28. März 1896 (Jur. Ztschr. 22 S. 293) entschieden, sind die Direktoren und Angestellten einer Bank zur Geheimhaltung der Vermögensangelegenheiten ihrer Kunden verpflichtet, besonders dann, wenn die Bank einem Kaufmann laufenden Kredit eröffnet und es sich um die Frage handelt, ob er völlig in Anspruch genommen sei oder nicht. Von dieser Rechtsprechung abzuweichen, besteht um so weniger Anlaß, als die Geschäfte, durch welche ein Handeltreibender sich behufs Erlangung von Kredit an Bank- oder Kreditinstitute wendet, ihrer Natur nach solche Angelegenheiten betreffen, daß ein berechtigtes Interesse vorliegt, sie vor der Kenntnisnahme fremder Personen zu schützen. Es ist auch allgemeiner Grundsatz, daß die Berechtigung zur Zeugnisverweigerung sich auch auf die Gehilfen der betreffenden Berechtigten erstreckt (vgl. die Motive zu § 336 des Entwurfs, JW. 1903 S. 6, 240), denn sonst würde der beabsichtigte Schutz hinfällig. Vorliegend steht ein Handlungsagent eines Kreditvereins in Frage, welchem ausweislich des Vertrags weitgehende Vollmachten übertragen sind und der in gewisser Richtung Vertreter der Genossenschaft und sowohl ihr Gehilfe als ihr Makler ist; er hat vertragsgemäß die Interessen der Genossenschaft zu vertreten und Geldgeschäfte zu vermitteln, wie er auch die hier fragliche Kredithypothek vermittelt hat. Er bezieht kein festes Gehalt, sondern Vergütung für die abgeschlossenen Geschäfte; er soll über eine Handlung im Geschäftsbetriebe seiner Auftraggeberin und über eine Tatsache vernommen werden, deren Geheimhaltung durch das Interesse des Kunden geboten war. Er befindet sich in ähnlicher Vertrauensstellung wie die Direktoren der Genossenschaft selbst. Auch das kommt in Betracht, daß für den Handlungsagenten nach § 84 ff. HGB. Pflichten gegenüber beiden Parteien entstehen, welche ähnlicher Art sind wie die der Handelsmakler und daß auch bezüglich der letzteren, wenn auch die für die amtlichen Handelsmakler des alten Rechts (Art. 69 HGB.) gesetzlich festgelegte Schweigepflicht nicht ausdrücklich aufrecht erhalten geblieben ist, diese doch als in der Natur der Sache liegend und demnach fortbestehend angenommen wird (vgl. Staub § 84 Anm. 3; Makower daselbst; Petersen, ZPO. § 383 Anm. 5). Da der Handlungsagent nach feststehender Rechtsprechung verpflichtet ist, die Kreditwürdigkeit der Kunden zu prüfen, so erfährt er naturgemäß Tatsachen, an deren Geheimhaltung die Parteien ein erhebliches Interesse haben.... Frdthl.

δ) OLG. Hamburg, III. ZS. Beschluß v. 19. April 1906.

Der Zeuge F. sollte darüber vernommen werden, ob Beklagter in der Zeit 1905 Vermögen in Hamburg gehabt habe, nämlich Forderungen gegen die hiesigen Firmen F. und M. Im Hinblick auf diesen Beweissatz ist es mehr als zweifelhaft, ob die vom Kläger an den Zeugen ganz allgemein gerichtete Frage, welches der Inhalt des H.schen Vertrages sei, hätte zugelassen werden sollen. Da das Landgericht sie aber nicht beanstandet hat, so muß der Zeuge sie beantworten, sofern sie auch später noch für zulässig erachtet wird, da der von ihm angeführte Grund der Zeugnisverweigerung, daß er mit der Beantwortung der Frage die Geheimnisse Dritter verletzen würde, nicht durchschlägt. Dabei macht es keinen Unterschied, ob die vom Zeugen in seiner Beschwerdeschrift aufgestellte Behauptung dahin zu verstehen ist, daß er eine moralische oder auch eine vertragsmäßige Verpflichtung zur Bewahrung des Geheimnisses eingegangen sei, da er sich auch in dem letzten Falle der Aussage nicht entziehen kann. Denn der § 383 Nr. 5, der vornehmlich von der Zeugnisverweigerung mit Rücksicht auf die dem Zeugen von Dritten anvertrauten Tatsachen handelt, deren Geheimhaltung durch ihre Natur oder gesetzliche Vorschriften geboten ist, kann hier nicht in Frage kommen, weil nicht erhellt, daß die Tatsachen, die zu offenbaren der Zeuge sich weigert, solche sind, die ihm kraft seines Gewerbes anvertraut wurden. Er hat sich auch zur Begründung seiner Weigerung nicht auf den § 383, sondern auf den § 384 Nr. 3 berufen. Diese Nr. 3 findet nun zwar nicht bloß Anwendung, wo es sich um die Offenbarung des eigenen Kunst- oder Gewerbegeheimnisses des Zeugen handelt, sondern auch da, wo ein als Zeuge vorgeschlagener Angestellter oder Vertreter der Kunst- oder Gewerbegeheimnisse seines Prinzipals oder Auftraggebers durch seine Aussage kund machen würde. Allein darüber hinaus wird man nicht jedem Kontrahenten eines Vertrages das Recht geben dürfen, über den Inhalt eines Vertrages, an dessen Geheimhaltung nicht er, sondern sein Gegenkontrahent oder irgend ein beliebiger Dritter ein Interesse hat, das Zeugnis zu verweigern, wenn man nicht eine Handhabe schaffen will, durch die der Zeuge sich in leichtester Weise seiner Zeugnispflicht entziehen kann, indem er sich den anderen gegenüber zur Geheimhaltung des Inhaltes verpflichtet. Da der Zeuge nicht behauptet, daß er durch die Mitteilung des Inhaltes des Vertrages ein eigenes Kunst- oder Gewerbegeheimnis offenbaren würde und auch nicht in Frage kommen kann, daß er als Angestellter oder als Vertreter eines Dritten, insbesondere des Beklagten, von dem Inhalte des Vertrages Kenntnis erhalten habe, so mußte seine Zeugnisverweigerung schon aus diesem Grunde für unzulässig erklärt werden. M. M.

ε) **des Arztes nach dem Tode des Patienten.**

OLG. Dresden, II. ZS. Urteil v. 16. März 1906.

Nicht jede Offenbarung eines Berufsgeheimnisses seitens eines Arztes ist unbefugt. Sie kann durch andere gesetzliche Vorschriften gerechtfertigt und sogar geboten erscheinen, z. B. durch die Anzeigepflicht aus § 139 StrGB. oder durch die Verpflichtung, von dem Auftreten gemeingefährlicher Krankheiten die Behörde zu benachrichtigen. Auch kann die Schweigepflicht vor höheren sittlichen Rücksichten zurücktreten müssen, z. B. wenn die Berufspflicht dem Arzte gebietet, andere vor Ansteckung zu warnen (Entsch. des RG. 53 S. 315; dagegen Pallaske in D. Jur.-Z. 1906 S. 294). Ein solcher Ausnahmefall liegt nicht vor, wenn, wie hier, die Klägerin vom Zeugen Auskunft über eine frühere Geschlechtskrankheit des X. verlangt, damit sie eine ihr zugefügte Gesundheitsbeschädigung und ihre daraus hergeleiteten Ersatzansprüche beweisen kann; denn die Rücksicht auf das rein materielle Interesse einer Partei, auch ihr Obsiegen im Prozeß, geht der Verschwiegenheitspflicht nicht vor (Entsch. des RG. a. O.). Zwar würde der Zeuge eine Bestrafung aus § 300 StrGB. nicht zu gewärtigen haben, da X. gestorben ist und seine Brüder und Erben nicht strafantragsberechtigt sind (Entsch. des RG. 13 S. 60 u. die Komm. zum StrGB. § 300). Trotzdem besteht die Norm zur Geheimhaltung fort. Auch kann das Verweigerungsrecht des Zeugen die Grenzen dieser Verschwiegenheitsnorm überschreiten. Durch den Tod des Patienten tritt ferner die im § 385² vorgesehene Entbindung des Arztes von der Verschwiegenheitspflicht nicht von selbst ein. Zwar die Weigerung der Brüder des Verstorbenen in dieser Richtung ist bedeutungslos. Denn sie haben als solche nicht das Entbindungsrecht, sie sind nicht ohne weiteres die Hüter seiner Ehre und Ansehens, Güter, die durch das Bekanntwerden seiner syphilitischen Erkrankung nachträglich beeinträchtigt werden könnten. Sie gehören nicht einmal zu den nächsten Angehörigen, denen das Recht zur Verfolgung von Verleumdungen Verstorbener beigelegt ist (StrGB. § 189). Ebensowenig haben sie das Entbindungsrecht als seine Erben, weil bei der Ausübung dieses Rechts nicht nur vermögensrechtliche Interessen, sondern auch persönliche Rücksichten in Frage kommen (Entsch. des RG. 59 S. 85). Die Schweigepflicht des Arztes beruht indessen auf dem ihm vom Patienten geschenkten persönlichen Vertrauen. Würde dessen Schutz versagen, so wäre zu befürchten, daß gerade bei Geschlechtskrankheiten, deren Geheimhaltung besonders erwünscht zu sein pflegt und für die die Zuziehung eines Arztes besonders notwendig ist, diese Zuziehung zum Schaden der Allgemeinheit mehr und mehr unterlassen würde. Folglich kann der Arzt nach dem Ableben seines Patienten von der Schweigepflicht überhaupt nicht mehr entbunden werden (vgl. OLG. Jena in Thüring. Bl. 40 S. 236). Das Gesetz will zudem nicht bloß den Patienten, vielmehr auch den Arzt schützen. Auch nach dem Tode des Patienten hat das Pietätsgefühl des Arztes Anspruch auf Schonung. Dr. v. F.

i) **Beweiskraft der Privaturkunde.**

OLG. Bamberg, I. ZS. Urteil v. 10. Februar 1906.

Der Beklagte, der sich urkundlich für das Darlehn eines Dritten dem Gläubiger zeitlich unbeschränkt verbürgt hatte, wendet ein, es liege hier keine Willenseinigung über die Dauer der Bürgschaft vor, ev. fechte er die Urkunde wegen Irrtums und arglistiger Täuschung an. Aus den Gründen:

Wollte sich der Beklagte nur zeitlich beschränkt verbürgen, während die Klagspartei auf unbefristeter Bürgschaft bestand, so lag wegen mangelnder Willensübereinstimmung kein Vertragsschluß vor (BGB. § 154). Nach § 416 ZPO. liefert aber die Privaturkunde vollen Beweis dafür, daß der Beklagte die darin enthaltene zeitlich unbeschränkte Bürgschaft erklärt hat. Ein Gegenbeweis gegen die formelle Beweiskraft des § 416 ist nicht zulässig. Der Unterzeichner einer Urkunde kann nicht mit dem Einwande gehört werden, er habe die beurkundete Erklärung nicht abgegeben, oder er habe die Urkunde nicht gelesen (Entsch. des RG. 57 S. 360; Bl. f. RA. 58 S. 110, 59 S. 328; Seuffert 31 S. 138, 47 S. 264; Bad. Rechtspr. 1901 S. 329; Freudenthal, ZPO. § 416 Anm. 6c; Gaupp-Stein § 416 IV 17). Der Vertragsschluß ist also formell bewiesen. Durch § 416 ist aber ein Gegenbeweis gegen die materielle Beweiskraft der Urkunde nicht ausgeschlossen; insbesondere ist ein solcher über die Behauptung, daß der formell erwiesenen Erklärung wegen vorhandener Willensmängel, wie Irrtum oder arglistiger Täuschung, keine zivilrechtliche Wirkung zukomme, zulässig (Gaup-Stein § 416 III 15, IV 18). ...

Der Einwand des Irrtums ist hier aber abfällig, weil die in § 121 BGB. vorgeschriebene Anfechtungsfrist versäumt wurde. Da der Beklagte schon seit Frühjahr 1904 vom Anfechtungsgrund Kenntnis erlangt, die Anfechtung aber erst am 16. Januar 1905 erklärt hat, ist letztere nicht ohne schuldhaftes Zögern (unverzüglich) erfolgt. Bezüglich des Einwandes der arglistigen Täuschung behauptet der Beklagte, er habe dem Vertreter der Klagpartei ausdrücklich erklärt, daß er nur bis Martini 1901 bürge, dieser sei damit einverstanden gewesen, habe aber die Tatsache, daß in der Urkunde die unbeschränkte Bürgschaftsleistung niedergelegt war, arglistig verschwiegen, ihn dadurch in Irrtum versetzt, getäuscht und zur Unterzeichnung der Urkunde bewogen. Die arglistige Täuschung soll also durch Verschweigen des wahren, der Vereinbarung zuwiderlaufenden Inhalts der Urkunde verübt worden sein. Wenn die Täuschung durch Unterdrückung einer wahren Tatsache erfolgt, so ist eine Arglist nur dann anzunehmen, wenn eine Rechtspflicht zum Nichtverschweigen bestanden hat (Staudinger § 123 VI 1). Dies war hier der Fall, denn nach Treu und Glauben mußte der Vertreter der Klagpartei den Irrtum des Beklagten über den Inhalt der Urkunde vor ihrer Unterzeichnung aufklären. Es enthält daher die Behauptung des Beklagten, die Bürgschaftserklärung sei anders niedergeschrieben, als vereinbart gewesen, eine zulässige Einrede der Arglist (Rsp. 2 S. 201). ... Sch.

k) **Gegenstand der Wahrnehmung des Rechtsvorgängers.**

OLG. Cassel, II. ZS. Urteil v. 11. Januar 1906.

Die Klägerin hat aus ungerechtfertigter Bereicherung geklagt, weil sich ein Gläubiger der Beklagten wegen seiner gegen diese rechtskräftig erstrittenen Forderung aus einer Druckpresse der Klägerin befriedigt hatte. Diese Presse hatte die Beklagte kurz vor der Pfändung an die Klägerin verkauft und für sie in Verwahrung genommen. Die Beklagte hat eingewendet, ihr Gläubiger habe sich vor der Pfändung wegen der Forderung für befriedigt erklärt. Die Eideszuschiebung hierüber ist unzulässig. Es handelt sich zwar um eine Tatsache, welche Gegenstand der Wahrnehmung der Beklagten gewesen sein soll, und die Klägerin ist Rechtsnachfolgerin der Beklagten im Eigentum der Presse. Aber auch soweit eine Rechtsnachfolge besteht, wird für die Zulässigkeit der Eideszuschiebung vorausgesetzt, daß gerade wegen der Rechtsnachfolge die streitige Tatsache für den Prozeß erheblich ist. Denn gerade diese enge Beziehung zwischen der streitigen Tatsache und der Rechtsnachfolge ist der Grund, aus dem der Gesetzgeber die Eideszuschiebung über eine dem Gegner des Beweisführers fremde Tatsache zugelassen hat. Das ist aber hier nicht der Fall. Die behauptete Erklärung des Gläubigers hat mit der Rechtsnachfolge nichts zu tun, für die hier erhobene Bereicherungsklage ist die Rechtsnachfolge ohne Bedeutung. Die Behauptung der Beklagten würde für den Prozeß ebenso erheblich sein, wenn die Rechtsnachfolge nicht vorläge. Fs.

l) **Einwand, der Schwurpflichtige sei bei der Eidesleistung nicht geistig normal gewesen.**

Kammergericht, XIV. ZS. Urteil v. 12. April 1906.

Das OLG. Frankfurt („Recht“ 7 S. 214) hat unter entsprechender Anwendung des § 393 Nr. 1 ausgesprochen, daß ein Parteieid nicht als geschworen zu erachten sei, wenn der Schwörende bei der Eidesleistung wegen Verstandesschwäche von dem Wesen, der Bedeutung und dem Inhalte des Eides keine genügende Vorstellung gehabt habe. Allein aus der entsprechenden Anwendung des § 393 kann nur hergeleitet werden, daß der Richter einer Partei, bei welcher Verstandesschwäche festgestellt wird, den durch Beschluß oder Urteil auferlegten Eid nicht abnehmen darf. Anders, wenn der Eid schon geleistet ist. Bei dem Zeugeneide tritt die freie richterliche Beweiswürdigung ein. Findet der Richter, daß der Zeuge nicht hinreichend zurechnungsfähig gewesen ist, so kann er der beschworenen Zeugenaussage aus diesem Grunde den Glauben versagen. Aber der Parteieid unterliegt nicht einer richterlichen Beweiswürdigung. Er begründet nach der strikten Vorschrift des § 463 vollen Beweis der beschworenen Tatsache. Der Beweis des Gegenteils ist nur unter den Voraussetzungen zulässig, unter welchen ein rechtskräftiges Urteil wegen Verletzung der Eidespflicht angefochten werden kann, d. h. wenn der Gegner durch Leistung des Eides sich einer vorsätzlichen oder fahrlässigen Verletzung der Eidespflicht schuldig gemacht hat (§ 580 Nr. 1). Von einem „sich schuldig machen“ kann keine Rede sein, wenn der Schwörende unzurechnungsfähig ist. Eine weitere Ausnahme vom § 463[1] läßt das Gesetz nicht zu, wie das Wort „nur“ im Abs. 2 klar ergibt. Die Vorschriften des materiellen Rechts über Geschäftsfähigkeit finden auf das Prozeßrecht keine Anwendung; die ZPO. regelt die Prozeßfähigkeit und die Eidesfähigkeit und deren Wirkungen nach besonderen Vorschriften. Dr. S.

m) **Leistung eines beschränkteren Eides.**

α) OLG. Karlsruhe, I. ZS. Urteil v. 4. Oktober 1905.

Der § 469 setzt die Änderung erheblicher Umstände voraus, durch welche der Gegner in eine günstigere Lage versetzt wird. Wenn die Beschränkung sich auch nicht notwendig auf Quantitäten beziehen muß, so müssen doch aus dem Kreise der zu beschwörenden Tatsachen bestimmte Tatsachen ausgeschieden werden, der Eid also auf einen kleineren Kreis von Tatsachen beschränkt werden. Dagegen ist nicht angängig, andere, dem bisherigen Prozeßstoff nicht angehörige Tatsachen an die Stelle der in die Eidesnorm aufgenommenen zu setzen oder einen Wahrheitseid durch einen Überzeugungseid zu ersetzen (Gaupp zu § 469 Note II). Aus dem letzteren Grunde ist zweifellos der primäre Antrag der Klägerin insoweit unzulässig, als in die Eidesformel [wonach sie die Miete auf 180 Mark verabredet hat] aufgenommen werden soll: „daß diese Miete zwischen X. und meinem Mann als meinem Vertreter auf 180 Mark bestimmt worden ist.“ Da diese Tatsache weder in einer Handlung der Schwurpflichtigen besteht, noch nach ihrem eigenen Vortrage Gegenstand ihrer Wahrnehmung war, so könnte sie darüber nicht in der Wissens-, sondern nur in der Überzeugungsform schwören.[1]

Aber auch der fürsorglich beantragte Eid erscheint gegenüber dem im Urteil auferlegten Eide nicht als ein beschränkter, sondern als ein anderer Eid. Dort wird eine Vereinbarung beschworen, hier eine einseitige Eröffnung. Wollte man aber auch den angebotenen Eid als einen beschränkten anerkennen, so müßte er, um zugelassen zu werden, jedenfalls noch „erheblich" bleiben, d. h. es müßte ihm, da es sich um einen richterlichen Eid handelt, die gleiche Überzeugungskraft oder doch nur eine quantitativ beschränktere Überzeugungskraft gegenüber dem ursprünglichen Eide zukommen. Dies trifft nicht zu.... Dr. E.r.

β) OLG. Dresden, II. ZS. Urteil v. 2. Oktober 1905.

Die Beklagte hatte in einem Prospekte behauptet, der Kläger sei wegen unlauteren Wettbewerbs verurteilt. Er war zwar verurteilt worden, aber nicht wegen unlauteren Wettbewerbs, hatte deshalb auf Unterlassung dieser Behauptung geklagt und ein Urteil erstritten, daß jeder der drei Inhaber der Beklagten schwöre, er habe den ihm vorgelegten Prospekt nicht verbreitet. Nunmehr haben zwar die Mitinhaber A. und B. den Eid geleistet, C. aber zugegeben, den Prospekt weiter verbreitet zu haben; das sei jedoch geschehen, nachdem er in dem beanstandeten Satze die Worte „wegen unlauteren Wettbewerbs" vollständig unleserlich habe machen lassen. Daß es sich bei der beantragten Eidesänderung nicht um die Berichtigung eines unerheblichen Umstandes handelt, liegt auf der Hand, weil die Verbreitung des Prospektes gerade das Eidesthema bildet. Wenn sich weiter der Schwurpflichtige zur Leistung eines beschränkten Eides erbieten darf, so ist dabei vorausgesetzt, daß die Eidesnorm an sich dieselbe bleibt und aus dem Kreise der zu beschwörenden Tatsachen einzelne ausscheiden. Nicht zulässig ist dagegen, an Stelle der zu beschwörenden Tatsache eine andere, zum bisherigen Prozeßstoffe nicht gehörige aufzunehmen. Vorliegend stellt sich die Behauptung, daß die Verbreitung des Prospektes nach Unkenntlichmachung der beanstandeten Worte stattgefunden habe, gegenüber der Behauptung, daß sie überhaupt nicht stattgefunden habe, als eine andere dar, wie sich schon daraus ergibt, daß sie dem Gegner des Schwurpflichtigen die Möglichkeit einer neuen Gegenbeweisführung durch Benennung von Zeugen eröffnet. Inwiefern die Nichtvorlegung des Prospektes die Eidesweigerung des C. beeinflußt haben soll, ist nicht abzusehen, da annehmbar auch bei Vorlegung der Verlauf derselben gewesen wäre. Mit Recht ist deshalb der Eid für verweigert erachtet. Dr. v. F.

n) **Bedeutung des § 471 in der Berufungsinstanz. Begriff der Übergabe. BGB. §§ 929, 854.**

α) OLG. Bamberg, I. ZS. Urteil v. 26. November 1904.

Der Holzhändler B. hatte im März an M. Floßholz um 11000 Mark verkauft. Als die fällige Anzahlung ausblieb, kaufte B. am 24. April den

[1] Ebenso Reichsgericht am 23. März 1905 VI 42/05.

größeren Teil des Holzes von M. zurück. Am 11. Mai geriet M. in Konkurs. Der Verwalter focht den Kaufvertrag nach § 30 Ziff. 1, 2 KO. an. Das LG. legte dem Beklagten B. den Eid darüber auf, ob er zur Zeit des Kaufes die schon damals vorhanden gewesene Zahlungseinstellung des M. gekannt habe. Die Klagpartei legte dagegen Berufung ein; vor der Berufungsverhandlung starb B. Aus den Gründen:

Für den Einfluß, den der Tod des Schwurpflichtigen auf das bedingte Endurteil äußert, sind maßgebend Abs. 1 u. 3 § 471, besonders die einschränkenden Worte des Abs. 1: „in Ansehung der betreffenden Beweisführung". Nach der herrschenden, auch hier geteilten Auffassung gestattet danach § 471 den Streitteilen vor dem Gerichte, welches das bedingte Endurteil erlassen hatte, gleichviel ob dieses Urteil bereits rechtskräftig geworden ist oder nicht, nur die Geltendmachung anderweiter Beweismittel, Gegenbeweismittel und Beweiseinreden an Stelle des durch den Todesfall zu Verlust gegangenen Beweismittels des Eides zum Nachweise der Wahrheit oder Unwahrheit der den Gegenstand des Eides bildenden Tatsache (Entsch. des RG. 13 S. 379, 23 S. 358, 38 S. 414, 55 S. 19, 57 S. 239; Ob. LG. München XIV S. 389; Seuffert 40 S. 368, 45 S. 372, 48 S. 358; Rsp. 6 S. 398; a. M. Ob. LG. München 3 S. 93). Statt nach § 471 das Gericht anzugehen, welches das bedingte Urteil erlassen hat, darf jede Partei (auch jene, bei der die Leistung des auferlegten Eides unmöglich geworden) gegen das Urteil Berufung einlegen, da sie durch das Urteil, abgesehen von der Eidesauflage, sich noch anderweitig beschwert fühlen kann. Nur darf das bedingte Urteil noch nicht rechtskräftig geworden sein (Seuffert 40 S. 368). Um so mehr bleibt es bei der Berufung, wenn, wie hier, erst im Laufe des Verfahrens die Unmöglichkeit der Eidesleistung eintritt oder bekannt wird. Die beklagte Partei hat daher ihren ursprünglichen Antrag, die Berufung als unbegründet zurückzuweisen, dahin erweitert, die Klage abzuweisen, eventuell der Witwe des B. den Eid in der Überzeugungsform aufzuerlegen. Infolge dieses Antrags ist das Berufungsgericht auch für die durch § 471 verlangte, anderweitige Entscheidung in der Sache zuständig geworden (Sächs. A. 10 S. 259). Die Klagpartei erachtet sich durch die ganze erstrichterliche Entscheidung beschwert; es bildet daher schon nach § 536 der ganze Prozeßstoff den Gegenstand der Berufungsverhandlung (Seuffert 48 S. 358). Es könnte daher hier dahingestellt bleiben, ob das Berufungsgericht schon deswegen den Rechtsstreit vollständig neu verhandeln müßte, weil die beklagte Partei im zweiten Rechtszuge einen auf § 471 gestützten Antrag gestellt hat, obwohl sie weder Berufung eingelegt, noch sich ihr angeschlossen hat. Das Gericht verneint die Frage, da im Gesetze nicht begründet ist, dem § 471 für die Berufungsinstanz eine andere und zwar dem **Prozeßstoffe gegenüber unbeschränkte** Bedeutung einzuräumen im Gegensatze zur I. Instanz (vgl. Entsch. des RG. 38 S. 415, 55 S. 19; anderseits Rsp. 6 S. 398). Die bezeichneten reichsgerichtlichen Entscheidungen lassen sich auch so auslegen, daß § 471 nicht entgegensteht, daß der ganze Prozeßstoff im zweiten Rechtszuge verhandelt werde. . . .

Die Klagpartei wendete gegen das vom Beklagten auf Grund des Kaufes geltend gemachte Eigentum ein, daß das in einem Hafen am Rhein teils in teils außer dem Wasser liegende Holz von M. an B. nicht übergeben worden sei, obwohl die Übergabe zur Erwerbung des Eigentums notwendig gewesen sei. Der Kläger stützt sich hier auf § 929 BGB., übersieht aber, daß der Begriff der Übergabe nicht rein körperlich aufzufassen und unter Übergabe auch die derivative Besitzübergabe im Sinne des § 854² zu verstehen ist (Staudinger, BGB. § 929 IV). Hiernach ist zum Erwerbe des Eigentums neben der Einigung des bisherigen Eigentümers und des Erwerbers, daß das Eigentum übergehen solle, nur erforderlich, daß der Erwerber in der Lage ist, die Gewalt über die Sache auszuüben; dagegen ist nicht erforderlich, daß der Erwerber die Gewalt wirklich ausübe (Planck § 854 Anm. 3; Seuffert 57 S. 113). M. verkaufte hier das Holz unter der aus der Vertragsurkunde ersichtlichen Erklärung, daß B. dieses Holz als dessen nunmehriges freies Eigentum von ihm erhalte. Das Original des Vertrags nahm B. an sich; er erhielt auch ein Verzeichnis der verkauften Hölzer. Diese Papiere verschafften dem B. die Verfügung über das Holz; er war also schon vor der Konkurseröffnung in der Lage, Gewalt über das Holz auszuüben. B. hat übrigens auch von dieser Gewalt Gebrauch gemacht; denn er übertrug dem Hafenwächter Sch. die Aufsicht und Bewachung des fraglichen Holzes. Letzterer übte als Vertreter des B. durch seine Aufsichtführung die Gewalt über das Holz aus.[1] Sch.

β) OLG. Naumburg, II. ZS. Urteil v. 5. Dezember 1905.

Durch rechtskräftiges Urteil vom 7. März 1905 war auf einen Eid für jeden der beiden Gesellschafter der Klägerin erkannt, daß diese die streitigen 100 Zentner Guano weder ganz noch zum Teil weiter veräußert habe. Der eine Inhaber A. hat den Eid mit dem Bemerken geleistet, daß ein geringes Quantum ohne seinen Willen, wahrscheinlich durch Diebstahl, aus seinem Besitz gelangt sei. Der andere Inhaber B. hat die Eidesleistung verweigert, aber dargetan, daß laut Vertrag vom 17. August 1903 vom 1. Juli 1903 ab Geschäftsführung und Vertretung der Gesellschaft dem A. allein zugestanden habe. Die Beklagte hat darauf für die Weiterveräußerung Zeugenbeweis angetreten. Aus den Gründen:

B. war, als das bedingte Endurteil erging, gemäß § 15¹ HGB. selbst

[1] Hierzu bemerkt das die Revision zurückweisende Urteil des RG. v. 1. November 1905: „Es genügt, um die Besitzübertragung nach § 854 Abs. 2 BGB. als vorliegend zu erachten, daß die Gewalt des bisherigen Besitzers sich nicht in einer Weise betätigt, welche für den Erwerber die Möglichkeit der Gewaltausübung ausschließt. Die Revision geht auch fehl, wenn sie annimmt, es sei vom Ber.-Richter übersehen, daß eine Einigung über den Besitzübergang zwischen den Vertragschließenden nicht stattgefunden habe. Da nach der Sachlage in der Einigung über den Übergang des Eigentums ohne weiteres auch eine solche wegen der Besitzübertragung eingeschlossen ist, braucht hierauf nicht besonders eingegangen zu werden.“ Sch.

dann, wenn der Ausschluß im Handelsregister nicht eingetragen ist, nicht schwurberechtigt. Da dies bei Erlaß jenes Urteils aber noch nicht der Beklagten und dem Gericht bekannt war, so war Beklagte gemäß § 471 befugt, die Weiterveräußerung anderweit darzutun (Entsch. des RG. 57 S. 235). Dagegen konnte die Beklagte die Tatsache, daß Klägerin einen Teil des Guano nicht zurückgeben könne, nicht geltend machen, weil gemäß § 471 ihr nur noch bezüglich des Eidessatzes vom 7. März 1905, also bezüglich der Veräußerung des Guano, Beweisrechte zustanden. Die Sachlage ist also nunmehr, nachdem der Veräußerungsbeweis mißlungen, dieselbe, als wenn nicht nur, wie geschehen, A., sondern auch B. den Urteilseid geleistet hätte. Es mußten daher die dort für den Eidesleistungsfall normierten Folgen nunmehr durch Urteil ausgesprochen werden. Dabei war ohne Einfluß, daß inzwischen seit Juli 1905 Klägerin sich in Liquidation befindet und A. und B. ihre Liquidatoren sind. Denn am 9. Juli 1905, als für B. der Eidesleistungstermin anstand, und ebenso bei Erlaß des bedingten Endurteils, war die Gesellschaft noch nicht in Liquidation und ihr späterer Eintritt konnte nicht nachträglich den B. schwurberechtigt — etwa in Überzeugungsform — machen. S.

o) **Beweissicherung nach beschlossenem Beweise.**

α) OLG. Hamburg, II. ZS. Beschluß v. 22. März 1906.

Das in §§ 485 ff. geordnete Verfahren ist nicht bloß vor, sondern auch nach Erhebung der Klage in jeder Lage des Rechtsstreits zulässig, folglich auch dann noch, wenn bereits die Benutzung des Beweismittels, das verloren zu gehen oder dessen Benutzung erschwert zu werden droht, beschlossen ist. Vorliegend ist auch die Sicherung des Beweises beantragt; zwar nicht deshalb, weil der Antrag diese Überschrift trägt, denn für die rechtliche Natur eines Antrages ist nur sein Inhalt entscheidend, nicht der Name, den die Partei ihm gibt. Wohl aber läßt der Inhalt des Antrags sowohl nach seiner Formulierung wie nach seiner sachlichen Begründung keinen Zweifel zu, daß in der Tat ein Antrag auf Sicherung des Beweises im gesetzlichen Sinne gewollt war.

Für die Berechnung der Gerichtsgebühren nach § 36 GKG. ist aber nicht sowohl der gestellte Antrag, als vielmehr die Frage entscheidend, ob über den Antrag entschieden ist. Eine solche Entscheidung konnte zwar ohne mündliche Verhandlung, aber nach § 490 nur durch Gerichtsbeschluß erfolgen, der entweder anzugeben hatte, worüber und wie der gefährdete Beweis erhoben werden sollte, oder den Antrag abzulehnen hatte. Wäre ein solcher Beschluß ergangen, so wäre dafür auf alle Fälle die Gebühr des § 36 GKG. mit $^3/_{10}$, und wenn er die Beweiserhebung angeordnet und diese dann in Ausführung eben dieses Beschlusses stattgefunden hätte, mit $^5/_{10}$ zu erheben gewesen. Ein Gerichtsbeschluß ist aber gar nicht erfolgt. Vielmehr hat der Vorsitzende, der zugleich mit der Vernehmung des Zeugen H. beauftragt war, den Antrag gar nicht zur Entscheidung des Gerichts gebracht, sondern sich begnügt, aus den durch den Antrag zu seiner Kenntnis gelangten

Tatsachen Anlaß zu nehmen, innerhalb der Verfügungsbefugnis des beauftragten Richters das anzuordnen, was ihm als das nach der Sachlage Einfachste und dem Bedürfnisse des Falls Angemessene erschien, nämlich den Termin zur Vernehmung des H. vom 20. Dezember auf den 1. November zu verlegen. Diese Anordnung war keine Entscheidung über den Antrag auf Sicherung des Beweises. Aber sie machte den Antrag, der formell unerledigt blieb, materiell gegenstandslos, woraus sich dann erklärt, daß der Antragsteller sich zufrieden gab, ohne auf prozeßordnungsmäßige Erledigung seines Antrags zu drängen oder sich zu beschweren. Auch die Vernehmung des H. am 1. November geschah lediglich in Ausführung des im ordentlichen Verfahren ergangenen Beweisbeschlusses. M. M.

β) **Zuziehung eines zweiten Sachverständigen.**

OLG. Dresden, VII. ZS. Beschluß v. 7. März 1906.

Der Beschluß auf Beweissicherung ist durch § 490² Satz 2 der Anfechtung insoweit nicht entzogen, als er vom Antrage abweicht, besonders eine Beweisaufnahme in anderer Art oder mit geringerem Umfange anordnet, als verlangt worden war. Insoweit liegt eine Zurückweisung des Antrags vor, die gemäß § 567¹ mit Beschwerde angefochten werden kann. Hier will der Antragsteller eine Prüfung des hergestellten Brunnens durch den vom Antragsgegner damit beauftragten Ingenieur Tr. nicht dulden, trotzdem aber die vertragsmäßige Ausführung durch einen Sachverständigen festgestellt haben. Wenn nun das Amtsgericht außer dem vom Antragsteller benannten Sachverständigen noch von Amts wegen den Tr. als Sachverständigen bei der Augenscheinseinnahme zuzuziehen beschloß, so hat es damit die Beweissicherung in einer anderen, dem Antragsteller ungünstigeren Weise angeordnet, als sie gefordert worden war. Die Beschwerde ist auch begründet. Der § 144¹ gestattet dem Gericht, die Einnahme des Augenscheins sowie der Begutachtung durch Sachverständige von Amts wegen anzuordnen. Es mag zweifelhaft sein, ob dies auch für das Verfahren zur Sicherung des Beweises gilt. Jedenfalls steht eine solche Anwendung hier nicht in Frage; um sie würde es sich handeln, wenn bei einer nach § 485 beantragten Zeugenvernehmung das Gericht Augenscheinseinnahme oder Zuziehung eines Sachverständigen beschließen sollte; sie kann aber der Natur der Sache nach nicht statthaben, wenn die Vornahme der Augenscheinseinnahme oder des Sachverständigenbeweises schon von der Partei beantragt ist. Es besteht keine allgemeine Vorschrift, daß das Gericht außer dem von der Partei benannten Sachverständigen von Amts wegen noch einen weiteren vorladen und vernehmen könne. Einer solchen bedurfte es nicht, weil bereits die Auswahl des Sachverständigen in den Fällen des von der Partei angetretenen Sachverständigenbeweises völlig in die Hand des Gerichtes gelegt ist (§ 404). Davon ordnet jedoch die ZPO. in den §§ 487 Ziff. 3 und 490² eine ausdrückliche Ausnahme für das Beweissicherungsverfahren an, indem in diesem das Gericht an die Benennung des Sachverständigen durch den Antragsteller gebunden wird. Damit fällt für das Gericht in den hervorgehobenen Fällen die Möglichkeit, einen anderen an Stelle des von der Partei verlangten Sachverständigen zu vernehmen, und mangels einer ausdrücklichen, dies gestattenden Vorschrift auch die, neben diesem noch einen von ihm selbst erwählten Sachverständigen zuzuziehen. M. z.

p) **Bedeutung der Verweisung nach § 506.**

OLG. Hamburg, I. ZS. Beschluß v. 25. Oktober 1905.

Der Beschluß von 1903, durch den das Amtsgericht die Sache wegen Unzuständigkeit an das Landgericht verwies, ist als ein Überweisungsbeschluß des § 506 erlassen worden und deshalb nach § 506[2] unanfechtbar, eine Nachprüfung daher ausgeschlossen. Mit seiner Verkündung gilt der Rechtsstreit als bei dem Landgericht anhängig, so daß dieses unabänderlich an jene Entscheidung gebunden bleibt und auch einen zu Unrecht verwiesenen Prozeß verhandeln muß (Rsp. 5 S. 83). Hiernach hat das Amtsgericht mit Recht am 2. Oktober 1905 die Zulassung der Verhandlung wegen der eigenen Unzuständigkeit abgelehnt und kann die Aufhebung dieses Beschlusses durch den angefochtenen Beschluß ebenso wie die eine Terminsbestimmung ablehnende Verfügung ihres Vorsitzenden nicht als gerechtfertigt angesehen werden.[1]... M. M.

q) **Die Berufung gegen ein Teilurteil ergreift nicht das über die Kosten entscheidende Schlußurteil.**

OLG. Hamburg, II. ZS. Urteil v. 28. November 1905.

Allerdings vervollständigen sich ein Teil- und ein Endurteil insoweit, als erst durch sie beide der zur gerichtlichen Entscheidung gebrachte Prozeßstoff einschließlich der Kosten ganz erledigt wird. Aber damit behält doch jedes Urteil seine formale Selbständigkeit. Das Reichsgericht (JW. 1888 S. 11, 1893 S. 445) begründet auch seine Behauptung nicht näher, daß das das Teilurteil vervollständigende Endurteil im Kostenpunkte als ein Ganzes aufgefaßt werden müsse. Das könnte mit demselben Rechte von jedem Teil- und Endurteil gesagt werden, die zusammen den Prozeßstoff erledigen. Erklärt sich aber die Ansicht des RG. aus der Besorgnis der Verkümmerung der Parteirechte im Instanzenzuge wegen der Kosten, so ist diese Besorgnis nicht begründet. Sie wäre es, wenn die Anfechtung eines Endurteils, das nur über die Kosten entscheidet, deshalb ausgeschlossen sein würde, weil in ihm keine Entscheidung über die Hauptsache sich findet. Das ist sie aber nicht, sofern nur überhaupt in irgend einem, in der Instanz ergangenen Urteil, also einem Teilurteil über die Hauptsache erkannt und gegen dieses Urteil ein Rechtsmittel eingelegt wird. Die räumliche Trennung des Urteiles über die Kosten vom Urteil in der Hauptsache ist gleichgültig (vgl. Hans. GZ. 1901).

Ist aber für die reichsgerichtliche Auslegung kein Bedürfnis vorhanden,

---

[1] Dem Landgerichte ist nicht bloß eine sachliche Nachprüfung der Verweisung untersagt, sondern auch die Prüfung, ob überhaupt ein Fall der Anwendbarkeit des § 506 gegeben sei. Auch bleibt die Zuständigkeit des LG., selbst wenn die Parteien ihre Anträge so einschränken, daß sie an sich zur Zuständigkeit des Amtsgerichts gehören würden (OLG. Posen, MSchr. 1905 S. 96).

da auch ohnehin die Berufung gegen das Kostenschlußurteil gegeben ist, wenn sie nur gegen das zur Hauptsache erlassene Teilurteil eingelegt wird, so würde sie auch zu eigentümlichen Konsequenzen führen. Die mit der Tatsache der Berufung gegen das Teilurteil über die Hauptsache vollzogene Berufung gegen das Kostenschlußurteil wäre natürlich nur möglich, wenn bei Einlegung der Berufung das Schlußurteil schon abgegeben ist. Ist es das nicht oder ergeht das Schlußurteil erst nach Erledigung des Berufungsverfahrens über das Teilurteil, so muß doch dem Beschwerten eine selbständige Berufung gegen das erstere zustehen. Dann aber steht sie ihm auch zu, wenn das Schlußurteil schon bei Einlegung seiner Berufung gegen das Teilurteil abgegeben ist, da doch nicht der reine Zufall über die Zeit der Abgabe des Schlußurteils eine Berufungsmöglichkeit schaffen kann. Der Beschwerte hätte also nun zwei Berufungen wegen der Kosten — einmal die durch die Berufung gegen das Teilurteil von selbst bedingte und daneben die selbständige gegen das Kostenurteil. Führt also diese Ansicht zu Unmöglichkeiten, so ist das Kostenurteil bei Berufung gegen das Teilurteil über die Hauptsache mit selbständiger Berufung anzufechten. Diese Auffassung entspricht der Fassung des § 99[1], wonach: „die Anfechtung der Entscheidung über den Kostenpunkt unzulässig ist ꝛc" — also für den Fall der Zulässigkeit die ausdrückliche Anfechtung der Kostenentscheidung geradezu bestimmt ist. M. M.

r) **Unanwendbarkeit des Schlußsatzes des § 516 auf die von Amts wegen zuzustellenden Urteile.**

OLG. Colmar, I. ZS. Urteil v. 13. Oktober 1905.

Der § 625 (früher 582), nach welchem Urteile auf Scheidung von Amts wegen zuzustellen sind und der eine Ausnahme von der Regel des § 317 darstellt, ist erst von der Justizkommission beschlossen worden, um zu verhüten, daß die Rechtskraft von Scheidungsurteilen auf Jahre hinaus dadurch in der Schwebe gehalten wird, daß die Parteien die Zustellung nicht betreiben. Es ist daher offenbar, daß bei Abfassung des § 516 (§ 477 ä. F.) an die ausnahmsweise Zustellung der Urteile von Amts wegen nicht gedacht, sondern davon ausgegangen wurde, daß alle Urteile im Parteiauftrage zugestellt würden. Der Abs. 2 Satz 1, wonach die Berufung gleichzeitig mit der Zustellung des Urteils eingelegt werden kann, läßt sich überhaupt nur auf eine von Partei wegen erfolgte Zustellung beziehen; denn nur hier ist eine gleichzeitige Zustellung von Urteil und Berufung möglich, nicht aber wenn die Urteilszustellung dem Parteibetriebe entzogen ist. Ferner spricht für die hier vertretene Ansicht die ratio legis. Nach den Motiven sollte durch § 516[2] erreicht werden, „die Einheit der Berufungsfrist für beide Parteien sowie die einheitliche Verhandlung in der Berufungsinstanz, ohne deshalb die Vorteile der Berechnung der Frist von der Zustellung des Urteils an aufgeben zu müssen". Bei Urteilszustellung von Amts wegen sichert jedoch der § 516[2] weder die Einheit der Frist noch die einheitliche Verhandlung in der Berufungsinstanz, da in diesem Falle die Frist für jede Partei besonders vom

Tage der an sie bewirkten Zustellung läuft, und da es, wie gerade der vorliegende Fall beweist, wohl möglich ist, daß das Urteil der einen Partei wesentlich früher als der anderen zugestellt wird.... Frdthl.

s) **Zulässigkeit der Anschlußberufung.**

α) OLG. Hamburg, II. ZS. Urteil v. 14. November 1905.

Die Anschlußberufung richtet sich nur gegen die mitbeklagte B. Die Anschließung an die Berufung setzt aber voraus, daß der Prozeßgegner wirksam Berufung eingelegt hat. Das trifft hier nicht zu. Nur der Mitbeklagte A. hat Berufung eingelegt; diese war, da keine notwendige Streitgenossenschaft vorlag, der mitbeklagten B. gegenüber ohne Bedeutung und brachte den Prozeß, soweit er die gegen die B. angestellte Klage betraf, nicht in die Berufungsinstanz. Das die Klage gegen B. abweisende Urteil ist vielmehr mit Ablauf der Berufungsfrist rechtskräftig geworden (Seuffert 38 Nr. 62; Hans. GZ. 1894 Nr. 72; Entsch. des RG. 46 S. 415).... M. M.

β) OLG. Karlsruhe, I. ZS. Urteil v. 12. Juli 1905.

Von den beklagten Eheleuten ist der Mann unter Abweisung der mehrgeforderten 10 Mark zur Zahlung von 400 Mark verurteilt, die Klage gegen die Frau ist dagegen gänzlich abgewiesen. Obgleich der Mann nach dem Urteile die 400 Mark bezahlt hatte, konnte die Klägerin zulässigerweise die Berufung einlegen, weil sie unter Ziffer II „mit der Mehrforderung" abgewiesen worden, diese aber einen Teil der Hauptsache bildete. Die Ausführungen der Klägerin gehen nun dahin, daß die in der Berufungsschrift erklärte Beschränkung der Berufung nicht maßgebend sei, daß es vielmehr nur auf den verlesenen Antrag ankomme, dieser aber Ziffer II des Urteils und überhaupt den beklagten Mann nicht berühre. Dies ist richtig, falsch ist aber, wenn die Klägerin daraus folgert, sie habe also nur gegen die beklagte Frau Berufung ergriffen. Die Berufung richtet sich nicht gegen Personen, sondern gegen das Urteil und sie bringt, gerade weil die Berufungsschrift hinsichtlich der Anträge nur die Bedeutung eines vorbereitenden Schriftsatzes hat, den ganzen Rechtsstreit in die Berufungsinstanz und der Gegner kann sich dieser Berufung anschließen ohne das — gemeinrechtliche — Erfordernis des Zusammenhangs der Anschlußbeschwerden mit den Beschwerden des Berufungsklägers. Seine Anschließung wirkt, wie eine selbständige eingelegte Berufung. Der Berufungskläger kann ihm dieses Recht nicht durch Beschränkung seiner Anträge auf einen Teil des Streitgegenstandes beeinträchtigen (Gaupp § 521 Note I); danach hinderte der von der Klägerin verlesene Antrag den Mann nicht, sich der Berufung anzuschließen. Es gibt nun eine von Seuffert und Gaupp vertretene Ansicht, wonach eine Anschließung dann unzulässig ist, wenn es sich um einen selbständigen Anspruch handelt und der Berufungskläger auf die Berufung bezüglich dieses Anspruchs verzichtet hat. Aber auch diese Rechtsauffassung würde der Anschließung des Mannes nicht entgegenstehen. Der in der Verhandlung verlesene Antrag der Klägerin enthält noch keinen Verzicht. Er hinderte sie nicht, die Anträge auch gegen den Mann wegen der erwähnten 10 Mark nachträglich zu erweitern. Den Verzicht auf die Mehrforderung und die Zurücknahme der gegen den Mann eingelegten Berufung hat der Vertreter der Klägerin erst erklärt, nachdem der Beklagte schon seinen Anschließungsantrag verlesen hatte. In diesem Stadium des Prozesses konnte die Zurücknahme nur noch mit Einwilligung des Gegners erfolgen und diese ist versagt worden. Dr. E. r.

t) **Zur Auslegung des § 533 ZPO.**

OLG. Cassel, II. ZS. Urteil v. 5. Oktober 1905.

Der Erfolg der Berufung war dadurch bedingt, daß der Kläger den von ihm in erster Instanz zurückgeschobenen Eid jetzt noch annehmen konnte. Ein Bedenken bestand hier nicht. Seine Erklärung erster Instanz, daß er keinen Eid leisten werde, würde nur dann eine Verweigerung der Eidesleistung sein, wenn ihm ein Eid durch Beweisbeschluß oder bedingtes Urteil auferlegt worden wäre. Da vorliegend keins von beiden geschehen ist, bot die Weigerung des Klägers in erster Instanz kein Hindernis. In Betracht kam nur, ob die in Verbindung mit jener Erklärung erfolgte Zurückschiebung des Eides noch rückgängig gemacht werden konnte dergestalt, daß der Kläger seinem jetzigen Willen gemäß den Eid noch annehmen konnte. In dieser Hinsicht kam es darauf an, ob die Zurückschiebung zulässig oder unzulässig war. War sie zulässig, so war der Kläger nach § 533 daran gebunden. War sie dagegen unzulässig und war deshalb nach § 452[2] die Annahme des Eides als verweigert anzusehen, so liegt die Sache nicht anders, als wenn der Kläger die Erklärung auf die Eideszuschiebung ausdrücklich verweigert hätte. In diesem Falle kann aber nach § 531 die ursprünglich verweigerte Erklärung noch in der Berufungsinstanz nachgeholt werden. Also kann dies auch in dem Falle geschehen, wo die Annahme des Eides infolge unzulässiger Zurückschiebung als verweigert gilt (Gaupp-Stein zu § 533 I, zu § 531 I; Petersen zu § 452 Nr. 1; Seuffert zu § 452 Nr. 4; Entsch. des RG. 17 S. 424). Fs.

u) **Bestimmung des zuständigen Beschwerdegerichts.**[1]

α) Kammergericht, II. Ferien-ZS. Beschluß v. 31. Juli 1906.

Gegen den Kostenfestsetzungsbeschluß des Amtsgerichts I in Berlin vom

[1] Obiger Entscheidung der Zuständigkeitsfrage ist unbedenklich beizutreten. Fraglich erscheint dagegen zunächst die Anwendung des § 36; denn unter den daselbst gebrauchten Ausdruck „Rechtsstreit" lassen sich die „Rechtsmittel" nicht unterordnen. Dies ergibt schon die Stellung des § 36 im Titel „Gerichtsstand", der das Gericht für die zu erhebenden Klagen bestimmt (§ 12). Demgemäß hat unter mehreren zuständigen Gerichten der Kläger die Wahl. Wenn daher der § 36 das zuständige Gericht durch das höhere Gericht bestimmen läßt, so setzt er ein selbständiges Verfahren voraus, das erst eingeleitet werden soll und für das die ZPO. die Zuständigkeit regelt. Dahin gehören nicht die Rechtsmittel, namentlich nicht Beschwerden, die wie hier wirksam gemäß § 569 bereits eingelegt sind; die Entscheidung über sie ist ein für allemal dem übergeordneten Gerichte übertragen und dadurch die Zuständigkeit des Berufungs(Beschwerde)gerichts jedem Zweifel entrückt. — Bedenklich erscheint sodann die Anwendung des § 568 Abs. 3; denn darunter können doch nur Entscheidungen des in §§ 574, 575 bezeichneten Inhalts fallen, die also die wegen der Prozeßkosten erhobene Beschwerde als

30. Mai 1906 erhob der Kläger am 15. Juni wegen 5 Mark sofortige Beschwerde. Das Landgericht I lehnte die Entscheidung ab, weil die Sache seit 1. Juni vor das Amtsgericht Berlin-Wedding gehöre, das Landgericht III also zuständig sei. Letzteres erklärte sich jedoch gleichfalls für unzuständig. Der Kläger bittet um Bestimmung des zuständigen Beschwerdegerichts. Die Voraussetzungen des § 36 Nr. 6 sind erfüllt; zwei Landgerichte, von denen das eine zuständig ist, haben sich zur Entscheidung über die Beschwerde für unzuständig erklärt und zwar rechtskräftig, da die Beschlüsse „in betreff der Prozeßkosten" ergangen sind und die Beschwerdesumme nicht 50 Mark erreicht....

Durch die vor dem 1. Juni 1906 erfolgte Klagezustellung war die Zuständigkeit des angerufenen Amtsgerichts I für das ganze erstinstanzliche Verfahren dergestalt festgelegt, daß dieses Verfahren vor jenem Gericht ohne Rücksicht auf die Neuorganisation der Berliner Gerichte zu Ende zu führen war. Die Kostenfestsetzung, die lediglich die ziffernmäßige Feststellung der im Urteile bereits ausgesprochenen Kostenpflicht zum Gegenstande hat, gehört mit zur ersten Instanz, ist also in jedem Falle von demjenigen Gerichte zu erledigen, das für das ganze Verfahren erster Instanz zuständig ist. Wäre daher selbst das Festsetzungsgesuch vorliegend erst nach dem 1. Juni 1906 beschlußreif geworden, so hätte doch der Beschluß von dem von vornherein in der Sache zuständigen Amtsgericht I, das seitdem die Bezeichnung Berlin-Mitte führt, ohne Rücksicht auf die eingetretene Veränderung der Gerichtsgrenzen erlassen werden müssen. Wäre dies aber geschehen, so wäre ferner außer Zweifel, daß das Landgericht I als das dem Amtsgericht Berlin-Mitte übergeordnete Gericht zur Entscheidung über die Beschwerde zuständig wäre. Nicht anders liegt es, wenn wie hier der Beschluß schon vor dem 1. Juni erlassen und nach diesem Zeitpunkte zugestellt worden ist. Das dem Festsetzungsrichter übergeordnete Landgericht I ist zur Entscheidung über die Beschwerde auch dann berufen, wenn sie erst nach dem ersten 1. Juni eingelegt worden ist. Denn solange der Festsetzungsbeschluß nicht die Rechtskraft beschritten hatte, war das Festsetzungsverfahren in der ersten Instanz noch nicht abgeschlossen, mußte also auch nach dem 1. Juni 1906 von demjenigen Amtsgericht, das für den Erlaß des Beschlusses zuständig war, zu Ende geführt werden. Dies ergibt sich aus § 577² mit § 569¹, wonach die Beschwerde bei demjenigen Gericht, von welchem die angefochtene Entscheidung erlassen ist, hier also Amtsgericht I anzubringen ist. Dieses Gericht war nach Einlegung der Beschwerde sogar zur Abänderung seiner Entscheidung befugt (§ 577³). Das Festsetzungsverfahren schwebte also auch nach dem 1. Juni bei dem jetzt Berlin-Mitte bezeichneten Amtsgericht I. Für die Frage aber, welches Landgericht das übergeordnete Beschwerdegericht ist, kommt es entscheidend

unzulässig oder als begründet bzw. unbegründet bezeichnen. Die Erklärung des an sich nach § 568 berufenen Gerichts, daß es jede Entscheidung ablehnt, entscheidet nicht „in betreff der Prozeßkosten" und muß dem gewöhnlichen Rechtsmittel unterliegen. D. E.

darauf an, welches Amtsgericht in dem Zeitpunkte der Beschwerdeeinlegung mit dem erstinstanzlichen Verfahren befaßt war.... M.

β) **Nach Einlegung der Beschwerde kann das Untergericht nicht mehr mündliche Verhandlung anordnen.**

OLG. Karlsruhe, II. ZS. Beschluß v. 8. November 1905.

Zweifellos konnte das Landgericht über den Antrag auf einstweilige Verfügung mündliche Verhandlung anordnen. Eine andere Frage ist aber, ob dies ihm auch noch gestattet war, nachdem es durch Beschluß entschieden hatte und dagegen Beschwerde eingelegt ist. Daß der Unterrichter in solchem Falle die Sache erneut prüfen und die in der Beschwerde vorgetragenen Neuheiten berücksichtigen muß, auch den Gegner anhören kann, wird allgemein angenommen. Die Möglichkeit der Anordnung einer mündlichen Verhandlung bejaht Seuffert zu § 571. Allein die mündliche Verhandlung, welche hier nicht die des § 573 ist und sein kann, müßte nach § 922[1] mangels gütlicher Erledigung mit einem Urteil abschließen. Würde dieses Urteil im Sinne des Beschwerdeführers ausfallen, so wäre damit allerdings der Beschwerde abgeholfen und diese gegenstandslos geworden. Anders dagegen, wenn das Urteil gegen ihn ausfiele. Dann lägen zwei konforme Entscheidungen, der abweisende Beschluß und das abweisende Urteil vor, und er wäre nun auf den Weg der Berufung gedrängt. Das ist aber mit § 571 unvereinbar. Denn hier ist dem Unterrichter nur anheimgegeben, entweder der Beschwerde abzuhelfen, oder sie dem Beschwerdegericht zur Entscheidung vorzulegen. Das letztere kann, wenn einmal die Sache in die Bahn der mündlichen Verhandlung geleitet und durch abweisendes Urteil geschlossen ist, nicht mehr erfolgen. Hieraus ergibt sich, daß, wenn einmal Beschwerde eingelegt ist, mündliche Verhandlung nicht mehr angeordnet werden kann. Von dieser Anschauung geht wohl auch Petersen zu § 571 aus. Hiernach ist über die vorgelegte Beschwerde zu entscheiden. Die Entscheidung hat sich jedoch mit der materiellen Prüfung der Sache nicht zu befassen, denn der angefochtene Beschluß ist unter Außerachtlassung des § 937[2] ergangen. Daß nämlich ein dringender Fall vorliegt, ist weder im Antrage behauptet, noch vom Landgericht festgestellt; der Antragsteller hat auch nicht begehrt, daß unter Abstandnahme von einer mündlichen Verhandlung durch Beschluß entschieden werde. Aus den Akten ergibt sich zwar, daß der Kläger die Abkürzung der Einlassungsfrist verlangt hat, weil sich die Dringlichkeit ohne weiteres aus dem Sachverhalt ergebe. Allein der vorgetragene Sachverhalt rechtfertigt jedenfalls eine Dringlichkeit im Sinne des § 937[2] nicht. Wenn im Antrage bemerkt ist: „Der Kläger ist als Geschäftsmann darauf angewiesen, mit seinem Gelde zu arbeiten und widerstrebt ein Verbleiben der sehr erheblichen Beträge im Depot der Volksbank zu geringen Zinsen dem Interesse beider Teile“, so können solche in vielen Fällen zutreffende Erwägungen nicht dazu führen, von der kurzen Verzögerung der Entscheidung, welche die Anordnung einer mündlichen Verhandlung erfordert und welche nach dem Willen des

Gesetzgebers die Regel sein soll, abzusehen, um so weniger als nicht einmal angegeben ist, um Verteilung welcher Verträge es sich zur Zeit handelt. Im Hinblick auf diesen auch von Amts wegen zu berücksichtigenden Sachverhalt war der angefochtene Beschluß aufzuheben und mündliche Verhandlung vor dem Landgericht anzuordnen, welche nicht in Ausübung eines fakultativen Rechts aus § 571, sondern in Ausübung der dem Landgericht nach § 937 Abs. 2 ZPO. obliegenden Pflicht zu erfolgen hat. Dr. E.r.

v) **Urkundenprozeß. Beweislast des Beklagten, daß auf seiner Klagabschrift bei der Zustellung die Erklärung „im Urkundenprozeß" durchstrichen war.**[1]

α) OLG. Dresden, II. ZS. Urteil v. 2. März 1906.

Allerdings muß jeder Beklagte aus der ihm übergebenen Klageschrift erfahren, daß im Urkundenprozeß geklagt werde. Indessen folgt aus dem Ausgestrichensein der Worte „im Urkundenprozesse" in der einem der beiden Beklagten zugestellten Abschriften — in der Klagurschrift und in der Gerichtsabschrift findet sich die Streichung nicht — noch keineswegs, daß die Durchstreichung bereits bei der Zustellung bewirkt war. Dieser Schluß erscheint gegenüber § 170² sogar bedenklich, da die Abweichung der Ab- von der Urschrift dem Beglaubigenden bei Anwendung auch nur einiger Sorgfalt kaum hätte entgehen können. Es wäre deshalb Sache des Beklagten gewesen, nachzuweisen, daß der Vermerk schon bei Klagezustellung durchstrichen war. Hat man nämlich auf die Beweislast einzugehen, so steht dem Kläger zur Seite, daß der Gerichtsvollzieher in der mit der Klagurschrift verbundenen Zustellungsurkunde bezeugt hat, daß dem Beklagten eine beglaubigte Abschrift der Klage übergeben worden sei. Anderseits kann dem Kläger der Natur der Sache nach der Nachweis nicht zugemutet werden, daß die Beglaubigung gewissenhaft erfolgt ist und sie in der Tat in allen ihren Teilen der Klagurschrift entsprochen hat. Er genügt seiner Nachweisungspflicht, wenn die Klagurschrift die Bemerkung, daß im Urkundenprozesse geklagt werde, enthält und in der Zustellungsurkunde die Übergabe einer beglaubigten Klagabschrift bekundet ist. Dem gegenüber muß der Beklagte dartun, daß die Klagabschrift den Vermerk im Zeitpunkte der Klagezustellung nicht enthalten habe, da eine spätere Veränderung der Klagabschrift dem Kläger nicht nachteilig sein kann. Wollte man dem Kläger den Beweis aufbürden, daß die Abschrift den Vermerk noch undurchstrichen enthalten habe, so würde man ihm unmögliches ansinnen und einem schikanösen Beklagten die bequemste Gelegenheit bieten, den Urkundenprozeß zu vereiteln; er brauchte ja nur den Vermerk in seiner Abschrift durchzustreichen. Nun wäre zwar der dem Beklagten obliegende Beweis vielleicht durch einen richterlichen Eid zu erbringen. Allein erachtete man auch einen richterlichen Eid im Urkundenprozesse

[1] Nur ein gerichtliches Geständnis der klagebegründenden Tatsachen kommt für die Frage in Betracht, ob der Kläger sie gleichwohl noch durch Urkunden beweisen müßte (OLG. Hamburg, I. ZS. Urteil v. 14. Februar 1906.)

wenigstens insoweit zulässig, als es sich um den Nachweis des Vorhandenseins oder des Fehlens von Prozeßvoraussetzungen handelt, so steht doch im vorliegenden Falle den Beklagten eine weitere Lücke entgegen. Hier, wo eine der beiden Abschriften in Ordnung war, müssen die Beklagten beweisen, welchem von ihnen beiden die ungenügende Abschrift zugestellt worden ist. Wenn dieser Beweis durch Vorlegung der beglaubigten Abschriften der Zustellungsurkunden (§ 190³) nicht mehr möglich ist, weil sie losgelöst und verloren worden sind, so haben die Beklagten auch die Folgen ihrer Nachlässigkeit zu vertreten und die Zustellung als ordnungsgemäß gegen sich gelten zu lassen. Aber auch bei anderer Beurteilung der Beweislast würde die Klage noch nicht schlechthin oder in dieser Prozeßart abzuweisen sein. Der bisherige § 556, nach der nicht bloß die Erklärung, daß im Urkundenprozeß geklagt werde, in der Klage enthalten, sondern auch die Urkunden in Ur- und Abschrift der Klage beigefügt sein mußten, ist nur insofern abgeändert worden, als nunmehr die Urkunden nachträglich noch in einem vorbereitenden Schriftsatze mitgeteilt werden dürfen. Enthält die Klage jene Erklärung nicht, so wird nach wie vor bloß der ordentliche Prozeß anhängig. Eine Klagabweisung muß alsdann schlechthin, nicht lediglich im Urkundenprozeß erfolgen (vgl. **Stein**, Urkundenprozeß S. 152). Keineswegs ist jedoch die Nachholung der Erklärung auch dann ausgeschlossen, wenn diese nur in der dem Beklagten übergebenen Abschrift fehlt. Die Gründe, die zur Einführung des jetzigen § 593² führten, schlagen auch hier ein. Insbesondere würde sonst die gegen den ehemaligen § 556 erhobene Ausstellung, daß dadurch dem Kläger eine neue Gelegenheit gegeben sei, seinen Prozeß durch Schreiber- und Gerichtsvollzieherversehen zu verlieren (**Stein** S. 157), voll zutreffen. Dem Gesetzgeber kann aber nichts daran liegen, dem Kläger den Urkundenprozeß bei einem solchen Versehen nur mit der Einschränkung offen zu halten, daß er zunächst die Klage zurücknimmt und sich so kostenpflichtig machte. Vielmehr rechtfertigt die innere Verwandtschaft mit dem Falle der bei der Klagerhebung unterlassenen Mitteilung einer Urkunde die entsprechende Anwendung des zur Vermeidung unnötiger Härten getroffenen jetzigen § 593². Die Interessen der beklagten Partei werden dadurch gewahrt, daß zwischen der späteren Zustellung und dem Verhandlungstermin ein der Einlassungsfrist gleicher Zeitraum liegt. Dr. v. F.

β) **Nachverfahren bei Klagabweisung.**

OLG. Hamburg, II. ZS. Urteil v. 22. März 1906.

Ergeht im Urkundenprozeß ein Urteil ohne Vorbehalt, so ist mit dessen Rechtskraft das Nachverfahren hinfällig (**Gaupp-Stein** II zu § 600). Ist die Klage rechtskräftig im Urkundenprozeß abgewiesen, so kann ihr nicht im Nachverfahren in irgend einer Form stattgegeben werden, und ebensowenig kann natürlich die nämliche, schon einmal abgewiesene Klage noch einmal abgewiesen werden. Auch für die Kostenentscheidung ist das Nachverfahren, wenngleich es nach § 29 GebO. und nach § 33 GKG. für die Gebührenerhebung als besonderer Rechtsstreit gilt, doch im Sinne der ZPO. nur ein Bestandteil des einheitlichen, im Urkundenprozesse begonnenen Rechtsstreits. Wurde daher wie hier die Klage rechtskräftig auf Kosten des Klägers abgewiesen, so ließe sich die Ansicht sehr wohl vertreten, daß damit auch die Entscheidung über die Kosten des einen Teils des Rechtsstreits bildenden Nachverfahrens schon ohne weiteres gegeben war. Das Gericht ist jedoch der Ansicht, daß vorliegend dem im Wechselprozeß in der Berufungsinstanz ergangenen Urteile eine solche Auslegung nicht gegeben werden kann, und daß, wenn das Berufungsgericht, bei dem damals bereits auch die im Nachverfahren eingelegte Berufung anhängig war, bei Abweisung der Klage über die Kosten des Rechtsstreits entschieden hat, es damit nicht auch schon über die Kosten des Nachverfahrens hat entscheiden wollen. Danach bedarf es noch einer Entscheidung über diese Kosten, die aber nach Sachlage im Anschluß an die bereits ergangene die Klage abweisende Entscheidung auf Grund § 91 nur dahin ergehen kann, daß der unterliegende Kläger auch die Kosten des Nachverfahrens zu tragen hat. M. M.

13

a) Zulässigkeit der Beschwerde trotz des § 707².

Kammergericht, VIII. ZS. Beschluß v. 24. März 1906.

Die Beklagte, durch vorläufig vollstreckbares Versäumnisurteil zu 500 Mark verurteilt, hat Einspruchsschrift und den Antrag eingereicht, die Vollstreckung aus dem Urteile gegen Hinterlegung einer vom Gericht zu bestimmenden Sicherheit einzustellen. Das Landgericht hat diesen Antrag zurückgewiesen, weil „die Vollstreckbarkeit nur gegen eine vom Kläger zu hinterlegende Sicherheit von 300 Mark zugelassen sei, also § 713² nicht vorliege“. Die Beschwerde hierüber ist begründet. Die Beklagte hat den Antrag nicht aus § 713 gestellt, ihn auch nicht darauf stützen können, weil § 713 sich nur auf die Fälle der §§ 708—711 daselbst bezieht. Sie hat sich vielmehr an § 719 gehalten, dessen Voraussetzungen vorliegen. ... Es fragt sich deshalb, ob das Beschwerdegericht die beantragte Anordnung mit Rücksicht auf § 707² erlassen darf. Dort ist bestimmt, daß die Entscheidung über einen aus § 707 gestellten Antrag der Beschwerde entzogen ist. Die Motive S. 395 bemerken dazu: „Die Gestattung einer Anfechtung der Entscheidung über die Einstellung zc könnte der Hauptsache präjudizieren und erscheint deshalb unzweckmäßig. Da die Einstellung nur eine einstweilige ist, so kann sowohl das Instanzgericht als im Laufe einer höheren Instanz das Gericht dieser Instanz jederzeit eine andere Anordnung erlassen; damit ist dem Bedürfnisse einer Änderung der ersten Entscheidung genügt.“ Mit Rücksicht hierauf wird denn auch von den Kommentaren in der Mehrheit die Anfechtung der Entscheidung auf einen Antrag des vorliegenden Inhalts schlechthin versagt (so Gaupp-Stein § 707 III²; Seuffert zu § 707 Note 4). Indessen ist diese Ansicht doch nur mit Einschränkung zutreffend. Die Beschwerde ist gewiß unzulässig, wenn das Gericht auf den Antrag eine sachliche Entscheidung getroffen, also entweder ihm entsprochen oder ihn deshalb abgelehnt hat, weil die Sachlage ihm keinen Anlaß biete, von dem ihm nach § 707[1] eingeräumten Ermessen Gebrauch zu machen. Eine solche Entscheidung liegt aber nicht vor, denn das Landgericht hat nicht erkannt, daß es sich um einen Antrag aus § 707 handle, sondern ist von der unrichtigen Auffassung, es werde eine Entscheidung aus § 713 verlangt, ausgegangen und hat deshalb den Antrag als unzulässig zurückgewiesen. Es hat also eine sachliche Entscheidung ausdrücklich abgelehnt. In solchem Falle ist die Beschwerde nicht versagt. Das Reichsgericht hat denn auch mehrfach die Beschwerde für zulässig erachtet, wenn diese darauf gestützt wurde, daß das Gericht die Zulässigkeit einer einstweiligen Anordnung aus § 707 entweder verneint oder angenommen habe (vgl. z. B. Entsch. des RG. 25 S. 402; Gruchot 31 S. 106, 37 S. 402 und vgl. auch Petersen-Anger zu § 707 Note 6). Schl.

b) **Vorläufige Vollstreckbarkeit. Höhe der Sicherheit.**

OLG. Karlsruhe, III. ZS. Teilurteil v. 24. November 1904.

Das Landgericht hat den Beklagten außer zur Zahlung von 1700 Mark verurteilt, vom 1. Februar 1904 ab bis 1. Mai 1907 für jeden Hektoliter anderweit bezogenen Bieres 6 Mark zu bezahlen, und das Urteil gegen Sicherheit von 10000 Mark für vorläufig vollstreckbar erkärt. Der hiergegen vom Beklagten eingelegten Berufung schloß sich die Klägerin mit dem Antrage an, das Urteil gegen Sicherheitsleistung in Höhe des jeweils beizutreibenden Betrags für vorläufig vollstreckbar zu erklären. Aus den Gründen:

Da die Hauptsache zur Entscheidung noch nicht reif ist, war gemäß § 718[1] dem Antrag der Klägerin entsprechend, der, weil nicht auf den Inhalt der Entscheidung, sondern nur auf die prozessuale Behandlung der Sache sich beziehend, auch ohne Verlesung aus einer Schrift (§ 297) als rechtswirksam gestellt zu betrachten war, über ihr Anschließungsbegehren, das ebenso wie die Berufung zulässig erschien (vgl. §§ 535, 511, 516, 518, 521 u. 522), schon jetzt Teilurteil zu erlassen, dessen Rechtsbeständigkeit allerdings dadurch bedingt ist, daß demnächst die über die Hauptsache ergangene landgerichtliche Entscheidung bestätigt wird, wogegen dieses Teilurteil im Fall der Aufhebung dieser Entscheidung ohne weiteres hinfällig würde (§ 717[1]).

Das Landgericht hat zwar auch, soweit es die Verpflichtung des Beklagten zur Bezahlung einer Vertragsstrafe ausspricht, in die Form einer Verurteilung gekleidet; diese unrichtige Fassung vermag aber nichts daran zu ändern, daß dieser Teil des angefochtenen Urteils mangels jeder Angabe über den Umfang der anderweitigen Bierbezüge des Beklagten und über die Höhe der hiernach vom 1. Februar 1904 an verwirkten Strafe sachlich nur als Feststellungsurteil zu betrachten ist, aus dem eine Vollstreckung überhaupt nicht stattfinden kann. Dieser Umstand schloß allerdings nach den positiven Bestimmungen der ZPO. keineswegs aus, daß trotzdem auch dieser Teil des landgerichtlichen Urteils für vorläufig vollstreckbar erklärt wurde (vgl. Gaupp-Stein Vorbem. III und IVb zum Abschn. 1 des 8. Buchs); dagegen mußte ihm bei Bestimmung der Höhe der von der Klägerin zur Erreichung der vorläufigen Vollstreckbarkeit des Urteils gemäß § 710 zu erfordernden Sicherheitsleistung insofern Rechnung getragen werden, als diese Sicherheit nur dazu bestimmt ist, den Schuldner für allen ihm aus der Durchführung der Vollstreckung drohenden Schaden (vgl. § 717 [2]) Deckung zu gewähren, hierfür aber in erster Linie nur der einer Vollstreckung wirklich fähige Inhalt des vollstreckbaren Urteils in Betracht kommen kann. Da das angefochtene Urteil einen solchen Inhalt nur insoweit hat, als es den Beklagten zu 1700 Mark und zur Kostentragung verurteilt und die Höhe der Kosten etwa 200 Mark betragen, sowie auch aus einer ungerechtfertigten Vollstreckung ein Schaden von mehr als etwa 300 Mark kaum erwachsen dürfte, war somit die Sicherheit auf 2200 Mark herabzusetzen. Dagegen konnte das Urteil nicht „gegen Sicherheitsleistung in Höhe des jeweils beizutreibenden Betrags" für vorläufig vollstreckbar erklärt werden. Es kann hier dahingestellt bleiben, ob eine derartige Bestimmung überhaupt zulässig ist (vgl. verneinend: Rsp. 9 S. 111); denn selbst, wenn man diese Frage bejahen wollte, so läge doch angesichts der ungleich größeren Schädigung des Beklagten durch sukzessive Beitreibung der Hauptschuldsumme und Kosten gegenüber dem Interesse der sehr vermögenden Klägerin an der Ermöglichung solcher Teilbeitreibungen durch Hinterlegung geringerer Wertbeträge kein Anlaß dazu vor, das richterliche Ermessen zugunsten der Klägerin walten zu lassen (vgl. Rsp. 1 S. 129). Dr. E.r.

c) **Bedeutung und Tragweite des § 717.**

α) OLG. Naumburg, II. ZS. Beschluß v. 1. Mai 1906.

Auf die Interventionsklage ist der Gläubiger zur Freigabe verurteilt und das Urteil gegen Sicherheit von 3000 Mark für vorläufig vollstreckbar erklärt. Das die Klage abweisende Berufungsurteil ist auf Revision aufgehoben und die Sache an das Berufungsgericht zurückverwiesen. Dort schwebt zurzeit der Rechtsstreit. Der Kläger hat nach Aufhebung des Berufungsurteils 3000 Mark hinterlegt; der Gerichtsvollzieher weigert sich aber die Sachen freizugeben und zurückzuschaffen, weil der § 717 der Vollstreckbarkeit des landgerichtlichen Urteils entgegenstände. Das Vollstreckungsgericht hat die Erinnerung hierüber zurückgewiesen. Die hiergegen erhobene Beschwerde des Klägers ist begründet:

Dem ersten Richter konnte darin nicht beigetreten werden, daß nach § 717 die vorläufige Vollstreckbarkeit endgültig mit Verkündung des abändernden oder aufhebenden Urteils außer Kraft tritt und nicht wieder auflebt, wenn, wie hier, diese letztere Entscheidung wieder aufgehoben wird. Die von ihm herbeigezogenen Motive rechtfertigen seine Annahme nicht. Diese heben zunächst nur das Ungerechtfertigte hervor, welches darin liegen würde, wenn ein Urteil vollstreckt werden sollte, wiewohl es eine endgültige Entscheidung noch nicht enthält und sogar schon durch die höhere Instanz aufgehoben ist. Des weiteren wird erwogen, ob nicht mit Rücksicht darauf, daß diese Entscheidung der höheren Instanz wieder durch die dritte Instanz aufgehoben werden könnte, zweckmäßig sei, die erste vorläufig vollstreckbare Entscheidung bis zur rechtskräftigen Entscheidung wirken zu lassen. Diese Erwägungen haben zu dem Schlusse geführt: „die Gefahr, daß in der Revisionsinstanz unter Aufhebung des Berufungsurteils das Urteil erster Instanz wiederhergestellt werde, ist nicht groß genug, um die Anomalie (die Aufrechterhaltung der vorläufigen Vollstreckbarkeit) zu rechtfertigen." Damit ist also gesagt, daß die Ausnahmefälle, wie der vorliegende, nicht rechtfertigen würden, die vorläufige Vollstreckbarkeit auch über die abändernde Entscheidung des Berufungsgerichts hinaus bestehen zu lassen. Anderseits ist aber auch damit der Fall wie der vorliegende als ein solcher gekennzeichnet, bei welchem die vorläufige Vollstreckbarkeit des ersten Urteils so wie so weiter wirkt. Es ergibt sich daraus also, daß in diesem Falle der frühere Zustand und also mit der erstrichterlichen Entscheidung auch die vorläufige Vollstreckbarkeit wiederhergestellt wird, wie dies dem im § 565 ausgesprochenen Prinzip entspricht, daß durch das aufhebende Revisionsurteil die Sache in die Lage zurückversetzt wird, als wenn das Berufungsgericht zum erstenmal mit der Sache befaßt wäre.[1] Dr. P.

β) OLG. Naumburg, II. ZS. Urteil v. 3. März 1906.

In dem Vorprozeß, den die jetzigen Parteien mit umgekehrten Parteirollen geführt haben, ist gegen den jetzigen Kläger ein Versäumnisurteil auf Zahlung von 393 Mark nebst Zinsen erlassen und gegen Sicherheit von 400 Mark für vorläufig vollstreckbar erklärt worden. Der jetzige Beklagte hat nach hinterlegter Sicherheit beigetrieben. Auf Einspruch ist aber das Versäumnisurteil aufgehoben und die Klage wegen Unzuständigkeit des Gerichts abgewiesen. Die Klage auf Erstattung des beigetriebenen Betrages nebst 4% Zinsen ist begründet.

Struckmann-Koch zu § 717 gewähren allerdings dem Beklagten einen Schadensersatzanspruch nach § 717[2] nur dann, wenn das aufhebende Urteil ein solches sei, das die Klage zugleich endgültig abweise, nicht bloß z. B. die Sache in die frühere Instanz zurückverweise. Sie berufen sich auf die Begründung der Novelle, wo gesagt ist, daß, wenn die Entscheidung sich hinterher als sachlich unbegründet herausstelle, dem Schuldner der erwachsene Schaden ersetzt werden müsse. Indes ist hieraus nicht zu entnehmen, daß nur in solchem Falle ein Schadensersatzanspruch des Schuldners bestehe; ebensowenig ist in das Gesetz eine derartige Beschränkung aufgenommen. Auch Gaupp-Stein und Neukamp S. 683 geben dem Schuldner entsprechend dem Er-

---

[1] Die weitere Beschwerde ist als unbegründet zurückgewiesen worden: „in Erwägung, daß der Entscheidung der Vorinstanz und ihrer Begründung lediglich beizutreten ist, daß also infolge der Aufhebung des Berufungsurteils durch das Reichsgericht der Rechtsstreit in dieselbe Lage versetzt ist, in welcher er sich nach Erlaß des Landgerichtsurteils befand, und daß das letztere vorläufig — bis zur demnächstigen Entscheidung des OLG. — in allen seinen Teilen wiederhergestellt und als zu Recht bestehend zu erachten ist".

stattungsanspruch des bisherigen Rechts einen Schadensersatzanspruch nach § 717 [2] bei jeder Aufhebung des für vorläufig vollstreckbar erklärten Urteils.

Nach BGB. § 249 hat, wer zum Schadensersatz verpflichtet ist, den Zustand herzustellen, der bestehen würde, wenn der zum Ersatze verpflichtende Umstand nicht eingetreten wäre. Darum kann der Kläger Wiederherstellung seiner Vermögenslage beanspruchen, wie sie vor der Beitreibung aus dem Versäumnisurteil war, also das Beigetriebene zurückfordern, und der Beklagte darf deshalb jetzt auch nicht geltend machen, daß in Wahrheit die Forderung, wegen deren das Gericht des Vorprozesses sich für unzuständig erklärt hat, ihm gegen den Kläger zustehe, und daß er mit ihr gegen den Klaganspruch aufrechne. Dem § 249 entspricht es, daß nicht nur der durch die Vollstreckung entstandene Schaden erstattet, sondern weiter verhütet wird, daß der Schuldner durch sie einen ferneren Schaden erleide. Dies würde aber der Fall sein, wenn zugelassen würde, daß er seinen Erstattungsanspruch gegen die Geltendmachung derselben Forderung des Gegners verteidigen müßte, für welche er endgültig die Zuständigkeit des Gerichts des Vorprozesses beseitigt hatte. S.

d) **Vollstreckbarkeit österreichischer Urteile.**

Kammergericht, XI. ZS. Urteil v. 22. Juni 1906.

1. Die Frage, ob die Klägerin in dem Verfahren gemäß §§ 722 ff. neue, d. h. vor den österreichischen Gerichten nicht vorgebrachte, Tatsachen und Beweise zur Begründung der Zuständigkeit des österreichischen Gerichts anführen darf, war zu bejahen. Weder der Entstehungsgeschichte noch dem Zwecke des § 328 ist zu entnehmen, daß der Vollstreckungskläger in seinem Vorbringen zwecks Begründung der Zuständigkeit des ausländischen Gerichts eingeschränkt werden sollte. Die Zuständigkeit ist ja auch nach deutschem Rechte zu beurteilen, nicht nach ausländischem. Von den fremden Gerichten wird der Regel nach die Zuständigkeit nach deutschem Rechte gar nicht zur Erörterung zugelassen. Es würde deshalb unbillig sein, wenn man den Vollstreckungskläger mit seinen Behauptungen, welche er zur Begründung des Gerichtsstands nach deutschem Rechte vorbringen will, lediglich deshalb nicht hören wollte, weil sie nicht vor dem ausländischen Gerichte geltend gemacht sind. Da das deutsche Recht grundsätzlich ausländischen Urteilen Anerkennung gewährt, so hat es mit der Ausnahmevorschrift des § 328 Nr. 1 nur bezweckt, zu verhindern, daß in den anderen Staaten die richterliche Zuständigkeit nicht nach weiteren oder überhaupt nach anderen Grundsätzen geregelt wurde, als die es selbst für richtig anerkennt. Ausnahmen dürfen nach allgemeinen Rechtsgrundsätzen nicht ausdehnend ausgelegt werden. Für die Bejahung haben sich übrigens auch die OLG. Hamburg (Seuffert 41 S. 233) und Dresden (Rsp. 5 S. 120) ausgesprochen. Den entgegengesetzten Standpunkt vertritt, soweit er ermittelt werden konnte, nur das OLG. Cöln (Puchelts Zeitschr. 26 S. 105).

2. Über den Zeitpunkt, zu welchem ein Gerichtsstand des Ver-

mögens in Österreich begründet sein muß, erwähnt die Entsch. des RG. 51 S. 138 (allerdings nur beiläufig), daß die gegenwärtige Fassung des § 328 Nr. 1 deutlich eine Bejahung der Zuständigkeit für die Gegenwart verlange. Es würde nicht richtig sein, hieraus zu folgern, daß noch in dem Verfahren vor dem deutschen Richter gemäß §§ 722 ff. ein Gerichtsstand begründet sein müsse. Es genügt jedenfalls, wenn zur Zeit der Klagerhebung vor dem Gericht in Österreich ein Gerichtsstand dortselbst begründet war. Nach deutschem Prozeßrecht ist für die Zuständigkeit des Gerichts der Zeitpunkt der Klagerhebung maßgebend. Ob es für die Bejahung der Zuständigkeitsfrage ausreicht, wenn erst nach der Klagerhebung vor dem öst. Gericht ein Gerichtsstand des Vermögens in Österreich begründet wird und ob dieser neu erwachsene Gerichtsstand erst in II. Instanz vor dem öst. Gerichte nicht mehr beobachtet werden darf, weil nach § 482 öst. ZPO. neue Tatsachen in der Berufungsinstanz nur in den hier nicht zutreffenden Ausnahmefällen vorgebracht werden dürfen, kann hier unerörtert bleiben. Daß die Forderungen der Beklagten an die öst. Schuldner schon vor der Klage vor dem Bezirksgericht entstanden waren, bestreitet die Beklagte nicht, sie stellt nur die Schutzbehauptung auf, daß sie vor der Klagerhebung ihre sämtlichen Forderungen in Österreich an B. abgetreten habe. Diese Zession hält die Klägerin nicht für rechtsgültig, weil unstreitig die nach öst. Recht erforderliche Benachrichtigung der Schuldner nicht erfolgt ist. Die Beklagte hält diesen Umstand aber für unerheblich, weil deutsches Recht zur Anwendung kommen müsse, da die Forderungen vereinbarungsgemäß („Erfüllungsort ist Berlin") in Deutschland zu zahlen gewesen seien. In der Literatur sind allerdings Ansichten vertreten, welche zugunsten der Beklagten verwendet werden können. Bar (intern. Privatrecht 2 S. 79) läßt „das überhaupt für die Verpflichtung maßgebende Gesetz, also regelmäßig die lex domicilii des Schuldners entscheiden". Denselben Rechtsgrundsatz hat auch das Reichsgericht (Entsch. 1 S. 437, 20 S. 235) angenommen. Dieser Auffassung war beizutreten, weil die Schuldner sämtlich in Österreich wohnen. Nach § 1395 Allg. BGB. ist aber die Zession vor der Benachrichtigung des Schuldners für diesen nicht wirksam, der Schuldner kann bis dahin noch rechtswirksam an den alten Gläubiger Zahlung leisten. Die Zession der Beklagten an B. hat also letzteren nicht zum Eigentümer der Forderungen gemacht. Das Eigentum war vielmehr bei der Beklagten geblieben und stand dieser noch zu, als die Klage von dem öst. Gerichte I. Instanz erhoben wurde. Nicht allein nach deutschem Recht (§ 23 ZPO.), sondern überhaupt nach den Normen des internationalen Zivilprozeßrechts gilt bei Forderungen als der Ort, wo das Vermögen sich befindet, der Wohnsitz des Schuldners. Daß die Forderungen nicht existierten, bzw. daß die Schuldner unpfändbar seien, ist von keiner Seite behauptet. Es ist also wirkliches Vermögen der Beklagten in Österreich vorhanden gewesen. Nach § 23 ZPO. ist auch ein ausländischer Gerichtsstand dann gegeben, wenn der beklagte Deutsche zwar im Deutschen Reiche, nicht aber im Gebiete des fremden

Staats ansässig ist, dort vielmehr nur Vermögen besitzt. Diesen Rechtsgrundsatz hat das Reichsgericht (JW. 1900 S. 5907) ausgesprochen gegenüber der Ausführung der Revision, daß der § 23 ZPO. nur für Personen in Betracht komme, welche im Deutschen Reiche keinen Wohnsitz haben und eine analoge Anwendung der Prozeßgesetze unzulässig sei.

3. Die Beklagte behauptet, daß die Klägerin schon durch die Pfändung und Überweisung der Forderung des Beklagten an die Firma X. in Wien bezüglich ihres geltend gemachten Anspruches genügend gedeckt und Doppel- bzw. Überpfändung nach deutschem Rechte unzulässig sei. Sie denkt aber anscheinend an § 803 ZPO. und will deshalb den § 328 Nr. 4 (Verstoß gegen den Zweck eines deutschen Gesetzes) für sich geltend machen, allein sie übersieht, daß die Klägerin jetzt bloß einen Schuldtitel haben will. Ob sie auf Grund desselben eine Pfändung vornehmen lassen wird, steht noch keineswegs fest. Sie kann auf die bereits gepfändete Forderung verzichten. Außerdem steht aber noch nicht fest, und in dieser Richtung ist die Beklagte beweispflichtig, ob die Klägerin durch die Pfändung ausreichend gesichert ist. F.

e) **Rechtsnachfolge im Sinne der §§ 727 ff.**

α) OLG. Dresden, II. ZS. Urteil v. 22. Dezember 1905.

Ob die §§ 727 ff. überhaupt schlechthin rücksichtlich solcher Urteile gelten, die nach §§ 922, 925 u. 936, 937 in Fällen des Arrestes ꝛc erlassen werden, mag wegen des mit letzteren Maßnahmen verfolgten bloßen Sicherungszwecks oder der mit ihr beabsichtigten einstweiligen Regelung gefährdeter Rechtsverhältnisse individuell bestimmter Personen nicht unzweifelhaft sein. Doch erledigen sich in dieser Richtung Bedenken allgemeiner Art dadurch, daß es auch im übrigen an einer wesentlichen Voraussetzung der §§ 727 ff. gebricht. Der Beklagte zu 1 ist nicht Rechtsnachfolger des Mitbeklagten Sch. Ist jener in das bereits bestehende Handelsgeschäft als persönlich haftender Gesellschafter eingetreten und haben beide das Geschäft des ersteren, das er bisher als Einzelkaufmann betrieb, als das einer offenen Handelsgesellschaft fortgeführt, sei es auch unter einer neuen Firma, so liegt allerdings der Fall des § 28[1] HGB. vor. Die hier bestimmte Haftung leitet sich aber weder ab aus der Verbindlichkeit des früheren Inhabers, noch tritt sie an Stelle seiner Haftung. Ein Wechsel der haftenden Personen findet nicht statt. Wenn schon nach § 25 HGB., sofern jemand ein unter Lebenden erworbenes Handelsgeschäft unter der bisherigen Firma fortführt, die Art der unmittelbaren Haftung des Fortführenden den Geschäftsgläubigern gegenüber als eine kumulative Schuldübernahme aufzufassen ist, m. a. W. der neue Inhaber neben dem früheren haftet (§ 25), so muß dies um so mehr dann gelten, wenn zu dem bisherigen Inhaber ein neuer Gesellschafter hinzutritt. Auch dann erlangen die Gläubiger des Geschäfts nicht an Stelle des einen Schuldners einen anderen, sondern neben dem ersten einen zweiten Schuldner (Staub zu § 28). Schuldübernahme begründet also nie eine Rechtsnachfolge i. S. von §§ 727 ff. ZPO., denn diese setzt begrifflich voraus, daß Träger des

Rechts oder der Verbindlichkeit, die jetzt in Anspruch genommen werden, ehedem ein anderer war und daß in dessen Innehabung der gegenwärtige Kläger oder Beklagte eingerückt ist (vgl. § 265; Entsch. des RG. 40 S. 339; Gaupp-Stein 1 S. 566, 733). Das ist sogar für die privative Schuldübernahme die herrschende Rechtsansicht (Gaupp-Stein 2 S. 396, 400; Staub, HGB. § 17 Anm. 26; Jakoby in D. IZ. 1904 S. 212).

Hiernach liegt eine Rechtsnachfolge auf seiten des Beklagten überhaupt nicht vor. Dem hieraus entspringenden Mangel der Anwendbarkeit der §§ 727 ff. vermag auch der Versuch nicht abzuhelfen, die ausdehnende Auslegung des § 729² durch die hier obwaltenden Umstände zu rechtfertigen. § 729² ist durch die Novelle von 1898 neu eingeschaltet und zwar für den besonderen Fall des ebenfalls neuen § 25 HGB., für den sonst § 727 nicht Platz griff (vgl. Sächs. Annalen 24 S. 554). Hieraus und aus dem Schweigen der ZPO. über den abweichend gelagerten Fall des § 28 HGB. folgt ohne weiteres, daß die Spezialvorschrift des § 729² über das in ihr abgegrenzte Gebiet nicht erweitert und namentlich auf § 28 HGB. nicht ausgedehnt werden darf, gleichviel ob Billigkeits- oder andere Gründe dafür sprächen. Dr. W. v. F.

β) OLG. Hamburg, IV. ZS. Beschluß v. 6. Oktober 1905.

Nach Erlaß des Urteils vom 10. Juli 1903, das gegen W. Schultz, den kaufmännischen Namen des unter dieser Firma eingetragenen Einzelkaufmanns August Müller, ergangen war, ist das Erlöschen der Firma W. Schultz am 22. Juli 1904 in das Firmenregister eingetragen worden Demnach hat August Müller nach Wegfall seiner Berechtigung zur Führung seines früheren kaufmännischen Namens W. Schultz selbstverständlich die Zwangsvollstreckung gegen sich unter seinem persönlichen Namen zu dulden, so daß der Vorsitzende mit Recht die Erteilung der Vollstreckungsklausel gegen den Beschwerdeführer angeordnet hat.... M. M.

f) **Auch dann, wenn der Schuldner Zug um Zug eine Willenserklärung abzugeben hat, ist der § 730 anwendbar.**[1]

OLG. Celle, II. ZS. Beschluß v. 19. März 1906.

Der Antrag auf Zwangsvollstreckung gegen die Beklagte, die zur Auflassung eines Grundstücks gegen eine ihr zu leistende Zahlung verurteilt ist, wurde zurückgewiesen, weil die vorgelegte vollstreckbare Urteilsausfertigung vom Gerichtsschreiber ohne die Anordnung des Vorsitzenden erteilt war. Die Beschwerde hierüber ist unbegründet.

Aus einer Vergleichung des früheren Rechtszustandes und der Entstehungs-

[1] Eine weitere vollstr. Urteilsausfertigung (§ 733) kann, wenngleich der Verbleib der ersten nicht ermittelt werden kann, der Beklagte andrerseits die Bezahlung der Urteilsforderung behauptet, dann erteilt werden, wenn im Vorprozeß der Anspruch auf Einwilligung in eine weitere Ausfertigung wegen prozessualer Unzulässigkeit einer solchen Klage abgewiesen, zugleich aber auch die Widerklage, die der Beklagte auf die Bezahlung der Urteilssumme stützte, deshalb abgewiesen wurde, weil diese Zahlung nicht erwiesen sei (OLG. Marienwerder, II. ZS. Beschluß v. 20. Juni 1905; Pos. MSchr. 1905 S. 119).

geschichte der durch die Novelle von 1898 eingeführten Änderungen ergibt sich zunächst die Absicht des Gesetzgebers, das Erfordernis einer Anordnung des Vorsitzenden auch für den hier fraglichen Fall vorzuschreiben. Der § 726 ist gegen den entsprechenden § 664 a. F. durch Hinzufügung des jetzigen Abs. 2, der § 730 gegen den entsprechenden § 666 a. F. dadurch geändert worden, daß die Worte „in den Fällen der §§ 664, 665" ersetzt worden sind durch die Worte „in den Fällen des § 726 Abs. 1 und der §§ 727—729"; der § 894 ist in seinem Wortlaut gegen den § 779 a. F. nicht geändert. Es ergibt sich nun zunächst, daß nach § 779 der alten Fassung die Fiktion des Abgegebenseins einer Willenserklärung, die von einer Gegenleistung abhängig gemacht war, zweifellos erst eintrat, wenn eine vollstreckbare Ausfertigung auf Anordnung des Vorsitzenden erteilt war. Durch diese Fiktion erfolgt aber eben die Vollstreckung des Urteils, diese letztere setzte also nach dem früheren Rechte eine solche Anordnung voraus. Wie nun die Begründung der Novelle S. 147 ergibt, hat durch die Hinzufügung des Abs. 2 § 726 der bestehende Rechtszustand sich nicht geändert, vielmehr nur die schon damals herrschende Auslegung des § 666 a. F. eine Bestätigung erfahren sollen....

Es könnte jedoch fraglich erscheinen, ob nicht gleichwohl die jetzige Fassung des § 730 zu der Annahme zwingt, daß in dem in Rede stehenden Falle der Nachweis der Befriedigung oder des Annahmeverzugs des Schuldners lediglich dem Gerichtsschreiber gegenüber durch öffentliche Urkunden geführt werden müsse und daß alsdann von diesem die vollstreckbare Ausfertigung zu erteilen sei. Diese Frage ist jedoch zu verneinen. Denn einmal müßte man für eine solche anomale Bestimmung einen schärferen Ausdruck im Gesetze erfordern, und sodann hat die oben bezeichnete Absicht des Gesetzgebers einen wenn auch vielleicht nicht sehr glücklichen, so doch genügenden Ausdruck im Gesetze selbst gefunden. Es wird nämlich im § 726[1] die Regelvorschrift aufgestellt, hiervon im Abs. 2 eine Ausnahme und von dieser Ausnahme für den Fall, daß die dem Schuldner obliegende Leistung in der Abgabe einer Willenserklärung besteht, wieder eine Unterausnahme gemacht, für die also wiederum die Regelvorschrift des § 726[1] Platz greift. H. ch.

g) **Kann nach Teilung der GG. wegen unberichtigter Gesamtgutsverbindlichkeiten gegen die Frau vollstreckt werden?**

OLG. Colmar, III. ZS. Urteil v. 4. Juli 1905.

Die Klägerin haftet dem Beklagten für dessen Forderung gegen ihren Mann nach Maßgabe des § 1480 BGB. persönlich. Hieraus folgt jedoch nur, daß Beklagter, falls die Klägerin die entsprechende Befriedigung verweigert, gegen sie Urteil erwirken und dieses zwangsweise mit dem Vorbehalt des § 1480 vollstrecken kann. Die gegenwärtige Klage aber stützt sich auf § 771 ZPO. und hat lediglich die Rechtmäßigkeit des Vollstreckungsaktes zum Gegenstande. Die Rechtmäßigkeit bestimmt sich aber ausschließlich nach der ZPO. Nach § 740 genügt zur Vollstreckung in das Gesamtgut ein gegen den Mann ergangenes Urteil; nach Beendigung der Gemeinschaft und vor der Auseinandersetzung ist gemäß § 743 die Vollstreckung in das Gesamtgut nur zulässig, wenn beide Ehegatten zur Leistung oder der eine Gatte zur Leistung und der andere zur Duldung der Vollstreckung verurteilt sind. Nach der Auseinandersetzung greifen die allgemeinen Vorschriften Platz, ein Gesamtgut ist nicht mehr vorhanden und die Vollstreckung gegen den persönlich haftenden Ehegatten ist nur möglich auf Grund eines gegen ihn erwirkten und ihm zugestellten Vollstreckungstitels. Vorliegend ist ein vollstreckbarer Titel gegen die Klägerin weder erwirkt noch zugestellt, die Vollstreckung auch nur ausschließlich gegen den Mann eingeleitet worden. Die Pfändung ist daher unrechtmäßig, sofern die Klägerin ihr Eigentum beweist. Sie ist auch zum Widerspruch gemäß § 771 ZPO. berechtigt, denn Dritter ist jeder, gegen den das Urteil nicht vollstreckt worden ist (vgl. Entsch. d. RG. 30 S. 385), selbst der aus dem Urteil Mitverpflichtete, sofern gegen ihn die Pfändung nicht stattgefunden hat. Das RG. hat in letzterem Falle allerdings angenommen, daß dem Gläubiger gegenüber dem aus demselben Vollstreckungstitel mithaftenden Schuldner ein durchschlagender Einwand erwachse, da letzterer arglistig handle, wenn er für sich verlange, was herauszugeben er auf Grund desselben Titels sogleich wieder gezwungen werden könnte, und ein anderes Urteil (Seuffert 39 S. 291) hat die Wirkung dieses Einwandes dahin festgestellt, daß der Gläubiger in der Lage ist, die gepfändete Sache sofort auch im Zwangswege gegen den intervenierenden Mitschuldner zu ergreifen und sich so auch ihm gegenüber ein wirksames Vollstreckungspfandrecht zu verschaffen. Dies trifft aber jedenfalls hier nicht zu, da die Verpflichtung der Frau urteilsmäßig noch nicht festgestellt ist, was auch im Hinblick auf §§ 78, 780 erforderlich erscheint. . . .

Der Klägerin sind die Pfandstücke durch die Auseinandersetzung eigentümlich zugewiesen. Der Beklagte ficht jedoch den Vertrag über Änderung des ehelichen Güterstandes und den darauf beruhenden Auseinandersetzungsvertrag an. Die Entgegnung der Klägerin, daß sie zur Gütertrennungsklage berechtigt gewesen wäre, ist unbegründet, da die Voraussetzungen für eine solche Klage fehlen. . . . Abgesehen von den Fällen, in welchen die Gütertrennung von der Frau gerichtlich hätte erzwungen werden können, unterliegt die vertragsmäßige Änderung des ehelichen Güterstandes jedenfalls der Anfechtung (vgl. Rsp. 7 S. 57, Entsch. d. RG. 57 S. 81). Die Anfechtung ist aus § 3 Nr. 1 AnfG. begründet. Der Beklagte ist nämlich durch die angefochtenen Rechtshandlungen benachteiligt. Ohne die Abänderung des Güterstandes konnte er auf Grund des gegen den Mann erwirkten Titels gemäß § 740 sofort sowohl in das Gesamtgut als in das Sondergut des Mannes vollstrecken und Befriedigung für seine Forderung erlangen. Durch die Änderung des Güterstandes und die damit verbundene Aufgabe der Rechte des Mannes gegenüber dem Gesamtgut und den Nutzungen des Sondergutes der Frau genügt der Titel nicht mehr zur Vollstreckung in das Gesamtgut, vielmehr war dazu die Beschaffung eines weiteren Titels nach § 743 erforderlich. Noch mehr verschlimmert wurde die Lage des Beklagten durch die Art und Weise der Auseinandersetzung. Dadurch, daß der Frau nicht bloß das Gesamtgut, sondern auch das ganze Sondergut des Mannes als Eigentum zugeteilt ist, wurde letzteres dem Zugriffe des Beklagten überhaupt entzogen, der Zugriff auf das Gesamtgut aber wurde erst möglich nach Erwirkung eines vollstreckbaren Titels gegen die ihm gemäß § 1480 BGB. persönlich haftende Frau. Dadurch ist die Befriedigung des Beklagten in weite Ferne gerückt, er ist nun genötigt zur Führung eines unter Umständen langwierigen und kostspieligen Rechtsstreits und muß noch mit der Möglichkeit rechnen, daß in der Zwischenzeit die Vermögenslage der Schuldner weitere, das Ergebnis der seinerzeitigen Vollstreckung nachteilig beeinflussende Veränderungen erleidet. Der Mann der Klägerin hat auch die angefochtenen Rechtshandlungen in der Absicht vorgenommen, seine Gläubiger, besonders den Beklagten, zu benachteiligen und der Klägerin war diese Absicht bekannt. Zunächst ist aus der geschilderten wirtschaftlichen Lage der Ehegatten gar kein vernünftiger Beweggrund zur Änderung des Güterstandes ersichtlich. Kennzeichnend ist besonders der Zeitpunkt der Änderung. Am 30. Oktober 1902 erfolgte die Zustellung der Klage des jetzigen Beklagten Z., am 19. Dezember 1902 wurde Gütertrennung vereinbart und schon am 2. Januar 1903 wurde offensichtlich mit größter Beschleunigung die Auseinandersetzung verbrieft. Darin wurden zwar die übrigen Gesamtgutsschuldner aufgeführt und von der Klägerin übernommen, aber die Forderung des Beklagten Z. wurde mit Stillschweigen übergangen; zugleich entäußerte sich der Mann seines gesamten Vermögens, so daß gegen ihn keine Vollstreckung mehr möglich ist. . . .

Die Wirkung der Anfechtung besteht nun darin, daß die beiden angefochtenen Verträge dem Beklagten gegenüber unwirksam sind, daß das durch die Auseinandersetzung der Frau Zugeteilte unter Nichtbeachtung der Gütertrennung in die Verfügungsgewalt des Mannes nach den Vorschriften über die Errungenschaftsgemeinschaft zurückgebracht wird, daß also dem Beklagten gegenüber dies so anzusehen ist, wie wenn die Güterrechtsänderung und die Auseinandersetzung nicht erfolgt wären. Danach genügte aber ein gegen den Mann lautender Titel zur Pfändung gegen die Klägerin, und die Pfändung ist rechtmäßig, sofern die Pfandstücke in das Gesamtgut fallen. Hinsichtlich der Pferde und Wagen ist dies unbestritten. Die Schweine waren in der Auseinandersetzung allerdings nicht aufgeführt. Gemäß § 1527 BGB. wird aber vermutet, daß sie zum Gesamtgut gehören. Diese Vermutung wird auch nicht dadurch entkräftet, daß die Klägerin die Schweine mittelbar oder unmittelbar von ihrer Mutter geschenkt erhalten habe; denn letztere hat nicht bestimmt, daß der Erwerb Vorbehaltsgut sein solle (§§ 1526, 1369 BGB.).

Frdthl.

h) **Einwendungen betr. den Urteilsanspruch.**

α) OLG. Karlsruhe, III. ZS. Urteil v. 5. Oktober 1905.

Es kann dahingestellt bleiben, ob die behauptete Übereinkunft eine materiell rechtliche Änderung des durch das rechtskräftige Urteil festgestellten Anspruchs selbst enthält, indem es durch Bewilligung von Ratenzahlungen die Forderung zu einer befristeten machte, oder ob nicht vielmehr unter Aufrechterhaltung des urteilsmäßigen Anspruchs nur ein Ausstand mit der Urteilsvollstreckung unter der Bedingung bewilligt wurde, daß der Schuldner (Kläger) allmonatlich pünktlich 20 Mark mindestens an der urteilsmäßig festgestellten, an sich nach wie vor aus dem Urteil vollstreckbaren Schuld abtrage. Ist das Übereinkommen auch nach den vorliegenden Umständen nur im letzteren Sinne (vgl. §§ 775[4], 776) zu beurteilen, so ist doch § 767 anwendbar. Denn als eine „Einwendung" ist nicht nur die Behauptung anzusehen, daß der Urteilsanspruch hinterher weggefallen sei oder sich wesentlich geändert habe, sondern es ist auch jede Einwendung des Inhalts, daß der Anspruch zeitweilig nicht vollstreckt werden dürfe, als ein gegen den Anspruch selbst gerichteter Rechtsbehelf zu betrachten, sofern der Grund, auf dem die Einwendung beruht, nach dem in § 767[2] genannten Zeitpunkt entstanden ist (vgl. Bad. Rechtspraxis 1900 Nr. 17 S. 225 Ziff. 144; Seuffert 43 Nr. 314, 44 Nr. 236). Dr. E.r.

β) OLG. Karlsruhe, IV. ZS. Urteil v. 17. März 1905.

Mit Unrecht beruft sich das Landgericht für seine Ansicht, daß als maßgebende Verhandlung des § 767[2] stets die Schlußverhandlung in erster Instanz anzusehen sei, auf die Entsch. d. RG. 40 S. 352, welche einen ganz anderen Fall behandelt. Die Ansicht, daß Kläger nicht notwendig gehabt hätte, in der Berufungsinstanz seine Einwendungen vorzubringen, hat im Gesetz keine Grundlage. Als maßgebende Verhandlung ist vielmehr die Schlußverhandlung in der Berufungsinstanz anzusehen (vgl. Gaupp-Stein zu § 767), und in dieser Verhandlung war der jetzige Kläger verpflichtet, der gegen ihn erhobenen Klage auf Unterhalt gegenüber vorzutragen, daß jedenfalls die Beträge von 2000 Mark und 1750 Mark auf die für 1903 geforderte Unterhaltsrente bezahlt seien, sonach an der Forderung des Sohnes in Abzug kämen; denn es handelt sich hier nicht um eine Aufrechnung, sondern um eine Zahlung. Der Kläger hatte auch versucht dieser Einrede nachträglich dadurch Eingang zu verschaffen, daß er die Wiedereröffnung der mündlichen Verhandlung bezüglich der 2000 Mark beantragte; allein, nachdem dieser Antrag zurückgewiesen wurde, konnte die Einrede nicht berücksichtigt werden. Ebensowenig konnte im Weg der beantragten Berichtigung des Tatbestandes der Einrede nachträglich noch Geltung verschafft werden. Ob der Kläger in der Lage ist, im Weg einer Bereicherungsklage die angeblich mit Unrecht nicht abgezogenen Beträge wieder zu erlangen, kann dahingestellt bleiben; in jedem Fall hat der Beklagte in der Vollstreckungsinstanz das ihm durch das Gesetz gewährte Recht, geltend zu machen, daß die in Frage kommenden Zahlungen nicht weiter berücksichtigt werden dürfen. Dr. E.r.

γ) OLG. Celle, II. ZS. Beschluß v. 11. April 1904.

Der Kläger, dem durch **einstweilige Verfügung** aufgegeben war, der Beklagten (seiner Frau) einen Kostenvorschuß zu zahlen, und welcher hiergegen mit einer Gegenforderung aufrechnen will, hat aus § 767 geklagt und zugleich „gemäß §§ 767, 769" gebeten, bis zum Erlasse des Urteils die Vollstreckung einzustellen. Dieser Antrag ist abgelehnt. Gründe:

Ob Einwendungen, die den materiellen Anspruch betreffen, zu dessen Durchführung Arrest oder einstweilige Verfügung erlassen ist, überhaupt durch Klage nach § 767 geltend gemacht werden können und nicht vielmehr nach § 924 oder § 927 vorzubringen sind, ist bestritten (dagegen Seuffert zu § 928, dafür Struckmann-Koch und Petersen). Wenn man aber auch auf Grund der §§ 936, 928, 767 diese Frage — gegen Seuffert — bejaht, so ist doch jedenfalls Seuffert (§ 795 N. 2a) darin beizutreten, daß nach Analogie des § 767² die Klage aus diesem § 767 dann ausgeschlossen ist, wenn wie hier unbefristeter Widerspruch gegen die Verfügung zulässig ist. Ist aber hier die Klage nach § 767² ausgeschlossen, so fällt damit auch die Zulässigkeit einer Verfügung nach § 769. Auch die Frage, ob die erbetene Verfügung etwa auf Grund anderweiter, insbesondere allgemeiner Bestimmungen zu erlassen ist, muß verneint werden. Die eventuell erhobene Feststellungsklage erscheint unzulässig, da angesichts der §§ 924, 927, 936 ein Interesse des Klägers an der alsbaldigen richterlichen Feststellung durch Urteil nicht angenommen werden kann. Es liegt somit auch kein Anlaß vor, die Durchführung der Feststellungsklage durch einstweilige Verfügung zu sichern, sofern man solches überhaupt für möglich erachten sollte. In Betracht kommt aber, daß der Kläger nicht gehindert sein wird, die als Klage aus § 767 bezeichnete Klage demnächst als Widerspruch gemäß §§ 936, 924 oder als Aufhebungsantrag gemäß §§ 936, 927 aufrecht zu erhalten. Zum Schutze dieser Rechtsbehelfe darf aber die beantragte Verfügung nicht erlassen werden. Denn die ZPO. enthält bei Ordnung des Verfahrens nach §§ 924, 927 keine Bestimmung, die — analog dem § 769 — gestattete, den Vollzug eines Arrestbefehls oder einer einstw. Verfügung einstweilen einzustellen und es muß angenommen werden, daß diese Befugnis hier dem Richter absichtlich versagt ist, um zu verhindern, daß an Stelle des in den §§ 924, 927 vorgesehenen Verfahrens, das zu einer Prüfung der erlassenen vorläufigen Maßregel in kontradiktorischer mündlicher Verhandlung führt, ein Verfahren trete, das im Erfolg darauf hinauslaufen würde, daß die ersterlassene einstw. Verfügung durch eine zweite außer Kraft gesetzt würde, welche letztere dann wieder durch eine dritte aufgehoben werden könnte.... H.ch.

δ) OLG. Stettin, Ferien-ZS. Beschluß v. 13. September 1905.

Der § 769 ist in der Vorinstanz auf einen Fall, für den er nicht gegeben ist, angewendet. Eine Klage oder eine Einwendung gemäß §§ 767, 768 hat der Schuldner nicht erhoben, sondern eine Klage aus § 323. Die Rechtsbehelfe aus §§ 767—769 wie aus § 323 enthalten Ausnahmen von den Regeln über die Rechtskraft der Urteile. Die beiden Rechtsbehelfe decken sich aber keineswegs. Die Klage aus § 323 ist eine Verallgemeinerung des durch Art. 42 EG. zum BGB. aufgehobenen § 7² des Haftpflichtges. Der § 323 ist keine Unterart der §§ 767—769, ebensowenig wie der bezeichnete § 7² eine Unterart des bisherigen § 686 gewesen ist. Beide Rechtsbehelfe stehen unabhängig nebeneinander. Was in dieser Hinsicht für den Gerichtsstand (Entsch. des RG. 52 S. 345 und JW. 1905 S. 133⁵) ausgeführt ist, gilt gleichermaßen für die hier zu prüfende Vollstreckungsfrage (vgl. auch Wolff, JW. 1904 S. 569). Der Umstand, daß vorliegend nicht eine Klage des Gläubigers auf Erhöhung der Rente, sondern ein Verlangen des Schuldners auf ihre Ermäßigung aus § 323 geltend gemacht wird, ist ohne Bedeutung (Entsch. des RG. 52 S. 346). Eine einstweilige Anordnung aus § 769 ist im Fall des § 323 unzulässig; für § 323 kann nur eine einstweilige Verfügung aus §§ 935ff. in Betracht kommen (Gaupp-Stein 5. Aufl. 1 S. 727 zu IV³). Anderseits darf letztere, gegen die dem Antragsgegner Widerspruch, nicht Beschwerde, zusteht, in den Fällen der §§ 767—769 nicht erlassen werden (JW. 1895 S. 225¹⁰). Gr.

ε) OLG. Augsburg, II. ZS. Beschluß v. 8. November 1905.

In einem nach § 767 anhängigen Prozesse hatte das Landgericht gemäß § 769 die Vollstreckung gegen eine von den Klägern zu leistende Sicherheit eingestellt. Auf ihre Beschwerde wurde die Einstellung ohne Sicherheit bewilligt. Die hiergegen vom Beklagten eingelegte Beschwerde wurde als unzulässig verworfen. Denn nach § 568⁴ findet gegen die Entscheidungen der OLGerichte in der Beschwerdeinstanz keine weitere Beschwerde statt. Wie in der Begründung (Beilage Bd. 3 der sten. Berichte des Reichstags 1903 S. 2414) hervorgehoben wird, hat der Entwurf von 1904 mit Rücksicht auf den Zweck, den Stoff für die übrigen Rechtsmittel und damit das Verfahren selbst zu vereinfachen, gegen die Entscheidungen, welche die OLGerichte in betreff der Prozeßkosten oder in der Beschwerdeinstanz erlassen, eine weitere Beschwerde nicht zugelassen.[1] L. D.

i) **Widerspruchsklage aus § 771.**

OLG. Dresden, IV. ZS. Urteil v. 7. November 1905.

Der rechtlich geschützte Besitz kann zwar für sich allein ebenso wie ein nur obligatorischer Anspruch auf Herausgabe einer nicht zum Vermögen des Schuldners gehörigen Sache als ein die Veräußerung hinderndes Recht erscheinen, allein für die Zwangsversteigerung von Grundstücken gelten besondere Vorschriften. Nach der Fassung des § 93 ZwVG. erstreckt sich die Wirkung des Zuschlagsbeschlusses nicht nur auf den Schuldner selbst, sondern auch auf dritte Besitzer des Grundstücks. Nur ausnahmsweise, gegenüber dem Besitzer, der auf Grund eines durch die Zwangsversteigerung nicht erloschenen Rechts besitzt, soll die Zwangsvollstreckung nicht erfolgen. Durch den Zuschlag erlöschen nach § 91 des ZwVG. die Rechte, die nicht nach den Versteigerungsbedingungen bestehen bleiben sollen. Die Bemerkung der Denkschrift (Hahn

[1] Das Reichsgericht hat am 16. September 1905 vorstehende Ansicht gebilligt.

S. 56), daß sich die Wirkung des Zuschlages auf persönliche Rechte nicht erstrecke, erscheint in dieser Allgemeinheit mit dem Inhalte des Gesetzes selbst nicht wohl vereinbar. Dr. W.

k) **Geltendmachung beschränkter Erbenhaftung.**

OLG. Hamburg, II. ZS. Urteil v. 13. Juli 1905.

Nach § 1480 BGB. haftet für eine vor der Teilung des Samtguts nicht berichtigte Gesamtgutsverbindlichkeit derjenige Ehegatte, für den keine persönliche Haftung bestand, nur mit den ihm zugeteilten Gegenständen. Die Frage, wie diese Haftungsbeschränkung geltend zu machen sei, beantwortet sich nach den zufolge § 786 hier entsprechend anzuwendenden §§ 780, 781 ZPO. Danach kann sie überhaupt nicht geltend gemacht werden, wenn nicht ein entsprechender Vorbehelt in das verurteilende Erkenntnis aufgenommen ist, anderseits (§ 781) bleibt sie auch da, wo sie vorbehalten ist, so lange bei der Zwangsvollstreckung unberücksichtigt, bis hiergegen Einwendungen erhoben werden. Bei solcher Sachlage hätte an sich völlig genügt, wenn das Landgericht, ohne die Voraussetzungen für die Geltendmachung der beschränkten Haftung sachlich zu prüfen, der Beklagten nur überhaupt durch einen nach § 780 in das Urteil aufzunehmenden Vermerk die Möglichkeit der Geltendmachung jener Haftung für die Vollstreckungsinstanz vorbehalten hätte. Zweifelhaft kann sein, ob es gegenüber dem § 781 im gegenwärtigen Stadium auch nur zulässig war, die Frage, ob der Beklagten das Recht zusteht, sich auf die Beschränkung ihrer Haftung zu berufen, zu prüfen und diese Frage, wie dies das Landgericht getan hat, schon jetzt zu entscheiden. Einer Nachprüfung dieser Entscheidung in diesem Punkte bedurfte es jedoch nicht, weil insoweit nicht die Beklagte, sondern nur der Kläger beschwert ist, dieser aber keine Berufung eingelegt hat.

Ganz gewiß muß aber das Verlangen der Beklagten als unbegründet erachtet werden, daß das Gericht sich nun auch weitergehend noch mit der Frage befassen sollte, ob der Beklagten bei der Gütertrennung Gegenstände zugeteilt sind, mit denen sie für die hier fragliche Schuld zu haften hätte. Wie dies aus der klaren Fassung des § 781 hervorgeht, hat der Kläger ein Recht darauf, gegen die Beklagte einen vollstreckbaren Titel auf Zahlung zu erlangen, auf Grund dessen er so lange in das ganze Vermögen der Beklagten vollstrecken kann, bis die Beklagte auf Grund des ihr im Urteil zugestandenen Vorbehalts ihr Recht auf Beschränkung ihrer Haftung im Wege der Vollstreckungsintervention nach §§ 785, 767 geltend macht. Auch da, wo, wie hier, grundsätzlich die beschränkte Haftung anerkannt ist, findet daher die Frage, ob eine Substanz für diese Haftung vorhanden ist, ihre Erledigung erst in der Vollstreckungsinstanz, sofern der Schuldner dort das ihm vorbehaltene Recht der Haftungsbeschränkung geltend zu machen überhaupt für gut findet. M. M.

l) **Die Vollstreckungskosten setzt das Vollstreckungs-, nicht das Prozeßgericht fest.**

α) Kammergericht, XI. ZS. Beschluß v. 10. Juli 1906.

In Übereinstimmung mit der herrschenden Ansicht, insbesondere der feststehenden Rechtsprechung des Reichsgerichts ist davon auszugehen, daß neben der im § 788 verordneten gleichzeitigen Beitreibung der Vollstreckungskosten ein besonderes Festsetzungsverfahren hinsichtlich der Vollstreckungskosten an sich statthaft ist. Denn der § 788 begründet nur ein Recht, nicht eine Verpflichtung des Gläubigers. Wenn dagegen die herrschende Meinung weiter annimmt, daß für das besondere Festsetzungsverfahren hinsichtlich der Vollstreckungskosten nicht das Vollstreckungs-, sondern das Prozeßgericht zuständig ist, so kann ihr hierin nicht zugestimmt werden. Wenn für diese Auffassung geltend gemacht wird, daß das Vollstreckungsgericht nur zur Durchführung der Zwangsvollstreckung auf Grund eines bereits vorhandenen, nicht aber zur Schaffung eines Schuldtitels berufen ist, erscheint die Begründung schon um deswillen unmittelbar als unzutreffend, weil das Vollstreckungsgericht in mehrfachen Fällen, z. B. bei Entscheidungen über Erinnerungen gemäß § 766, insbesondere über die Kostentragungspflicht entscheidet und Kostenschuldtitel schafft. So hat denn auch das Kammergericht (Rsp. 11 S. 100) für derartige Fälle eines besonderen Streites in der Vollstreckungsinstanz bereits dem Vollstreckungsgerichte die Festsetzung der Vollstreckungskosten zugewiesen.

Indessen ist das Vollstreckungsgericht auch in allen anderen Fällen, wo es sich nicht um einen besonderen Vollstreckungsstreit handelt, zur Kostenfestsetzung hinsichtlich der Vollstreckungskosten berufen. Insbesondere kann sich auch die vorherrschende Meinung — die zumeist ihre gegenteilige Auffassung nicht besonders begründet — nicht auf § 104 stützen. Wenn dort im Abs. 1 bestimmt wird, daß der Anspruch auf Erstattung der Prozeßkosten nur auf Grund eines vollstreckbaren Schuldtitels geltend gemacht werden kann, und in Abs. 2 weiter angeordnet ist, daß „das Gericht erster Instanz" die Festsetzung zu treffen hat, so bedeutet diese Regelung, daß stets das Gericht, welches über die materiellrechtliche Kostentragungspflicht als solche erkannt hat, auch über den Umfang der Kostenerstattungspflicht entscheiden soll. Diese Vorschrift paßt nun auf das Festsetzungsverfahren bezüglich der Vollstreckungskosten überhaupt nicht. Denn für diese fehlt es regelmäßig (d. h. von den Fällen des besonderen Vollstreckungsstreites abgesehen) an einem über die Kostentragungspflicht entscheidenden Gerichte und damit auch an einem Gerichte erster Instanz im Sinne des § 104². Insbesondere kann auch das Prozeßgericht nicht als dieses Gericht angesehen werden, da das Urteil des Prozeßgerichts nur über die Prozeßkosten, nicht aber über die noch gar nicht entstandenen Vollstreckungskosten entscheidet (Rsp. 5 S. 119; LG. Dresden in Busch Zeitschr. 32 S. 345; Falkmann, ZwVollstr. S. 360 ff.). Für die Pflicht zur Tragung der Vollstreckungskosten bildet nicht eine gerichtliche Entscheidung den Schuldtitel, sondern lediglich das Gesetz, und zwar ist § 788¹ der gesetzliche Schuldtitel, inhalts dessen die Vollstreckungskosten, soweit sie notwendig waren, vom Schuldner zu tragen sind (vgl. Falkmann a. O.). Danach fällt die unmittelbare Anwendung des § 104 im Sinne der herrschenden Meinung, und es fehlt an jeder Veranlassung, durch entsprechende Anwendung des § 104 den Mangel eines entscheidenden Gerichts und damit eines Gerichts erster Instanz für die Vollstreckungskosten zu beseitigen, indem man das Prozeßgericht, das mit den fraglichen Kosten nichts zu tun hat und dessen Tätigkeit im Rechtsstreite mit dem Erlaß des Urteils erledigt ist, dazu beruft, die vorhandene Lücke auszufüllen. Eine analoge Ausdehnung des § 104 entspricht nicht dem oben entwickelten Grundgedanken desselben. Vielmehr kann nur das Vollstreckungsgericht in Frage kommen. Letzteres erscheint in erster Linie berufen zur Durchführung des gesetzlichen Schuldtitels des § 788, d. h. zur Festsetzung des Umfanges der aus dem gesetzlichen Schuldtitel sich ergebenden Kostentragungspflicht, weil es sich um Kosten handelt, die im Bereiche der Zwangsvollstreckung entstanden sind. Es wäre nicht sachgemäß, dem Vollstreckungsgerichte auf der einen Seite die Festsetzung der Vollstreckungskosten zwecks gleichzeitiger Beitreibung zu überlassen und ihm auf der anderen Seite die besondere Festsetzung der Vollstreckungskosten zu entziehen und dem Prozeßgerichte zuzuweisen und damit die Durchführung des gesetzlichen Schuldtitels auf verschiedene Gerichte mit verschiedenem Rechtsmittelzuge zu zerteilen (vgl. Falkmann a. O.; LG. Dresden a. O.). Mangels einer besonderen Gesetzesvorschrift ist daher nur das Vollstreckungsgericht zur besonderen Festsetzung der Vollstreckungskosten berufen.

Das Landgericht hat somit vorliegend für den Festsetzungsantrag der Klägerin seine Zuständigkeit zu Unrecht angenommen. Es durfte daher weder Kosten festsetzen, noch einzelne Posten absetzen, mußte vielmehr wegen der im Festsetzungsverfahren von Amts wegen zu berücksichtigenden Unzuständigkeit (vgl. Seuffert § 104 Bem. 31) den Antrag zurückweisen. Wenn es im Gegensatze hierzu durch Beschluß einen Teil der Vollstreckungskosten festgesetzt hat, so konnte trotzdem der Beschluß insoweit vom Beschwerdegericht nicht abgeändert werden, da in dem Verfahren über die nur von der Klägerin eingelegte Beschwerde die Vorentscheidung zu ungunsten der Beschwerdeführerin nicht abgeändert werden durfte. F.

β) **Festsetzung der Kosten des Erinnerungsverfahrens.**

OLG. Colmar, I. ZS. Beschluß v. 28. Februar 1906.

Die vom Kläger bewirkte Mobiliarpfändung wurde auf die Einwendung des Schuldners aus § 766 vom Vollstreckungsgericht rechtskräftig aufgehoben und der Gläubiger mit den Kosten dieses Verfahrens belastet. Das Landgericht wies das Gesuch des Schuldners um Festsetzung dieser Kosten wegen Unzuständigkeit ab. Dessen sofortige Beschwerde hiergegen ist unbegründet. Vollstreckungskosten, d. h. Kosten, die dem Gläubiger bei der Vollstreckung des zu seinen Gunsten in der Hauptsache ergangenen vollstreckbaren Urteils erwachsen sind, stehen hier nicht in Frage, daher paßt hier nicht das in der

Beschwerdeschrift angeführte Zitat aus Gaupp-Stein (4) 1 S. 281. Vielmehr handelt es sich hier nur um die Kosten eines durch Einwendungen des Schuldners veranlaßten besonderen Verfahrens. Für die Festsetzung dieser Kosten ist das Landgericht nicht „Gericht erster Instanz" (§ 104²). Das landgerichtliche Urteil war lediglich ein Vollstreckungstitel für den Gläubiger gegen den Schuldner, nicht aber umgekehrt für diesen, den Beschwerdeführer, gegen den Gläubiger „Gericht erster Instanz". Für die Festsetzung der Kosten des Einwendungsverfahrens ist vielmehr dasjenige Gericht, welches in erster Instanz über die Einwendung entschieden hat, nämlich das Vollstreckungsgericht, gleichviel welches Gericht das Urteil erlassen hat, auf dem die zu der Einwendung führende Vollstreckung beruht. Frdthl.

m) **Zur Anwendung des § 798 ZPO.**

OLG. Naumburg, II. ZS. Urteil v. 9. Januar 1906.

Die vollstreckbare notarielle Urkunde, nach der die Beklagte von X. 6000 Mark zu fordern hat, ist dem Schuldner am 12. Dezember zugestellt worden. Noch am gleichen Tage pfändete der Gerichtsvollzieher bei X in dessen Abwesenheit einen Motoromnibus und wiederholte am 13. Dezember die Pfändung, wobei er am Schlusse des Pfändungsprotokolls registrierte: „Übrigens gibt der Schuldner zu der gestrigen verfrühten Pfändung nachträglich seine Einwilligung." Die Klägerin, die am 15. Dezember den Omnibus im Anschlusse pfänden ließ, bestreitet die Gültigkeit der früheren Pfändung und fordert den der Beklagten ausgezahlten Versteigerungserlös; sie wurde jedoch abgewiesen. Gründe:

Der § 295 findet auch im Vollstreckungsverfahren Anwendung (Busch Zeitschr. 29 S. 398). Nach § 295² finden die Bestimmungen des Abs. 1 nur dann keine Anwendung, wenn Vorschriften verletzt sind, auf deren Befolgung eine Partei wirksam nicht verzichten kann. Dem Parteiverzicht entzogen sind danach die im öffentlichen Interesse erlassenen, d. h. diejenigen Vorschriften, bei denen eine Prüfung von Amts wegen einzutreten hat, so wie die im wesentlichen der öffentlichen Ordnung angehörenden Prozeßvorschriften. Eine solche Vorschrift enthält § 798 nicht. Dieser ist vielmehr lediglich im Interesse des Schuldners eingefügt worden, um den Schuldner, der hier nicht, wie bei Urteilen, durch ein vorhergehendes längeres Verfahren über den beizutreibenden Betrag unterrichtet ist, vor überraschenden Pfändungen zu schützen (Hahn 8 S. 397). Es unterliegt also dem freien Willen des Schuldners, ob er sich einer Pfändung vor Ablauf der zu seinen Gunsten festgesetzten Frist von einem Tage gefallen lassen will oder nicht. Das öffentliche Interesse wird durch diese persönliche Angelegenheit nicht berührt, auch nicht aus dem Gesichtspunkte, daß andere Gläubiger damit rechnen mußten, daß die eintägige Frist innegehalten werde. Im Interesse anderer Gläubiger ist diese Vorschrift nicht gegeben. Diese müssen ebensogut damit rechnen, daß ein Verzicht des Schuldners auf Innehaltung der eintägigen Frist eintreten kann. Die im Auftrage der Beklagten am 12. Dezember vorgenommene Pfändung, die bis dahin allerdings ungültig war, ist also durch die am 13. Dezember erklärte Einwilligung des Schuldners gültig geworden. Dr. P.

n) **Unterwerfungsklausel (§ 800). Vormerkung des Anspruchs auf Umwandlung einer Höchstbetragshypothek.**

α) OLG. Colmar, Ferien-ZS. Beschluß v. 11. August 1906.

Der Beschwerdeführer eröffnete dem Bäcker D. durch notarielle Urkunde einen Kredit bis 5000 Mark. Zur Sicherung dieses Kredites bestellte die Mutter des Schuldners, welche für diesen Bürgschaft übernommen hatte, eine Höchstbetragshypothek, indem sie sich gleichzeitig verpflichtete, in einer nach Realisation des Kredites aufzunehmenden Urkunde die Höchstbetragshypothek in eine solche zu bestimmtem Betrage umwandeln zu lassen und sich darin der Zwangsvollstreckung nach § 800 ZPO. zu unterwerfen. Der Antrag des Gläubigers, zur Sicherung seines Anspruchs auf Umwandlung der Höchstbetragshypothek und auf Unterwerfung unter die Zwangsvollstreckung eine Vormerkung einzutragen, hatte das Grundbuchamt abgewiesen. Hiergegen war nur insoweit Beschwerde erhoben worden, als die Eintragung einer Vormerkung zur Sicherung des Anspruchs bezüglich der Vollstreckungsklausel abgelehnt war. Diese Beschwerde wurde zurückgewiesen, ebenso die weitere Beschwerde, wobei das OLG. (Beschluß vom 14. Mai 1906) von der Erwägung ausging, daß die Vollstreckungsklausel nur Nebenrecht einer Hypothek zu bestimmtem Betrag und deren Vormerkung ohne Vormerkung des Hauptrechts unzulässig sei, und daß daher die Abweisung des in seiner Beschränkung jedenfalls unzulässigen Beschwerdeantrags habe erfolgen müssen. Nunmehr hat der Gläubiger seinen ursprünglichen Antrag bei dem Grundbuchamt wiederholt und gegen die abweisenden Beschlüsse weitere Beschwerde eingelegt, welche zulässig und begründet ist.

Die von dem Landgerichte angeregte Frage, ob, nachdem bereits durch die ersterwähnte Verfügung des Grundbuchamts über die Unzulässigkeit der Anträge entschieden und die gegen diese Entscheidung eingelegte Beschwerde zurückgewiesen ist, dieselben Anträge erneuert werden können, ist zu bejahen, da, wie das erkennende Gericht am 13. Januar 1902 (Elf.-Lothr.-Notariatszeitschr. 1902 S. 153) näher ausgeführt hat, keine gesetzliche Bestimmung der Erneuerung eines abgewiesenen Antrags im Wege steht.

Das Landgericht geht von der Ansicht aus, daß der Anspruch auf Umwandlung der Höchstbetragshypothek in eine gewöhnliche Hypothek zwar gemäß § 883 BGB. an sich vormerkungsfähig sei, daß aber der Zweck der Vormerkung, das Moment der Sicherung, fortfalle, da der Anspruch auf Umwandlung bereits durch die Obligation gesichert sei, da aber ein weiterer Zweck der Vormerkung nicht ersehen werden könne, sei die Eintragung unnötig, und sei daher auch die Vormerkung des Anspruchs auf Eintragung der Unterwerfungsklausel als eines Nebenrechts der gewöhnlichen Hypothek unzulässig. Diese Ausführungen beruhen auf einer unrichtigen Auslegung des § 883. Wie in der Rechtsprechung wiederholt anerkannt ist, betrifft die Unterwerfungsklausel nicht nur die Vollstreckungsbefugnis, sondern den materiellen Inhalt der Hypothek, da sie eine Mehrbelastung zur Folge hat (a. O. 1905 S. 363). Die Eintragung dieser Klausel muß daher gemäß §§ 873, 877 BGB. von dem jeweiligen Eigentümer bewilligt werden, und bei einem etwaigen Eigentumswechsel ist die bedingte Eintragungsbewilligung des ursprünglichen Hauptschuldners ohne Bedeutung, sofern nicht durch eine Vormerkung dem Gläubiger ein Anspruch auf Bewilligung der Eintragung dem jeweiligen Eigentümer gegenüber gewährt worden ist. Die Eintragung einer solchen Vormerkung ist aber nicht für sich allein, sondern nur in Verbindung mit der Eintragung des Hauptrechts, der Hypothek, zu einem bestimmten Betrage zulässig; denn der Anspruch auf Unterwerfung unter die Zwangsvollstreckung stellt für sich allein kein Recht an einem Grundstücke oder an einem das Grundstück belastenden Rechte oder auf Änderung des Inhalts oder des Ranges eines solchen Rechts dar, sondern nur ein Nebenrecht der Hypothek zu bestimmtem Betrage. Zur Sicherung seines Anspruchs auf Umwandlung der Höchstbetragshypothek in eine mit dem Rechte der sofortigen Zwangsvollstreckung ausgestattete gewöhnliche Hypothek kann daher der Beschwerdeführer eine Vormerkung gemäß § 883 BGB. eintragen lassen, die einerseits den Anspruch auf Umwandlung der Höchstbetragshypothek, dessen Vormerkungsfähigkeit auch das Landgericht nicht bezweifelt, anderseits den Anspruch auf die Vollstreckungsklausel betrifft. Dr. Frz.

β) **Einheitliche Eintragungsbewilligung.**

OLG. Karlsruhe, Ferien-ZS. Beschluß v. 21. Juli 1906.

Daß die Unterwerfung unter die sofortige Zwangsvollstreckung bei einer Höchstbetragshypothek, als welche sich die für Verzugszinsen, Kosten und Auslagen im Betrage von 120 Mark bestellte Hypothek darstellt, unmöglich und die Eintragung in das Grundbuch unzulässig ist, haben die Vorinstanzen mit Recht angenommen. Dies hindert aber dann nicht, dem Eintragungsantrage im übrigen zu entsprechen, sofern dies nach Lage der Sache möglich und zulässig sein sollte. Die Vorinstanzen lehnen letzteres ab, weil eine einheitliche Eintragungsbewilligung vorliege, der auch nur eine einheitliche Eintragung als gewollt entsprechen könne. Dieser Auffassung kann nicht beigetreten werden; es sprechen vielmehr alle Umstände gegen eine solche Einheitlichkeit. Denn mangels einer ausdrücklichen Erklärung der Schuldner kann nicht angenommen werden, daß sie auch die Eintragung der Hypothek für das Darlehnskapital von 6000 Mark und den Kostenbetrag von 120 Mark, sowie der Unterwerfung unter die Zwangsvollstreckung bezüglich der 6000 Mark für den Fall nicht gewollt haben, daß bezüglich des Betrages von 120 Mark die Unterwerfung nicht eingetragen werden würde. Gegen eine solche Annahme spricht ganz offenbar, daß dieser letztere Punkt ganz untergeordneter Natur und von geringfügigem Werte und überdies für den übrigen Teil der Eintragungsbewilligung ohne jede Bedeutung ist. Der Beschluß (Rsp. 10 S. 420), auf welche sich der angefochtene Beschluß bezieht, beruht auf einer Würdigung des Einzelfalls und hat einen von dem heutigen wesentlich verschiedenen Tatbestand zur Grundlage. Das Kammergericht nahm dort, wie die Ausführungen zeigen, an, daß eine für die Rückzahlung eines Darlehns wesentliche Bedingung, so wie deren Eintragung beantragt war, nicht eintragungsfähig sei und daß deshalb die Eintragung der für dieses Darlehn bestellten Hypothek ohne jene Bedingung nicht dem Willen der Beteiligten entspreche. Für den vorliegenden Fall ist deshalb diese Entscheidung nicht verwertbar. Dr. Frz.

o) **Offenbarungseid nach Forderungspfändung.**

α) OLG. Hamburg, II. ZS. Beschluß v. 17. Oktober 1905.

Daß der Beschwerdeführer durch Pfändung beweglicher Sachen keine Befriedigung erlangen konnte, hat er durch das Pfändungsprotokoll glaubhaft gemacht. Er hat dann aber Forderungen des Schuldners in einem seinen Anspruch voll deckenden Betrage pfänden und sich größtenteils auch schon zur Einziehung überweisen lassen. Solange er sein Recht gegen die Drittschuldner nicht zu Ende verfolgt hat, läßt sich nicht sagen, daß die Pfändung zu seiner vollständigen Befriedigung nicht geführt habe. Wenn er dem gegenüber geltend macht, daß es sich bei den Pfändungen nur um „angebliche" Forderungen des Schuldners handele, über welche der Gläubiger erst durch den Offenbarungseid des Schuldners verläßliche Auskunft erhalten könne, so steht dem entgegen, daß der Gläubiger durch die von ihm ausgebrachten Pfändungen die betreffenden Forderungen als bestehend behandelt und sie der Verfügung des Schuldners entzogen hat. Solange die Frage offen ist, ob der Gläubiger auf Grund der Pfändungen sich wird befriedigen können, kann er nicht verlangen, daß der Schuldner behandelt werde, wie wenn kein pfändbares Vermögen bei ihm vorgefunden wäre. Nur soweit kommt das Gesetz den Interessen des Gläubigers entgegen, daß es trotz der noch nicht erledigten Pfändung ihm gestattet, den Offenbarungseid zu verlangen, wenn er glaubhaft macht, daß er durch die vorgenommene Pfändung seine Befriedigung nicht (vollständig) erlangen **könne**, weil die gepfändeten Gegenstände nicht verwertbar, insbesondere die gepfändeten Forderungen uneinbringbar seien (vgl. OLG. Dresden bei Seuffert 58 Nr. 153 und Gaupp-Stein § 807 II 2). M. M.

β) **Verzicht des Gläubigers auf das Recht, den Schuldner zum Offenbarungseide zu nötigen.**

OLG. Dresden, IV. ZS. Beschluß v. 21. Juni 1905.

Der von Kohler (Gruchot 31 S. 319, gesammelte Beitr. zum Zivilprozeß S. 173), Seuffert, Struckmann-Koch und Petersen (vgl. auch Dernburg, Preuß. Privatrecht 2 § 107 [11]) vertretenen Ansicht, daß ein Gläubiger nicht wirksam auf Leistung des Offenbarungseides seines Schuldners verzichten könne, kann nicht beigetreten werden. Das Offenbarungsverfahren ist kein unselbständiger Teil eines anderen Verfahrens, etwa der Zwangsvollstreckung, in dem Sinne, daß der Vollstreckungsrichter, sofern der Gläubiger mit der

Vollstreckung begonnen hat, von Amts wegen dem Schuldner die Vorlegung eines Vermögensverzeichnisses aufgeben und die Leistung des Offenbarungseides erzwingen müßte. Vielmehr wird der Richter tätig nur „auf Antrag" des Gläubigers (§ 807), also nur dann, wenn dieser die Hilfe des Gerichts beansprucht, ganz entsprechend dem Vollstreckungsverfahren überhaupt, das (abgesehen vom Verteilungsverfahren nach §§ 873 ff.) stets einen Antrag oder Auftrag des Gläubigers voraussetzt (vgl. §§ 753, 883², 886 ff.; ZwVG. § 15; Petersen-Anger Anm. 3 zu § 828 ZPO.). Wie nun der Gläubiger auf Einklagung seiner Forderung, auf die Betreibung der Vollstreckung überhaupt (und damit des Offenbarungsverfahrens), auf die Versteigerung durch den Gerichtsvollzieher gepfändeter Gegenstände, auf die Vollstreckung in das Mobiliar- oder in das Immobiliarvermögen verzichten, wie er also über Richtung und Umfang der Vollstreckung in einer ihn bindenden Weise verfügen kann (vgl. Kohler Beiträge zum Zivilprozeß S. 165 ff.; Gaupp-Stein II 3 zu § 807; Seuffert 1⁵ vor § 704), so muß er auch sich verpflichten können, den Antrag auf Ableistung des Offenbarungseides gegen seinen Schuldner nicht zu stellen, ihn also den Eid nie leisten zu lassen. Jedenfalls ist kein Grund erkennbar, der der Gültigkeit eines derartigen Verzichtes entgegenstünde. Verträge der Beteiligten in bezug auf das Prozeß-, besonders das Vollstreckungsverfahren können nur dann nach Befinden als unwirksam, weil gegen das öffentliche Recht verstoßend, behandelt werden, wenn sie dazu führen, daß der Richter zu einem Verfahren genötigt werden soll, das den Vorschriften der Gesetze widerspricht, nicht aber, wenn er wie hier lediglich an der Durchführung eines Zwangsmittels gehindert werden soll, von dem Gebrauch zu machen er überhaupt nur auf Grund eines besonderen, darauf gerichteten Antrags des Gläubigers in die Lage kommt. Ebenso, wie der Gläubiger die Einstellung des Zwangsverfahrens jederzeit herbeiführen kann, muß ihm auch freistehen, darauf schon vorher vertragsmäßig zu verzichten. Die Begründung Kohlers (a. O.), der Zwang zum Offenbarungseid sei das ultimum refugium, das letzte Mittel, um dem Schuldner die Verheimlichung und Entziehung von Vermögensgegenständen unmöglich zu machen, gibt keine Antwort auf die gestellte Frage, warum der Gläubiger nicht auf dieses letzte Mittel soll verzichten können, und die Ausführung Seufferts (§ 807 Nr. 3), der Verzicht würde das publizistische Vollstreckungsrecht des Gläubigers in unzulässiger Weise abstumpfen, sucht die aufgestellte Ansicht nur mit der neuen, aber unbewiesenen Behauptung zu begründen, daß das Recht des Gläubigers in unzulässiger Weise abgestumpft werde.

Der Geltendmachung des Verzichts durch Widerspruch und der Entscheidung in dem durch § 900² geordneten Verfahren stehen Bedenken nicht entgegen, da der Einwand nicht eine Beschränkung des materiellen Anspruchs, die allerdings im Wege der Klage nach § 767 vorzubringen wäre, betrifft, sondern nur die Frage zur Entscheidung stellt, ob der Schuldner zur Eidesleistung verpflichtet ist (vgl. außer Gaupp-Stein noch Francke,

Offenbarungseid S. 89 II 3). Die scheinbar abweichenden Ausführungen Kohlers a. O. S. 166/167 behandeln den Verzicht auf den Offenbarungseid nicht. Annalen 27 S. 89.

p) **Gewahrsam des Schuldners.**

α) OLG. Celle, II. ZS. Beschluß v. 27. April 1905.

Aus der Stellung des Mannes als Haushaltungsvorstand (§ 1354 BGB.) folgt ohne weiteres dessen Gewahrsam an allen Haushaltsgegenständen mit Ausnahme der zum persönlichen Gebrauche der Frau oder anderer Haushaltsmitglieder bestimmten Sachen. Ob die Eheleute unter gesetzlichem Güterrecht oder in Gütertrennung leben, ist gleichgültig, denn nicht aus dem Verwaltungs- und Nutznießungsrecht des Mannes, sondern aus seiner Stellung als Haushaltungsvorstand ist sein Gewahrsam herzuleiten. Ebenso unerheblich ist es, ob die Frau die alleinige Mieterin der Wohnung war, in der die gepfändeten Sachen sich befanden; daraus würde höchstens folgen, daß sie den unmittelbaren Besitz der gemieteten Räume, nicht aber daß sie auch den Besitz der darin befindlichen Sachen gehabt hat (Rsp. 2 S. 220; Seuffert 55 Nr. 125). Führen die Eheleute einen gemeinschaftlichen Haushalt, so stehen die Sachen, die sich in den für den Haushalt bestimmten Räumen befinden, grundsätzlich im ausschließlichen Gewahrsam des Mannes als des Haushaltungsvorstandes, einerlei ob die Räume selbst ihm oder seiner Frau oder auch einem Dritten gehören. Ohne Zustimmung des Mannes (§ 809) ist daher die Pfändung solcher Sachen auf Grund eines lediglich gegen die Frau gerichteten vollstreckbaren Schuldtitels unzulässig.... H.ch.

β) OLG. Hamburg, III. ZS. Urteil v. 10. März 1906.

A. Mit Recht hat das Landgericht angenommen, daß der Kläger durch den Vertrag vom 2. März 1903 Eigentümer der Sachen, die der Beklagte später bei X. gepfändet hat, mittels Besitzkonstituts geworden ist. Der Beklagte hält dies für ausgeschlossen, weil durch die vorangegangene Pfändung der Sachen für den Gläubiger Müller der Gerichtsvollzieher bzw. Müller mittelbarer Besitzer der Sachen geworden und nach der Natur des Besitzes ausgeschlossen gewesen sei, daß nachträglich noch ein anderer, hier der Kläger, mittelbarer Besitzer der Sachen wurde. Da der Schuldner X. durch die Pfändung verpflichtet sei, den Besitz künftig nur noch für den Gerichtsvollzieher auszuüben und dessen Anweisungen Folge zu leisten, so könne er sich nicht nachträglich haben verpflichten wollen, den Besitz auch noch für den Kläger und dessen Anordnungen gemäß auszuüben. Diese Ausführungen treffen nicht zu. Es besteht Streit darüber, wie sich die Besitzverhältnisse gestalten, wenn der Gerichtsvollzieher im Gewahrsam des Schuldners (oder eines zur Herausgabe bereiten Dritten) befindliche körperliche Sachen des Schuldners in Besitz genommen, die gepfändeten Sachen aber einstweilen im Gewahrsam des Schuldners (oder des Dritten) belassen hat. Nicht zuzustimmen ist aber zunächst Bartels (Gruchot 42 S. 671) darin, daß der Schuldner mit der Pfändung den Besitz auch dann gänzlich einbüße, weil der Gerichtsvollzieher die Sachen jederzeit abzuholen vermöge und deswegen der § 856² BGB. eingreife. Der § 856², wie der entsprechende I § 810², bezieht sich, wie der Zusammenhang zeigt, auf Fälle vorübergehender „unfreiwilliger" Verhinderung der Ausübung der tatsächlichen Gewalt durch den Besitzer (Motive 3 S. 104). Nach der jetzigen Fassung des § 808² ZPO. hat der Gerichtsvollzieher überdies andere Sachen als Geld, Kostbarkeiten und Wertpapiere im Gewahrsam des Schuldners zu belassen, sofern nicht hierdurch die Befriedigung des Gläubigers gefährdet wird. Petersen-Anger Bem. 7 und Neukamp Bem. 2 zum § 808, sowie Staudinger III zum § 868 BGB., welche dem Schuldner gleichfalls den Besitz der in seinem Gewahrsame belassenen Sachen absprechen und ihm nur die Eigenschaft eines Besitzdieners für den Gerichtsvollzieher bzw. den Gläubiger im Sinne des § 855 BGB. beilegen, begründen dies damit, daß der gepfändete Schuldner bei Belassung der Sachen in seinem Gewahrsam — für den Dritten, bei dem gepfändet ist und dem die gepfändeten Sachen einstweilen belassen sind, würde dasselbe gelten — nur noch bloßer Verwahrer der Sache sei. Gerade als solcher ist er aber nach § 868 BGB. unmittelbarer Besitzer und vermittelt er dem Gerichtsvollzieher und dieser dem Gläubiger den mittelbaren Besitz an den gepfändeten Sachen (Planck 3 Erl. 2 b α zum § 868 BGB., sowie Gaupp-Stein Bem. IV und Seuffert Anm. 3f zum § 808 ZPO.). Von einem Besitzdienerverhältnisse unterscheidet sich die Stellung des Schuldners zum Gerichtsvollzieher und zum Gläubiger wesentlich dadurch, daß er nicht willkürlichen Weisungen der letzteren, sondern nur solchen Anordnungen von ihrer Seite nachzukommen hat, die im Rahmen des durch die Pfändung begründeten Rechtsverhältnisses gegeben sind.

War X. somit unmittelbarer Besitzer der bei ihm belassenen Pfandstücke, so stand dem nichts entgegen, daß er das Eigentum daran durch Besitzkonstitut gemäß § 930 BGB. auf den Kläger übertrug. Namentlich stand nicht entgegen, daß X. als Verwahrer der in seinem Gewahrsam belassenen gepfändeten Sachen bereits dem Gerichtsvollzieher bzw. dem Pfandgläubiger Müller als solchem mittelbaren Besitz an den Sachen vermittelt hatte. Daneben konnte X. sehr wohl auch dem Kläger durch Vereinbarung eines dem § 868 BGB. entsprechenden Rechtsgeschäfts anderer Art mittelbaren Besitz und zwar, bei vorliegender Einigung über den Übergang des Eigentums an den Sachen auf den Kläger, mittelbaren Eigenbesitz verschaffen. Dem BGB. ist das Vorhandensein mehrerer mittelbarer Besitzer derselben Sache nicht fremd. Ausdrücklich spricht es davon allerdings nur in dem Falle, daß der nächste mittelbare Besitzer seinerseits wieder zu einem Dritten in einem Verhältnisse der in § 868 bezeichneten Art steht. Auch der Dritte ist diesenfalls mittelbarer Besitzer (§ 871). Neben diesem „nacheinander" begründeten mittelbaren Besitze gibt es jedoch ferner auch einen mittelbaren gemeinschaftlichen Besitz, der begründet ist, wenn mehrere „nebeneinander" zum unmittelbaren Besitzer in einem, mittelbaren Besitz begründenden Verhältnisse stehen

(Planck 3. Aufl. 3 S. 65, 66). Es braucht aber auch kein identisches, auf einer Rechtsgemeinschaft der mehreren Besitzer beruhendes Rechtsverhältnis zu sein, das ihrem mittelbaren Besitze an derselben Sache zugrunde liegt. Vielmehr ist auch die Möglichkeit des Vorhandenseins mehrerer mittelbarer Besitzer derselben Sache anzuerkennen, die in keiner Rechtsgemeinschaft miteinander zum unmittelbaren Besitzer aber in verschiedenen, den mittelbaren Besitz begründenden Verhältnissen stehen, sofern es sich dabei um Verwirklichung verschiedener, miteinander vereinbarer Zwecke handelt (Planck a. O. S. 56 Nr. 1[2]). Vorliegend wurde durch die Einräumung des mittelbaren Eigenbesitzes an den Kläger den Rechten des Gläubigers Müller und auch seinem mittelbaren Besitze der Sachen noch in keiner Weise zunahe getreten. Vielmehr erwarb der Kläger die fraglichen Sachen belastet mit dem Pfändungspfandrechte des Genannten. Somit kam der § 936 BGB. zur Geltung. Danach erlischt im Falle einer Veräußerung nach § 930 das Recht des Dritten erst dann, wenn der Erwerber auf Grund der Veräußerung den (unmittelbaren) Besitz der Sache erlangt und hinzukommt (§ 936[2]), daß der Erwerber in diesem Augenblicke in gutem Glauben ist. Das Recht Müllers bestand also, selbst wenn der Kläger es auch zur Zeit des Erwerbes nicht gekannt hätte, trotzdem ihm gegenüber fort, da er unmittelbaren Besitz der Sachen nicht erlangt hat.

B. Es fehlt hier auch nicht an der Vereinbarung eines Rechtsverhältnisses, vermöge dessen der Kläger als Erwerber der fraglichen Sachen den mittelbaren Besitz an ihnen erlangt hat. Allerdings muß beim Besitzkonstitute zur Aufrechterhaltung der Rechtssicherheit im Verkehr auf Vorliegen des unzweifelhaften Nachweises einer solchen Vereinbarung gehalten werden. Die Vereinbarung kann aber auch eine stillschweigende sein (Planck a. O. S. 226). . . . M. M.

q) **Weder Hypothekare noch Verpächter können der Pfändung von Halmfrüchten widersprechen. ZPO. § 810. BGB. § 585.**

OLG. Braunschweig, I. ZS. Urteil v. 16./30. März 1906.

Im August 1904 ließ die Beklagte gegen ihren Schuldner X. Früchte auf dem Halm pfänden und versteigern. Die Früchte standen auf verschiedenen Plänen, die der Kläger, für den eine Hypothek darauf eingetragen war, am 14. April 1904 auf ein Jahr an X. verpachtet hatte. Der Kläger beansprucht den Erlös und stützt sich hierfür sowohl auf sein Hypothekenrecht wie auf ein gesetzliches Pfandrecht an den Früchten; letzteres stehe ihm deshalb zu, weil er die Verpachtung behufs Einbringung seiner Hypothekzinsen mit Einwilligung der Grundstückseigentümer in eigenem Namen vorgenommen habe. Die Klage wurde abgewiesen. Gründe:

Daß sich der § 810[2] nicht auf den Fall der Pfändung gegen den Pächter des Grundstücks bezieht, ergibt sich aus ZwVG. § 21[3], wonach das Recht eines Pächters auf den Fruchtgenuß von der Beschlagnahme nicht berührt wird. Den Hypothekgläubigern ist der Zugriff auf die dem Pächter zuwachsenden Früchte versagt. Es wäre sinnlos, wollte der Gesetzgeber ihnen gleichwohl erlauben, der Pfändung der Früchte durch die Gläubiger des Pächters zu widersprechen. Die Notwendigkeit, den § 810² einschränkend auszulegen, wird, soweit ersichtlich, auch allgemein anerkannt.

Ebensowenig geht das Pfandrecht des § 585 BGB. dem Pfandrecht eines Gläubigers, für den die Früchte auf dem Halm gepfändet wurden, vor. Daß dieses Pfandrecht vom Tage der Pfändung datiert, kann keinem Zweifel unterliegen. Die herrschende und richtige Meinung wendet bei Pfändung stehender Früchte wie bei Pfändung selbständiger Sachen den § 804¹ ZPO. an; danach entsteht das Pfandrecht schon mit der Pfändung. Auch wenn man es aber erst mit der Trennung der Früchte entstehen lassen wollte (so Weismann Zivilpr. 2 S. 130), würde nach § 804³ für seinen Rang der Tag der Pfändung maßgebend sein. Was im Gegensatz hierzu das gesetzliche Verpächterpfandrecht betrifft, so bilden die §§ 93, 94 BGB. ein unüberwindliches Hindernis, Existenz oder Rang des Pfandrechts an den Früchten in die Zeit vor der Trennung zu verlegen. Nach § 94 wird Samen mit dem Aussäen, eine Pflanze mit dem Einpflanzen wesentlicher Bestandteil des Grundstücks; nach § 93 können wesentliche Bestandteile nicht Gegenstand besonderer Rechte sein. Seuffert zu § 810 ZPO. meint allerdings, der Vollstreckungsgläubiger, zu dessen Gunsten dieser Grundsatz durchbrochen sei, dürfe sich auch dem Verpächter gegenüber nicht auf den Satz berufen. Allein der § 810 ist eine Ausnahme von der Regel des § 93 BGB.; eine analoge Anwendung dieser durch die ZPO. statuierten Ausnahme auf das Verpächterpfandrecht verbietet sich um so mehr, als letzteres Pfandrecht dem BGB. angehört. Haltlos aber ist der Versuch von Weirauch (D. JZ. 1905 S. 357) und Weismann a. O., den Rang des Rechts auf den Abschluß des Pachtvertrags zurückzudatieren. Dafür hätte es einer besonderen Vorschrift im BGB. bedurft. Auch hier muß daher an der herrschenden Ansicht festgehalten werden.
H. g.

r) **Anwendbarkeit des § 811 Nr. 5 auf Gast- und Schankwirte.**[1]

α) OLG. Celle, II. ZS. Beschluß v. 3. Juli 1905.

Die Zulässigkeit der Pfändung von Gegenständen des Gast- und Schankwirtschaftbetriebes hängt davon ab, ob die Schuldner zu denjenigen Personen gehören, welche aus Handarbeit oder sonstigen persönlichen Leistungen ihren Erwerb ziehen. Daß Gast- und Schankwirte, wenn sie wie hier zu den Kleinkaufleuten oder Kleingewerbetreibenden gehören, allgemein von der Wohl-

[1] Die Pfändungsbeschränkungen des § 811 gelten auch im Falle der Pfändung des Herausgabeanspruchs; denn diese Pfändung enthält zugleich eine demnächstige Pfändung der Sache selbst insofern, als mit der Herausgabe der Sache an den Gerichtsvollzieher diese Pfändung als bewirkt gilt (OLG. Cassel, II. ZS. Beschluß v. 25. September 1905). — Offiziersausrüstungen verabschiedeter Offiziere sind nach § 811 Nr. 7 unpfändbar, weil sie jederzeit als Zeugen vor dem Ehrengerichte der Offiziere zu erscheinen in die Lage kommen können, dann aber in Uniform erscheinen müssen (OLG. Dresden, VI. ZS. Beschluß v. 12. April 1905; Annalen 27 S. 87).

tat des § 811 Nr. 5 hätten ausgeschlossen werden sollen, wird man bei der allgemeinen Fassung des Gesetzes („oder sonstigen persönlichen Leistungen") als Absicht des Gesetzgebers nicht schon daraus folgern dürfen, daß ein Antrag, die Gast- und Schankwirte ausdrücklich in das Gesetz aufzunehmen, abgelehnt worden ist. Man hat vielmehr im Einzelfalle zu untersuchen, ob für den betreffenden Betrieb die persönliche Leistung des Schuldners das Entscheidende ist oder ob die kaufmännische oder technische Leitung des Schuldners derart überwiegt, daß dahinter die persönliche Leistung zurück- und in die zweite Linie rückt.... Vorliegend läßt die Menge des gepfändeten Inventars an Küchen- und Speisegerät, an Wäsche und Gläsern rc in Verbindung mit der Tatsache, daß die Schuldner sich zur Ausübung ihres Gewerbes noch mehrerer Hilfskräfte bedienen, die Annahme gerechtfertigt erscheinen, daß es sich um einen nicht lediglich, ja nicht einmal vorzugsweise von den Schuldnern persönlich ausgeübten Gewerbebetrieb, sondern um einen solchen Betrieb handelt, bei dem den Schuldnern vorwiegend die Leitung obliegt, die natürlich ein eigenes Handanlegen der Schuldner bei Bereitung der Speisen und Bedienung der Gäste nicht ausschließt, sondern mit umfaßt. Ein derartig ausgedehnter Gewerbebetrieb aber fällt nicht mehr in den Rahmen des § 811 Nr. 5, die zu solchem Betriebe gehörigen Gegenstände unterliegen der Pfändung, und zwar in ihrem gesamten Umfange. Insbesondere ist auch keine praktische Möglichkeit gegeben, etwa zu scheiden, welche und wie viele von diesen Gegenständen den Schuldnern zu belassen sein möchten, wenn sie ihren Betrieb in einem kleineren, ihre alleinige persönliche Leistungskraft nicht übersteigenden Umfange fortsetzen wollten.... H.ch.

β) OLG. München, II. ZS. Beschluß v. 13. April 1905.

Der Gerichtsvollzieher pfändete den gesamten Biervorrat des Gastwirts S. von 5 hl im Werte zu 75 Mark. Auf die Einwendungen des Schuldners hob das Amtsgericht die Pfändung als unzulässig auf. Die sofortige Beschwerde des Gläubigers wurde für begründet befunden. Die weitere Beschwerde des Schuldners blieb erfolglos. Gründe:

Allerdings können auch Materialien und Vorräte unter die nach § 811 Nr. 5 der Pfändung nicht unterworfenen Gegenstände fallen, aber das Gesetz legt den Nachdruck auf die persönliche Leistung des Schuldners und verlangt, daß die Leistung überwiegt gegenüber dem kaufmännischen Warenbetrieb. Ein solches Übergewicht ist hier nicht vorhanden, da der Schankwirt fertige Produkte wie der Kaufmann veräußert, die persönliche Leistung demnach in den Hintergrund tritt. Die Pfändung ist daher zulässig. U.

s) **Verteilung mehrerer Versteigerungsmassen nach Befriedigung der auf allen ruhenden Vorzugsrechte.**

OLG. Augsburg, II. ZS. Beschluß v. 29. Mai 1906.

Für drei Gläubiger waren beim Schuldner A. Mobilien je gesondert gepfändet und versteigert worden, worauf das Amtsgericht als Vollstreckungsgericht die Hinterlegung der Erlöse zu I 107 Mark, zu II 165 Mark und zu III 170 Mark, zusammen 442 Mark, anordnete. Allein da dem Vermieter eine Mietforderung von 360 Mark Miete zustand, ist ihm dieser Betrag mit allseitiger Zustimmung ausgehändigt worden, wogegen die restlichen 82 Mark gemäß dem Beschlusse des Amtsgerichts an Gerichtsvollzieher B. für Rechnung der Masse II und an Gerichtsvollzieher C. für Rechnung der Masse III hinausgegeben wurden. Das Amtsgericht zog nämlich von den drei Massen je ein Drittel der 360 Mark ab, so daß sich zu I ein Minus von 13 Mark, zu II ein Plus von 45 Mark und zu III ein Plus von 50 Mark ergab. Die Beschwerde des Gläubigers zu I., der hiernach leer ausging, aber die ganzen 82 Mark als Erstpfänder beanspruchte, wurde zurückgewiesen, weil mit Rücksicht auf die §§ 827, 872 ZPO. der Rest des hinterlegten Erlöses nach Wegfall des Grundes für die seinerzeitige Hinterlegung an die Gerichtsvollzieher behufs Verteilung nach der Reihenfolge der stattgefundenen Pfändungen hinauszugeben sei. Auch die weitere Beschwerde blieb erfolglos. Gründe:

Der angefochtene Beschluß hat zutreffend zum Ausdruck gebracht, daß der Inhalt des amtsgerichtlichen Beschlusses und insbesondere die ihm zugrunde gelegte Berechnung die erst vorzunehmende Verteilung nicht beeinflussen darf und kann. Allerdings ist der Hinweis auf die §§ 827, 872 insofern nicht ganz richtig, als es sich vorliegend nicht um eine einzige, einheitliche Versteigerungsmasse handelt. Vielmehr waren drei selbständige nebeneinander bestehende Massen gegeben, bezüglich deren vor allem, sei es im Wege der Vereinbarung, sei es im Wege des Rechtsstreits festzustellen ist, in welchem Verhältnisse sie zu der an den Vermieter ausbezahlten Summe von 360 Mark beizusteuern haben, und in welchem Umfange sie demzufolge noch an dem vorhandenen Reste zu 82 Mark beteiligt erscheinen. D.

t) **Einwand der Unzuständigkeit des Vollstreckungsgerichts.**

OLG. Hamburg, IV. ZS. Urteil v. 2. April 1906.

Das Amtsgericht Kiel war für die von ihm zugunsten der Beklagten erlassenen Pfändungsbeschlüsse örtlich unzuständig; denn die Schuldnerin war damals bereits aus Kiel, ihrem früheren Wohnsitze, verzogen, sie hatte sich dort abgemeldet, ihr Mobiliar nach Lübeck geschickt und daselbst vorläufig untergebracht, sich selbst aber zu Verwandten in Eutin begeben, um dort vor ihrer Übersiedelung nach Lübeck einige Wochen zu verbringen. In dieser Zwischenzeit hatte sie keinen Wohnsitz, daher nach § 16 ZPO. ihren allgemeinen Gerichtsstand in ihrem Aufenthaltsorte, so daß nach §§ 828, 802 das dortige Gericht zu den gerichtlichen Handlungen gegen sie ausschließlich zuständig war. Die vom Beklagten erwirkten Pfändungsbeschlüsse sind aber, weil von einem unzuständigen Gerichte erlassen, unwirksam, und diese Unwirksamkeit darf der Kläger im vorliegenden Prozesse geltend machen. Der entgegenstehenden Ansicht des Landgerichts, daß formell gültige Beschlüsse eines Gerichts so lange als rechtsbeständig zu gelten haben, bis sie auf eingelegtes Rechtsmittel beseitigt seien, würde zutreffen für Urteile, die nur zwischen den Parteien zu wirken bestimmt sind und für diese Rechtskraft erlangen, wenn sie nicht in dem bestimmten Instanzenzuge beseitigt werden. Sie trifft aber nicht zu für Beschlüsse, die über das Verhältnis von Gläubiger und Schuldner hinaus unmittelbar wirken, indem sie die Rechte dritter Personen auf Befriedigung aus dem Vermögen des Schuldners berühren. Die Gültigkeit solcher Beschlüsse im ordentlichen Prozeßwege zu beanstanden, steht dem betroffenen Dritten frei; denn er vermag durch Einlegung der sofortigen Beschwerde die Aufhebung der rechtswidrig zustande gekommenen Pfändung nicht herbeizuführen und ist also nicht, wie dem Urteile gegenüber die Prozeßpartei auf ein bestimmt geregeltes Verfahren verwiesen, wenn er sich dagegen verwahren will, daß ein vom Gesetze nicht dazu berufenes Gericht zu seinem Nachteile ihm Befriedigungsobjekte entziehe (vgl. Seuffert 38 Nr. 196; Gruchot 48 S. 1156; Rsp. 7 S. 312). Waren aber hiernach die Pfändungsbeschlüsse unwirksam, auf Grund deren der Beklagte vor dem Kläger Befriedigung aus der Konkursmasse erlangt hat, so erscheint auch der Beklagte in Höhe der ihm ausgezahlten, auf die von beiden Parteien gepfändete Forderung entfallenen Konkursdividende ungerechtfertigt auf Kosten des Klägers bereichert, der seinerseits zum vollen Betrage die Dividende erhalten haben würde.... M. M.

u) **Pfändung eines Geschäftsanteils einer G. m. b. H.**

OLG. Cöln, I. ZS. Urteil v. 7. Juni 1905.

Will man auch annehmen, daß X. seinen Geschäftsanteil an sich rechtswirksam an den Kläger habe übertragen können, so ist die Klage gleichwohl abzuweisen. Denn noch bevor die notarielle Abtretungserklärung des X. vom 16. März vom Kläger am 12. April notariell angenommen war, also bevor der zur Abtretung von Geschäftsanteilen, desgleichen zur Abtretung von Teilen eines Geschäftsanteils nach § 15³ G. m. b. H. notariell zu schließende Vertrag zustande gekommen war, hatte bereits die Beklagte die abzutretenden Anteile bei X., ihrem Schuldner, vorgepfändet, nämlich am 9. April, an welchem Tage dem X. die Benachrichtigung vom 4. April über die bevorstehende Pfändung zugestellt worden ist, auf welche Zustellung alsdann ihm innerhalb der im § 845² gesetzten Frist auch noch der Pfändungsbeschluß des Amtsgerichts zugestellt worden ist. Diese beiden Zustellungen an den X. sind in ihrer Formgültigkeit und Ordnungsmäßigkeit nicht bemängelt; daß bei diesen Zustellungen der Gerichtsvollzieher die gesetzlich erforderliche Beglaubigung der übergebenen Schriftstücke unterlassen habe, läßt sich insbesondere aus den überreichten Urkunden nicht feststellen. Allerdings bemängelte der Kläger mit Recht, daß die Benachrichtigung vom 4. und der Pfändungsbeschluß vom 17. April der Gesellschaft m. b. H. nicht formgerecht und gesetzwidrig (nicht ordnungsmäßig beglaubigt) zugestellt worden seien. Aber diese tatsächlich zutreffenden Bemängelungen müssen rechtlich für die Wirksamkeit der Pfändung außer Betracht bleiben. Denn es hätte jener Zustellungen an die Gesellschaft überhaupt nicht bedurft, da bei der Pfändung von Geschäftsanteilen ein

Drittschuldner nicht vorhanden ist (Neukamp, D. JZ. 14 S. 231; RG. 57 S. 415). Dr. N.

v) **Genaue Bezeichnung der gepfändeten Forderung.**

Kammergericht, XV. ZS. Urteil v. 13. Juli 1906.

Der Kläger, für den eine Forderung seines Schuldners „für geleistete Zimmerarbeiten" gepfändet war, wurde mit seiner gegen den Drittschuldner erhobenen Klage abgewiesen. Gründe:

Mit Recht hat die Vorinstanz die entsprechend dem Pfändungsbeschluß erhobene Klage abgewiesen, weil es an einer ausreichend deutlichen Bezeichnung der gepfändeten und eingeklagten Forderung fehle. Hieran ist festzuhalten, obwohl anderseits damit gerechnet werden muß, daß eine gleich eingehende Darlegung, wie sie vom Gläubiger gegenüber dem Schuldner zu verlangen ist, häufig vom Pfändungsgläubiger nicht wird gegeben werden können, weil dem letzteren hierfür vielfach die Grundlagen fehlen werden. Diese Erwägung würde es aber vorliegend nicht rechtfertigen können, dem Gläubiger zu gestatten, noch in zweiter Instanz die Angabe der Bauten, für welche die Forderung entstanden sein soll, und der annähernden Zeit der Entstehung als zulässige Ergänzung des Klagevortrags nachzubringen. Ein solches Verfahren würde einer Bevorzugung möglichst unvollständiger Klagen in den Fällen gleich kommen, wo auch weitgefaßte Angaben des Gläubigers über Entstehungsgrund und -zeit der zu pfändenden Forderung sich möglicherweise als irrig herausstellen könnten. Das Bedenkliche solcher Bevorzugung würde sich zeigen, wenn der Pfändungsgläubiger einem Zessionar gegenüber den Vorrang der Pfändung geltend machen wollte. Würde eine Klage der hier fraglichen Art zugelassen, so könnte ferner der Gläubiger nachträglich irgendwelche beliebigen Werkpreisforderungen des Schuldners für beliebige Bauten geltend machen, auch wenn er zur Zeit der Pfändung und der Klagerhebung hiervon noch keine Kenntnis gehabt hätte. W.n.

w) **Wann ist eine Überweisung bewirkt? Gilt § 593² auch für die Berufungsinstanz?**

OLG. Hamburg, III. ZS. Urteil v. 19. Mai 1906.

Nach § 835 findet entgegen dem bisherigen § 736 auch Absatz 3 § 829 (früher 730) entsprechende Anwendung auf die Überweisung. Sie kann also erst mit Zustellung des Beschlusses an den Drittschuldner als bewirkt angesehen werden. Der Nachweis dieser Zustellung, der nicht durch ihre Erwähnung ersetzt, sondern nur durch Abschrift der vollständigen Zustellungsurkunde erbracht werden konnte, gehörte somit zu der Klagvoraussetzung, mangels deren die im Urkundenprozeß erhobene Klage abzuweisen war. Eine Frist zur Nachbringung des fehlenden Aktenmaterials brauchte das Landgericht jedenfalls nicht zu gewähren (ob sie es gewähren durfte, ist streitig). Nun ist das Fehlende aber in dieser Instanz nachgeholt worden. Ob das zulässig ist, ist ebenfalls bestritten. Petersen 2 S. 139, 143, sowie das OLG. Hamburg (Rsp. 7 S. 296) verneinen; dagegen bejahen: Entsch. des

RG. 56 S. 306 und OLG. Cöln (Rhein. Archiv 100 I S. 117). Dieser letzteren Ansicht war beizutreten hauptsächlich deshalb, weil die Neuredigierung des § 593 zu 2 gegenüber dem alten § 556 die Nachbringung der Urkunden „in einem vorbereitenden Schriftsatze" ganz allgemein gestattet hat, ohne irgend anzudeuten, daß zwischen erster und zweiter Instanz unterschieden werden soll. M. M.

x) **Anspruch des Pfändungsgläubigers auf Vorlegung von Urkunden.**

OLG. Hamburg, II. ZS. Urteil v. 6. Juni 1905.

Die Klägerin behauptet, daß der Mann Beklagten, der sein Geschäft an die Beklagte übertragen, daraus Ansprüche und auch von der Beklagten als Angestellter Gehalt zu fordern habe. Auf Grund einer Pfändung solcher Ansprüche fordert sie Vorlage der Verträge über die Geschäftsübertragung und Anstellung. Allein sie kann sich hierfür weder auf § 810 BGB. noch auf § 836 ZPO. stützen. Der § 810 setzt voraus, daß wer die Einsicht verlangt, nach dem Inhalt der Urkunde selbst an ihr beteiligt sei. Das trifft aber hinsichtlich der hier streitigen Urkunden nicht zu, da diese nicht im Interesse der Klägerin errichtet, kein zwischen ihr und einem anderen bestehendes Rechtsverhältnis beurkunden, auch nicht Verhandlungen über Rechtsgeschäfte enthalten, welche zwischen ihr und einem anderen oder zwischen einem von beiden und einem gemeinschaftlichen Vermittler gepflogen worden sind.

Der § 863³ ZPO. betrifft nur den Anspruch auf Auskunfterteilung und Urkundenherausgabe gegenüber dem Schuldner, nicht die Rechte des zur Einziehung der Forderung legitimierten Gläubigers gegenüber dem Drittschuldner. Nun ist zwar schon nach dem bisherigen Rechte mehrfach ausgesprochen, daß der Gläubiger, dem eine Forderung überwiesen ist, die Herausgabe der über die Forderung vorhandenen, im Besitze des Drittschuldners befindlichen „Schuldurkunde" von diesem verlangen kann, und dies damit begründet, daß die über die Forderung lautende, bestimmungsgemäß lediglich den Zwecken dieser Forderung dienende Urkunde Zubehör der Forderung ist, deshalb auch das Recht auf Herausgabe der Urkunde als Akzessorium mit der Forderung bei der Überweisung wie bei der Abtretung auf den neuen Gläubiger übergehe. Aber die Anwendung dieser Sätze setzt voraus, daß schon in der Person des Schuldners gegenüber dem Drittschuldner ein Herausgabeanspruch begründet war. Das trifft allerdings zu bei Schuldscheinen und den ihnen im § 952 BGB. gleichgestellten Urkunden über andere Rechte, kraft deren eine Leistung gefordert werden kann. Hier erkennt das BGB. dem Gläubiger als solchem ausdrücklich das Eigentum an der Urkunde zu, weil diese Urkunde eben lediglich den Zwecken dieses *einen* Gläubigers und seiner Forderung dienen soll. Nicht aber gilt dasselbe ohne weiteres für alle Vertragsurkunden über gegenseitige Verträge, aus denen *beide* Teile Rechte herleiten und Leistungen fordern können. Bei solchen bedarf der — von dem Vorlegungsanspruch des § 810 BGB. verschiedene — obligatorische Herausgabeanspruch ebenso wie der Eigentumsanspruch der nicht im Besitze der Urkunde befindlichen Vertragspartei der Darlegung eines besonderen Rechtsgrundes, woran es hier fehlt. Davon, daß etwa der für den Mann der Klägerin nach § 810 BGB. begründete Vorlegungsanspruch mit der Überweisung auf die Klägerin übergegangen sei, kann nicht die Rede sein. Denn der Vorlegungsanspruch, der nicht an ein bestimmtes Gläubigerrecht des Vorlegungsberechtigten geknüpft ist, sondern eine unmittelbare Beziehung des Einsichtsuchenden zu dem Inhalt der Urkunde voraussetzt, bildet kein Akzessorium einer bestimmten Forderung und kann deshalb nicht als solches durch Abtretung oder Überweisung der Forderung mit dieser auf einen neuen Gläubiger übergehen.... M. M.

γ) **Ist die Provision der Agenten pfändbar?**

α) Kammergericht, X. ZS. Beschluß v. 5. Mai 1906.

Auf Antrag des A. ist gegen den Reisenden X. die Forderung des X. gegen die Firma M. auf Zahlung von Gehalt, soweit es den Betrag von 125 Mark monatlich übersteigt, bzw. Provision gepfändet worden. Den Antrag des X auf Aufhebung dieses Beschlusses hat das Amtsgericht zurückgewiesen, da die Pfändung von Provisionsansprüchen einer Beschränkung nicht unterliege. Dagegen hat das Landgericht den Pfändungsbeschluß, soweit er die Provision des Schuldners unbeschränkt pfändet, aufgehoben und die Pfändung nur insoweit für statthaft erklärt, als die Bezüge des Schuldners an Gehalt und Provision oder Provision allein den Betrag von 125 Mark monatlich übersteigen. Die weitere Beschwerde der Gläubigerin hatte Erfolg. Gründe:

Dem Landgericht ist zwar darin beizustimmen, daß unter dem Begriffe des Arbeits- oder Dienstlohnes unter Umständen sehr wohl auch Provisionsentschädigungen verstanden werden können, vorliegend handelt es sich aber tatsächlich gar nicht um Arbeits- oder Dienstlohn. § 850 Nr. 1 gibt zwar keine Definition dieses Begriffes, auch § 1 des Lohnbeschlagn.-Ges. spricht nur von Vergütungen, welche auf Grund eines Arbeits- oder Dienstverhältnisses geleistet werden, ohne die in Frage kommenden Rechtsverhältnisse näher zu umschreiben. Aus dem wirtschaftlichen Zwecke des Gesetzes, gerade den in abhängigen Dienst- oder Lohnverhältnissen stehenden Personen einen bei ihrer Gebundenheit besonders notwendigen ökonomischen Schutz zu gewähren, ist indessen zu entnehmen, daß durch jene Schutzbestimmungen nicht etwa die Bezüge aus Dienstverhältnissen schlechthin, namentlich auch solche Bezüge getroffen werden sollten, welche von selbständigen Gewerbetreibenden aus Dienstverträgen, die sie innerhalb ihres selbständigen Geschäftsbetriebes geschlossen haben, verdient werden. Solche Bezüge können schon aus sprachlichen Rücksichten als Arbeits- oder Dienstlohn nicht bezeichnet werden. Ein Dienstverhältnis setzt (vgl. Gaupp-Stein S. 618 II 1 b) ein Verhältnis persönlicher und wirtschaftlicher Abhängigkeit voraus. Ein solches war aber bei dem Schuldner nicht vorhanden; dieser ist bereits im Hauptprozeß nach den nicht angefochtenen Entscheidungsgründen des amtsgerichtlichen Urteils als ein „reisender Handlungsagent" aufgefaßt worden.

Er ist nach den Ermittelungen im Hauptprozeß nur damit betraut gewesen, Mehlverkäufe für die Firma M. gegen Provision zu vermitteln. Festes Gehalt hat er nicht bezogen, auch ist nicht ersichtlich, daß er sich gegenüber der Firma M. in ein Lohn- oder Arbeitsverhältnis mit abhängiger Stellung begeben habe. Seine Tätigkeit war die spezifische eines Handlungsagenten im Sinne des § 84 HGB. In dieser Stellung aber war er ein selbständiger kaufmännischer Gewerbetreibender. Er hat dadurch, daß er seine Vermittlertätigkeit der Firma M. widmete, seine Selbständigkeit nicht aufgegeben (vgl. Denkschrift zum HGB. S. 68; Staub, HGB. S. 306). Seine Provisionsbezüge können deshalb begriffsmäßig, schon nach der im Rechtsverkehr herrschenden sprachlichen Gepflogenheit nicht als „Arbeits- oder Dienstlohn" im Sinne des § 850 Nr. 1 aufgefaßt werden. Diese Bezüge sind daher schlechthin der Pfändung unterworfen. N. e.

β) OLG. Hamburg, II. ZS. Beschluß v. 29. Dezember 1905.

Das Landgericht geht von der herrschenden Anschauung aus, daß ein Agent nicht unter den § 1 LohnbeschlagnGes. falle (so G. Meyer, Recht der Beschlagnahme 1900 S. 26; Lisiecki-Drewes S. 113; Gaupp zu § 850 bei Nr. 29; OLG. Dresden bei Seuffert 55 Nr. 125; a. A. Seuffert zu § 850 S. 532). Allein auch der Agent steht zu seinem „Geschäftsherrn" (HGB. § 84) in einem „Vertragsverhältnis" (§ 92), das auf einem Dienstvertrage im Sinne des BGB. beruht (vgl. Staub zu HGB. § 84 Anm. 4; Düringer-Hachenburg 1 S. 257). Nach der herrschenden Meinung fällt dieses Dienstverhältnis deshalb nicht unter den § 1 LohnbeschlagnGes., weil dieser § 1 ein Abhängigkeitsverhältnis voraussetze, welches für den Agenten nicht bestehe. Der Agent ist kein Angestellter seines Geschäftsherrn (vgl. HGB. § 84 verb. „ohne als Handlungsgehilfe [angestellt zu sein"), sondern selbständiger Kaufmann (HGB. § 1 Nr. 7).

Es bedarf aber keines weiteren Eingehens auf diese Rechtsfragen, weil der Beklagte gar nicht ein Agent ist, sondern ein Angestellter der „Börsenhalle", bei der er ursprünglich gegen Gehalt und Provision, dann gegen Provision allein als Handlungsgehilfe angestellt worden, und als solcher auch versichert ist. Der letzte Kontrakt enthält noch die Bemerkung, daß die „Börsenhalle" jederzeit berechtigt ist, die Art seiner Beschäftigung zu ändern und ihn in anderen Abteilungen zu beschäftigen. Hiernach ist der Beklagte, da seine „Provision" Vergütung im Sinne des LohnbeschlagnGes. ist, ein unter den § 1 fallender Angestellter, dessen Lohn nach § 4 Nr. 4 der Beschlagnahme nur unterliegt, soweit der Gesamtbetrag die Summe von 1500 Mark für das Jahr übersteigt.... M. M.

z) **Pfändung des Dienstlohns wegen der Unterhaltsforderung ehelicher Kinder.**

OLG. Breslau, V. ZS. Beschluß v. 9. Dezember 1905.

Auf die Beschwerde des Vaters gegen den seine Erinnerung zurückweisenden Beschluß hat das Landgericht die Pfändung des Dienstlohns nur insoweit für zulässig erklärt, als die Unterhaltsbeiträge, zu deren Deckung die Pfändung erfolgen soll, nur für die Zeit vom 27. Juni 1895 ab (d. h. einem Vierteljahr vor Erhebung der Unterhaltsklage) zu entrichten sind, und als der Monatslohn des Schuldners den Betrag von 27 Mark übersteigt. Der weiteren Beschwerde des Kindes ist stattgegeben. Gründe:

Die Vorinstanz führt aus: Durch § 4³ LohnbeschlGes. würden die Pfändungsbeschränkungen dieses Gesetzes für den vorliegenden Fall für nicht anwendbar erklärt, in gleicher Weise, wie § 850⁴ ZPO. die Anwendung einzelner dort aufgeführter Pfändungsbeschränkungen für gewisse Fälle verneint, so daß hierdurch die Regel für den Umfang von Pfändungen wiederhergestellt werde. Da aber nicht ausgedrückt sei, daß zugunsten ehelicher Kinder die Pfändung des Arbeitslohns unbeschränkt und ohne Rücksicht auf die Selbsterhaltungsmöglichkeit des Schuldners zugelassen werde, so sei der gesetzgeberische Gedanke, daß die Unterhaltspflicht durch die Selbsterhaltungsmöglichkeit begrenzt werde, welcher in §§ 1603², 1606² BGB. zum Ausdruck gebracht sei, zu verallgemeinern und auch auf die Zwangsvollstreckung anzuwenden. Dem kann jedoch nicht beigetreten werden. Grundsätzlich läßt das Gesetz eine unbeschränkte Pfändung in das Vermögen des Schuldners zu. Wenn nun der § 3 cit. die Pfändung von Lohnforderungen nur unter gewissen Beschränkungen zuläßt, und wenn nach § 4 gewisse Forderungen von diesem Gesetze nicht betroffen werden sollen, so ist klar ausgedrückt, daß diese in § 4 bezeichneten Forderungen unbeschränkt der Pfändung unterliegen sollen. Nach der Fassung des Ges. vom 29. März 1897 gehören aber dazu insbesondere die den Verwandten des Schuldners für den näher bestimmten Zeitraum kraft Gesetzes zu entrichtenden Unterhaltsbeiträge, um welche es sich vorliegend handelt. Hinsichtlich der unehelichen Kinder aber fügt der § 4a das. die Beschränkung hinzu, daß die Beitreibung ihrer Unterhaltsforderungen gegen den Schuldner nur soweit statthaft sein soll, als er seiner Lohnbezüge nicht zu seinem eigenen notdürftigen Unterhalt und zur Erfüllung der ihm gegenüber seiner Familie obliegenden Unterhaltspflicht bedarf. Dieser Bestimmung entspricht auch der § 850⁴ ZPO. hinsichtlich der in Abs. 2 und 3 daselbst gedachten Fälle. Aus diesem klaren Wortlaute des Gesetzes ergibt sich, daß die Beitreibung gesetzlicher Unterhaltsbeiträge für eheliche Kinder gegen ihren Vater keiner Beschränkung hinsichtlich des Umfanges seines Arbeitslohns unterworfen ist. Eb.

14

a) Pfändung von Baugeldern.[1]

Kammergericht, XIII. ZS. Beschluß v. 22. Mai 1905.

Für den Gläubiger ist der Anspruch des Schuldners auf Zahlung von Baugeldern gegen eine Hypothekenbank gepfändet worden. Allein diese

[1] Der Anspruch des Schuldners gegen die Ansiedlungskommission auf Auflassung und Verschaffung des Eigentums an der Ansiedlungsstelle a ist übertragbar und deshalb pfändbar (OLG. Posen, V. ZS. Beschluß v. 21. Mai 1905; Pos. MSchr. S. 98).

Pfändung ist nach § 851 ZPO. u. § 399 BGB. unzulässig, weil die Abtretung durch Vereinbarung der Darlehngeberin mit dem Schuldner ausgeschlossen ist und weil ferner die der Darlehngeberin obliegende Leistung an einen anderen als den Schuldner, ihren Gläubiger nicht ohne Veränderung des Inhalts der Leistung erfolgen könnte (vgl. OLG. Breslau, Recht 7 S. 404; Rehbein 2 S. 387; Goldmann-Lilienthal 1 S. 610). v. W.

b) **Pfändbarkeit einer Brücke.**

α) Kammergericht, XVII. ZS. Beschluß v. 17. März 1906.

Die durch den Gerichtsvollzieher gepfändete Brücke verbindet das der Schuldnerin gehörige Inselgrundstück mit dem nördlich des Fließes gelegenen fiskalischen Gelände. Sie ist nach dem Bescheid des Oberpräsidenten mit dessen Genehmigung als provisorischer Laufsteg mit der Maßgabe errichtet, daß sie nach dem 1. November 1905 wieder entfernt sein muß. Sie ist danach nicht mit dem Grund und Boden des Grundstücks der Schuldnerin fest verbunden und kann daher als Bestandteil desselben im Sinne des § 94 BGB. nicht angesehen werden. Sie bildet aber auch nicht einen Bestandteil des fiskalischen See- und Forstgrundstücks, da sie mit diesem nur zu einem vorübergehenden Zweck verbunden ist. Als unbewegliche Sache kann sie daher nicht angesehen werden. Nach § 97 BGB. sind Zubehör bewegliche Sachen, die dem wirtschaftlichen Zweck der Hauptsache zu dienen bestimmt sind und zu ihr in einem dieser Bestimmung entsprechenden räumlichen Verhältnisse stehen. Diese Voraussetzungen könnten allerdings auf die Brücke zutreffen. Allein nach Abs. 2 begründet die vorübergehende Benutzung einer Sache für den wirtschaftlichen Zweck einer anderen nicht die Zubehöreigenschaft. Hier ist aber die Brücke nur als provisorischer Notsteg genehmigt und mußte bereits am 1. November 1905 wieder entfernt sein. Danach hat sie auch nicht die Eigenschaft eines Zubehörs zu dem Grundstück der Schuldnerin. Eine sonstige Bestimmung, nach welcher die Brücke der Zwangsvollstreckung entzogen wäre, besteht nicht; zu den nach § 811 ZPO. unpfändbaren Sachen gehört sie jedenfalls nicht. H. z.

β) **Pfändung von Grundstückserzeugnissen.**

OLG. Posen, IV. ZS. Urteil v. 30. Juni 1905.

... Da sich die Lilien zur Zeit der Mobiliarpfändung und der Beschlagnahme des Grundstücks in Töpfen befanden, also eine vom Grund und Boden völlig getrennte, selbständige Existenz führten, war die Eigenschaft eines Bestandteils im Sinne der §§ 93, 94 BGB. zu verneinen. Ebensowenig waren sie Zubehör im Sinne des § 97. Denn dem wirtschaftlichen Zwecke des Gärtnereigrundstücks dauernd zu dienen, sind Blumen nicht bestimmt. Sie sind vielmehr Sachen, die zum Verkaufe bestimmt sind und als Einzelsachen anderen rechtlichen Beziehungen zugeführt werden sollen. Auf diese Bestimmung als Verkehrsware weist deutlich der Umstand hin, daß sie in Töpfen gehalten wurden. ...

Was das Pfandrecht aus BGB. § 1120 anlangt, vermöge dessen der

Kläger auf Grund des § 805 ZPO. vorzugsweise Befriedigung aus dem Erlöse beansprucht, so unterliegen dem Hypothekenrechte allerdings auch vom Boden getrennte Erzeugnisse, solange sie nicht vom Grundstück getrennt und veräußert sind (§ 1121 BGB.). Diese Haftung ist aber daran gebunden, daß sie als Gegenstände der Immobiliarmasse auch tatsächlich in Anspruch genommen werden. Dies kann hinsichtlich aller derjenigen Gegenstände, die nicht kraft Gesetzes der Beschlagnahme unterliegen (§ 21 ZwVG.), nur dadurch geschehen, daß sie im Wege der Zwangsverwaltung (§ 148 ZwVG.) in Anspruch genommen werden. Solange dies nicht der Fall ist, unterliegen sie nach § 865² ZPO. der Zwangsvollstreckung in das bewegliche Vermögen. So liegt die Sache hier. Die Pfändung der Lilien in Töpfen hat stattgefunden, ohne daß ihr eine Zwangsverwaltung entgegenstand. Bei solcher Rechtslage kann dahingestellt bleiben, ob sie als Erzeugnisse des Grundstücks überhaupt in Betracht kommen können. Pos. MSchr. 1905 S. 107.

c) **Zur Auslegung des § 866³ ZPO.**

OLG. Hamburg, I. ZS. Beschluß v. 28. Februar 1906.

Die streitige Frage, ob einem Antrage stattzugeben ist, welcher unter gleichzeitiger Vorlegung eines 300 Mark übersteigenden Schuldtitels und eines hinter diesem Betrage zurückbleibenden Kostenfestsetzungsbeschlusses die Eintragung einer Sicherungshypothek zum Gesamtbetrage fordert, hat das Reichsgericht am 1. November 1905 bejaht. Damals war freilich der Antrag, auch für die Kosten eine Sicherungshypothek einzutragen, erst nachträglich gestellt worden, so daß die Entscheidung sich nur auf solchen hier nicht vorliegenden Fall bezog. Es heißt aber in den Gründen: „Es ist zwar möglich, die Zwangsvollstreckung wegen der Hauptforderung und wegen der Nebenforderung einheitlich zu betreiben, beide durch eine Pfändung und so auch durch Eintragung einer Sicherungshypothek zu vollstrecken, das setzt aber vollstreckbare Titel für beide und deren gleichzeitige Vorlegung voraus. In solchem Falle würde allerdings — vorausgesetzt, daß die Hauptforderung ohne Einrechnung der Nebenforderung (§ 4 ZPO.) den Betrag von 300 Mark übersteigt — die einzutragende Sicherungshypothek den niedrigeren Betrag einer Nebenforderung mitumfassen können." Dieser positive Ausspruch enthält eine Entscheidung der Streitfrage. Das OLG. tritt ihr bei und deshalb bedarf es keiner Vorlegung der weiteren Beschwerde an das Reichsgericht, welche sonst wegen entgegenstehender Entscheidungen von OLGerichten hätte erfolgen müssen.

Auch dem Antrage auf Eintragung der Zinsen ist stattzugeben. Es handelt sich nicht um gesetzliche, sondern um Judikatszinsen. M. M.

d) **Verteilungsverfahren. Zulässigkeit.**

α) OLG. Braunschweig, I. ZS. Urteil v. 16. Februar 1906.

Gegen X. wurden dieselben Sachen zunächst von seiner Stieftochter Rosa, am Tage darauf vom Beklagten und später von Z. gepfändet. Auf Antrag des Klägers und des Vermieters des X. wurde der aus der

Versteigerung der Sachen gewonnene Erlös von 2000 Mark hinterlegt. Wegen einer anderen vollstreckbaren Forderung gegen X. erwirkte der Kläger auf eine Anfechtungsklage am 18. Mai 1904 die Verurteilung der Rosa X., seine Zwangsvollstreckung in den Versteigerungserlös zu dulden. Gestützt hierauf beantragte er die Einleitung des Verteilungsverfahrens. Das Amtsgericht gab dem Antrag statt. Auf seinen ferneren Antrag wurde der Anspruch des Schuldners gegen die Hinterlegungsstelle gepfändet und zur Einziehung überwiesen. Demnächst vereinbarte Rosa X. mit dem Beklagten, daß, da ihre Pfändung ihm gegenüber anfechtbar sei, sie deshalb auf ihr Vorbefriedigungsrecht verzichte, wogegen er ihr 25% des Nettobetrages zu zahlen habe. In Beachtung dieser Abrede stellte das Amtsgericht den Teilungsplan dahin auf, daß die 1400 Mark, die nach Abzug der Kosten und der Mietzinsforderung übrig blieben, dem Beklagten zufallen sollten. Auf den Widerspruch des Klägers wurden dagegen diesem die 1400 Mark zugesprochen. Gründe:

Ohne Grund hat das Amtsgericht ein Verteilungsverfahren eingeleitet. In dem Sinne, den die §§ 872 ff. damit verbinden, war der Kläger überhaupt nicht „beteiligt". Da der Erlös nicht einmal die Ansprüche der drei ersten Gläubiger deckte, die die Sachen selbst hatten pfänden lassen, war der Kreis der Beteiligten geschlossen; die Pfändung des Anspruchs auf die angebliche Hyperocha mußte außer Berücksichtigung bleiben. Jene drei ersten Gläubiger aber sowie der Schuldner hatten sich über die Zuweisung des Erlöses an den Beklagten geeinigt (vgl. dazu Gaupp-Stein Vorbem. vor §§ 872 ff. II²; Seuffert zu § 872 Bem. 2). Auch das Urteil auf die Anfechtungsklage vermochte ein Bedürfnis nach einem Verteilungsverfahren nicht hervorzurufen; denn dadurch war ohne dingliche Beschränkung der Rosa X. in der Verfügung nur eine Verpflichtung derselben gegenüber dem Kläger festgestellt. Der Fall lag anders, als wenn der Kläger auf Grund einer Geldforderung gegen sie ihre Forderung gegen den Stiefvater hätte pfänden lassen. Nur im letzteren Falle wäre eine Verfügung über das Pfändungspfandrecht der Rosa X., weil dieses von dem Pfändungspfandrecht des Klägers ergriffen wäre (ZPO. § 804², BGB. §§ 401, 1250, 1274), nicht wider seinen Willen möglich gewesen (BGB. § 1276).

War hiernach ein Verteilungsverfahren nicht erforderlich, so kommt doch in Betracht, daß der Erlösüberschuß ob mit Recht oder Unrecht, hinterlegt ist. Über das Schicksal der Klage ist durch die bisherigen Erwägungen noch nichts entschieden. Auch der Klagantrag kann begründet sein, insofern er, wenn auch in der aus ZPO. § 880 entnommenen Form, dem Verlangen nach Einwilligung in die Aushändigung des Erlöses an den Kläger Ausdruck verleiht. In der Tat muß der Antrag in diesem seinem Kerne als berechtigt anerkannt werden. Der Beklagte ist verpflichtet, die Aushändigung an den Kläger zu dulden. Zwar kann die Verpflichtung nicht aus dem Anfechtungsgesetze hergeleitet werden, auf das sich der Kläger vornehmlich beruft. Das ist, von anderem abgesehen, schon deshalb ausgeschlossen, weil nur Forderungen auf eine bestimmte Geldsumme zur Gläubigeranfechtung berechtigen (Entsch. des RG. 18 S. 145, 19 S. 204). Mit Rücksicht hierauf läßt sich Rosa X. nicht als „Schuldnerin" des Klägers (§ 2 Ausf.-G.) denken. Aber indem der Beklagte durch seinen Widerspruch die Aushändigung an den Kläger verhindert, fügt er diesem in einer gegen die guten Sitten verstoßenden Weise vorsätzlich Schaden zu (BGB. § 826). Ob er imstande gewesen wäre, den Vollstreckungstitel der Rosa X. und damit ihr Pfändungspfandrecht auch seinerseits anzufechten, steht dahin. Jedenfalls hat er nicht angefochten und keine Verurteilung erwirkt. Anderseits kann sich der Kläger auf ein rechtskräftiges Urteil stützen, wodurch die Rosa X. gehalten wird, den auf sie entfallenden Erlös dem Kläger zu überlassen. In Kenntnis dieses rechtskräftigen Urteils hat der Beklagte seine Vereinbarung getroffen, mithin mit dem Vorsatz, den Urteilserfolg zu vereiteln. Dabei hat er der Rosa X. nicht nur ein Viertel des Erlöses zu sichern gesucht, sondern er hat dies in einer Weise getan, daß der Kläger auf Grund seines Urteils vom 18. Mai 1904 auch dieses Viertel nicht zur Vollstreckung heranziehen könnte, vielmehr genötigt sein würde, zuvor einen neuen Richterspruch herbeizuführen. In diesem Vorgehen muß, auch bei mäßigen Ansprüchen (vgl. Entsch. des RG. 55 S. 372, 58 S. 217), ein Verstoß gegen die guten Sitten erblickt werden. Der Schaden, den der Beklagte verursacht hat, besteht in der Verhinderung der der Auszahlung an den Kläger; durch eine Verurteilung, in die Auszahlung zu willigen, wird der Schaden ersetzt (BGB. § 249, ZPO. § 894). Hg.

β) **Bedeutung der Klage aus § 878 ZPO.**[1]

OLG. Dresden, II. ZS. Urteil v. 28. Mai 1906.

Die Klage aus § 878 hat den Zweck, die Streitigkeiten der Gläubiger untereinander über das Recht an der Teilungsmasse zum Austrag zu bringen. Eine allgemeine Nachprüfung der formell gültigen Schuldtitel der betreibenden Gläubiger fällt nicht in den Bereich dieser Klage. Der widersprechende Gläubiger kann mit ihr nicht geltend machen, daß das Urteil, das seinem Gegner zur Seite steht, nach dem Sach- und Streitstande des betreffenden Prozesses nicht hätte erlassen, daß es nicht oder doch nicht ohne Sicherheit für vorläufig vollstreckbar hätte erklärt werden dürfen. Abgesehen von Kollusionsfällen, die den Gläubiger berechtigen können, seine Klage aus § 878 auf Anfechtung des Schuldtitels des Gegners zu richten, vermag nur der Schuldner die Beseitigung der gegen ihn erwirkten Titel auf dem jeweilig zulässigen Wege herbeizuführen.... Hiernach ging das Hilfspfandrecht des Beklagten dem gleichartigen Rechte der Klägerin vor, ebenso aber auch das Vertragspfandrecht. Im Verteilungsverfahren können auch persönliche Ansprüche geltend gemacht werden, die zwischen den beteiligten Gläubigern bestehen und eine Ausschließung oder Beschränkung der Geltendmachung des Hilfspfandrechts dem einen Gläubiger gegenüber zum Gegenstande haben

[1] Die Widerspruchsklage setzt nicht notwendig einen gegen den Teilungsplan erhobenen Widerspruch voraus (OLG. Kiel, I. ZS. Urteil v. 1. November 1905).

(JW. 1902 S. 170). Auf eine rein persönliche Verpflichtung des Beklagten, den Vorrang des Klägers gelten zu lassen, kann sogar die Klage aus § 878 gegründet werden. Umsoweniger bedarf es der Erhebung einer besonderen Klage oder einer Widerklage, wenn sich der aus § 878 verklagte Gläubiger durch Geltendmachung einer solchen Verpflichtung verteidigen will. Dr. v. F.

γ) **Zustellung der Klage an Nachbevollmächtigte.**

OLG. Jena, I. ZS. Urteil v. 26. November 1904.

Dahingestellt kann bleiben, ob die Widerspruchsklage der Gegenpartei selbst oder deren Prozeßbevollmächtigten zuzustellen ist. Jedenfalls kann die Zustellung nicht an einen bloßen Nachbevollmächtigten geschehen. Da der RA. M. nur Nachbevollmächtigter des RA. A. als des Bevollmächtigten der Beklagten in deren Prozeßsache gegen B. und dem anschließenden Zwangsvollstreckungs- und Verteilungsverfahren war, ermangelt die Zustellung der Klage an M. der rechtlichen Wirksamkeit gegen die Beklagte (Entsch. des RG. 11 S. 368 ff.; Gaupp-Stein IIa mit Note 6 zu § 81, I 2 mit Note 14 zu § 176). Allerdings liegt jetzt eine, was die Person des Zustellungsempfängers anbelangt, ordnungsmäßige Klagzustellung vor — mag man diese in der Zustellung an die Beklagte selbst oder in der gleichzeitig erfolgten Zustellung an deren Prozeßbevollmächtigten RA. A. finden — aber diese ist erst am 19. Oktober 1904, somit nicht innerhalb der in § 878 geordneten unbedingt präklusiven Frist von einem Monat seit dem Verteilungstermin erfolgt und daher nicht geeignet, die Ausführung des Verteilungsplanes aufzuhalten. Der Widerspruch ist vielmehr für das Verteilungsverfahren präkludiert, und die Kläger können nur noch die Bereicherungsklage nach § 878 [2] anstellen, wenn sie ein besseres Recht als Beklagte zu haben vermeinen (Entsch. des RG. 21 S. 359; JW. 1904 S. 70; Gaupp-Stein I 6 zu § 878). Auch wenn mit der Entsch. des RG. 21 S. 405 bei gültiger Wiederholung einer früheren ungültigen Klagzustellung von einer Heilung des Mangels der Klagzustellung gesprochen werden kann, so ist diese Heilung keinesfalls so zu verstehen, als ob die ursprünglich ungültige Zustellung nachträglich zu einer von Anfang an gültigen geworden wäre. Gr.

e) **Formulierung des Eides aus § 883.**

OLG. Hamburg, I. ZS. Beschluß v. 26. März 1906.

Bei der Verschiedenheit der Natur des Editionseides und des im § 883 normierten Eides ist eine Anwendung der nach der Entsch. des RG. 44 S. 423 für die Auslegung des § 426 [3] maßgebenden Grundsätze auf die Auslegung des § 883 [3] nicht zulässig. Vielmehr ist nach der allgemeinen Fassung des § 883 [3] das Gericht befugt, jede der Lage der Sache entsprechende Änderung der Eidesnorm des Abs. 2 zu beschließen. Vorliegend beanstandet der Beklagte mit Recht die Normierung des amtsgerichtlichen Beschlusses, weil billigerweise mehr von ihm nicht verlangt werden kann, als daß er sorgfältige Nachforschungen nach dem Verbleib des Buches anstellt und dies, sowie daß er demungeachtet nicht weiß, wo sich das Buch befindet, beeidigt.

Endlich ist ein Eid, daß Beklagter das Buch nicht absichtlich abhanden gebracht habe, überflüssig, weil im Vollstreckungsverfahren nur darauf ankommt, zu ermitteln, wo sich das Objekt der Zwangsvollstreckung befindet. Der Beklagte hat daher nur zu beschwören, daß er trotz sorgfältiger Nachforschung nicht wisse, wo das ihm übergebene Musteralbum sich befindet. M.M.

f) **Zur Auslegung des § 890 ZPO.**

α) OLG. Karlsruhe, I. ZS. Beschluß v. 3. Juli 1905.

Die Parteien schlossen einen gerichtlichen Vergleich dahin: „Die Beklagte räumt dem Kläger das Recht ein, an der westlichen Ecke seines Grundstücks eine 2 m breite Türe zu erstellen und durch die Türe nach dem über das Grundstück der Beklagten führenden Weg und umgekehrt zu gehen und Lasten zu tragen." Als die Beklagte die vom Kläger erstellte Türe mit Gerätschaften verstellte, so daß er den eingeräumten Weg nicht benutzen kann, gab ihr das LG. auf Antrag des Klägers bei Strafandrohung auf, keine die Ausübung dieses Wegerechts hindernde Vorrichtungen anzubringen. Die Beschwerde ist begründet.

Dem gerichtlichen Vergleich wird durch § 794 die Bedeutung eines Vollstreckungstitels beigelegt, wenn und soweit er einen Inhalt hat, der zur Zwangsvollstreckung im engeren Sinne geeignet ist (Gaupp zu § 794 Anm. 1*β*). Dies setzt voraus, daß nach dem Inhalte des Vergleichs eine Verpflichtung des einen Teils begründet ist, welche erfüllt werden muß, damit der Vergleich als vollzogen angesehen werden kann. Eine solche Verpflichtung ergibt sich aus dem Vergleich für die Beklagte nicht, sie hat ihre Vergleichspflicht bereits erfüllt, indem sie das dort beschriebene Recht „einräumt". War die beiderseitige Absicht auf Begründung einer Dienstbarkeit gerichtet, so könnte noch als Verpflichtung übrig bleiben, beim Eintrag derselben ins Grundbuch mitzuwirken. Darum handelt es sich aber nicht. Die Verpflichtung, etwas zu unterlassen oder etwas zu dulden, mag sich aus dem im Vergleich eingeräumten Rechte ergeben. Will der Kläger dieses Recht geltend machen, so muß er klagen. Aus dem Vergleiche selbst ergibt sich unmittelbar noch keine Verpflichtung, etwas zu unterlassen oder zu dulden. Es war deshalb zur Anwendung des § 890 ZPO. kein Raum gegeben. Dr. E.r.

β) OLG. Hamburg, I. ZS. Beschluß v. 17. Oktober 1905.

Mit der Entsch. des RG. 42 S. 422 ist dafür zu halten, daß ein eine Strafandrohung zur Erzwingung von Unterlassungen enthaltender Beschluß erlassen werden kann, ohne daß nach der Zustellung des Urteils von dem verurteilten Beklagten diesem zuwider gehandelt worden ist. Das ergibt sich aus § 890², wonach die Strafandrohung lediglich von einem Antrage des Gläubigers abhängig gemacht wird und sogar schon in dem Urteile selbst ausgesprochen werden kann. Wenn letzteres zugelassen wird, so liegt kein innerer Grund vor, nach dem Erlaß des Urteils die Androhung davon abhängig zu machen, daß der Schuldner dem Urteile nicht gehorcht hat. Der Ungehorsam bildet nach § 890 die Voraussetzung für die Straffestsetzung, nicht für die Androhung; den Eingang des Abs. 1: „Handelt der Schuldner der Verpflichtung zuwider" auf alle drei Absätze des § 890 zu beziehen, liegt kein Anlaß vor, insbesondere wird eine solche Beziehung auch nicht durch den Hinweis auf den Abs. 3 gerechtfertigt, da dieser inhaltlich sich an Abs. 1, nicht an Abs. 2 anschließt. Die Vollstreckung zur Erwirkung von Unterlassungen unterscheidet sich dadurch von den übrigen Arten des Vollstreckungsverfahrens, daß sie eine Verpflichtung zum Gegenstande hat, die nicht direkt erzwungen werden kann, deren Erfüllung vielmehr — und zwar fortdauernd — von dem Willen des Schuldners abhängig bleibt. Wie aus § 890² zu erkennen ist, ist es deshalb die Absicht des Gesetzes, rechtzeitig durch Strafandrohung auf diesen Willen des Schuldners einen Druck auszuüben, um ihn vom Ungehorsam gegen den Urteilsanspruch anzuhalten, und dieser Umstand erklärt zur Genüge, daß der Vollstreckungsakt der sonstigen Regel entgegen auch ohne Zuwiderhandlung eintritt. Weil es sich aber um einen Vollstreckungsakt, wenn auch besonderer Art, handelt, so verschlägt dagegen die Ausführung der Beschwerde nicht, daß mit dem Urteil die Streitsache für den Richter erledigt war und für ihn kein Anlaß vorlag, ohne eine Handlung der Beklagten in dieser Sache wiederum tätig zu sein. Mag auch, wenn im Urteil die Strafandrohung unterblieb, in der Regel erst durch einen Fall des Ungehorsams tatsächlich ein Anlaß zum weiteren Einschreiten gegeben werden, so sind doch auch Fälle denkbar, wo ohne eine solche Veranlassung der Erlaß der Androhung im Interesse des Gläubigers liegt. Ein solcher Fall liegt hier vor, indem zwar nicht die Beklagte selbst, sondern einer ihrer Angestellten eine mit dem verbotenen Klischee hergestellte Drucksache versendet hat, dadurch aber die Besorgnis vor zukünftiger Übertretung des Urteils gerechtfertigt wird. ... M. M.

g) **Über den Widerspruch des Schuldners gegen den Offenbarungseid ist auch zu entscheiden, wenn der Gläubiger keinen Antrag stellt.**

Kammergericht, XI. ZS. Beschluß v. 19. Januar 1906.

Nachdem der Gläubiger die Schuldnerin zur Leistung des Offenbarungseides gemäß § 883 ZPO. geladen hatte, ist im Termin nur die Schuldnerin erschienen und hat unter Bezugnahme auf den vorher eingegangenen Schriftsatz ihre Verpflichtung zur Leistung des Eides bestritten. Der Gläubiger, dem Abschrift des Terminsprotokolls zur Äußerung übersandt ist, hat keine Erklärung abgegeben, auch trotz der an ihn ergangenen Aufforderung weder den Schuldtitel noch das Pfändungsprotokoll zur Prüfung eingereicht. Das Amtsgericht hat hierauf den Widerspruch für begründet erklärt. Auf die sofortige Beschwerde des Gläubigers hat das Landgericht diese Entscheidung aufgehoben und ausgesprochen, daß das Verfahren mangels eines auf Verwerfung des Widerspruchs gerichteten Antrags des Gläubigers ruhe. Die hiergegen eingelegte weitere sofortige Beschwerde der Schuldnerin ist begründet. Es ist an sich richtig, daß das Verfahren zur Leistung des Offenbarungseides einen Antrag des Gläubigers voraussetzt. Diesem Erfordernis ist aber vorliegend dadurch genügt, daß der Gläubiger die Schuldnerin zur Leistung des Offenbarungseides geladen hat. Damit hatte er seinen Willen kund gegeben, daß der Schuldnerin der Offenbarungseid abgenommen werden solle. Wenn die Schuldnerin im Termin ihre Verpflichtung dazu unter Angabe von Gründen bestritt, war daher kein besonderer Antrag des Gläubigers erforderlich, um das Amtsgericht in die Lage zu versetzen, über die Berechtigung des Widerspruchs zu entscheiden. Daraus, daß der Gläubiger auf die Mitteilung von dem Widerspruch keine Erklärung abgab, ist nicht zu folgern, daß er das Verfahren nicht fortsetzen wolle. Denn er hatte durch die Ladung schon hinreichend zu erkennen gegeben, daß er die Leistung des Eides verlange. Ein besonderer Antrag des Gläubigers ist nur erforderlich, wenn zur Erzwingung der Leistung des Eides gegen den Schuldner die Haft angeordnet werden soll (§ 901).

Diese schon für das frühere Recht statthafte Folgerung ist jetzt nach Erlaß der Novelle von 1898, die eine Vereinfachung und Beschleunigung des den Offenbarungseid betreffenden Verfahrens bezweckt, um so mehr geboten, als jetzt nach § 900 die Anwesenheit des Gläubigers im Termin überhaupt nicht mehr erforderlich ist und der Antrag auf Anordnung der Haft auch schriftlich gestellt werden kann. Für die Ansicht, daß zur Entscheidung über die Verpflichtung zur Leistung des Eides ein besonderer Antrag des Gläubigers nicht erforderlich sei, sprechen sich mit Recht schon für den früheren Rechtszustand aus Wilmowski-Levy 2 zu § 781; für das jetzige Recht Seuffert 3c g zu § 901; vgl. auch Struckmann-Koch Anm. 4 zu § 901. F.

h) **Widerspruch wegen Fristbewilligung.**

α) OLG. Hamburg, II. ZS. Beschluß v. 11. Januar 1906.

Das Landgericht hat den Schuldner mit seinen Einwendungen auf den Weg der Klage aus § 767 verwiesen. Soweit der Urteilsanspruch durch Zahlung getilgt sein soll, würde allerdings im Falle eines Streites darüber der § 767 Platz greifen. Ein solcher Streit, der im Klageweg ausgetragen werden könnte, besteht aber hier gar nicht, wie ohne weiteres klar lag und jedenfalls durch Befragen des Gläubigers — was diesseits geschehen ist — leicht festzustellen war. Es handelte sich daher nur um eine versehentliche Zuvielforderung des Gläubigers in der Vollstreckungsinstanz. Unter allen Umständen war aber der Schuldner in diesem Verfahren damit zu hören, daß der Gläubiger sich verpflichtet habe, im Termin am 20. Dezember nicht den Haftbefehl zu beantragen, sondern Vertagung auf zwei Wochen, denn dabei handelt es sich nicht so sehr um eine Befristung des Urteilsanspruches, als um eine Abmachung über die Fortsetzung der Vollstreckung. Somit ist der Haftbefehl am 20. Dezember zu Unrecht gegen den Schuldner erlassen. M. M.

β) **wegen der Gesundheit des Schuldners.**

OLG. Hamburg, II. ZS. Beschluß v. 4. Juli 1905.

Der Schuldner hatte — und zwar nachdem bereits ein früherer Widerspruch, den er darauf gegründet hatte, daß der Anspruch der Gläubiger nicht zu Recht bestehe, rechtskräftig verworfen worden war — im Termine zur Leistung des Offenbarungseides auf Grund eines ärztlichen Attestes, daß er herzleidend sei und deshalb jede Gemütserregung vermeiden müsse, die Aussetzung des Verfahrens beantragt, worauf das Gericht die Eidesleistung vorläufig bis zum 11. April aussetzte. In diesem Termine hatte der Schuldner wiederum mit Rücksicht auf seinen bescheinigten Gesundheitszustand Aussetzung des Verfahrens beantragt. Die Gläubiger haben dem gegenüber Einziehung eines Physikatsgutachtens beantragt. Das Gutachten ist erstattet und lautet dahin, daß der Schuldner an Schlagaderverkalkung und Altersveränderungen des Herzens leide und eine starke physische Erregung für ihn verhängnisvolle Folgen haben könne (aber nicht haben müsse); bei Ableistung des Offenbarungseides wäre eine nahe und erhebliche Gefahr nicht ausgeschlossen. In dem sodann auf den 9. Mai anberaumten Termin hat der Schuldner nunmehr unter Bezugnahme auf das Physikatsgutachten seine Verpflichtung zur Leistung des Offenbarungseides bestritten. Darauf hat das Amtsgericht die Abnahme des Offenbarungseides zurzeit abgelehnt, weil sonst der Schuldner einer nahen und erheblichen Gefahr ausgesetzt werde. Auf sofortige Beschwerde der Gläubiger ist dagegen der Widerspruch als unbegründet verworfen. Die weitere sofortige Beschwerde des Schuldners ist nicht begründet. Für den Beschluß des Amtsgerichts fehlt jede gesetzliche Grundlage. Der § 906 ist nicht anwendbar, da es sich hier vorerst noch gar nicht um die Frage handelt, ob eine Zwangshaft, wenn das Verhalten des Schuldners nach rechtskräftiger Verwerfung seines Widerspruchs den Haftbefehl erforderlich machen würde, vielleicht aus Rücksicht auf den Gesundheitszustand des Schuldners nicht sollte vollstreckt werden dürfen. Hier handelt es sich nur um die Entscheidung, ob der Widerspruch des Schuldners gegen seine Verpflichtung, ein Vermögensverzeichnis vorzulegen und den Offenbarungseid zu leisten, im Rechte begründet ist. Das hat das Landgericht mit Recht verneint. Die Möglichkeit, daß die Entscheidung den Schuldner in einen Erregungszustand versetzen und dieser bei dem Gesundheitszustande des Schuldners dessen Leben gefährden könnte, berechtigt das Gericht niemals eine Entscheidung, wie sie nach den Gesetzen geboten und von den Gläubigern beantragt ist, zu verweigern und die Gläubiger mit ihrem Antrage kostenpflichtig abzuweisen. M. M.

i) **Haft wegen Unfallversicherungsbeiträge.**

OLG. Naumburg, II. ZS. Beschluß v. 30. Oktober 1905.

Die Erklärung des Schuldners stellt sich als ein Bestreiten seiner Verpflichtung zur Leistung des Eides dar. Für diesen Fall hat das Gericht zunächst durch Beschluß über den Widerspruch zu entscheiden. Erst wenn durch solchen, nach § 793 der sofortigen Beschwerde unterliegenden Beschluß rechtskräftig festgestellt ist, daß die Weigerung „ohne Grund" erfolgt ist, darf nach § 901 die Haft angeordnet werden. Mit Unrecht macht die Beschwerde der Berufsgenossenschaft geltend, daß diese Bestimmungen auf die zwangsweise Beitreibung öffentlichrechtlicher Abgaben, zu denen die in Rede stehenden Versicherungsbeiträge gehörten, keine Anwendung finden könnten. Denn die hierfür maßgebende V. vom 15. November 1899 schreibt im § 21 ausdrücklich vor, daß für das Verfahren bei Abnahme des Offenbarungseides die §§ 900—915 ZPO. gelten. Das verkennt auch die Entscheidung vom 14. Juli 1896 (JMBl. 1898 S. 47) nicht, die lediglich die Anwendung der für privatrechtliche Streitigkeiten gegebenen Kostenbestimmungen auf die Beitreibung öffentlichrechtlicher Geldansprüche verneint, aber ausdrücklich feststellt, daß sich das gemäß § 101 (jetzt 103) UnfVG. bei Gericht beantragte Offenbarungseidverfahren „formell in den vorgeschriebenen Normen der ZPO. vollzieht". Mag auch dabei — in analoger Anwendung des für die Immobiliarzwangsvollstreckung gegebenen § 51³ V. vom 15. November 1899 — dem Gericht die Beurteilung der Vollstreckbarkeit der Forderung und der Zulässigkeit der Zwangsvollstreckung entzogen sein, so wird dadurch doch die in §§ 900, 901 ZPO. gegebene formelle Voraussetzung der Haftanordnung, der Beschluß über die Eidesweigerung, nicht beseitigt; für diesen Beschluß mag jene Beschränkung der richterlichen Beurteilung von Bedeutung sein. Hiernach ist der Antrag der Gläubigerin auf Erlaß des Haftbefehls zur Zeit allerdings unzulässig und mit Recht zurückgewiesen.

Nur insoweit entbehrt der Bescheid des Amtsgerichts der gesetzlichen Unterlage, als er eine neue Ladung des Schuldners zur Eidesleistung verlangt. Nach § 900³ war vielmehr ohne besonderen Antrag durch Beschluß über die Eidesweigerung zu entscheiden; eines neuen Termins bedarf es dazu nicht. S.

k) **Worauf kann der im Offenbarungseidstermine ausgebliebene Schuldner die Beschwerde gegen den Haftbefehl stützen?**

α) Kammergericht, XI. ZS. Beschluß v. 1. Juni 1906.

Die ZPO. bestimmte im bisherigen § 781: Bestreitet der Schuldner die Verpflichtung zur Leistung des Offenbarungseides, so ist durch Urteil über den Widerspruch zu entscheiden. Die Eidesleistung erfolgt erst nach Eintritt der Rechtskraft des Urteils. Aus dieser Bestimmung folgt, daß der Schuldner sich seiner rechtskräftig festgestellten Verpflichtung nicht dadurch entziehen kann, daß er gegen den Haftbefehl zur Erzwingung des Offenbarungseides, der auf Grund des rechtskräftigen Urteils erlassen ist, im Wege der Beschwerde Tatsachen vorbringt, die er in dem durch rechtskräftiges Urteil abgeschlossenen Verfahren hätte vorbringen müssen. Mit dem Erlaß des rechtskräftig gewordenen Urteils hat das Verfahren über die Verpflichtung des Schuldners zur Leistung des Offenbarungseides seinen gesetzlichen definitiven Abschluß erreicht; der Schuldner kann nicht im Wege der Beschwerde die Rechtskraft des Urteils beseitigen durch Anführung von Tatsachen, die er hätte vor Erlaß des Urteils anführen können und müssen, denn mit der Geltendmachung derselben ist er rechtskräftig ausgeschlossen.

Die §§ 900, 901 regeln das Verfahren, welches für die Leistung des Offenbarungseides anzuwenden ist und bestimmen die Verpflichtungen, welche der Schuldner hat und die rechtlichen Folgen, wenn er sich diesen Verpflichtungen entzieht, sie bilden ein in sich abgeschlossenes Ganze. Hieraus ergibt sich für die Interpretation derselben, daß das Ausbleiben des Schuldners im Offenbarungstermine rechtlich gleichgestellt ist der durch Urteil rechtskräftig festgestellten Verpflichtung zur Leistung des Offenbarungseides und der grundlosen Verweigerung der Leistung des Eides. Denn sowohl bei dem Nichterscheinen des Schuldners als auch bei der grundlosen Eidesverweigerung ist auf Antrag des Gläubigers die Haft zur Erzwingung der Eidesleistung anzuordnen. So wenig also der Schuldner gegen die durch rechtskräftiges Urteil festgestellte Verpflichtung zur Leistung des Offenbarungseides noch Behauptungen vorbringen kann, die er in dem durch rechtskräftig abgeschlossenen Verfahren hätte geltend machen können, ebensowenig kann ihm dies gestattet sein, wenn in dem zur Aufnahme seines ev. Widerspruchs gegen die Verpflichtung zur Leistung und zur ev. Eidesleistung anberaumten Termine ausbleibt. Denn der Termin ist nach der ganzen Konstruktion des Verfahrens, wie es die §§ 900, 901 ergeben, dazu anberaumt, um festzustellen, ob der Schuldner Einwendungen gegen seine Verpflichtung hat, und falls solche nicht erhoben werden, die Verpflichtung zur Leistung des Offenbarungseides festzustellen und zwar endgültig, d. h. derart, daß daraufhin zum Erlaß des Haftbefehls auf Antrag geschritten werden kann. Daher ist der Schuldner mit allen Behauptungen, soweit sie in dem Verfahren vor dem Erlaß des Haftbefehls hätten geltend gemacht werden können, infolge seiner Versäumnis des Termins ausgeschlossen.

An dieser Gestaltung des Verfahrens hat die Novelle v. 17. Mai 1898 nichts geändert. Sie hat zwar an die Stelle der Entscheidung durch Urteil diejenige durch Beschluß gesetzt. Das ist aber im Interesse des Gläubigers geschehen, um einer durch das weitläufige Rechtsmittel der Berufung ermöglichten Verschleppung vorzubeugen. Bezüglich der Unzulässigkeit, Einreden gegen die Pflicht zur Leistung des Offenbarungseides, die schon vor der Entscheidung geltend gemacht werden konnten, noch im Wege der sofortigen Beschwerde gegen den Haftbefehl geltend zu machen, ist nichts geändert.

Nun kann aber der Fall, daß der Schuldner im Termin nicht erscheint und Widerspruch gegen die Pflicht zur Eidesleistung überhaupt nicht erhebt, rechtlich nicht anders beurteilt werden, als ob ein erhobener Widerspruch für unbegründet erklärt ist. Der Termin ist dazu bestimmt, eine Entscheidung darüber herbeizuführen, ob ein begründeter Widerspruch vorliegt oder nicht. Wird solcher erhoben, so ist über seine Berechtigung zu entscheiden und, falls er rechtskräftig verworfen ist, Haftbefehl zur Erzwingung des Eides zu erlassen. Wird die Verpflichtung nicht bestritten, so steht damit ebenfalls die Eidespflicht fest und sie kann nicht dadurch wieder in Frage gestellt werden, daß dem Schuldner gestattet wird, seine Einreden nachträglich im Beschwerdeweg gegen den Haftbefehl geltend zu machen. Nach der alten ZPO. ergab sich die Unzulässigkeit eines solchen Verfahrens schon daraus, daß über den Widerspruch durch Urteil entschieden werden mußte und für ein solches im Beschwerdeverfahren gegen den Haftbefehl kein Raum war. Dadurch, daß an die Stelle des Urteils die Entscheidung durch Beschluß gesetzt ist, ist aber an dem Zeitpunkt für Vorbringung von Einreden nichts geändert. Wollte man Einreden, welche im Termin geltend gemacht werden konnten, noch gegen den Haftbefehl zulassen, so würde damit dem böswilligen Schuldner ein bequemes Mittel zur Verschleppung gegeben sein, während durch die Novelle gerade böswilligen Verschleppungen hat vorgebeugt werden sollen.

Auch für den Fall des § 903 ist keine Ausnahme zu machen. Zwar ist in Theorie und Praxis vielfach die Ansicht vertreten, daß es sich hier um eine Vorschrift öffentlichen Rechts handele, welche das Gericht von Amts wegen zu berücksichtigen habe. Dem ist jedoch nicht beizutreten. Wenn angeführt wird, der Zweck des § 903 sei, die Häufung von Eiden zu vermeiden, und die Bestimmung sei im öffentlichrechtlichen Interesse gegeben und habe daher unbedingt zwingenden Charakter, so steht dem entgegen, daß das Gericht dem Schuldner, der sich zur Ableistung des Offenbarungseides erbietet, die Abnahme nicht verweigern kann. Denn es kann in eine Prüfung der Frage, ob der Schuldner den Eid innerhalb der letzten fünf Jahre vor Erlaß des Haftbefehls geleistet hat, schon um deswillen nicht eintreten, weil der Schuldner den Eid bei einem anderen Amtsgericht geleistet haben kann, und es kann dem Schuldner auch deshalb die Wiederholung der Leistung des Eides nicht verweigern, weil der Schuldner damit der etwaigen Behauptung des Gläubigers begegnet, daß er später Vermögen erworben habe. Daher ist im Fall der Versäumnis des Termins durch den Schuldner nicht von Amts wegen zu prüfen, ob der Schuldner den Eid bereits geleistet oder noch nicht geleistet hat, und die Wiederholung des Eides zu verhindern liegt nicht im öffentlichen Interesse, sondern es ist lediglich Sache des Schuldners, einredweise die frühere Eidesleistung geltend zu machen und zwar in dem Termine, der durch das Verfahren dazu bestimmt ist. Eine vor Erlaß des Haftbefehls erfolgte Eidesleistung kann somit nur Berücksichtigung finden, wenn sie der Schuldner im Offenbarungstermin geltend macht.

Zu hören aber ist er mit allen Einwendungen, die darauf gegründet werden, daß die von dem Richter zu prüfenden Voraussetzungen für den Erlaß des Haftbefehls nicht vorliegen (z. B. daß der Schuldner nicht ordnungsmäßig zum Eidesleistungstermin geladen ist) oder daß nach dem Erlaß des Haftbefehls Umstände eingetreten sind, z. B. Eidesleistung, die den erhobenen Widerspruch gegen die Vollstreckung des Haftbefehls begründen. Der gleichen Ansicht sind Petersen und Gaupp-Stein zum § 901. F.

β) Insbesondere bei Pfändung einer Briefhypothek (§ 830[1]).

OLG. Celle, II. ZS. Beschluß v. 23. Januar 1905.

Der Schuldner hatte seine Beschwerde gegen den bei seinem Ausbleiben erlassenen Haftbefehl darauf gegründet, daß er zur Leistung des Offenbarungseides wegen Mangels eines genügenden vollstreckbaren Schuldtitels nicht verpflichtet sei. Seine Beschwerde wurde zurückgewiesen, weil er durch sein Ausbleiben aller Einwendungen gegen seine Verpflichtung zur Leistung des Eides verlustig gegangen sei. Die weitere Beschwerde blieb erfolglos. Gründe:

In der Ablehnung der Prüfung der Einwendungen des Beschwerdeführers ist ein neuer selbständiger Beschwerdegrund zu finden, denn das Beschwerdegericht verstößt damit gegen die Rechtsnorm, daß der zur Leistung des Offenbarungseides geladene Schuldner auch im Wege der Beschwerde gegen den Haftbefehl seine Verpflichtung zur Leistung des Eides bestreiten kann. Dieser Satz ist freilich nicht allgemein anerkannt. Vor allem stehen Gaupp-Stein (2 S. 724) auf dem von dem Vorderrichter vertretenen Standpunkte. Die Praxis neigt sich dagegen der hier gebilligten Ansicht zu (ebenso Seuffert 8. Aufl. 2 S. 607); sowohl das Kammergericht als auch die OLG. Bamberg, Braunschweig und Cöln haben den im Termine ausgebliebenen Schuldner für berechtigt erklärt, die sofortige Beschwerde gegen den Haftbefehl darauf zu stützen, daß er den Eid des § 807 bereits geleistet habe und daher nach § 903 zur nochmaligen Leistung nicht verpflichtet sei (Seuffert 49 Nr. 69; Rsp. 1 S. 210, 5 S. 136, 6 S. 143). Was für diese Einwendung des Schuldners gilt, muß notwendigerweise auch für den hier erhobenen Einwand des Mangels eines vollstreckbaren Schuldtitels gelten. Für das Vollstreckungsverfahren besteht der Grundsatz, daß die Vollstreckungsorgane — sei es der Gerichtsvollzieher, das Vollstreckungs- oder das Prozeßgericht — einen Vollstreckungsakt erst vornehmen dürfen, nachdem sie das Vorhandensein der Voraussetzungen der Zwangsvollstreckung, also in erster Linie das Vorliegen eines vollstreckbaren Schuldtitels, von Amts wegen geprüft und festgestellt haben. Hiervon ist für die Abnahme des Offenbarungseides keine Ausnahme getroffen, eine solche ist insbesondere auch nicht aus § 900³ zu entnehmen. Denn dadurch wird nur das Verfahren für den Fall geordnet, daß der Schuldner vor dem Vollstreckungsgericht seine Verpflichtung zur Leistung des Eides bestreitet. Davon, daß beim Ausbleiben des Schuldners das Vollstreckungsgericht seiner Verpflichtung zur Prüfung der Voraussetzungen der Zwangsvollstreckung überhoben werde, sagt das Gesetz nichts, und daß die Prüfungspflicht des Gerichts gerade bei der am meisten einschneidenden Vollstreckungsmaßregel, der Anordnung der Haft, fortfallen sollte, ist ohne deutlichen Ausspruch im Gesetze nicht anzunehmen (Seuffert S. 605 Erl. 3 b, 3 e, 3 f; Struckmann-Koch 8. Aufl., 2 S. 319 Erl. 1 zu § 901; Rsp. 5 S. 136). Hat aber das Vollstreckungsgericht diese Prüfungspflicht ohne Rücksicht darauf, ob der Schuldner ausbleibt oder aus welchem Grunde er seine Verpflichtung bestreitet, so liegt die gleiche Pflicht auch dem Beschwerdegericht ob, da dieses das Vollstreckungsgericht zweiter Instanz bildet. Der Schuldner kann hiernach seine sofortige Beschwerde noch darauf stützen, daß ein vollstreckbarer Schuldtitel nicht vorliegt. Die entgegengesetzte Ansicht würde auch dahin führen, das unstreitig bestehende Recht des im Termine ausgebliebenen Schuldners zur sofortigen Beschwerde gegen den Haftbefehl fast völlig illusorisch zu machen....

Die Beschwerde ist jedoch nicht begründet. Sie wird ev. darauf gestützt, daß auf Grund des Beschlusses, durch den die Pfändung einer Briefhypothek gemäß § 830[1] ausgesprochen wird, zwar die Wegnahme des Briefes durch den Gerichtsvollzieher im Zwangswege erfolgen, aber nicht auch die Leistung des Offenbarungseides gefordert werden könne, daß also der Pfändungsbeschluß einen vollstreckbaren Schuldtitel zwar für die Zwangsvollstreckung aus Abs. 1, aber nicht auch für diejenige aus Abs. 2 § 883 bilde. Dem ist indessen nicht beizutreten. Das Gesetz bietet für diese Unterscheidung keinen Anhalt, und ohne gesetzliche Bestimmung ist eine solche beschränkte Kraft jenes Vollstreckungstitels schon deshalb nicht anzunehmen, weil eine solche Annahme zu einem völlig unannehmbaren Ergebnisse führen würde: dem Gläubiger, der des Hypothekenbriefes zur Wirksamkeit der Pfändung bedarf und dem daher behufs Erlangung des Briefes alle Vollstreckungsmaßregeln zu Gebote stehen müssen, würde gerade die wirksamste Vollstreckungsmaßregel versagt sein, während es dem Schuldner leicht möglich wäre, die Pfändung durch Beiseiteschaffen des Briefes zu vereiteln[1] (übereinstimmend Fuchs, Grundbuchrecht 1 S. 490 Erl. 13 ff. zu § 1154). H. ch.

l) **Umfang der Pflicht zur Vermögensangabe beim Offenbarungseide.**

a) Kammergericht, XI. ZS. Beschluß v. 26. Juni 1906.

Der Schuldner hatte, nachdem er im Vermögensverzeichnis unter anderem angegeben, daß er in Berlin bei dem Maurermeister P. arbeite und 73 Pf. für die Stunde verdiene, den Offenbarungseid geleistet. Der Kläger verlangte Wiederholung des Eides mit der Begründung, daß der Schuldner den Namen des Bauherrn, bei dem er beschäftigt sei und der ihm den Arbeitslohn verschulde, angeben müsse, da P. nur der Maurerpolier sei. Gründe:

Es kann dahingestellt bleiben, ob die Ungenauigkeit der Angaben des beschworenen Verzeichnisses für den Schuldner die Verpflichtung zur Wiederholung des Eides begründet, oder ob nicht vielmehr der Gläubiger seine Ausstellungen gegen die Angaben des Verzeichnisses im Termin vor der Eidesleistung anbringen muß und sich bei seinem Ausbleiben im Schwurtermin der Möglichkeit begibt, den Schuldner zur Vervollständigung des Verzeichnisses zu zwingen. Denn auch wenn eine unzulängliche Bezeichnung eines Drittschuldners im Verzeichnisse den Schuldner zur Ergänzung und erneuten eidlichen Bekräftigung des Verzeichnisses verpflichten würde, ist vorliegend das Verlangen auf Wiederholung der Eidesleistung unbegründet. Voraussetzung

[1] Hat der Schuldner einen Hypothekenbrief dem Grundbuchamte zum Zwecke gewisser Einzeichnungen vorzulegen, so handelt es sich nicht um eine „Handlung" der §§ 887 ff., sondern um die Leistung einer Sache, so daß das Urteil nach § 883 zu vollstrecken ist; der § 888 verb. mit § 889 ist auch dann nicht anwendbar, wenn der Schuldner (nach fruchtlos versuchter Wegnahme des Briefes durch den Gerichtsvollzieher) den Offenbarungseid verweigert (Entsch. des RG. 7. Juni 1905, Sächs. Annalen 27 S. 374).

für die Verpflichtung des Schuldners zur genauen Bezeichnung des Drittschuldners ist das Vorhandensein einer im Zeitpunkte der Eidesleistung bestehenden Forderung des Schuldners gegen einen Dritten. Daß aber der Schuldner vorliegend zur Zeit der Eidesleistung eine ausstehende Forderung besessen hat, ist in keiner Weise bewiesen oder auch nur glaubhaft gemacht. Insbesondere erhellt aus dem beschworenen Verzeichnis nicht das Vorhandensein einer ausstehenden Lohnforderung des Schuldners. Das Verzeichnis gibt nur an, daß der Schuldner bei dem Maurermeister P. gegen einen Stundenlohn von 73 Pfennigen in Arbeit stehe. Diese Angabe läßt aber nicht erkennen, daß dem Schuldner am Tage der Eidesleistung aus diesem Arbeitsverhältnis irgend eine Forderung zugestanden hat. Im Verzeichnis ist sonach eine ausstehende Forderung des Schuldners überhaupt nicht aufgeführt. Daraus folgt, daß eine Ergänzung des Verzeichnisses durch genaue Bezeichnung des Drittschuldners gar nicht in Frage kommen kann. Im übrigen besteht für den Schuldner keine Verpflichtung zur Offenlegung der Verhältnisse, aus denen für ihn in Zukunft möglicherweise eine Forderung entstehen kann. Er war daher, soweit ihm eine Lohnforderung nicht zustand, zu einer Angabe über seine Arbeitsverhältnisse überhaupt nicht verpflichtet und braucht sie daher auch nicht durch genauere Bezeichnung seines Arbeitgebers zu vervollständigen. F.

β) OLG. Celle, II. ZS. Beschluß v. 18. Juni 1906.

Der angefochtene Beschluß geht davon aus, daß der Schuldner zur nochmaligen Leistung des Offenbarungseides verpflichtet ist, wenn feststeht, daß das beschworene Verzeichnis unvollständig war. Er steht im Einklange mit den Beschlüssen (Rsp. 1 S. 401, 2 S. 358m), die auch von den Kommentatoren (Struckmann-Koch, Gaupp-Stein zu § 903) gebilligt werden. In der Tat erfordert der Zweck des Offenbarungseides, dem Gläubiger alle Vermögensgegenstände des Schuldners zu offenbaren, daß der Fall der Unvollständigkeit des Verzeichnisses dem eines späteren Vermögenserwerbes gleichgestellt und daß dem Schuldner der Schutz des § 903 nur dann zuteil wird, wenn er seinen Verpflichtungen aus § 807 völlig nachgekommen ist. Vorliegend beruft sich der Schuldner darauf, daß er vor der Eidesleistung die im Verzeichnisse fehlende Gehaltsforderung mündlich angegeben habe. Diese Forderung ist indessen weder nachträglich in das Verzeichnis noch in das gerichtliche Protokoll aufgenommen worden. Der Schuldner meint, daß nicht ihm, sondern dem Gericht daraus ein Vorwurf zu machen sei. Aber der § 807 verpflichtet den Schuldner zur Vorlegung eines Verzeichnisses und zur Beeidigung der Vollständigkeit desselben. Seine Sache ist es daher, für die Vervollständigung des eingereichten unvollständigen Verzeichnisses vor der Eidesleistung zu sorgen. Nach dem für den Gläubiger maßgebenden Inhalt des gerichtlichen Protokolls hat der Beschwerdeführer nur die Richtigkeit und Vollständigkeit des überreichten Verzeichnisses beschworen und daher bei dessen unstreitiger Unvollständigkeit die ihm nach § 807 obliegende Verpflichtung seinen Gläubigern gegenüber nicht erfüllt. Hat er seine Gehaltsforderung mündlich genannt, so schützt ihn das vielleicht vor einer Bestrafung wegen Verletzung der Eidespflicht; von der Verpflichtung zur nochmaligen Leistung des Eides wird er dadurch aber nicht befreit. H. ch.

m) **Voraussetzungen des Offenbarungsverfahrens.**

OLG. Hamburg, Ferien-ZS. Beschluß v. 21. Juli 1906.

Zwar darf nach § 803 die Pfändung nicht weiter ausgedehnt werden, als zur Befriedigung des Gläubigers und zur Deckung der Vollstreckungskosten erforderlich ist. Allein im Interesse des Gläubigers, dem insoweit das Interesse des Schuldners nachzustehen hat, genügt die Unsicherheit des Erfolges der ersten Pfändung, um zu deren Ausdehnung zu berechtigen (Rsp. 3 S. 153 f.). Hat der Gläubiger Forderungen oder andere Vermögensrechte des Schuldners pfänden lassen, oder ist ihm das Vorhandensein solcher Rechte bekannt, so ist er allerdings nach § 807 verpflichtet, deren Uneinbringlichkeit oder Unverwertbarkeit glaubhaft zu machen (Rsp. 3 S. 334 f., 13 S. 198 *a*; Seuffert 58 Nr. 153; Gaupp-Stein 2 zu § 807). Ist aber wie hier die gepfändete Forderung schon anderweitig gepfändet, so daß demnächst keine Befriedigung erwartet werden kann, so ist sie kein zur Befriedigung des Gläubigers geeignetes Vermögensobjekt; denn der Gläubiger hat ein Recht auf alsbaldige Befriedigung (Rsp. 3 S. 335). Ihm ist aber auch in solchem Falle nicht zuzumuten, daß er auf die Rechte aus dem Pfändungsbeschlusse verzichte. Er würde sonst seine Prioritätsrechte für die Zukunft aufgeben müssen, ohne zu wissen, ob sonst noch pfändbare Vermögensobjekte vorhanden sind. Die Kenntnis aber von dem Vorhandensein oder Fehlen solcher Befriedigungsobjekte kann er wiederum nur nach Bewirkung der Eidesleistung des Schuldners erwerben. M. M.

n) **Späterer Erwerb von „Vermögen". ZPO. § 903.**

OLG. Dresden, VI. ZS. Beschluß v. 24. Oktober 1905.

Der Schuldner (der bereits im April 1902 den Offenbarungseid geleistet hat) hat 1904 zwei Teigteilmaschinen käuflich erhalten und weiter veräußert. Hiernach, so folgert das Landgericht, sei unbedenklich als glaubhaft gemacht anzusehen, daß der Schuldner 1904 Vermögen erworben hat, das er nicht alsbald zu seinem Unterhalt oder sonst verbrauchte. Dieser Folgerung kann nicht beigetreten werden. Der Kaufmann, und um einen solchen handelt es sich hier, lebt vom Umsatze seiner Waren. Er erwirbt zwar mit dem Einkaufe der zum Umsatze bestimmten Waren Vermögensstücke, wird aber dafür mit deren Kaufpreis belastet. Er gelangt daher zu wirklichem Vermögen i. S. von § 903 erst mit dem Gewinn, den er durch die Weiterveräußerung seiner Waren erzielt, also nur insoweit, als der erzielte Erlös die Geschäftsunkosten übersteigt, und auch nur in der Höhe, in welcher der Gewinn über die Kosten des eigenen Unterhalts des Schuldners und desjenigen seiner Familie hinausreicht. Nun wird sich allerdings aus der Größe des erzielten Umsatzes, nach Befinden auch schon aus dem Umfange der Einkäufe eines kaufmännischen Schuldners auf einen solchen, wirkliches Vermögen bildenden Gewinn schließen lassen. Allein es fällt bedenklich, einen gleichen Schluß schon aus der bloßen Anschaffung einzelner Warenposten zu ziehen, da eben die Gesamtlage des Schuldners für die Frage der Verpflichtung zur neuerlichen Offenbarung des Vermögens entscheidend ist. Hiernach genügte nicht das Anführen, der Schuldner habe zwei Teigteilmaschinen käuflich erworben. Die Gläubigerin hatte vielmehr mindestens darzulegen und glaubhaft zu machen, daß der Schuldner die Maschinen weiterveräußert und hierdurch einen wirklichen und nicht alsbald zu Bestreitung der obenbezeichneten Unterhaltskosten erforderlichen Gewinn, also einen erheblichen Gewinn erzielt und dadurch neues Vermögen erworben habe.... Annalen 27 S. 169.

o) **Arrestgrund im Sinne der ZPO. § 917.**

α) OLG. Karlsruhe, IV. ZS. Beschluß v. 10. November 1905.

Glaubhaft gemacht ist, daß der Arrestbeklagte beabsichtigt, auf die ihm gegen N. zustehenden Guthaben, welche die nicht unbedeutenden Beträge von 20000 und 27160 Mark ausmachen, zugunsten der Gläubiger des N. zu verzichten, um ein Arrangement desselben mit seinen zahlreichen Gläubigern zustande zu bringen. Hierin liegt ein genügender Arrestgrund, da die Möglichkeit nicht ausgeschlossen ist, daß ein außergerichtliches Arrangement auch ohne Zuzug des Klägers oder gegen dessen Willen mit den übrigen Gläubigern abgeschlossen wird und zu diesem Zweck der beabsichtigte Verzicht des Beklagten auf seine Forderungen ausgeführt werden könnte, hierdurch aber unzweifelhaft die Vollstreckung des vom Kläger zu erwirkenden Urteils vereitelt oder wenigstens sehr wesentlich erschwert würde. Die Befürchtung, daß ohne Verfügung des nachgesuchten Arrests diese Vereitelung oder wesentliche Erschwerung der Urteilsvollstreckung eintreten würde, ist um so mehr gerechtfertigt, als der Beklagte außer diesen Guthaben nur wenig oder gar kein sonstiges zugreifbares Vermögen besitzt. Dr. E.r.

β) OLG. Karlsruhe, III. ZS. Urteil v. 24. November 1905.

Der Beklagte hat sein gesamtes Hofgut in Weiler nicht etwa gegen baren Kaufpreis veräußert, sondern gegen Liegenschaften (Häuser) in Zürich vertauscht und besitzt außer der im Arrestvollzug gepfändeten Fahrnis im Anschlage von 2346 Mark im Bereiche des Gläubigers, des Klägers, kein bekanntes, exekutionsbereites Vermögen. Der Beklagte beruft sich zwar darauf, daß er in Lothringen ein Schloßgut besitze, welches 200000 Mark wert, mit ca. 80000 Mark Hypotheken belastet sei und auf das er die arrestierten Fahrnisse zu bringen beabsichtige.... Es kann dahingestellt bleiben, ob diese Verbringung eine Gefährdung der Exekution des klägerischen Anspruchs insofern in sich schließt, als etwa die Inanspruchnahme der Fahrnisse als Zubehörden des Grundstückes seitens der Hypothekengläubiger zu gewärtigen wäre, eine Kollusion der Mobiliar- mit der Immobiliarvollstreckung (§ 20 ff. ZwVG.; §§ 97, 98, 1120 ff. BGB.; § 865 ZPO.). Jedenfalls würde es eine wesentliche Erschwerung der Vollstreckung bedeuten, wenn der Kläger für seine

Forderung von 2235 Mark auf die Immobiliarvollstreckung in ein mit 80000 Mark Hypotheken belastetes Gut angewiesen würde, dessen Erlös in der Zwangsvollstreckung nicht mit Sicherheit vorauszusehen ist. Demnach liegt — zumal ein erheblicher Teil der arrestgepfändeten Fahrnis in verbrauchbaren Sachen (Flaschenweine) besteht — eine Gefahr wesentlicher Erschwerung der Zwangsvollstreckung darin begründet, daß unter den geschilderten Verhältnissen das einzige noch im Bereich des Gläubigers befindliche, exekutionsbereite bewegliche Eigentum des Schuldners aus diesem Bereiche entfernt und ohne Gewähr für dessen Erhaltung an einen weit abgelegenen, dem Gläubiger schwer erreichbaren Ort verbracht wird, wo es der bisher möglichen Beobachtung und Auffindung zu rechtzeitigem Zugriffe entrückt und den vorbeugenden Maßregeln des Gläubigers gegen etwaige Verschleppungen oder sonstige Beeinträchtigungen gänzlich entzogen ist.

Der in der Berufungsinstanz erlassene Arrest war demnach aufrecht zu erhalten. Dem steht nicht entgegen, daß dem Klaganspruch ein vollstreckbares erstinstanzliches Urteil zur Seite steht, da dieses Urteil nur vorläufig gegen eine Sicherheit von 2800 Mark vollstreckbar ist, das Interesse an der Arrestanordnung aber gerade darin gegeben ist, daß der Gläubiger, welcher als bloßer Gutspächter eine solche Sicherheit nicht oder nicht ohne verzögernde Weiterungen aufbringen kann, durch Arrest gegen Erschwerung der künftigen Vollstreckung geschützt werden soll (Gaupp-Stein § 916 Nr. I 2). Mit Rücksicht auf diese wirtschaftliche Lage des Gläubigers und darauf, daß mit dem Arrestvollzug eine erhebliche Schädigung des Beklagten nicht verbunden ist, wurde es nicht für angemessen befunden, für die Aufrechterhaltung des Arrests, dessen Voraussetzungen glaubhaft gemacht sind, eine Sicherheitsleistung des Klägers zu erfordern. Dr. E.r.

γ) Kammergericht, XV. ZS. Beschluß v. 21. November 1905.

Das Landgericht hat zwar die Pfändung einer angeblichen Eigentümer-Hypothek im Wege des Arrestes verfügt, jedoch den weitergehenden Antrag zurückgewiesen, daß der Drittschuldner E. gehalten, den Hypothekenbrief an einen Gerichtsvollzieher zwecks Überreichung an das Grundbuchamt und Eintragung des Pfändungsvermerks herauszugeben habe. Die Beschwerde über diese Zurückweisung ist nicht begründet. Denn in einem allein gegen den Grundeigentümer sich richtenden Verfahren ist keine Möglichkeit gegeben zu einer Herausgabeverfügung gegen den der Form nach als Gläubiger erscheinenden Dritten. Über diesen Grundsatz sind übrigens die Vertreter sowohl derjenigen Ansicht, daß sich die Pfändung in diesem Falle nach den für die Grundschuld gegebenen Regeln richte, als auch der anderen, daß die Pfändung nach den für „andere Vermögensrechte" geltenden Regeln zu vollziehen sei, einig (Seuffert Anm. 5b und Gaupp-Stein Anm. II 6 zu § 857). Die Frage endlich, ob bei Zurückweisung der Beschwerde die Pfändungsanordnung des Landgerichts wirkungslos bleibt, darf hier nicht ausschlaggebend werden. W.n.

p) **Kein Schriftenwechsel im Widerspruchsverfahren.**

OLG. Dresden, II. ZS. Urteil v. 30. März 1906.

Wenn der Beklagte die Benutzung der erst in der Berufungsverhandlung vom Kläger als Prozeßstoff eingeführten Niederschriften und Inserate für unzulässig hält, weil sie ihm vorher nicht angekündigt worden sind, so ist das irrig. Allerdings sind auch für die mündliche Verhandlung im Verfahren über Arreste ꝛc die allgemeinen Regeln der §§ 128 ff. maßgebend. Den Vorschriften über die vorbereitenden Schriftsätze, insbes. in §§ 130[5] und 272, werden jedoch Schranken gezogen durch die Natur und den Zweck des summarischen Verfahrens in §§ 916 ff. verbunden mit 294. Dem Sicherungszwecke des Arrestes und der dadurch bedingten Beschleunigung des Rechtsganges widerstritte es, müßte ein Schriftenwechsel bzw. mit Fristen, wie in §§ 132, 272 vorgesehen, stattfinden, zumal ein solcher bei Kürze der zwischen Ladung und Termin liegenden Zeit oft kaum möglich und die vorherige Ankündigung von Mitteln für Glaubhaftmachung gegenüber böswilligen Schuldnern unter Umständen den Interessen des Ankündigenden geradezu nachteilig sein wird. Auch nötigt der in § 294 aufgestellte Grundsatz der sofortigen Glaubhaftmachung zu dem Schlusse, daß es unverwehrt sein muß, ein eben erst aufgegriffenes, dem Gegner noch unbekanntes Bescheinigungsmittel ohne weiteres vorzuführen. Das Reichsgericht hat darum (JW. 1899 S. 338) für das Widerspruchsverfahren bereits anerkannt, daß nicht erforderlich sei, in vorbereitenden Schriftsätzen tatsächliche Behauptungen und Beweisanträge oder dasjenige mitzuteilen, was ein zum Termin zu stellender Zeuge oder Sachverständiger voraussichtlich bekunden werde. Wegen Gleichheit des Grundes hat das nämliche auch für die Berufungsinstanz zu gelten (§ 523) Dr. v. F.

q) **Aufhebung der Arrestmaßregeln.**

OLG. Hamburg, II. ZS. Urteil v. 27. Februar 1906.

Dem Antrage des Beklagten, auch die aus dem Arrestbefehl vollzogenen Zwangsmaßregeln wieder aufzuheben, konnte nicht stattgegeben werden, da über die Aufhebung von Vollstreckungsmaßregeln infolge Aufhebung des vorläufig vollstreckbaren Schuldtitels nicht das Prozeßgericht im Widerspruchsverfahren zu entscheiden hat, dafür vielmehr (soweit nicht der Gerichtsvollzieher gemäß § 775 Nr. 1, § 776 einzutreten hat) das Arrestgericht als Vollstreckungsgericht (§ 930 Satz 2) zuständig ist. M. M.

r) **Beschwerde wegen verweigerter Verlängerung der Frist aus ZPO. § 926.**

OLG. Dresden, VI. ZS. Beschluß v. 4. Oktober 1905.

Die gemäß § 926 bestimmte Frist muß so bemessen sein, daß der Arrestkläger in der Lage ist, die Klage innerhalb der Frist zu erheben. Ist dies nicht der Fall, wie hier geltend gemacht wird, so kann der Arrestkläger die Bestimmung einer anderen, den Verhältnissen entsprechenden Frist beantragen, und gegen die den Antrag zurückweisende Entscheidung findet nach § 567[1] Beschwerde statt. Der § 225[3] steht dem nicht entgegen, weil es sich bei dem

Antrage um die Bestimmung einer dem Gesetz entsprechenden und nicht um die Verlängerung einer gemäß dem Gesetze bestimmten Frist handelt (vgl. Gruchot 30 S. 1149).

Das Rechtsmittel ist auch begründet. Denn gerade in der Entsch. des RG. 57 S. 402, auf die das Landgericht für die Ablehnung des Antrags verweist, findet sich ausgeführt, daß eine Anfechtungsklage nicht eher angestellt werden kann, als bis der Gläubiger einen vollstreckbaren Schuldtitel gegen seinen Schuldner erlangt hat und seine Forderung fällig geworden ist. Da der Beschwerdeführer sonach tatsächlich die Klage erst im Laufe des April 1906 erheben kann, so war die Frist nach dem Antrage zu bestimmen. Die Interessen der Antragsgegnerin sind dadurch gewahrt, daß sie gegen die einstweilige Verfügung Widerspruch erheben kann. Annalen 27 S. 171.

s) **Zur Auslegung des § 932[3]. Laufende Zinsen einer Höchstbetragshypothek sind nicht eintragbar.**

Kammergericht, I. ZS. Beschluß v. 2. Januar 1906.

Unterm 19. Oktober 1905 ist gegen den Grundstückseigentümer N. der dingliche Arrest auf Höhe von 7000 Mark nebst 5 % Zinsen von 12000 Mark für die Zeit vom 15. November 1903 bis 1. August 1905 und 5 % Zinsen von 7000 Mark seit 1. August 1905 angeordnet, abwendbar durch Hinterlegung von 8300 Mark. Am 21. Oktober hat der Gläubiger dem Amtsgericht eine Ausfertigung dieses Arrestbefehls mit dem vom 20. datierten Antrage überreicht, eine Sicherungshypothek im Höchstbetrage von 7000 Mark nebst den Zinsen, wie im Arrestbefehl angegeben, einzutragen. Am 23. Oktober hat das Amtsgericht dem Gläubiger aufgegeben, einen der Eintragung hindernden Anstand gemäß § 18 GrBO. binnen 2 Wochen zu heben. Am 30. Oktober ist der Arrestbefehl im Auftrag des Gläubigers dem N. zugestellt. Am 1. November hat der Gläubiger den in der Zwischenverfügung bezeichneten Anstand behoben. Das Amtsgericht hat ihn am folgenden Tage um Einsendung des Arrestbefehls ersucht. Am 3. November hat N. das Grundstück an S. aufgelassen. Am 6. November hat der Gläubiger die Ausfertigung des Arrestbefehls nebst Zustellungsurkunde eingereicht. Am 7. November hat das Amtsgericht in Abt. 1 den S. und in Abt. 3 eine Sicherheitshypothek entsprechend dem Arrestbefehl eingetragen und am 13. November weiter in Abt. 1 und 3 vermerkt, daß die Sicherungshypothek dem Auflassungseintrage im Range vorgehe. Die Beschwerde des S., der auf Grund der §§ 929[2], 932[3] ZPO. beantragt hatte, das Amtsgericht anzuweisen, gemäß § 54 GrBO. einen Widerspruch gegen die Eintragung der Sicherungshypothek einzutragen, ist zurückgewiesen. Seine weitere Beschwerde ist nur zum kleinen Teil begründet:

Nach dem Wortlaut des § 932[3] gilt jeder Antrag als Vollziehung des Arrestbefehls ohne Unterschied, ob er zur Eintragung der Hypothek führt oder abgelehnt wird. Dies kann aber nicht der Sinn des Gesetzes sein. Denn es ist undenkbar, daß ein Antrag, der überhaupt nicht zur Vollziehung führt, sondern abgelehnt wird, als Vollziehung gelten sollte. Darüber besteht auch in der Literatur, soweit sie diese Frage berührt, kein Zweifel. Streitig ist dagegen, ob ein Antrag, dem ein Hindernis entgegensteht und auf den deshalb eine Zwischenverfügung des mit dem Antrage befaßten Grundbuchamts im Sinne des § 18[1] GrBO. ergeht, für den Fall, daß das Hindernis demnächst innerhalb der Frist gehoben wird und daß dann die Eintragung erfolgt, schon im Zeitpunkt seines ersten Eingangs oder erst im Zeitpunkt der Hebung des Hindernisses als Vollziehung des Arrestbefehls gilt. Die erstere Ansicht wird von Fischer-Schäfer, ZwVG. S. 165 und anscheinend auch von Gaupp-Stein II zu § 932 ZPO. vertreten. Die zweite Annahme liegt dem Beschluß des OLG. Colmar (Rsp. 9 S. 84) zugrunde. Dieser letzteren Ansicht ist beizutreten und zwar ist die Entscheidung lediglich aus dem § 932, nicht aber aus dem § 18 GrBO. zu entnehmen. Denn § 18 enthält eine allgemeine Vorschrift für alle Eintragungsanträge des Inhalts, daß sie wegen eines der Eintragung entgegenstehenden Hindernisses nicht notwendig abgewiesen zu werden brauchen, sondern daß zur Ersparung der Kosten solcher Abweisung und zur Wahrung des Ranges der beantragten Eintragung eine Frist zur Hebung des Hindernisses gestellt werden kann. Irgend eine besondere Beziehung des § 18, der mangels einer gesetzlichen Ausnahmebestimmung entgegen der Ansicht Turnau-Försters I S. 858 auch auf Zwangseintragungen angewendet werden muß, zu dem Fall des Antrags auf Eintragung einer Arresthypothek besteht nicht. Er hat deshalb auch in diesem Falle nur die Bedeutung, daß die Kosten der Ablehnung vermieden und der Rang der Arresthypothek gewahrt wird, falls eine Frist bestimmt und das Hindernis rechtzeitig gehoben wird. Über den Zeitpunkt aber, in dem der Arrest als vollzogen gilt, ist damit nicht gesagt. Dieser Zeitpunkt kann nur in der ZPO. in dem vom Arrest handelnden Abschnitt bestimmt sein, seit der Satz der ZPO. § 811 in der Fassung vom 30. Januar 1877 „die Vollziehung des Arrestes in unbewegliches Vermögen vollzieht sich nach den Landesgesetzen" gestrichen und die Vollziehung in der ZPO. selbst § 932 geregelt ist. Vor dem 1. Januar 1900 wurde der Arrest nach § 10 des preuß. Ges. vom 13. Juli 1883 durch Eintragung einer Vormerkung in das Grundbuch vollzogen. Nur durch die Eintragung selbst, nicht durch die Stellung des Antrags wurden die Fristen des § 809 (jetzt 929) gewahrt. (Entsch. des RG. 26 S. 397). Dies hatte den Mißstand zur Folge, daß es auch bei formell und sachlich begründeten Anträgen von der größeren oder geringeren Pünktlichkeit des Grundbuchamts in der Erledigung des Antrags abhing, ob die Frist des § 929[2] gewahrt wurde. Lediglich um dagegen Abhilfe zu schaffen, ist der § 932[3] eingefügt. Es sollte, wie die Motive aussprechen, die Wahrung der Frist in die Hand des Gläubigers gelegt werden. Dieser Absicht genügt es, wenn der Eingang eines formgerechten Antrags, dem ein Hindernis nicht entgegenstand, oder die Hebung eines etwa entgegenstehenden Hindernisses der Vollziehung des Arrestes im Sinne des § 929[2] gleichgestellt wurde. Eine

Absicht des Gesetzgebers, darüber hinaus auch dem Eingang solcher Anträge, denen ein Hindernis entgegenstand, die gleiche Wirkung beizulegen und ihnen damit außer dem Privileg des § 18 GrBO. noch einen weiteren Vorzug beizulegen, ist in den Motiven nicht zum Ausdruck gekommen. Für solche Absicht lag auch nach keiner Richtung ein Bedürfnis vor. Im Gegenteil würde es befremden, wenn der Eingang unvollständiger oder sonst mangelhafter Anträge mit solcher Wirkung bekleidet wäre, da damit einerseits die Fristbestimmung des § 929 für die Arrestvollziehung in Grundstücken gegenüber der Vollziehung in beweglichen Sachen in unverständlicher Weise abgeschwächt und andererseits ein Anreiz für die Gläubiger geschaffen wäre, zur Wahrung der Frist des § 929² Anträge zu stellen, deren Unvollständigkeit ihnen selbst bekannt ist. Auch würde bei einer Bestimmung dahin, daß der Eingang mangelhafter Anträge als Vollziehung des Arrestes gilt, sofern das Hindernis fristgerecht gehoben wird, die Wahrung der Frist des § 929² und der Beginn der Frist des § 929³ von dem Ermessen des Grundbuchrichters abhängen, der darüber zu entscheiden hat, ob ein Antrag abzulehnen oder gemäß § 18 GrBO. mit einer Fristbestimmung zu beantworten ist. Solcher Einfluß des Grundbuchrichters auf die Wahrung der zivilprozessualen Fristen entspricht aber nicht seiner amtlichen Stellung und sollte durch die Einfügung des § 932³ nach den Motiven gerade ausgeschaltet werden. Deshalb ist der § 932³ dahin auszulegen, daß nur die Einreichung eines formgerechten und sachlich begründeten Antrags oder, falls ihm ein Hindernis entgegensteht, dessen in der Frist des § 18 GrBO. erfolgende Hebung als Vollziehung des Arrestes im Sinne des § 929 Abs. 2 und 3 gilt. Übrigens wird auch die nicht unähnliche Vorschrift in § 207 ZPO. in der Praxis dahin ausgelegt, daß die darin vorgesehene Vergünstigung mangelhaften Gesuchen oder Schriftsätzen nicht zukommt (JW. 1900 S. 654⁴). Daraus ergibt sich, daß der Arrestbefehl vom 19. Oktober erst nach Hebung der durch die Verfügungen vom 23. Oktober und 1. November mitgeteilten Hindernisse, also am 6. November als vollzogen gelten kann. Zu diesem Zeitpunkt war aber ein drittes Hindernis dadurch entstanden, daß nunmehr seit dem Erlaß des Arrestbefehls mehr als zwei Wochen verflossen sein konnten. Da nach § 929² die Vollziehung eines Arrestbefehls unstatthaft ist, wenn seit der Zustellung an den Gläubiger zwei Wochen verstrichen sind, mußte der Grundbuchrichter nunmehr gemäß § 18 GrBO. eine Frist zur Führung des Nachweises setzen, daß solche Zustellung überhaupt noch nicht oder wenigstens nicht früher als zwei Wochen vor dem 6. November erfolgt war. Denn diese Voraussetzung der Zulässigkeit der Vollziehung hat der Grundbuchrichter vom Amts wegen zu prüfen. Der § 932³ kommt deshalb, da der Antrag überhaupt niemals vollständig unterstützt ist, nicht zur Anwendung. Der Arrestbefehl ist erst am 7. November durch die Eintragung der Hypothek selbst vollzogen. Durch diese Vollziehung ist der § 929³ nicht verletzt. Denn er kommt nicht zur Anwendung, da die Zustellung an den Schuldner schon am 30. Oktober, also vor

Vollziehung erfolgt ist. Es kann deshalb dahingestellt bleiben, ob der Grundbuchrichter die Wahrung der dort gesetzten Fristen zu prüfen hat, oder wenigstens der ihm bekannten Tatsache der Nichtwahrung dieser Fristen durch Ablehnung der Eintragung Rechnung tragen muß, da er unwirksame Hypotheken nicht eintragen, das Grundbuch nicht mit Bewußtsein unrichtig machen darf.

Dagegen hat der Grundbuchrichter den § 929² ZPO. verletzt, indem er die Hypothek eingetragen hat, ohne daß der Nachweis der Wahrung der dort bestimmten Frist geführt ist. Zur Eintragung eines Widerspruchs auf Grund der §§ 71, 54 GrBO. kann dies aber nicht führen, da nicht feststeht, daß das Grundbuch dadurch unrichtig geworden ist. Denn es besteht, obwohl der Gläubiger am 20./21. Oktober im Besitz einer Ausfertigung des Arrestbefehls gewesen ist, die Möglichkeit, daß eine formgerechte Zustellung desselben an ihn gemäß § 329³ nicht stattgefunden hat. In diesem Falle würde die Frist des § 929² erst von der im Auftrage des Gläubigers bewirkten Zustellung des Arrestbefehls an den Schuldner ablaufen (Entsch. des RG. 11 S. 404; Güthe Anm. 117 zu § 19 GrBO.). Die Vollziehung würde also am 7. November noch zulässig gewesen sein. Solange mit dieser Möglichkeit zu rechnen ist, darf ein Widerspruch von Amts wegen nicht eingetragen und durch das Beschwerdegericht nicht angeordnet werden.

Der Grundbuchrichter hat auch den § 18 GrBO. verletzt. Er hätte, da der Antrag auf Eintragung der Sicherungshypothek bei Eingang der Auflassungsverhandlungen vom 3. November noch nicht erledigt war, gemäß § 18² zu seinen Gunsten eine Vormerkung eintragen und dann dem Antrage auf Eintragung des neuen Eigentümers stattgeben müssen. Die Eintragung der Sicherungshypothek hätte dann später, wenn sie sich als nach § 929² zulässig erwies, gemäß § 19 GrBO. nur mit Bewilligung des neuen Eigentümers oder auf Grund seiner Verurteilung zu dieser Bewilligung erfolgen dürfen[1] (Güthe Anm. 51 zu § 18; Predari Anm. 11 zu § 18). Indem der Grundbuchrichter statt dessen die Eintragung des neuen Eigentümers aussetzte, bis die Sicherungshypothek eingetragen war, hat er das Recht des neuen Eigentümers verletzt. Zur Eintragung eines Widerspruchs kann aber auch dies nicht führen, da nicht feststeht, daß das Grundbuch dadurch unrichtig geworden ist. Denn es ist anzunehmen, daß wohl die Sicherungshypothek und dann das neue Eigentum eingetragen ist, weil der Grundbuchrichter dies durch den allerdings unzulässigen Rangvermerk hat zum Ausdruck bringen wollen. Mindestens muß mit der Möglichkeit gerechnet werden, daß die Sicherungshypothek vor dem neuen Eigentum eingetragen ist. Dann ist aber die Hypothek entstanden, falls die Frist des § 929² gewahrt ist.

Schließlich hat der Grundbuchrichter auch den § 932 Halbsatz 2 ZPO. verletzt, nach welchem bei Eintragung einer Sicherungshypothek auf Grund eines Arrestbefehls der nach § 923 festgestellte Geldbetrag als der Höchstbetrag zu bezeichnen ist, für welchen das Grundstück haftet. Der Gläubiger

[1] Vgl. jedoch Entsch. des RG. 62 S. 317.

hatte beantragt, eine Sicherungshypothek zum Höchstbetrage von 7000 Mark nebst 5 % Zinsen von 12000 Mark seit dem 15. November 1903 bis 1. August 1905 und von 7000 Mk. seit dem 1. August 1905 einzutragen. Dieser Antrag hatte auf Grund des § 1190 BGB. als unzulässig abgelehnt werden müssen, weil der Höchstbetrag mit Rücksicht auf die laufenden Zinsen unbestimmt ist. Für die Frage, ob der § 54[1] GrBO. anwendbar ist, ist allerdings nicht auf den Inhalt des Eintragungsantrages zurückzugehen, sondern nur der Inhalt der Eintragung selbst entscheidend. Auch dieser ist aber in sich wenigstens insoweit unzulässig, als eine Hypothek zum Höchstbetrage laufender Zinsen eingetragen ist, da solche Hypothek weder nach § 1113 noch nach § 1184 noch nach § 1190 BrGB. zulässig ist. Es kann sogar zweifelhaft sein, ob nicht die ganze Eintragung inhaltlich unzulässig ist. Doch ist dies verneint worden, da der Betrag von 7000 Mark und die Zinsen von 12000 Mark für die begrenzte Zeit vom 15. November 1903 bis zum 1. August 1905 einen bestimmten Höchstbetrag darstellen und da der § 1190 nicht notwendig zu der für den Gläubiger unbilligen Folgerung führt, daß der Zusatz laufender Zinsen zu einer bestimmten Summe auch dieser den Charakter als bestimmter Höchstbetrag entzieht. Die Eintragung der laufenden Zinsen ist aber nach § 54[2] Satz 1 von Amts wegen zu löschen. Allerdings kann das hier nicht auf Grund des 71[2] GrBO. angeordnet werden, weil die Beschwerde nur auf Eintragung eines Widerspruchs geht und über den Antrag nicht hinausgegangen werden darf. Doch ist wenigstens die Anweisung des Grundbuchamts zur Eintragung des Widerspruchs gegen die laufenden Zinsen für den Fall zulässig, daß es diese Zinsen nicht selbst von Amts wegen löschen sollte, da auch eine inhaltlich unzulässige Eintragung das Grundbuch unrichtig macht und insofern auch die Voraussetzungen des § 71[2], § 54 Satz 1 GrBO. vorliegen. Gr.

t) **Benennung des Passivbeteiligten. ZPO. § 936.**[1]

OLG. Rostock, II. ZS. Beschluß v. 4. Januar 1906.

Eine gemäß § 899 BGB. zu erlassende einstw. Verfügung soll der Verwirklichung eines gemäß § 894 BGB. begründeten Berichtigungsanspruchs dienen. Ein solcher Anspruch kann prozessualisch nur gegen einen bestimmten Gegner, gegen den, welcher die Berichtigung zu bewilligen hat, verfolgt werden. Dies gilt nicht nur für das ordentliche Prozeßverfahren, sondern auch für den Fall, daß eine einstw. Verfügung beantragt wird. Sonst ist nicht ersichtlich, welcher Anspruch durch die Verfügung gesichert werden soll. Eine einstw. Verfügung kann nicht gegen einen unbestimmten Gegner erlassen werden. Dabei würde nicht ersichtlich sein, wer den Widerspruch sei es durch Vereinbarung mit dem Widerspruchsberechtigten zur Löschung bringen oder im Prozeßwege beseitigen kann (vgl. Rsp. 8 S. 109; Seuffert, ZPO. Nr. 1 zu § 936; Turnau-Förster 1 S. 256, 175, 231; Achilles-Strecker, GrBO. S. 275). Auf Grund einer einstw. Verfügung, die dem beregten Erfordernisse nicht genügt, braucht das Grundbuchamt einen Widerspruch nicht einzutragen. Chr.

u) **Voraussetzungen einer einstweiligen Verfügung.**[1]

α) OLG. Hamburg, I. ZS. Urteil v. 1. Dezember 1905.

Dem Gesuche, durch einstw. Verfügung dem Beklagten das Auftreten auf dem A.-Theater in Berlin zu verbieten, war nicht zu entsprechen. Der Kläger macht zweierlei geltend: die Beeinträchtigung seiner Autorität als Theaterleiter und die geringere Einnahme. Für Aufrechterhaltung seiner Autorität aber konnte er ausreichend durch hohe Vertragsstrafen sorgen, hat dies auch ohne Zweifel, wie jeder Theaterdirektor, allgemein getan, und hat auch gerade in dem Vertrag die Strafe von 15000 Mark bedungen. Ferner mag der Vermögensschaden, den der Kläger dadurch erlitten hat, daß der Beklagte nicht mehr auf seiner Bühne auftritt, nicht unerheblich sein. Allein dieser Schaden ist nicht dadurch entstanden, daß der Beklagte im A.-Theater in Berlin auftritt, sondern dadurch, daß er nicht im klägerischen Theater in Hamburg auftritt. Ob es nach § 888[2] überhaupt zulässig sein würde, das Auftreten des Beklagten auf der Bühne des Klägers mittelbar durch das Verbot des Auftretens im A.-Theater zu erzwingen, kann dahingestellt bleiben. Denn auch ein erzwungenes, widerwilliges Auftreten des Beklagten auf der Bühne des Klägers würde schwerlich geeignet sein, jenen Vermögensschaden abzuwenden. Die freie künstlerische Tätigkeit des Beklagten, die allein dem Kläger den erstrebten finanziellen Gewinn würde bringen können, läßt sich jedenfalls nicht erzwingen. Überdies liegt auch nichts dafür vor, daß der Kläger jenen Vermögensschaden, den er dadurch erleidet, daß der Beklagte den Vertrag nicht erfüllt, nicht sollte nachträglich ersetzt erhalten können, da der Beklagte ein hervorragender und zugkräftiger Schauspieler ist, der daher voraussichtlich auch Gewinne erzielen wird, aus denen gegebenenfalls der Kläger sich würde befriedigen können... M. M.

β) OLG. Hamburg, Ferien-ZS. Beschluß v. 9. August 1906.

Dem Urteil des hiesigen I. ZS. v. 5. April 1905 ist darin beizutreten, daß die Anordnung des Verkaufs der zur Verfügung gestellten Ware sich nicht als die Regelung eines einstweiligen Zustandes darstellen würde und der Erlaß der beantragten einstw. Verfügung auf § 940 deshalb nicht gestützt werden könnte. Der entgegenstehenden, von Staub und im Beschlusse des Ferien-

[1] Der Anspruch aus dem Anfechtungsgesetze kann, soweit es sich um Grundstücke handelt, nur auf dem Wege eines Veräußerungsverbots gesichert werden; dagegen ist die Eintragung einer Vormerkung unzulässig, weil der Gläubiger nicht die Einräumung einer Hypothek beanspruchen kann (OLG. Dresden, VI. ZS. Beschluß v. 11. Oktober 1905; Annalen 27 S. 173). Nach Beendigung der GG. (durch Scheidung) tritt bis zur Auseinandersetzung eine Gemeinschaft zur gesamten Hand, wenn auch mit einzelnen Abweichungen, ein. Gehört eine verzinsliche Forderung zum Gesamtgute, so werden gemäß § 1472 die Zinsen Gesamtgut; der § 743 N. 1 findet keine Anwendung, ebensowenig der § 2038[2], der auf § 743 verweist. Dagegen kann der geschiedenen Frau durch einstw. Verfügung aus § 940 ZPO. gestattet werden, Geldbeträge aus dem Gesamtgute lediglich für ihre Rechnung, also in Anrechnung und als Vorschuß auf dasjenige, was ihr als Teilhaberin am Gesamtgute (ohne Rücksicht auf einen etwaigen Unterhaltsanspruch) bei der künftigen Auseinandersetzung zufallen wird, zu erheben (Entsch. des RG. vom 19. Januar 1905 IV 541/04).

senats (Hans. GZ. 1900 Nr. 128) vertretenen Ansicht kann nicht beigetreten werden. Hingewiesen werden mag darauf, daß das Reich beim Viehkauf den Erlaß einer besonderen Bestimmung, des § 489 BGB. für erforderlich gehalten hat, um die Anordnung eines Verkaufs des zur Verfügung gestellten Tieres während des Prozesses zu ermöglichen, daß also auch der Gesetzgeber eine allgemeine Befugnis der Gerichte zu solcher Anordnung so weit zu erkennen nicht angenommen hat. Es muß der Klägerin überlassen bleiben, sich mit der Beklagten über einen Verkauf der Ware zu verständigen oder ihrerseits sich darüber schlüssig zu werden, ob sie — was hier unerörtert zu bleiben hat — nach den maßgebenden Bestimmungen des Rechts in der Lage ist, den Verkauf vorzunehmen, ohne ihren Rechten etwas zu vergeben. M. M.

γ) OLG. Celle, II. ZS. Beschluß v. 1. Dezember 1905.

Der Beklagte bezweckt mit der beantragten einstw. Verfügung die Vollstreckung aus dem wider ihn ergangenen vorläufig vollstreckbaren Urteile auf Zahlung von 10000 Mark zu verhindern, weil im Falle der Beitreibung dieser Summe deren Verlust mit Rücksicht auf das frühere betrügerische Handeln des Klägers zu besorgen sei. Eine solche Verfügung ist indessen unzulässig, weil im ersten Abschnitte des 8. Buches der ZPO. die dem Schuldner zur Abwendung der Vollstreckung zustehenden Rechtsbehelfe erschöpfend geregelt sind.[1] Das, was der Beklagte erreichen will, kann er auf Grund der §§ 712, 713 auf einem weit einfacheren Wege erzielen. Dazu kommt, daß dem Beklagten im Urteile nachgelassen worden ist, die Vollstreckung abzuwenden. Dem gegenüber hätte es zur Angabe und Glaubhaftmachung des Arrestgrundes einer Darlegung und Bescheinigung bedurft, weshalb die Anordnung zur Abwendung der befürchteten Nachteile nicht genügt, sondern eine darüber hinausgehende Anordnung erforderlich ist. H.ch.

δ) OLG. Naumburg, II. ZS. Urteil v. 11. Juli 1905.

Durch einstweilige Verfügung soll die Vollstreckbarkeit des vom Kläger gegen die Beklagte erstrittenen Wechselurteils sistiert werden. Daß während des Nachverfahrens im Wechselprozeß nicht nur zur Sicherung selbständiger Gegenansprüche, sondern auch zur Sicherung des durch Aufhebung des Vorbehaltsurteils etwa entstehenden Schadensersatzanspruches einstweilige Verfügungen auf Hemmung der Vollstreckung aus dem Vorbehaltsurteil erlassen werden können, ist im Anschluß an die herrschende Rechtsprechung anzunehmen (JW. 1892 S. 58[9], 1898 S. 540[7], 1901 S. 722[4]; Gruchot 39 S. 1161; Lipps in Blättern für RA. 1901 S. 44). Es ist dabei natürlich erforderlich, daß die allgemeinen Voraussetzungen der §§ 935, 940 gegeben sind. Auf § 935 kann hier die Verfügung nicht gestützt werden, da es sich um Sicherung einer Geldforderung handelt, während § 935 lediglich die Sicherung von Individualleistungen zum Gegenstand hat. Dagegen ist die Anwendung des § 940 an sich möglich. Die Rechte und Pflichten, welche sich für die Parteien aus dem Baggerungsvertrage ergeben, bilden ein „streitiges

[1] Vgl. Falkmann, Zwangsvollstr. (2. Aufl.) § 30 N. 11.

Rechtsverhältnis". Der „Zustand", der den Gegenstand der Regelung bilden soll, ist das durch das Wechselurteil geschaffene Provisorium, welches dem Kläger einen vollstreckbaren Titel gegen den Beklagten in Höhe von 10000 Mark gibt. Auch die erforderliche Beziehung zwischen diesem „Zustande" und dem „streitigen Rechtsverhältnis" ist gegeben. Denn nach dem Vertrage der Parteien kann nicht zweifelhaft sein, daß das den Wechseln zugrunde liegende Rechtsgeschäft auf dem Baggerungsvertrage beruht. Demgemäß ist die materielle Berechtigung des Klägers zur Vollstreckung des Wechselurteils gegen die Beklagte von der Entscheidung über das streitige Rechtsverhältnis abhängig. Den provisorischen Zustand der Vollstreckbarkeit des Wechselurteils will die Beklagte dahin geregelt wissen, daß die Vollstreckbarkeit untersagt werde. Sie mußte also glaubhaft machen, daß der Kläger aus dem Vertragsverhältnis keinen Anspruch gegen sie hat. S.

ε) OLG. Karlsruhe, II. ZS. Urteil v. 21. November 1905.

Der Kläger macht geltend, daß durch den von der Beklagten in ihrem Hause geplanten Bordellbetrieb eine erhebliche störende Einwirkung auf das naheliegende klägerische Grundstück, in welchem eine Wirtschaft betrieben wird, und eine Minderung des Grundstücks- und Mietwertes eintreten werde. Zwar gehört auch das nachbarrechtliche Verhältnis zu den durch § 940 betroffenen Rechtsverhältnissen. Vorliegend ist aber nicht wahrscheinlich, daß wesentliche Nachteile gerade durch den geplanten Bordellbetrieb der Beklagten eintreten werden, weil unbestritten beiderseits von dem neuen Bordellhause zurzeit bereits zwei Bordelle bestehen, welche gerade diejenigen Einwirkungen auf das Grundstück des Klägers, gegen welche dieser geschützt sein will, bisher schon geäußert haben und auch in Zukunft weiter äußern werden; daß diese Einwirkungen durch das hinzukommende Bordell der Beklagten wesentlich vergrößert werden, ist nicht anzunehmen. Es liegen deshalb die behaupteten wesentlichen Nachteile nicht vor und folglich auch kein Bedürfnis nach dem interiministischen Rechtsschutz durch einstweilige Verfügung. Dr. E.

ζ) OLG. Dresden, VI. ZS. Beschluß v. 18. Oktober 1905.

Den Hypotheken der vier Antragsgegner gingen bisher im Range drei Hypotheken von zusammen 3900 Mark voran, die am 15. November 1904 von den Gläubigern aufgegeben wurden. Im unmittelbaren Anschluß an die Aufhebungserklärungen beantragte der Grundstückseigentümer die Löschung der drei Hypotheken sowie die Eintragung einer Hypothek für die Beschwerdeführerin im Betrage von 4000 Mark; den Anträgen wurde entsprochen. Durch die Angaben ist glaubhaft gemacht, daß die drei gelöschten Hypotheken von den Beteiligten zu dem ausgesprochenen Zwecke aufgehoben wurden, um der Beschwerdeführerin, die auf Ansuchen des Eigentümers das Geld zur Befriedigung der Gläubiger hergegeben hatte, den Rang der aufgehobenen Rechte für ihre Hypothek zu verschaffen. Da der mit der Aufhebung der Rechte verfolgte Zweck nicht erreicht wurde, die Aufhebung vielmehr das Aufrücken der Antragsgegner mit ihren Rechten zur Folge hatte, ist davon auszugehen, daß die Antragsgegner auf Kosten der Beschwerdeführerin bereichert und dieser zur Herausgabe der Bereicherung verpflichtet sind (BGB. § 812 Satz 2). Die Herausgabe besteht nach Lage der Sache in dem Zurücktreten der Antragsgegner im Range mit ihren Rechten hinter die Hypothek der Beschwerdeführerin nach Höhe von 3900 Mark als des Betrags der aufgehobenen Hypotheken. Dies läßt nach § 885 Satz 2 BGB. den Antrag auf Erlassung der einstw. Verfügung begründet erscheinen.... Annalen 27 S. 174.

η) OLG. Hamburg, II. ZS. Beschluß v. 16. Juni 1906.

Die für den Antragsteller eingetragene Vormerkung zur Sicherung des Anspruchs auf Auflassung ist in der von einem vorgehenden Berechtigten betriebenen Zwangsversteigerung bei Feststellung des geringsten Gebots nicht berücksichtigt worden (ZwVG. §§ 48, 52). Der Antragsteller hat gegen den Beschluß des Amtsgerichts, durch den dem jetzigen Antragsgegner das Grundstück zugeschlagen wurde, sofortige Beschwerde eingelegt, weil sein Recht der Zwangsversteigerung entgegengestanden habe. Diese Beschwerde ist zurückgewiesen und nach Eintritt der Rechtskraft des Zuschlagsbeschlusses die Vormerkung gelöscht worden. Wenn trotz dieser Vorgänge der Antragsteller jetzt eine einstweilige Verfügung dahin beantragt, daß dem Ersteher des Grundstücks der Abbruch der darauf errichteten Baulichkeiten untersagt werde, weil die Vormerkung noch immer wirksam sei, so entbehrt das jeglichen Grundes, denn die Vormerkung ist rechtskräftig gelöscht, weshalb der Antragsteller aus ihr keine Rechte mehr gegen den Ersteher herleiten kann. Selbst wenn der Antragsteller mit seiner Auffassung im Rechte wäre, daß die Vormerkung nicht hätte gelöscht werden dürfen — eine Rechtsauffassung, welche übrigens für Fälle der vorliegenden Art ersichtlich von niemandem geteilt wird (vgl. Planck III zu § 883 unter 3, c, x) — würde sein Anspruch nicht begründet sein, denn nachdem einmal die Vormerkung gelöscht ist, steht ihm gegen den Gegner ein Anspruch auf das Grundstück nicht mehr zu, weshalb er auch nicht verlangen kann, daß dieser in der Benutzung seines Eigentums in der beantragten Richtung behindert werde.... M. M.

v) **Kosten der einstw. Verfügung nach Erledigung des sachlichen Antrags. Stellung des betreibenden Gläubigers der Zwangsverwaltung zu dem Nießbraucher.**

Kammergericht, XIV. ZS. Beschluß v. 9. Juli 1906.

Die Ansicht, daß das Verfahren der einstweiligen Verfügung, wenn sich der Antrag ohne sachliche Entscheidung erledigt, damit beendet sei und auch nicht im Kostenpunkte fortgesetzt werden könne, trifft nicht zu. Jenes Verfahren ist vielmehr ein Rechtsstreit wie jeder andere, der nur in den besonderen Formen geführt wird, die für diese Prozeßart gelten. Im Verfahren ist auch über die Kosten des Rechtsstreits zu entscheiden und, wenn sich der sachliche Antrag ohne Entscheidung erledigt hat, zu diesem Zwecke zu prüfen, ob bei Durchführung des Verfahrens der Antrag Erfolg gehabt haben würde. Diese Prüfung geschieht auch in solchem Falle in den für die einstweilige Verfügung geltenden

Formen, insbesondere ohne förmliche Beweiserhebung auf Grund bloßer Glaubhaftmachung. Die Kostenentscheidung ist aber dann nicht wie sonst nur eine vorläufige Maßnahme, sondern sie ist endgültig, wenn es zu einem Hauptprozeß über den bereits erledigten sachlichen Antrag nicht mehr kommen kann.

Die Beschwerde muß jedoch deshalb erfolglos bleiben, weil der Antrag unbegründet war. Der Antragsgegner war zwar als Nießbraucher des Grundstücks verpflichtet, die Hypothekenzinsen zu entrichten (BGB. § 1047). Aber diese Pflicht bestand nur gegenüber dem Eigentümer. Die Antragstellerin kann nicht, weil sie Hypothekengläubigerin war, verlangen, daß der Gegner die Zinsen der der Antragstellerin vorgehenden Hypotheken berichtige. Ein Rechtsverhältnis, das diesen Anspruch rechtfertigen könnte, bestand unter den Parteien nicht. Aber auch die Stellung als betreibende Gläubigerin der über das Grundstück eingeleiteten Zwangsverwaltung berechtigte die Antragstellerin nicht zu diesem Verlangen. Nicht sie hatte die Rechte des Eigentümers gegenüber dem Nießbraucher wahrzunehmen, sondern der Zwangsverwalter, dessen Aufgabe sich bei bestehendem Nießbrauche gerade auf die Wahrnehmung der Rechte des Eigentümers gegenüber dem Nießbraucher und die Aufsicht über die Verwaltung des Nießbrauchers beschränkt (Rsp. 11 S. 134). Die Antragstellerin konnte sich daher nur an den Verwalter oder das Vollstreckungsgericht mit geeigneten Anträgen wenden und war zu einem selbständigen Vorgehen gegen die Nießbraucher nicht berechtigt. Dr. S.

w) **Ladung vor das Landgericht, wenn im Falle des § 942 das Amtsgericht mündliche Verhandlung über das Gesuch anordnet.**

Kammergericht, XV. ZS. Urteil v. 13. Februar 1906.

Das Amtsgericht N. hat keine Frist zur Ladung des Gegners über die Rechtmäßigkeit einer bereits erlassenen einstw. Verfügung gesetzt, sondern den Erlaß der Verfügung von vorheriger mündlicher Verhandlung abhängig gemacht. Der Kläger hätte deshalb den Beklagten zur Verhandlung über den Antrag vor das Amtsgericht laden müssen, wenn sie den Antrag vor dem Amtsgericht weiter verfolgen wollte. Dazu lag aber keine Notwendigkeit vor. Zum Erlaß der Verfügung war sowohl das Amtsgericht N. gemäß § 942[2] als auch das Gericht der Hauptsache gemäß § 937 zuständig. Der Einwand der Rechtshängigkeit steht dem Beklagten nicht zu, da durch Nachsuchung und Erlassung einer einstw. Verfügung keine Rechtshängigkeit begründet wird (Entsch. d. RG. 13 S. 364). Der Kläger brauchte also den Antrag, dem das Amtsgericht ohne mündliche Verhandlung nicht stattgeben wollte, nicht weiter zu verfolgen und konnte sich mit dem Antrage an das Gericht der Hauptsache wenden. Auch war er ohne besondere Anordnung des Gerichts befugt, den Gegner sofort zur Verhandlung über seinen Antrag zu laden, da der Erlaß einer einstw. Verfügung auf Grund mündlicher Verhandlung vom Gesetz sogar als die Regel angesehen wird (§ 937). Unerheblich ist, daß die Ladung unter Bezugnahme auf die amtsgerichtliche Anordnung der mündlichen Verhandlung erfolgt ist. W.n.

x) Gericht der Hauptsache. ZPO. §§ 942, 943.

α) OLG. Kiel, I. ZS. Urteil v. 4. Dezember 1905.

Nachdem der Mann mit seiner Scheidungsklage abgewiesen war, ist er auf die Klage seiner getrennt von ihm lebenden Frau verurteilt worden, ihr den Unterhalt in Gestalt einer Rente zu gewähren. Während dieser Rechtsstreit in der Berufungsinstanz anhängig war, beantragte die Frau bei dem Amtsgericht, in dessen Bezirk der Mann seinen allgemeinen Gerichtsstand hatte, ihm durch einstw. Verfügung die Zahlung eines Kostenvorschusses für die Berufungsinstanz aufzugeben. Das Amtsgericht wies ab, das Landgericht gab dagegen dem Antrage statt. Auf den Widerspruch des Mannes wurde die Verfügung aufgehoben. Gründe:

Der Einwand der Klägerin, daß das OLG. zur Entscheidung über den Widerspruch nicht zuständig sei, ist zurückzuweisen. Richtig ist, daß zur Entscheidung über die aus der Anordnung eines Arrestes sich ergebenden Rechtsbehelfe das Arrestgericht ausschließlich zuständig ist. Bei dem Widerspruch, als dem nach § 936 zulässigen Rechtsmittel, ist aber jedenfalls dann, wenn es sich um eine gemäß § 942 erlassene einstw. Verfügung handelt, davon auszugehen, daß der Widerspruch gleichzeitig die Ladung zur Verhandlung über die Rechtmäßigkeit der Verfügung enthält, zu welcher nach übereinstimmender Annahme der Kommentare und der Judikatur auch der Gegner befugt ist. Die Ladung hat aber nach § 942 vor das Gericht der Hauptsache zu erfolgen und als solches ist nach § 943, wenn die Hauptsache in der Berufungsinstanz anhängig ist, das Berufungsgericht anzusehen. Dessen Zuständigkeit wird auch nicht dadurch beseitigt, daß inzwischen das in der Hauptsache ergangene Urteil verkündet ist (RG. 6 S. 414). Erst der Eintritt der Rechtskraft des Berufungsurteils würde eine solche Wirkung haben.

Der Widerspruch des Beklagten ist auch als begründet zu erachten, obgleich der Anspruch, zu dessen Sicherung die Verfügung dienen soll, unbedenklich anzuerkennen ist. Die Verpflichtung des Beklagten zur Zahlung eines Kostenvorschusses folgt zwar nicht aus § 627, sie ist nicht ein Ausfluß seiner ehemännlichen Unterhaltspflicht, sondern sie bestimmt sich nach den für den Güterstand der Parteien maßgebenden Vorschriften. Da die Parteien nach dem gesetzlichen Güterrecht des BGB. leben und bisher nicht endgültig festgestellt ist, daß die Kosten des Rechtsstreites zwischen ihnen nach §§ 1415 ff. BGB. einem etwaigen Vorbehaltsgute der Frau zur Last fallen, so ergibt sich die Verpflichtung des Beklagten aus § 1387 Nr. 1 BGB. Diese Verpflichtung kann auch durch einstweilige Verfügung gemäß § 940 geregelt werden. Zum Erlasse einer solchen war aber das angerufene Amtsgericht nicht zuständig. Eine solche Zuständigkeit könnte nur aus § 942 hergeleitet werden. Diese Vorschrift setzt, abgesehen von dem Erfordernis der Dringlichkeit, voraus, daß sich der Streitgegenstand im Bezirke des Amtsgerichts befindet. Damit hat ausgedrückt werden sollen, daß in Abweichung von der Regel des § 937 [1] eine ausnahmsweise Zuständigkeit des Amtsgerichts nur dann gegeben sein soll, wenn der Streit der Parteien eine unbewegliche oder bewegliche Sache betrifft, die sich in dem Bezirke des Amtsgerichts befindet. Diese Voraussetzung trifft aber selbst bei der von der Klägerin vertretenen Auffassung nicht zu, daß der als Kostenvorschuß geforderte Geldbetrag den Streitgegenstand bilde und dieser sich in der Kasse des Beklagten in seiner Wohnung befunden habe. Eine beliebige Geldsumme ist nicht als ein individuell bestimmter Streitgegenstand, wie etwa eine nicht vertretbare oder aus einer Gattung bereits ausgeschiedene Sache anzusehen. Die Unzuständigkeit des angerufenen Amtsgerichts hat zur notwendigen Folge, daß das als Beschwerdegericht tätig gewordene Landgericht zum Erlasse der einstweiligen Verfügung nicht zuständig werden konnte. Gr.

β) OLG. Hamburg, II. ZS. Beschluß v. 8. März 1906.

Durch einstw. Verfügung des Landgerichts ist dem Manne, der auf Scheidung klagt, die Zahlung von Alimenten an die Beklagte für die Dauer des Scheidungsprozesses auferlegt. Auf den Widerspruch des Mannes hat das Landgericht den monatlich zu zahlenden Alimentenbetrag herabgesetzt; gegen dieses Urteil hat die Beklagte Berufung eingelegt. Jetzt hat Beklagte beim Berufungsgericht beantragt, dem Kläger durch einstweilige Verfügung die Zahlung eines angemessenen Gerichts- und Anwaltskostenvorschusses zu Händen ihres Anwalts aufzuerlegen. Der Antrag war wegen Unzuständigkeit des Gerichts abzuweisen. Zuständig für die Erlassung einstw. Verfügungen ist nach § 937 das Gericht der Hauptsache. Als Hauptsache ist sowohl für die im Widerspruchsverfahren streitige Verfügung über die Alimentationspflicht des Klägers während des Scheidungsprozesses, wie auch für den Antrag auf Gewährung eines Kostenvorschusses zur Wahrnehmung der Rechte der Beklagten in diesem Widerspruchsverfahren der Scheidungsprozeß zu betrachten. Da der Scheidungsprozeß noch in erster Instanz anhängig ist, so ist lediglich das Landgericht für die Entscheidung über den hier gestellten Antrag zuständig. In ihrem am 14. Februar 1906 beim Landgericht gestellten Antrage steht die Beklagte selbst auf diesem Standpunkt, da sie die ihr im Widerspruchsverfahren erwachsenen Kosten auf den ihr für die Führung des Scheidungsprozesses zugebilligten Kostenvorschuß verrechnet. Würden gleichzeitig das Gericht erster Instanz und das Berufungsgericht für die einstw. Verfügungen wegen des Kostenvorschusses für das Widerspruchsverfahren zuständig sein, so bestände die Gefahr, daß wegen desselben Anspruchs der Beklagten verschiedene einstw. Verfügungen ergingen. M. M.

γ) OLG. Hamburg, I. ZS. Urteil v. 12. Januar 1906.

Das Amtsgericht D. hatte in der von ihm erlassenen einstw. Verfügung der Antragstellerin eine Frist von 4 Wochen gemäß § 942¹ gesetzt. Damals war und zwar das allein zuständige Gericht der noch nicht anhängig gemachten Hauptsache das LG. Hamburg, in dessen Bezirk der Antragsgegner seinen Wohnsitz hatte. Dieses Gericht setzte auch auf die Ladung vom 1. Juli 1904 einen Termin auf den 14. Dezember an, zu dem der Gegnerin am

5. Juli die Ladung zugestellt wurde. Die Antragstellerin wollte nun den die Hauptsache darstellenden Anspruch außer gegen den Antragsgegner gegen zehn andere Streitgenossen verfolgen; hierfür wurde nach § 36[3] auf ihren Antrag vom 9. am 13. Juli vom Reichsgericht das LG. Berlin als das zuständige Gericht bestimmt. Am 15. Juli reichte sie beim LG. Berlin die Klage ein, die vor dem 14. Dezember sämtlichen Beklagten zugestellt worden ist. Das LG. Hamburg hat sich ohne Grund für unzuständig erklärt.

Die Auflage des D. Amtsgerichts aus § 942 konnte nur darauf gerichtet sein, daß die Antragstellerin ihren Gegner vor dasjenige Gericht, das damals allein für die Hauptsache zuständig war, lade. Das war das LG. Hamburg. Mit rechtzeitiger Ladung vor dieses Gericht hat daher die Antragstellerin die ihr gesetzte Frist und die dadurch bedingten Rechte gewahrt. Diese Sach- und Rechtslage kann im Sinn des Gesetzes nicht wohl nachträglich dadurch verändert werden, daß später nach § 36[3] ein anderes Gericht für die Hauptsache zuständig wird. Andernfalls, wenn ein erst später zuständig gewordenes Gericht als Gericht der Hauptsache und zwar als ausschließliches Gericht der Hauptsache, besonders mit Ausschluß des zur Zeit der Auflage zuständig gewesenen Gerichts, anzusehen wäre, so würde der Antragsteller nicht bloß Gefahr laufen, die gesetzte Frist nicht einhalten zu können und damit seiner an Einhaltung der Frist gebundenen Rechte verlustig zu gehen, sondern würde jedenfalls, wenn er rechtzeitig das Verfahren bei dem damaligen Gericht der Hauptsache eingeleitet hätte, die Kosten tragen müssen, wie denn auch hier das Landgericht die Antragstellerin in die Kosten verurteilt hat. Das kann nicht die Absicht des Gesetzes sein. Anderseits mag es freilich unerwünscht sein, wenn, wie gegenwärtig, das eine Gericht (Hamburg) über die Rechtmäßigkeit der Verfügung, das andere (Berlin) in der Hauptsache entscheidet. Allein so schwer wiegt diese Unzuträglichkeit doch niemals, daß dadurch die eben erwähnte Benachteiligung des Antragstellers gerechtfertigt werden könnte. Auch hätte sich ihr gesetzgeberisch anderweit abhelfen lassen, falls der Gesetzgeber darauf Gewicht gelegt hätte, etwa durch Verpflichtung oder Befugung des früheren Gerichts der Hauptsache das bei ihm anhängig gemachte Verfahren an das endgültige Gericht der Hauptsache abzugeben. M. M.

15

a) Feststellungsklage, daß ein erhobener Anspruch durch Schiedsrichter zu entscheiden sei.[1]

OLG. Hamburg, II. ZS. Urteil v. 24. März 1906.

Der Kläger beabsichtigt, die Beklagte wegen Nichterfüllung eines Ver-

[1] Über die Befugnis der Schiedsrichter zur Kostenentscheidung und zur Festsetzung des Streitwerts und des eigenen Honorars führt in einem Falle, in welchem der Beklagte sich verpflichtet hatte, die Kosten des zur Schlichtung eines Streits des Klägers mit X. berufenen Schiedsgerichts dem Kläger zu erstatten, das Reichsgericht im Urteil vom 21. September 1903 (IV 109/03) aus:

Wird ein Schiedsvertrag geschlossen, so wird regelmäßig gewollt sein, daß der Schiedstrages zu belangen. Er will eine ihm angeblich zustehende Forderung durch Herbeiführung einer schiedsrichterlichen Entscheidung verfolgen; er ist bestrebt, für die Herbeiführung dieser Entscheidung eine sicherere Basis zu gewinnen, und verlangt zu diesem Zwecke die gerichtliche Feststellung, daß über die in Betracht kommenden Differenzen ein Schiedsgericht entscheiden solle. Er hat danach ein vermögensrechtliches Interesse an der verlangten Feststellung. Bei solcher Sachlage war der klägerische Anspruch als ein vermögensrechtlicher anzusehen (JW. 1894 S. 278)... M. M.

b) **Schiedsvertrag oder Vereinbarung gemäß BGB. § 317? Ablehnung eines Schiedsrichters.**

OLG. Dresden, VII. ZS. Urteil v. 17. November 1905.

Die Parteien haben über einige Landstreifen einen Vertrag geschlossen und daselbst einen Grundpreis für den Quadratmeter festgesetzt. Der Antragsteller (Verkäufer) war jedoch der Meinung, daß ihm mit Rücksicht auf die durch den Verkauf eintretende Teilung seines Grundbesitzes eine weitere Entschädigung gebühre. Die Entscheidung der Frage, ob und in welcher Höhe diese Entschädigung zuzubilligen sei, wurde nun einer Kommission von drei Sachverständigen zugewiesen. Diese haben einen Bescheid gefaßt. Der Antragsteller hat zunächst erklärt, daß er auf einen formgerechten Schiedsspruch bestände, darauf den einen Sachverständigen wegen Befangenheit abgelehnt und schließlich, als der Antragsgegner keinen neuen Schiedsrichter ernannte, beim Landgericht beantragt, die Ablehnung des einen Sachverständigen für begründet

---

richter auch die Frage erledige, wer von den Parteien die durch das Verfahren veranlaßten Kosten zu tragen habe; die Kostenentscheidung erfolgt dann nicht auf Grund des § 308[2] ZPO., sondern auf Grund des Parteiwillens. Auch sie kann nur unter den Parteien die Wirkung eines rechtskräftigen gerichtlichen Urteils haben. Eine Wirkung auf Dritte, die nicht zu den Schiedsparteien gehören, kann sie nicht haben. Weder über den eigenen Honoraranspruch noch über die Ansprüche der Parteivertreter kann der Schiedsrichter entscheiden, er kann nur etwas festsetzen, was die Schiedsparteien unter sich vereinbaren könnten. So wenig diese mit Wirkung auf den RA. M. hätten vereinbaren können, nach welchem Satze dessen Gebühren zu berechnen seien, so wenig waren auch die Schiedsrichter befugt, einen Betrag zu bestimmen, der für die Berechnung der Gebühren des Anwalts Maß zu geben hätte. Nach § 91 Nr. 1 GO. für RA. sind allerdings die Vorschriften dieses Gesetzes entsprechend anzuwenden; allein eine entsprechende Anwendung des § 11 ist nicht möglich, weil es im schiedsrichterlichen Verfahren an einer für die Berechnung der Gerichtsgebühren maßgebenden Festsetzung des Wertes fehlt. Als Gerichtsgebühren lassen sich nicht etwa die Honoraransprüche der Schiedsrichter ansehen; diese stehen im Vertragsverhältnis zu den Parteien, es kommt ihnen nicht zu, die Höhe der ihnen zu gewährenden Leistungen als Richter festzusetzen. Das Berufungsgericht hat deshalb keine Rechtsnorm verletzt, indem es zur Entscheidung der Frage, welchen Betrag der Kläger an seinen Vertreter zu zahlen verpflichtet gewesen war, den Streitwert selbständig ermittelte. Auch seine Annahme, daß die Vergütung der Schiedsrichter nicht unter entsprechender Anwendung des GKG. festzusetzen, sondern unter billiger Berücksichtigung der persönlichen Verhältnisse der Schiedsrichter nach Umfang und Schwierigkeit der geforderten Leistungen zu bemessen sei, gibt zu rechtlichen Bedenken keinen Anlaß. Die behauptete abweichende Übung konnte nur, wenn sie den Beteiligten bekannt war, zur Auslegung ihres Willens dienen. Daß sie bekannt war, ist nicht behauptet.

zu erklären und an dessen Stelle einen anderen Sachverständigen nach § 1029[2] zu ernennen, da ein Schiedsvertrag vorliege. Das Landgericht hat nach mündlicher Verhandlung, die es angeordnet hatte, den Antrag durch **Urteil** zurückgewiesen. Die Berufung hatte Erfolg. **Gründe:**

Die Schiedsvereinbarung der Parteien hatte nicht die Entscheidung einer zwischen ihnen schwebenden Rechtsstreitigkeit, sondern die Festsetzung der Gegenleistung für das verkaufte Areal zum Gegenstand. Der Mindestbetrag des Kaufpreises ist durch einen vereinbarten Grundpreis festgesetzt; ob und um wieviel dieser Mindestbetrag noch zu erhöhen sei, das nach gewissen Grundsätzen festzustellen, war die Aufgabe der erwählten Sachverständigen. Es lag also nicht eine Rechtsstreitigkeit, d. h. ein Urteil über Ansprüche der Parteien vor, sondern eine Meinungsverschiedenheit dieser über die Angemessenheit der Gegenleistung für den Kaufsgegenstand. Um den Vertragsschluß nicht an dem Mangel einer Einigung über die Höhe des Kaufpreises scheitern zu lassen, wurde dessen sachgemäße Bemessung bestimmten Dritten insofern zugewiesen, als sie entscheiden sollten, ob der vereinbarte Grundpreis als Gegenleistung genüge, oder ob er mit Rücksicht auf die im Vertrage vom Antragsteller hervorgehobenen Umstände zu erhöhen sei. Es handelt sich also um einen den §§ 317 ff. BGB. zu unterstellenden Fall der Bestimmung der Gegenleistung durch „Dritte". Eine solche steht nicht bloß dann in Frage, wenn dem oder den Dritten die Bemessung der Gegenleistung vollständig überlassen wird, sondern auch dann, wenn die Parteien einen Mindestpreis vereinbaren und die Bestimmung der Dritten darauf beschränken, sei es nach billigem Ermessen, sei es nach bestimmten ihnen gegebenen Regeln festzusetzen, ob der Preis angemessen sei oder um eine bestimmte Summe erhöht werden müsse. Solche Regeln haben hier die Parteien dadurch gegeben, daß sie im Vertrag bestimmt haben, die Sachverständigen sollten bei der Entscheidung die Vorschriften des Sächs. Enteignungsges. zugrunde legen. Es steht den Vertragschließenden frei, welche Vorschriften sie den „Dritten" für die ihnen obliegende Bestimmung geben wollen, sie sind nicht gehindert, gesetzliche Vorschriften herauszugreifen und deren Anwendung den Dritten zur Pflicht zu machen. Eine Tätigkeit der in §§ 318 f. BGB. bezeichneten Art liegt dann vor, eine solche kann aber, eben weil sie keinen Rechtsstreit entscheidet, sondern die Gegenleistung bestimmt, nie Gegenstand schiedsrichterlichen Verfahrens sein (vgl. dazu z. B. **Seuffert** 8. Aufl.; **Petersen** 3b zu § 1025 ZPO.).

Trotzdem ist das angefochtene Urteil aufzuheben, weil über den Antrag nicht durch Urteil, sondern durch **Beschluß** zu entscheiden war. Wie sich aus Form und Inhalt des Antrags ergibt, hat der Antragsteller nicht **Klage** erhoben und ein **Urteil** begehrt, sondern ein Beschlußverfahren nach Maßgabe der §§ 1045, 1029 in Gang setzen wollen. Das Landgericht hat den Antrag auch nicht anders aufgefaßt und unter ausdrücklicher Bezugnahme auf § 1045 die hier zugelassene mündliche Verhandlung angeordnet. Wenn es von dem beantragten und von ihm selbst eingeschlagenen Verfahren ohne ersichtlichen Grund dadurch abgewichen ist, daß es den Antrag, anstatt in Beschlußform, durch Urteil erledigte, so ist dies unzulässig und verletzt die in § 1045 enthaltene — eben einen Beschluß verlangende — wesentliche Verfahrensvorschrift. Es kommt für die Frage, in welcher Form zu entscheiden ist, nichts darauf an, ob sachlich ein Schiedsvertrag vorliegt oder nicht. Über einen eine richterliche Tätigkeit nach Maßgabe des § 1045 erfordernden Antrag ist stets in der daselbst geordneten Form zu entscheiden. Selbst wenn aber auch der Antragsteller einen Fall des § 1045 gar nicht angenommen, sondern in der Meinung, eine Ablehnung des vom Gegner vertragsmäßig bestimmten Dritten stehe ihnen auch in den Fällen des BGB. § 317 zu, beantragt hätte, die Ablehnung für begründet zu erklären, würde dieser Antrag doch nur durch Beschluß zurückgewiesen werden können, da die ZPO., von ganz bestimmten Fällen abgesehen, zu denen die Ablehnung von Sachverständigen und Schiedsrichtern nicht gehört, als Voraussetzung eines Urteils die Erhebung einer Klage fordert, an der es hier gebricht.[1] Dr. W. M.-z.

c) **Ernennung eines Schiedsrichters durch das Gericht während schwebenden Konkurses.**

OLG. Hamburg, III. ZS. Beschluß v. 29. Oktober 1904.

Nach § 240 wird durch die Eröffnung des Konkurses das Verfahren, wenn es die Konkursmasse betrifft, unterbrochen. Es fragt sich daher, ob das hier eingeleitete Verfahren, das darauf gerichtet ist, daß das zuständige Gericht gemäß § 1029[2] für A. (den gegenwärtigen Gemeinschuldner) zur schiedsrichterlichen Erledigung eines Streits zwischen A. und B. einen Schiedsrichter ernenne, die Konkursmasse des A. betrifft. Den Gegensatz zu einem Verfahren, das die Konkursmasse betrifft, bildet dasjenige Verfahren gegen den Gemeinschuldner, das überhaupt keinen vermögensrechtlichen Anspruch zum Gegenstande hat (wie Familienstandssachen und Ehesachen), oder ein Verfahren, in welchem der beanspruchte Gegenstand nicht zur Konkursmasse gehört, oder ein Verfahren, in welchem der Gläubiger erklärt hat, daß er seinen vermögensrechtlichen Anspruch gegen die Masse nicht geltend machen wollte. Wird dieser Gegensatz im Auge behalten, so betrifft das gegenwärtige Verfahren die Konkursmasse. Freilich ist der Antrag des B. nicht darauf gerichtet, daß A. eine bestimmte Summe zahle, sondern zunächst nur darauf, daß das Gericht an Stelle des sich weigernden A. zum Zwecke der Beilegung eines Streits einen Schiedsrichter ernenne. Es liegt aber auf der Hand, daß mit der Ernennung des Schiedsrichters der Anspruch des B. nicht erschöpft ist, sondern daß B. mit seinem Antrage auf Ernennung eines Schiedsrichters den weiteren Zweck verfolgt, wegen seines angeblichen Anspruchs auf einen

[1] Dagegen führt das Bayer. Ob. LG. in dem Beschlusse vom 11. Juli 1902 aus, daß, wenn die Ernennung eines Schiedsrichters in der Form der Klage beantragt ist und das Gericht darüber irrtümlich in der Form eines Urteils entscheidet, die Entscheidung rechtlich ein mit sofortiger Beschwerde anfechtbarer Beschluß ist, wenn sie alles enthält, was sie enthalten muß, um als Entscheidung nach § 1045 aufgefaßt werden zu können (Sammlung 3 S. 648).

Kaufpreis von 2323 Mark durch den Schiedsspruch Anerkennung und Befriedigung zu erhalten. Da also ein vermögensrechtlicher Anspruch in Frage kommt und B. bisher nicht zu erkennen gegeben hat, daß er auf Befriedigung aus der Konkursmasse verzichte, so betrifft das Verfahren die Konkursmasse.

Soll ein solches Verfahren gemäß § 240 so lange ruhen, bis es nach den für den Konkurs geltenden Bestimmungen aufgenommen wird, so kommen die §§ 10, 11 KO. hier nicht in Frage; denn es handelt sich hier weder um einen Aktivprozeß der Masse (§ 10), noch auch um einen Rechtsstreit, der auf Aussonderung eines Gegenstandes oder auf abgesonderte Befriedigung gerichtet ist (§ 11). Maßgebend sind vielmehr die §§ 12, 144, 146 KO. Danach hat B., wofern er nicht auf eine Befriedigung aus der Konkursmasse verzichtet, den Anspruch zunächst zur Masse anzumelden, denn dem Gläubiger steht kein Recht zu, seine Forderung gegen die Masse einzeln und außerhalb des gemeinschaftlichen Verfahrens zu verfolgen. Erst nach erfolgter Anmeldung und erst wenn ein Widerspruch gegen die Forderung erhoben ist, kann gemäß § 146 KO. eine Aufnahme des Verfahrens in Frage kommen. Wenn der Verwalter das Verfahren vor Anmeldung des Anspruchs aufgenommen hat, so kann dem keine rechtliche Bedeutung beigemessen werden. M. M.

d) **Weigerung der im Schiedsvertrag bestimmten Instanz, die Schiedsrichter zu ernennen.**

OLG. Hamburg, IV. ZS. Urteil v. 11. Dezember 1905.

Der Schiedsvertrag ist dadurch hinfällig geworden, daß die Handelskammer, welche das Schiedsgericht einsetzen sollte, ihre Mitwirkung versagte. Dieser Sachlage gegenüber läßt sich nicht aus § 1029 ableiten, daß nunmehr an Stelle der Handelskammer das für den Anspruch an sich zuständige ordentliche Gericht die Schiedsrichter zu ernennen habe; denn im § 1029 ist nur eine Versäumniswirkung für den Fall eingeführt, daß der Gegner der betreibenden Partei binnen bestimmter Frist die ihm obliegende Ernennung eines Schiedsrichters unterläßt. Eine auf den vorliegenden Fall weit passendere Bestimmung bietet § 1033. Den darin angegebenen Fällen liegt der hier zu entscheidende im wesentlichen gleich, insofern das vertragsmäßig in Aussicht genommene Schiedsgericht deshalb nicht erhältlich ist, weil die Handelskammer die Einsetzung des Schiedsgerichts mit Rücksicht darauf, daß beide Parteien nicht in Hamburg ansässig sind, grundsätzlich ablehnen mußte. Im Wege der Analogie wäre also zu schließen, daß nach dem Gesetze der Schiedsvertrag außer Kraft getreten ist. Zu diesem Schlusse müßte auch die bloße Auslegung dieses Vertrages führen; denn wenn sich die Parteien darauf geeinigt haben, Qualitätsdifferenzen den ordentlichen Gerichten zu entziehen und über solche das Schiedsgericht der Hamburger Handelskammer entscheiden zu lassen, so haben sie sich damit einem Schiedsgerichte unterworfen, dessen Zusammensetzung, Verfahren und Kosten durch veröffentlichtes Regulativ besonders geordnet sind, und so läßt sich keineswegs ohne weiteres annehmen, daß nach der Auffassung der Parteien ihnen dieses in Aussicht genommene

Schiedsgericht vollwertig im Wege der Ernennung durch das ordentliche Gericht würde ersetzt werden können. M. M.

e) **Ernennung eines Schiedsrichters; Prüfung des Schiedsvertrags.**

OLG. Celle, III. ZS. Beschluß v. 15. Mai 1905.

Die Frage, ob das nach § 1029 um Ernennung eines Schiedsrichters angegangene Gericht gemäß § 1045 auch darüber, ob ein gültiger Schiedsvertrag zustande gekommen ist, zu entscheiden hat, ist zu bejahen. Während früher (§ 871) über jenen Antrag nur im ordentlichen Prozeßwege entschieden werden konnte, ist jetzt durch § 1045 ein Beschlußverfahren zugelassen. Daraus folgt aber nicht, daß dann, wenn das Zustandekommen eines Schiedsvertrags streitig ist, diese Frage nicht durch das um Ernennung des Schiedsrichters angegangene Gericht, sondern im Prozeßwege durch Urteil zu entscheiden sei. Abgesehen davon, daß es trotz des § 1045 dem Antragsteller nicht verwehrt ist, diese Frage auch im ordentlichen Prozeßwege zur Entscheidung zu bringen (Entsch. des RG. 49 S. 353), steht nichts im Wege, auch in dem durch § 1045 geordneten Beschlußverfahren über diese Vorfrage zu entscheiden. Der Gesetzgeber hat nach der Begründung „die in Rede stehende, außerhalb der eigentlichen Rechtsprechung liegende Tätigkeit des Gerichts" im Beschlußverfahren zur Erledigung bringen lassen wollen. Hierbei mag ihm allerdings zunächst nur die einfache Tätigkeit bei Ernennung oder Ablehnung eines Schiedsrichters ꝛc vor Augen geschwebt haben; er hat aber doch diese Tätigkeit nicht dem Richter der freiwilligen Gerichtsbarkeit überwiesen, sondern dem Richter der streitigen Gerichtsbarkeit belassen. Dieser hat aber nach seiner Stellung an sich alle Vorfragen zu prüfen, die geprüft werden müssen, um über die Frage, ob der bei ihm gestellte Antrag begründet ist oder nicht, entscheiden zu können; er hat also nötigenfalls durch die im Beschlußverfahren zulässigen Beweismittel, als welche jedenfalls Zeugen und Urkunden dienlich erscheinen, geeignetenfalls nach vorgängiger mündlicher Verhandlung (§ 1045^2) Beweise zu erheben.... H.ch.

f) **Ablehnung eines Schiedsrichters.**

OLG. Celle, II. ZS. Beschluß v. 21. September 1905.

Die Tatsache, daß der abgelehnte Schiedsrichter Mitglied des ersten Schiedsgerichts war, dessen Schiedsspruch durch das rechtskräftige Urteil .. aufgehoben wurde, ist unerheblich. Allerdings bestimmt der § 41 Nr. 6, daß ein Richter kraft Gesetzes ausgeschlossen ist in Sachen, in denen er in einer früheren Instanz oder im schiedsrichterlichen Verfahren bei der Erlassung der angefochtenen Entscheidung mitgewirkt hat; auch ist unbestritten, daß die für das ordentliche Gerichtsverfahren festgesetzten Ausschließungsgründe im schiedsrichterlichen Verfahren als Ablehnungsgründe geltend zu machen sind. Allein jene Vorschrift besagt nur, daß ein Richter nicht urteilen soll über eine E n t s c h e i d u n g, an der er früher in der oben bezeichneten Weise mitgewirkt hat. Dieser Fall liegt aber hier nicht vor: das zweite Schiedsgericht soll nicht über die Richtigkeit des ersten Schiedsspruchs urteilen, sondern einen neuen Schiedsspruch abgeben. Ist einmal ein Schiedsspruch, der den Rechtsstreit vollständig erledigen sollte und erledigte, durch rechtskräftiges Urteil aufgehoben — aus welchen Gründen es auch sei, und im wesentlichen kann nach § 1041 ein Schiedsspruch nicht aus materiellen, sondern nur aus formellen Gründen aufgehoben werden —, so ist damit das im ursprünglichen Vertrage vereinbarte schiedsrichterliche Verfahren ohne haltbares Ergebnis verlaufen und der Streit allein zur richterlichen Entscheidung erwachsen (Entsch. des RG. 41 S. 396). Vereinbaren nun die Parteien, sei es ausdrücklich, sei es stillschweigend durch schlüssige Handlungen, statt des ihnen offen stehenden ordentlichen Rechtsweges wiederum den Weg des Schiedsgerichts in der früher verabredeten Weise zu betreten, so handelt es sich bei dem so zu konstituierenden Schiedsgerichte um eine neue, von der früheren völlig erledigten verschiedene Sache, mögen an dieser auch die früher beteiligt gewesenen Personen wiederum beteiligt sein und mag es sich auch um dieselbe Frage wie im früheren Verfahren handeln. In solchem Falle liegt selbst dann kein Ablehnungsgrund vor, wenn feststeht, daß der Schiedsrichter die streitige Frage bei Abfassung des früheren Urteils in einem dem Ablehnenden nachteiligen Sinne beantwortet hat (vgl. auch JW. 1901 S. 33[1]). H.ch.

g) **Solange ZPO. § 1039 von den Schiedsrichtern nicht erfüllt ist, können sie ihren Spruch ändern.**

OLG. Hamburg, II. ZS. Urteil v. 5. Juli 1904.

Solange der von den Schiedsrichtern unterschriebene Schiedsspruch nicht den Parteien in gesetzlicher Weise zugestellt und auf der Gerichtsschreiberei des zuständigen Gerichts niedergelegt ist, entbehrt er der erforderlichen Garantie seiner Authentizität. Erst mit der Gewährung dieser Garantie findet das Verfahren seinen formellen Abschluß. Das wird schon in den Motiven ausgesprochen und ist wiederholt von den höheren Gerichten erkannt worden, wird auch von den Kommentatoren anerkannt. Bis zur Erfüllung dieser Formalität haben die Schiedrichter ihr Offizium nicht erfüllt, der von ihnen erlassene und unterschriebene Schiedsspruch ist vor Erfüllung der Formvorschriften ein Internum des Schiedsgerichts, selbst wenn er den Parteien in *formloser* Weise bekannt gegeben ist. Entdecken die Schiedsrichter nachträglich, daß ihr bisheriges Verfahren an einem Mangel leidet, oder daß der Schiedsspruch einer Ergänzung oder Berichtigung bedarf, so sind sie berechtigt, auf Anregung einer oder beider Parteien das Verfahren wieder zu eröffnen und dem Mangel abzuhelfen. Nur wenn *beide* Parteien sich bei dem formlos mitgeteilten, wenn auch mangelhaften Schiedsspruche beruhigen, liegt für das Schiedsgericht keine Veranlassung vor, den Mangel zu beseitigen. Vorliegend durften daher die Schiedsrichter, als sie von der Beanstandung ihres (formlosen) Spruches wegen Nichtgewährung des rechtlichen Gehörs Kenntnis erhielten, sofort das Erforderliche veranlassen.

Mit Unrecht legen die Beklagten Gewicht darauf, daß das Verfahren des Schiedsgerichts nur auf Antrag des Klägers oder doch mit dessen Einverständnis hätte wieder eröffnet werden dürfen, was nicht feststehe. Es genügt vielmehr, daß eine der Parteien dem ersten Spruche der Schiedsrichter ihre Anerkennung aus einem gesetzlichen Grunde versagte, um die Schiedsrichter zur Wiederaufnahme des formell noch nicht beendeten Verfahrens zu berechtigen. Dem würde auch nicht entgegenstehen wenn, beide Parteien darüber einverstanden gewesen wären, daß trotz des Mangels der formellen Zustellung der Schiedsspruch gültig sei. Ein etwaiger Verzicht der Parteien in ihrer Eigenschaft als Mitkontrahenten des Schiedsvertrags (compromissum) auf formelle Zustellung war den Schiedsrichtern gegenüber nicht zum Ausdruck gebracht. Die Schiedsrichter hatten also davon auszugehen, daß der Mangel der formellen Zustellung ihrem Schiedsspruche noch anhafte, und daß sie deshalb zur Wiederaufnahme der Verhandlung berechtigt seien. — Unzutreffend ist auch die Annahme der Beklagten, es sei ihnen auch in dem neuen Termine nicht das rechtliche Gehör gewährt, da sie nicht gewußt hätten, daß der Kläger mit der Wiedereröffnung der Verhandlung vor dem Schiedsgerichte einverstanden gewesen sei, und daß es sich nur um Fortsetzung des früheren Verfahrens handele. Sie hätten vielmehr angenommen, durch den ersten Spruch sei der Schiedsvertrag erledigt und zu einem neuen Schiedsvertrage habe es des Einverständnisses beider Parteien bedurft. Diese letztere Annahme war mangels der formellen Zustellung des Spruches rechtsirrig. Sie erklärt sich aus der tatsächlichen, dem Gerichte bekannten Übung in kaufmännischen Kreisen, wonach man sich regelmäßig mit der formlosen Bekanntgabe des Schiedsspruchs beruhigt und sich dem Spruche unterwirft. Diese tatsächliche Übung versagt aber, so wie eine Partei Einwendungen gegen den formell ungültigen Spruch erhebt. Dann treten die gesetzlichen Bestimmungen in Wirksamkeit, auf deren Unkenntnis sich die Partei nicht berufen kann. Indem aber die Schiedsrichter in dem Nachtrage vom 12. November den formlosen Schiedsspruch vom 21. Oktober lediglich bestätigen, haben sie sich nur einer abgekürzten Form bedient. Statt den Schiedsspruch wörtlich abzuschreiben und ihn so dem Nachtrage einzuverleiben, haben sie seinen Wortlaut durch die „Bestätigung" zu einem Bestandteil des Nachtrages gemacht. Selbstverständlich haben sie damit nicht sagen wollen, daß sie den Schiedsspruch mit dem ihm wegen nicht erfolgter Anhörung der Parteien anhaftenden Mangel bestätigen wollten, sondern daß sie nach der in dem Nachtrage konstatierten Heilung dieses Mangels den materiellen Inhalt des ersten Spruchs bestätigten. Die Entsch. des RG. 38 S. 392 findet demnach vorliegend entsprechende Anwendung. M. M.

h) Anfechtung ausländischer Schiedssprüche.[1]

OLG. Naumburg, II. ZS. Urteil v. 1. Dezember 1905.

[1] Auch wenn der Kläger durch den Schiedsspruch zu einem Teile abgewiesen ist, kann er das Vollstreckungsurteil nur bezüglich des ganzen Schiedsspruchs, nicht bloß wegen des ihm günstigen Teiles beantragen; deshalb muß der Beklagte die gesamten Kosten tragen, die durch die Vollstreckbarkeitserklärung des Schiedsspruchs entstehen (Kammergericht, V. ZS. Urteil vom 29. März 1905).

Der Briefwechsel der Parteien enthält eine Vereinbarung dahin, daß die aus ihrem Kaufvertrage entspringenden Streitigkeiten durch Urteil der „chambre arbitrale“ in Antwerpen, d. i. ein ständig als Schiedsgericht dort tätiges Organ des Handelsstandes, erledigt werden sollten. Die Beklagte kann die Ungültigkeit dieses Abkommens nicht darauf stützen, daß die Satzung jener chambre den Ausschluß eines jeden Rechtsmittels vorschreibe und diese Vorschrift zwingenden Vorschriften des deutschen Rechts zuwiderlaufe, die einen Verzicht auf die in § 1041 Nr. 1, 2, 3, 6 bezeichneten Aufhebungsgründe nicht zuließen. Denn indem die Parteien ein Schiedsgericht anriefen, welches im Auslande zusammentreten sollte, unterwarfen sie sich auch in bezug auf das gesamte schiedsrichterliche Verfahren dem Rechte des Ortes, an dem der Schiedsspruch gefällt werden soll. Es würden deshalb auf den ergehenden Schiedsspruch die Aufhebungsgründe der ZPO. gar nicht anwendbar sein. S.

i) **Keine Mahnung vor Erhebung der Klage auf Erlaß eines Vollstreckungsurteils.**[1]

OLG. Kiel, III. ZS. Urteil v. 17. Februar 1906.

Die Klage auf Erlaß des Vollstreckungsurteils und der sich anschließende Rechtsstreit können zwar nicht als zum Vollstreckungsverfahren im Sinne des achten Buches angesehen werden, vielmehr ist diese Klage als Judikatsklage zu begründen und im ordentlichen Prozesse zu verhandeln.[2] Gleichwohl ist nicht erforderlich, der Klage eine Mahnung voranzuschicken, um den Kläger von den im § 93 ausgesprochenen Folgen zu sichern. Gemahnt hat der Kläger schon durch die Geltendmachung seines Anspruches im schiedsrichterlichen Verfahren. Die Klage auf Erlaß des einen Schiedsspruch ergänzenden Vollstreckungsurteils ist eine selbstverständliche und notwendige Folge für den, der sich die Wirksamkeit des Schiedsspruches — sei es behufs etwaiger Zwangsvollstreckung, sei es behufs gerichtlicher Bestätigung des Schiedsspruches — sichern will (Entsch. des RG. 16 S. 420). In analoger Weise braucht auch der für den Antragsteller kostenlosen Kostenfestsetzung eine Aufforderung zur Zahlung an den Gegner nicht voranzugehen. Sache des Gegners ist es, zur Verhütung weiterer Kosten, welche durch Erlaß eines Vollstreckungsurteils entstehen, den berechtigten Gläubiger alsbald zu befriedigen. Mit dem Schiedsspruche allein kann der obsiegende Gläubiger, wie der Gegner weiß, keine Befriedigung erreichen, und es muß im Interesse des Gläubigers liegen, möglichst bald zum Ziele zu kommen. Die Notwendigkeit der Mahnung und die damit verbundene Beweislast des Gläubigers

[1] Die Klage aus § 1041 muß den Aufhebungsgrund bezeichnen; die Geltendmachung eines anderen Grundes ist Klageänderung im Sinne der §§ 264, 268, der Widerspruch gegen die Änderung muß aber nicht, wie die Geltendmachung prozeßhindernder Einreden nach § 274, vor der Verhandlung zur Hauptsache erfolgen, vielmehr genügt, wenn er in der Einlassung — die hier mit der Erörterung des ursprünglichen Klagegrundes nicht abgeschlossen war, sondern nach dem Hinweis auf ihre Unvollständigkeit durch die Äußerung über den neuen Klagegrund ergänzt wurde — erhoben wird (Bayer. Ob. LG, I. ZS. Urteil vom 31. Oktober 1902. Samml. 3 S. 910).

[2] Ebenso Falkmann, Zwangsv. § 33 S. 368.

im Rechtsstreite bezüglich des Vollstreckungsurteils könnte dem Gläubiger große Verluste bringen. Allerdings ist zuzugeben, daß die Erhebung der Klage auf Erlaß des Vollstreckungsurteils — abgesehen vom § 93 — nach allgemeinen Rechtsgrundsätzen schikanös sein kann, so wenn vor Erhebung bzw. Einreichung der Klage der Gläubiger voll befriedigt worden wäre, und daß deshalb dem Kläger alsdann die Kosten aufzuerlegen sind. So liegt im gegebenen Falle die Sache aber nicht: eine Schikane des Klägers bezüglich der Klagerhebung ist in keiner Weise dargetan. Gr.

16

a) Rentenansprüche aus vertraglicher Haftung. GKG. § 9a.

Kammergericht, XIV. ZS. Beschluß v. 26. März 1906.

Die Klägerin verlangt eine Jahresrente von 780 Mark auf die Dauer von 20 Jahren, indem sie auf Grund des Mietvertrags, sowie gestützt auf die §§ 823, 844 BGB. Ersatz für den Schaden fordert, den sie durch den Tod ihres Mannes erlitten hat. Dieser ist durch einen Sturz von der Treppe des den Beklagten gehörenden Hauses zu Tode gekommen. Bereits der Beschluß vom 21. Dezember 1905 (KGBl. 1906 S. 28) hat ausgesprochen, daß der § 9a auch auf die Wertberechnung solcher Rentenansprüche anzuwenden ist, die im Falle der Körperverletzung oder Tötung einer Person aus **vertraglichem** Verschulden des Ersatzpflichtigen hergeleitet werden. An dieser Auffassung ist festzuhalten. Allerdings sind die unter § 9a² Satz 2 fallenden Rentenansprüche dort nicht nur im allgemeinen ihrer Art nach bezeichnet, sondern durch Angabe der für sie grundlegenden gesetzlichen Vorschriften — der §§ 843, 844 BGB. und der §§ 3, 3a, 7 HaftpflG. — genau umgrenzt, so daß eine analoge Anwendung des § 9a, besonders eine solche auf die vor 1900 entstandenen Rentenansprüche ausgeschlossen ist (vgl. JW. 1901 S. 459, 724). Aber vorliegend ist der § 9a nicht analog, sondern unmittelbar anzuwenden. In der Klageschrift wird das Verlangen, Ersatz des Schadens in Form einer Geldrente zu leisten, ausdrücklich auf § 844 BGB. gestützt. Es kann aber auch nur auf diese Vorschrift gestützt werden, denn nach den allgemeinen Grundsätzen über Schadensersatz würde, soweit die Herstellung des früheren Zustandes nicht möglich ist, Ausgleichung in Gelde, d. h. durch einmalige Kapitalabfindung eintreten (BGB. §§ 249, 251).

Die Klage ist nicht allein auf den § 823 BGB., sondern daneben und in erster Linie auch auf das Vertragsverhältnis der Parteien und mithin darauf gegründet, daß die Beklagten angeblich die ihnen gegenüber der Klägerin und ihrem Manne vertraglich obliegende Sorgfaltspflicht schuldhaft verletzt haben. In einem nicht näher begründeten Beschlusse vom 11. März 1905 (KGBl. 1906 S. 28) ist angenommen worden, daß bei solchen aus vertraglichem Verschulden hergeleiteten Rentenansprüchen der § 9a nicht anzuwenden, vielmehr der Streitwert nach § 9 ZPO. auf den $12^1/_2$fachen Betrag der Rente zu bemessen sei. Diese Ansicht wird von dem Einsender der Beschlüsse gebilligt, aber sie trifft nicht zu. Es mag dahingestellt bleiben, ob nicht die §§ 843, 844 trotz ihrer Stellung im Abschnitte „unerlaubte Handlungen" als eine allgemein geltende Ergänzung der den Schadensersatz regelnden §§ 249 ff. anzusehen sind, ähnlich wie die im gleichen Abschnitte stehenden §§ 827, 828 über die Verantwortlichkeit für Schadenszufügung auch auf die vertragliche Haftung für Vorsatz und Fahrlässigkeit ausgedehnt werden müssen (vgl. Weyl, Verschuldensbegriffe 576). Soviel steht aber außer Zweifel, daß die Körperverletzung oder Tötung eines Menschen, wenn sie durch fahrlässige Verletzung einer Sorgfaltspflicht herbeigeführt worden ist, immer zugleich eine Haftung aus unerlaubter Handlung (BGB. § 823) begründet, sollte auch daneben bereits aus einem Vertragsverhältnisse die Haftung für den aus dieser Körperverletzung entspringenden Schaden gegeben sein. Es liegt alsdann ein Fall von Gesetzeskonkurrenz, ein Zusammentreffen mehrerer Rechtsgründe für den gleichen Anspruch vor. In Fällen solcher Art ist aber der Rechtszustand für die gleiche Sachlage immer im gleichen Sinne zu beurteilen, mag die Klage sich auf den einen oder den anderen Rechtsgrund stützen (Entsch. des RG. 59 S. 106 für einen Fall, wo die Haftung aus § 826 mit der Gewährleistung des Verkäufers aus arglistiger Verschweigung zusammentraf). Noch weniger kann die Streitwertberechnung des gleichen Anspruchs sich verschieden gestalten, je nachdem der Kläger den einen oder den anderen von mehreren nebeneinander bestehenden Klagegründen wählt. Dr. S.

b) **Zum Begriffe des Vergleichs.**

OLG. Dresden, VIII. ZS. Beschluß v. 21. November 1904.

Die Parteien haben am 17. Oktober vereinbart, daß die Beklagte ihren Einspruch zurückzieht und die durch das Einspruchsverfahren entstandenen Prozeßkosten trägt, der Kläger aber diese Prozeßkosten bis zum 15. November stundet. Das Abkommen enthält eine vollständige Unterwerfung der Beklagten unter die Ansprüche des Klägers, der durch das Versäumnisurteil die Aufrechterhaltung einer die Beklagte dem Klaggesuch entsprechend verurteilenden Entscheidung erlangt hatte, die im Wechselprozeß unter Vorbehalt der Rechte der Beklagten ergangen war. Von einem Nachgeben des Klägers ist in der Vereinbarung nichts zu finden. Die Gestundung wegen der Kosten des Einspruchs ist in Wahrheit kein Zugeständnis. Denn wäre der Rechtsstreit fortgesetzt und auf den Einspruch über die Einwendungen entschieden worden, so würde der Kläger bis zum 15. November nicht die Möglichkeit erlangt haben, die Kosten des Einspruchsverfahrens erstattet zu verlangen. Die Gestundung enthält nur eine Milderung der Folgen, die das von der Beklagten ausgehende Zugeständnis, ihren Einspruch nicht weiter zu verfolgen, für diese mit sich brachte. Sie ist eine Einschränkung ihrer Zugeständnisse. Die Frage, ob überhaupt bloße Gewährung von Zahlungsfristen genügte, um die Annahme eines Vergleiches i. S. des § 13 zu begründen, was in den Gesetzesmotiven wohl mit Unrecht verneint wird, kann hiernach dahingestellt bleiben. Annalen 27 S. 177.

c) Unanwendbarkeit der §§ 86, 88² in Armensachen.

OLG. Celle, II. ZS. Beschluß v. 18. Januar 1906.

Nachdem der das Armenrecht genießende Kläger durch Vergleich die gesamten Gerichtskosten übernommen hat, ist der Beklagte nach §§ 86, 88¹ wenigstens für die Hälfte der Gerichtskosten haftbar. Allerdings kann nach § 88² die Haftbarkeit erst geltend gemacht werden, wenn eine — hier noch nicht bewirkte — Zwangsvollstreckung in das bewegliche Vermögen der nach § 86 zahlungspflichtigen Partei erfolglos geblieben ist. Allein als zahlungspflichtig wird die arme Partei nicht angesehen werden können, auch wenn sie in die Gerichtskosten verurteilt ist oder diese freiwillig übernommen hat. Wollte man in letzterem Sinne die Bestimmung verstehen, so würde sie etwas rechtlich Unmögliches bestimmen, indem nach § 115 Nr. 1 ZPO. die Partei, solange sie das Armenrecht genießt, von der Berichtigung der Gerichtskosten befreit ist und da mithin auch eine Vollstreckung gegen sie wegen dieser Kosten gesetzlich ausgeschlossen ist. Unter Zahlungspflicht des § 88² hat man daher nur eine rechtlich realisierbare Zahlungspflicht zu verstehen. Bei anderer Auslegung würde man dem Gesetzgeber einen Widersinn oder ein Übersehen der Bestimmungen der ZPO. in Betracht der Wirkungen des Armenrechts zuschreiben müssen; das erscheint aber als ausgeschlossen. In Prozessen, in denen der die Kosten tragenden Partei das Armenrecht bewilligt ist, findet sonach der § 88¹ uneingeschränkt durch die Bestimmung des Abs. 2 Anwendung. Diese Ansicht ist nicht unbestritten. Für sie haben sich ausgesprochen Pfafferoth 8. Aufl. S. 302, 303 und 330; Busch-Sydow, GKG. 7. Aufl. 4 zu § 88, in der Praxis neben mehreren OLGerichten (Seuffert 55 Nr. 102) auch das RG. (vgl. JW. 1897 S. 571 Nr. 32). Entgegen steht jedenfalls nicht der Beschluß (JW. 1905 S. 117); denn daselbst handelt es sich nicht um eine arme, sondern um eine ausländische Partei, gegen die eine Zwangsvollstreckung rechtlich möglich, aber wegen entgegenstehender Verwaltungsvorschriften tatsächlich nicht wohlausführbar war. H.ch.

17

a) Vom Rechtsanwalt verschuldete Mehrkosten.[1]

OLG. Cassel, II. ZS. Urteil v. 29. Mai 1905.

Der klagende Rechtsanwalt fordert ohne Grund von dem Beklagten, den er in einem früheren Prozesse (als Kläger) vertreten hatte, die Gebühr für die in jenem Prozesse am 7. Februar stattgehabte mündliche Verhandlung. Denn er hat auf den Brief vom 1. Februar 1903, worin ihn Beklagter aufforderte, den Termin vom 7. Februar „mit Rücksicht auf schwebende Vergleichsverhandlungen" verlegen zu lassen, zunächst nichts getan, sondern nur gemäß einem in demselben Briefe wiederholten Ersuchen die Belege der Forderung

[1] Der Anwalt kann für eine Tätigkeit, die dem Auftrage nicht entspricht, nicht liquidieren; wegen Schädigung seines Auftraggebers haftet er jedoch nur bei Verschulden (OLG. Köln, I. ZS. Urteil vom 28. Dezember 1904, Rhein. Arch. 101 I S. 92).

dem damals beklagten Konkursverwalter durch Brief vom 3. Februar zur Einsicht mitgeteilt. Der Kläger gibt an, daß er habe annehmen dürfen, der Gegenanwalt werde in die Verlegung des Termins willigen, daß er noch in dieser Überzeugung zum Termin gegangen sei und durch die Weigerung des Gegenanwalts unter Berufung darauf, daß der Konkursverwalter auf der Abhaltung des Termins bestehe, zur Verhandlung genötigt worden sei. Diese Begründung genügt nicht. Angesichts der Aufforderung, den Termin verlegen zu lassen, lag dem Kläger ob, sich der Zustimmung des Gegenanwalts zur Terminsverlegung zu vergewissern — was in der Zeit vom 2. bis 7. Februar wohl hätte geschehen können — und im Weigerungsfalle den Beklagten zum Zwecke der geeigneten Schritte bei dem Verwalter zu benachrichtigen. Der Kläger hat aber nicht einmal versucht eine Terminsverlegung herbeizuführen. Die durch die Verhandlung entstandenen Mehrkosten beruhen also auf Verschulden des Klägers. Darauf, daß der Prozeß für den jetzigen Beklagten günstig gestanden habe und der Kläger nicht dafür aufkommen müsse, daß Beklagter freiwillig die Kosten des damaligen Prozesses übernommen habe, kann der Kläger sich schon mit Rücksicht auf den ihm im Briefe vom 1. Februar erteilten Auftrag und auch um deswillen nicht berufen, weil er dem Beklagten keine Nachricht davon gegeben hatte, daß der Termin trotz des vorerwähnten Auftrags zur Verlegung nicht aufgehoben war, Beklagter also nicht wissen konnte, daß Kosten durch den Termin entstehen würden. Fs.

b) **Beschwerde des Rechtsanwalts aus § 12.**

OLG. Karlsruhe, I. ZS. Beschluß v. 2. Oktober 1905.

Dem Beschwerdeführer (Anwalt), der den Beklagten nicht im Rechtsstreite, sondern erst im Kostenfestsetzungsverfahren vertreten hat, steht die Beschwerde gegen den Beschluß, der den Streitwert hinsichtlich der Kosten auf 300 Mark festsetzt, nicht zu. Maßgebend für die Gebühr des Beschwerdeführers ist lediglich der Betrag der im Kostenfestsetzungsverfahren *angeforderten* Kosten (vgl. Bad. Rechtspraxis 1900 S. 221, 546). Die Anforderung des Festsetzungsgesuchs beträgt — unter Annahme eines höheren Streitswerts auch in der Hauptsache — 284 Mark. Durch eine Erhöhung des Streitwerts hinsichtlich der Kosten wäre lediglich eine Erhöhung der Gebühr des Prozeßbevollmächtigten aus § 17 GO. um $^5/_{20}$ der vollen Gebühr, also höchstens um (3,50 — 2,50 =) 1 Mark bedingt. Der Gegenstand des Kostenfestsetzungsverfahrens bliebe damit immer noch in der 5. Wertsklasse. Es trifft hiernach die Voraussetzung der nach § 12 zugelassenen Beschwerde, das Interesse des Beschwerdeführers an der Erhöhung des Streitwerts in Ansehung *seiner Gebührenforderung*, nicht zu. Dr. E.r.

c) **Wann ist die Beweisgebühr verdient?**[1]

[1] Der Streit über die beantragte Verweisung einer Sache von der Zivilkammer zur Kammer für Handelssachen desselben Landgerichts bildet keine kontradiktorische Verhandlung, sondern betrifft den Geschäftsbetrieb, für den die Prozeßgebühr zum Ansatz kommt (OLG. Dresden, IV. ZS. Beschluß vom 10. Januar 1905, Annalen 27 S. 176). — Eine Beweis-

α) OLG. Hamburg, IV. ZS. Beschluß v. 17. November 1905.

Nach Anstellung der Klage hat der Beklagte Sicherung des Beweises beantragt, worauf der Beweisbeschluß vom 23. Mai erlassen wurde. Das auf Grund dieses Beschlusses erstattete schriftliche Gutachten war Gegenstand der durch Schriftsätze der Parteien weiter vorbereiteten mündlichen Verhandlung vom 26. September. Demnach kann der § 29 Nr. 3, wonach zu der Instanz, wenn die Hauptsache anhängig ist, auch das Verfahren zur Sicherung des Beweises gehört, die Streichung der vom Kläger angesetzten Beweisgebühr nicht rechtfertigen, weil sie nicht gefordert ist für das Verfahren zur Sicherung des Beweises, sondern für das Beweisverfahren selbst, in welchem die Ergebnisse des zur Sicherung des Beweises eingeleiteten Verfahrens verwertet und gewürdigt sind. Vielmehr hat der Kläger die Beweisgebühr auf Grund § 13 Nr. 4 zu beanspruchen, indem das dort für das Verdienen einer Beweisgebühr vorausgesetzte Beweisaufnahmeverfahren — im Gegensatz zu dem Verfahren zur Sicherung des Beweises — am 26. September in der vorstehend geschilderten Weise stattgefunden hat, wenn auch nach dem die Beweisaufnahme zur Sicherung des Beweises anordnenden Beschluß nicht noch ein besonderer Beweisbeschluß erlassen ist. ... M. M.

β) OLG. Karlsruhe, IV. ZS. Beschluß v. 8. Juni 1906.

Mit der beim Amtsgericht L. im August 1903 erhobenen Klage wurde zwar nur die Verurteilung zu 5 Mark begehrt und über die Widerklage mit dem Streitwert von 3100 Mark erst beim Landgericht, an das das Amtsgericht mit Beschluß vom 27. April 1904 den Rechtsstreit gemäß § 506 ZPO. verwiesen hatte, verhandelt, und es wurden auch die Akten des Bezirksamts L. noch vom Amtsgericht mit Beschluß vom 5. November 1903 erhoben, es ergibt sich aber aus dem Inhalt des Beweisbeschlusses des Amtsgerichts vom 21. September, daß schon damals die der Widerklage zugrunde liegende Streitfrage aufgetreten war, ob nur der klagende Verein oder jeder Gemeindebürger zum Fischen berechtigt sei und daß zur Lösung dieser Streitfrage die Erhebung und Vorlegung der genannten Akten erfolgte. Inhaltlich des Tatbestandes des landgerichtlichen Urteils „begründeten" auch „die Anwälte unter Bezugnahme auf diese Urkunden ihre Anträge" und es hat insbesondere auch das Gericht seine Entscheidung über Klage und Widerklage auf dieselben gestützt. Da hiernach von vornherein die Erhebung dieser Akten zum Zweck der Beweisaufnahme beabsichtigt war, diese Beweisaufnahme in dem mit dem amtsgerichtlichen Verfahren ein einheitliches Ganzes bildenden landgerichtlichen Verfahren (§ 506² ZPO.) auch tatsächlich erfolgte und das Urteil über Klage

---

gebühr kann nicht gefordert werden: für die vom Gerichte angeordnete Vorlegung von Geschäftsbüchern einer Partei (Beschluß des III. ZS. vom 3. April 1903, a. O. S. 180), für die Herbeiziehung von Akten zum Vortrage eines nicht nach dem Wortlaute, sondern in seiner Bedeutung streitigen Vergleichs (Beschluß desselben ZS. vom 8. März 1905 a. O.) oder zur Feststellung der von der einen Partei aufgestellten, vom Gegner noch nicht zugestandenen, aber auch nicht bestrittenen Behauptung (Beschluß vom 29. November 1904 a. O.).

und Widerklage darauf gegründet ist, ist auch die Beweis- und Beweisverhandlungsgebühr des § 13 Ziffer 4 aus dem Streitwert der Klage und Widerklage gerechtfertigt, wenn auch kein förmlicher Beweisbeschluß wegen Erhebung dieser Akten ergangen ist. Dr. E.r.

d) **Streitwert der weiteren mündlichen Verhandlung.**[1]

OLG. Cassel, I. ZS. Beschluß v. 2. Februar 1906.

Die Klage geht auf Zahlung von 1291 Mark. Nachdem die Verhandlung auf den Grund beschränkt worden, ist nach Beweisaufnahme und weiterer Verhandlung der Anspruch durch Zwischenurteil für begründet erklärt worden. In der Verhandlung über den Betrag wurde dieser um 888 Mark erweitert. Beklagter hat darauf den Gesamtanspruch anerkannt und ist dem Anerkenntnisse gemäß entsprechend verurteilt worden. Das Landgericht hat die Gebühr für die fortgesetzte mündliche Verhandlung nach der Wertstufe von 2100—2700 Mark (1291 + 888 Mark) auf 20 Mark festgesetzt. Die Beschwerde des Beklagten hierüber ist begründet.

Die an die Beweisaufnahme sich anschließende mündliche Verhandlung endete mit dem Zwischenurteil, sie hatte nur ein Objekt von 1200 bis 1600 Mark zum Gegenstand gehabt, da diesem ganzen Verfahren der auf Zahlung von 1291 Mark gerichtete Klageantrag zugrunde lag. Der klägerische Anwalt hatte somit nach § 17 GebO. die Beweisgebühr sowohl als auch die Gebühr für die fortgesetzte streitige Verhandlung zum Betrage von je 16 Mark verdient. In der Verhandlung über die Höhe des Schadens, die nach Erlaß des Zwischenurteils stattfand, hat nun zwar Kläger nicht nur die ursprünglich geforderten 1291 Mark, sondern außerdem noch 888 Mark gefordert, und dies hatte zur Folge, daß nunmehr die Prozeß- und die Verhandlungsgebühr nach dem Gesamtobjekt von 2179 Mark zu berechnen waren, so daß unter Mitberücksichtigung des § 25 der klägerische Anwalt je 40 Mark zu erhalten hatte. Auf die Gebühr für die fortgesetzte mündliche Verhandlung im Sinne des § 17 hatte aber jene nachträgliche Erhöhung des Wertes des Streitgegenstandes keinen Einfluß, weil die Beweisaufnahme und die damit zusammenhängende fortgesetzte mündliche Verhandlung in dem vor dem Zwischenurteil liegenden Verfahren ihr Ende erreicht hatten und sich nicht mehr auf die im zweiten Abschnitt des Verfahrens neu geltend gemachten 888 Mark bezogen. Es durften deshalb nicht 20, sondern nur 16 Mark zugebilligt werden. Fs.

e) **Anwaltsgebühr bei Festsetzung der nach Quoten verteilten Kosten.**

[1] Die Gebühr aus § 17 setzt nicht voraus, daß sich die Nachverhandlung auf die Ergebnisse der Beweisaufnahme bezieht, und kann für die Hauptsache auch dann gefordert werden, wenn der Kläger in der Nachverhandlung die Klage zurücknimmt und zu den Kosten verurteilt wird (OLG. Dresden, III. ZS. Beschluß vom 20. Oktober 1903) oder wenn während der Beweisaufnahme eine Partei die Abhörung eines weiteren Sachverständigen mittels Schriftsatzes beantragt und hierüber ohne förmliche Ladung eine weitere Verhandlung stattgefunden hat, in der dieser Antrag mündlich wiederholt ist und der Gegner sich darauf erklärt hat (Beschluß desselben ZS. vom 20. April 1904, Annalen 27 S. 180).

OLG. Kiel, III. ZS. Beschluß v. 20. Dezember 1905.

Wenn die Kosten nach Quoten verteilt sind und ihre Festsetzung daher in dem im § 106 ZPO. geordneten Ausgleichungsverfahren stattfindet, so steht die Kostenfestsetzungsgebühr der §§ 23, 30 nicht nur dem Anwalt der erstattungsberechtigten Partei, sondern auch dem Gegenanwalt zu, der nach § 106 eine Berechnung der Kosten seiner Partei zur Berücksichtigung bei der Kostenfestsetzung dem Gerichte eingereicht hat. Denn seine Tätigkeit betrifft gleich derjenigen des Gegners die Kostenfestsetzung und, indem er seine Kostenberechnung dem Gerichte vorlegt, damit ihre einzelnen Ansätze bei Ausgleichung der Kosten berücksichtigt werden, stellt er ebenfalls Festsetzungsantrag. Der Festsetzungsbeschluß schafft Rechtskraft nicht nur über den zur Erstattung gelangenden Betrag, sondern auch über die einzelnen Posten der Kostenrechnung (Entsch. des RG. 27 S. 403; 33 S. 391; Meyer-Irmler, GebO. § 23 Anm. 6). Gr.

f) **Gebühr für einstweilige Verfügungen.**

OLG Karlsruhe, II. ZS. Beschluß v. 8. Februar 1905.

Eine einstw. Verfügung wird erst wirksam durch ihre Zustellung an den Schuldner. Das Verfahren auf Anordnung einer einstw. Verfügung im Sinne des § 35 Nr. 3 GKG. (vgl. § 23 Nr. 1 GebO.) ist erst dann als beendet anzusehen, wenn die Verfügung zugestellt ist. Der Anwalt erhält daher für diese Zustellung keine besondere Vergütung, auch dann nicht, wenn wie hier, wo die Verfügung in einem Verbot an den Schuldner mit der Strafandrohung bestand, mit der Zustellung an den Schuldner gleichzeitig auch die Vollstreckung der Verfügung bewirkt wird; denn auch hier wird eine besondere weitere Tätigkeit des Anwalts nicht aufgewendet. Dr. E.r.

g) **Bei mehreren Widersprüchen gegen dieselbe einstw. Verfügung tritt keine Gebührenhäufung ein.**

OLG. Hamburg, III. ZS. Beschluß v. 2. Dezember 1905.

Zweifelhaft erscheint, ob nicht der Liquidantin die liquidierten Gebühren von 9 Mark zuzusprechen sind. Denn in der Tat hat ein neues Verfahren über die Aufhebung der einstw. Verfügung stattgefunden, nachdem der erste Widerspruch durch das rechtskräftige Urteil vom 19. Mai 1905 erledigt war. Allein dieses Verfahren betraf dieselbe Verfügung, wie der erste Widerspruch und spielte sich in derselben Instanz ab, wie das erste Verfahren. Dem Landgericht kann deshalb nicht Unrecht gegeben werden, wenn es sich für die Streichung der hierfür berechneten Gebühren auf den § 25 berufen hat. Das hier ausgesprochene Prinzip muß dahin führen, daß auch bei mehreren Widersprüchen gegen dieselbe Verfügung, die in derselben Instanz nur infolge eines Versehens des Widersprechenden möglich sind, die Gebühren nur einmal berechnet werden dürfen. M. M.

h) **Gebühr für Sicherheitsrückforderung.**

α) OLG. Augsburg, II. ZS. Beschluß v. 10. Oktober 1905.

Die in § 47 Nr. 16 GKG. aufgeführten Sachen sind in § 29 Nr. 6 GebO.

nicht als zur Instanz gehörig bezeichnet, und unter Instanz ist nur die Gesamtheit der Prozeßhandlungen bis zur Erledigung des dem Prozeßgerichte vorliegenden Streitstoffes zu verstehen, so daß die Instanz mit dem rechtskräftigen Endurteile vom 11. März 1905 beendet war (vgl. Entsch. des RG. 8 S. 436). Auch besteht sonst kein Grund, zwar im Falle des § 109 ZPO., nicht aber in demjenigen des § 715 eine Gebühr zuzubilligen, zumal der geringeren Tätigkeit in letzterem Falle schon durch die niedrigere Gebühr des § 24 GebO. Rechnung getragen ist. Es war also auch vorliegendenfalls angezeigt, die für den Antrag auf Rückgabe der nach § 713 ZPO. hinterlegten Sicherheit liquidierter Gebühr zu $^{2}/_{10}$ in Übereinstimmung mit Rsp. 2 S. 270/1, JW. 1903 S. 119, 1905 S. 511 und Willenbücher, Kostenfestsetzungsverfahren 5. Aufl. S. 111 zu genehmigen.[1] D.

β) OLG. Kiel, II. ZS. Beschluß v. 21. November 1905.

Die Rückforderung einer zwecks vorläufiger Vollstreckung des Urteils geleisteten Sicherheit nach Eintritt der Rechtskraft gemäß § 715 ZPO. ist eine zur Beendigung der Instanz dienende Maßregel. Sie gehört ebenso zur Instanz, wie die Erwirkung des Zeugnisses der Rechtskraft und der Vollstreckungsklausel (Entsch. des RG. 11 S. 364). Bezüglich der letzteren beiden Akte spricht § 35 GebO. ausdrücklich von der Instanz, in welcher sie zu erteilen sind. Die Gegner der hier vertretenen Auffassung berufen sich zumeist auf § 29² GebO. Indes zu Unrecht. Dort ist eine Anzahl von Anwaltstätigkeiten aufgeführt, die zu der Instanz i. S. des § 29¹ gehören sollen. Unter Nr. 6 ist darunter verzeichnet das Verfahren über die im GKG. § 47 Nr. 1—12 bezeichneten Streitpunkte und Anträge. Nicht in den Nrn. 1—12 allerdings, sondern erst in Nr. 16 des § 47 ist der hier fragliche Antrag auf Rückgabe einer Sicherheit gemäß § 715 ZPO. aufgezählt. Daraus folgt jedoch nicht, daß im Sinne des § 29¹ die den Antrag aus § 715 ZPO. betreffende Tätigkeit des Anwalts nicht zur Instanz gehören sollten. Denn die Fälle des § 29² sind, wie das Wort „insbesondere" ergibt, nur beispielsweise aufgezählt. Daß in Nr. 6 des § 29 nur die Fälle des § 47 Nr. 1—12 GKG., nicht die Nrn. 13—16 aufgeführt sind, erklärt sich einfach daraus, daß in der alten Fassung des GKG., welche der älteren Fassung der GebO. für RA. zugrunde lag, der § 47 nur die Nrn. 1—14 enthielt und daß die Nrn. 13 und 14 ausschließlich Akte der Zwangsvollstreckung betrafen. Die jetzige Nr. 16 des § 47 war früher — soweit sie nicht infolge der Novelle zur ZPO. Zusätze erfahren hat — in § 38 GKG. enthalten und bezüglich der Anwaltgebühren in § 35 GebO. besonders geregelt. Zu einer Erweiterung des § 29² bei Gelegenheit der Neufassung 1898 mit Rücksicht auf die veränderte Fassung des GKG. § 47 lag keinerlei Veranlassung vor, da ja, wie erwähnt, der § 29² eine erschöpfende Aufzählung der zur Instanz gehörenden

[1] Ebenso die Beschlüsse des OLG. Dresden, III. ZS. vom 1. Dezember 1903, VIII. ZS. vom 20. März 1905, desgl. II., IV., V. und VI. ZS., während der I. und VII. ZS. die entgegengesetzte Ansicht befolgen (Annalen 27 S. 185).

Tätigkeiten nicht enthält. — Der § 35 GebO., wonach für die einmalige Erwirkung des Zeugnisses der Rechtskraft oder der Vollstreckungsklausel dem Prozeßbevollmächtigten keine besondere Gebühr zusteht, wird in den Motiven zur GebO. damit begründet, daß diese Handlungen gewöhnlich ein so geringes Maß von Tätigkeit erfordern, daß sie in die Bauschgebühr für die Instanz hineingezogen werden können. Diesem Gedanken würde es durchaus zuwiderlaufen, wenn man dem Prozeßbevollmächtigten neben der Bauschgebühr eine besondere Gebühr für einen Antrag aus § 715 ZPO. zusprechen wollte. Daß dies nicht in der Absicht des Gesetzes liegt, zeigt auch klar der Umstand, daß man bei der Neuredaktion der GebO. 1898 in § 30 unter Nr. 3 neu bestimmte, daß die Gebühren besonders erhoben werden sollen für das Verfahren betreffend die Rückgabe einer Sicherheit aus § 109 ZPO., eine gleiche Vorschrift aber bezüglich des Verfahrens aus § 715 unterließ. Gr.

γ) OLG. Colmar, III. ZS. Beschluß v. 3. März 1906.

Schon nach dem Rechte, wie es vor der neuen ZPO. und vor der Novelle zur GebO. von 1898 bestand, wurde die Tätigkeit des Anwalts sowohl bei der Hinterlegung wie der Zurückforderung prozessualer Sicherheiten nach feststehender Rechtsprechung (Entsch. d. RG. 11 S. 364, 9 S. 329; JW. 1898 S. 473[13]) als zum Prozeßbetriebe gehörig und durch die Prozeßgebühr derjenigen Instanz, in welcher das zu vollstreckende Urteil ergangen war, abgegolten angesehen. Nachdem die neue ZPO. in den §§ 109 und 715 das Verfahren zur Rückerlangung solcher Sicherheiten besonders geordnet hatte, wurde für das in § 109 geordnete Verfahren durch § 30 Nr. 3 GebO. ausdrücklich vorgeschrieben, daß die Gebühren hierfür besonders zu erheben sind. Für das Verfahren nach § 715 ZPO. dagegen wurde eine solche Bestimmung nicht getroffen. Es kann daher nur angenommen werden, daß der Wille des Gesetzgebers auf eine verschiedene Behandlung beider Fälle für die Gebühren der Anwälte gerichtet war. Dies ist um so mehr anzunehmen, als beide Fälle auch für die Erhebung der Gerichtskosten verschieden behandelt werden, indem im Falle des § 109 eine Gerichtsgebühr erhoben wird, nicht dagegen im Falle des § 715 (§ 38 Nr. 2, 47 Nr. 16 GKG.). Eine verschiedene Behandlung beider Fälle erscheint auch aus sachlichen Gründen nicht ungerechtfertigt, da das Verfahren nach § 109 ein umständlicheres ist und größere Mühewaltung erfordert, während es im Falle des § 715 nur der Vorlage eines Zeugnisses über die Rechtskraft des Urteils bedarf. Dem gegenüber kann nicht als entscheidend erachtet werden, daß in § 29² Nr. 6 als zur Instanz gehörig nur das Verfahren über die im GKG. § 47 Nr. 1—12 bezeichneten Streitpunkte und Anträge aufgeführt ist, während § 47 Nr. 16, also die Ziffer, welche den Fall des § 715 ZPO. betrifft, nicht erwähnt ist. Denn die Aufzählung in § 29² ist keine erschöpfende, sondern es sollen dadurch nur solche Fälle hervorgehoben werden, bei denen dies zur Vermeidung von Zweifeln besonders erforderlich erschien. Dabei kommt noch in Betracht, daß § 29 Nr. 6, welcher auf die Ziffern 1—12 des § 47 GKG. verweist, in der Novelle unverändert geblieben ist, und es erscheint nicht ausgeschlossen, daß die Abänderung dieser Gesetzesstelle durch Aufnahme der im GKG. zu § 47 neu hinzugefügten Ziffer 16 lediglich infolge eines Versehens des Gesetzgebers unterblieben ist. Frdthl.

i) **Erwirkung des Vollstreckungsbefehls.**

OLG. Karlsruhe, I. ZS. Beschluß v. 20. Mai 1905.

Die Beschwerde führt aus, es sei die Gebühr des § 38 Ziff. 3 mit dem Antrag auf Vollstreckungsbefehl erwachsen ohne Rücksicht darauf, daß der Vollstreckungsbefehl, wie hier, abgelehnt wurde, weil bereits Widerspruch erhoben war. Allein vor Einkunft jenes Antrages hatte der Beklagte bereits Widerspruch gegen den Zahlungsbefehl erhoben; der Antrag war somit gegenstandslos. Es wäre Sache der Antragsteller gewesen, vor Anbringung des Antrags sich zu verlässigen, ob nicht Widerspruch erhoben sei. Die Gebühr mit 11 Mark 20 Pfg. ist mit Recht gestrichen worden, da der Vollstreckungsbefehl überhaupt nicht erlassen wurde, die Gebühr des § 38 Ziff. 3 GebO. f. RA. aber nach dem Wortlaut dieser Gesetzesstelle nur für die Erwirkung des Vollstreckungsbefehls, nicht aber für den erfolglosen Antrag berechnet werden darf. Dem Beschluß des OLG. Stuttgart vom 19. November 1901, der in einem anders gearteten Falle die eventuelle Annahme unterstellt, daß die Gebühr des § 38 Ziff. 3 nicht erst dann verfallen sei, wenn das Gesuch den Erfolg der Erlassung des Vollstreckungsbefehls gehabt hat (württ. Jahrb. 1904 S. 59), kann nicht beigetreten werden. Dr. E.r.

k) **Gebühren des Korrespondenzmandatars.**

α) Kammergericht, XV. ZS. Urteil v. 21. November 1905.

Die Ausführung des Auftrages, welcher den Anspruch auf die Korrespondenzgebühr begründet, wird durch die Führung des Verkehrs zwischen der Partei und dem Prozeßbevollmächtigten völlig erschöpft. Entfaltet der Korrespondenzmandatar darüber hinaus auf Verlangen der Partei eine weitere Tätigkeit, so ist diese besonders zu vergüten. Die Anfertigung einer eidesstattlichen Versicherung liegt nun außerhalb des Rahmens der Pflichten, welche durch das Korrespondenzmandat übertragen werden. Der Korrespondenzmandatar kann die Herstellung eidesstattlicher Versicherungen ablehnen, ohne dadurch gegen den von ihm angenommenen Auftrag zu verstoßen. Die Anfertigung eidesstattlicher Versicherungen gehört nicht zur Vermittelung des Verkehrs zwischen der Partei und den Prozeßbevollmächtigten, sondern bildet eine davon ganz verschiedene Art der Tätigkeit eines Anwalts, welcher, wenn dieser zum Prozeßbevollmächtigten bestellt ist, nicht durch die Prozeßgebühr abgegolten wird, da letztere lediglich für die Informationseinziehung, für die Darstellung der Prozeßbehauptungen und für die Angabe von Beweismitteln bestimmt ist (§ 13). Die Herstellung eidesstattlicher Versicherungen muß vielmehr in das Gebiet der Beweisführung verwiesen werden, ohne daß jedoch darauf die Beweisgebühr sich miterstreckt, indem diese eine weitere Mühewaltung, als die Assistenz im Beweisaufnahmeverfahren, nicht umfaßt. Hiernach steht dem

Kläger für die von ihm in der zweiten Instanz des Vorprozesses im Auftrage des Beklagten gefertigten eidesstattlichen Versicherungen auf Grund des § 89 eine besondere Gebühr neben der Korrespondenzgebühr zu, obwohl er in der ersten Instanz des Vorprozesses Prozeßbevollmächtigter des Beklagten war und für eine in der ersten Instanz des Vorprozesses gefertigte andere eidesstattliche Versicherung bereits Bezahlung erhalten hat. Da der Kläger die eidesstattlichen Versicherungen, welche 12 volle Seiten umfassen, zwar unter Benutzung des ihm vom Beklagten übergebenen Entwurfs, aber durch selbständige Umarbeitung desselben zustande gebracht hat, erscheint der beanspruchte Betrag von 20 Mark nicht zu hoch gegriffen. W. n.

β) OLG. Celle, III. ZS. Beschluß v. 30. Oktober 1905.

Die Streitfrage, ob neben der Gebühr aus § 44 auch die halbe Prozeßgebühr aus § 45 GebO. erstattungsfähig ist, muß im Gegensatze zu älteren Entscheidungen dieses Senats und zu der vom RG. (Entsch. 26 S. 379) vertretenen Ansicht aus dem Grunde verneint werden, weil in solchen Fällen, in denen der neben dem Prozeßbevollmächtigten in Anspruch genommene Anwalt außer der Vertretung im Beweisaufnahmeverfahren auch die Korrespondenz der Partei mit dem Prozeßbevollmächtigten besorgt, seine Tätigkeit sich nicht, wie es der § 45 für die Gewährung der halben Prozeßgebühr erfordert, auf die Vertretung bei einer Beweisaufnahme beschränkt. Unterstützt wird diese dem Wortlaute des § 45 entsprechende Auslegung und die daraus sich ergebende Auffassung des Verhältnisses, in dem die §§ 44, 45 zueinander stehen, durch die aus den Materialien zu entnehmende Erwägung, daß dieselbe Prozeßgebühr im Falle des § 45 gewährt wird für die zwecks Wahrnehmung des Beweisaufnahmetermines erforderliche Information, daß aber derjenige Anwalt, der die Korrespondenz führt und hierfür einschließlich der Information die Gebühr aus § 44 bezieht, einer besonderen Information nicht mehr bedarf und deshalb auf eine besondere Vergütung neben der Korrespondenzgebühr keinen Anspruch hat. H. ch.

l) **Dem zum Verteidiger bestellten Anwalt sind auch für die Revisionseinlegung die Gebühren aus der Staatskasse zu bezahlen.**

OLG. Cassel, II. ZS. Urteil v. 10. April 1906.

Die Frage, ob dem zum Verteidiger gemäß § 140 StrPO. bestellten Rechtsanwalt auch für die Einlegung und Rechtfertigung der Revision die Gebühren nach § 150 StrPO. aus der Staatskasse zu bezahlen sind, ist zu bejahen, indem die Verpflichtung der Staatskasse unmittelbar aus dem Gesetze zu entnehmen ist. Es ist davon auszugehen, daß schon im allgemeinen dem Beschuldigten die Rechtskenntnis fehlt, die es ihm ermöglichte, zu erkennen, worauf es nach dem Strafgesetze im gegebenen Falle ankommt, und welche Prozeßeinrichtungen ihm zustatten kommen. Es fehlt ihm ferner gewöhnlich die Befähigung, von den zur Verfügung stehenden sachlichen und formellen Schutzmitteln zweckmäßig Gebrauch zu machen. Auch beraubt ihn oft seine gefährdete Lage der erforderlichen Ruhe und Klarheit des Geistes;

und endlich machen es ihm häufig Gefangenschaft und andere Verhältnisse unmöglich, die nötigen Nachforschungen anzustellen. Diese Erwägungen haben den Gesetzgeber bestimmt, eine Fürsorge für den Beschuldigten zu treffen, wenn die besonders erschwerenden Umstände der §§ 81 und 140 StrPO. vorliegen; es sind dies die zweifelhafte geistige Gesundheit des Beschuldigten, die Schwere der abzuurteilenden Straftat und die geringe geistige Entwickelung des Beschuldigten. Hier muß ihm ein Verteidiger zur Seite stehen selbst gegen seinen erklärten Willen. Aus Abs. 1, 3 § 140 in Verbindung mit den übrigen die Verteidigung regelnden Vorschriften und besonders den §§ 338, 339 StrPO. ergibt sich nun allerdings, daß die Verteidigung nur für die Hauptverhandlung und das von Zustellung der Klageschrift anlaufende Vorverfahren eine notwendige ist, während nichts im Wege steht, daß der Beschuldigte die Revision selbst einlegt und selbst rechtfertigt. Von dem Verteidiger ist hierzu im § 339 gesagt: „Für den Beschuldigten kann der Verteidiger — jedoch nicht gegen dessen ausdrücklichen Willen — Rechtsmittel einlegen." Hiernach hat neben dem Beschuldigten auch der Verteidiger die Befugnis, Revision einzulegen und sie auch, worüber kein Zweifel besteht, zu rechtfertigen. Der hier festgestellte Gegensatz, daß zwar für die Verhandlung vor dem Schwurgericht, nicht aber auch für die Revisionsinstanz die Verteidigung notwendig ist, ist in der Rechtsprechung zu der Schlußfolgerung benutzt worden, daß dementsprechend der bestellte Verteidiger nur für seine Tätigkeit in der Hauptverhandlung, nicht aber für die Einlegung der Revision die Gebühren aus der Staatskasse zu erhalten habe. Es müsse, so wird ausgeführt, als Absicht des Gesetzgebers angesehen werden, durch die Bestellung des Verteidigers und die darin liegende Auftragserteilung dem Staate keine umfangreicheren Verpflichtungen aufzuerlegen, als er sie aufzuerlegen genötigt sei. Diese Rechtsanschauung beruht auf einer Verkennung des Unterschiedes, der zwischen dem Anlaß zur Bestellung des Verteidigers und den Wirkungen der Bestellung besteht. Der Anlaß, der zur Bestellung führt, ist die Notwendigkeit der Verteidigung gemäß den Bestimmungen der §§ 81 und 140 StrPO. Welche Wirkungen aber die einmal erfolgte Bestellung hat, das bestimmt sich nach den vom Gesetz an die Bestellung geknüpften einzelnen Rechten und Pflichten des Verteidigers; und es ergibt sich daraus, daß die Wirkungen der Bestellung zum Teil unabhängig von dem Anlaß zur Bestellung sind. Zu diesen aus der Bestellung folgenden Rechten gehört nun die Befugnis des Verteidigers, die Revision einzulegen und zu rechtfertigen (Entsch. d. RG. in Strafs. 22 S. 99, 1 S. 71; Löwe zu § 140 Note 11 b). Die Einlegung von Rechtsmitteln gehört also zu den Funktionen des bestellten Verteidigers. Damit ist auch schon ausgedrückt, daß es sich dabei lediglich um eine Befugnis des Verteidigers handelt, von der er nach seinem Belieben Gebrauch machen kann. Mit der Verteidigung übernimmt der bestellte Verteidiger in gleicher Weise, wie der gewählte, die Pflicht, sie gewissenhaft zu führen. Diese Führung besteht aber darin, daß er den Gang des Strafprozesses verfolgt und in dem

Augenblicke eingreift, in dem er glaubt, im Interesse seines Schutzbefohlenen irgend etwas tun zu können. Die Beurteilung, ob etwas und was zu geschehen habe, bleibt seinem pflichtmäßigen Ermessen überlassen. Er übt die Prozeßrechte des Beschuldigten für diesen aus, soweit nicht die Natur des einzelnen Schrittes oder das Gesetz geradezu eine persönliche Mitwirkung des Beschuldigten fordert. Hält es der Verteidiger für zweckmäßig, ein Rechtsmittel zugunsten des Verurteilten einzulegen, so ist er dazu nicht nur berechtigt, sondern auch verpflichtet, und dies um so mehr, wenn, wie hier, der Beschuldigte ihn darum angeht. Es würde das Rechtsgefühl verletzen, wenn der bestellte Verteidiger befugt sein sollte, dem Beschuldigten die Bitte abzuschlagen, ihn zu beraten, ob er nicht Revision einlegen solle. Der Verteidiger, der allein die geeignete Person ist, kraft seiner Kenntnis der ganzen Sachlage und des Rechts zu entscheiden, ob ein Rechtsmittel Erfolg haben könne, würde gerade dann versagen, wenn er dem Beschuldigten dringend nötig wäre. Mit der Verweisung auf die für ihn nach § 141 StrPO. gegebene Möglichkeit, einen Verteidiger auch noch für die Revisionsinstanz zugeordnet zu erhalten, würde dem Beschuldigten nach der ganzen Sachlage wenig gedient sein. Ist hiernach der bestellte Verteidiger kraft seiner Bestellung berechtigt und verpflichtet, gegebenenfalls Revision einzulegen und zu rechtfertigen, so folgt aus § 150, daß ihm die Gebühren auch für diese Tätigkeit aus der Staatskasse zu gewähren sind.

Für diese aus dem Gesetze entnommene Auslegung spricht auch die Äußerung, die das Kommissionsglied Eysoldt bei der zweiten Beratung im Reichstag getan hat: „daß in der geführten Verteidigung alle Bemühungen eines Anwalts zur Verteidigung in einer konkreten Untersuchung von dem Momente der Bestellung an bis zur Rechtskraft des letzten Erkenntnisses einbegriffen sind, oder positiv ausgedrückt, daß auch die Kosten des eingelegten Rechtsmittels, dessen Rechtfertigung ꝛc in der Verteidigung einbegriffen sind.“ Dieser Erklärung ist von keiner Seite widersprochen worden

Die angegebenen Wirkungen, welche die Bestellung des Verteidigers auf die Beziehungen des Staates und des Verteidigers zueinander äußert, zeigen ein unmittelbar auf den Vorschriften der StrPO. beruhendes gegenseitiges Schuldverhältnis, durch das auf der einen Seite der Verteidiger verpflichtet wird, die Verteidigung des Beschuldigten zu führen; der Umfang der Verteidigung bestimmt sich nach dem Gesetze, eine Beschränkung des Umfanges etwa in dem Sinne, daß bei der Bestellung die Einlegung von Rechtsmitteln ausgenommen würde, wäre unzulässig, da die StrPO. dem bestellenden Gerichte eine solche Befugnis einräumt. Dieser Verpflichtung des Verteidigers entspricht die Verbindlichkeit des Staates, dem Verteidiger die Gebühren für seine Verteidigungstätigkeit, soweit sie zweckentsprechend war, zu bezahlen. Aus dieser Natur des Schuldverhältnisses folgt die Unrichtigkeit der gegnerischen Ansicht, wonach der § 339 nur die Bedeutung habe, daß dem bestellten Verteidiger, falls er Revision einlege, die Vermutung zur Seite stehe, als sei er auch hierzu legitimiert, während die Vermutung haltlos sei, da es an dem vermuteten Auftrag fehle. Anderseits hat dies Schuldverhältnis eine große Ähnlichkeit und innere Verwandtschaft mit dem Dienstvertrag, der entsteht, wenn der Beschuldigte selbst einen Anwalt gegen Entgelt schlechthin zu seinem Verteidiger bestellt. Hier unterliegt es keinem Zweifel, daß der Verteidiger so berechtigt wie verpflichtet ist, geeignetenfalls Revision einzulegen und daß er dem Beschuldigten nicht zur Unzeit die Dienste aufkündigen darf (§ 627 BGB.). Wegen der Ähnlichkeit der beiden Schuldverhältnisse ist es gestattet, anzunehmen, daß dieselbe Rechtswirkung auch bei der Bestellung eines Verteidigers von Amts wegen eintritt. Fs.

m) **Kosten bei Zustellung von Anwalt zu Anwalt.**

OLG. Hamburg, III. ZS. Beschluß v. 23. November 1905.

Das Landgericht hat die für die Zustellung von Schriftsätzen angesetzten 10 Pfg. abgesetzt, weil es sich dabei um die „Schreibgebühr für die Urschrift" handle. Allein die Postkarte, auf welche sich der Ansatz bezieht, enthält das mit Datum und Unterschrift versehene Empfangsbekenntnis des gegnerischen Anwalts, welches nach § 198[2] ZPO. bei der Zustellung von Anwalt zu Anwalt zum Nachweise der Zustellung genügt. Die angesetzten 10 Pfg. sind also nicht Schreibgebühren, sondern Zustellungskosten, welche dadurch verursacht worden sind, daß die Übermittelung der Empfangsbescheinigung zulässigerweise (Gaupp-Stein 1 S. 447 IV) durch die Post, und zwar unter Benutzung der zu diesem Zwecke hergestellten, auf der Rückseite die vorgedruckte Bestätigung der Zustellung enthaltenden Postkarte, erfolgt ist. Die durch die Anfertigung, Ausfüllung und Übersendung solcher Formulare entstehenden Kosten, welche mit 10 Pfg. angemessen berechnet sind, müssen zu den Kosten einer ordnungsmäßigen Rechtsverfolgung gerechnet werden, weil sie im Rahmen der nach § 198[1] ZPO. zugelassenen Zustellung von Anwalt zu Anwalt aufgewandt worden sind, wobei zu berücksichtigen ist, daß der Anwalt nicht gehindert war, die Zustellung im gewöhnlichen Wege zu bewirken (JW. 1896 S. 151[32]), in welchem Falle höhere Kosten entstanden wären. M. M.

n) **Zählgebühr aus § 87 GebO.**

α) OLG. Hamburg, III. ZS. Beschluß v. 15. März 1906.

... Die Frage, ob der Anwalt die Gebühr des § 87 für Erhebung und Ablieferung der zum Zwecke der Herbeiführung der vorläufigen Vollstreckbarkeit des Urteils geleisteten Sicherheit fordern kann, ist in Übereinstimmung mit den Entsch. des RG. 9 S. 330, 11 S. 364; JW. 1897 S. 323[3] aus der Erwägung heraus zu verneinen, daß jene Tätigkeit mit zum Prozeßbetrieb gehört und in den Bereich der Prozeßvollmacht fällt, daher durch die Prozeßgebühr mitabgegolten wird, während der § 87 sich auf Fälle bezieht, in welchen die Erhebung und Ablieferung außerhalb des eigentlichen Prozeßbetriebes erfolgt. M. M.

β) OLG. Braunschweig, I. ZS. Beschluß v. 2. Februar 1906.

Mit Recht hat die Vorinstanz 2 × 4 Mark gestrichen, welche als Inkassogebühren für Hinterlegung bzw. Erhebung und Rückzahlung von 400 Mark Sicherheit liquidiert waren. Diese sind durch das Bestreben des klägerischen Anwalts veranlaßt, die Vollstreckbarkeit des unter der Bedingung der Hinterlegung einer Sicherheit von 400 Mark für vorläufig vollstreckbar erklärten Versäumnisurteils herbeizuführen. Nach der überwiegenden Meinung, welcher das Beschwerdegericht beitritt, untersteht eine derartige Tätigkeit des Anwalts nicht dem § 87, sondern wird durch die Prozeßgebühr des § 13 mitabgegolten. H.

γ) OLG. Dresden, VIII. ZS. Beschluß v. 8. November 1905.

Nach der vom Beschwerdegericht (Ann. 14 S. 520, 24 S. 187; Sächs. Archiv 1896 S. 806) befolgten Ansicht des Reichsgerichts (Entsch. 9 S. 330) steht dem Anwalte die in § 87 vorgesehene Gebühr für Erhebung und Ablieferung von Geld nicht zu, wenn er von seinem Auftraggeber Geld empfängt und zu prozessualen Zwecken für diesen hinterlegt, indem diese im Prozeßbetriebe entwickelte Tätigkeit durch die Prozeßgebühr mit vergütet wird. Von dieser Praxis abzugehen sieht sich das Beschwerdegericht durch die Ausführungen der Beschwerde, deren Standpunkt auch Drucker und Walter einnehmen, nicht veranlaßt. Die Gebühr für Empfangnahme und Hinterlegung der Sicherheitssumme ist sonach mit Recht gestrichen worden.[1]

Bei der Erhebung der Sicherheitsleistung von der Gerichtskasse und deren Rückgabe an den Mandanten nach Eintritt der Rechtskraft des Urteils handelt es sich um eine nach Beendigung der Instanz entwickelte Tätigkeit und um eine dem Mandanten geschuldete Geldleistung. Es wird daher dem Anwalte die Gebühr des § 87 für diese Tätigkeit vielleicht nicht zu versagen sein. Allein die dem Kläger hierdurch erwachsenen Kosten erscheinen nach § 91 ZPO. nicht erstattbar, weil die hierbei entwickelte Tätigkeit des Anwalts zur zweckentsprechenden Rechtsverfolgung nicht notwendig war. Der hinterlegte Betrag konnte von der Hinterlegungsstelle ebenso sicher durch die Post unmittelbar an den Kläger zurückgeschickt, die mit erheblichen Mehrkosten verbundene Vermittelung des Anwalts vermieden werden. Demnach ist auch die zweite Zählgebühr mit Recht abgesetzt worden.[2]

δ) OLG. Dresden, II. ZS. Beschluß v. 17. April 1905.

Die ZPO. identifiziert, wie sich aus §§ 91, 788 ergibt, nicht ohne

[1] Dagegen hält der IV. ZS. des OLG. Dresden im Beschluß vom 6. Juli 1905 (JW. S. 768) die Gebühr für statthaft; es sei auch nicht zu bezweifeln, daß diese Kosten zur zweckentsprechenden Rechtsverfolgung notwendig gewesen sind.

[2] Gleiches gilt von der Zählgebühr für die Empfangnahme der Klagforderung, die der Beklagte im Laufe der Pfändung an den Gerichtsvollzieher gezahlt und dieser an den Anwalt des Klägers abgeliefert hatte; denn selbst wenn man die dem Gläubiger durch die Zahlung im Vollstreckungsverfahren erwachsenen Kosten zu denen der Zwangsvollstreckung rechnet und den Schuldner zu ihrer Erstattung für verpflichtet erachtet, war nicht notwendig, daß sich der Anwalt das Geld zur Übermittelung an den Kläger aushändigen ließ (Beschluß desselben ZS. vom 6. November 1905, Annalen 27 S. 188).

weiteres Prozeß- und Vollstreckungskosten, sondern unterscheidet zwischen beiden. Ob die Gebühr für die Erhebung und Ablieferung der Streitsumme zu den Prozeßkosten gehört, ist hier nicht in Frage. Daß diese Gebühr, wenn hier die Streitsumme durch den Gerichtsvollzieher beigetrieben und an den zu ihrem Empfange ermächtigten Anwalt des Gläubigers ausgehändigt worden ist, zu den Vollstreckungskosten gehört, ist nicht zu bezweifeln. Insoweit verbietet sich die Auffassung, die Zahlung der Schuldsumme als eine außerhalb des prozessualen Verfahrens liegende Handlung anzusehen, und stellt sich vielmehr der hierdurch erwachsende Aufwand als ein im Laufe des Vollstreckungsverfahrens entstandener und mit ihm im unmittelbaren Zusammenhange stehender dar. So wird auch von Walter (4.) GebO. § 87 Anm. 2b und von Petersen-Anger (5.) ZPO. § 91 Anm. 6 § 788 Anm. 13 an sich nicht bestritten, daß die Inkassogebühr, im Gegensatze zu den Prozeßkosten, zu den Kosten der Zwangsvollstreckung gehöre. Nimmt man aber dies an, so erscheint es nur folgerichtig, auch die Erstattungsfähigkeit der Gebühr anzuerkennen. Dies ergibt sich aus § 788[1] ZPO., wo für die Frage der Notwendigkeit der Vollstreckungskosten auf § 91 Bezug genommen ist. Damit ist der dem § 91[2] zugrunde liegende Rechtssatz, daß die Erstattungsfähigkeit von Anwaltskosten nicht deshalb bestritten werden kann, weil die Zuziehung eines Anwalts nicht notwendig gewesen sei, auch für die Zwangsvollstreckung als maßgebend anerkannt.[1]

ε) OLG. Dresden, IV. ZS. Beschluß v. 11. April 1905.

Nach der in stehender Rechtsprechung vertretenen Ansicht des entscheidenden Senats gehört die Gebühr des § 87 zu den „Kosten des Rechtsstreits" (§ 91 Satz 1 ZPO.) an sich auch dann, wenn sie erst nach Abschluß eines den Rechtsstreit beendigenden Vergleichs durch Erfüllung dieses Vergleichs erwächst. Denn zu den „Kosten des Rechtsstreits" sind auch die Kosten zu rechnen, die infolge des Prozesses wenn auch erst nach seiner Beendigung entstanden sind und mit ihm in unmittelbarem Zusammenhang stehen. Eine engere Auslegung des § 91 Satz 1 ZPO. ist nach dem Wortlaut und Sinn dieser nicht geboten; im Gegenteil erscheint es mit dem Zwecke des Kostenfestsetzungsverfahrens nicht vereinbar, den Anspruch auf Erstattung der durch Erfüllung des Urteils oder Vergleichs erwachsenen Inkassogebühr auf den Weg eines besonderen Prozesses zu verweisen. Der Kläger kann daher die Festsetzung der in seiner Kostenrechnung eingestellten Zählgebühr verlangen, wenn sie zu den, zur zweckentsprechenden Rechtsverfolgung notwendigen Kosten des Rechtsstreits gehört. Das ist aber hier der Fall. Denn der Beklagte hat dadurch, daß sein Prozeßbevollmächtigter die Vergleichssumme nicht dem Kläger persönlich, sondern dessen Prozeßbevollmächtigten zusandte, deren Mitwirkung selbst veranlaßt und damit das Entstehen der Gebühr verursacht, da diese den übersendeten Betrag im Interesse des Klägers nicht zurückweisen durften. Annalen 27 S. 189ff.

[1] Ebenso der IV. ZS. des OLG. Dresden am 28. Februar 1905.

18

a) Gebühren der Gerichtsschreiber als Dolmetscher.

OLG. Colmar, Strafsenat. Beschluß v. 26. Mai 1906.

Der Sekretär X. hatte in Verhandlungen der Strafkammer, in welchen er als Gerichtsschreiber tätig war, gleichzeitig Dolmetscherdienste geleistet und dafür Sachverständigengebühren angewiesen erhalten. Die Beschwerde des Oberstaatsanwalts ist begründet. Über die Frage, ob die Leistungen des Dolmetscherdienstes zu den Pflichten des vom Gerichtsschreiber versehenen Amtes gehört, besteht keine ausdrückliche Bestimmung. Eine solche muß aber aus § 192 GVG. für den Fall gefolgert werden, daß der Dolmetscherdienste leistende Gerichtsschreiber zugleich als Protokollführer im Termine tätig ist. Indem § 192 bestimmt, daß der Dienst des Dolmetschers vom Gerichtsschreiber wahrgenommen werden kann und es dann einer besonderen Beeidigung nicht bedarf, will er allerdings, wie sich aus den Motiven ergibt, nicht allgemein aussprechen, daß das Amt und der Eid des Gerichtsschreibers an sich den Dolmetscherdienst umfassen sollen, sondern die Bestimmung hat nur den Sinn, daß der diensttuende Gerichtsschreiber nicht beeidigt zu werden braucht, wohl aber ein anderer, der neben jenem Dolmetscherdienste leistet. Das Wort „dem" ist zu betonen und die Vorschrift bedeutet, der diensttuende Gerichtsschreiber ist von der Leistung des Dolmetschereides entbunden, und zwar deshalb, weil die treue und gewissenhafte Übertragung zu seiner Amtspflicht gehört. Dies ist auch der Standpunkt des Reichsgerichts (Entsch. in Strafs. 2 S. 373); mithin ist die Frage, soweit Dolmetscher- und Gerichtsschreiberdienst zusammentreffen, im Sinne der Beschwerde zu beantworten; indem das Gesetz bestimmt, daß der sonst erforderliche Dolmetschereid durch den allgemeinen Diensteid des protokollführenden Gerichtsschreibers ersetzt und gedeckt wird, bringt es zum Ausdruck, daß die Leistung des Dolmetscherdienstes durch den diensttuenden Gerichtsschreiber eine Amtspflicht desselben ist. Trifft dieses zu, dann fällt der Anspruch auf eine ihm nach § 13² ZGebO. zu gewährende Entschädigung weg.

Auch aus anderen Umständen ist abzuleiten, daß der diensttuende Gerichtsschreiber, sofern er der französischen Sprache mächtig ist, in den Gerichtsbezirken französisch redender Bevölkerung verpflichtet ist, Dolmetscherdienste zu leisten. Dazu bedarf es keiner besonderen Erklärung im Anstellungsdekret; die amtliche Verpflichtung ergibt sich vielmehr daraus, daß der protokollführende Gerichtsschreiber als solcher verpflichtet ist, den Vorgängen in der Verhandlung den Erklärungen der Parteien, den Aussagen der Angeklagten und der Zeugen seine Aufmerksamkeit zu widmen und deshalb auch von den in französischer Sprache gemachten Erklärungen und Aussagen Kenntnis zu nehmen (vgl. ZPO. §§ 159, 160; StrPO. §§ 272, 273 u. a. m.). Daraus folgt seine Pflicht, seine Sprachkenntnisse den dienstlichen Zwecken nutzbar zu machen und sie, soweit nötig, zur Übertragung der fremden Sprache in die deutsche zu verwerten. Abgesehen hiervon aber sind auch bei der Anstellung der Gerichtsschreiber deren Sprachkenntnisse gleichfalls maßgebend, und die Bevölkerungs- und Sprachverhältnisse in Gerichtsbezirken mit Teilen des französischen Sprachgebietes machte den betreffenden Gerichtsschreibern die dienstliche Verwendung ihrer Sprachkenntnisse zur Pflicht, auch wenn eine solche nicht ausdrücklich ausgesprochen worden ist; nun machen es gerade die Sprachverhältnisse im Landgerichtsbezirke Z. notwendig, daß die Gerichtsschreiber ihre Kenntnis der französischen Sprache im Dienste verwenden, und mit dem Gerichtsschreibereidienst die Leistung eines Dolmetschers verbinden. Der Beamte hat nicht bloß die rein juristischen oder technischen, sondern auch seine sonstigen allgemeinen (z. B. rechnerischen, geographischen) Kenntnisse den Zwecken des von ihm versehenen Amtes zu widmen, wenn es das Interesse des Dienstes erfordert.

Mit dieser Auffassung stehen die in Preußen geltenden Bestimmungen keineswegs im Widerspruch. Vielmehr bestimmt die Verfügung des Justizministers vom 20. Dezember 1899, daß die Voraussetzung für Nichterhebung von Sachverständigengebühren nach der Dolmetscher-O. in denjenigen OLG.-Bezirken zutrifft, für welche im Etat besondere Fonds zu Gehaltszulagen für Dolmetscher ausgeworfen sind, hinsichtlich aller in den bezeichneten Bezirken beschäftigten Justizbeamten (mit Ausnahme der Beamten des höheren Justizdienstes); und nach § 22² der Dolmetscher-O. v. 16. Juni 1902 gehört es zu den Pflichten derjenigen Justizbeamten, welcher der fremden Sprache mächtig und bei einem Gerichte beschäftigt sind, bei welchem ein Dolmetscher ernannt zu werden pflegt, daß sie in einzelnen Fällen als Dolmetscher tätig werden. Da nun auch für den Bezirk des OLG. Colmar im Landeshausetat regelmäßig ein besonderer Fonds zu Vergütungen an Dolmetscher ausgeworfen ist, so besteht im wesentlichen vollständiger Einklang mit der hier vertretenen Auffassung. Frdthl.

b) **Medizinalbeamte als gerichtliche Sachverständige.**

OLG. Celle, II. ZS. Beschluß v. 7. Dezember 1905.

Der Beschwerdeführer, Kreisarzt X., hat als Sachverständiger ein schriftliches Gutachten darüber erstattet, ob die der Fabrik des Beklagten entströmenden Gase die Benutzung der Grundstücke des Klägers wesentlich oder nur unwesentlich beeinträchtigen. Vor seiner Vernehmung hat er auf gerichtliche Anordnung an sechs verschiedenen Tagen die Umgebung der Fabrik des Beklagten besichtigt, um die zur Erstattung des Gutachtens erforderlichen Beobachtungen zu machen. Für diese sechs Besichtigungen hat er 36 Mark liquidiert, während ihm nach § 6 des Gesetzes vom 9. März 1872 nur 6 × 3 = 18 Mark zugebilligt sind. Seine Beschwerde hiergegen ist unbegründet. Der § 10 jenes Gesetzes, wonach unter bestimmten Voraussetzungen die Festsetzung der Gebühren der Medizinalbeamten durch die Regierung erfolgt, findet auf die Zuziehung der Medizinalbeamten als gerichtlicher Sachverständiger keine Anwendung; die Festsetzung ihrer Vergütung erfolgt vielmehr lediglich nach Maßgabe des § 17 GebO. Durch diese ist das Gesetz vom 9. März 1872 nur hinsichtlich seiner Taxvorschriften für anwendbar erklärt (§ 13 GebO.). Der Sachverständige legt nun den § 6 cit. dahin aus, daß er nur Besuche bei einer zwecks sachkundiger Ermittelung zu besuchenden und zu untersuchenden Person betreffe. Allein der § 6 spricht allgemein von besonderen Vorbesuchen, die zu der verlangten sachkundigen Ermittelung nötig sind, ohne zwischen der Untersuchung von Personen und anderen Untersuchungen zu unterscheiden, und da das Gesetz nicht nur die Begutachtung von Personen, sondern auch diejenige von Sachen regelt, insbesondere im § 3 Ziffer 6 die Gebühren für ein nicht unter Ziffer 1—5 erwähntes Gutachten, „es mag dasselbe den körperlichen oder geistigen Zustand einer Person oder eine Sache betreffen", auf 6—24 Mark festsetzt, so ist kein Grund ersichtlich, weshalb § 6 nicht auch auf Vorbesuche Anwendung finden sollte, die die Besichtigung einer zu begutachtenden Sache betreffen (vgl. auch Wegner, GebO. S. 105). Unter § 3 Nr. 1 fällt die fragliche Besichtigung keinenfalls, denn als „Abwartung eines Termins" kann sie unmöglich bezeichnet werden. Aber auch wenn man den § 6 cit. nicht unmittelbar anwenden will, so würde doch in entsprechender Anwendung dieser Vorschrift kein höherer Satz als je 3 Mark zugebilligt werden können (Entsch. des RG. 31 S. 370). H. ch.

c) **Sind Mitglieder der preußischen Schloßbaukommission öffentliche Beamte?**

OLG. Cassel, II. ZS. Beschluß v. 25. September 1905.

Der Zeuge ist 1904 über Umstände vernommen worden, die er 1894 in Ausübung seines Amtes als stellvertretender Kreisbauinspektor erfahren hatte. Er würde nach § 14 Nr. 1 ZGebO. Tagegelder ꝛc nur dann beanspruchen können, wenn er zur Zeit seiner Vernehmung „öffentlicher Beamter" gewesen wäre. Das Gesetz selbst und seine Begründung gibt keine Anhaltspunkte zur Beantwortung der Frage; sie ist daher nach allgemeinen Gesichtspunkten zu prüfen; danach aber ist sie zu verneinen.

Der Zeuge war zur Zeit seiner Vernehmung als Hofbauinspektor Mitglied der dem Oberhofmarschallamt unterstellten Schloßbaukommission. Demnach hatte er die Stellung eines Hofbeamten. Als öffentliche Beamte sind aber nur diejenigen Beamten anzusehen, die entweder im unmittelbaren Dienste des Staates oder gewisser ihm untergeordneter Kollegien, Korporationen und Gemeinen stehen. Hofbeamte sind grundsätzlich und regelmäßig nicht Staatsbeamte (§§ 68, 99 II 10 ALR.; Rönne-Zorn, Staatsrecht 1 § 36[1]; Entsch. des RG. in Straff. 21 S. 381 ff.; Müller, Justizverw. 1 S. 97; vgl. auch JMBl. 1895 S. 427). Es kann allerdings mit der Stellung des Hofbeamten ein Staatsdienst verbunden sein; ferner kann die Berechtigung eines Staatshofbeamten auf ihn übertragen oder er kann aus anderen Gründen als öffentlicher Beamter anzusehen sein (vgl. hinsichtlich der Hausfideikommißbeamten Reskr. v. 1. Januar 1854 I 6107). Allein dies ist hinsichtlich des Zeugen nicht erkennbar. Es folgt insbesondere nicht aus der Verordnung vom 27. Oktober 1810 (GS. S. 3). Denn wenn sie (S. 13) die Bauten bei den Kgl. Schlössern und Relais in und bei Berlin, Potsdam rc als zum Hofmarschallamt gehörig bezeichnet, unter dessen alleinigen Befehl die Schloßbaukommission stehe, so ergibt sich hieraus nichts für den öffentlich-rechtlichen Charakter dieser Kommission. Die Verordnung selbst, die zwischen Hof- und Zivilbeamten unterscheidet (S. 3 II Nr. 3, 6) spricht ihr einen solchen nicht zu. Sie verneint vielmehr ihre Zugehörigkeit zur technischen Oberbaudeputation, einer Staatsbehörde.

Auch das kann nicht entscheiden, ob dem Oberhof- und Hausmarschall selbst die Stellung eines öffentlichen Beamten zukommt. Denn es würde nicht deshalb der Schluß zulässig sein, daß auch alle ihm unterstellten Personen solche Beamte seien. Bezüglich eines Teiles solcher Personen, nämlich derjenigen des gewöhnlichen Gesindes, der Hausoffizianten, der zu persönlichen Dienstleistungen angestellten wird diese Auffassung keinem Bedenken unterliegen. Demnach ist bezüglich jedes einzelnen Hofbeamten zu prüfen, ob dem Berufskreise, dem gerade er angehört, Anhaltspunkte dafür zu entnehmen sind, sein Hofamt überhaupt, oder doch im Sinne eines bestimmten Gesetzes, also im Sinne des § 14 GebO. zugleich als ein öffentliches anzusehen.

Hierfür könnten die Allerhöchsten Erlasse vom 14. August 1852 (GS. S. 771) und 2. August 1875 (GS. S. 580) in Betracht kommen, die der Fürstlich Hohenzollernschen Hofkammer und überhaupt den Behörden, die das Fürstliche Stammvermögen verwalten, den Genuß der Rechte öffentlicher Behörden in gleichem Maße zuweisen, wie sie der Hofkammer der Königlichen Familiengüter und deren Unterbehörden zustehen (vgl. hierzu JMBl. 1843 S. 232; Rönne § 20 S. 260). Denn wenn den Verwaltungsstellen für das Hohenzollernsche Stammvermögen die Eigenschaft öffentlicher Behörden beigelegt ist, muß das gleiche für die Verwaltungsstellen Königlichen Vermögens angenommen werden (Johow, Jahrbuch 16 S. 101).

Auch daraus, daß den Beamten des Königlichen Hofes in einzelnen Gesetzen in einzelnen Beziehungen die Rechte öffentlicher Beamten zugesprochen worden sind (wie z. B. im § 41 des preuß. Kommunalabgabengesetzes vom 14. Juli 1893) ist nicht der Schluß zu ziehen, daß sie in allen Beziehungen oder im Sinne anderer Gesetze solche Rechte haben. Fs.

d) **Anfechtung der dem Zeugen zugebilligten Vergütung.**

α) OLG. Kiel, II. ZS. Beschluß v. 6. Juni 1905.

Der § 4 GKG. bezieht sich (Entsch. d. RG. 16 S. 291) auf diejenigen Fälle, in denen geltend gemacht wird, daß Kosten unter Verletzung von Normen des Gerichtskostengesetzes angesetzt seien. Vorliegend handelt es sich um eine vom ersuchten Richter festgesetzte Sachverständigengebühr, die von der Staatskasse gezahlt ist und nach § 79 Nr. 4 GKG. als Auslagen zum Ansatz kommen muß. Die Höhe der Gebühr bemißt sich nach der ZGebO. Auf eine Verletzung dieses Gesetzes kann eine Erinnerung aus § 4 GKG. nicht gestützt werden. Verstöße gegen die GebO. sind vielmehr durch die im § 17[3] das. gegebene Beschwerde zu rügen. Daß diese Beschwerde nur den Empfangsberechtigten zustehe, kann nicht angenommen werden. Der Wortlaut sagt davon nichts. Sie muß allen zugestanden werden, die durch Festsetzung der Gebühren beschwert werden. Sie muß deshalb der Partei, welcher die gezahlte Gebühr in Rechnung gestellt wird, ebenso zugestanden werden, als sie anerkanntermaßen der Staatsanwaltschaft zugestanden wird (JMBl. 1885 S. 128). Die gegenteilige Auffassung des RG. (JW. 1899 S. 139[4], S. 162[7], S. 492[28]) führt zu einer Zweiteilung des Instanzenzuges in allen denjenigen Fällen, in denen der Zeuge durch ein ersuchtes Gericht vernommen ist, welches dem Prozeßgericht nicht untergeordnet ist, und ist geeignet, die Möglichkeit verschiedener Entscheidungen über die Höhe der Gebühren und eine Schädigung der Staatskasse herbeizuführen. Würde vorliegend auf die Erinnerung des Klägers die gezahlte Vergütung herabgesetzt, so würde dieser Beschluß nur im Verhältnisse der Staatskasse zum Kläger maßgebend, dagegen dem Sachverständigen gegenüber ohne Bedeutung sein. Die Staatskasse würde den Betrag, um welchen die bezahlte Gebühr hier herabgesetzt würde, vom Sachverständigen nicht zurückfordern können, wenn auf Beschwerde der Staatsanwaltschaft gegen die Festsetzung des ersuchten Richters die ihm vorgesetzten Gerichte nicht in gleichem Sinne entscheiden würden, wie das hiesige OLG. Diese Konsequenz steht nicht im Einklang mit den Grundsätzen der Kostengesetze, welche derartigen Verlusten der Staatskasse nach Möglichkeit vorzubeugen suchen. Deshalb muß die Auffassung als die richtige erachtet werden, daß die Höhe der aus der Staatskasse gezahlten Vergütung von allen Beteiligten, besonders auch von der Partei, der sie in Rechnung gestellt sind, nur mittels Beschwerde aus § 17 angefochten werden kann.[1] Gr.

β) OLG. Dresden, III. ZS. Beschluß v. 13. Mai 1904.

Auf Ersuchen des Landgerichts Z. hat das Amtsgericht Dresden den Beschwerdeführer als Sachverständigen vernommen und ihm 84 Mark Gebühren festgesetzt. Auf die Erinnerung des in die Kosten verurteilten Klägers hat das Landgericht diese Gebühren auf 34 Mark herabgesetzt und die Rückforderung der abgesetzten 50 Mark verfügt. Die Beschwerde hierüber ist nach § 17[3] zulässig und begründet.

Das Landgericht hatte allerdings auf die Eingabe des Klägers in eine Nachprüfung der dem Sachverständigen gezahlten Gebühren, auch wenn sie durch das Amtsgericht festgesetzt waren, einzutreten. Doch kann die Befugnis des Klägers, eine solche Nachprüfung herbeizuführen, nicht auf § 17 ZGebO. (vgl. Entsch. des RG. 44 S. 390, 55 S. 312), sondern nur auf § 4 GKG.

[1] Dagegen hat das OLG. Dresden IV. ZS. im Beschlusse vom 29. Dezember 1904 die Beschwerde des Kostenschuldners, der im Hinblick auf die Erwerbsverhältnisse des Sachverständigen die Herabsetzung der auf 2 Mark für die Stunde festgesetzten Vergütung beantragte, für unzulässig erklärt, weil es sich dabei nicht um die Berechtigung des Gerichts, unter den Auslagen des Rechtstreits die dem Sachverständigen bewilligte Vergütung dem Beschwerdeführer abzufordern, sondern um die Festsetzung der Vergütung im Sinne des § 17 handelt (Annalen 27 S. 92).

gegründet werden. Hieraus folgt, daß das Landgericht nur im Rahmen dieses § 4, also nur aussprechen konnte, inwieweit dem Kläger die an den Sachverständigen gezahlten Beträge in Rechnung zu stellen sind. Innerhalb dieser Grenze zu entscheiden war es zweifellos befugt, ohne hierbei durch die Festsetzung des ersuchten Gerichts gebunden zu sein, da gegen diese Festsetzung den Parteien überhaupt kein Rechtsmittel zusteht. Dagegen wäre, soweit eine nachträgliche Herabsetzung und Wiedereinziehung nach § 17^2 von Amts wegen erfolgen könnte, hierzu der Richter, der die Festsetzung bewirkt hat, also hier das ersuchte Gericht oder das Gericht der höheren Instanz (Landgericht Dresden), in keinem Falle aber das LG. Z. befugt. Annalen 17 S. 93.

19

a) **Haftung der Erben für die Kosten der Nachlaßverwaltung. Vorschußpflicht. Gebühr für Rechnungslegung. Preuß. GKG. §§ 3, 6, 92.**

Kammergericht, I. ZS. Beschluß v. 9. November 1905.

A. hatte die Nachlaßverwaltung der ihm zugefallenen Erbschaft beantragt. Demnächst wurde, weil die Schulden den Aktivbestand überstiegen, die Nachlaßverwaltung aufgehoben und von A. außer baren Auslagen die Gebühr für die Nachlaßverwaltung und Rechnungslegung erfordert. Aus den Gründen:

In § 1^1 preuß. GKG. wird demjenigen, durch dessen Antrag die Tätigkeit des Gerichts veranlaßt worden ist, und bei Geschäften, welche von Amts wegen betrieben werden, demjenigen, dessen Interesse dabei wahrgenommen wird, die Verpflichtung zur Zahlung der Kosten nur insoweit auferlegt, als nicht im Gesetze ein anderes bestimmt ist. Eine solche andere Bestimmung enthält aber der § 3^1. Danach können die Kosten einer Nachlaßpflegschaft, also auch die einer Nachlaßverwaltung (vgl. § 1975 BGB.), aus dem Nachlasse entnommen werden (Satz 1), und für die Zahlung der Kosten haften die Erben nach den Vorschriften über Nachlaßverbindlichkeiten (Satz 2). Diese Bestimmungen gelten auch für den Fall, daß die Erben Antragsteller sind. In den Motiven zum früheren § 3 heißt es ausdrücklich: „Soweit § 3 anwendbar ist, findet die im § 1 in Ermangelung besonderer Bestimmungen vorgeschriebene Haftung des Antragstellers für die Kosten nicht statt", und daß hieran durch Art. 86 § 1 IV preuß. Ausf.-G. zum BGB., auf welchem die neue Fassung des § 3 beruht, nichts hat geändert werden sollen, daran läßt die Begründung zum Ausf.-G. nicht den geringsten Zweifel. Das Landgericht durfte daher den A. nicht um deswillen für zahlungspflichtig erklären, weil die Nachlaßverwaltung auf seinen Antrag angeordnet ist (§ 1981^1 BGB.; Mügel zu § 3 Anm. 2 und 4; Schulz zu § 3 Anm. 2 und in Kahles Gebührentaxe 3. Aufl. 1 S. 16). Die entscheidende Vorschrift über die Zahlungspflicht enthält Satz 2 des § 3^1, während in Satz 1 die unmittelbare Befriedigung der Staatskasse aus den in ihrer Verfügung befindlichen Nachlaßmitteln („können entnommen werden") für statthaft erklärt wird.

Nicht minder irrtümlich ist die Ansicht, daß A. auf Grund § 6 preuß.

GKG. vermöge seiner Vorschußpflicht für die baren Auslagen in der Kostenrechnung hafte. Die Einforderung eines Vorschusses setzt begrifflich voraus, daß die Kosten, zu deren Deckung er bestimmt ist, noch nicht fällig geworden sind. Mit dem Fälligwerden der Kosten erlischt daher die Vorschußpflicht, wenn nicht das Gesetz deren Fortdauer ausdrücklich vorschreibt. In § 90 Reichs-GKG. ist dies geschehen, das preuß. GKG. enthält jedoch eine gleiche oder ähnliche Bestimmung nicht und daraus muß für das Gebiet der freiwilligen Gerichtsbarkeit die Unstatthaftigkeit einer Vorschußforderung nach Eintritt der Fälligkeit der Kosten gefolgert werden (Schulz zu § 6 preuß. GKG. Anm. 6 und in Kahle a. O. S. 7; Mügel zu § 6 Anm. 4; a. A. Pfafferoth zu § 6 Anm. 2).

Ferner hat das Amtsgericht die Bedeutung des § 3 Satz 2 preuß. GKG. verkannt. Dadurch, daß das Gesetz die Erben nach den Vorschriften über Nachlaßverbindlichkeiten für haftbar erklärt, behält es ihnen die Möglichkeit vor, die auf dem bürgerlichen Recht beruhende Beschränkung ihrer Haftung geltend zu machen. Diese Geltendmachung hat aber nicht im Wege der Erinnerung gegen die Vollstreckung der Kostenforderung zu erfolgen. Die Kostenrechnung bildet den vollstreckbaren Titel, auf Grund dessen die Gerichtskasse die Beitreibung der Kosten im Verwaltungszwangsverfahren bewirkt (vgl. § 16 preuß. GKG., § 33 KassenO. vom 31. März 1900). Sie darf daher im Falle des § 3 Satz 2 nicht, wie dies hier geschehen ist, schlechthin auf den Namen des Zahlungspflichtigen lauten, sondern sie muß dem Gesetze entsprechend angeben, daß der Zahlungspflichtige „als Erbe nach den Vorschriften über Nachlaßverbindlichkeiten" haftet. Eine Richtigstellung der Kostenrechnung in dieser Hinsicht kann auf dem in §§ 25 ff. preuß. GKG. geordneten Wege herbeigeführt werden. Entspricht aber die Kostenrechnung dem Gesetze, stellt sie also einen vollstreckbaren Titel dar, in welchem dem Erben die Beschränkung seiner Haftung vorbehalten worden ist (vgl. § 780 ZPO.), so ist für das Erinnerungsverfahren der §§ 25 ff. kein Raum mehr. Vielmehr bleibt es nunmehr dem Erben überlassen, wegen der Beschränkung seiner Haftung Einwendung gegen die Zwangsvollstreckung zu erheben (§ 781 ZPO., § 3 der Verordn. betr. das Verwaltungszwangsverfahren, Art. 4, 7 der Ausf.-Anw. vom 28. November 1899). Über die Einwendung entscheidet derjenige, für dessen Rechnung die Zwangsvollstreckung stattfindet, und gegen eine zurückweisende Entscheidung ist entweder die Beschwerde bei der vorgesetzten Aufsichtsbehörde oder innerhalb einer Ausschlußfrist von einem Monat nach der Zustellung die gerichtliche Klage und zwar dergestalt zulässig, daß die Anbringung des einen Rechtsmittels das andere ausschließt (§ 3^3 der angeführten Verordn.; Art. 7 der Ausf.-Anw.; Mügel zu § 3 Anm. 4, zu § 25 Anm. 1).

Endlich war von Amts wegen (§ 26 GKG.) die von den Vorinstanzen gestrichene Gebühr für Rechnungslegung wieder einzusetzen. Die Nachlaßverwaltung ist eine Pflegschaft (§ 1975 BGB.) und untersteht als solche, soweit nicht aus dem Gesetz oder aus ihrem Zweck etwas anderes zu folgern ist, den für die Vormundschaft geltenden Vorschriften (§ 1915). Zu diesen Vorschriften gehört auch die des § 1840. Der Nachlaßverwalter hat den Nachlaß zu verwalten (§ 1985) und muß deshalb über seine Vermögensverwaltung dem Vormundschaftsgericht Rechnung legen. Diese auf dem Gesetz ruhende Verpflichtung des Verwalters gegenüber dem Vormundschaftsgericht zur Rechnungslegung genügt aber, um die Gebührenvorschrift des § 92² preuß. GKG. (vgl. § 84 das.) anwendbar erscheinen zu lassen (Jahrbuch 4 S. 220; **Mügel** zu § 92 Anm. 2; **Schulz** zu § 92 Anm. 3). Der Gerichtsschreiber hat auch mit Recht die Gebühr für zwei Kalenderjahre angesetzt und der Gebührenberechnung den Wert des Nachlasses zur Zeit der Anordnung der Nachlaßverwaltung ohne Abzug der Schulden zugrunde gelegt (§ 84 preuß. GKG.; **Mügel** zu § 84 Anm. 2, zu § 92 Anm. 5³). Lbr.

b) **Wert bei Änderung eines Rechtsverhältnisses. Gebührenberechnung, wenn die ein einheitliches Rechtsgeschäft bildenden Erklärungen verschiedenen Sätzen unterliegen. Preuß. GKG. §§ 39, 40.**

α) Kammergericht, I. ZS. Beschluß v. 26. Oktober 1905.

Soweit in dem Akte vom 3. März 1902 hinsichtlich des im Vertrage von 1901 als Teil der Gegenleistung des Käufers vereinbarten Auszugsrechtes die Abmachung getroffen wird, daß dieses Auszugsrecht auf der Parzelle Nr. 87 nicht haften soll, handelt es sich um eine „nachträgliche ergänzende Erklärung, welche für sich kein besonderes Geschäft bildet und von derselben Behörde beurkundet ist" (§ 38 Nr. 3 preuß. GKG.). Denn der Kaufvertrag war noch nicht erfüllt, die nachträgliche Abmachung hatte keine selbständige Bedeutung, sondern nur die Bestimmung, einen Bestandteil des Kaufvertrages zu bilden, und der Notar ist im Sinne des Gesetzes (vgl. § 5 NotGebO.) die beurkundende „Behörde" (vgl. Jahrbuch 20 S. 7).

Die Wertfestsetzung regelt der § 39² preuß. GKG. Danach ist, falls die Änderung eines bestehenden Rechtsverhältnisses in Frage kommt, der Wert der Änderung maßgebend, und zwar, wenn erhellt, daß die Änderung einen bestimmten Geldwert für die Beteiligten hat, dieser letztere. Die Vorinstanzen leugnen aber mit Unrecht, daß hier ein bestimmter Geldwert erhelle. Kostengesetzlich hat jede Änderung denjenigen bestimmten Wert, den sie haben würde, wenn sie für sich den Gegenstand eines besonderen Rechtsverhältnisses bildete. Wie in § 39¹ für den Fall der Begründung, Übertragung, Feststellung oder Aufhebung eines Rechtsverhältnisses, dessen objektiver Wert als maßgebend bezeichnet wird, also nicht etwa das Interesse der Beteiligten an dem Zustandekommen des beurkundeten Geschäfts (vgl. Jahrbuch 17 S. 132), so soll nach § 39² im Fall einer Veränderung nicht der den Beteiligten aus dieser anwachsende Vorteil oder Nachteil, sondern gleichfalls der kostengesetzlich bestimmte Wert in Betracht kommen. Dieser ist daher keineswegs stets gleich der Differenz zwischen dem Werte des ursprünglichen und dem des geänderten Rechtsverhältnisses. Besteht die Änderung beispielsweise darin, daß die Verzeichnung eines Darlehns auf ungewisse Zeit mit 5 statt der bisherigen 4 % versprochen wird, so ist der Wert der Änderung gleich dem $12^1/_2$fachen der Zinserhöhung (vgl. § 21 Nr. 5 preuß. GKG., § 15 ErbschStG.), während der Wert des geänderten Rechtsverhältnisses, nämlich des zu 5 % verzinslichen Darlehns, nicht höher ist, als der Wert des ursprünglichen, vierprozentigen Darlehns (vgl. § 20^2 preuß. GKG.). Nicht anders liegt die Sache, wenn von mehreren ungesicherten Leistungen aus dem ursprünglichen Vertrage die eine oder andere nachträglich sichergestellt, oder wenn umgekehrt die im ursprünglichen Vertrage bestellte Sicherheit nachträglich ganz oder teilweise aufgegeben wird. Denn in § 21 Nr. 3 preuß. GKG. ist allgemein bestimmt, daß sich der Wert eines Pfandrechts oder der Sicherstellung einer Forderung nach dem Betrage der letzteren oder nach dem geringeren Werte des Pfandgegenstandes richtet. Als Sicherstellung einer Forderung hat unbedenklich auch die Vereinbarung der Eintragung eines Auszugsrechtes (vgl. Art. 15 Ausf.-G. zum BGB.) zu gelten, das zu sichernde Auszugsrecht hat kostengesetzlich einen bestimmten Wert (vgl. § 21 Nr. 5 preuß. GKG.), der dem Betrage der Forderung entspricht. Würde die ausdrücklich vereinbarte oder kraft Gesetzes bestehende Verpflichtung zur Eintragung des Auszugsrechtes ganz aufgehoben, so hätte diese Änderung denselben Wert, wie das Auszugsrecht selbst, wenn nicht ausnahmsweise der Wert des Grundstücks geringer sein sollte. Die Entlassung eines Teiles des Grundstücks aus der Mithaft ist aber kostengesetzlich ganz ebenso zu behandeln, und es macht nach dem Wortlaute des § 21 Nr. 3 keinen Unterschied, ob die Eintragung bereits erfolgt war, oder nicht. Beides ergibt sich ohne weiteres aus der Erwägung, daß die eingetragene Reallast jede einzelne Parzelle des verhafteten Grundstücks im vollen Umfange belastet, und daß das Gesetz den Wert der Begründung eines Rechtsverhältnisses dem seiner Aufhebung gleichstellt. Die vom Notar für den Akt von 1902 angesetzte Gebühr ist hiernach keinesfalls zu hoch bemessen, insbesondere kann, da die Eintragung der Reallast noch nicht erfolgt war, auch nicht etwa die geringere Gebühr des § 43 Nr. 1 preuß. GKG. in Frage kommen. Ob der Notar berechtigt gewesen wäre, auch für den Antrag auf Anlegung eines besonderen Grundbuchblattes zu liquidieren und in welcher Höhe, kann hier dahingestellt bleiben, da in dem Festsetzungsverfahren des § 25 NotGebO. eine höhere, als die berechnete Gebühr, nicht festgesetzt werden darf (vgl. §§ 24^1, 25^1).

Was sodann die Gebühr für den Akt vom 19. März 1902 anlangt, so handelt es sich hierbei um die beurkundete „Zustimmung" einer „einzelnen Teilnehmerin" zu der in Ansehung des gemeinschaftlichen Auszugsrechts urkundlich abgegebenen Erklärung vom 3. März 1902 (vgl. § 38 Nr. 1 preuß. GKG.). Da das Auszugsrecht offenbar beiden Eheleuten ganz zustand, so ist nach obigen Ausführungen auch für die Zustimmungserklärung der Ehefrau K. der Wert des Auszugsrechts (3400 Mark) maßgebend (vgl. § 39^3). Der Gebührenansatz des Notars würde demgemäß hier gleichfalls wiederherzustellen sein, wenn nicht die gleichzeitige Beurkundung des Löschungsantrages eine anderweite Beurteilung erforderlich machte. Durch die Erklärung der Frau K. ist der von Karl K. mit Alois K. abgeschlossene Kaufvertrag hinsichtlich des als Gegenleistung vereinbarten Auszugsrechts beider Eheleute abgeändert worden. Der Kaufvertrag hat die Grundstücke Nr. 52 und Nr. 62 zum Gegenstand, und sämtliche verkauften Parzellen sollten mit dem Auszugsrechte belastet werden. Die Löschung der auf Nr. 62 in Abt. III Nr. 8 eingetragenen 240 Mark dient aber einerseits zur Freistellung des einen Kaufgegenstandes und anderseits zur Verbesserung des Ranges des darauf einzutragenden Auszugsrechts. Die Zustimmungserklärung der Frau K. und der Löschungsantrag des Ehemanns stehen daher dergestalt in einem inneren Zusammenhange, daß sie ein einheitliches Rechtsgeschäft im Sinne des § 40[2] Satz 1 bilden, wie sie denn auch die rechtlichen Beziehungen derselben Personen betreffen (§ 40[3]). Demgemäß hätte die Gebühr des Notars nach dem aus § 40[2] Satz 4 sich ergebenden Prinzipe folgendermaßen berechnet werden müssen: Von dem zusammengerechneten Werte (3400 + 240 = 3640 Mark) betrüge die Gebühr aus den für den Löschungsantrag maßgebenden § 43 Nr. 1 und 57A preuß. GKG. 2,20 Mark, von dem Werte des Auszugsrechts (3400 Mark) die nämliche Gebühr 2 Mark, die Gebühr aus §§ 33, 38 Nr. 1 dagegen 4,50 Mark; zu jenen 2,20 Mark treten daher (4,50 — 2 =) 2,50 Mark hinzu, so daß sich 4,70 Mark ergeben. Da jedoch die Vorinstanzen 5 Mark angesetzt haben und der Zahlungspflichtige Beschwerde nicht eingelegt hat, so muß es bei dieser nur 30 Pfennig zu hohen Festsetzung verbleiben. F.

β) **Begriff des einheitlichen Rechtsgeschäfts.**

Kammergericht, I. ZS. Beschluß v. 16. November 1905.

Die Streitfrage, ob bei Beurkundung eines Kaufvertrages und der Abtretung des Kaufgelderrückstandes in derselben Verhandlung ein einheitliches Rechtsgeschäft über den nämlichen Gegenstand vorliegt, hat das Kammergericht [Resp. 7 S. 434] wiederholt bejaht, und es findet auch jetzt keine Veranlassung, von dieser, mit seiner ständigen sonstigen Rechtsprechung im Einklange stehenden Ansicht abzugehen. Den Gegenstand eines Grundstückskaufes bilden Grundstück und Kaufpreis (§ 39 Satz 2, § 21[1]) und die Abtretung der Kaufpreisforderung oder eines Teiles derselben hat gleichfalls den Kaufpreis zum Gegenstande; für die Einheitlichkeit des Rechtsgeschäfts streitet aber die Vermutung des § 40[3]. Bei dem Notariatsakte Nr. 26 tritt die Einheitlichkeit noch besonders darin hervor, daß der Schuldner dem Zessionar mit dem Kaufgrundstücke Hypothek bestellt hat (vgl. § 40[2] Satz 3). Die Vorinstanzen haben daher zutreffend nur die zweifache Gebühr aus § 35 preuß. GKG. nach dem Betrage des Kaufpreises für gerechtfertigt erachtet (§ 5 NotGebO.).

Der Akt Nr. 142 enthält zwei einseitige Rechtsgeschäfte, die Übertragung eines Erbanteils (anscheinend einer Vermächtnisforderung) von der

A.-Bank auf S. und die Verpfändung dieses Erbanteils (im Werte von 20000 Mark) seitens des S. für eine dem K. gegen ihn zustehende Forderung von 16000 Mark. Auch hier handelt es sich um denselben Gegenstand, wenngleich kostenrechtlich für die Übertragung des Erbanteils dessen Wert, für die Verpfändung desselben in erster Linie der Betrag der sichergestellten Forderung maßgebend ist (§ 21 3). Denn die Vorschrift, daß der Wert der Sicherstellung einer Forderung sich nach dem Gegenstande des Pfandrechts zu richten habe, wenn dessen Wert geringer sei, als der Betrag der Forderung, ist zu gunsten des Kostenschuldners getroffen und im Sinne des § 40 2 hat daher als Gegenstand der Verpfändungserklärung das Pfandobjekt in allen Fällen zu gelten, in denen dies dem Kostenschuldner günstiger ist. Es unterliegt aber auch ferner keinem Bedenken, daß die Übertragung des Erbanteils und dessen Verpfändung durch den Erwerber dergestalt in einem inneren Zusammenhange stehen, daß sie ein einheitliches Rechtsgeschäft bilden. Bei der Einheitlichkeit des Gegenstandes folgt dies schon aus § 40 3; es kommt jedoch hinzu, daß die beiden Erklärungen ganz offensichtlich aus demselben Anlaß hervorgegangen sind und auf denselben wirtschaftlichen Erfolg abzielen, denn der beschwerdeführende Notar gibt selbst an, daß der gesicherte Gläubiger das Geld dazu hergegeben habe, um die Übertragung des Erbanteils auf seinen Schuldner zu ermöglichen (Jahrbuch 22 S. 3, 24 S. 3, 25 S. 11, 27 S. 11). Demgemäß hat das Amtsgericht mit Recht die Gebühr aus § 34 preuß. GKG. nur einmal, nach einem Objekt von 20000 Mark, festgesetzt. Mit der Festsetzung der Kosten, insbesondere des Stempels hätte das Amtsgericht sich allerdings nicht befassen dürfen. Beanstandet waren nur die Beurkundungsgebühren und der Festsetzungsantrag des Notars bezog sich ausschließlich auf diese. Auslagen, die er selbst den Zahlungspflichtigen noch nicht in Rechnung gestellt hatte (vgl. § 24 NotGebO.), hätten aber selbst dann nicht festgesetzt werden können, wenn er dies beantragt hätte (§ 25 1 Satz 2 Abs. 3. das.). Das Amtsgericht hätte demnach nicht 24,50 Mark, sondern 26 Mark von der Liquidation des Notars absetzen müssen. Daß es zu wenig gestrichen hat, gereicht jedoch dem Notar nicht zur Beschwerde, und der Zahlungspflichtige hat die amtsgerichtliche Festsetzung nicht angefochten. Lbr.

c) **Berechnung der Gerichtskosten für Eröffnung eines wechselseitigen Testaments. Preuß. GKG. § 44.**

Kammergericht, I. ZS. Beschluß v. 8. Februar 1906.

Die Eheleute K. errichteten im Gebiet des rheinischen Rechts 1871 einen notariellen Heiratsvertrag, der unter anderem bestimmte:

„Die zukünftigen Ehegatten vermachen einander wechselseitig auf den Todesfall alles dasjenige ihres nachgelassenen Vermögens dem Eigentum und dem Nießbrauche nach, worüber der zuerst verstorbene Ehegatte zugunsten des überlebenden Ehegatten in dieser Weise gesetzlich nur immer verfügen darf und soll der Letztlebende der Ehegatten als Nießbraucher zur Kautionsleistung nicht verbunden sein."

Die Frau starb am 26. September 1904, der Mann am 7. Oktober 1904.

Am 23. November 1904 eröffnete das Amtsgericht den Heiratsvertrag. Aus den Gründen:

Nach dem Protokolle vom 23. November 1904, in welchem das Ableben beider Eheleute festgestellt worden, ist die Eröffnung des Ehevertrags in der Weise erfolgt, daß keine in demselben enthaltene Verfügung von der Verkündung ausgeschlossen worden ist. Dies entsprach auch den §§ 2273, 2300 BGB., da sich die beiderseitigen Verfügungen der Ehegatten nicht sondern lassen. Es hat also tatsächlich die Eröffnung die Verfügungen beider Ehegatten umfaßt, und das, was das Gericht mit dem Ehevertrage im Eröffnungstermine vorgenommen hat, stellt sich auch hinsichtlich der Verfügungen des Mannes als eine Eröffnung im Sinne des § 2260 BGB. dar. Dem steht insbesondere auch, ganz abgesehen davon, daß auch der Mann bereits vor dem 23. November verstorben war, nicht die Erwägung entgegen, daß nach § 2260 das Nachlaßgericht zur Eröffnung eines Testamentes erst schreiten soll, wenn es von dem Tode des Erblassers Kenntnis erhält. Denn bei einem gemeinschaftlichen Testamente ist diese Voraussetzung schon erfüllt, wenn einer der Erblasser gestorben ist, und es ist an sich die notwendige Folge der Verbindung der Verfügungen von Ehegatten in derselben Urkunde, daß der Tod des einen Ehegatten schon die Eröffnung der ganzen Verfügung nach sich zieht. Davon geht auch der § 2273 BGB. aus, der nur für den Fall eine Ausnahme macht, daß sich die Verfügungen des überlebenden Ehegatten sondern lassen. Ist dies nicht der Fall, so findet § 2273 überhaupt keine Anwendung und es kann dann auch keine Rede sein von einer Wiedereinschließung und späteren nochmaligen Eröffnung des Testaments. Die Eröffnung hat sich eben schon bei dem ersten Male auch auf die Verfügungen des Überlebenden miterstreckt (Planck Anm. 5 zu § 2273; Jahrbuch 22 S. 268). Daß aber in solchem Falle die Gebühr für die Eröffnung einer gemeinschaftlichen Verfügung nach dem zusammenzurechnenden Werte des Vermögens, über das die beiden Erblasser Verfügung getroffen haben, anzusetzen ist, hat das Kammergericht in Übereinstimmung mit früheren Entscheidungen (Jahrbuch 18 S. 124, Y 180/99) am 2. April 1902 (Jahrbuch 24 S. 5) eingehend begründet. Von diesem Grundsatz abzugehen findet der Senat auch bei erneuter Prüfung keine Veranlassung. Wenn nun auch in einem Falle wie dem vorliegenden, wo die Erblasser nur sich gegenseitig bedacht haben, die Verfügung des Überlebenden dadurch, daß der von ihm Bedachte vor ihm gestorben ist, sich als gegenstandslos bzw. wirkungslos erweist, so führt das nicht zu dem Schlusse, daß eine Eröffnung hinsichtlich ihrer nicht erforderlich wäre bzw. nicht stattgefunden hätte. Auch Planck (zu § 2373) hat diese Schlußfolgerung nicht gezogen, sondern nur aus der Gegenstandslosigkeit der Verfügung gefolgert, daß eine Wiedereinschließung und spätere nochmalige Eröffnung zwecklos sein würde und deshalb § 2273 in solchem Falle nicht Anwendung finde (vgl. auch Neumann Jahrbuch Jahrg. 1 Bd. 2 Nr. 5 zu § 2273). Daß Verfügungen von Todes wegen zu eröffnen sind, einerlei ob sie sich als formell oder materiell rechtsgültig darstellen, hat das Kammergericht in ständiger Praxis angenommen (Jahrbuch 22 S. 261, 26 S. 199, 27 S. 38). Ebenso wie unabhängig von der formellen und materiellen Gültigkeit der Verfügung somit die Eröffnungsgebühr fällig wird, ist auch diese Gebühr zu erheben für Verfügungen, die infolge Ausfalls der Bedingung, unter der sie getroffen sind, wirkungslos werden (Mügel Anm. 7 und 9 zu § 44 preuß. GKG.). Die bei Mügel (das. Anm. 9) erwähnte Bemerkung in dem Kommentar von Schulz, der unter 8 zu § 44 ausführt:

„Dies (d. i. der Grundsatz des Jahrbuchs 18 S. 124) kann selbstverständlich nicht gelten, wenn nicht über den gesamten Nachlaß verfügt ist, wenn z. B. nur die Erbfolge in den Nachlaß des zuerstversterbenden Ehegatten geregelt ist; in diesem Fall würde vielmehr der Wert des Vermögens des am meisten begüterten Ehegatten und für die Eröffnungsgebühr das Vermögen des Erstverstorbenen maßgebend sein. Gleiche Grundsätze gelten für die Erbverträge (Y 22/97).

hat auch bei Mügel zu der Annahme geführt, als wenn das Kammergericht in dem Beschlusse Y 22/97 die vorstehenden Grundsätze aufgestellt hätte. Dies trifft aber nicht zu; der Beschluß hat sich vielmehr nur mit der Frage befaßt, ob und zu welchem Betrage bei der Bemessung der Gebühr für die Errichtung eines Ehevertrages eine auf das Leben des Erblassers versicherte Summe mit in Rechnung zu ziehen sei.

Hiernach kann es jedenfalls nicht als rechtsirrtümlich bezeichnet werden, wenn die Vorentscheidung den Ansatz der Gebühr für die Eröffnung des Erbvertrages nach dem zusammengerechneten Werte desjenigen Vermögens angeordnet hat, über das beide Eheleute verfügt haben. Daß letzteres aber nach Art. 1094 c. c. geschehen ist, bei jeder Vermögensmasse hinsichtlich $^1/_4$ derselben dem Eigentume nach und hinsichtlich eines weiteren $^1/_4$ dem Nießbrauche nach, kann keinem Bedenken unterliegen.... Endlich erscheint es auch unbedenklich, bei Bemessung des Gegenstandswertes der Verfügung des Mannes ebenfalls die Vorschrift des § 21 Nr. 5 preuß. GKG. und des § 16 des Erbsch.-Steuer-Ges. entsprechend anzuwenden, als wenn die Frau den Tod des Mannes erlebt haben würde.... Es fehlt an einem gesetzlichen Grunde, die Kosten der von dem Ersten Staatsanwalt eingelegten und für begründet befundenen Beschwerde der jetzigen Beschwerdeführerin (der Kostenschuldnerin) aufzuerlegen (Mügel 9 zu § 109 preuß. GKG.).' V.w.

d) **Gebühren und Stempel für eine beglaubigte Abschrift der notariellen Urkunde zu den Erbscheinsakten, wenn die Urkunde auf Antrag zurückgegeben wird. Tarifst. 1. 77 StStG.**

Kammergericht, I. ZS. Beschluß v. 16. März 1905.

Mit dem Antrage auf Erteilung einer Erbbescheinigung reichte der Notar eine Ausfertigung einer Urkunde ein, die außer den eidesstattlichen Versicherungen noch einen Erbteilungsvertrag enthielt und deshalb auf Antrag zurückgegeben wurde. Das Gericht hielt eine auszugsweise Abschrift, enthaltend die eidesstattlichen Versicherungen, zu den Gerichtsakten zurück; sie wurde vom Gerichtsschreiber beglaubigt. Angesetzt wurde dafür neben Schreibgebühren

1,50 Mark Stempel für die beglaubigte Abschrift. Auf Erinnerung des Notars wurde aber der Stempel niedergeschlagen und eine Gebühr aus §§ 51 und 110 preuß. GKG. angesetzt. Dies ist mißbilligt. Gründe:

Die Ansicht des Landgerichts, daß der § 51 preuß. GKG. unmittelbar anwendbar sei, kann nicht geteilt werden. Da sich diese Vorschrift im zweiten Abschnitte befindet, ist ihre unmittelbare Anwendung auf die in diesem Abschnitt geregelten Angelegenheiten zu beschränken. Auf andere Angelegenheiten der freiwilligen Gerichtsbarkeit findet sie nur nach Maßgabe des § 110 Anwendung. Vorliegend handelt es sich nicht um eine dem zweiten, sondern um eine dem fünften Abschnitt unterstehende Nachlaßsache. Die eidesstattlichen Versicherungen insbesondere, wie sie in der beglaubigten Abschrift enthalten sind, deren Kostenpflichtigkeit in Frage steht, werden nicht vom § 49 Nr. 2, sondern von § 81² und zwar nach der ursprünglichen wie nach der jetzigen Fassung des Gesetzes betroffen.

Der § 110 preuß. GKG. regelt die Erteilung beglaubigter Abschriften „aus den Gerichtsakten". Er setzt also voraus, daß die beglaubigte Abschrift aus den Akten herausgegeben wird. Die Begründung (preuß. Ausf.-G. Art. 84 zu § 106a S. 197) weist darauf hin, daß nach § 34 FrGG. in weitem Umfange die Erteilung beglaubigter Abschriften aus den Gerichtsakten zulässig sei. In den Fällen des § 34 FrGG., auf die sonach der § 110 abzielt, handelt es sich aber um die Erteilung beglaubigter Abschriften zum Gebrauch außerhalb der Akten. Es kann zwar auffällig erscheinen, daß die Herstellung beglaubigter Abschriften verschiedenen Kostenvorschriften unterliegen soll, je nachdem sie für die Akten oder für außerhalb derselben liegende Zwecke erfolgt. Indessen kann es keinem Zweifel unterliegen, daß der § 74 GKG. im Abs. 1 und 4 eine solche Unterscheidung ausdrücklich macht. Es kann daher an ihr auch für andere Fälle kein Anstoß genommen werden, und es ist deshalb dem Landgericht darin nicht beizutreten, daß der § 110 vorliegend anwendbar ist. Zur Anwendung kommt vielmehr der § 114 GKG. Danach werden für Abschriften Schreibgebühren erhoben, und zwar ist Kostenschuldner nach § 1 derjenige, für den und in dessen Interesse der Beschwerdeführer (Notar) die Rückgabe der Ausfertigung beantragt hat, und daneben nach § 4 der Beschwerdeführer selbst. Die Abschrift war nicht ohne Antrag, im öffentlichen Interesse zu fertigen. Ihre Herstellung ist vielmehr durch den Antrag auf Rückgabe der Ausfertigung veranlaßt, und im Interesse des Antragstellers, zur Ermöglichung dieser Rückgabe bewirkt worden (Jahrbuch 27 S. 62). Den Ansatz von Schreibgebühren hat auch der Beschwerdeführer nicht bemängelt.

Neben den Schreibgebühren kommt aber noch der tarifmäßige Stempel für die beglaubigte Abschrift in Ansatz. Dessen Erhebung ist nach § 114³ preuß. GKG. dadurch bedingt, daß

1. für die Abschriften nur Schreibgebühren, also Auslagen (§ 113 Nr. 1), nicht Gebühren zu berechnen sind, 2. daß die Urschrift stempelpflichtig ist, 3. daß die Abschrift nur infolge eines auf die Erteilung gerichteten Antrags

erteilt wird (vgl. Allg. Verfügung betr. das gerichtliche Stempelwesen vom 29. Febr. 1896/17. Juli 1900 § 1 zu d; Komm.-Bericht des Abg.H. zum Ausf.-G. Art. 84 Z. 20 S. 114).

Die Voraussetzung zu 1 ist gegeben, weil, wie dargelegt, für die Abschrift keine Gebühren, weder aus § 51 noch aus § 110 preuß. GKG., sondern nur Schreibgebühren zu erheben sind. Ebenso ist die Voraussetzung zu 2 vorhanden, denn die Urkunde ist als Erbrezeß aus Tarifstelle 20 StStG. oder als Auseinandersetzungsverhandlung gemäß Tarifstelle 32 Ermäßigung 1 und unter allen Umständen als Notariatsurkunde nach Tarifstelle 45 stempelpflichtig. Endlich liegt auch die Voraussetzung zu 3 vor. Die beglaubigte Abschrift ist zwar nicht dem Antragsteller ausgehändigt, sondern für die Akten gefertigt worden. Sie ist aber für den Antragsteller hergestellt und damit im Sinne des § 114³ GKG. ihm erteilt worden (Jahrbuch 22 S. 37). Die Erteilung ist auch nur infolge eines hierauf gerichteten Antrags erfolgt. Ausdrücklich beantragt ist allerdings nicht die Herstellung der beglaubigten Abschrift, sondern nur die Rückgabe der Ausfertigung. Da diese aber die die gesetzliche Grundlage der Erbbescheinigungen bildenden eidesstattlichen Versicherungen enthielt und daher nur unter Ersatz durch eine beglaubigte Abschrift dauernd aus den Akten entfernt werden konnte, ist in dem Antrag auf Rückgabe der Ausfertigung zugleich der Antrag auf Herstellung, Erteilung der beglaubigten Abschrift als enthalten anzusehen. Diese Auffassung entspricht dem früheren Rechte, das durch den § 114³ Satz 1 GKG. aufrecht erhalten werden sollte (Begründung des preuß. GKG. zu § 109). Nach § 63 des Tarifs zum GKG. vom 10. Mai 1851 und Art. 21¹ Ges. vom 9. Mai 1854 sind beglaubigte Abschriften stempelfrei, wenn ihre Herstellung „durch den gewöhnlichen Geschäftsgang bedingt ist und auch ohne Antrag notwendig erfolgen müßte". Die Instruktion vom 1. Juni 1854 erläutert dies in Nr. 81 dahin, daß diejenigen Abschriften der Gebühren (und dem Stempel) nicht unterliegen, deren Erteilung durch die Sache selbst bedingt und deshalb ohne Antrag notwendig war, daß dagegen diejenigen Abschriften gebühren- und stempelpflichtig sind, zu deren Erteilung nach Lage der Sache keine Veranlassung vorlag, und welche lediglich als eine Folge des Antrags der Interessenten zu betrachten ist. Danach ist vorliegend die beglaubigte Abschrift stempelpflichtig, und zwar nach Tarifstelle 1,77 (vgl. preuß. FrG. Art. 35) in Höhe von 1 Mark 50 Pfg.

Das Kammergericht hat im Beschluß vom 21. Mai 1894 (Y 153) einen gleichliegenden Fall nach dem früheren Rechte ebenso entschieden und sich in einem Gutachten vom 27. März 1899 (Gen. B. 2665) dahin ausgesprochen, daß der in diesem Beschluß aufgestellte Grundsatz auch nach dem derzeitigen Rechte anzuerkennen sei (Jahrbuch 14 S. 220). Für das jetzige Recht gilt dasselbe (vgl. Mügel Anm. 5; Pietsch Anm. 13 zum § 114 GKG.; Böhm-Sontag Anm. 6; Heinitz S. 246; Hummel-Specht Anm. 6 bei Note 29 zur Tarifstelle 1). Mz.

e) **Die Eintragung des Nacherben bei Eintragung des Vorerben ist im Verhältnis zu letzterer nicht Nebengeschäft. Ihr Gegenstandswert. Preuß. GKG. §§ 58, 59.**

Kammergericht, I. ZS. Beschluß v. 28. September 1905.

In Frage steht zunächst, ob die Eintragung des Rechts des Nacherben in das Grundbuch, wenn sie gemäß dem § 52 GrBO., der auch auf die vor dem 1. Januar 1900 eingetretenen Erbfälle Anwendung findet (Jahrbuch 20 S. 81, 23 S. 129), zugleich mit der Eintragung des Vorerben als Grundstückseigentümers von Amts wegen erfolgt, ein nach § 58 Nr. 1 preuß. GKG. gebührenfreies Nebengeschäft ist oder der Gebührenvorschrift des § 59 das. unterliegt. Diese Frage ist im letzteren Sinne zu beantworten. Von einem Nebengeschäfte kann begrifflich nur die Rede sein, wenn das Grundbuchamt außer einem Geschäfte, das rechtlich oder wirtschaftlich als die Hauptsache sich darstellt, noch ein anderes Geschäft vornimmt, das im Verhältnis zu jenem Hauptgeschäfte von geringerer Bedeutung, also nebensächlich ist (Rsp. 10 S. 273). Dementsprechend bezeichnet der § 58 Nr. 1 als Nebengeschäfte der Eintragung des Eigentümers die gleichzeitig beantragte Eintragung des Erwerbsgrundes und des Erwerbspreises, des Schätzungswertes und der Feuerversicherungssumme sowie die Übertragung des Grundstücks und der auf dasselbe bezüglichen Eintragungen auf ein anderes Blatt, mithin Einschreibungen ohne materielle Bedeutung. Diese im Gesetz aufgeführten Beispiele bestätigen sonach jene Begriffsbestimmung. Geht man von ihr aus, so erscheint die Eintragung des Rechts des Nacherben nicht als ein Nebengeschäft der Eintragung des Eigentümers. Der § 59 Satz 2 verordnet ausdrücklich, daß das Recht des Nacherben als Belastung des Grundstücks gelten soll. Die Eintragung der Belastung des Grundstücks mit einem Rechte kann aber nicht im Verhältnis zur Eintragung des Eigentümers als ein Geschäft von nebensächlicher Bedeutung angesehen werden. Diese beiden Eintragungen sind vielmehr, mag nun die Belastung des Grundstücks in einer Hypothek, einer Grundgerechtigkeit oder in einem anderen dinglichen Rechte bestehen oder lediglich auf Grund des § 59 Satz 2 als Grundstücksbelastung zu betrachten sein, Geschäfte von gleicher Bedeutung, mithin beide Hauptgeschäfte.

Der Umstand, daß die Eintragung des Rechts des Nacherben bei der Eintragung der Vorerben zugleich von Amts wegen stattzufinden und stattgefunden hat, macht sie nicht zu einem Nebengeschäft der Eintragung des Vorerben. Ob ein Geschäft als Nebengeschäft anzusehen ist, hängt nicht davon ab, ob es von Amts wegen oder auf Antrag vorgenommen ist oder vorzunehmen war. Allerdings wird der Charakter von Nebengeschäften vielfach solchen Vorrichtungen beizumessen sein, welche von Amts wegen auszuführen sind. Die im § 58 Nr. 1 aufgeführten Beispiele beweisen aber, daß auch Eintragungen, die nur auf Antrag zu erfolgen haben, Nebengeschäfte sein können. Ebenso können umgekehrt Einschreibungen, die von Amts wegen zu bewirken sind und von Rechts wegen stattgefunden haben, Hauptgeschäfte sein. Im Jahrbuch 19 S. 13 f. ist keineswegs das Gegenteil ausgesprochen, diese Frage vielmehr ausdrücklich offen gelassen. Das Kammergericht tritt deshalb unbedenklich der auch in der Literatur allgemein vertretenen Ansicht bei, daß die Eintragung des Rechts des Nacherben selbst dann, wenn sie zugleich mit der Eintragung des Vorerben als Eigentümers von Amts wegen erfolgt, kein gebührenfreies Nebengeschäft dieser letzteren Eintragung ist, sondern der Gebührenvorschrift des § 59 unterliegt (Mügel 9[2] zu § 58, Schulz 1 zu § 59, Turnau-Förster 2 S. 496d Abs. 1 a. E.).

Die Gebühr für die Eintragung des Rechts des Nacherben berechnet sich, wenn das Grundstück der Nacherbfolge unterliegt, nach dem Werte des Grundstücks. Nach dem preuß. GKG. ist der Gebührenberechnung grundsätzlich nicht das Interesse der Beteiligten an der Vornahme des Geschäfts, sondern der Wert des Gegenstandes, auf den sich das Geschäft bezieht, zugrunde zu legen. Bei der Eintragung einer Eigentumsbeschränkung bildet das Grundstück den Gegenstand des Geschäfts, denn die Beschränkung ergreift das ganze Grundstück. Die Gebühr für die Eintragung einer solchen Belastung bestimmt sich daher regelmäßig nach dem Werte des Grundstücks. Dieser Grundsatz ist bei der Gebührenberechnung für die Eintragung der Fideikommißeigenschaft (Jahrbuch 5 S. 213), der Konkurseröffnung (16 S. 234), der Brautschatzqualität (17 S. 155), der Einleitung einer Nachlaßverwaltung (23 S. 39) und des Vorkaufsrechts (25 S. 13 und, nach nochmaliger Prüfung der Frage, im Beschlusse vom 5. Dezember 1904 Y 1163) anerkannt worden; in allen diesen Fällen wurde der Wert des belasteten Grundstücks zum Maßstabe für die Gebührenberechnung genommen.

Der Nacherbe hat, auch nach dem hier anzuwendenden preußischen Rechte, ein betagtes Erbrecht, einen mit dem Eintritte der Nacherbfolge fällig werdenden Anspruch auf den Erwerb der der Nacherbfolge unterliegenden Gegenstände, insbesondere Grundstücke. Der Vorerbe erlangt das Eigentum dieser Grundstücke nur als ein mit der Anwartschaft des Nacherben beschwertes; er darf über die Grundstücke keine Verfügungen treffen, durch die das Recht des Nacherben beeinträchtigt wird (Jahrbuch 16 S. 63). Die Eintragung des Rechts des Nacherben hat den Zweck, diese Beschränkung des Vorerben in seiner Verfügungsbefugnis und des Eigentums Dritten erkennbar zu machen und den Anspruch des Nacherben auf den Erwerb des Eigentums gegen die mit dem öffentlichen Glauben des Grundbuchs verbundenen Gefahren zu sichern (vgl. Denkschrift zur GrBO. § 50). Den Gegenstand der Eintragung bildet daher das ganze Grundstück und die Gebühr für die Eintragung ist demgemäß nach dem Werte des Grundstückes zu berechnen. Die im Jahrbuch 19 S. 137 vertretene gegenteilige Ansicht, die auch in der Literatur Anklang gefunden hat (Mügel Anm. 2c[1] zu § 59. Schulz Anm. 4 zu § 59), kann nicht aufrecht erhalten werden; sie ist auch bereits in einer älteren Entscheidung vom 7. März 1898 (Y 107) verworfen worden. Ist aber als Gegenstand der Eintragung das ganze

Grundstück anzusehen, so muß der Gebührenberechnung der Wert des Grundstücks **ohne Abzug der darauf haftenden Hypotheken oder sonstigen Lasten** zugrunde gelegt werden (Jahrbuch 16 S. 236, 23 S. 42). Da der Grundstückswert unstreitig 300000 Mark beträgt, hat sonach eine Gebühr von 195 Mark und nicht bloß von 159 Mark in Ansatz zu kommen. Diese Gebühr ist allerdings höher, als die Gebühr, die nach § 58 Nr. 2 preuß. GKG. zu entrichten wäre, wenn die Nacherben, die augenscheinlich die Abkömmlinge des Erblassers und der Vorerben sind, als unmittelbare Erben die Eintragung als Eigentümer erlangt hätten. Dieser Umstand rechtfertigt aber nicht die Herabsetzung jener Gebühr auf den dem § 58 Nr. 2 entsprechenden Betrag, denn das Gesetz enthält keine Andeutung, daß für die Eintragung des Rechts des Nacherben nicht mehr in Ansatz kommen dürfe, als für die Eintragung des Nacherben als Eigentümers zu erheben wäre. Ein solcher Grundsatz kann daher, wenn er sich auch vielleicht gesetzgeberisch rechtfertigen ließ, nicht anerkannt werden. F.

f) **Keine weitere Gebühr in Vormundschaftssachen als die in §§ 91, 92 preuß. GKG.**

Kammergericht, I. ZS. Beschluß v. 15. Februar 1906.

K. ersuchte als Pfleger des R.schen Nachlasses das Nachlaßgericht, die Abtretung einer Nachlaßhypothek an einen Miterben zu genehmigen. Das Amtsgericht lehnte es ab, und die Beschwerde blieb erfolglos. Bei der Berechnung der Gerichtskosten entstand Streit über den Wertgegenstand. Aus den Gründen:

Der Streit über die Höhe des Objekts war vorliegend deshalb müßig, weil für das Verfahren betreffend die gerichtliche Genehmigung der vom Nachlaßpfleger beabsichtigten Zession eine besondere Gebühr gar nicht angesetzt werden durfte. Es handelt sich um eine Nachlaßpflegschaft, auf welche nach § 84 preuß. GKG. die Vorschriften des sechsten Abschnittes, also die §§ 91—95 Anwendung finden. Der Gerichtsschreiber hat auch für die Führung der Nachlaßpflegschaft auf Grund des § 92 Nr. 1 eine Gebühr von 485 Mark liquidiert. **Neben dieser Gebühr** können aber nicht für einzelne, während bestehender Nachlaßpflegschaft notwendig werdende richterliche Akte noch die Gebühren aus § 91 berechnet werden; vielmehr schließen die Gebühren aus §§ 92 und 91 einander derart aus, daß nur die eine oder die andere erhoben werden kann (vgl. Begründung zum preuß. GKG. Drucks. des AbgH. 1895 Nr. 7 S. 111). Der Grundsatz, daß durch die Pauschgebühr die Tätigkeit des Vormundschaftsgerichts völlig abgegolten ist, gilt aber nach § 95, trotz § 109³, auch für die **Beschwerdeinstanz**, wenn die Beschwerde im Interesse des Mündels eingelegt ist (vgl. Jahrbuch 18 S. 129; **Mügel** Anm. 6 zu § 95). . . . W.

g) **In Vormundschaftssachen findet gegen die Festsetzung von Rechnungsgebühren nur Beschwerde im Aufsichtswege statt. Keine Niederschlagung durch das Gericht.**

Kammergericht, I. ZS. Beschluß v. 31. Mai 1906.

Nach § 117³ setzt das Gericht die Rechnungsgebühren fest; Beschwerden werden im Aufsichtswege erledigt. Diese Bestimmung kann bei ihrer allgemeinen Fassung nur dahin verstanden werden, daß sämtliche Beschwerden gegen die Festsetzung, also nicht nur die der Rechnungsbeamten, sondern auch die der Beteiligten, denen die Kosten in Rechnung gestellt sind, auf den Aufsichtsweg verwiesen sein sollen (Verf. vom 28. Juli 1899 in Müllers Justizverw. S. 200). Durch die Verweisung auf die Aufsichtsbeschwerde ist die Rechtsbeschwerde gegen die Feststellung der Rechnungsgebühren ausgeschlossen. Die Feststellung ist also, solange sie nicht durch das festsetzende Gericht selbst oder durch die Aufsichtsbehörde abgeändert ist, für die Gerichte bindend. Die Gerichte haben weder nachzuprüfen, ob der Richter berechtigt war, die Hilfe eines Rechnungsbeamten in Anspruch zu nehmen, noch ob die festgesetzten Beträge angemessen sind. Vielmehr gilt der festgesetzte Betrag als eine entstandene Auslage im Sinne des § 113 Nr. 7, denn daß nach § 17 Ges. v. 10. Mai 1851 die Rechnungsgebühren vom Staat den Rechnungsbeamten erst nach der Eingehung des Betrages von den Parteien gezahlt werden, steht ihrer Behandlung als Auslagen nicht im Wege, da der gezahlte Betrag nicht dem Staat verbleibt, sondern im vollen Umfange an die Rechnungsbeamten abzuführen ist (vgl. die Begründung zum GKG. zu § 112³). Der Dritte, dem die festgestellten Rechnungsgebühren in Rechnung gestellt werden, kann mit den Rechtsbehelfen der Erinnerung, der Beschwerde und der weiteren Beschwerde gemäß §§ 25, 27 GKG. nicht die Richtigkeit der Festsetzung anfechten, sondern nur geltend machen, daß eine Zahlungspflicht für die entstandene Auslage nicht besteht, daß also etwa eine Festsetzung überhaupt nicht getroffen ist, oder daß sie sich auf eine Rechtsangelegenheit bezieht, für welche der Beschwerdeführer nicht kostenpflichtig ist (Mügel 3² zu § 117). Auch eine Niederschlagung der festgesetzten Rechnungsgebühren wegen unrichtiger Behandlung der Sache durch das Gericht, also etwa wegen Verstoßes gegen § 117² oder gegen die Verwaltungsvorschriften über die Zuziehung der Rechnungsbeamten, steht den Gerichten nicht zu. Denn ihre Niederschlagungsbefugnis nur aus diesem Grunde erstreckt sich hinsichtlich der Auslagen nach § 9² lediglich auf die Schreib- und Postgebühren, nicht auf die nach § 113 außerdem zu erhebenden Auslagen (Jahrbuch 23 S. 46). Zn.

h) **Stempelpflichtigkeit und Form der Verträge, durch die im Enteignungsverfahren der Eigentümer Grundstücke einem Dritten veräußert, der sie dem Unternehmer zu übereignen hat.**

Kammergericht, I. ZS. Beschluß v. 30. November 1905.

A. hat eine Parzelle an die „Kleinbahn F." aufgelassen und dabei einen zwischen der Gesellschaft, dem Kreisverbande F. und dem A. privatschriftlich geschlossenen, unverstempelten Vertrag vorgelegt, welcher lautet:

„§ 1. Der Kreisverband hat die Verpflichtung übernommen, den innerhalb seines Gebietes für die Kleinbahn erforderlichen Grund und Boden unentgeltlich und lastenfrei der Gesellschaft zu übereignen. Er erwirbt daher die Parzellen von den Eigentümern, während das Recht, die Auflassung zu fordern, unentgeltlich der Gesellschaft abgetreten wird. . . .

§ 2. A. verkauft die Fläche an den Kreisverband und verpflichtet sich, sie der Gesellschaft — aufzulassen. . . ."

Dieser zwischen A. und dem Kreise vereinbarte Kauf gehört nicht zu den in den §§ 16, 17 EnteignG. bezeichneten Verträgen über die freiwillige Abtretung von Grundeigentum. Nach § 16 kann eine Einigung der Beteiligten über den Gegenstand der Abtretung, soweit er nach dem Befinden der zuständigen Behörde zum Unternehmen erforderlich ist, zum Zwecke sowohl der Überlassung des Besitzes als der sofortigen Abtretung des Eigentums stattfinden. Dabei kann die Entschädigung nachträglicher Feststellung vorbehalten werden, und es erfolgt diese alsdann nach den Vorschriften jenes Gesetzes oder auch, je nach Verabredung der Beteiligten, sofort im Rechtswege. Diese letztere Bestimmung beweist, daß der vorangehende Satz auf einen Vertrag zu beziehen ist, durch den der zu Enteignende das Grundstück freiwillig an den nach § 9 zur Entschädigung verpflichteten Unternehmer abtritt, da sonst von der Feststellung einer Entschädigung nicht die Rede sein könnte. Wird also wie hier das Grundstück vom Eigentümer nicht an den Unternehmer, dem das Enteignungsrecht verliehen ist, sondern an einen Dritten verkauft, so untersteht der Vertrag nicht den §§ 16, 17 cit. Es genügt daher für ihn nicht die schriftliche Form (Ausf.-G. Art. 12 § 1 [2]); er bedarf vielmehr nach § 313 BGB. der gerichtlichen oder notariellen Beurkundung, auch wenn der Dritte behufs Übertragung auf den Unternehmer erwirbt. Der Mangel dieser Form ist aber dadurch geheilt, daß die Auflassung und die Eintragung in das Grundbuch erfolgt sind. Die Auflassung hat allerdings nicht an den Käufer, den Kreis, sondern an die Gesellschaft stattgefunden. Da aber der Kreis seinen Auflassungsanspruch an die Gesellschaft abgetreten hat, so konnte durch die Auflassung an diese zugleich der mit dem Kreise geschlossene Kaufvertrag erfüllt werden (Entsch. des RG. 31 S. 230, JW. 1904 S. 169 [10]). Die Abtretung des Auflassungsanspruches bedurfte der gerichtlichen oder notariellen Beurkundung nicht (Entsch. des RG. 53 S. 268). Die Urkunde, die in dem Kaufvertrag und der Abtretungserklärung zusammengenommen das der Auflassung zugrunde liegende Veräußerungsgeschäft enthält, ist sonach in an sich stempelpflichtiger Form vorgelegt (JMBl. 1905 S. 310). Daher ist der Auflassungsstempel nicht zu erheben (TSt. 8 [3]) und nur die Stempelpflichtigkeit der Urkunde zu prüfen. Gehört der zwischen A. und dem Kreise geschlossene Kaufvertrag nicht zu den in §§ 16, 17 cit. bezeichneten Veräußerungsgeschäften, so kann darauf die im § 4h StStG. aufrechterhaltene Stempelbefreiung aus § 43 [4] EnteignG. keine Anwendung finden. Ebensowenig greift der § 4e StStG. Platz, der diese Befreiungsvorschrift auf alle Besitzveränderungen erstreckt, denen sich die Beteiligten aus Gründen des öffentlichen Wohls zu unterwerfen gesetzlich verpflichtet sind (Enteignungen), ohne Unterschied, ob die

Besitzveränderung selbst durch Enteignungsbeschluß oder durch freiwillige Veräußerungsgeschäfte bewirkt wird. Einen Anspruch auf Abtretung des Grundstücks hat nur der Unternehmer, dem das Enteignungsrecht zur Entziehung des Grundeigentums verliehen ist, kein Dritter. Veräußert daher der Eigentümer an einen andern als den Unternehmer, so liegt keine Besitzveränderung vor, der sich der Veräußerer zu unterwerfen gesetzlich verpflichtet ist, und es genießt daher ein solches Veräußerungsgeschäft nicht Stempelfreiheit.

Der Beschluß (Rsp. 10 S. 259) widerspricht nicht dieser Auffassung. Dort war von einer Veräußerung des Eigentümers an einen andern als den Unternehmer keine Rede. Es fragte sich vielmehr nur, ob lediglich das zwischen Eigentümer und Unternehmer geschlossene Veräußerungsgeschäft oder auch die Bewilligung der Eintragung einer Vormerkung zur Sicherung des durch ein solches Geschäft begründeten Auflassungsanspruchs und die Eintragung der Vormerkung selbst stempel- und gebührenfrei (preuß. GKG. § 7) seien. Der bei der Erörterung dieser Frage ausgesprochene Satz, der § 43 EnteignG. müsse, da er keine Einschränkung enthalte, auf alle gerichtlichen Geschäfte erstreckt werden, die objektiv auf die durch das Enteignungsverfahren bezweckte Besitzveränderung abzielten, muß dementsprechend verstanden und darf nicht aus dem Zusammenhange gerissen werden. Wollte man Veräußerungsgeschäfte des Eigentümers mit einem andern als dem Unternehmer den Befreiungsvorschriften unterstellen, so hätte diese auch auf Verträge Anwendung zu finden, durch die ein Spekulant das Grundstück vom Eigentümer erwirbt, um es für einen höheren Preis an den Unternehmer zu veräußern oder im Enteignungsverfahren eine höhere Entschädigung zu erzielen. Daß solche Geschäfte vom Gesetz nicht haben begünstigt werden sollen, bedarf keiner Ausführung.

Hiernach rechtfertigt sich die Annahme, daß weder der § 43[1] EnteignG. noch der § 4e StStG. oder der § 7 Satz 3 preuß. GKG. und daß ebensowenig die KabO. vom 4. Mai 1833, da sie von Besitzveränderungen spricht, die unter Verpflichtung der Interessenten angeordnet werden, auf Verträge Anwendung findet, durch die der Eigentümer sein Grundstück an einen andern als den zur Entziehung Berechtigten, also bei Enteignungen nach dem Ges. vom 11. Juni 1874 § 2 an den Unternehmer, dem das Enteignungsrecht verliehen ist, veräußert. Dieser Grundsatz ist in den Beschlüssen vom 23. August 1898 (Y 460), vom 16. Juni 1902 (Y 659) und vom 8. April 1903 (Y 306) anerkannt und dem erstgenannten Beschluß ist auf Beschwerde der Justizminister durch Erlaß vom 10. November 1898 III 5402 beigetreten. Auch in der Literatur hat der Grundsatz Anerkennung gefunden (Heinitz, StStG. 3. Aufl. Anm. 5 zu § 4e; Mügel 8a Abs. 2 zu § 7 preuß. GKG.). Der von Hummel-Specht (StStG. Anm. 10[36] zu § 4) bezeugten und gebilligten abweichenden Ansicht des Finanzministers war nicht beizupflichten. Dr. R.

i) **Tausch oder doppelter Kaufvertrag.**

Kammergericht, I. ZS. Beschluß v. 5. Oktober 1905.

K. und F. haben im notariellen Vertrage ihre Grundstücke gegeneinander ausgetauscht und dabei vereinbart, daß K. die auf dem F.schen Grundstücke ruhenden Hypotheken von 91600 Mark übernimmt und 14400 Mark zuzahlt, wogegen F. die auf dem K.schen Grundstücke ruhenden Hypotheken von 112000 Mark übernommen hat. Der Wert der Grundstücke ist im Vertrage nicht angegeben. Auf Anfrage des Gerichts hat der JR. X. als Bevollmächtigter der Vertragschließenden erklärt, daß das von K. an F. übereignete Grundstück 114000 Mark und das von F. an K. übereignete 110000 Mark wert sei. Aus den Gründen:

Die Frage, ob ein Vertrag, bei welchem beide Parteien einander Sachen hingeben, rechtlich einen Tausch oder einen doppelten Kaufvertrag darstellt, bestimmt sich nach folgenden Erwägungen. Das Wesen des Tauschvertrags besteht in dem Umsatz individueller Werte. Wird zum Ausgleich der Verschiedenheit der Werte eine Zuzahlung gemacht, oder werden bei Grundstücken die Werte durch Hypothekenübernahmen gedeckt, so wird dadurch der Begriff des Tausches dann nicht ausgeschlossen, wenn auf jeder Seite nach dem so erfolgten Ausgleich noch ein Teil des Grundstückswerts übrig bleibt, welcher unmittelbar durch das vom anderen Teil hingegebene Grundstück gedeckt wird. Werden dagegen die vollen Werte durch Hypothekenübernahme oder Zuzahlung gedeckt, dann bleibt für den Begriff eines Tausches kein Raum mehr. Jeder Kontrahent gibt ein Grundstück als merx hin und erhält als Entgelt dafür nicht gleichfalls ein Grundstück, sondern ein durch Übernahme von Hypothekenschulden, allein oder in Verbindung mit einer Zuzahlung, gedecktes pretium. Der Vertrag stellt sich also als eine Kombination von zwei gleichzeitig abgeschlossenen und mit einander in Beziehung gesetzten Kaufverträgen dar. So ist vom Kammergericht (Jahrbuch 26 S. 44) und in der neuen Praxis des RG. (Entsch. 57 S. 265, JW. 1905 S. 326[15], 349[28]) der Tausch in seinem Wesen vom doppelten Kaufvertrage abgegrenzt. Daraus folgt, daß, wenn auch nur eins der Grundstücke mit Hypotheken in Höhe des Tauschpreises belastet bzw. die Differenz zwischen übernommenen Hypotheken und Wert durch eine gleich hohe Zuzahlung abgegolten ist, die Möglichkeit eines Tauschvertrags ausgeschlossen ist (JW. 1905 S. 327[15]). So aber liegt hier der Fall. Der Wert des F.schen Grundstücks wird durch die von K. übernommenen Hypotheken und die Zuzahlung von 18400 Mark abgegolten, so daß kein Wertsteil übrig bleibt, der durch einen entsprechenden Teil des Grundstücks des Gegenkontrahenten zu decken wäre.

Daß der Wert der Grundstücke nicht im Vertrage selbst angegeben ist, ist belanglos. Die Berücksichtigung der nachträglichen Angabe widerspricht nicht dem Grundsatze, daß für die Stempelpflichtigkeit einer Urkunde ihr Inhalt maßgebend ist. Der Vertrag war so, wie er vom Notar eingereicht war, noch keine genügende Unterlage zur Stempelberechnung. Vielmehr bedurfte es zunächst noch der Wertsangabe, und zwar von beiden Grundstücken. Nach diesem Wert hätte nur der Notar die Kontrahenten bei der Aufnahme befragen sollen (Dienstvorschriften, betr. die Ausf. d. StStG. vom 28. August 1900 Nr. 9). Indessen verlangt das Gesetz den Vermerk des Werts in der Urkunde selbst nicht. Ist sie unterblieben, so hat die Wertfeststellung nach § 7 StStG. außerhalb der Urkunde stattzufinden. Damit wird dann zugleich die Unterlage gegeben für die rechtliche Beurteilung des in dem Vertrage niedergelegten Rechtsgeschäfts. In tatsächlicher Beziehung ist bestimmend für die Stempelpflicht das Geschäft so, wie es in der Urkunde verlautbart ist, ohne Rücksicht darauf, ob der wahre Wille der Parteien nicht ein anderer, die Gegenleistung z. B. niedriger angegeben ist, als verabredet (Heinitz S. 37). Für die lediglich rechtliche Qualifizierung des Urkundeninhalts die zulässige nachträgliche Wertsermittelung heranzuziehen, ist durch § 3 StStG. nicht ausgeschlossen. Wollte man das Gegenteil annehmen, so würde der vorliegende Vertrag nicht nur nicht mit dem Kaufstempel belegt werden können — trotzdem das abgeschlossene Geschäft nach der jetzt aufgedeckten Sachlage rechtlich sich als (doppeltes) Kaufgeschäft darstellt —, sondern auch nicht einmal mit dem Tauschstempel. Denn abgesehen davon, daß die Kontrahenten sich des Ausdrucks „Tauschgeschäft" bedienen, was, da es sich um einen Rechtsbegriff handelt, für den Richter nicht maßgebend ist, läßt der Inhalt der Urkunde für sich allein keineswegs erkennen, daß das Geschäft in der Tat ein Tausch ist. Vielmehr ist auch die Feststellung eines Tauschgeschäfts erst möglich durch Heranziehung der Werte, da sich erst hieraus ergibt, ob die als Entgelt gewährte Hypothekenübernahme und Zuzahlung den ganzen Wert deckt, oder ob auf jeder Seite ein Wertrest bleibt, welcher unmittelbar durch das erhaltene Grundstück ausgeglichen wird. Da nun das Gesetz für die Verstempelung die Festsetzung des Wertes, die beim Wertstempel unentbehrlich ist, außerhalb der Urkunde selbst zuläßt, so ist eine Wertangabe in der Urkunde auch nicht erforderlich zur Feststellung der Rechtsnatur der in der Urkunde niedergelegten Tatsachen.

Die Beschwerde macht aber noch geltend, daß, falls man zur Annahme eines Kaufes gelange, es sich jedenfalls nicht um zwei Kaufgeschäfte handelt, sondern höchstens ein Kaufgeschäft bezüglich eines Grundstückes mit einer Hingabe an Erfüllungsstatt bezüglich des anderen in Frage komme. Allein eine solche Hingabe setzt voraus, daß der Gläubiger eine andere als die geschuldete Leistung an Erfüllungsstatt annimmt (BGB. § 364). Vorliegend ist nicht zunächst eine bestimmte Leistung festgesetzt und sodann erklärt, daß an deren Stelle auch erfüllungshalber eine andere Leistung gemacht werden könne, sondern von vornherein ist bestimmt, was jeder als Entgelt für das ihm überlassene Grundstück zu gewähren hat. Dr. Frk.

k) **Zur Auslegung der Tarifstelle 31[5] StStG.**

Kammergericht, I. ZS. Beschluß v. 23. November 1905.

Die TSt. 32[1] betrifft Kauf- und Tauschverträge und andere, lästige Veräußerungsgeschäfte enthaltende Verträge. Sie bezieht sich mithin nur auf lästige Verträge, d. h. auf Verträge, die den Austausch gleichwertiger Leistungen zum Gegenstande haben, und ferner nur auf solche Veräußerungsgeschäfte, welche, wie Kauf- und Tauschverträge, eine bisher nicht bestehende Verpflichtung zur Übertragung und zum Erwerbe des Eigentums begründen, also bloß auf frei gewollte Rechtsgeschäfte (Hummel-Specht, StStG. 11 zu TSt. 32).

Nach TSt. 32⁵ sind Beurkundungen von Übertragungen der Rechte der Erwerber aus Veräußerungsgeschäften über unbewegliche Sachen und diesen gleichgestellte Rechte oder über bewegliche Sachen in betreff der Stempelpflichtigkeit wie Beurkundungen der Veräußerungen der Sachen und Rechte zu behandeln. Hier ist also nicht von Kauf- und Tauschverträgen und anderen lästige Veräußerungsgeschäfte enthaltenden Verträgen, sondern lediglich von Veräußerungsgeschäften die Rede. Die Veräußerungsgeschäfte, aus denen die übertragenen Rechte herrühren, brauchen sonach weder lästige noch den Kauf- und Tauschverträgen gleichstehende, freigewollte zu sein. Der Abs. 5 findet auch auf die Abtretung der Rechte aus unentgeltlichen, sich als Schenkungen darstellenden und aus nicht freiwilligen, gesetzlich erzwingbaren Veräußerungsgeschäften Anwendung. Nur die Abtretung muß ein lästiges und ein freigewolltes Rechtsgeschäft sein, wenn sie der Besteuerung aus Abs. 1 TSt. 32 unterliegen soll. Erfolgt die Abtretung unentgeltlich, schenkungsweise, so ist sie dem Schenkungsstempel (TSt. 56) unterworfen und, ist sie keine freiwillige, so greift die TSt. 2 Platz.

Diese Auslegung steht mit der Entstehungsgeschichte des Gesetzes im Einklange. Der Abs. 5 der TSt. 32 ist durch den besonders auf dem Gebiete der Spekulation mit städtischen Grundstücken hervorgetretenen Mißstand veranlaßt worden, daß die im Wege der Zession erfolgende Überlassung der Rechte aus Kaufverträgen und des Rechts auf Auflassung nicht als Kaufvertrag versteuert werden konnte. Es wurde erwogen, daß solche Zessionen im wesentlichen die gleiche rechtliche Wirkung haben und daß sie denselben wirtschaftlichen Zweck verfolgen und erreichen, wie wirkliche Weiterveräußerungen und deshalb erschien es gerechtfertigt, den Stempeltarif, unter Loslösung von den Normen des bürgerlichen Rechts und unter Voranstellung des durch den Geschäftsabschluß erreichten wirtschaftlichen Zweckes, mehr dem tatsächlichen Umsatz, insbesondere den tatsächlich stattgefundenen Eigentumsbewegungen anzupassen. Dies führt zur stempelrechtlichen Gleichstellung der Übertragungen der Rechte der Erwerber aus Veräußerungsgeschäften mit Weiterveräußerungen (Begr. d. StStG. Abg.-H. 1895 Drucksache B z. Nr. 35 S. 6, 26 z. T. Nr. 2; Komm.-B. das. Nr. 204 S. 5—9, 51). Die Bedeutung TSt. 32⁵ ist mithin, unter Berücksichtigung des vorliegenden Falles, die, daß die Abtretung des Auflassungsanspruchs ebenso stempelpflichtig ist, wie eine Veräußerung des Grundstücks; die Art des Veräußerungsgeschäfts, auf dem der abgetretene Auflassungsanspruch beruht, ist belanglos.

Der Entwurf des StStG. enthält die in Rede stehende Vorschrift nicht in der TSt. 32, sondern in 2. Danach war es völlig ausgeschlossen, unter den dort bezeichneten „Veräußerungsgeschäften" nur solche Verträge zu verstehen, welche nach TSt. 32[1] stempelpflichtig sind. Die Kommission des Abg.-H. hat die Vorschrift in die TSt. 32 aufgenommen, weil sie dorthin dem Zusammenhange nach am besten gehört (Ber. S. 9); der Begriff des Veräußerungsgeschäfts hat also keine Änderung erfahren sollen (Entsch. d. RG. 53 S. 289).

Hiernach kommt es, wie auch in der Literatur angenommen wird (Heinitz 2. Aufl. S. 437 zu b; Hummel-Specht 64 A zur TSt. 32), bei der Anwendung der TSt. 32[5] nicht darauf an, ob der die übertragenen Rechte begründende Vertrag dem Abs. 1 daselbst zu unterstellen ist, sondern nur darauf, ob er sich als ein Veräußerungsgeschäft kennzeichnet. Ein Veräußerungsgeschäft über eine unbewegliche Sache ist jedes Geschäft, das die Verpflichtung zur Übertragung des Eigentums an einem Grundstück begründet. (Hummel-Specht 14 z. TSt. 32). Ein solches Geschäft enthält auch der Vergleich vom 13. Juli, denn er begründet die Verpflichtung der Frau W., das Grundstückseigentum, das sie von F. durch die Auflassung und Eintragung erworben hatte, — infolge der Wandelung — auf ihn zurückzuübertragen. Die in dem Schriftstücke vom 15. Juli beurkundete Abtretung des in dieser Weise begründeten Auflassungsanspruchs ist daher in betreff der Stempelpflichtigkeit wie eine Veräußerung des Grundstücks zu behandeln, da sie freigewollt und gegen ein Entgelt von 77200 Mark erfolgt ist, unterliegt sie mithin nach TSt. 32[1] zu a dem Steuersatz von 772 Mark. Der unter Berücksichtigung des verwendeten Naturalstempels von 17 Mark 50 Pfg. erfolgte Ansatz dieses Stempelbetrages ist somit gerechtfertigt, ohne daß geprüft zu werden brauchte, ob die Urkunde vom 13. Juli ein lästiges Veräußerungsgeschäft im Sinne der TSt. 32[1] enthält.

Da aber auch die Stempelpflichtigkeit dieser Urkunde in Frage kommen kann, so mag bemerkt werden, daß sie der Besteuerung aus TSt. 32[1] nicht unterliegt, denn die Rückübertragung des Grundstücks, zu der sich Frau W. verpflichtet hat, ist keine freigewollte, sondern die Folge der Wandelung (BGB. §§ 467, 346) und der Aufhebungsvertrag ist kein lästiges, auf den Austausch für gleichwertig erachteter Leistungen gerichtetes Geschäft; er bezweckt vielmehr nur, daß, jenen Vorschriften entsprechend, auch Frau W. von F. die auf Grund des Kaufvertrages entrichteten Leistungen zurückerhält (vgl. Entsch. des RG. in JMBl. 1901 S. 41). Das Versprechen, an den Zessionar des F. aufzulassen, hat keine selbständige Bedeutung, denn die Verpflichtung zu einer solchen Auflassung ergibt sich ohne weiteres aus den §§ 398—400 BGB. und die 2500 Mark, die Frau W. außer ihrer Zahlung von 6000 Mark erhalten soll, sind nach dem Vergleiche nicht das Entgelt für die Rückgewähr des Grundstücks, sondern der Ersatz der der Käuferin durch den Kaufabschluß und die Rückgängigmachung des Kaufes entstandenen Nachteile, Schäden und Kosten. Der Veräußerungsvertrag unterliegt daher der Besteuerung aus TSt. 71 Nr. 1[1], nicht aus 32[1]. Gr.

l) **Verstempelung von Teilungsverträgen, wenn schon beim Ankauf die Teilung des gemeinschaftlichen Grundstücks bestimmt wurde.**

Kammergericht, I. ZS. Beschluß v. 15. Februar 1905.

A. hatte ein Grundstück gekauft mit der Erklärung, daß er zum Teil für sich selbst, zum Teil für B. handele. Als beide darauf einen Vertrag schlossen, worin sie erklärten, daß sie sich das Grundstück in der Weise teilen wollten, daß jeder näher bezeichnete Parzellen erhielt, A. im Werte von 95000 Mark, B. im Werte von 50000 Mark, wurde für den Tauschvertrag der Stempel in TSt. 32 in der Weise angesetzt, daß für jeden 1% von der Hälfte seines Wertanteils angesetzt wurde. In der Erinnerung hiergegen wurde geltend gemacht, daß A. von vornherein bevollmächtigt gewesen sei, die bestimmten Grundstücksteile für B. zu kaufen, die dieser demnächst im Teilungsvertrage erhalten habe; deshalb sei nur der Feststempel der TSt. 37⁶ zu erheben. Aus den Gründen:

Wäre die Ansicht der Beschwerdeführer richtig, so würde, da die in Abs. 7 für den Antrag auf Einziehung des Wertstempels vorgesehene Frist von 2 Wochen längst verstrichen ist, der Wertstempel mit Recht angesetzt sein, und der Antrag auf Rückzahlung auf Grund des Nachweises, daß der erste Erwerber des Veräußerungsgeschäfts auf Grund eines Vollmachtsauftrages oder einer Geschäftsführung ohne Auftrag für den nunmehrigen Erwerber abgeschlossen hat, wäre im Verwaltungsverfahren, also beim Landgerichtspräsidenten anzubringen, unterläge aber nicht dem Instanzenzuge (Jahrbuch 20 S. 21). Allein Abs. 6 trifft hier nicht zu. Er bezieht sich auf den Fall, wo jemand zwar als Vertreter (Bevollmächtigter, Geschäftsführer) eines andern handelt, aber in eigenem Namen. In diesem Falle hat der Vertreter gemäß § 667 BGB. den Vertretenen das, was er in Ausführung der Vertretung erlangt hat, herauszugeben. Wird diese Übertragung beurkundet, so unterliegt die Urkunde nicht dem Prozentstempel nach TSt. 32¹, sondern dem Feststempel von 1 Mark 50 Pf. nach Abs. 6. Vorliegend aber hat A. den Vertrag nicht in eigenem Namen, sondern für sich und B. abgeschlossen, so daß es so anzusehen ist, als ob beide persönlich als gemeinschaftliche Kontrahenten den Verkäufern gegenübergetreten wären. A. hat also nicht zunächst für sich erworben und muß den im Auftrage des B. erworbenen Anteil auf diesen übertragen, sondern B. ist unmittelbar durch den Kaufvertrag mit Gegenkontrahent des Verkäufers geworden.

Beide Beschwerdeführer behaupten, sie seien schon vor Abschluß des Kaufvertrages darüber einig gewesen, daß jeder bloß denjenigen Teil des Kaufgegenstandes erhalten sollte, der in der notariellen Urkunde vom 5. Mai 1904 jedem zugewiesen ist, und daß B. insoweit dem A. Auftrag erteilt habe. Wäre dies dahin zu verstehen, daß A. Auftrag erhalten habe, für B. einen selbständigen Kaufvertrag mit den Grundstückseigentümern abzuschließen, dergestalt, daß B. mit der letzteren ausschließlich in ein Kontraktsverhältnis über die ihn betreffenden Grundstücke treten und durch den Kauf der übrigen Grundstücke durch A. für sich selbst gar nicht berührt werden sollte, dann hätte A., indem er den ganzen Kaufvertrag für beide schloß, so daß sie den

Verkäufern gegenüber Gesamtschuldner für den Kaufpreis wurden (BGB. § 427), seine Vollmacht überschritten und der Vertrag wäre rechtsunwirksam gewesen, vorbehaltlich der Haftung des A. gegenüber den Verkäufern nach § 179. Allein so ist der Auftrag von B. an A. offenbar nicht gemeint gewesen. Beide Beschwerdeführer tragen gemeinschaftlich vor: weil noch durch Vermessung und vorläufige Fortschreibung die Grenze zwischen beiden Besitzungen habe festgestellt werden müssen, sei es unterblieben, gleich die sämtlichen Parzellennummern in dem ersten Vertrage einzeln aufzuführen. Das läßt sich nur dahin auffassen, daß B. damit einverstanden gewesen ist, daß A., da die Bezeichnung der Grundstücke, soweit sie der eine und andere Käufer erwerben wollte, nicht gut ausführbar war, den Kauf nach außen hin als einheitlichen für beide gemeinschaftlich über den ganzen Kaufgegenstand abschließen, nach innen hin aber die Verpflichtung unter den beiden Käufern bestehen sollte, daß jeder demnächst dem andern von dem gemeinschaftlichen Kaufe denjenigen Anteil übertragen sollte, welcher der von vornherein getroffenen diesbezüglichen Vereinbarung entsprach. Das wird bestätigt durch den Inhalt des Teilungsvertrages, der ausdrücklich unter Bezugnahme auf den notariellen Kaufvertrag vom 17. Dezember 1903 und in dessen Ausführung abgeschlossen ist. B. muß also entweder von vornherein damit einverstanden gewesen sein, daß A. den Vertrag so, wie geschehen, abschloß, oder er hat ihn nachträglich genehmigt. Danach sind also beide Käufer den Verkäufern gegenüber gemeinschaftliche Forderungsberechtigte geworden (BGB. § 432).

Um nun unter sich dasjenige Verhältnis herzustellen, welches ihrer, von vornherein getroffenen Vereinbarung entsprach, ist der Vertrag vom 5. Mai 1904 geschlossen. In der Verwaltungspraxis und Rechtsprechung besteht nun Einverständnis darüber, daß sich die TSt. 32 nur auf **frei gewollte** Veräußerungen bezieht. Denn wenn sie Kauf- und Tauschverträge mit „anderen, lästige Veräußerungsgeschäfte enthaltenden Verträgen" zusammenstellt, so ist daraus zu folgern, daß unter „Veräußerungsgeschäften" nur solche zu verstehen sind, welche wie Kauf- und Tauschverträge auf **Begründung** von Verpflichtungen gerichtet sind (Hummel-Specht TSt. 32 Nr. 11). Das Kammergericht hat sich deshalb in einem dem Justizminister erstatteten Gutachten vom 9. Juli 1904 dahin geäußert, daß für Teilungen von Miteigentum der Stempel der TSt. 32 nicht zu erheben ist, wenn schon beim Erwerbe des Miteigentums die Erwerber verabredet hatten, das zu erwerbende Grundstück alsbald in bestimmter Weise unter sich in Natur zu teilen, daß vielmehr in diesem Falle die Beurkundung der wechselseitigen Veräußerung nur dem allgemeinen Vertragsstempel von 1 Mark 50 Pf. aus TSt. 71 Nr. 2 unterliegt. Dieser Grundsatz muß auch da Anwendung finden, wo die Erwerber nicht das dingliche Recht, sondern den Anspruch auf Übertragung des dinglichen Rechts teilen. Voraussetzung hierfür ist aber, wie sich ebenfalls aus dem Gutachten ergibt, daß die Urkunde die vertragsmäßige Anerkennung jeder bestehenden Verpflichtung zur wechselseitigen Veräußerung enthält. Denn die Stempelpflichtigkeit einer Urkunde richtet sich lediglich nach ihrem Inhalt (StStG. § 3). An dieser Voraussetzung fehlt es hier. Die Urkunde von 1904 stellt sich als ein reiner Teilungsvertrag über eine gemeinschaftliche Forderung aus dem Kaufvertrage dar. Hinsichtlich der Verstempelung kann sie deshalb nur als Teilungsvertrag in Betracht kommen, nicht als eine vertragsmäßige Anerkennung einer bestehenden Verpflichtung (vgl. Gruchot 49 S. 132).

Sonach erweist sich die Beschwerde in der Hauptsache als nicht begründet. Dagegen war ihr insoweit stattzugeben, als es sich um die Höhe des für den Teilungsvertrag angesetzten Stempels handelt. Das Landgericht hat den Stempel so berechnet, daß es als Objekt bei jedem Beteiligten den zum eigenen Bruchteil noch hinzuerworbenen Bruchteil des Gegenkontrahenten angenommen hat. Das beruht auf der Rechtsprechung des Kammergerichts, welches in Teilungsverträgen Veräußerungsgeschäfte im Sinne der TSt. 38 erblickt hat, und zwar Verträge, die sich der Rechtsfigur des Tausches als Mittel zum Zweck der Auseinandersetzung bedienen, aber über den Inhalt dieses Rechtsgeschäfts hinausgehen, und deshalb im Sinne der gedachten Tarifstelle kein Tausch-, sondern ein anderes lästiges Veräußerungsgeschäft darstellen (Jahrbuch 24 S. 38, Rsp. S. 189). Auf einen anderen Standpunkt hat sich nach einer neueren Entscheidung das Reichsgericht gestellt (Gruchot 49 S. 132). Es erkennt zwar an, daß ein Teilungsvertrag insofern eigenartiger Natur ist, als sein wesentlicher Gegenstand in der Aufhebung des bisherigen Miteigentums besteht; allein damit rechtfertige sich noch nicht die Annahme einer besonderen Art eines lästigen Veräußerungsgeschäfts. Die Aufhebung der Gemeinschaft erfolge durch das Mittel der wechselseitigen Überlassung von Miteigentumsbruchteilen an bestimmten Teilstücken, also durch den Austausch dieser Bruchteile. Seiner inneren Struktur nach stelle mithin der Vertrag sich dar als eine einheitliche Zusammenfassung mehrerer sich gegenseitig bedingender Tauschgeschäfte über Eigentumsbruchteile. Diese Tauschgeschäfte bildeten seine wesentlichen Bestandteile, und daher erscheine als berechtigt, ihn stempelrechtlich als einen Gesamttauschvertrag oder gleich einem solchen zu behandeln. Es muß anerkannt werden, daß der Teilungsvertrag, wenn er sich auch mit einem gewöhnlichen Tauschvertrage nicht vollkommen deckt, ihm doch in der Hauptsache gleichkommt, so daß es sich rechtfertigt, ihn stempelrechtlich zu behandeln. Es wird deshalb unter Aufgabe der bisherigen Ansicht dem Reichsgericht beizutreten sein. F.

m) **Verstempelung der Aufhebung eines Grundstückskaufs.**

Kammergericht, I. ZS. Beschluß v. 6. April 1906.

A. hat 1899 sein Grundstück dem B. für 81200 Mark verkauft. Die Übergabe hat abredegemäß am 1. Oktober 1899 stattgefunden, dagegen ist die Auflassung, die am 1. April 1900 erfolgen sollte, unterblieben; vielmehr wurde durch notariellen Vertrag von 1902 der Kaufvertrag von 1899 wieder

aufgehoben. Dabei erkannte der Verkäufer an, dem Käufer die bar gezahlten 28200 Mark sowie die für das Grundstück gemachten Verwendungen und Kosten des Vertragschlusses mit 4800 Mark zu verschulden. Zur Begleichung dieser 33000 Mark trat er die unter 12—17 auf dem Grundstück eingetragenen und von ihm bezahlten Hypotheken von 30000 Mark unter Erhöhung des Zinsfußes an B. ab, während er die restierenden 3000 Mark hypothekarisch sicherstellte. Zu der Urkunde, zu der ein Naturalstempel von 1 Mark 50 Pf., verwendet wurde, ist eine Stempelabgabe von 1% von 86000 = 860 Mark, $^1/_{50}$ % von 30000 = 6 Mark abzüglich des Naturalstempels nachgefordert worden. Der weiteren Beschwerde des A. war in der Hauptsache stattzugeben.

Das Landgericht hat die TSt. 32, welche die Versteuerung der Kauf- und Tauschverträge und der anderen, lästige Veräußerungsgeschäfte enthaltenden Verträge regelt, deshalb für anwendbar erachtet, weil in der Urkunde von 1902 ein freigewolltes Rückkaufsgeschäft über das Grundstück enthalten sei. Dieser Auffassung kann jedoch nicht beigetreten werden. Durch den Kaufvertrag wird der Verkäufer einer Sache verpflichtet, dem Käufer die Sache zu übergeben und das Eigentum an der Sache zu verschaffen (BGB. § 433). Auf den Tausch finden die Vorschriften über den Kauf entsprechende Anwendung (§ 515 das.). Kauf- und Tauschverträge sind Unterarten der lästigen Veräußerungsgeschäfte. Unter diesem sind Verträge zu verstehen, die auf Veräußerung eines Gegenstandes gegen Entgelt gerichtet sind (§ 445, 493). Veräußerung einer Sache bedeutet Übertragung des Eigentums derselben (Planck, BGB. 1 Vorbem. IV 4 zu Abschn. 3). Die Auffassung des Beschwerdegerichts ist also nur dann zutreffend, wenn die Urkunde einen lästigen obligatorischen Vertrag enthält, durch den die Verpflichtung zur Übertragung des Grundstückseigentums auf A. begründet wird (Hummel-Specht Anm. 14, 17 zu TSt. 32). Da die Auflassung des Grundstücks an B. nicht erfolgt ist, so ist das Eigentum nicht auf ihn übergegangen. Dieser Umstand hindert zwar einen Verkauf des Grundstücks durch B. nicht, da auch fremde Sachen veräußert werden können. Ausgeschlossen ist aber eine Veräußerung des Grundstücks an A., denn, da diesem das Eigentum an dem Grundstücke zusteht, kann es nicht auf ihn übertragen werden. Der Vertrag von 1902 ist überhaupt nicht auf einen Eigentumswechsel gerichtet; er bezweckt vielmehr, die Eigentumsveränderung, auf die der Vertrag von 1899 abzielt, durch Aufhebung dieses Vertrages zu verhindern. Schon hieraus folgt die Unanwendbarkeit der TSt. 32 zu a), und es bedarf daher keiner Prüfung, ob das beurkundete Geschäft als ein lästiges anzusehen ist (Hummel-Specht a. O. 18, 24, 33 I A). Der Vertrag von 1902 hat die Bedeutung, daß die Kontrahenten des Vertrags von 1899 auf ihre Ansprüche aus diesem Vertrage verzichten und daß sich der Käufer zur Rückgabe des Grundstücks und die Verkäufer zur Rückzahlung des Kaufgeldes und zur Erstattung der vom Käufer nach der Übergabe auf das Grundstück gemachten Verwendungen und der durch den Vertragschluß erwachsenen Kosten verpflichten. Ob danach ein reiner Aufhebungsvertrag im Sinne der TSt. 71 Nr. 1¹ oder ein unbekannter Vertrag im Sinne der Nr. 2 das. als beurkundet zu betrachten ist, kann dahingestellt bleiben, denn in dem einen wie in dem anderen Falle ist lediglich der Feststempel von 1 Mark 50 Pf. anzusetzen und die Anwendung einer anderen Tarifstelle auf den erörterten Vertragsinhalt ausgeschlossen.

Die Ansicht des AG., daß neben der TSt. 71 noch 58 anzuwenden sei, erscheint nicht zutreffend. Die Urkunde von 1902 enthält allerdings das Anerkenntnis der Verkäufer, daß der Käufer 28200 Mark gezahltes Kaufgeld und 4800 Mark an Verwendungen zu fordern habe. Die Übernahme der Verpflichtung zur Zahlung dieser 33000 Mark hat aber keine selbständige Bedeutung, bildet vielmehr nur einen unselbständigen Bestandteil des einheitlichen, nach TSt. 71 steuerpflichtigen Rechtsgeschäfts. Es handelt sich hierbei, wie bei der Übernahme der Verbindlichkeit zur Rückgewähr des Grundstücks, lediglich um die Regelung der Bedingungen, unter denen die Aufhebung des Kaufvertrags von 1899 erfolgen soll. Es kommt daher nicht Abs. 2, sondern Abs. 3 des § 10 StStG. zur Anwendung, so daß ausschließlich der Stempel der TSt. 71 und nicht außerdem noch derjenige der TSt. 58 Platz greift.

Selbständige Geschäfte im Sinne des § 10² enthält die Urkunde insofern, als darin die Abtretung der Hypotheken von 30000 Mark erklärt und für die Restforderung von 3000 Mark Hypothek bestellt ist. Der Sicherstellungsstempel aus TSt. 59 kommt jedoch nicht zur Hebung, weil nach Befreiung b) daselbst in Schuldverschreibungen zur Sicherheit der Schuldverpflichtung vom Schuldner abgegebene Erklärungen stempelfrei sind. Als Schuldverschreibung im Sinne dieser Vorschrift kommt nicht nur eine selbständige, nach TSt. 58 zu versteuernde, sondern auch die in einem gegenseitigen Vertrag enthaltene Übernahme der Verpflichtung zur Zahlung einer Geldsumme, die als Bestandteil des Vertrags nicht besonders steuerpflichtig ist, sondern durch den Vertragsstempel gedeckt wird, in Betracht. Wie die in einem Kaufvertrage erklärte Verpfändung des gekauften Grundstücks für das gestundete Kaufgeld der Versteuerung aus TSt. 59 nicht unterliegt, so ist auch die in der vorliegenden Urkunde enthaltene Hypothekbestellung dieser Stempelabgabe nicht unterworfen (Heinitz 2. Aufl. S. 587 zu IV 1 b). Dagegen ist die Abtretung der Hypotheken ein besonderes steuerpflichtiges Geschäft. Die Abrede, daß die Hypotheken zur teilweisen Berichtigung der Forderung des B. an diesen abgetreten werden sollen, bildet allerdings einen unselbständigen Bestandteil des einheitlichen Vertrages; die Abtretung selbst stellt sich aber als ein selbständiges, nach TSt. 2 steuerpflichtiges Rechtsgeschäft dar (Hummel-Specht 4 zu I e (zur TSt. 2). Dr. H.g.

n) **Keine Anwendung der Tarifstelle 73² StStG. auf die Prozeßvollmacht für einen Anwalt.**

Kammergericht, I. ZS. Beschluß v. 19. Oktober 1905.

Die Stempelpflichtigkeit einer Urkunde richtet sich nach ihrem Inhalte

(StStG. § 3). Die TSt. 73² ist daher nur anwendbar, wenn aus der Urkunde hervorgeht, daß der Bevollmächtigte in einem Dienstverhältnisse zum Vollmachtgeber steht (Beschluß des KG. vom 27. Juli 1900 Y 481. JM.-Erl. vom 20. März 1905 I a 394; Heinitz 2. Aufl. S. 37 Anm. 2, S. 640 Anm. 4c). Diese Voraussetzung ist hier nicht vorhanden. Das Landgericht nimmt nach dieser Richtung an, daß ein Dienstverhältnis bei Erteilung der stempelpflichtigen Ermächtigungen noch nicht bestanden habe, vielmehr erst durch Ausstellung der Prozeßvollmacht entstanden sei. Dagegen meint die Beschwerde, daß die Prozeßvollmacht im ersten, die darüber hinausgehende Ermächtigung [zum Geldempfang] im zweiten Absatze der Vollmachtsurkunde enthalten sei. Wären diese Gesichtspunkte zutreffend, so würde die fragliche Voraussetzung gegeben sein. Die Vollmachtsurkunde ist aber erst durch die Unterschriften der Aussteller vollendet worden. Daher sind die beiden beurkundeten Willenserklärungen gleichzeitig entstanden. Die Prozeßvollmacht ist nicht vor der gewöhnlichen Vollmacht, sondern in demselben Zeitpunkte wie diese, nämlich mit der Unterzeichnung des Schriftstücks ausgestellt worden. Außerdem wird ein Dienstverhältnis nicht durch Ausstellung einer Prozeßvollmacht, sondern nur ebenfalls durch Annahme des der Vollmachtserteilung zugrunde liegenden Auftrags zur Vertretung hergestellt. Hiervon enthält aber die Vollmachtsurkunde nichts.

Überdies steht der Prozeßbevollmächtigte nicht kraft des Auftrags zur Vertretung in einem Dienstverhältnisse zur Partei. Die TSt. 73² ist auf Vorschlag der Kommission des Abg.-Hauses vom Plenum angenommen worden, ohne daß der Bericht oder die Verhandlungen einen Anhalt zur Erläuterung des Wortes Dienstverhältnis geben. Daraus ist zu folgern, daß der Gesetzgeber diesen Ausdruck in dem in der Gesetzgebung und im Leben gewöhnlich damit verbundenen Sinne verstanden hat (Gruchot 45 S. 994). Das BGB. §§ 617. 620 ff. bezeichnet zwar als Dienstverhältnis jedes durch einen Dienstvertrag begründete Rechtsverhältnis. Dieser Sprachgebrauch des Reichsrechts kann aber nicht zur Auslegung des älteren ALR. herangezogen werden. Unter Dienstverhältnis im Sinne der TSt. 73² ist vielmehr, dem allgemeinen Sprachgebrauche gemäß, ein dauerndes, auf einen längeren Zeitraum berechnetes Verhältnis zu verstehen, kraft dessen der eine Teil dem anderen zur Leistung einer Reihe von Diensten verpflichtet ist. Handelt es sich nur um einen einzelnen Dienst, die Besorgung eines einzelnen Geschäfts, so spricht man im Leben nicht von einem Dienstverhältnisse. Für solche Fälle ist die fragliche Ermäßigungsvorschrift auch nach ihrem Grunde und Zwecke nicht bestimmt. Sie beruht augenscheinlich auf der Erwägung, daß bei dauernden Dienstverhältnissen die Vertretung des Dienstberechtigten durch den Dienstverpflichteten und die Ausstellung von Vollmachtsurkunden zu dessen Legitimation häufig notwendig zu werden pflegt und daß dann die Erhebung des Vollmachtsstempels in voller Höhe leicht zu einer unverhältnismäßig schweren Belastung des Vollmachtgebers führen kann. Die TSt. 73² soll die Verwendung des Dienstpersonals, der Angestellten zur Vornahme von Geschäften rechtlicher Natur erleichtern.

Diese Gesichtspunkte treffen nicht zu, wenn jemand, besonders ein Rechtsanwalt, die Vertretung eines anderen in einem bestimmten Prozeß, also die Ausführung eines einzelnen Geschäfts, übernommen hat. Für das Verhältnis der Partei zum Anwalte, dem sie ihre Vertretung im Prozeß übertragen hat, verwendet auch der allgemeine Sprachgebrauch nicht den Ausdruck Dienstverhältnis. Wollte man die TSt. 73^2 für anwendbar auf ein solches Verhältnis erachten, so würde ihm auch die Prozeßvollmacht regelmäßig unterstellt werden können, weil sie in der Regel erst nach der Annahme des Auftrags zur Prozeßführung ausgestellt wird. Wäre dies aber die Absicht des Gesetzgebers gewesen, so wäre schwerlich neben der Ermäßigungsvorschrift des Abs. 2 noch die des Abs. 4 der TSt. 73, welche die mehr als 1,50 Mark betragenden Steuersätze des Abs. 1 für Prozeßvollmachten ermäßigt, in den Regierungsentwurf eingeschaltet worden. F.

o) **Stempelpflichtigkeit der von einer Kommunalbehörde ausgestellten Bescheinigung über die Legitimation einer Sparkassenadministration.**

OLG. Kiel, III. ZS. Urteil v. 25. März 1906.

Zu der TSt. 77 gehören die vom klagenden Magistrat ausgestellten Bescheinigungen: denn der Kläger handelt, da die Sparkasse ein städtisches Institut ist, innerhalb seiner amtlichen Zuständigkeit, wenn er bescheinigt, daß bestimmte Personen der Administration dieses Instituts angehören. Die Bescheinigungen sind aber auch Zeugnisse in Privatsachen. Als ein solches ist das Zeugnis nicht nur dann anzusehen, wenn es ausschließlich im Interesse von Privatpersonen erteilt ist, sondern auch dann, wenn seine Erteilung zum Teil aus Gründen des öffentlichen Wohls, zum Teil im Interesse von Privatpersonen veranlaßt ist. Das trifft hier zu. Denn die fraglichen Urkunden sind nicht nur dazu bestimmt, dem Interesse des öffentlichen Instituts der Sparkasse zu dienen, sondern sie dienen gleichzeitig dem Interesse derjenigen Privatpersonen, zu denen die Administratoren in privatrechtliche Beziehungen getreten sind. Die Stempelpflichtigkeit der Bescheinigungen folgt auch daraus, daß nach der TSt. 77c die mit Beglaubigungen von Unterschriften von Anträgen und Verhandlungen für Grundbuchzwecke verbundenen Zeugnisse über die Vertretungsbefugnisse der Beteiligten ausdrücklich für stempelfrei erklärt werden. Aus dieser Bestimmung geht hervor, daß solche Zeugnisse, wenn sie nicht mit Unterschriftsbeglaubigungen verbunden sind, stempelpflichtig sind. Die Befreiung von der Stempelabgabe kann auch nicht aus der TSt. 35 hergeleitet werden, da die hier fraglichen Bescheinigungen keine „Legalisationen" sind. Darunter sind Atteste zu verstehen, in denen eine Behörde bescheinigt, daß ein ihr unterstellter Beamter eine Urkunde unterschrieben hat, daß er die amtliche Eigenschaft zur Unterzeichnung besitzt und daß er die Unterzeichnung in dieser amtlichen Eigenschaft vorgenommen hat. Hier ist jedoch nur bescheinigt, daß die Unterzeichner der Urkunden die amtliche

Eigenschaft zur Unterzeichnung besitzen, nicht aber, daß sie die Urkunden, und zwar in ihrer amtlichen Eigenschaft, unterzeichnet haben. Die Auffassung des Klägers, daß eine Legalisation schon dann vorliege, wenn auch nur ein Teil der erwähnten Voraussetzungen gegeben sei, würde folgerichtig dahin führen, daß auch in jeder Unterschriftsbeglaubigung eines Beamten eine stempelfreie Legalisation zu erblicken wäre. Das widerspricht aber der TSt. 77, nach welcher Unterschriftsbeglaubigungen nur unter bestimmten Umständen (77 e und f) stempelfrei sind. Gr.

p) **Verstempelung der Schiedssprüche.**

Kammergericht, I. StrafS. Urteil v. 14. Dezember 1905.

Nachdem der gegen Unfall versicherte X. einen Unfall erlitten hatte, setzte eine Kommission von drei Mitgliedern den Grad seiner dadurch herbeigeführten Erwerbsunfähigkeit auf 40 % fest. Die Strafkammer betrachtet diese Entscheidung nicht als einen Schiedsspruch i. S. der TSt. 57. Dabei geht sie von der zutreffenden Auffassung aus, daß Gutachter, die nicht einen Rechtsstreit wie durch einen Richterspruch entscheiden, sondern nur über einzelne für ein Rechtsverhältnis erhebliche Tatfragen einen Spruch abgeben, der für das Gericht maßgebend sein soll, nicht als Schiedsrichter der §§ 1025 ff. ZPO. zu betrachten sind. Das StStG. gebraucht den Ausdruck in TSt. 57 in demselben Sinne wie die ZPO.... Die Ansicht, daß die Frage, um wieviel Prozent die Erwerbsfähigkeit eines Verletzten herabgemindert sei, keine Rechts-, sondern eine Tatfrage ist, mag sie auch für die Entscheidung eines Rechtsverhältnisses von Bedeutung sein, ist nicht rechtsirrtümlich. Daß die Entscheidung von den Beteiligten als Schiedsspruch betrachtet und behandelt, auch gemäß § 1039 ZPO. an Gerichtsstelle niedergelegt worden, ist ohne Bedeutung. Jahrb.

q) **Gebühr für Enthaftung eines Trennstücks.**

Kammergericht, I. ZS. Beschluß v. 23. April 1906.

Am 4. Dezember 1901 beglaubigte der Beschwerdeführer (Notar) die Unterschrift des A. unter folgender, von ersterem entworfener Urkunde:

Auf dem Grundstück Nr. 7 steht eine Hypothek von 12000 Mark und auf dem Grundstück Nr. 235 eine solche von 6000 Mark für den Gutsbesitzer F. eingetragen. F. ist gestorben und von seiner Witwe und seinen drei minderjährigen, in der elterlichen Gewalt der Mutter stehenden Töchtern beerbt worden. Das Vormundschaftsgericht hat den A. zum Beistande bestellt und ihm die Vermögensverwaltung übertragen; die Witwe F. hat ihm Generalvollmacht erteilt. Auf Grund dieser seiner Vertretungsmacht entläßt A. wegen der obenbezeichneten Hypotheken mehrere vom Eigentümer an Dritte verkaufte — einzeln aufgeführte — Parzellen aus der Pfandverbindlichkeit und bewilligt deren pfandfreie Abschreibung vom Stammgrundstück. Ein Entgelt für Pfandentlassung haben die Gläubiger nicht erhalten.

Für Entwurf und Beglaubigung brachte der Notar zu Lasten des Grundstückseigentümers nach § 34 preuß. GKG. eine Gebühr von 18 Mark in Ansatz.

Aus den Gründen:

Dem Landgericht ist zwar darin nicht beizupflichten, daß im Sinne des § 43 Nr. 1 preuß. GKG. unter dem „zugrunde liegenden Rechtsgeschäfte“

nur das obligatorische Kausalgeschäft, nicht aber die dingliche Verfügung zu verstempeln wäre. Es ist ebensowenig richtig, daß in der Erklärung des Hypothekengläubigers, er entlasse ein Trennstück aus der Pfandverbindlichkeit und bewillige dessen pfandfreie Abschreibung, nicht bloß eine reine formale Löschungsbewilligung (vgl. §§ 19, 47 ² GrBO.), sondern zugleich das materielle Rechtsgeschäft (vgl. §§ 875, 1132, 1168, 1175, 1183 BGB.) gefunden werden müßte. Nicht alle Erklärungen, die eine Urkunde enthält, dürfen kostengesetzlich als beurkundet gelten. Manche Angaben stellen sich, obgleich sie an sich rechtsgeschäftlicher Natur sein können, ohne weiteres als bloß erläuternde oder motivierende Bemerkungen zu denjenigen Erklärungen dar, um deren urkundliche Feststellung es allein den Beteiligten zu tun ist. Soll ein Trennstück vom belasteten Grundstück ohne Mitübertragung der Belastungen abgeschrieben werden, so genügt hierzu eine rein formale Bewilligung. Es darf deshalb, zumal da der Übergang der Hypothek auf den Eigentümer ausgeschlossen ist, davon ausgegangen werden, daß der Bewilligende nicht auch noch weitere Erklärungen beurkundet wissen will. Dies muß namentlich dann gelten, wenn, wie hier, eine mehr dem § 65 der preuß. GrBO., als dem Sprachgebrauch des BGB. angepaßte Ausdrucksweise gewählt worden ist. Bei der Urkunde ist die Bewilligung der Abschreibung der Trennstücke ohne Mitübertragung der Hypotheken offenbar das allein Wesentliche. Alle übrigen Angaben betreffend die Legitimation des Ausstellers und der durch ihn vertretenen Personen, die Entlassung aus der Pfandverbindlichkeit, sowie den Nichtempfang eines Entgelts hierfür, sind nur zur Erläuterung und Motivierung hinzugefügt worden. Irgend ein Zweck, den die Beteiligten mit der urkundlichen Feststellung auch dieser Angaben verfolgt haben könnten, ist nicht erkennbar. Im Ergebnisse ist demnach die Entscheidung des Landgerichts zutreffend. K.

r) **Wegegebühr bei Protestaufnahme. Preuß. GKG. § 50.**

Kammergericht, I. Ferien-ZS. Beschluß v. 9. August 1905.

Der Beschwerdeführer (Notar) hat zum Zwecke der Protesterhebung drei Wege gemacht, den ersten nach der im Wechsel angegebenen Wohnung des Bezogenen, den zweiten von dort nach der Wohnung des Revierpolizeibeamten und den dritten nach der vom Revierbeamten bezeichneten richtigen Wohnung des Bezogenen. Nach § 50 preuß. GKG. mit § 5 NotGebO. erhöht sich die dem Notar für die Aufnahme des Wechselprotestes zustehende volle Gebühr für jeden Weg, welchen der Notar behufs Vorlegung des Wechsels oder behufs Nachsuchung der Wohnung bei der Polizeibehörde unternimmt, um je $^1/_{10}$ der vollen Gebühr, mindestens aber um 1 Mark. Voraussetzung für den Ansatz der Wegegebühr ist demnach, daß der betreffende Weg behufs Vorlegung des Wechsels oder behufs Nachsuchung der Wohnung des Protestaten bei der Polizeibehörde unternommen ist. Andere Wege, welche der Notar aus Zweckmäßigkeitsgründen zur Erforschung der Wohnung unternimmt, begründen für ihn daher keinen Anspruch auf eine besondere

Wegegebühr. Die Wege nach der im Wechsel angegebenen Wohnung und demnächst nach der richtigen Wohnung des Protestaten in der D.-Straße sind beide behufs Vorlegung des Wechsels unternommen und rechtfertigen daher den zweimaligen Ansatz der Wegegebühr. Dagegen kann der Notar für den Weg zum Polizeisergeanten keine Gebühr beanspruchen. Denn dieser Weg kann nicht als Weg zur Polizeibehörde angesehen werden. Der § 50 hängt mit Art. 91 WO. zusammen und enthält die Gebührenvorschrift für den durch Art. 91 vorgeschriebenen Weg zur Polizeibehörde des Ortes, dessen fruchtloser Ausfall die Erhebung des Windprotestes rechtfertigt. Der Polizeisergeant ist aber nicht als Polizeibehörde des Ortes anzusehen, und eine fruchtlose Nachfrage bei ihm genügt nicht, um die Unauffindbarkeit der Wohnung des Protestaten gemäß Art. 91 als festgestellt anzunehmen. Wäre die Nachfrage bei dem Revierbeamten fruchtlos geblieben, so hätte sich vielmehr der Notar vor der Erhebung des Protestes in den Wind erst noch nach der Zentralstelle der Polizeiverwaltung begeben und dort Nachfrage halten müssen. Dem Beschwerdeführer ist zuzugeben, daß Art. 91 WO. die Anstellung anderer Ermittelungen nach der Wohnung des Protestaten vor der Nachfrage bei der Polizeibehörde nicht ausschließt, der Notar ist aber zur Anstellung derartiger anderer Nachforschungen, auch wenn sie im einzelnen Falle zweckmäßig und Erfolg versprechend erscheinen mögen, gesetzlich nicht verpflichtet, und eine Gebühr wird dem Notar durch § 50 nur für die von ihm kraft gesetzlicher Verpflichtung unternommenen Wege zugebilligt. Daß vorliegend der Weg zum Revierbeamten zur Ermittelung der Wohnung des Protestaten geführt und somit einen Weg zur Polizeibehörde erübrigt hat, kann nicht in Betracht kommen. Denn der Erfolg oder die Ergebnislosigkeit des Weges können nicht dafür entscheidend sein, ob dem Notar eine Gebühr für den Weg zusteht oder nicht. Soweit ein Weg den Anspruch auf eine Gebühr nach dem Gesetz begründet, steht diese Gebühr dem Notar unabhängig von dem Erfolg des Weges zu.

Dem Beschwerdeführer steht daher eine Gebühr nur für die beiden Wege nach der A.- und nach der D.-Straße zu. Da der Weg nach der A.-Straße den Anspruch auf Tagegelder und Reisekosten rechtfertigt und diese nach § 50 auf die Wegegebühr anzurechnen sind, die Gebühr für den Weg nach der A.-Straße aber geringer als der 15 Mk. 60 Pf. ausmachende Betrag der Tagegelder und Reisekosten ist, so hat der Notar für diesen Weg 15 Mk. 60 Pf. und **daneben** für den Weg nach der D.-Straße die Mindestgebühr des § 50 von 1 Mark zu beanspruchen. Eine Anrechnung der Reisekosten und Tagegelder auch auf die Wegegebühr für den zweiten Weg findet nicht statt. Wenn von mehreren Wegen nur einer den Ansatz von Tagegeldern und Reisekosten begründet, so sind dieselben vielmehr nur auf die Gebühr für diesen einen Weg anzurechnen und die übrigen Wegegebühren daneben unverkürzt anzusetzen. Dieser Grundsatz, der durch die Verfügung vom 16. Februar 1903 (JMBl. S. 36ff. Nr. 34) für den Ansatz der Gebühren und Auslagen der Gerichtsvollzieher ausdrücklich als maßgebend anerkannt ist, hat auch bei der Berechnung der Wegegelder auf Grund des § 50 preuß. GKG. Anwendung zu finden (Mügel Anm. 1 zu § 50). [Vgl. Rsp. 11 S. 354 Anm.] Dr. L. W.

s) **Zur Auslegung der §§ 107, 109² preuß. GKG.**

Kammergericht, I. ZS. Beschluß v. 27. September 1906.

Vorliegend ist das Verfahren nicht über den Beginn hinausgekommen, und ist jedenfalls eine sachliche Entscheidung, welche die Anwendung des § 109 Ziff. 2 ausschließen könnte (Mügel 4 zu § 109) noch nicht ergangen. Die bloße Verfügung des Amtsgerichts, die Austrittserklärungen dem Kirchenvorstande mitzuteilen, ist eine lediglich geschäftsleitende Anordnung und keine „Entscheidung"; denn sie hatte nur einen vorbereitenden Charakter und mußte erfolgen, ohne daß dabei das richterliche Ermessen in Frage kam.... Dafür, daß die volle Gebühr auch schon bei Beginn und bei nur teilweiser Durchführung des Verfahrens geschuldet würde, gibt die Entstehungsgeschichte des § 104 (jetzt 107) keinen Anhalt. Nach der Regierungsvorlage sollten nämlich: „in dem Verfahren betr. den Austritt 2c außer dem Stempel für die über den Austritt zu erteilende Bescheinigung nur Schreibgebühren und bare Auslagen erhoben werden". Hier war die Fassung des Eingangs der Vorschrift durch deren sachlichen Inhalt gegeben; denn es wäre sprachwidrig gewesen, wenn man hätte sagen wollen: „für das Verfahren werden nur Schreibgebühren und bare Auslagen erhoben". Die Kommission des Abg.-H. (Drucks. 1895 Nr. 94 S. 41) änderte nur die Bestimmung inhaltlich dahin ab, daß eine Gebühr von 3 Mark zu erheben sei, behielt aber die Wortfassung der Vorlage im übrigen bei, obwohl es vielleicht dem sonstigen Sprachgebrauche des Gesetzes (z. B. §§ 85, 86 u. sonst) mehr entsprochen hätte, wenn nun auch die Eingangsworte: „in dem" umgeändert wären in: „für das Verfahren". Daß aber auf die Beibehaltung jener Eingangsworte irgendwelches Gewicht gelegt werde, ist dabei in keiner Weise zum Ausdruck gekommen oder sonst erkennbar. — Nach § 109 Ziff. 2 hätte es einer „besonderen Vorschrift" bedurft, um dessen allgemeine Bestimmung, daß bei Zurücknahme eines Antrages vor Erlaß einer Entscheidung oder vor Stattfinden der beantragten Verhandlung nur $^3/_{10}$ der vollen Gebühr verfallen sind, im Falle des § 107 auszuschließen. In der bloßen Fassung des § 107 („in dem Verfahren") kann eine solche besondere Vorschrift nicht gefunden werden, und auch Erwägungen rechtspolitischer Art sprechen gegen diese Annahme: denn wenn das Gesetz allgemein den Antragstellern den Entschluß, etwaige unbegründete oder unzulässige Anträge zurückzunehmen, durch eine Ermäßigung des Gebührensatzes erleichtert, so hat es sicher dem Willen des Gesetzgebers entsprochen, daß auch die Zurücknahme von Austrittserklärungen aus der Landeskirche durch Herabsetzung der Gebühren begünstigt wird. Warum der Gesetzgeber gerade hier eine Ausnahme von jenem Prinzip gemacht haben sollte, wäre nicht abzusehen. Gr.

20

a) Ersuchen des Vorstandes einer Berufsgenossenschaft um eidliche Vernehmung von Zeugen. Zuständiges Beschwerdegericht.

OLG. Frankfurt, I. ZS. Beschluß v. 12. Oktober 1906.

Auf § 157 GVG. kann die Zuständigkeit des OLG. zwar nicht gegründet werden (vgl. JW. 1896 S. 145; Hamburg, Rsp. 8 S. 181, 10 S. 153; Naumburg, das. 12 S. 185); sie folgt aber, wie auch schon der hiesige III. ZS. durch Beschluß v. 24. März 1902 anerkannt hat, aus § 87² preuß. Ausf.-G. zum GVG. Allerdings erachtet das OLG. Naumburg diesen § 87² als nicht anwendbar, da durch Landesrecht die Zuständigkeit des OLG. bezüglich des der Landesgesetzgebung entzogenen Unfallversicherungswesens nicht bestimmt werden könne, das GewUVG. einen entsprechenden Vorbehalt zugunsten der Landesgesetzgebung nicht gemacht habe. Dem kann nicht beigetreten werden (vgl. auch Breslau, Rsp. 12 S. 186 Anm. 1). Das GewUVG. beabsichtigte und enthält — seinem auf ganz andere Ziele gerichteten Zweck entsprechend — keine Regelung der prozessualen Frage über das Beschwerderecht bei Ablehnung von Rechtshilfe, vielmehr ist, soweit nicht das GVG. Anwendung finden kann, der Landesgesetzgebung in der Richtung freie Hand gelassen.

Die Beschwerde ist auch sachlich begründet. Entgegen der Auffassung des OLG. Hamburg (a. O.) und in Übereinstimmung mit dem oben angezogenen Beschluß des III. ZS. v. 24. März 1902 muß die Befugnis der Vorstände von Berufsgenossenschaften, die öffentlichen Behörden um Rechtshilfehandlungen zu ersuchen, nach dem bestimmten und allgemein gehaltenen Wortlaut des § 144 GewUVG. anerkannt werden. Ob die ersuchte Stelle zur Rechtshilfe verpflichtet ist, hängt hiernach lediglich davon ab, ob ihr der Charakter einer öffentlichen Behörde zukommt, ob sie zu Handlungen der ersuchten Art zuständig ist, ob jene Handlungen nach dem Rechte der ersuchten Behörde nicht verboten sind, sowie ob das Ersuchen im Vollzug des GewUVG. erging. Nicht zu bezweifeln ist, daß die Amtsgerichte als öffentliche Behörden zu gelten haben und ebensowenig, daß sie zur eidlichen Vernehmung von Sachverständigen befugt sind. Weiter ist auch das Ersuchen im Vollzug des GewUVG. ergangen; denn nach dessen § 69³ ist der behandelnde Arzt vorher zu hören, wenn die Bewilligung einer Entschädigung abgelehnt oder nur eine Teilrente festgestellt werden soll. Endlich ist die eidliche Vernehmung von Sachverständigen in Gewerbeunfallsachen jedenfalls nicht verboten. Das Amtsgericht ist daher sehr wohl in der Lage, den Sachverständigen vorzuladen, ihn zu vernehmen und zu beeidigen; es hat dem Ersuchen daher stattzugeben. Zurzeit nicht zu erörtern ist die andere, von der Frage der Zulässigkeit der beantragten Amtshandlung des Amtsgerichts durchaus verschiedene Frage, ob ein Gerichts- und Zeugniszwang vorliegend besteht, ob das Amtsgericht das Erscheinen des Sachverständigen, die Erstattung seines Gutachtens und, im Falle seiner Weigerung, die Beeidigung erzwingen kann. B. l.

b) **Ersuchen um Vernehmung eines nicht ausreichend bestimmten Sachverständigen.**

OLG. Cassel, II. ZS. Beschluß v. 29. Januar 1906.

In dem Beweisbeschluß ist der zu vernehmende Sachverständige nicht mit dem Namen, sondern lediglich als der technische Leiter einer bestimmten Fabrik bezeichnet. Das Ersuchen um Vernehmung dieses Sachverständigen ist mit Recht abgelehnt worden.

Gemäß § 405 ZPO. (vgl. auch § 372[2]) kann das Prozeßgericht den mit der Beweisaufnahme betrauten Richter zur Ernennung des Sachverständigen ermächtigen. Ist dies nicht geschehen, wie hier, dann muß der Beweisbeschluß den Sachverständigen benennen (§ 359 Nr. 2), d. h. so bezeichnen, daß daraus die zu vernehmende Person mit Sicherheit zu erkennen ist. Steht sie auf Grund des Beweisbeschlusses fest und sind nur Nebendinge zu ermitteln, um sie mit Sicherheit zu laden, so kann diese Ermittelung zu den Amtspflichten des ersuchten Richters gehören. Allein die hier gewählte Bezeichnung „technischer Leiter" ist so allgemein, daß das ersuchte Gericht nicht sicher ist, ob die von der Auskunftstelle (Fabrik, Polizeibehörde, Handelskammer) als solcher aufgefaßte Person diejenige ist, die das ersuchende Gericht als Sachverständigen gewollt hat. Hierüber hat das ersuchende Gericht zu entscheiden, nicht das ersuchte. Dem ersuchten Gericht ist nicht zuzumuten, auf seine Gefahr hin einen vielleicht falschen Sachverständigen zu vernehmen, zumal es dem ersuchenden Gericht nicht schwerer fällt, auf die gleiche Art, wie es das ersuchte Gericht müßte, nämlich durch Anfrage, die Persönlichkeit des zu Vernehmenden festzustellen, wenn es nicht dies der Partei überlassen will. Fs.

c) **Ersuchen um Verkündung eines Testaments.**

OLG. Dresden, VI. ZS. Beschluß v. 18. Oktober 1905.

Auf Antrag der Witwe A. hat das Amtsgericht Dresden das bei ihm verwahrte Testament der A.schen Eheleute geöffnet und es sodann in Urschrift nebst beglaubigter Abschrift des Eröffnungsprotokolls dem Amtsgerichte Berlin als dem zuständigen Nachlaßgericht übersandt, indem es eine Verkündung des Testaments, da keine Beteiligten erschienen, nicht für erforderlich ansah.

Aus den Gründen:

Es bedarf keines Eingehens darauf, ob das Amtsgericht Dresden, das nach § 2261 das Testament zu eröffnen hat, dieses nicht nur zu öffnen, sondern auch trotz des Nichterscheinens von Beteiligten zu verkünden gehabt hätte (Rsp. 6 S. 179). Denn selbst wenn ihm diese Verpflichtung nicht von selbst obgelegen haben sollte, so müßte es doch einem hierauf gerichteten Ersuchen des Nachlaßgerichts entsprechen, weil ihm diese Handlung nicht verboten war. Es kann sich deshalb nicht weigern, die bisher unterbliebene Verkündung noch vorzunehmen, zu dem Termin hierzu die Beteiligten, auch wenn sie nicht in seinem Bezirke wohnen, soweit tunlich zu laden und im Termin das bereits geöffnete Testament zu verkünden, auch wenn kein Beteiligter erscheint. Bei der Verkündung ist dem § 2273 nachzugehen; auch dürfte zu erwägen sein, ob nicht die Urschrift des Testaments vom Amtsgerichte Dresden wieder zu verschließen und in die besondere amtliche Verwahrung zurückzubringen, dem Amtsgerichte Berlin aber eine begl. Abschrift von den Verfügungen des verstorbenen A. zu übersenden ist (Rsp. 2 S. 64). Annalen.

d) **Ersuchen um Beitreibung von Ordnungsstrafen.**

Kammergericht, I. Ferien-ZS. Beschluß v. 30. August 1906.

Das Ersuchen des Amtsgerichts A., die gegen einen Vormund festgesetzten Ordnungsstrafen beizutreiben, hat das Amtsgericht Berlin abgelehnt, weil der beigefügte Beschluß des Vormundschaftsrichters nicht mit der Vollstreckungsklausel versehen sei. Das Amtsgericht A. suchte gemäß § 160 GVG. die Entscheidung des Kammergerichts nach. Aus den Gründen:

Die Vollstreckung der gemäß § 1837 BGB. verhängten Ordnungsstrafen ist reichsgesetzlich nicht geregelt. Die Regelung ist vielmehr landesgesetzlich, und zwar, im Anschluß an die Rechtsprechung des Kammergerichts, durch Art. 16^2 preuß. FrG., dahin geschehen, daß die zwangsweise Einziehung im Verwaltungszwangsverfahren erfolgt. Damit ist klargestellt, daß das Gericht, das die Vollstreckung ausführt, nicht als solches, sondern als Justizverwaltungsbehörde tätig wird (vgl. Jahrbuch 13 S. 130; § 4 der V. vom 15. November 1899). Muß eine Vollstreckungsmaßregel außerhalb des Geschäftsbezirks der Vollstreckungsbehörde ausgeführt werden, so hat die entsprechende Behörde desjenigen Bezirks, in welchem die Ausführung erfolgen soll, auf Ersuchen der Vollstreckungsbehörde das Zwangsverfahren auszuführen (§ 5 d. V.). Das ersuchende und das ersuchte Amtsgericht stehen sich also hier nicht als richterliche, sondern als Verwaltungsbehörden gegenüber und die Bestimmungen des § 160 GVG., sowie des § 87 preuß. Ausf.-G. zum GVG. (vgl. Art. 130 Nr. XI preuß. FrG.) über die von den Gerichten als solchen andern Gerichten oder Behörden zu leistende Rechtshilfe können daher keine Anwendung finden. Über die Rechtmäßigkeit der Weigerung des ersuchten Amtsgerichts hat demgemäß die ihm vorgesetzte Dienstbehörde, nicht dagegen das nur im Fall einer Rechtshilfe zuständige OLG. zu entscheiden. F.

21

a) **Begründung einer ständigen Niederlassung.**

α) Bayer. Oberstes Landesgericht, II. ZS. Beschluß v. 19. Februar 1906.

Der Polier X., der bei dem Baue des Bahnhofes M.-N. beschäftigt war und in M. seine Wohnung hatte, wurde wegen Krankheit beurlaubt und begab sich in die Klinik zu E., wo er starb. E. kann als sein letzter Wohnsitz nicht in Betracht kommen, da er sich dort nur vorübergehend und zu einem bestimmten Zwecke aufhielt. Dagegen hatte er sich in M. zur Ausübung seines Berufes niedergelassen und die Niederlassung war nicht von vornherein nur auf eine feste bestimmte Zeitdauer berechnet. Die bloße Möglichkeit, ja selbst die Wahrscheinlichkeit, daß er nach Beendigung seiner gewerblichen Tätigkeit den Wohnsitz in M. aufgehoben hätte, steht der Annahme einer „ständigen“ Niederlassung nicht entgegen; denn der § 7¹ erfordert dazu keineswegs die Absicht, für alle Zeiten an dem Orte der Niederlassung zu verweilen. Über die Erfordernisse des Wohnsitzes hat das BGB. keine Vorschriften aufgestellt, die vom gemeinen Recht (l. 7 C. 10. 40) abweichen. Gerade bei solchen Personen, die eine bestimmte Erwerbstätigkeit je nach Gelegenheit und Bedarf an verschiedenen Orten ausüben, wird ein mehr oder minder häufiger Wechsel der Niederlassung eintreten, ohne daß dadurch der Begriff der „ständigen“ Niederlassung ohne weiteres ausgeschlossen ist. M.

β) OLG. Karlsruhe, IV. ZS. Urteil v. 20. Februar 1905.

Der Kläger ist seit 1901 als Reisender einer Aktiengesellschaft, die in Mannheim ihren Sitz hat, tätig und hat daselbst gegen seine Frau, die in Rottweil ein Warengeschäft betreibt, auf Feststellung geklagt. Die Klage wurde wegen örtlicher Unzuständigkeit abgewiesen. Gründe:

Die Beklagte, weil Ehefrau, teilt den Wohnsitz des Mannes und kann einen selbständigen Wohnsitz nur dann haben, wenn der Kläger keinen hat. Der weitere Fall des § 10², daß „die Frau seinen Wohnsitz nicht teilt“, bezieht sich unmittelbar zurück auf § 10¹: gemeint ist lediglich die daselbst für den abgeleiteten Wohnsitz statuierte Ausnahme, daß der Mann seinen Wohnsitz im Ausland an einem Ort genommen hat, an den ihm die Frau nicht folgt und zu folgen nicht verpflichtet ist (§§ 1353, 1354).

Ist der neue Wohnsitz des Mannes im Inland, so hat daselbst die Frau ihren gesetzlichen Wohnsitz, auch wenn sie dahin weder folgt noch zu folgen verpflichtet ist. Durch tatsächliche Trennung der Ehegatten wird der abgeleitete Wohnsitz der Frau nicht berührt. Abgeleiteter Wohnsitz wäre für die Beklagte in Mannheim dann begründet, wenn der Kläger dort den Wohnsitz begründet hat. Dies ist aber nicht erwiesen.

Wohnsitz setzt im Gegensatz zu Aufenthalt und bloßer Wohnung den manifestierten Willen voraus, an einem bestimmten Ort dauernden Aufenthalt für alle Lebensverhältnisse zu nehmen; das BGB. enthält insoweit gegenüber dem alten Recht nichts Neues. Manifestiert wird der Wille durch ausdrückliche Erklärung oder stillschweigend durch Tatsachen, namentlich durch vollständige Einrichtung einer Wirtschaft in eigener Wohnung in Verbindung mit einer Lebenstätigkeit. Daß der Aufenthalt, weil er ein ständiger sein soll, nicht auch ein ununterbrochener zu sein braucht, ist anerkannten Rechtens. (Bolze 10 S. 25.) Der Kläger hat aber seit April 1902 keine Wohnung in Mannheim, während seine vom Frühjahr 1901 an bis dahin innegehabte Wohnung aus zwei möblierten Zimmern bestanden hatte. Nicht zu übersehen ist dabei, daß zur Begründung eines Wohnsitzes das Innehaben einer Wohnung (Entsch. des RG. 30 S. 347) an sich weder erforderlich noch ausreichend ist. Hier fällt indessen dieser Umstand deshalb ins Gewicht, weil durch ihn ersichtlich wird, daß der Kläger ein verheirateter Mann, als er die Tätigkeit bei der Gesellschaft antrat, in Mannheim wenn überhaupt, dann eine Niederlassung begründete, die über den begrenzten Bereich seines beruflichen Lebens nicht hinausging. Hieran hat sich in der Folge nichts geändert; auch gegenwärtig führt den Kläger lediglich seine Berufsstellung nach Mannheim. Nun kann aber die Berufstätigkeit allein, ohne Hinzutreten einer eingerichteten Wirtschaft zur Begründung des Wohnsitzes jedenfalls da nicht ausreichen, wo die Person an einem andern Ort eine eingerichtete Wirtschaft und gar einen Wohnsitz hat (Entsch. des RG. 8 S. 146, 15 S. 367, 22 S. 385; Bolze 5 S. 3, 7 S. 30, 17 S. 14 u. a. m.). Bei dem Kläger war zu Anfang der Wille, nach Mannheim zu übersiedeln, nicht vorhanden, weil bei ihm die Absicht nicht bestand, sich von der Häuslichkeit der Beklagten in Rottweil loszulösen. Späterhin mag infolge der durch die Vermögensverhältnisse hervorgerufenen Ehedissidien beim Kläger die Willensrichtung, sich von der Beklagten zu trennen und fernzuhalten, entschiedener hervorgetreten sein: ein daraus etwa erwachsener Wille, nach Mannheim überzusiedeln, ist aber dessenungeachtet nicht ausgeführt worden.... Dr. E.r.

b) **Verhältnis des ersten Vorsitzenden des Vereinsvorstandes nach außen und zum Vorstande.**

OLG. Colmar, Ferien-ZS. Beschluß v. 6. September 1906.

Die Annahme, daß nach den Statuten des Soldatenheims dessen gesetzliche Vertretung einzig und allein vom ersten Vorsitzenden geführt werde, der Vorstand als Ganzes aber gar nichts zu sagen habe, findet in den Statuten keine Bestätigung. Aus ihrem § 10, in welchem dem rechnungsführenden Mitgliede des (aus 11 Personen gebildeten) Vorstandes ausdrücklich die Stimmfähigkeit versagt ist, in Verbindung mit dem § 14, in welchem die Art der Abstimmungen des Vorstandes geregelt wird, geht hervor, daß der Vorstand berufen ist, seine Stimme geltend zu machen. Wenn auch die Statuten die Gegenstände nicht ausdrücklich bezeichnen, auf die sich diese Abstimmung erstreckt, so folgt daraus doch keineswegs, daß sein Stimmenrecht gegenstandslos ist. Das bezügliche Schweigen der Statuten läßt sich vielmehr naturgemäß dahin ergänzen, daß er über alle Rechtsgeschäfte und sonstige Maßnahmen abzustimmen hat, welche innerhalb der Ziele liegen, die sich der Verein im § 1 gesteckt hat; ausgenommen sind diejenigen Maßregeln, die statutenmäßig der Hauptversammlung (§§ 13, 15) oder einzelnen Mitgliedern des Vorstandes (§ 11) vorbehalten sind. Sache des Vorstandes ist es, von den ihm rechtlich zustehenden Befugnissen tatsächlich Gebrauch zu machen. Dadurch, daß in dem § 11a die Vertretung des Vereins nach außen von dem an sich zu deren gemeinschaftlicher Ausübung berufenen Vorstande hinweg zulässigerweise (Rsp. 12 S. 5) auf den ersten Vorsitzenden konzentriert worden ist, wird der Vorstand der ihm im inneren Verhältnis gegenüber dem Verein zukommenden Rechte und Pflichten nicht entkleidet und wird die Abhängigkeit des ersten Vorsitzenden von den durch den Vorstand innerhalb seiner Zuständigkeit zu fassenden Beschlüssen nicht aufgehoben.... Zulässig bleibt es daher, daß das Registergericht außer dem ersten Vorsitzenden auch die übrigen Vorstandsmitglieder hat eintragen lassen, und es lag zu ihrer durch die angefochtenen Beschlüsse verfügten Löschung kein gesetzlicher Grund vor. Durch deren Bestätigung hat das Landgericht gegen § 26² verstoßen. Frdthl.

c) **Haftung[1] eines Kreditreformvereins für unrichtige einem Mitgliede erteilte Auskunft?**

OLG. Colmar, I. ZS. Urteil v. 15. Juni 1906.

Die Klage ist im wesentlichen darauf gestützt, daß der von der Beklagten als Auskunftsperson benutzte Lehrer in B. bei Erteilung der Auskunft über die Verhältnisse des dortigen Wirtes W. sich einer groben Fahrlässigkeit dadurch schuldig gemacht habe, daß er dessen Verhältnisse ohne gehörige Nachfrage als günstiger dargestellt habe, während er auch nur bei einiger Sorgfalt hätte erfahren müssen, daß W. durchaus nicht kreditwürdig war. Allein auf das Verhalten des Lehrers kann die Klage nicht gegründet werden. Denn eine Auskunftsperson, d. h. eine Person, welche nicht etwa auf Weisung des Vereins dem anfragenden, interessierten Vereinsmitglied unmittelbar Auskunft erteilt, sondern dem Verein selbst oder dem Geschäftsführer die Mitteilungen macht, der sie dann als Ergebnis der erfolgten Erkundigung dem Anfragenden abschriftlich oder sonstwie mitteilt, ist keine Person, deren sich der Verein zur Erfüllung seiner Verbindlichkeit bedient.

Für Fahrlässigkeit des Geschäftsführers dagegen — sei es bei Erteilung der Auskunft, sei es bei Auswahl der Auskunftsperson — hätte der Verein zu haften, und zwar jedenfalls für grobe Fahrlässigkeit, da diese zweifellos der § 10 der GeschäftsO., der für etwaige Versehen sowohl für den Verein, als für den Geschäftsführer, als auch für dessen Gehilfen oder Vertrauensmänner jede Haftpflicht ablehnt, nicht im Auge hat. Auch für leichtes Verschulden des Geschäftsführers würde der Verein dann aufzukommen haben, wenn der § 10 bedeutete, daß die Haftung nur im Falle entschuldbaren Irrtums ausgeschlossen sein solle, eine Deutung, welche angesichts des Umstandes, daß in einem Paragraphen die Sorgfalt eines ordentlichen Kaufmanns bei Einholung der Auskünfte versprochen wird, nicht ausgeschlossen erscheint. Ein Verschulden des Geschäftsführers bei der Auswahl der Auskunftsperson könnte insofern vorliegen, als er dabei nicht die erforderliche Sorgfalt be-

---

[1] In Bayern vertritt der Stadtmagistrat als Zentralorgan gemäß Art. 70 Ziff. 1 u. 84 der GemeindeO. die Gemeinde nach außen, ist also ihr Willensvertreter. Aber auch der städtische Baurat ist ein solcher Vertreter; denn er ist durch Art. 71 Abs. 4 a. O. und den betreffenden organisatorischen Beschluß des Stadtmagistrats und der Gemeindebevollmächtigten zur Amtstätigkeit berufen; er vertritt die Gemeinde zwar nur in einer Richtung, nämlich bezüglich der in das Baufach einschlagenden Gemeindeangelegenheiten; hierin ist er aber zu selbständigen Entschließungen befugt; er ist technischer Magistratsrat. Der Stadtmagistrat von B., darunter insbesondere der Baurat, waren demnach die Willensvertreter der Stadtgemeinde; sie hätten das Trottoir in der Ludwigsstraße derart herstellen lassen sollen, daß entweder der gefährliche Winkel, in den der Kläger stürzte, nicht entstanden oder die Gefährlichkeit durch Vorsichtsmaßregeln sofort oder später beseitigt worden wäre (OLG. Bamberg, I. ZS. Urteil vom 2. Juli 1904, bestätigt vom RG. am 22. Juni 1905). Sch.

wiesen, sich nicht davon überzeugt hätte, daß die Person zuverlässig und auch sonst geeignet sei.... Frdthl.

d) **Begriff des „wesentlichen Bestandteils". BGB. § 94.**

α) OLG. Hamburg, V. ZS. Urteil v. 6. Juli 1906.

Nach § 94², der nicht in Erläuterung, sondern in Ergänzung des § 93 gegeben ist, sind in ein Gebäude eingefügte Sachen stets dessen wesentliche Bestandteile, wenn die Einfügung zur Herstellung des Gebäudes erfolgt ist, also auch dann, wenn im Einzelfalle die Voraussetzung des § 93 — Zerstörung oder Wesensveränderung durch die Trennung — nicht zutrifft. Eine Einfügung einer Sache in ein Gebäude liegt jedenfalls dann vor, wenn wie hier eine feste Verbindung zwischen ihr und dem Gebäude hergestellt ist. Die Drehtür ist durch je einen in Decke und Fußboden eingeschlagenen Zapfen festgemacht. Ob diese Befestigung unschwer oder nur unter erheblichem Aufwand von Zeit und Mühe zu lösen ist, ist gleichgültig. Die Frage, ob die Einfügung auch zur Herstellung des Gebäudes erfolgte, verneint das Landgericht, weil eine Drehtür auch für ein besseres Wirtschaftslokal nicht als unumgängliche Notwendigkeit anzusehen, und ihre Einfügung deshalb zur Erfüllung eines besonderen persönlichen Wunsches und zum persönlichen Gebrauch des damaligen Besitzers erfolgt sei. Allein nicht darauf kommt es an, ob die eingefügte Sache auch hätte fortbleiben können, ohne daß deshalb von einem unfertigen Gebäude gesprochen werden könnte, sondern darauf, ob durch die Einfügung eine sachliche Verbesserung erzielt ist, welche nach dem Zwecke, dem das Gebäude als wirtschaftliches Ganzes dient, und nach dem Willen des Herstellers dauernd im Gebäude verbleiben soll (vgl. Planck 3 S. 166; JW. 1905 S. 307; Gruchot 49 S. 341, Entsch. d. RG. 50, 241). Diese Voraussetzungen treffen aber hier zu. Die Tür ist gelegentlich des Um- und Ausbaues — ob das umgebaute Gebäude schon in Benutzung genommen war, als die Tür bestellt und geliefert wurde, ist gleichgültig — eines Gebäudes angebracht worden, das schon vorher zu Wirtschaftszwecken gedient hatte, das auch nachher dem gleichen Zwecke dienen sollte, und das, wie gerichtsnotorisch, zu irgend einem anderen Zwecke unbrauchbar ist. Eine Wirtschaft aber erfährt eine erhebliche sachliche Verbesserung, wenn eine Einrichtung in ihr getroffen wird, welche es den Gästen in unmittelbarer Nähe des Einganges auch bei starker Kälte und kräftigem Winde zu sitzen gestattet. Die Drehtüre bedeutet für ein Restaurant, einen Laden und dergl. nichts anderes als ein Windfang für jedes andere Haus. Wie niemand daran denken wird, der Windfangtür die Eigenschaft als wesentlichen Bestandteils eines Hauses abzusprechen, so läßt sich kein Grund absehen, für einen praktischen Ersatz derselben eine abweichende Entscheidung zu treffen. Der Gesichtspunkt des Klägers und des Landgerichts, es sei außer der Drehtür noch eine andere Tür vorhanden, trifft für die Windfangtür gerade so gut zu. Es hat denn auch die Praxis ähnlichen zur Abhaltung von Einwirkungen von außen, Zug, Lärm, Sonne, auf das Gebäude dienenden Vorrichtungen

— z. B. Doppelfenster, Fensterläden — die Eigenschaft eines wesentlichen Bestandteils niemals versagt. M. M.

β) OLG. Cöln, IX. ZS. Urteil v. 27. März 1906.

Der Kläger baute 1902 auf seinem Grundstück ein Haus, dessen Giebelmauer er zur Hälfte auf das benachbarte Grundstück des Beklagten setzte. Beide Parteien verkauften später ihre Grundstücke an X. bzw. Y. Die Klage zur Zahlung derjenigen Summe (von 980 Mark), um die der Beklagte durch den Verkauf der auf seinem Grundstück stehenden Mauerhälfte bereichert sei, wurde abgewiesen. Gründe:

Zunächst ist zu prüfen, ob die §§ 946, 94, wonach Gebäude Eigentum des Grundeigentümers werden, vorliegend Anwendung finden. Mit diesen Bestimmungen tritt hier der § 93 in Widerspruch, aus welchem folgt, daß die Mauerhälfte wesentlicher Bestandteil des Hauses ist und als solcher nicht Gegenstand besonderer Rechte sein kann. Es erscheint als eine aus praktischen Gründen unabweisbare Forderung, daß das ganze einheitliche Gebäude auch rechtlich als Einheit behandelt wird. Entscheidend für die Frage, welche der beiden hier kollidierenden Vorschriften die stärkere ist, muß die möglichste Wahrung der wirtschaftlichen Einheit sein. Der Satz: superficies solo cedit muß hier dem § 93 weichen, weil die Zusammengehörigkeit der Gebäudebestandteile untereinander enger und wirtschaftlich notwendiger ist, als die Zusammengehörigkeit einzelner Gebäudebestandteile mit dem Grundstück (vgl. Staudinger 7 zu § 94). In § 94 ist an Gebäudeteile, die als wesentliche Bestandteile des Gebäudes von diesem rechtlich nicht getrennt werden können, keinesfalls gedacht (vgl. Gruchot 45 S. 722). Der Standpunkt des Urteils vom 8. Mai 1905 (Rhein. Arch. 101 S. 222), daß unter allen Umständen der Nachbar Eigentümer der auf seinem Grund und Boden stehenden Mauerhälfte seines Nachbars werde, kann demnach so vorbehaltlos nicht aufrecht erhalten werden. Etwas anderes wäre es, wenn es sich um getrennt für sich benutzbare Gebäudeteile handelte, da an sich die vertikale Teilbarkeit von Gebäuden nicht zu bestreiten ist (vgl. Rehbein 3a zu §§ 90—103). Vorliegend jedoch hat der Beklagte das Eigentum an der Mauerhälfte des Klägers nicht erworben; dieser ist vielmehr Eigentümer geblieben, eine Bereicherung des Beklagten durch Eigentumserwerb also nicht eingetreten. Dr. N.

γ) **Auf Probe gekaufte Maschinen.**

OLG. Dresden, VII. ZS. Urteil v. 12. April 1905.

Liegt der Fall des § 95² vor, so kommt darauf, ob die Sachen ohnedem nach der Art ihrer Verbindung oder Einfügung gemäß §§ 93, 94 die Eigenschaft als wesentliche Bestandteile besitzen würden, überhaupt nichts an; sie sind trotzdem nicht einmal zu den Bestandteilen des Grundstücks schlechthin zu rechnen; das Eigentum des Dritten an ihnen wird deshalb durch ihre Verbindung mit dem Grundstück ebensowenig berührt, wie sie dem vertragsmäßigen Anspruche auf Herausgabe entgegengesetzt werden kann. Bei der

Frage, ob eine Verbindung zu einem vorübergehenden Zwecke vorgenommen wurde, ist allerdings nicht die subjektive Absicht des Verbindenden als allein entscheidend anzuerkennen, sondern es wird zu verlangen sein, daß auch bei objektiver Prüfung der Sachlage jene Absicht vernünftigerweise als gegeben angesehen werden kann. Die Art der Verbindung kann derartig sein, daß die Absicht, sie nur zu einem vorübergehenden Zwecke zu bewirken, damit unvereinbar ist: wenn z. B. der Grundstückseigentümer die ihm bloß zur probeweisen Benutzung überlassenen Ziegel in die Grundmauern des von ihm errichteten Wohnhauses verbaut. Es wird also im einzelnen Falle immer geprüft werden müssen, ob vernünftigerweise eine Lösung der Verbindung in Betracht gezogen werden könnte, oder ob im Hinblick auf die unverhältnismäßigen Kosten einer solchen, auf den zerstörenden Einfluß, den sie auf das ganze Gebäude, in das die Sachen eingefügt worden sind, ausüben muß, und ähnliche Umstände zu verneinen ist, daß ernstlicher- oder vernünftigerweise der Wille vorgelegen haben könne, die Verbindung nur zu einem vorübergehenden Zwecke vorzunehmen. Vorliegend war die Verbindung, in die die Anlage von der Gemeinschuldnerin mit ihrem Grundstück und dem darauf errichteten Brauereigebäude gebracht worden ist, ohne unverhältnismäßige Kosten und ohne besondere Schwierigkeiten zu lösen, sowie ohne daß dadurch das Brauereigebäude in wesentlichen Teilen zerstört oder dem Zwecke, weiter als Brauerei zu dienen, entzogen werden würde und ohne daß die die Anlage bildenden Gegenstände beschädigt und ungeeignet werden müßten, zu dem nämlichen Zwecke in einer anderen Brauerei benutzt zu werden, zu dem sie in der Brauerei der Gemeinschuldnerin verwendet worden sind und zu dem verwendet zu werden sie ihrer Natur nach bestimmt sind. Da die Gegenstände bloß zur probemäßigen Benutzung überlassen worden waren, durfte die Klägerin darin nach dem Inhalte des Vertrags, wenn sie redlich handeln wollte, sie bloß zu dem Zwecke, sie während der bestimmten Probezeit in ihrem Betriebe zu verwenden und so ihre Tauglichkeit festzustellen, in ihrer Brauerei zur Aufstellung bringen und sie in die dazu erforderliche sachgemäße Verbindung mit dieser bringen lassen.... M. z.

e) **Begriff des Zubehörs. BGB. §§ 97, 98.**

α) Kammergericht, VIII. ZS. Urteil v. 13. Oktober 1906.

Die auf Antrag des Beklagten gepfändeten 2000 Ztr. **Kohlen** waren zum Betriebe der Ziegelei, die auf dem mit der Hypothek des Klägers belasteten Grundstücke angelegt war, bestimmt, doch sind sie nicht als „Zubehör“ des Grundstücks oder der Ziegelei zu erachten. Allerdings ist dies aus § 97 [2] nicht unmittelbar zu folgern; denn diese Bestimmung bezieht sich auf Fälle, wenn ein Gutsbesitzer auf 3 Jahre ein zur Wirtschaft erforderliches Pferd mietet, so daß unter „vorübergehender Benutzung“ nur eine solche zu verstehen ist, die von vornherein mit der Absicht ihres Wegfalls erfolgt (Entsch. des RG. 47 S. 202), nicht aber der bestimmungsmäßige Verbrauch der gepfändeten Kohlen zur Herstellung von Ziegeln. Mittelbar ist jedoch aus § 97 [2] in Verbindung mit der Definition des Abs. 1 zu entnehmen, daß — abgesehen von den aus § 98 Nr. 2 sich ergebenden Ausnahmen — verbrauchbare Sachen (§ 92) Zubehörstücke überhaupt nicht sind. Im Verkehr werden sie nicht als Zubehör angesehen und das Gesetz nennt in § 98 Nr. 1 zwar „Maschinen und Gerätschaften", nicht aber die zur Benutzung der Maschinen rc vielfach unumgänglich nötigen Steinkohlen oder sonstige Feuerungsstoffe. Unerheblich ist, daß das in I § 789 aufgestellte Erfordernis „bleibender" Bestimmmung nicht aufrecht erhalten ist; denn die II. Komm. hat das Wort „bleibend" lediglich deshalb gestrichen, um nicht der Meinung Vorschub zu leisten, als sei die von vornherein bestehende Absicht, die Nebensache nicht für die ganze Dauer ihrer Existenz der Hauptsache zu widmen, sondern nur für die Dauer gewisser Eigenschaften, geeignet, die Zubehöreigenschaft auszuschließen; demgemäß ist der Antrag, ganz vom Erfordernisse der Dauer abzusehen, abgelehnt worden. Hiernach ist zwar nicht eine bleibende, aber doch eine dauernde Bestimmung zum Dienst der Hauptsache als Begriffserfordernis eines Zubehörs anzusehen. Dieses Moment der Dauer ist auch bei der Ausnahme des § 98 Nr. 2 dadurch erkennbar gewahrt, daß ein regelmäßiger Ersatz des durch den Verbrauch eintretenden Abgangs als ein zum ordnungsmäßigen Betriebe einer Landgutsbewirtschaftung gehöriges Erfordernis vorausgesetzt wird. B. M.

β) OLG. Cöln, I. ZS. Urteil v. 29. November 1905.

Der Beklagte verneint die Zubehöreigenschaft der auf dem Bauplatz gepfändeten Zimmertüren, Fensterrahmen und -flügel lediglich aus dem Grunde, weil diese Sachen als Baumaterial nicht dem wirtschaftlichen Zwecke der Hauptsache zu dienen bestimmt sind, vielmehr nur zur Fertigstellung der Gebäude dienen sollen. Ob dieser subjektive Zweck des Bauenden die objektive Bestimmung einer Sache, dem wirtschaftlichen Zwecke der Hauptsache zu dienen, ausschließt (so Rsp. 4 S. 21), oder ob man nicht vielmehr annehmen muß, daß, wie ein fertiges Gebäude den Zweck hat, benutzt zu werden, so ein unfertiges, im Bau begriffenes Gebäude dem Zwecke, benutzbar zu werden, und daß Baumaterialien diesem letzteren wirtschaftlichen Zwecke zu dienen bestimmt sind, mag dahingestellt bleiben. Jedenfalls sind die hier gepfändeten Gegenstände dazu bestimmt, in den Neubau eingesetzt zu werden und so nach ihrer Einfügung dauernd dem wirtschaftlichen Zwecke der Bewohnbarkeit der Häuser zu dienen. Diese Zweckbestimmung trugen die Pfandstücke jedoch auch schon vor ihrer Einfügung in sich, indem sie eigens für diese Neubauten abgepaßt, hergerichtet und dorthin zum Einsetzen eingebracht waren. Der Umstand, daß die Sachen durch ihre Einfügung Bestandteile der Hauptsache werden und damit ihre Zubehöreigenschaft verlieren sollten, kann, solange die Voraussetzungen der Selbständigkeit und Beweglichkeit vorliegen, diese Zubehöreigenschaft nicht ausschließen. Denn das Gesetz bestimmt nicht, daß die vorübergehende Selbständigkeit oder Beweglichkeit, sondern nur, daß die vorübergehende Benutzung einer Sache für den wirtschaftlichen Zweck einer andren die Zubehöreigenschaft nicht begründe. Die Benutzung der Pfandstücke für den wirtschaftlichen Zweck der Gebäude sollte jedoch dauernd sein und auch nach ihrer Einfügung als Bestandteile fortbestehen. Rh. Arch.

γ) **Pferde und Wagen eines Fuhrgeschäfts.**

OLG. Dresden, VI. ZS. Beschluß v. 15. November 1905.

Der § 98 Nr. 1 erfordert ein Gebäude, das zum Betriebe eines bestimmten Gewerbes dauernd eingerichtet ist. Weiter aber müssen sich die dem Betriebe dienenden beweglichen Sachen behufs ihrer Verwendung bei jenem Betriebe dauernd in dem die Betriebsstätte dienenden Gebäude oder in dessen unmittelbarer Nähe befinden. Hiernach können Zubehör nur solche Sachen sein, die einem Betriebe dienen, der in einem Gebäude stattfindet; denn nur, wenn dieses selbst die Betriebsstätte bildet, sind die Sachen dem wirtschaftlichen Zwecke des Gebäudes zu dienen bestimmt. Ein Fuhrgeschäft hat aber seine Betriebsstätte nicht in Gebäuden, sondern auf der Straße; in die auf dem Grundstücke des Schuldners befindlichen Stall- und Schuppengebäude werden die gepfändeten Pferde und Wagen nur eingestellt, wenn sie nicht zum Betriebe des Fuhrgeschäfts gebraucht werden. Die Pfandstücke dienen sonach nicht den Zwecken des Grundstücks, sondern lediglich den persönlichen Zwecken des Schuldners.[1] Annalen.

δ) **Kontoreinrichtung als Zubehör des Fabrikgrundstücks.**

OLG. Jena, III. ZS. Beschluß v. 6. April 1905.

... Zum Fabrikbetrieb gehören auch kaufmännische Arbeiten, es muß zur Aufsuchung von Bestellungen und zu deren Ausführung Korrespondenz geführt werden, es sind Bücher zu führen und Geldzahlungen vorzunehmen, es müssen Muster für die Bestellungen zur Hand sein, ein kaufmännischer Vertrieb muß eingerichtet sein. Dieser findet statt in dem Kontor, dem Geschäftsraum, der nicht ohne weiteres Fabrikraum ist und unter solchen mitverstanden wird. Das Kontor kann in der städtischen Wohnung des Fabrikbesitzers gelegen sein, die Fabrik irgendwo vor den Toren; wird das Fabrikgebäude verkauft, so berührt das nicht das Kontor. Befinden sich aber Fabrik- und Kontorraum zusammen in dem zum Fabrikbetriebe eingerichteten Gebäude, so ist die Hauptsache der Fabrikraum, der Kontorraum mit seinen Einrichtungsstücken dient den Zwecken des Fabrikbetriebs; alles zusammen ist eine wirtschaftliche Einheit. Maschinen und sonstige Gerätschaften der Fabrikräume und die Einrichtungsgegenstände des Kontors dienen der Ausnutzung des Fabrikgebäudes, sie sind bestimmt für die Betriebsstätte.... Die Kontoreinrichtung einer Fabrik ist Normalware, sie soll den einzelnen Besitzer überdauern und so wird sie auch als Zubehör angesehen, wird mitverkauft und

---

[1] Ebenso sind Wagen und Schlitten, die in einer Fabrik zu dem Zwecke gehalten werden, um dem auswärts wohnenden Eigentümer und Fabrikleiter den Zugang zur Fabrik von der nächsten Bahnstation aus zu erleichtern, nicht zum Betriebe der Fabrik, sondern persönlichen Zwecken (Beschluß desselben Senats vom 29. November 1905; Annalen 27 S. 373).

geht mit dem Gebäude durch die verschiedensten Hände. Nach der Verkehrsanschauung wird allerdings zu bestimmen sein, welche Sachen im einzelnen zur Einrichtung gehören. Wer eine Fabrik kauft, braucht nicht das ganze Geschäft, wie es bis dahin betrieben wurde, zu übernehmen. Als Zubehör des Gebäudes wird nur angesehen, was in diesem Falle der Hauptsache folgt. Handelsbücher mögen Teil des Geschäfts sein, sind aber nicht Zubehör des Gebäudes; man wird schwerlich annehmen, daß eine Hypothek sie mitumfaßt. Damit eine Sache Zubehör des Kontors ist, muß eine gewisse räumliche Ausdehnung, eine Beziehung zum Raum gefordert werden, eine gewisse „Seßhaftigkeit" muß ihr innewohnen. Ein Geldschrank hat sie der Schwierigkeit des Transports halber, Schränke, Schreibpult, Stühle füllen den Raum aus. Bei Schreibmaterialen fehlt sie; jeder schafft sie sich selbst an, der Grund dafür wird hauptsächlich in dem wechselnden persönlichen Bedürfnisse liegen. Auch die Schreibmaschine dient dem Kaufmann als solchem, nicht als Besitzer der bestimmten Fabrik und kann nicht als Zubehör des Raumes als solchen angesehen werden. Gleiches gilt für die auf 2 Mark geschätzte Kopierpresse; auch bei ihr tritt das persönliche Bedürfnis in den Vordergrund.... Th. Bl.

f) **Verpflichtungen Entmündigter.**

α) OLG. Hamburg, IV. ZS. Urteil v. 20. April 1906.

Ob der Vormund des Beklagten bei seiner Anwesenheit in Hamburg den zwischen den Parteien abgeschlossenen Vertrag über die Gewährung von Kost und Logis an den Beklagten ausdrücklich genehmigt hat, kann dahingestellt bleiben, jedenfalls hat er damals erfahren, daß sein Mündel auf Grund eines Vertragsverhältnisses bei der Klägerin in Kost und Logis sei, er hat diesen Rechtszustand gebilligt und damit stillschweigend den Vertrag genehmigt. Wollte er die Haftung des Beklagten auf diejenigen Beträge beschränken, die er seinem Pflegebefohlenen durch bestimmt begrenzte monatliche Auszahlungen zur Verfügung stellte, so mußte er hiervon die Klägerin, und zwar auch dann, wenn er ihr die Entmündigung des Beklagten mitgeteilt hatte oder den Umständen nach anzunehmen berechtigt war, daß die Klägerin die Entmündigung kannte, verständigen und sie ausdrücklich auf die zur Befriedigung ihrer Ansprüche zur Verfügung stehenden Mittel hinweisen. Das hat er bis zum Erlöschen des Mietvertrags nicht getan, und deshalb ist es der Klägerin gegenüber unerheblich, ob er seinem Pflegebefohlenen die zur Begleichung der Forderungen der Klägerin für Kost und Logis und für kleine Auslagen ausreichenden Mittel zur Verfügung gestellt hat. M. M.

β) Kammergericht, I. ZS. Beschluß v. 11. Januar 1906.

Der wegen Geistesschwäche entmündigte A. hat mit seiner Mutter einen notariellen Vertrag über Gründung einer Gesellschaft m. b. H. geschlossen und auf das Stammkapital von 20000 Mark ein von ihm bisher betriebenes, auf 13500 Mark bewertetes Geschäft eingebracht. Die Eintragung ist abgelehnt, weil sowohl Genehmigung des Vormunds wie des Vormundschaftsgerichts für den Gesellschaftsvertrag erforderlich sei, und auch die Sacheinlage nicht den angegebenen Wert habe. Die weitere Beschwerde ist unzulässig, da der nur beschränkt geschäftsfähige und unter Vormundschaft stehende A. vorliegend zur Einlegung einer Beschwerde ohne Mitwirkung seines gesetzlichen Vertreters nicht befugt ist und diese fehlt; denn nach § 59 FrGG. kann er dies nur in den seine Person betreffenden Angelegenheiten und in solchen, in denen der Mündel vor einer Entscheidung des Vormundschaftsgerichts gehört werden soll. Es handelt sich aber hier nicht um eine die Person des Mündels betreffende, sondern um eine reine Vermögensangelegenheit, und auch nicht um die Erlassung einer derartigen Entscheidung des Vormundschaftsgerichts.

Im übrigen ist die Beschwerde auch in der Sache selbst offensichtlich unbegründet. Der Gesellschaftsvertrag bedarf nach § 1822 Nr. 3 der vormundschaftsgerichtlichen Genehmigung, weil er die Veräußerung des bisherigen Erwerbsgeschäfts des Mündels an die Gesellschaft m. b. H. enthält. Ferner kann der Entmündigte den bezüglichen Eintragungsantrag nach §§ 107, 114 nicht ohne Mitwirkung seines gesetzlichen Vertreters stellen, da (abgesehen vom Gerichtskostenpunkte) dadurch Veränderungen seiner Rechtsverhältnisse eintreten, die nicht lediglich einen rechtlichen Vorteil für ihn ergeben. Es handelt sich hierbei keineswegs um bloße Sollvorschriften, sondern um materielle Bestimmungen, deren Nichtbeachtung das Rechtsgeschäft nichtig macht. Das gleiche gilt vom § 5[1] des Gesetzes betr. G. m. b. H., deren Beobachtung der Registerrichter allerdings zu prüfen hat, sobald wegen ihrer Verletzung für ihn Bedenken entstehen (vgl. Rsp. 11 S. 372). Seine tatsächliche Feststellung, daß es an einem Stammkapital von 20000 Mark fehlt, rechtfertigt ebenfalls die Ablehnung des Eintragungsantrags. Das Beschwerdegericht hatte selbst eine sachliche Entscheidung zu treffen und war nicht befugt, die Sache zur anderweitigen Prüfung an das Amtsgericht zurückzuweisen. Mz.

g) **Täuschung über die Patentierung der Ware.**

OLG. Cassel, II. ZS. Urteil v. 3. Mai 1906.

Die Beklagte ficht den Kaufvertrag wegen arglistiger Täuschung an. Voraussetzung dieser Anfechtung wäre, daß der Kläger bei der Beklagten den Glauben erwecken wollte, die auf den ihr verkauften Packungen angebrachte Vorrichtung der heraustrennbaren Rabattsparmarke sei in Deutschland patentiert. Gesagt hat er es ausdrücklich nicht; daß aber die auf den Packungen angebrachte Bezeichnung „Patentiert in den meisten Kulturstaaten" diesen Glauben erwecken mußte, kann nicht angenommen werden. Denn es bleibt dabei ganz offen, für welche Staaten das Patent besteht. Es ist also nicht erwiesen, der Kläger habe gewußt, daß Beklagte in den von ihr behaupteten Irrtum, es bestehe ein Patent für Deutschland, versetzt werden würde, und er habe die Hervorrufung dieses Irrtums beabsichtigt. Ein solcher Irrtum wäre überdies nicht für die Beklagte bestimmend gewesen, den Vertrag abzuschließen. Denn sie hat die Verpackungen nicht als solche, sondern als Verpackung ihres Seifenpulvers mit diesem weiterverkauft. Das, woran die Beklagte Interesse hatte, war das Vorhandensein der Vorrichtung, die Rabattmarke und ihre leichte

Löslichkeit von der Verpackung. Dadurch, daß den Käufern des Seifenpulvers auf bequemem Wege der Genuß des Rabatts ermöglicht wurde, konnte der Absatz des Seifenpulvers gesteigert werden. Die Patentierung in Deutschland hätte für die Beklagte nur dann Interesse gehabt, wenn sie allein auch diejenige Person gewesen wäre, welche Seifenpulver in dieser Verpackung verkaufen konnte, wenn der Kläger also nur an die Beklagte solche Verpackungen hätte verkaufen dürfen. Auch für die Käufer des Seifenpulvers war es ohne Interesse, ob die Vorrichtung an den Verpackungen durch Patent geschützt war oder nicht. Denn das, worauf der Käufer des Seifenpulvers in dieser Verpackung Gewicht legt, ist nur das tatsächliche Vorhandensein der Vorrichtung, die ihm durch die Benutzung der Rabattsparmarke einen Vorteil ermöglicht. Dagegen ist nicht ersichtlich, aus welchem Grunde der Käufer des Seifenpulvers darauf Gewicht legen sollte, daß nicht auch ein anderer Hersteller solcher Packungen als der Kläger berechtigt sei, die Vorrichtung auf den von ihm hergestellten Packungen anzubringen. . . .

Ebensowenig hat die Beklagte durch den Verkauf des Seifenpulvers in den gelieferten Packungen gegen den § 40 Nr. 1 des Patentges. verstoßen. Denn die Strafvorschrift richtet sich gegen den, welcher die Verpackung mit der Bezeichnung *versieht*. Daß sie auch denjenigen treffen will, der die Ware in der mit der Bezeichnung versehenen Packung in den Verkehr bringt oder feil hält, ist um so weniger anzunehmen, als der Gesetzgeber da, wo er auch das Feilhalten rc strafen will, dies ausdrücklich ausspricht (vgl. §§ 14, 15 Warenzeichenges.). Die Bezeichnung ist aber auch nicht geeignet, den in § 40 Ziff. 1 bezeichneten Irrtum zu erregen. Wenn sie nur lautete „patentiert" oder „durch Patent geschützt", dann würde jeder zunächst an ein deutsches Patent denken. Gerade die Bezeichnung „in den meisten Kulturstaaten patentiert" weist aber darauf hin, daß in Deutschland ein Patent nicht besteht, weil der Hersteller der Verpackung dies ausdrücklich hervorgehoben hätte; denn es ist ganz naturgemäß, daß ein in Deutschland wohnender Hersteller einer Ware, die er in Deutschland vertreibt, die hiesige Patentierung ausdrücklich hervorgehoben hätte. Fs.

h) Nichtigkeit eines Vermächtnisses aus § 138.

α) Kammergericht, III. ZS. Urteil v. 13. Oktober 1905.

Der § 138 greift allerdings auch bei einseitigen Rechtsgeschäften, besonders letztwilligen Verfügungen, ein. Vorliegend läßt aber eine Prüfung der einzelnen Anordnungen des Erblassers weder in ihrem Inhalt noch in den für die Beurteilung hier ebenfalls in Betracht zu ziehenden Beweggründen einen Verstoß gegen die guten Sitten erkennen. Die Beklagten wollen zunächst wegen der vom Erblasser vorgeschriebenen *Bedingungen*, welche zum Teil gegen die guten Sitten verstoßen sollen, die ganzen Zuwendungen als nichtig betrachten. Im heutigen Recht besteht jedoch nicht, wie im römischen Recht und nach § 63 ALR. I 12 die Vorschrift, daß unerlaubte Bedingungen bei letztwilligen Verordnungen stets als nicht beigefügt anzusehen sind. Ebensowenig aber macht die Unerlaubtheit der Bedingung immer die Verfügung nichtig. Entscheidend ist vielmehr lediglich, ob die Anordnung selbst infolge ihrer Verkettung mit der Bedingung im konkreten Falle gegen die „guten Sitten" verstößt. Dieß ist vorliegend zu verneinen. Zunächst scheiden ohne weiteres als zweifellos nicht unsittlich die Bedingungen aus, daß die Klägerin einen makellosen Lebenswandel führen, daß sie nicht vermieten, nicht mit ihrer Schwester zusammenziehen und mit den Beklagten keine „Kompromisse" schließen darf. Aber auch in der Anweisung des Wohnortes durch den Erblasser ist keine unsittliche Beschränkung der Freiheit der Klägerin zu erblicken. Hierbei ist einmal zu berücksichtigen, daß der Erblasser die Klägerin nicht an einen Ort gebunden, sondern ihr die Wahl zwischen St. und D. gelassen und ihr auch nach erfolgter Wahl noch den Wechsel von einem Ort zum andern freigestellt hat. Sodann kommt in Betracht, daß sie mit den Verhältnissen in St., wo sie jetzt den Anordnungen des Erblassers entsprechend wohnt, vertraut ist und den Aufenthalt in der Heimat selbst durchaus nicht als eine übermäßige Beschränkung ihrer persönlichen Freiheit empfindet, zumal ihr jederzeit freisteht, ihren Wohnsitz zu verlegen, wenngleich auf die Gefahr hin, das bedingte Vermächtnis alsdann zu verlieren. Ob dieser Verlust in solchem Falle, namentlich beim Vorliegen wichtiger Gründe, wirklich eintreten müßte, bedarf hier nicht der Entscheidung. Dafür, daß der Erblasser die Anordnung lediglich getroffen hat, um den Beklagten die Kontrolle des sittlichen Lebenswandels der Klägerin zu erleichtern, liegt kein hinreichender Anhalt vor. Viel eher ist anzunehmen, daß ihn nur eine etwas schrullenhafte Fürsorge für das fernere Wohlergehen der Klägerin und die Absicht, sie vor den Gefahren der Großstadt zu schützen, veranlaßt hat, ihr den Wohnsitz in der Heimat anzuweisen. Übrigens ist St. eine Mittelstadt, in der es der Klägerin an ärztlicher Hilfe keineswegs mangeln wird.

Es ist aber auch nicht dargetan, daß der Erblasser bei der Aussetzung der Vermächtnisse oder bei der Feststellung der Bedingungen, unter denen dieselben der Klägerin zufallen sollen, von unsittlichen Beweggründen geleitet worden sei. Die Beklagten gehen selbst davon aus, daß die Zuwendungen nicht schon deshalb einen unsittlichen Charakter tragen, weil die unverheiratete Klägerin mit dem unverheirateten Erblasser Geschlechtsverkehr gepflogen hat. Sie billigen der Klägerin deshalb auch die ihr bedingungslos zugesprochene Rente von jährlich 300 Mark zu. Dem ist beizutreten, die weitergehende Auffassung des ersten Richters jedoch, daß einer Wirtschafterin, die sich mit dem Dienstherrn in außerehelichen Geschlechtsverkehr eingelassen hat, gerade infolge des Geschlechtsverkehrs eine höhere Zuwendung als einer „gewöhnlichen" Wirtschafterin billigerweise zukomme, ist abzulehnen. Das Konkubinat stellt sich immer als ein Verstoß gegen die guten Sitten dar, es läuft dem herrschenden Volksbewußtsein, „dem Anstandsgefühl aller billig und gerecht Denkenden" zuwider und darf vom Richter eines besonderen

Rechtsschutzes **nicht** gewürdigt werden; die Parallele mit der Ehe wird dem sittlichen Wesen der Ehe nicht gerecht. Steht also fest, daß die Zuwendungen mit Rücksicht auf den außerehelichen Geschlechtsverkehr gemacht sind, so ist das Geschäft unsittlich. Dieser Nachweis ist aber nicht erbracht. Die Beklagten machen geltend, daß der Erblasser von der Klägerin bis zum Ablauf von 4 Jahren nach seinem Tode „Buhlentreue übers Grab hinaus" in Gestalt gänzlicher geschlechtlicher Enthaltsamkeit fordere. Dem gegenüber hat indes die Klägerin mit Recht darauf hingewiesen, daß der Erblasser mehrfach in seinen Anordnungen selbst ihre Verheiratung ins Auge gefaßt und ihr für diesen Fall sogar eine besondere Rente von 900 Mark ausgesetzt habe....

Der Erblasser gibt in älteren, ebenso wie in jüngeren Kodizillen mehrfach als Grund seiner Fürsorge für die Klägerin an, daß sie ihm treu zur Seite gestanden, daß er ihr „viel Dank zolle", und daß sie das Glück, welches er ihr bei den Zuwendungen für ihre Zukunft wünscht, „im vollen Maße" verdient habe. Hiernach liegt, wenn der Erblasser auch in der letzten Zeit erheblich geschwächt gewesen sein sollte, kein Grund vor, diese Versicherungen zu bezweifeln oder nur als Vorwand zu betrachten. Ob tatsächlich der Erblasser von Krankenschwestern gepflegt ist und ob die Klägerin sich um die Pflege „wenig gekümmert" hat, festzustellen ist nicht erforderlich. Es kommt hier in erster Reihe auf die **subjektive** Auffassung des Erblassers an, auch handelt es sich nicht bloß um **Krankenpflege**. Insbesondere ist ferner auch kein Anhalt dafür gegeben, daß der Erblasser die für den Geschlechtsverkehr mit ihm hätte **belohnen** wollen. Wenngleich die Zuwendungen das Maß dessen übersteigen, was ein Dienstherr einer wohlverdienten Wirtschafterin gewöhnlich zuzuwenden pflegt, so ist darum doch noch nicht ohne weiteres der Schluß gerechtfertigt, daß die Anordnungen auf unsittliche Beweggründe zurückzuführen wären. Die Art, wie der Erblasser seine Anordnungen getroffen hat, und die Bedingungen, an die er die Vermächtnisse knüpft, lassen vorliegend viel eher die Annahme zu, daß er die Klägerin wirtschaftlich selbständig machen wollte, um sie der Notwendigkeit zu überheben, nach seinem Ableben noch wieder eine neue Dienststellung annehmen zu müssen, und um sie zu entschädigen für die Einbuße, die ihr guter Ruf durch ihr Verhältnis zu ihm erlitten haben mochte. Geht man aber hiervon aus, so stellen die Zuwendungen an Klägerin sich nicht als Verstoß gegen die guten Sitten dar. Z.

β) OLG. Dresden, II. ZS. Urteil v. 18. Mai 1906.

Das Vermächtnis der Sicherungshypothek bis zur Höhe von 10000 Mark, „wie sich selbige berechne", wäre nach § 138 nichtig, wenn es nur scheinbar ein Vermächtnis an die Klägerinnen, die angeblich im Ehebruch des Erblassers mit ihrer Mutter erzeugten Kinder des A., tatsächlich eine Belohnung des A. für Duldung des Ehebruchs wäre. Dafür liegt aber kein Grund vor. Selbst wenn die Beziehungen des Erblassers gewesen wären, so folgt derart daraus doch nicht, daß das Vermächtnis eine Zuwendung an A. ist, daß es einen unsittlichen Inhalt habe und nicht vielmehr dem Wunsche des Erblassers entsprungen ist, den Klägerinnen, die seine leiblichen Kinder wären, etwas zuzuwenden, zumal er den A. von der Verwaltung der Vermächtnisse ausgeschlossen hat. Die Frage, ob die vermachte, durch die Sicherungshypothek gesicherte Forderung nichtig ist, kommt für den Bestand des Vermächtnisses nicht in Betracht. Das Vermächtnis bezieht sich nicht derart auf ein Nichts, daß es überhaupt wegfiele, sondern auf ein Rechtsverhältnis, das sich vielleicht einmal als nichtig herausstellt, aber bis dahin einen Vermögensvorteil (§ 1939) bietet, der trotz etwaiger Nichtigkeit unanfechtbaren Wert, z. B. durch Vergleich mit dem Schuldner, erlangen kann, also immerhin einen Verkehrswert besitzt. Ebensowenig wird das Vermächtnis durch die zurzeit noch bestehende Unsicherheit über die Höhe der versicherten Forderung berührt. Dr. v. F.

γ) **Hausverkauf zum Bordellbetrieb.**[1]

OLG. Jena, I. ZS. Urteil v. 4. April 1906.

Die Klägerin hat beim Verkauf ihres Hauses an den Beklagten gewußt, daß er darin gewerbsmäßige Unzucht treiben lassen wolle. Deswegen verstößt der Kaufvertrag aber noch nicht gegen die guten Sitten. Bei der Beurteilung kommt es auf die allgemeinen Anschauungen an. Die allgemeine Moral mutet aber dem einzelnen nicht zu, daß er ein so wertvolles Vermögensobjekt, wie es ein Haus ist, wenn er es gern verkaufen möchte, gegebenenfalls lieber nicht verkaufe und einen vermögensrechtlichen Schaden auf sich nehme, als es einem Käufer überlasse, der in dem Hause gewerbsmäßige Unzucht treiben oder treiben lassen werde. Er braucht (Rsp. 8 S. 424) die moralischen Interessen des Käufers nicht so weit zu wahren, daß er ihm die Ausübung der Absicht, ein Bordell zu betreiben, nicht seinerseits gewährt. An dieser Sachlage wird auch dadurch nichts geändert, daß die Klägerin dem Beklagten die im Hause vorhandenen Mobilien mitverkauft hat, unter deren Benutzung sie selbst darin Unzucht getrieben hatte. Die Sachlage ändert sich allerdings in dem Augenblicke, in dem der Verkäufer aus der Absicht des Käufers, im Hause gewerbsmäßige Unzucht treiben zu wollen, für sich einen besonderen Vorteil ziehen will und zieht, wenn er also z. B. mit Rücksicht auf diesen Umstand für den Kaufgegenstand einen dessen reellen Wert weit übersteigenden Preis fordert und erhält, oder wenn er ein vollständig eingerichtetes Bordell verkauft, die Freudenmädchen selbst mit übergibt und ein Freiwerden derselben dadurch verhindert, daß er dem Käufer seine Forderungen gegen sie abtritt. Hier treten zu dem Kauf über das Grundstück und die Mobilien Tatsachen hinzu, die ihrerseits so erhebliche Unsittlichkeiten enthalten, daß dadurch der ganze Kaufvertrag zu einem unsittlichen wird und gegen die guten Sitten verstößt. Gr.

[1] Wechselreiterei verstößt gegen die guten Sitten und deshalb sind alle auf ihr beruhenden Wechselbegebungsverträge der Parteien nichtig (OLG. Jena, III. ZS. Urteil vom 22. Juni 1905, Thür. Bl. 53 S. 101).

δ) Ergreift die Nichtigkeit auch die Auflassung?[1]

OLG. Dresden, II. ZS. Urteil v. 23. März 1906.

Der vorliegende Bordellverkauf verstößt gegen die guten Sitten. Die Frage, ob die Nichtigkeit des Grundgeschäfts auch die dingliche Einigung, die zu seiner Erfüllung erfolgte Auflassung des Grundstücks ergreift, ist (mit dem III. ZS., Sächs. Arch. 1 S. 11) zu bejahen. Die Eigentumsübertragung ist nur ein Teil des gewollten und abgeschlossenen Rechtsgeschäfts. Sollte sie auch für sich allein und losgelöst von ihrer Veranlassung als rechtswirksam anzusehen sein, so muß sie doch nach § 139 an der Nichtigkeit der übrigen Teile des Rechtsgeschäfts teilnehmen, sofern nicht anzunehmen ist, daß die Auflassung auch ohne die übrigen Vereinbarungen vereinbart worden wäre. Davon kann jedoch nicht die Rede sein. Eine dahingehende Annahme wird durch das zeitliche Auseinanderliegen beider Geschäfte allein nicht begründet, sondern erscheint im Hinblick auf die mißlichen Folgen ausgeschlossen, die die verschiedene Beurteilung des Grund- und des Erfüllungsgeschäftes unmittelbar nach sich zieht und die auf eine unangemessene Bevorzugung des Bordellkäufers vor dem Verkäufer insofern hinauskommen, als letzterer trotz Übertragung seines Eigentums die Zahlung des vereinbarten Kaufpreises oder einer anderen Summe nicht fordern könnte und tatsächlich Rechte nur aufgegeben, aber nicht erworben haben würde. Übrigens schlüge bei der Auflassung auch der Gesichtspunkt ein, daß sie, weil von den Beteiligten ausschließlich als Mittel eines verwerflichen Zweckes gewollt und erklärt, schon deshalb nichtig ist. Die Klägerin ist demnach trotz der Auflassung Eigentümerin des Bordellgrundstücks geblieben und darf von der Beklagten nach § 985 BGB. dessen Herausgabe und nach § 894 die Berichtigung des Grundbuchs fordern. Dr. v. F.

Dazu: OLG. Dresden, VII. ZS. Urteil v. 14. Juli 1905.

Die Vorinstanz geht von der Unsittlichkeit der einerseits zwischen dem Beklagten A. und der B. und anderseits zwischen B. und dem Kläger geschlossenen Kaufverträge über das Bordellgrundstück aus, läßt aber dahingestellt, ob die Nichtigkeit auch das dingliche Erfüllungsgeschäft ergreife, da im Falle der Bejahung der Kläger nicht Eigentümer geworden und deshalb nicht die Löschung der dem A. von B. bestellten Kaufgelderhypothek verlangen könne, während im Falle der Verneinung die Hypothek eben gültig bestellt und deshalb ein Anspruch gegen den Hypothekar nicht gegeben sei. Der letztere Grund ist nicht stichhaltig; denn besteht die Forderung, für die die gültig eingetragene Hypothek bestellt ist, nicht zu Recht, so kann der Gläubiger deshalb, weil die Hypothek lediglich der Sicherung seiner Forderung dient und ihm deren Tilgung aus dem Grundstück ermöglichen will (§ 1113[1]), aus ihr trotz der Gültigkeit der Bestellung keine Rechte herleiten, muß vielmehr in entsprechende Berichtigung des Grundbuchs willigen. Indessen die Klagabweisung ist auch für diesen Fall geboten. Zufolge § 1163[1] würde die Nichtigkeit der Kaufpreisforderung die Folge haben, daß die für sie bestellte

[1] Vgl. Urteil des RG. vom 21. April 1906, JW. S. 384 Nr. 11.

Hypothek der B. als der damaligen Eigentümerin und Bestellerin der Hypothek zustehen würde. Lediglich diese würde berechtigt sein, über die Hypothek zu verfügen und vom Beklagten die Berichtigung des Grundbuchs durch Bewilligung der Löschung oder der Umschreibung der Hypothek auf sie zu verlangen. Aber auch die entgegengesetzte Annahme führt in ihren Folgen zu keinem anderen Ergebnis. Sowohl die B. wie der Kläger haben das Grundstück in Kenntnis seiner Eigenschaft als eines zum Bordellbetrieb eingerichteten und diesem dienenden Hauses zu dem Zwecke erworben, die Bordellwirtschaft darin weiter zu treiben. Beide Kaufverträge sind also in gleicher Weise zu beurteilen. Ist der eine nichtig, dann ist es auch der andere, und demzufolge müßte auch bei beiden aus der Nichtigkeit des Vertrags die Nichtigkeit der Auflassung und damit die Tatsache gefolgert werden, daß die Käufer trotz ihrer Eintragungen nicht Eigentum erlangt hätten und deshalb auch nicht berechtigt seien, die Löschuug nicht zu Recht bestehender Belastungen herbeizuführen. M. z.

i) **Vertragsschluß und Prozeßführung durch einen wegen Geistesschwäche Entmündigten.**

α) OLG. Hamburg, II. ZS. Zwischenurteil v. 20. Oktober 1906.

Da die Klägerin, schon vor dem Abschlusse der Diebstahlversicherung wegen Geistesschwäche entmündigt war, so wurde der Vertrag erst wirksam mit seiner Genehmigung durch den Vormund (§ 108), welche im Laufe der ersten Instanz erfolgt ist. Die Rechte aus diesem Vertrage konnte sie aber nicht persönlich verfolgen, denn sie ist als wegen Geistesschwäche entmündigte Person prozeßunfähig, sondern nur ihr Vormund als gesetzlicher Vertreter. War deshalb die Klagerhebung durch die Klägerin unzulässig, so ist doch dieser Mangel des Verfahrens dadurch, daß der Vormund nachträglich noch in erster Instanz in den Prozeß eingetreten, das bisher Geschehene gebilligt und seinerseits den Prozeß fortgesetzt hat, geheilt worden (vgl. Gaupp-Stein zu § 56; Seuffert 54 Nr. 111); dagegen ist hierdurch die Klägerin nicht prozeßfähig geworden. Aus der Genehmigung der Prozeßführung folgt keineswegs auch, daß es unerheblich sei, ob die Klägerin zur Zeit des Vertragsschlusses geisteskrank (§ 104 Nr. 2) war. Denn in diesem Falle war ihre Willenserklärung gemäß § 105 nichtig, so daß der Vertrag, aus dem geklagt ist, nicht zustande gekommen wäre, also auch nicht vom Vormund genehmigt werden konnte. Das Berufungsgericht trägt jedoch kein Bedenken, dem Gutachten des erfahrenen Spezialisten D. in der Annahme zu folgen, daß die Klägerin im Sinne des Rechts (im forensischen Sinne, im Gegensatz zur Sprache des Arztes) nicht geisteskrank, sondern geistesschwach ist. Schon der Vertragschluß der Klägerin, mochte sie sich auch unbegründeterweise von Dieben verfolgt wähnen, spricht für eine verständige Erfassung ihrer Lage als alleinstehende Frau. Auch das Amtsgericht hat im Entmündigungsbeschlusse ausgeführt, daß sich die geistige Erkrankung der Klägerin bisher nur als eine solche geringeren Grades gezeigt und sie insbesondere noch nicht behindert hat, die gewöhnlichen Angelegenheiten des täglichen Lebens in verständiger Weise zu besorgen, — sie lebt von den Unterstützungen, welche ihr Bruder ihr zukommen läßt und welche sie anscheinend in sachgemäßer Weise verwendet. — Die Angaben, welche die Klägerin bei ihrer Vernehmung dem Berufungsgericht gemacht hat, bestätigen solche Auffassung. Sie wurde zwar schließlich sehr aufgeregt und zeigte teilweise Gedächtnisschwäche, beantwortete aber im ganzen alle Fragen sachgemäß und ließ erkennen, daß sie auch jetzt noch selbst wichtigere Angelegenheiten wie Mieten einer Wohnung, Abschluß einer Feuerversicherung und überhaupt die Verwendung ihrer Einnahmen von 100 Mark für den Monat im allgemeinen selbständig wahrzunehmen in der Lage ist. M. M.

β) OLG. Dresden, V. ZS. Beschluß v. 9. Oktober 1906.

Nach dem Gutachten leidet der Kläger an Querulantenwahnsinn. Es liegt demnach bei ihm eine geistige Erkrankung vor, die erfahrungsgemäß sich in einer Störung der geistigen Funktionen auf einem beschränkten Gebiete äußert, ohne daß die freie Willensbestimmung dabei ausgeschlossen ist (JW. 1906 S. 376² a. E.). Die Annahme, der Kläger sei geschäfts- und deshalb prozeßunfähig, erscheint daher mit Rücksicht auf § 104 Nr. 2 bedenklich. Die Sachlage läßt es jedoch nicht ausgeschlossen erscheinen, daß dem Kläger im Hinblick auf die Art der geistigen Erkrankung zur Besorgung seiner bei Behörden, inbesondere bei den Gerichten wahrzunehmenden Angelegenheiten gemäß § 1910² ein Pfleger bestellt wird. Dem AG. X. als dem zuständigen Vormundschaftsgerichte wird deshalb anheimgegeben, in der bezeichneten Richtung vorzugehen und, wenn der nach § 1910³ wegen seiner Einwilligung in die Anordnung der Pflegschaft zunächst zu befragende Kläger die Einwilligung verweigert, die Pflegschaft trotz dieser Verweigerung mit Rücksicht darauf anzuordnen, daß auf dem für die Pflegschaft in Frage kommenden Gebiete eine Verständigung mit dem Kläger nicht möglich ist. Daß es zulässig sei, auf die Annahme einer derartig beschränkten Unmöglichkeit der Verständigung zuzukommen, wird zwar vom Kammergericht (RJA. 6 S. 4) anscheinend verneint; allein bestimmt ausgesprochen ist eine solche Verneinung nicht, und sie könnte auch kaum als richtig anerkannt werden, da, wie das Gesetz im § 1910² mit einer auf einen bestimmten Kreis von Angelegenheiten beschränkten Unfähigkeit zur Besorgung rechnet, so auch eine auf einen solchen Kreis beschränkte Unmöglichkeit der Verständigung nicht wohl wird ausgeschlossen werden können. Jedenfalls hat das Reichsgericht a. O. die Annahme, daß eine derartig beschränkte Unmöglichkeit der Verständigung denkbar sei, nicht ausdrücklich verneint, das Bayer. Oberste Landesgericht (RJA. 6 S. 27), wenn schon unter gleichzeitiger Erwähnung der dabei wohl nicht in Frage kommenden Nr. 2 § 104, ausdrücklich bejaht. J. M.

k) **Anfechtung wegen Irrtums. BGB. § 119.**

α) OLG. Karlsruhe, II. ZS. Urteil v. 9. Oktober 1906.

Gegenüber dem vom Beklagten unterschriebenen Bestellzettel ist die Einwendung, daß der Aussteller sie nicht gelesen habe oder daß sie ihm nicht vorgelesen worden sei, unerheblich (ZPO. § 416). Vielmehr gab es nur die Verteidigung, daß der Beklagte infolge von Irrtum, von Täuschung oder Zwang unterschrieben habe. Es muß nach § 119 hinzukommen, daß die Erklärung bei verständiger Würdigung des Falles nicht abgegeben worden wäre, eine Vorschrift, die so zu verstehen ist, daß jeder in den gegebenen Verhältnissen, aber aus allgemein verständigen Erwägungen (Crome, BGB. 1 S. 425) die Erklärung „Erfüllungsort ist M." nicht abgegeben haben würde. Auf die allenfalls geringere Bildung des Beklagten kommt nichts an. Nun geschieht es aber im heutigen Verkehr sehr häufig, daß durchaus verständige Käufer sich dem Gerichtsstande des Verkäufers unterwerfen. Keinesfalls läßt sich sagen, daß jeder in der Lage des Beklagten, auch wenn er den Fall noch so verständig gewürdigt hätte, den Bestellzettel bei Kenntnis seines Inhalts nicht unterschrieben hätte. Danach handelt es sich überhaupt nicht um eine der Anfechtung wegen Irrtums unterliegende Erklärung. Der Irrtum war, auch wenn vorhanden, kein wesentlicher. So führen die gesetzlichen Vorschriften zu einem dem Bedürfnisse des Verkehrs genügenden Ergebnisse, denn es wäre eine außerordentliche Erschwerung des Handels, wenn einem Verkäufer, der sich im Besitze einer einwandfreien, unterschriebenen Kaufurkunde befindet, sein Recht durch Einwendungen, wie die vom Beklagten vorgeschützten, entwunden werden könnte. Dr. E.r.

β) Kammergericht, V. ZS. Urteil v. 10. Mai 1905.

Die Anfrage des Klägers, ob sich das Manuskript auf anastatischem Wege und zwar in einer Verkleinerung von 22 cm Höhe vervielfältigen lasse, bejahte die Beklagte und bestimmte den Preis auf 500 Mark. Nachdem sie zu diesem Preise die Arbeiten übernommen hatte, entdeckte sie, daß sie bei der Preisberechnung die Kosten der Verkleinerung (1870 Mark) vergessen hatte, und focht den Vertrag an. Der Kläger hält jedoch diesen Irrtum für unbeachtlich und beruft sich auf die Entsch. des RG. 55 S. 368. Allein dort handelte es sich um eine ganz bestimmte Ware (Roheisen englisch III), für die der Verkäufer einen ganz bestimmten Preis von 8,90 Mark für 100 kg gefordert hatte. Hat er sich bei der dem Angebot vorausgegangenen Berechnung geirrt, so traf der Irrtum nur einen außerhalb des Rahmens der rechtsgeschäftlichen Erklärungen liegenden Umstand, wodurch der Verkäufer bewogen wurde, das Angebot auf Grund seiner Preisberechnung zu machen, ohne daß diese zum Gegenstande der rechtsgeschäftlichen Erklärungen der Parteien gemacht worden ist. Das RG. folgert hieraus, daß nur ein Irrtum im Beweggrunde vorliegt; denn „die Klägerin wollte in Wirklichkeit den Preis von 8,90 Mark fordern, den sie gefordert hat; auch war ihr die Höhe und die Bedeutung des geforderten Preises völlig klar". Vorliegend bildeten dagegen den Gegenstand der klägerischen Anfrage zwei selbständige Arbeiten, indem zunächst Seite für Seite photographiert und bei Herstellung des Negativs die Verkleinerung vorgenommen wird, worauf dann mittels des anastatischen Verfahrens die Vervielfältigung erfolgt. Die Beklagte konnte daher zu einem Preisangebote nur dadurch gelangen, daß sie die Kosten jeder dieser Arbeiten berechnete und zusammenzählte. Insbesondere bildeten die Kosten der Verkleinerung nicht einen außerhalb des Rahmens der rechtsgeschäftlichen Erklärungen liegenden Umstand, sondern stellten ihren vorzüglichsten Gegenstand dar und die Beklagte hat deshalb ihrem Preisangebote hinzugefügt: „auf Format der Z. Zeitschrift verkleinert". Beide Teile gingen also davon aus, daß die Kosten der Verkleinerung mitberechnet und bezahlt werden müßten. Hat nun die Beklagte versehentlich diese Kosten nicht angesetzt, so war sie bei dem Preisangebot der Überzeugung, daß darin jene Kosten mitenthalten seien. In ihrer Vorstellung setzte sich der geforderte Preis aus den Kosten nicht nur der Vervielfältigung, sondern auch der Verkleinerung zusammen, während er in Wirklichkeit nur die ersteren Kosten enthielt. Bei dieser Sachlage läßt sich nicht annehmen, daß sie den Preis von 500 Mark, den sie gefordert hat, in Wirklichkeit fordern wollte und daß ihr die Bedeutung des geforderten Preises völlig klar war, vielmehr beruhte ihre Erklärung auf falscher Vorstellung, die die Willenswirklichkeit ausschloß. In diesem Sinne hat sich auch derselbe II. ZS. des RG., der das zit. Urteil gefällt hat, in dem späteren Urteil v. 15. Jan. 1904 (JW. S. 112[5]) ausgesprochen.... B. M.

γ) OLG. Cöln, III. ZS. Urteil v. 20. Dezember 1905.

Der Beklagte, der dem Kläger Tapeten zollfrei nach Kopenhagen liefern sollte, hatte seiner Preisberechnung irrtümlich einen Zoll von 4 statt von 16 Ör zugrunde gelegt. Er hat zwar den Vertrag unverzüglich angefochten, allein die Zollfreiheit bildet keine wesentliche Eigenschaft der Ware, kein tatsächliches oder rechtliches Verhältnis, das zufolge seiner Beschaffenheit und vorausgesetzten Dauer nach den Verkehrsanschauungen die Wertschätzung der Sache beeinflußt, wie z. B. die Ertragsfähigkeit des Grundstücks, dessen Hypothekenfreiheit oder die Verwertbarkeit eines Patents. Vielmehr kommt der Zoll nur ein einziges Mal in Frage und wird bloß in dem Augenblicke wirksam, in welchem die Ware das Zollgebiet betritt. Man müßte sonst folgerichtig alle Verwendungen, die auf eine Sache zu machen sind, z. B. Frachtauslagen unter den Gesichtspunkt der Eigenschaften bringen. — Ebensowenig hat der Beklagte über den Inhalt der Erklärung geirrt; er wollte zollfrei liefern, hatte dabei allerdings eine unrichtige Vorstellung über die Zollhöhe. Hätte er damals den richtigen Zoll gekannt, so hätte er zweifellos höhere Preise gefordert. Es handelt sich somit um einen Irrtum in der Kalkulation, also im Beweggrunde. Dieser Irrtum wäre nur dann zu beachten, wenn Beklagter den Beweggrund zum Inhalt seiner Erklärung gemacht hätte. In der Offerte war aber weder die Höhe des vermeintlichen Zollsatzes erwähnt noch auch nur erklärt, daß die Preise wegen des geringen Zollsatzes so niedrig angesetzt seien.... Hat dagegen der Kläger sofort erkannt, daß die Offerte nur durch einen Irrtum des Beklagten über den Zollsatz veranlaßt sein konnte, so verstieß er gegen die guten Sitten, wenn er unterließ, den Beklagten auf seinen Irrtum aufmerksam zu machen... Rh. Arch.

l) **Ansprüche des arglistig Getäuschten.**

OLG. Cöln, IV. ZS. Urteil v. 30. März 1906.

... Der Kläger (Verkäufer) hat, mag man ihn aus § 463 oder § 826 für schadensersatzpflichtig erklären, nach § 249 den Zustand herzustellen, der bestehen würde, wenn der zum Ersatz verpflichtende Umstand, der Betrug, nicht eingetreten wäre, und nach § 251, insoweit diese Herstellung nicht möglich ist, die Beklagten in Geld zu entschädigen. Er hat ihnen indes nicht das zu gewähren, was sie haben würden, wenn die unwahren Angaben des Klägers über sein gutes Auskommen im Geschäft richtig gewesen wären. Denn die Vertragshaftung für eine Zusicherung in dieser Beziehung hat der Kläger im Vertrage nicht übernommen. Vielmehr erscheint als der zum Ersatz verpflichtende Umstand die durch die bewußt falschen Angaben des Klägers herbeigeführte Täuschung der Beklagten über das Einkommen des Klägers aus dem Geschäft, und sie können daher nur den Unterschied zwischen dem, durch den Vertrag geschaffenen Zustand und dem Zustand, der ohne diese Täuschung bestehen würde, ersetzt verlangen.... Sie können demnach den Betrag erstattet verlangen, um den sie den Kaufpreis geringer festgesetzt hätten, wenn ihnen der wirkliche Ertrag des Geschäftes während der Besitzzeit des Klägers bekannt gewesen wäre. Dieser Betrag besteht nicht in dem Unterschied zwischen dem Vertragspreis und dem *wirklichen* Wert des Geschäfts; denn die Beklagten wollen den Kauf an sich aufrecht erhalten und haben nicht angenommen, daß der Kläger nur den wirklichen Wert der Kaufobjekte als Preis verlangt hat; vielmehr erkennen müssen und erkannt, daß er darüber hinaus auch einen Gewinn erzielen wollte. Der Schadensberechnung muß daher der Kaufpreis zugrunde gelegt und dieser ähnlich wie bei einer Preisminderung nach § 472 verhältnismäßig auf den Betrag herabgemindert werden, den die Beklagten bei Kenntnis des wirklichen Geschäftsertrages zu zahlen bereit gewesen wären. Der Unterschied zwischen beiden Summen stellt dann, da eine andere Herstellung des schadenfreien Zustandes hier nicht möglich ist, die den Beklagten auf alle Fälle zu erstattende Schadensersatzsumme dar. Einen weiteren Schaden würden sie noch besonders darzulegen haben. Dr. Chr. J.

m) **Bedeutung eines Telegramms „Einverstanden. Brief folgt" u. dgl. für das Zustandekommen eines Vertrags.**

α) OLG. Colmar, I. ZS. Urteil v. 9. März 1906.

Durch den Depeschenwechsel der Parteien ist ein Mietvertrag nicht zustande gekommen. Die Antwortsdepesche „Einverstanden. Brief folgt nach", brachte zwar zum Ausdruck, daß der Beklagte mit den in dem telegraphischen Anerbieten der Klägerin enthaltenen, das Mietobjekt, den Mietpreis, den Bierpreis und den Beginn der Miete betreffenden Vertragsbedingungen einverstanden sei. Sie ließ aber zum mindesten zweifelhaft, ob der Beklagte nicht noch andere Punkte als wesentlich erachte und den Vertragsschluß von der

Einigung hierüber abhängig machen wollte. Auch wenn man nicht so weit geht wie Staub (§ 361 HGB. Note 49 a), welcher in einer Depesche obigen Inhalts „niemals eine gültige Annahme erblickt", so ist doch zweifellos, daß darin ein den Vertragsschluß ausschließender Vorbehalt liegen kann (vgl. ROHG. 12 S. 290; Seuffert 46 Nr. 177). Es ist also nach Maßgabe des späteren Verhaltens der Parteien zu prüfen, ob nach deren übereinstimmendem Willen der Vertrag durch den Depeschenwechsel endgültig abgeschlossen sein sollte. Dies ist aber hier zu verneinen. Der Beklagte hat allerdings seiner Antwortdepesche den darin in Aussicht gestellten Brief nicht folgen lassen. Aber er konnte dies, ohne daß sein Schweigen als Beweis festen Vertragsschlusses durch den Depeschenwechsel gedeutet werden mußte, deshalb unterlassen, weil die Klägerin ihrerseits dem Depeschenwechsel einen Brief folgen ließ, worin sie dem Beklagten ankündigte, daß sie einen Vertrag analog demjenigen mit dem bisherigen Pächter entwerfen und in den nächsten Tagen ihm unterbreiten werde. Dies ist auch geschehen und dabei ergab sich, daß in dem schriftlichen Vertrag u. a. die — vorher nicht vereinbarte — Mitunterschrift der Frau des Beklagten vorgesehen war, welche die Klägerin als so wesentlich betrachtete, daß sie ihren Angestellten anwies, die Zulassung des Beklagten zur Vollziehung des Vertrags davon abhängig zu machen, daß auch die Frau zur Unterschrift bereit sei. Diese hat sich jedoch zur Unterzeichnung dazu nicht verstanden. Hiernach hatte der Depeschenwechsel nur die Bedeutung von Vorverhandlungen, welche zur Einigung über eine Anzahl von Vertragspunkten führten, daß aber ein Vertragsschluß zwischen den Parteien mangels Einigung über alle von ihnen als wesentlich erachteten Punkte nicht zustande gekommen ist.... Frdthl.

β) Kammergericht, XVI. ZS. Urteil v. 29. Oktober 1906.

Auf die Offerte des Klägers telegraphierte der Beklagte: „Akzeptiere... Muster senden", lehnte aber nach Erhalt der Muster den Vertragschluß ab. Gegen die Ansicht des Klägers, daß die Worte „Muster senden" nur den Wunsch um Ausfallmuster ausdrücke, spricht die Sachlage. Nachdem nämlich zunächst erfolglos über das Angebot des Klägers verhandelt war, faßte dieser in seiner Offerte vom 1. März alle wesentlichen Vertragspunkte genau formuliert zusammen, indem er den Wünschen des Beklagten etwas entgegenkam und ihm ein letztes Angebot machte. Dem gegenüber ist aus der Depesche des Beklagten ebenfalls der Wille ersichtlich, alle Punkte, die ihm wesentlich erschienen, im gedrängten Telegraphenstil zusammenzufassen, um so mit Rücksicht auf die bisher in den Verhandlungen erwähnten Vertragsmomente sein Einverständnis mit der klägerischen Offerte zu erklären. Am Schlusse stehen die Worte „Muster senden". Von Mustern war bisher auf keiner Seite die Rede, offenbar aus dem Grunde, weil über die wesentlichen Bedingungen, unter denen der Abschluß erfolgen sollte, eine genügende Einigung noch nicht erzielt war. In diesem Zusammenhange können die fr. Worte sich nur auf das Zustandekommen des Geschäfts beziehen, und bedeutet die im gedrängten Telegrammstil hinzugefügte Bedingung, daß das Geschäft geschlossen werde, wenn die Muster die Billigung des Beklagten finden würden. Daß in diesem Telegramm der Beklagte Ausfallmuster fordern wollte, d. h. eine erst im Laufe der Geschäftsabwicklung fällige Leistung, für die kein Grund zur Eile bestand, ist unwahrscheinlich. Diese Bedeutung hätte auch der Kläger erkennen müssen.... Überdies wird handelsgebräuchlich die fr. Ware nach Muster gehandelt. M.

n) **Vollmacht.**[1] **Stillschweigende Erläuterung.**

OLG. Stettin, V. ZS. Urteil v. 27. April 1906.

Beim Bau des Elektrizitätswerkes in R. hatte der Kläger Lieferungen gemacht, die er gegen die spätere Inhaberin dieses Werkes einklagte. Es wurde ihm entgegnet, nicht die Beklagte habe das Werk und seine Leitungen erbaut, vielmehr den Bau, nachdem sie das Grundstück dazu von der Stadt R. erworben hatte, an zwei selbständige Unternehmer A. und B. vergeben. Diese und deren Ingenieure seien allein die Besteller jener Lieferungen.

Aus den Gründen:

Allerdings konnte es nicht zu einer Verpflichtung der Beklagten dadurch kommen, daß alle oder viele Leute in R. annahmen, sie sei die Bauunternehmerin und die Ingenieure A. und B. ihre Stellvertreter bei der Einrichtung des dortigen Elektrizitätswerkes. Ein solcher Glaube allein vermag für die Irrenden keine günstigen Rechtsfolgen hervorzubringen (Thöl, Handelsrecht 1 S. 195). Ebenso zweifellos konnte die Beklagte, obwohl sie durch Vertrag mit der Stadt R. Anlage und Betrieb eines solchen Werkes übernommen hatte und dieses später auch ihrerseits für sich betrieb, doch die Errichtung der Gebäude und der Leitungen einem anderen als selbständigen Unternehmer oder Zwischenunternehmer übertragen, der dann dabei nicht etwa ihre Geschäfte führte und ihr Vertreter war. Sie will auch so verfahren sein und den A. sowie den B. als selbständige Unternehmer bei Ausführung des Gebäudes und bei Errichtung des Freileitungsnetzes und der Installation haben auftreten lassen, die ihr dann nur — unter gewissen Vorbehalten über die Lieferungen dazu — das fertige Werk abzuliefern gehabt hätten. Dies mußte sich aber sofort zu ihren Ungunsten ändern, sobald sie nicht vermied, jene Unternehmer trotz deren gewollter Selbständigkeit als ihre eigenen Vertreter erscheinen zu lassen; wenn sie selbst den Glauben in den Lieferanten erweckte, sie habe A. und B. mit dem Abschlusse von Rechtsgeschäften für den Bau betraut; wenn ein solcher Lieferant

[1] Die Erklärung, mit der der Mann die von seiner Frau erteilte Vollmacht genehmigt, kann nur dahin verstanden werden, daß der Bevollmächtigte ermächtigt werden sollte, die Rechtsgeschäfte, die er für die Frau vornehmen sollte, mit voller Rechtswirksamkeit vorzunehmen; sie enthält also die Einwilligung in die vom Bevollmächtigten vorzunehmenden Rechtsgeschäfte (Bayer. Ob. LG. I. ZS. Beschluß vom 8. Januar 1906, Sammlung 7 S. 1). — Wer ohne Verpflichtungswillen die Bauhandwerker in den Glauben, er stehe für die Zahlung ein, versetzt und sie so zur Weiterlieferung bestimmt, haftet ihnen persönlich (OLG. Dresden, Urteil vom 28. April 1905, Sächs. Arch. 1 S. 274).

in verständiger Würdigung der von der Beklagten selbst geschaffenen Sachlage zu der Annahme gelangen mußte, er verhandle bei seinen Abschlüssen mit Vertretern der Beklagten (vgl. Thöl a. O. S. 196; Staudinger Anm. 5 zu § 167; Planck zu § 167; Rehbein 1 S. 262 II 1; Schloßmann, Stellvertr. 2 S. 419; Seuffert 24 Nr. 138, 29 Nr. 25. Entsch. des RG. 1 Nr. 4, 22 S. 76, 50 S. 76; „Recht" 1904 S. 17 Nr. 11)... Bei der Rückwirkung dieses von der Beklagten zu verantwortenden Anscheines einer von ihr den A. und B. erteilten Vollmacht tritt ferner der Umstand nicht hinderlich dazwischen, daß beide, sowie deren Untergebene die Geschäftsabschlüsse nicht auf den Namen der Beklagten machten, sondern daß dabei ihr eigener Name genannt wurde. Denn dieselbe Ausdrucksweise würde ebenso vorgekommen sein, wenn A. und B. oder deren Untergebene wirklich für die Beklagte hätten abschließen wollen. Die Nachlässigkeit der Sprachgewohnheit kann hier deshalb nicht ausschlaggebend sein; bestellt wurde im Grunde für den Bau und denjenigen, den er angehen mußte. Das Rechtsverhältnis, das die anscheinenden Vertreter der Beklagten bei ihren derartig gefaßten Abschlüssen mit dem Kläger schufen, lag danach ähnlich, als wenn ein Gutsherr den Pächter seines Gutes (ohne dessen Vorwissen) als seinen Verwalter hätte auftreten lassen, und dieser nun Rechtsgeschäfte für das Gut, also im Grunde und nach seinem Willen für sich, abgeschlossen hätte. Hier würde der Dritte, der den Handlungen und Erklärungen des Gutsherrn in verständiger Weise entnehmen durfte, der Pächter sei dessen rechtsgeschäftlicher Vertreter, den Gutsherrn, dem er vielleicht allein Kredit hätte gewähren wollen, haftbar zu machen in der Lage sein....

Daß aber die Beklagte den Glauben erwecken mußte, A. und B. seien ihre Vertreter bei Bau und Einrichtung des Elektrizitätswerkes, dafür sind folgende Erwägungen maßgeblich. Sie hatte den Kläger zum Ankauf eines Elektromotors bei ihr veranlaßt, den dieser nur erwerben wollte, wenn ihm der Gewinn bei Arbeiten am künftigen Elektrizitätswerke zukommen würde. Sie hat ihm das in Aussicht gestellt und er durfte das so verstehen, daß sie als demnächstige Unternehmerin des Werkes ihm die Arbeiten zuwenden wolle. Unbestritten hat dann B., der spätere Besteller all seiner Lieferungen und Arbeiten, über den Ankauf des Motors weiter mit ihm verhandelt und dies Geschäft im Auftrage der Beklagten zum Abschlusse gebracht; er hat ihm auch die Rechnung der Beklagten als durch den halben Betrag seiner Gegenrechnung beglichen quittiert. Daraus mußte und durfte der Kläger wiederholt den Schluß ziehen, daß er der Beklagten als Bauunternehmerin und Vollmachtgeberin des B. seine Lieferungen gemacht habe und mache; daß B. ihm gegenüber als ihr Vertreter und auch als ihr rechtsgeschäftlicher Vertreter gehandelt habe und habe handeln dürfen. In dieser Auffassung durfte sich der Kläger dadurch bestärkt sehen, daß die Beklagte ursprünglich die Anlage eines Elektrizitätswerkes übernommen hatte; daß auch von Anfang an nicht nur von einer Bauleitung, sondern von einem „Elektrizitätswerk" als beginnendem Unternehmen die Rede war, und daß die Beklagte die Preise der unter Leitung des B. eingerichteten Installation sich zahlen ließ. Es ist aber bei den in Betracht kommenden kleinstädtischen Verhältnissen anzunehmen, daß alle diese Umstände dem Kläger bekannt waren; anderseits wußte die Beklagte, daß im Geschäftsverkehr von A. und B. Briefe mit dem Vordrucke: „Ingenieurbureau Paul A. Bauleitung des Elektrizitätswerkes zu R." verwendet wurden. So unterzeichnete dann auch B. eine Bestellung nur mit „Elektrizitätswerk zu R.". Wie nahe hiernach dem Kläger das Mißverständnis über die Stellung der Beklagten zu dem Bau und der Einrichtung des Elektrizitätswerkes und ihren Bauleitern liegen mußte, zeigt, daß B. selbst als Zeuge und sonst geäußert hat, in völliger Unklarheit über die obwaltenden Rechtsverhältnisse gewesen zu sein. Offenbar ist es der Beklagten gerade auf diese Unklarheit der Verhältnisse angekommen; ihr Kredit stützte die Bestellungen für das Elektrizitätswerk, aber Verpflichtungen sollten daraus für sie nicht erwachsen. Jedenfalls paßt auf diesen Sachverhalt die l. 11 § 5 D. 14. 3. Diese Stelle bezieht sich allerdings auf eine wirklich erteilte Vollmacht, über deren Beschränkungen der Vollmachtgeber aber die mit seinem Bevollmächtigten Abschließenden durch fortwährende Abänderungen in Unklarheit versetzte. Sie paßt aber ebenso auf eine Sachlage, die den Gegenüberstehenden in eine gleiche Unklarheit über das Bestehen der Vollmacht überhaupt versetzten; unter solchen Umständen gab die l. 8 i. f. D. 14. 5 die gleiche Entscheidung. K. Schn.

o) **Bedeutung des § 181 BGB.** [1]

Bayer. Oberstes Landesgericht, I. ZS. Beschluß v. 9. Juni 1906.

B. erklärte, daß er dem G. einen Betrag schulde, und bestellte zugleich auf Grund einer ihm von V., besonders auch zu Eintragungsbewilligungen, erteilten Generalvollmacht für seine Schuld Hypothek an Grundstücken des V. Die Eintragung wurde jedoch unter Bezugnahme auf § 181 abgelehnt. Die weitere Beschwerde hatte Erfolg. Gründe:

Der § 181 schränkt nicht die Vertretungsmacht dahin ein, daß der Vertreter zur Vornahme eines Rechtsgeschäfts nicht befugt ist, bei dem sein Interesse zu dem des Vertretenen in einem erheblichen Gegensatze steht, sondern schließt nur aus, daß der Vertreter im Namen des Vertretenen mit sich im eigenen Namen ein Rechtsgeschäft vornimmt, das nicht ausschließlich in der Erfüllung einer Verbindlichkeit besteht. Ebenso verstand der § 24 des Entw. I der GrBO. unter einer Eintragungsbewilligung, die der Vertreter des Berechtigten zu seinen eigenen Gunsten erteilt hat, nicht die Be-

[1] Ist der Ehemann der gesetzliche Vertreter des unehelichen Kindes seiner Frau, so kann er die nach § 1716 Abs. 2 erforderliche Einwilligungserklärung des Kindes und im Anschluß daran seine Erklärung, daß er seinen Namen dem Kinde erteile, der zuständigen Behörde gegenüber abgeben; denn diese ist Empfängerin der Erklärung und handelt dabei nicht als Stellvertreterin des Stiefvaters, sondern als Organ der öffentlichen Gewalt, so daß der § 181, der ein Rechtsgeschäft des Kindes mit dem Stiefvater verlangt, unanwendbar ist (Beschluß desselben ZS. vom 30. Juni 1905, Sammlung 6 S. 435).

willigung zu einer Eintragung, die irgendwie mittelbar dem Vertretenen zugute kommt, sondern nur die Bewilligung zu einer solchen Eintragung, die die Rechtslage des Vertretenen unmittelbar betrifft, besonders den Erwerb eines Rechts durch ihn, die Befreiung seines Grundstücks oder eines ihm zustehenden Rechts von einer Belastung oder die Berichtigung des sein Recht beeinträchtigenden Inhalts des Grundbuchs zum Gegenstande hat. Die Hypothekbestellung des Beschwerdeführers ist nach § 873 BGB. ein Rechtsgeschäft zwischen dem Beschwerdeführer als Vertreter des Grundstückseigentümers B. und dem Gläubiger G., im eigenen Namen hat der Beschwerdeführer sich an dem Rechtsgeschäfte nicht beteiligt. Darin unterscheidet sich der vorliegende Fall von der den Gegenstand der Entscheidung des RG. 51 S. 422 bildenden Schuldübernahme, bei der der Schuldner nicht nur als Vertreter des Übernehmers dem Gläubiger die Schuldübernahme mitgeteilt, sondern auch mit Wissen des Gläubigers im eigenen Namen mit sich selbst als Vertreter des Übernehmers die Übernahme der Schuld vereinbart hatte. Die Belastung der Grundstücke des Vollmachtgebers B. mit einer Hypothek für die Schuld des Beschwerdeführers erfordert im redlichen Verkehr allerdings eine Vereinbarung zwischen dem Vollmachtgeber und dem Beschwerdeführer über das durch die Hypothekbestellung zwischen ihnen begründete Rechtsverhältnis. Aber abgesehen davon, daß der Gläubiger G. bei dieser Vereinbarung ganz unbeteiligt ist, fehlt jeder Anhalt dafür, daß der Beschwerdeführer dieses Rechtsverhältnis durch einen Vertrag zu ordnen unternommen hat, den er als Vertreter des Vollmachtgebers mit sich im eigenen Namen geschlossen hat. Die Vereinbarung zwischen dem Beschwerdeführer und dem Vollmachtgeber kann schon vor der Hypothekbestellung getroffen worden sein, und wenn dies nicht der Fall ist, ist die nächstliegende Annahme die, daß der Beschwerdeführer das Rechtsgeschäft in der Erwartung vorgenommen hat, sich demnächst mit dem Vollmachtgeber auseinanderzusetzen. Den Vertretenen gegen einen Mißbrauch der Vollmacht bei einem Rechtsgeschäfte zu schützen, das mit einem Dritten vorgenommen wird, ist der § 181 nicht bestimmt. Gegen Schädigung des Vertretenen durch arglistiges Zusammenwirken des Vertreters und des Dritten gewährt der § 138[1] Schutz. D.

p) **Eintritt der Fälligkeit im Falle des § 193.**

OLG. Königsberg, II. ZS. Urteil v. 7. Juli 1906.

Die an jedem Quartalsersten verzinsliche Hypothek des Klägers war bei pünktlicher, d. h. innerhalb einer Woche nach Fälligkeit erfolgender Zinszahlung nicht vor dem 1. April 1909 kündbar. Sie ist mit Recht gekündigt, da die Zinsrate für das letzte Vierteljahr 1905 erst am 9. Januar 1906 gezahlt wurde. Den § 193, der im I. Entwurf fehlte, da man meinte, daß die entsprechende Vorschrift der WO. Art. 92 in besonderen Verhältnissen ihren Grund habe und sich nicht zur Übernahme in das bürgerliche Recht eigne, hat die Reichstagskommission lediglich mit Rücksicht auf die Sonntagsruhe aufgenommen. Eine über diesen Zweck, die Ruhe des Sonntags zu wahren, hinausgehende, ausdehnende Auslegung wird man dem § 193 folglich nicht geben können. Als Tag der Fälligkeit ist der 1. Januar anzusehen, während die Zahlungspflicht mit Rücksicht auf die Ruhe des Feiertags erst am 2. Januar eintrat, ähnlich wie im Wechselrecht der Wechsel an dem in ihm angegebenen Tage fällig wird, während wenn dieser Tag auf einen Sonn- oder Feiertag fällt, der Zahlungstag auf den nächsten Werktag fällt. Die Zahlung am 9. Januar war also verspätet.

Auch kann nicht angenommen werden, daß die Parteien die Zahlungsfristen für die einzelnen Vierteljahre verschieden haben regeln wollen. Vielmehr ist die Absicht einer gleichmäßigen Regelung für alle Quartale als das Natürliche zu unterstellen. Es ist daher als dem Parteiwillen entsprechend die Annahme geboten, daß der jedesmalige Quartalerste ohne Rücksicht darauf, ob er ein allgemeiner Feiertag war oder nicht, als Fälligkeitstag gelten und die Zahlung der Zinsen spätestens am 8. Tage gleichmäßig nach allen Quartalsersten erfolgen sollte. Th.

q) **Verjährung der Forderung des Unternehmers.**

α) OLG. Cassel, II. ZS. Urteil v. 5. April 1906.

Der Vertrag ging zunächst dahin, daß der Kläger das Haus nebst Scheuer bis auf den Schlüssel fertig stellen sollte. Erst nachträglich haben die Parteien die Leistung einzelner Arbeiten ausgeschlossen; dadurch ist jedoch dem Vertrage der Charakter als Bauunternehmervertrag nicht genommen worden. Denn trotz der nachträglichen Vereinbarung hatte der Kläger neben den Arbeiten des eigenen noch immer eine ganze Reihe von Arbeiten anderer Handwerke zu leisten, so vor allem die Erd-, die Dachdecker-, die Weißbinder- und besonders die Maurerarbeiten. Gegenüber der Arbeit des Klägers als Zimmermann traten die Arbeiten der durch ihn gedungenen Handwerker anderer Handwerke keineswegs in den Hintergrund (ObTr. 67 S. 148). Die klägerische Forderung unterliegt daher nicht der zweijährigen Verjährung, die bei Forderungen der Handwerker für Ausführung von Arbeiten gemäß § 196[1] Platz greift. Fs.

β) OLG. Cöln, X. ZS. Urteil v. 2. November 1905.

Der Kläger hat die Ausführung der Arbeiten nicht als Unternehmer übernommen, sondern die Mauerarbeiten an den Häusern des Beklagten als **Maurermeister**, also als Bauhandwerker teils im Tagelohn, teils im Akkord durch seine Gehilfen und Handlanger ausgeführt und dabei lediglich Arbeiten seines eigenen Handwerks geliefert. Ob er dabei selbst mitgearbeitet hat, ist gleichgültig, da sein Charakter als Handwerker dadurch nicht beeinträchtigt wird, daß er selbst nicht mitarbeitet, sondern sich auf eine Beaufsichtigung seiner Gehilfen beschränkt. Auch die Zahl der beschäftigten Arbeiter ist bedeutungslos. Hat er bei den Bauten 30—40 Arbeiter beschäftigt und sie durch einen Maurerpolier beaufsichtigen lassen, so hat er sein Handwerk in größerem Umfang betrieben. Das Gesetz unterscheidet nicht zwischen einem kleinen und einem größeren Handwerker, sondern unterwirft die Ansprüche der Handwerker schlechtweg der kurzen Verjährung. Hat der Kläger die Gerüste und Geräte gestellt, sowie die Löhne seinen Arbeitern bezahlt, so hat er nur das getan, was bei jedem Bauhandwerker zutrifft. Ebensowenig ist entscheidend, ob er sich Bauunternehmer nennt und als solcher Gewerbesteuer entrichtet: ausschlaggebend ist vielmehr, ob er die Arbeiten als Unternehmer oder als Handwerker geleistet hat.

Für das Gewerbe[1] des Beklagten, der eine Ziegelei betreibt, sind die Arbeiten nicht geleistet; sie sind vielmehr an Häusern ausgeführt, die er errichtet, um sie zu vermieten. In dieser Vermietung liegt aber kein selbstständiger Gewerbebetrieb (Rsp. 7 S. 350). Rh. Arch.

γ) OLG. Rostock, I. ZS. Urteil v. 26. Februar 1906.

Dahingestellt kann bleiben, ob der § 196 Nr. 1 ganz allgemein auf Schadensersatzansprüche aus den dort bezielten Rechtsverhältnissen anwendbar ist. Denn hier handelt es sich um den Anspruch aus dem Werkvertrage auf Zahlung der vereinbarten Vergütung unter Abzug der Ersparungen. Es fehlt an jedem innern Grunde für die Annahme, daß das Gesetz den Anspruch auf die Vergütung rücksichtlich der Verjährung verschieden behandeln will, je nachdem die Leistung geschehen oder deren Abnahme verweigert ist, also die Geltendmachung desselben Anspruchs aus demselben Rechtsverhältnis nur in verschiedener Höhe in Frage steht (Staudinger 4 zu § 196; Joseph in Gruchot 42 S. 3; Planck 1 zu § 196). Chr.

δ) OLG. Hamburg, III. ZS. Urteil v. 19. April 1906.

Da der Kläger Kaufmann im Sinne des HGB. ist, so steht auch insoweit der Anwendung des § 196 Nr. 1 nichts entgegen. Daß auf die Verdingung größerer Arbeiten die Gründe, welche für die Einführung der zweijährigen Verjährungszeit maßgebend gewesen sind, nicht recht passen, kann kein Grund sein das Gesetz nicht anzuwenden. Ein Fall, wie er dem RG. 28 S. 232 vorlag, steht hier nicht in Frage. Es handelt sich vielmehr lediglich um Aufhöhungsarbeiten [für eine große Landfläche] und daß auch bei Ansprüchen aus Werkverdingungen der § 196 anzuwenden ist, wird nicht bezweifelt (Rehbein 1 S. 328 unter 5a; Dernburg 1 S. 519[6]; JW. 1905 S. 337). M. M.

ε) **Bedeutung des BGB. § 213.**[2]

OLG. Cöln, XI. ZS. Urteil v. 11. Juli 1906.

[1] Aus dem Kreise der Gewerbetreibenden scheiden, obwohl sie dauernd Gewinn erstreben, solche Personen, die wie Ärzte, Rechtsanwälte, Gelehrte, Künstler eine freie wissenschaftliche, künstlerische Tätigkeit entfalten; auch Architekten gehören dazu, wenn ihre Tätigkeit vorwiegend eine freie künstlerische ist, wie bei dem Beklagten, der Entwürfe zu Bauten ausarbeitet und gelegentlich auch die Ausführung seiner Pläne beaufsichtigt, niemals aber selbst die Bauten ausführt (OLG. Cöln, I. ZS. Urteil vom 5. Juli 1905, Rh. Arch. 102 S. 135).

[2] Der § 218 findet keine Anwendung, wenn der Anspruch lediglich dem Grunde nach, nicht auch dem Betrage nach rechtskräftig festgestellt ist (OLG. Cöln, VI. ZS. Urteil vom 20. Juni 1906, Rh. Arch. 103 S. 80; vgl. jedoch auch Entsch. des RG. 61 S. 170). — Ein

Der Kläger hat am 31. Dezember 1901 einen Zahlungsbefehl wegen 500 Mark zustellen lassen, nach erhobenem Widerspruch bei dem Landgericht im März 1902 geklagt, diese Klage im Januar 1903 zurückgezogen und darauf die jetzige Klage erhoben. Hiernach fragt sich, ob die Zustellung vom 31. Dezember 1901 die Verjährung unterbrochen hat. Dies ist zu bejahen. Der § 213 BGB. ist hier nicht anwendbar, weil er nur Platz greift, wenn es nicht zur Klagerhebung gekommen oder eine solche wie im Falle des § 696 ZPO. nicht erforderlich ist. Gehört der Anspruch vor die Landgerichte und hat der Gläubiger nach erhobenem Widerspruche geklagt, dann richtet sich die Unterbrechung der Verjährung nach den §§ 211, 212 BGB. nur mit dem Unterschiede, daß der Tag der Zustellung des Zahlungsbefehls den Zeitpunkt des Beginns der Unterbrechung bedeutet. Dem steht nicht entgegen, daß nach dem Protok. 1 S. 226 der Antrag, eine dem § 212² entsprechende Bestimmung auch dem § 213 hinzuzufügen, zurückgezogen worden ist, nachdem der gleiche, zum § 214 beantragte Zusatz abgelehnt war. Hieraus ist zu entnehmen, daß nach Ansicht der Kommission der § 212² im Mahnverfahren keine Anwendung finden soll (ebenso Crome 1 S. 517; Rehbein 1 S. 323; vgl. Planck zu § 213; Staudinger § 209 N. 8). Nach § 212² ist aber durch die Rücknahme der ersten Klage die Unterbrechung der Verjährung deshalb nicht weggefallen, weil noch innerhalb sechs Monaten die neue Klage wegen derselben Forderung erhoben ist. Hieran ändert nichts, daß die erste Klage formell mangelhaft war, insbesondere den Klagegrund nicht enthielt; denn die zugunsten des Klägers eintretende Verlängerung der Frist tritt auch in diesem Falle ein, weil der § 212² nicht verlangt, daß die erste Klage geeignet sein müsse, Rechtshängigkeit zu erzeugen und ein etwaiger Irrtum der Partei nicht zur Ausschließung ihrer Rechte führen soll (Protok. 1 S. 227). Rh. Arch.

8) **Garantiefrist und Verlängerung der Verjährungsfrist.**

OLG. Hamburg, VI. ZS. Urteil v. 8. Mai 1906.

Der Beklagte hat die verkauften Platten dem Kläger, welcher wegen eines am 6. Mai 1902 entdeckten Mangels 1904 Schadensersatz verlangt, bereits am 10. Mai 1901 abgeliefert. Die Verjährungsfrist des § 477 wäre daher schon am 10. November 1901 abgelaufen gewesen, wenn nicht mit Rücksicht auf die von den Parteien vereinbarte zweijährige Garantiefrist die Ende 1902 erfolgte Streitverkündung an den Beklagten die Vollendung der Verjährung verhindert hätte. Das Landgericht hat unter Berufung auf Entsch. des RG. 37 S. 79 ausgeführt, daß eine derartige Garantieberedung nicht einfach bezwecke, an Stelle der gesetzlichen Verjährungszeit die vertragliche zu setzen, sondern nur die Geltendmachung aller bis zum Ablauf der Vertragszeit entdeckten Mängel ermöglichen wolle, im übrigen aber dem Käufer für diese Geltendmachung nur die gesetzliche sechsmonatliche Frist, vom Zeit-

Anerkenntnis nach abgelaufener Verjährungsfrist kommt nur dann in Betracht, wenn es sich als ein vertragsmäßiges im Sinne des § 781 darstellt (OLG. Cöln, XI. ZS. Urteil vom 11. Juli 1906).

punkte der Entdeckung der Mängel gerechnet, gewähre. Dieses Urteil sowie die weiteren in demselben Sinne ergangenen Erkenntnisse (JW. 1901 S. 40[18], 61[12], 189[9], 407[28]) haben aber nicht das neue Recht, sondern den bisherigen Art. 349[5] HGB. zur Grundlage. Zwischen beiden besteht ein Unterschied. Art. 349[5] spricht von einer vertragsmäßigen Verlängerung der Frist für die Haftbarkeit des Verkäufers; § 477 BGB. aber von einer Verlängerung der Verjährungsfrist. Das alte HGB. hat absichtlich nur die Erstreckung der im Art. 349[1] normierten Haftungsfrist zugelassen, nicht aber von dem damals herrschenden Grundsatz, daß Verjährungsfristen nicht der Parteiwillkür unterliegen, eine Ausnahme schaffen wollen (vgl. Lutz, Protok. S. 633f., 1391). Dementsprechend hat das Reichsgericht (JW. 1901 S. 190[9]) ausgesprochen, daß seine Auslegung dem Art. 349[5] entnommen sei, der nur von der Verlängerung oder Verkürzung der Haftbarkeit des Verkäufers rede, aber ein Recht zur selbständigen Verlängerung der Verjährungsfrist nicht kenne. — Für das neue Recht, das in § 477 BGB. diese Befugnis erteilt hat, vertreten den früheren Standpunkt: Makower 1 S. 1224; Staub S. 1378 Anm. 152; Seuffert 58 Nr. 71; Rsp. 8 S. 72f.; vgl. auch Hans. GZ. Hptbl. 1904 Nr. 132. Dagegen erblicken Düringer-Hachenburg 3 S. 161 in der Einräumung einer längeren Garantiefrist im Zweifel eine Verlängerung der Verjährungsfrist in dem Sinne, daß der Käufer während der ganzen Garantiezeit ohne Rücksicht auf den Zeitpunkt der Entdeckung den Mangel verfolgen kann. Der Entwurf zum BGB. hat sich absichtlich einer Bestimmung über das Verhältnis von Garantie- und Verjährungsfrist enthalten, da der Sinn einer solchen Garantieübernahme sehr verschieden sein könne (Motive 2 S. 240). Dabei ist es in der weiteren Beratung verblieben.

Es kommt daher für die Beantwortung der Frage, ob die Parteien durch Beredung einer Garantiefrist diese an Stelle der gesetzlichen Verjährungsfrist haben setzen wollen, auf die Umstände des einzelnen Falles an. Für eine Vermutung solcher Absicht ist kein Raum. Nun mag vorliegend der Kläger die zweijährige Garantie unter der Begründung verlangt haben, daß er sie selbst habe übernehmen müssen; dessenungeachtet kann nicht angenommen werden, daß die Parteien, welche eine weitergehende Absicht so leicht hätten ausdrücken können, mit der Garantiefrist einen anderen als den üblichen Sinn haben verbinden wollen, d. h. also, daß Mängel, welche sich innerhalb 2 Jahre nach Ablieferung zeigen würden, geltend gemacht werden dürften. Zwar würde aus der angegebenen Art der Garantiefestsetzung auf die dem Gegner erkennbare Absicht des Klägers geschlossen werden können, so gestellt zu werden, wie der eigenen Rechtslage mit Rücksicht auf das Vorliegen des Werkvertrages mit der Elektrizitätsgesellschaft entsprach. Allein dafür, daß die vom Kläger selbst zugestandene Garantiefrist etwas anderes bedeutete, als was üblichermaßen unter solcher Garantie zu verstehen war, lag nichts vor. Der Beklagte brauchte daher, als er die verlangte zweijährige Garantie bewilligte, nicht auf die Vermutung zu kommen, daß der Kläger eines weiteren bedurfte, als dem Zwecke derartiger Garantieübernahmen entsprach. M. M.

22

a) Beginn des Fristlaufs für Anfechtung der nach Reichsunfallfürsorgesetz festgesetzten Pension. Wann tritt Erhöhung der Pension infolge Steigerung der Erwerbsunfähigkeit ein?

Kammergericht, XI. ZS. Urteil v. 4./11. Mai 1906.[1]

Der Kläger ficht mit der Klage die gemäß § 1² Nr. 2 des UFG. vom 18. Juni 1901 auf 171 Mark jährlich geschehene Festsetzung seiner Pension an und beansprucht auf Grund der Zubilligung von 66 $^2/_3$ % seines letzten Diensteinkommens als Pension, weil er infolge des im Reichspostdienste erlittenen Unfalles nicht nur um 25 % in der Erwerbsfähigkeit beschränkt, sondern völlig erwerbsunfähig geworden sei. Nach § 9 finden auf die nach Maßgabe desselben zu gewährenden Bezüge die für die Beteiligten geltenden Bestimmungen über die Pension Anwendung. Die Verfolgung von Ansprüchen auf Grund des Gesetzes vom 18. Juni 1901 im Rechtswege findet daher nur nach Maßgabe der §§ 149 ff. Reichsbeamtenges. statt. Danach muß der Klage die Entscheidung der obersten Reichsbehörde vorhergehen und sodann die Klage bei Verlust des Klagerechts innerhalb sechs Monaten angebracht werden, nachdem dem Beteiligten die Entscheidung jener Behörde bekannt gemacht worden ist (§ 150 RBG.). Vorliegend hat durch Verfügung vom 17. Januar 1904 das Reichspostamt die Oberpostdirektion auf deren Anfrage ermächtigt, dem Kläger, der infolge eines Betriebsunfalls in seiner Erwerbsfähigkeit um 25 % beeinträchtigt sei, für die Dauer dieser Beschränkung seiner Erwerbsfähigkeit Ruhegehalt nach Maßgabe der vorgelegten Nachweisung zu gewähren. Zum Protokoll vom 30. Januar 1904 ist daraufhin dem Kläger im Auftrage der Oberpostdirektion eröffnet worden, daß er vom 3. August 1903 ab für die Dauer der Beschränkung seiner Erwerbsfähigkeit ein jährliches Ruhegehalt von 171 Mark erhalten werde. In einer an den Staatssekretär des Reichspostamts gerichteten Eingabe vom 27. Januar 1904 hatte der Kläger Einspruch gegen die Berechnung des ihm bewilligten Unfallruhegehalts erhoben. Das Reichspostamt wies durch Verfügung vom 28. Februar 1904 die Oberpostdirektion an, den Kläger namens des Reichspostamts auf seinen Einspruch abschlägig zu bescheiden. Durch schriftlichen Bescheid vom 3. März 1904 eröffnete die Oberpostdirektion namens des Reichspostamts dem Kläger, daß sich seinem Gesuche um anderweite Festsetzung des ihm bewilligten Unfallruhegehalts nicht entsprechen lasse. Dieser Bescheid ist am 4. März 1904 an den Kläger zur Absendung gelangt. Mittels Verfügung vom 3. August 1904 lehnte das Reichspostamt ein Gesuch des Klägers um Einstellung in einen leichteren Postdienst ab. In einer Eingabe vom 23. August 1904 bat der Kläger darauf das Reichspostamt um Ein-

[1] Der Antrag des Klägers auf Bewilligung des Armenrechts für die Revisionsinstanz ist wegen Aussichtslosigkeit der Rechtsverfolgung vom RG. zurückgewiesen.

sendung eines Zuschusses, da er mittellos und krank dastehe. Unter Bezugnahme auf dieses Gesuch bat er dann in einer ferneren an das Reichspostamt gerichteten Eingabe vom 5. September 1904 um nochmalige Prüfung seiner Angelegenheit und um Erhöhung der Pension, da er von dem ihm zugebilligten Betrage von monatlich 14,25 Mark bei seinem Leiden nicht leben könne. Das Reichspostamt gab dieses Gesuch unter Bezugnahme auf seine Verfügung vom 3. August 1904 an die Oberpostdirektion ab, welche durch schriftlichen Bescheid vom 15. September 1904 dem Kläger eröffnete, daß sich seinem Gesuche um Erhöhung des Unfallruhegehalts nicht entsprechen lasse. Dieses Schreiben ist am 16. September 1904 an den Kläger abgegangen. Auf ein erneutes Gesuch des Klägers vom 3. Mai 1905 auf Pensionserhöhung ordnete das Reichspostamt durch Verfügung vom 29. Juni 1905 eine nochmalige Untersuchung des Klägers durch einen Staatsmedizinalbeamten an, zwecks Feststellung, in welchem Grade der Kläger zurzeit infolge Betriebsunfalls in seiner Erwerbsfähigkeit beeinträchtigt sei. Gemäß der Verfügung des Reichspostamts vom 15. Juli 1905 wurde der Kläger durch Schreiben der Oberpostdirektion vom 19. Juli 1905 namens des Reichspostamts dahin beschieden, daß nach dem Ausfall der amtsärztlichen Untersuchung seine Erwerbsfähigkeit auch fernerhin nur als um 25 % herabgemindert erachtet werden könne.

Somit liegen mehrere abschlägige Bescheide des Reichspostamts, der in Betracht kommenden obersten Reichsbehörde, vor. Es fragt sich daher, welcher dieser Bescheide als die Entscheidung im Sinne des § 150 RBG. anzusehen ist, deren Bekanntgabe an den Kläger die sechsmonatliche Frist für die Klagerhebung in Lauf gesetzt hat. Als „Entscheidung" muß derjenige Bescheid gelten, der sich als endgültige Entscheidung der obersten Reichsbehörde über den geltend gemachten Anspruch unzweideutig zu erkennen gibt, d. h. der bestimmt und ohne Vorbehalt erklärt, ob und inwieweit die oberste Reichsbehörde den geltend gemachten Anspruch unter Ausschluß anderweiter Regelung im ordentlichen Verwaltungsinstanzenzuge gegen sich gelten lassen will (Entsch. des RG. 31 S. 130, 47 S. 45, 46). Als derartige endgültige Entscheidung stellt sich die Verfügung des Reichspostamts vom 28. Februar 1904 dar. Die in der Verfügung vom 17. Januar 1904 enthaltene Entscheidung kommt noch nicht in Betracht, weil sie sich lediglich als eine der unteren Behörde gegenüber auf deren Anfrage getroffene Anordnung, nicht aber als eine dem Kläger gegenüber ergangene Entscheidung über seinen Pensionsanspruch darstellt. Gegen die demgemäß von der Oberpostdirektion getroffene Festsetzung des Grades der Erwerbsunfähigkeit des Klägers hat dieser aber sodann die Entscheidung des Reichspostamts angerufen. Durch die mittels Verfügung vom 28. Februar 1904 an die Oberpostdirektion erteilte Weisung, den Kläger auf seinen Einspruch gegen die Berechnung des ihm bewilligten Unfallruhegehalts namens des Reichspostamts abschlägig zu bescheiden, hat das Reichspostamt unzweideutig zu erkennen gegeben, daß es unter Ausschluß anderweiter Regelung im ordentlichen Verwaltungsinstanzenzuge einen Pensionsanspruch des Klägers nur in der von der Oberpostdirektion unter Zugrundelegung einer Beeinträchtigung der Erwerbsfähigkeit um 25 % berechneten Höhe gegen sich gelten lassen wolle. Wenn der Kläger trotzdem die mittels Verfügung vom 28. Februar 1904 ergangene Entscheidung des Reichspostamts nicht als endgültige, die Klagefrist in Lauf setzende Entscheidung gelten lassen will, weil darin nicht die ihm zugebilligten Pensionsbeträge ziffermäßig angegeben seien, so kann dieser Einwand nicht für zutreffend erachtet werden. Der Kläger hatte seinen Einspruch nicht damit begründet, daß die ziffermäßige Berechnung der ihm zugebilligten Pension unrichtig sei, sondern er hatte seinen Anspruch auf Pensionserhöhung in gleicher Weise, wie er es in der gegenwärtigen Klage tut, ausschließlich darauf gestützt, daß der für die Berechnung der Pension maßgebende Grad seiner Erwerbsunfähigkeit zu niedrig angenommen sei. Die Entscheidung des Reichspostamtes hatte sich daher nur auf die Bestimmung des der Pensionsberechnung zugrunde zu legenden Grades der Erwerbsunfähigkeit des Klägers zu beschränken. Die Zurückweisung des Einspruches des Klägers enthielt unzweideutig den Ausspruch, daß die Pension nach einer um 25 % geschehenen Beeinträchtigung der Erwerbsfähigkeit zu berechnen sei, d. h. also gerade diejenige Entscheidung, deren Richtigkeit mit der Klage angefochten wird. Die Entscheidung des Reichspostamtes ließ aber auch mit voller Bestimmtheit den gewährten Pensionsbetrag erkennen. Denn über die Höhe des pensionsfähigen Diensteinkommens des Klägers bestand und besteht kein Streit, die Höhe der $66\frac{2}{3}$ % des Diensteinkommens betragenden vollen Unfallrente für den Kläger stand also fest, und die Festsetzung des Grades der Erwerbsunfähigkeit des Klägers ließ ohne weiteres erkennen, welchen Prozentsatz der vollen Unfallpension der Kläger als Ruhegehalt zugebilligt erhalten sollte.

Nach Lage der Sache kann auch der Kläger nicht darüber im Zweifel gewesen sein, daß über seinen Pensionsanspruch durch die Verfügung des Reichspostamts vom 28. Februar 1904 endgültige Entscheidung getroffen war. Denn der ihm von der Oberpostdirektion namens des Reichspostamts erteilte Bescheid lautete dahin, daß sich seinem Gesuche um anderweite Festsetzung des bewilligten Unfallruhegehalts nicht entsprechen lasse. Der Kläger ersah daher aus diesem Bescheide, daß das Reichspostamt seinen Antrag auf Pensionserhöhung bestimmt und ohne Vorbehalt ablehnte. Er hätte deshalb, wenn er die Ablehnung der Pensionserhöhung für ungerechtfertigt hielt und nicht gegen sich gelten lassen wollte, sein vermeintliches Recht innerhalb sechs Monaten nach Bekanntgabe des Bescheids im Wege der Klage gegen den Fiskus geltend machen müssen. Daß eine förmliche Zustellung nicht erfolgt ist, ist unerheblich. Denn § 150 RBG. knüpft den Beginn der sechsmonatlichen Frist nur an die Bekanntmachung, ohne für sie eine bestimmte Form vorzuschreiben. Wenn es sich auch empfehlen mag, den Tag der Bekanntmachung zwecks Ausschließung etwaiger späterer Zweifel in irgendwelcher Weise urkundlich festzustellen, so wird doch die Wirksamkeit der Bekanntmachung selbst nicht durch die Beobachtung irgendwelcher Förmlichkeit bedingt, sondern es genügt, wenn nur auf irgendwelche Weise die Tatsache der Bekanntmachung und ihr Zeitpunkt bewiesen werden können. Demnach genügte die Bekanntmachung der Entscheidung des Reichspostamts an den Kläger mittels einfachen Schreibens. Daß dieses Schreiben von der Oberpostdirektion ausging, ist unerheblich. Denn es wurde darin die Zurückweisung des Gesuchs des Klägers ausdrücklich namens des Reichspostamts ausgesprochen, so daß der Kläger durch dieses Schreiben Kenntnis davon erhalten hat, daß die ihm mitgeteilte Entscheidung vom Reichspostamt erlassen war.

Durch die Einreichung neuer Gesuche um Pensionserhöhung und die darauf ergangenen abschlägigen Bescheide ist weder der Ablauf der mit der Bekanntmachung der endgültigen Entscheidung vom 28. Februar 1904 in Lauf gesetzten Ausschlußfrist hinausgeschoben, noch der Lauf einer neuen Frist zur Klagerhebung eröffnet worden. Der Zweck des § 150 RBG., daß in möglichst kurzer Zeit klargelegt werde, welche rechtlichen Ansprüche dem Beamten gegen den Fiskus zustehen und welche Verpflichtungen dementsprechend dem Fiskus dem Beamten gegenüber obliegen (Entsch. des RG. 47 S. 47), würde vereitelt werden, wenn es dem Beamten freistünde, durch Wiederholung seines abschlägig beschiedenen Gesuches und die Erzielung einer erneuten Abweisung den Ablauf der Frist zur Klagerhebung hinauszuschieben oder sich den Lauf einer neuen Frist zu eröffnen (Entsch. des RG. 31 S. 130). Daß das Reichspostamt auf das Gesuch vom 3. Mai 1905 hin eine neue ärztliche Untersuchung angeordnet hat, kommt nicht in Betracht, da der demnächst erlassene Bescheid keine Änderung oder Ergänzung, sondern lediglich eine Bestätigung der Entscheidung vom 28. Februar 1904 ausgesprochen und somit keinen neuen Rechtszustand zwischen den Parteien geschaffen hat. Welche Erwägungen für die Anordnung einer erneuten Untersuchung bestimmend gewesend sind, kann dahingestellt bleiben. Denn wenn selbst das Reichspostamt von der Ansicht ausgegangen wäre, daß eine nach dem Erlaß der Entscheidung vom 28. Februar 1904 eingetretene Steigerung des Grades der Erwerbsunfähigkeit des Klägers eine Erhöhung seines Unfallruhegehaltes rechtfertigen würde, so wäre doch durch den Bescheid vom 15. Juli 1905 die Wirkung des Ablaufes der durch die Bekanntmachung der Verfügung vom 28. Februar 1904 eröffneten Frist nicht beseitigt worden. Denn da diese Frist keine Verjährungs-, sondern eine Ausschlußfrist ist, so muß die Wirkung ihres Ablaufes von Amts wegen berücksichtigt und kann darauf seitens der Beteiligten nicht verzichtet werden. Der Ablauf der Frist hat aber die Wirkung, daß der Rechtsanspruch der Beamten in dem durch die Entscheidung bestimmten Umfange rechtskräftig festgestellt wird. Ein Anspruch des Beamten auf Erhöhung einer rechtskräftig festgesetzten Pension besteht aber regelmäßig nicht, soweit nicht etwa vom Gesetz besondere Ausnahmen für bestimmte Fälle gemacht sind, wie dies z. B. für den im § 1 Abs. 3 Ges. vom 18. Juni 1901 vorgesehenen Fall geschehen ist.

Auf Grund des für den Pensionsanspruch des Klägers allein in Betracht kommenden § 1² Nr. 2 kann aber eine Erhöhung der zugebilligten Pension wegen einer nachträglich eingetretenen Steigerung der Erwerbsunfähigkeit nicht beansprucht werden. Denn wenn das Gesetz bestimmt, daß im Falle teilweiser Erwerbsunfähigkeit für die Dauer derselben derjenige Teil der im Abs. 1 bezeichneten Pension zu zahlen ist, welcher dem Maße der durch den Unfall herbeigeführten Einbuße an Erwerbsfähigkeit entspricht, so hat dadurch der Pensionsanspruch zeitlich beschränkt und die Fortzahlung der Pension in der festgesetzten Höhe von der Fortdauer der zu Anfang vorhandenen Einbuße an Erwerbsfähigkeit abhängig gemacht werden sollen, wie dies auch in der Bestimmung unter Nr. 1 hinsichtlich der für den Fall völliger Erwerbsunfähigkeit zahlbaren vollen Unfallpension in gleicher Weise geschehen ist. Daß die Worte „für die Dauer derselben" in Nr. 1 nur bedeuten können, daß bei teilweisem Wiedereintritt der Erwerbsfähigkeit eine Herabsetzung der Pension erfolgen solle, kann nicht zweifelhaft sein. Wenn die Nr. 1 von dem Falle völliger Erwerbsunfähigkeit handelt, so kann eine Veränderung dieses Zustandes nur dergestalt eintreten, daß der Grad der Erwerbsunfähigkeit vermindert wird. Es muß aber bei der Gleichartigkeit der Nr. 1 und 2 angenommen werden, daß die in beiden Bestimmungen sich findenden Worte „für die Dauer derselben" jedesmal in demselben Sinne gebraucht worden sind, zumal das Gesetz selbst auf die im Falle teilweiser Erwerbsunfähigkeit zu zahlende Rente als eine Pension bezeichnet, und nach den für Pensionsansprüche maßgebenden allgemeinen Grundsätzen für die Bemessung der Höhe der Pension nur die im Zeitpunkte der Dienstentlassung des Beamten vorliegenden Umstände Berücksichtigung finden, später eintretende Tatsachen dagegen höchstens eine Herabsetzung, nicht aber eine Erhöhung der Pension zur Folge haben (§§ 57 ff. RBG.). Eine etwa bei dem Kläger eingetretene Steigerung der Erwerbsunfähigkeit würde also einen Rechtsanspruch des Klägers auf Erhöhung der Pension nicht haben begründen können. Eine demnach geschehene Erhöhung der Pension würde sich vielmehr nur als eine ihm freiwillig gewährte Vergünstigung darstellen, zu deren Gewährung die Verwaltungsbehörde unter den Voraussetzungen des § 1⁴ nach ihrem Ermessen befugt wäre. Die Entscheidung des Reichspostamtes vom 15. Juli 1905 würde sich daher nur als Versagung einer Vergünstigung darstellen, auf welche dem Kläger ein Rechtsanspruch nicht zusteht, und folglich auch die Verfügung vom 28. Februar 1904, welche über den Rechtsanspruch des Klägers endgültig entschieden hat, in ihrer rechtlichen Bedeutung nicht beeinflußt haben (Entsch. d. RG. 47 S. 47). Die Wirkung des Verlustes des Klagerechtes, welche der Ablauf der sechsmonatlichen Ausschlußfrist nach der Bekanntmachung der Verfügung vom 28. Februar 1904 hervorgebracht hat, ist demnach durch den Bescheid vom 15. Juli 1905 nicht aufgehoben worden.

Im übrigen könnte ein Recht des Klägers, die Entscheidung vom 15. Juli

1905 im Klagewege anzufechten, nur insoweit in Frage kommen, als eine nachträgliche Steigerung der Erwerbsunfähigkeit einen Anspruch auf Pensionserhöhung begründet. In dieser Weise hat aber der Kläger den Klaganspruch bisher selbst nicht begründet. Er hat bisher weder in seinen in den Dienstakten befindlichen Gesuchen um Pensionserhöhung noch in der Klageschrift behauptet, daß nach dem Erlaß der Verfügung vom 28. Februar 1904 eine Steigerung seiner Erwerbsunfähigkeit eingetreten sei. F.

b) **Keine Festsetzung geringerer Gehaltssätze für die Militär- als für Zivilanwärter.**

OLG. Celle, II. ZS. Urteil v. 14. Juni 1906.

Der Anspruch des Klägers auf Zahlung des Mehrbetrags des ihm gesetzlich zukommenden gegenüber dem ihm bewilligten und gezahlten Gehalt, für den gemäß § 7 des Kommunalbeamtenges. vom 30. Juli 1899 der ordentliche Rechtsweg zulässig ist, ist mit Rücksicht auf die Eigenschaft des Klägers als Militäranwärters auch begründet. Maßgebend ist nicht das preuß. Ges. vom 21. Juli 1892 § 13 Abs. 3, sondern die diesem als reichsrechtliche Norm vorgehenden, von dem Bundesrate am 25. Juli 1899 beschlossenen „Grundsätze", besonders der § 15³ Schlußsatz, dessen Inhalt übrigens mit jenem § 13³ wörtlich übereinstimmt. Die gleiche Vorschrift trifft der § 21 der „Grundsätze" vom 7./21. März 1882. Während letztere auf § 77 des Ges. vom 27. Juli 1871 verb. mit § 10 Ges. vom 4. April 1894 beruhen, stützen sich die Grundsätze von 1899 auf den § 77 in der Fassung vom 22. Mai 1893 Art. 12, der sich von der früheren Fassung nur dadurch unterscheidet, daß er die Besetzung mit Militäranwärtern nicht nur bei den Reichs- und Staatsbehörden, sondern auch bei den Kommunalbehörden u. a. vorschreibt. Hiernach kann aber hinsichtlich der rechtlichen Bedeutung der Grundsätze von 1899 und derjenigen von 1882 kein Unterschied bestehen.

Bezüglich der letzteren hat sowohl der IV. wie auch der III. ZS. des RG. erkannt, daß sie als eine verbindliche reichsrechtliche Verordnung anzusehen seien und daß ein unter Festsetzung eines bestimmten Diensteinkommens als Beamter angestellter Militäranwärter aus ihnen als mit zwingender Gesetzeskraft ausgestatteten Rechtsnormen ein persönliches und klagbares Recht auf Gewährung eines höheren als des ihm bei der Anstellung zugesicherten Einkommens ableiten könne (Entsch. des RG. 40 S. 68, 48 S. 84). Dieser Ansicht, die allerdings der II. ZS. als nicht unzweifelhaft bezeichnet (Entsch. des RG. 49 S. 2), ist beizutreten. Sie stützt sich auf die Erwägung, daß der § 77 Ges. vom 27. Juni 1871 und die „Grundsätze", die auf Grund der in ihm erteilten Ermächtigung der Bundesrat aufgestellt hat, Rechtsnormen enthalten, die auf dem zwingenden öffentlichen Interesse der Förderung der Reichswehrkraft beruhen. Im Interesse der Gewinnung und Erhaltung tüchtiger Unteroffiziere als einer wichtigen Fürsorge für das Reichsheer und die Marine haben die Gesetze vom 27. Juni 1871, 4. April 1874 und 22. Mai 1893 die Versorgung der Militärpersonen im allgemeinen geregelt und die erwähnten „Grundsätze" des Bundesrats diese näher ausgestaltet. Dieser Zweck würde nicht erreicht werden, wenn dem Militäranwärter nicht zugleich ein zivilrechtlicher Anspruch auf das ihm nach den „Grundsätzen" zustehende Stelleneinkommen gewährt wäre. Nicht durch die Aussicht auf eine Anstellung allein, ohne Rücksicht auf deren Einkommen, werden Unteroffiziere geworben und im Militärdienste bis zur Erlangung des Versorgungsscheins erhalten, sondern nur durch die Aussicht auf eine Stelle mit hinreichendem Einkommen. Der § 15^3 der „Grundsätze" von 1899 ist demnach dahin zu verstehen, daß dem Militäranwärter kraft Gesetzes ein Anspruch auf das volle Stelleneinkommen zusteht. Dies ist ausdrücklich allerdings nur für die Zeit der Anstellung auf Probe bestimmt worden; für die endgültige Anstellung kann aber nichts anderes gelten; der gesetzliche Anspruch auf das volle Stelleneinkommen kann mit dem Augenblicke, wo der Militäranwärter nicht mehr auf Probe, sondern endgültig angestellt wird, unmöglich wieder wegfallen.

Da der § 15^3 auf dem öffentlichen Interesse beruht, ist selbst eine ausdrückliche Erklärung des Militäranwärters vor oder bei der Anstellung, daß er mit einem geringeren Gehalte einverstanden sei, unverbindlich. Würde es den Behörden freistehen, bei der Besetzung der den Militäranwärtern vorbehaltenen Stellen ein geringeres als das gewöhnliche Stelleneinkommen ausdrücklich zu vereinbaren, so würde der Zweck der Vorschrift vereitelt werden. Mit Rücksicht auf den Zudrang zu allen in Betracht kommenden Stellen würde jeder damit rechnen müssen, daß bei der Bewerbung um eine jede Stelle ein anderer Militäranwärter sich finden werde, der sich den von den Behörden gestellten ungünstigeren Bedingungen unterwirft, und daß er selbst daher auch trotz des Zivilversorgungsscheins eine Stelle mit auskömmlichem Gehalte nicht erlangen werde. Die Aussicht auf eine Zivilversorgung würde damit ihre Bedeutung der Anwerbung tüchtiger Unteroffiziere verlieren. Aus dem gleichen Grunde können auch die Anstellungsbehörden nicht ganz allgemein für die Militäranwärter geringere Gehaltssätze festsetzen als für sonstige Inhaber derselben Stellen; denn auch hierdurch würde der Zweck der Vorschrift vereitelt werden. Das Stelleneinkommen, das den Militäranwärtern durch die „Grundsätze" gewährleistet wird, ist vielmehr dasjenige, das die in die gleiche Stellung berufenen Zivilpersonen erhalten. Vorliegend ist mithin und ohne daß die Zulässigkeit einer vertragsmäßigen Gehaltsregelung zwischen Anstellungsbehörden und Beamten im allgemeinen zu prüfen ist, auf Grund der für Militäranwärter geltenden Sondervorschriften dem Kläger ein Anspruch auf das volle Stelleneinkommen der ihm ... verliehenen Stelle, wie solches anderen Inhabern als Militäranwärtern zusteht, zuzubilligen, obwohl er schon bei seiner Einberufung als Hilfsarbeiter und vor allem später vor seiner endgültigen Anstellung sich den vom Magistrate der Beklagten aufgestellten Annahme- und Besoldungsgrundsätzen für Militäranwärter unterworfen und mit den darin festgesetzten und ihm später ausbezahlten geringeren Gehaltssätzen ausdrücklich einverstanden erklärt hat. Diese Erklärung war ohne weiteres unverbindlich.... H.ch.

c) **Auf Kündigung angestellte Reichsbeamte haben keinen klagbaren Anspruch auf Versetzung in den Ruhestand.**

OLG. Kiel, II. ZS. Urteil v. 14. Februar 1905.

Auch ein auf Kündigung angestellter Reichsbeamter, der eine in dem Besoldungsetat aufgeführte Stelle bekleidet, erwirbt ein nicht willkürlich entziehbares Recht auf Versetzung in den Ruhestand mit Pension, wenn er vor dem Ablaufe einer zehnjährigen Dienstzeit dienstunfähig wird infolge einer Krankheit, die er sich bei Ausübung des Dienstes oder aus dessen Veranlassung ohne eigenes Verschulden zugezogen hat. Das ist ohne Bedenken aus den §§ 34, 36, 37 Reichsbeamtenges. zu entnehmen. Aber damit ist nicht gesagt, daß die Versetzung in den Ruhestand und die Feststellung ihrer Voraussetzungen durch den ordentlichen Richter erfolgen kann. Die Befugnis des letzteren über Ansprüche der Reichsbeamten auf Pension sind in den §§ 149 bis 155 a. O. geregelt. Danach findet der Rechtsweg über die Ansprüche auf Pension nur unter gewissen Maßgaben statt. Insbesondere sind nach § 155 für die Beurteilung eines vor Gericht geltend gemachten Anspruchs auf Pension „die Entscheidungen der ... Verwaltungsbehörden darüber, ob ... ein Reichsbeamter in den Ruhestand zu versetzen sei, maßgebend“. Diese Vorschrift ist nicht etwa dahin zu verstehen, als solle der Richter der eigenen Entscheidung der Frage, ob ein Beamter in den Ruhestand zu versetzen sei, sich nur dann enthalten, wenn die Verwaltungsbehörde diese Frage vorher wirklich entschieden habe, und als solle der Richter auch hierüber dann selbst zu befinden haben, wenn eine Entscheidung der Verwaltungsbehörde nicht abgegeben sei. Vielmehr soll der Beamte ohne das Vorhergehen des Ausspruchs der Verwaltungsbehörde, er werde in den Ruhestand versetzt, den Anspruch auf Pension überhaupt nicht vor den ordentlichen Richter bringen können. Es ist also vor dem ordentlichen Richter ein klagbarer Anspruch auf — nach § 34 das notwendige Erfordernis für die Pensionierung bildende — Versetzung in den Ruhestand durch das Reichsbeamtengesetz ausgeschlossen. Dieser Grundsatz muß auch dann gelten, wenn es sich um einen auf Kündigung angestellten Beamten handelt. Denn das Gesetz bietet nicht den geringsten Anhalt dafür, aus dem Vorbehalte der Kündigung die Ausnahme herzuleiten, daß der Richter bei Beurteilung der Pensionsansprüche dieser Art von Beamten auch darüber zu entscheiden habe, ob der Beamte in den Ruhestand zu versetzen sei (Entsch. d. RG. 1 S. 34; Perels-Spilling, Reichsbeamtengesetz § 37 Anm. 2[2]). Im Reichsbeamtengesetze fehlt eine ausdrückliche Vorschrift, die derjenigen des § 83 im Preuß. DiszGes. vom 21. Juli 1852 entspricht, wonach Beamte, die auf Kündigung angestellt sind, ohne ein förmliches Disziplinarverfahren von der Behörde entlassen werden können. Es hat das Reichsbeamtengesetz nur im § 32 ausgesprochen, daß die Entlassung der auf Kündigung angestellten Beamten durch die Anstellungsbehörde erfolgt. Ob trotzdem die wegen wiederholter Vergehen gegen die Disziplin verfügte Entlassung des Klägers im Wege der Kündigung die gleiche Wirkung hat, wie wenn er im Disziplinarverfahren aus dem Dienste entlassen worden wäre, nämlich die Wirkung des Verlustes der Pension gemäß § 75 Reichsbeamtenges., das kann nach obiger Begründung unerörtert bleiben (vgl. Entsch. d. RG. 3 S. 91, 12 S. 70; Gruchot 26 S. 1114 Nr. 178; MBl. d. i. Verw. 1884 S. 192). Gr.

d) **Form für die Kündigung gegenüber einem auf Kündigung angestellten Reichsbeamten.**

OLG. Celle, II. ZS. Urteil v. 26. Februar 1906.

Der von der Oberpostdirektion zu H. als Postunterbeamter mit vierwöchiger Kündigung etatsmäßig angestellte Mann der Klägerin hatte Mitte Juli 1893 seine Wohnung in H. verlassen und war verschollen. Ende 1904 ist er für tot erklärt und als Todestag der 31. Dezember 1903 festgestellt worden. Die Klägerin verlangt jetzt Witwengeld nach Maßgabe des Gesetzes vom 20. April 1881. Der beklagte Reichspostfiskus verweigert die Zahlung, weil dem Verschollenen durch ein im Auftrage der Oberpostdirektion durch den Postboten K. zugestelltes Schreiben vom 29. Juli 1893 der Dienst zum 29. August 1893 gekündigt sei. Die Zustellung ist in der letzten Wohnung des Verschollenen durch Übergabe des Schreibens an seine dort angetroffene Frau erfolgt. Die Entscheidung darüber, ob die Kündigung wirksam erfolgt ist, muß in erster Linie im ReichsbeamtenGes. gesucht werden. Denn daß A. diesem Gesetze unterworfen war, kann nach dessen §§ 1, 2, Art. 50 Abs. 3 u. 5 Reichsverf. nicht bezweifelt werden. Nach § 32 Ges. hat nun die Entlassung der auf Kündigung angestellten Beamten durch die Anstellungsbehörde zu erfolgen. Außer dieser bloßen Zuständigkeitsvorschrift enthält das Gesetz unmittelbar keine Bestimmungen über die Rechtsverhältnisse der Beamten auf Kündigung, namentlich nicht solche über Entstehung und Beendigung dieser Art von Anstellung. Die Kündigungserklärung der Anstellungsbehörde würde an sich eine „Mitteilung" an den Beamten darstellen, wie solche in anderem Zusammenhange im § 133 erwähnt und als gültig und wirksam bezeichnet sind, wenn sie in den darin vorgeschriebenen Formen zugestellt sind. Diese Bestimmung muß trotz deren ausdrücklicher Beschränkung auf die nach §§ 61—132 erfolgenden Mitteilungen 2c auf das hier streitige Verhältnis sinngemäß angewandt werden. Das Gesetz hat, wie schon seine Überschrift besagt, die Rechtsverhältnisse der Reichsbeamten im allgemeinen regeln wollen. Mag es auch in gewissen Punkten Lücken aufweisen, so ist doch kein gesetzgeberischer Grund ersichtlich, weshalb Fragen von verhältnismäßig untergeordneter Bedeutung wie die streitige offen gelassen sein sollten, während für andere Fälle der Dienstbeendigung erschöpfende Vorschriften, besonders auch hinsichtlich der Bekanntmachung von Verfügungen an die Beamten, gegeben wurden. Als allgemeiner Zweck des § 133 ist doch anzusehen, in allen Fällen eine rechtlich wirksame Insinuation gegen sich entfernt haltende, namentlich flüchtige Beamte zu ermöglichen (vgl. Kanngießer, Recht der deutschen Reichsbeamten 4 zu § 133). Es würde dem Interesse des Reiches sehr zuwiderlaufen, wenn auf einfache Kündigung angestellte Beamte, die mit Verletzung ihrer Dienstpflicht ihr Amt aufgegeben und ihren Amtssitz verlassen haben, nur im Wege des förmlichen Disziplinarverfahrens entfernt werden könnten. Es kommt hinzu, daß Beamte von der Kategorie des A. überhaupt regelmäßig auf Kündigung angestellt werden und daß es, wie die Anlage B zum Entwurfe des RBGes. ergibt, noch andere Reichsbeamtenklassen mit gleichen Anstellungsbedingungen in großer Zahl gibt, daß also nicht selten weitgreifende Unzuträglichkeiten eintreten müßten, wenn die streitige Frage nicht als gesetzlich geregelt gelten dürfte. Die Bestimmungen des Privatrechts entscheiden zu lassen, wie das Landgericht tut, ist nicht angängig, da das Beamtenverhältnis kein reines Privatverhältnis ist, sondern wesentlich dem öffentlichen Rechte angehört, und da staatsrechtliche Verhältnisse nicht nach privatrechtlichen Grundsätzen beurteilt werden können (Entsch. d. RG. 15 S. 39, 20 S. 154; Laband, Staatsrecht I § 44 S. 386, 391). Es erscheint hiernach nicht bedenklich, die gesetzliche Regelung anderer Fälle des Ausscheidens aus dem Beamtenverhältnisse, also hier des § 133, ohne weiteres im Wege der Analogie auch vorliegend anzuwenden. Daß der Gesetzgeber die Notwendigkeit des Erlasses von Vorschriften über die Grenzen der §§ 61—132 hinaus erwogen hat, ist aus den Motiven S. 50 zu entnehmen, welche sagen: „für die übrigen Insinuationen, deren der gegenwärtige Entwurf erwähnt, bedarf es keiner besonderen Bestimmungen, da solche bereits durch anderweitige gesetzliche oder reglementäre Vorschriften vorgesehen sind." Näher bezeichnet sind freilich diese Normen nicht. Man darf aber doch die Absicht des Gesetzgebers entnehmen, die Frage der „übrigen Insinuationen" entweder durch Gestattung der sinngemäßen Anwendung einschlägiger sonstiger Vorschriften des Gesetzes selbst zu regeln oder aber Ergänzung durch die sonstige Gesetzgebung, beim Mangel reichsgesetzlicher Vorschriften also durch die Landesgesetzgebung, zuzulassen. Sonstige anwendbare reichsgesetzliche Bestimmungen für die betr. Zeit sind nicht bekannt. Dagegen gibt eine Lösung der Frage, wenn man diese nicht schon allein aus dem § 133 beantworten will, in demselben Sinne der § 13 des preuß. DiszGes. vom 21. Juli 1852. Dieser läßt die erleichterte Insinuation, wie sie der ihm nachgebildete § 133 cit. für beschränkte Fälle vorsieht, für alle Mitteilungen rc zu, die „nach den Bestimmungen dieses Gesetzes" erfolgen, also besonders auch für die durch die Entlassung der auf Kündigung angestellten Beamten erforderlich werdenden Mitteilungen. Unter den von den Motiven ins Auge gefaßten „gesetzlichen Vorschriften" gerade die preußische Gesetzgebung zu verstehen, wird man noch besonders durch den Umstand veranlaßt, daß die auf Kündigung stehenden Postbeamten insofern Landesbeamte sind, als sie grundsätzlich von den Landesregierungen angestellt und entlassen werden (Laband I S. 397 Anm. 1 u. S. 479 Nr. 7; Kanngießer II 1 zu § 32).

Der Art. 50⁵ Reichsverf. gesteht ausdrücklich den Landesregierungen das Recht zu, die Postbeamten der hier in Betracht kommenden (niederen) Kategorien anzustellen mit dem aus Abs. 3 sich ergebenden Vorbehalt, daß auch diese Beamten durch ihren Diensteid zu verpflichten sind, den Kais. Anordnungen Folge zu leisten. Das hiernach Preußen zustehende Ernennungs- (und Entlassungs-)recht hat sich in seinem **rechtlichen** Bestande dadurch nicht verändert, daß seine Ausübung **tatsächlich** auf die Kaiserlichen Reichsbehörden (hier die Oberpostdirektion) übergegangen ist (Allerh. Erlaß v. 28. September 1867 und die weiteren Ausführungen dazu bei **Laband** 2 § 73 S. 44). Für die die preußischen Landesrechte wahrnehmende Reichsbehörde war daher in Ermanglung reichsgesetzlicher Bestimmungen immerhin preußisches Recht zu beobachten. Das wahre staatsrechtliche Verhältnis findet übrigens auch in dem Wortlaute des von A. dem Könige von Preußen (in Verbindung mit der Verpflichtung, den Anordnungen Sr. Majestät des deutschen Kaisers Folge zu leisten) geleisteten Treueides treffende Bestätigung. — Zur Beantwortung der streitigen Frage in dem erörterten Sinne läßt sich endlich aber auch durch Anlehnung an den § 19 RBGes. gelangen, wenn man annehmen will, daß es sich vorliegend um ein „Rechtsverhältnis" im Sinne dieses Paragraphen handelt. Die Materie des vorliegenden Falles (Anstellung und Beendigung des Dienstverhältnisses der Beamten auf Kündigung) ist im Gesetze durchaus nicht geregelt, wie es auch eine Reihe anderer das Beamtenrecht berührender Fragen nicht behandelt (**Kanngießer**, Einl. IV S. 12, V S. 13, 6 zu § 133). Anderseits sollte der § 19 nach der dem Entwurfe beigegebenen Denkschrift für alle diejenigen Verhältnisse maßgebend sein, für die der Gesetzentwurf nicht ausdrückliche Bestimmung getroffen hatte.

Die hiernach anzuwendenden Zustellungsvorschriften sind gemäß § 37 StrPO. vom 1. Februar 1877 ab die Vorschriften der ZPO. mit der aus § 133 RBGes. oder § 13 des preuß. Ges. v. 21. Juli 1852 folgenden Modifikation hinsichtlich des Zustellungsbeamten und der Ersatzzustellung. Alle diese Vorschriften sind durch die postseitig geschehene Zustellung gewahrt, die Kündigung ist also wirksam erfolgt.... H. ch.

e) **Haftung des Staates für die Gerichtsvollzieher.**

OLG. Stuttgart, II. ZS. Urteil v. 27. September 1906.

Der Gerichtsvollzieher X., der von der beklagten Gemeinde mit einem pensionsberechtigten Gehalt von 2600 Mark angestellt war, hat anläßlich einer auf Antrag des Klägers vorgenommenen Pfändung vom Schuldner einen Geldbetrag erhalten und unterschlagen. Aus den **Gründen**:

Nach württ. Ausf.-G. Art. 202 trifft die Verantwortlichkeit des Beamten (BGB. § 829) an dessen Stelle den Staat, wenn ein Beamter in Ausübung der ihm anvertrauten öffentlichen Gewalt die ihm dem Dritten gegenüber obliegende Amtspflicht verletzt, und nach Art. 204 findet diese Bestimmung auch auf die Haftung der Gemeinde für die Amtshandlungen ihrer Beamten entsprechende Anwendung. Hiernach ist die Haftung der Beklagten begründet, wenn X. in Ausübung der ihm anvertrauten öffentlichen Gewalt als Beamter der Beklagten die Unterschlagung verübt hat. Daß der Gerichtsvollzieher Beamter ist, ist allgemein anerkannt. Während aber die Entsch. des RG. 10 S. 233 ausgesprochen hat, daß die Rechtsstellung des Gerichtsvollziehers ausschließlich nach dessen Eigenschaft als Beamter zu beurteilen sei, ist in der Plenarentscheidung 16 S. 396 angenommen worden, daß dem Gläubiger gegenüber von einer Zwangsgewalt, welche der Gerichtsvollzieher im Namen des Staates auszuüben hätte, nicht die Rede sein könne, und daß hier von der dem Gerichtsvollzieher innewohnenden Doppeleigenschaft des Beamten und Beauftragten nur die letztere als maßgebend in Betracht komme. Aus diesem Grunde hat dann auch das Urteil vom 11. Oktober 1901 den § 839 im Verhältnis zwischen Gerichtsvollzieher und Gläubiger für unanwendbar erklärt (JW. S. 783).

Von diesem Standpunkt aus hätte folgerichtig das Reichsgericht bei Ersatzklagen des Gläubigers gegen den Gerichtsvollzieher nicht die Zuständigkeit der Zivilkammern ohne Rücksicht auf den Wert des Streitgegenstandes (GVG. § 70 Nr. 2) aussprechen dürfen, und bei der Anfechtung müßte die Kenntnis des Gerichtsvollziehers von der Zahlungseinstellung dem Gläubiger, der ihn beauftragt hat, schaden. Beide Folgerungen sind aber nicht gezogen worden (Entsch. des RG. 17 S. 332; Jäger, KO. § 30 Note 31). Daß die Folgen dieses von dem Reichsgericht eingenommenen Standpunktes durchaus unbefriedigende sind, liegt auf der Hand. Der Gläubiger hat in der Regel nicht einmal die Wahl zwischen mehreren Gerichtsvollziehern; er muß sich an die Person wenden, die vom Staate oder der Gemeinde bestellt ist. An diese hat der Schuldner zu leisten und mit dieser Leistung wird der Schuldner frei. Wenn aber der Gerichtsvollzieher das eingenommene Geld nicht abliefert, so bliebe dem Gläubiger der in der Regel höchst zweifelhafte Anspruch gegen den Gerichtsvollzieher. Daß dieses Ergebnis unvereinbar ist mit den Erwägungen, die zur Abwälzung der Haftung auf den Staat oder die Gemeinde geführt haben, ist unverkennbar. Das Reichsgericht hat denn auch (Entsch. 56 S. 85) den früheren Standpunkt verlassen und sich dahin ausgesprochen, daß der Gerichtsvollzieher als Beamter angerufen und tätig werde, daß das Verhältnis zwischen ihm und sämtlichen Beteiligten ein öffentlich-rechtliches sei und daß eine Pflichtverletzung unter § 839 falle, daß es unzulässig sei, diesen Amtshandlungen des Gerichtsvollziehers je nach der Stellung der Beteiligten einen privatrechtlichen oder einen öffentlich-rechtlichen Charakter beizulegen, weil die Zwangsvollstreckung im ganzen ein Akt der vollziehenden Gewalt sei.

Diesen Ausführungen ist beizutreten. Man kann dahingestellt sein lassen, ob, wie es jene Plenarentscheidung tut, die Annahme einer Doppelnatur des Gerichtsvollziehers begründet ist: von einem privatrechtlichen Verhältnis zwischen ihm und dem Gläubiger kann jedenfalls nur insoweit die Rede sein, als der Gerichtsvollzieher als Vertreter des Gläubigers handelt, als seine Handlungen und Unterlassungen als solche des Gläubigers gelten. Bei dem Akt der Pfändung aber handelt der Gerichtsvollzieher nicht als Vertreter des Gläubigers. Die Vollstreckung ist ein Akt der vollziehenden Gewalt des Staates; der Staat gewährt dem Gläubiger auf seinen Antrag und in seinem Interesse durch seine Organe den erforderlichen Rechtsschutz. Die Vollstreckung kann nur von dem Beamten vorgenommen werden. Diese Seite der Rechtsstellung des Gerichtsvollziehers kommt also so wesentlich in Betracht, daß eine Verfehlung desselben jedem Beteiligten und damit auch dem Gläubiger gegenüber als eine Verletzung der Amtspflicht und nicht als Verletzung der Vertragspflicht erscheint. Vorliegend, wo es sich um die Ablieferung des von dem Schuldner bezahlten Geldes handelt, herrscht keineswegs das zwischen dem Kläger und dem Gerichtsvollzieher bestandene Dienstvertragsverhältnis vor. Die Vollstreckung ist im ganzen ein Akt der vollziehenden Gewalt und ihr letzter Akt ist die Ablieferung des gepfändeten Geldes an den Gläubiger. Diese Ablieferungspflicht beruht nicht sowohl auf dem vom Gläubiger gestellten Pfändungsauftrag als auf dem Gesetz, das dem Gerichtsvollzieher aufgibt, vereinnahmtes Geld an den Gläubiger abzuliefern. Durch die Unterlassung der Ablieferung verletzt er seine Amtspflicht, haftet also dem Gläubiger aus § 839.... Hiernach fragt sich nur noch, ob X. das Geld als Beamter des Staates oder der Gemeinde unterschlagen hat. Die Beklagte hält den Umstand, daß X. von ihr angestellt gewesen, für die Eigenschaft des X. als Beamter der Gemeinde nicht für entscheidend; maßgebend sei vielmehr der Inhalt der Amtsobliegenheiten, diese seien aber nicht von der Gemeinde, sondern vom Staate verliehen; die Anstellung durch die Gemeinde sei nur aus praktischen Gründen verfügt, während die Dienstaufsicht dem Gericht zugewiesen sei. Allein auch wenn der Gerichtsvollzieher im staatlichen Interesse tätig ist und wenn er auch der Dienstaufsicht des Amtsgerichts untersteht, so war doch X. gemäß württ. Ausf.-G. zur ZPO. Art. 31 von der Gemeinde als besonderer Gerichtsvollzieher gewählt, stand also im Dienste der Beklagten, von der ihm die Stellung als Gerichtsvollzieher öffentlich anvertraut war. Nach dem württ. Landesrecht ist der Gerichtsvollzieher Gemeindebeamter.... H.

f) Haftung eines Notars aus § 839 BGB.

Kammergericht, XI. ZS. Urteil v. 21. November 1905.

Der Kläger verlangt Schadensersatz wegen der verspätet (Ende 1903) erfolgten Eintragung einer Hypothek, die ihm bereits in der vom Beklagten aufgenommenen notariellen Verhandlung vom 11. März 1903 zu einer bestimmten Stelle bewilligt war. Aus den Gründen:

Auf außervertragliches Verschulden kann der Klageanspruch nur insoweit gestützt werden, als der Beklagte fahrlässig die ihm obliegende Amtspflicht verletzt hat. Die Amtstätigkeit des Notars besteht aber dem Wesen nach in der öffentlichen Beurkundung im Dienste Privater. Nur soweit er hierbei ein Versehen begeht, liegt eine Verletzung der Amtspflicht vor. Soweit er jedoch von der seine Amtstätigkeit beanspruchenden Person gleichzeitig um Rechtsbelehrung oder Wahrnehmung ihrer Interessen in der weiteern Ausführung des von ihm beurkundeten Rechtsgeschäftes ersucht wird und diesen Auftrag annimmt, handelt er nicht mehr in seiner Amtseigenschaft als Notar. Die Übernahme und Besorgung derartiger fremder Rechtsangelegenheiten mögen Berufsgeschäfte des Notars sein, sie sind aber keine Amtsgeschäfte, und ein dabei begangenes Versehen enthält keine Verletzung der Amtspflicht (Entsch. des RG. 49 S. 273). Vorliegend war demnach die Amtstätigkeit des Beklagten mit dem Beschlusse der von ihm aufgenommenen Verhandlung beendet. Soweit er eine Ausfertigung der Schuldurkunde zwecks Herbeiführung der darin bewilligten und beantragten Eintragung dem Grundbuchamt eingereicht hätte, würde er nicht mehr in Ausübung seines Amtes gehandelt haben. Denn eine Bestimmung, die den Notar zur Einreichung der von ihm beurkundeten oder beglaubigten Anträge auf Vornahme von Eintragungen an das Gericht verpflichtet, besteht nicht. Vielmehr gilt er nach § 11 GrBO. im Zweifel nur als ermächtigt, solche Eintragungen zu beantragen, zu denen die erforderliche Erklärung von ihm beurkundet und beglaubigt ist, und demgemäß auch die diese Erklärung enthaltenden Urkunden dem Grundbuchrichter einzureichen. Der § 15 begründet daher nur eine Vermutung der Vollmacht des Notars, nicht aber eine Amtspflicht zur Einreichung.

Aus Vorstehendem ergibt sich ferner, daß auch die Unterlassung einer Belehrung über die vom Kläger zur Wahrnehmung seiner Rechte auf Eintragung der Hypothek zu ergreifenden Maßregeln keine Verletzung einer Amtspflicht des Beklagten enthält, da er zu einer derartigen Rechtsbelehrung vermöge seines Amtes ebenfalls nicht verpflichtet war. Glaubte der Kläger noch einer Belehrung zu bedürfen, so war es seine Sache, den Beklagten darum anzugehen und durch die Annahme dieses Ersuchens durch den Beklagten würde zwischen beiden ein Dienst- bzw. Auftragsverhältnis begründet worden sein, auf Grund dessen der Beklagte vertragsmäßig zu einer sachgemäßen Auskunft verpflichtet gewesen wäre. Vermöge seines Amtes als Notar kann der Beklagte höchstens als verpflichtet angesehen werden, die Beteiligten zur Stellung sachgemäßer Anträge in der Verhandlung zu veranlassen. Diese Amtspflicht hat er aber nicht verletzt. . . . Der Kläger weist endlich auf ein allgemeines Gewohnheitsrecht hin, nach welchem der Notar zur Einreichung der vor ihm aufgenommenen Urkunden verpflichtet sei. Allein die Vorschriften über die Rechte und Pflichten der Staatsbeamten bei Ausübung der ihnen übertragenen öffentlichrechtlichen Funktionen gehören dem öffentlichen Rechte an, sie werden lediglich durch das Gesetz bestimmt und können durch andauernde Übung weder erweitert noch eingeschränkt werden. Bestand also tatsächlich die behauptete Übung im Verkehr der Notare mit dem Publikum, so würde dadurch keine Amtspflicht des Beklagten zur Einreichung der Schuldurkunde begründet worden sein, vielmehr könnte daraus nur gefolgert werden, daß nach der Verkehrssitte der Notar regelmäßig als stillschweigend mit der Einreichung der Urkunden beauftragt angesehen wird. Soweit also dem Beklagten ein Verstoß gegen diese Übung zur Last fiele, würde er nur als Verletzung einer stillschweigend übernommenen Vertragspflicht zu behandeln sein.

Demnach kann eine Haftbarkeit des Beklagten nur auf Grund eines Vertragsverhältnisses in Frage kommen, dessen Eingehung der Kläger beweisen müßte. Soweit sich dieser auf die behauptete allgemeine Übung der Notare im Verkehr mit dem Publikum beruft, könnte im Zweifel eine Unterwerfung der Beteiligten unter die bestehende Übung im einzelnen Falle nur insoweit angenommen werden, als nicht besondere Umstände diese Annahme ausschließen. Solche Umstände sind aber hier vorhanden. Denn da eine sofortige Einreichung der Schuldurkunde untunlich war, der Zeitpunkt, zu dem ihre Einreichung zweckmäßig erfolgen mußte, aber noch gar nicht feststand, sondern von der Abschreibung und Auflassung der verpfändeten Parzelle an K. abhing und der Beklagte mit der weiteren Vertretung der Käufer oder der Verkäufer zur Herbeiführung der Auflassung nicht betraut war, so würde nicht ohne weiteres angenommen werden können, daß er sich um den Zeitpunkt der Auflassung bekümmern und dann die Urkunde einreichen sollte. Denn dann wäre die Verpflichtung des Beklagten weitergegangen, als sie im Regelfalle der Notar übernimmt, der die aufgenommene Urkunde sofort in Ausfertigung dem Gericht zu übersenden sich verpflichtet. Der Beklagte würde die Verbindlichkeit, sich fortgesetzt zu erkundigen, wann die Auflassung erfolgen sollte, übernommen haben und damit auch für die Einhaltung des richtigen Zeitpunkts für die Einreichung der Urkunde haftbar gewesen sein. Daß er dies unentgeltlich getan haben würde, kann nicht vermutet werden, im Regelfalle erfolgt aber die Einreichung der Urkunde unentgeltlich, da dem Notar für diese Tätigkeit eine Gebühr nicht zusteht. Dazu kommt noch, daß der Kläger in der Verhandlung beantragt hat, ihm eine Ausfertigung derselben zu übersenden. In den Fällen, wo der Notar die Einreichung der Urkunde an das Gericht besorgt, pflegt die Übersendung einer zweiten Ausfertigung an einen Kontrahenten, soweit es sich lediglich um eine Schuldverschreibung mit Hypothekbestellung handelt, nicht üblich zu sein.[1] F.

[1] Die Revision hat der III. ZS. des RG. am 25. September 1906 in folgender Begründung zurückgewiesen: „Der Berufungsrichter nimmt eine amtliche Belehrungspflicht des Notars nur insoweit an, daß der Notar die an einer von ihm aufzunehmenden Verhandlung beteiligten Personen zur Stellung sachgemäßer Anträge in der Verhandlung zu veranlassen hat. Weiter begründe § 15 GrBO. nur eine Vermutung der Bevollmächtigung des Notars zum Eintragungsantrage nicht eine Amtspflicht zur Einreichung dieses Antrags. Beide Sätze sind nicht rechtsirrtümlich. Die weiteren Darlegungen, jene amtliche Belehrungspflicht habe der Beklagte erfüllt, und eine stillschweigende, einer etwaigen Übung entsprechende Bevollmächtigung des Beklagten zur Einreichung des Eintragungsantrags sei durch besondere Umstände ausgeschlossen gewesen, sind rein tatsächlicher Natur." F.

g) Nichtgeltung des preußischen innern Staats-, besonders des Adelsrechts in der Rheinprovinz.

Kammergericht, I. ZS. Beschluß v. 15. März 1906.

Die Annahme des Landgerichts, daß (der Schwiegervater der Beschwerdeführerin) Sp. durch seine Geburt das Recht zur Führung des Adelsprädikats nicht erlangt habe, ist rechtlich unbedenklich. Denn er ist ein uneheliches Kind und deshalb, selbst wenn seine Mutter nicht selbst unehelich geboren, sondern von adeliger Herkunft gewesen wäre, nach dem zur Zeit seiner Geburt in P. geltenden § 641 II 2 ALR. zur Führung des Adelsprädikats nicht berechtigt. Der gleiche Grundsatz gilt auch nach gemeinem deutschen Recht und den sonstigen deutschen Partikularrechten.

Die Beschwerde beruft sich weiter auf den § 19 II 9 ALR. Diese Bestimmung kann jedoch nur Anwendung finden, wenn der 44jährige Gebrauch des Adels in ihren örtlichen Geltungsbereich fällt. Denn andernfalls fehlt die Voraussetzung für die Annahme des Gesetzes, daß die Duldung des ruhigen Gebrauches in diesem Zeitraum ein Anerkenntnis des Staates begründe. Die uneheliche Mutter des Schwiegervaters der Beschwerdeführerin gehört nicht zu den Vorfahren im Sinne des § 19, da die Abstammung von ihr den Geschlechtsadel nicht begründet. Der Schwiegervater selbst ist zwar im Geltungsbereich des ALR. geboren, hat aber vor Vollendung der 44 Jahre seinen Wohnsitz in den preußischen Geltungsbezirk des Code civil verlegt, wo dann auch ihr (verstorbener) Mann und ihre Kinder gewohnt haben. Es bedarf deshalb der Entscheidung, ob der § 19 in diesem Bezirke gilt.

Eine ausdrückliche Publikation hat dort nicht stattgefunden. In den Patenten wegen Besitznahme der fraglichen Landesteile vom 5. April 1815 (GS. S. 21, 23) ist aber ausgesprochen, daß die Einwohner gleich allen übrigen preußischen Untertanen regiert werden sollen. Hieraus und aus der Einheit des preußischen Staates ist in der Literatur (vgl. v. Roenne, Staatsrecht, Einleitung § 2 Anm. 1) der Satz abgeleitet, daß die staatsrechtlichen Bestimmungen des ALR. für den ganzen Staat gelten. In einzelnen Beziehungen ist auch in der Gesetzgebung auf diesen Grundsatz hingewiesen. So ist namentlich in den KabO. vom 6. März und 5. September 1821 (GS. S. 30, 156) ausgesprochen, daß in Beziehung auf die Strafgesetze, welche die Majestät des Souveräns und die innere Ruhe des Staates gegen frevelhafte Angriffe und Umtriebe sichern, in der Monarchie nur e i n inneres Staatsrecht gelten könne, und daß mithin die darauf sich beziehenden Bestimmungen des ALR. und der Kriminalordnung in allen preußischen Staaten gelten müssen. Auch in den Verordnungen wegen der Auswanderungen vom 15. September 1818 (GS. S. 175), wegen der von Preußen im Auslande und von Ausländern im Inlande begangenen Verbrechen vom 30. Juni 1820 (GS. S. 129), wegen Anwendung der preußischen Strafgesetze auf Münzverbrechen vom 18. April 1835 (GS. S. 67) ist derselbe Grundsatz angewendet. Immer bezieht sich aber diese Anwendung nur auf Einzelfragen.

Eine allgemeine Anordnung fehlt. Das Reichsgericht hat deshalb in ständiger Praxis (Puchelts Zeitschr. 19 S. 649; Entsch. des RG. 43 S. 385; JW. 1899 S. 461) die Anschauung, daß den das innere Staatsrecht betreffenden Bestimmungen des ALR. auch ohne besondere Publikation in der Rheinprovinz Geltung zukomme, als ungerechtfertigt bezeichnet und insbesondere den §§ 88—90 II 10 über die zivilrechtliche Verantwortlichkeit der Staatsbeamten und den Vorschriften des ALR. über die Ausstattung der Schulverbände mit Korporationsrechten für die Rheinprovinz keine Geltung beigemessen.

Hieraus ergibt sich, daß die Zugehörigkeit des Adelsrechts zum öffentlichen Rechte an sich weder die Bejahung noch die Verneinung der gestellten Frage rechtfertigen kann, daß vielmehr die besondere Stellung des Adelsrechts im öffentlichen Recht und seine Entwickelung in der Rheinprovinz maßgebend sind. Das Recht, den Adel zu verleihen, anzuerkennen und zu erneuern ist ein Staatshoheitsrecht. Mit der Besitznahme des Rheinischen Landes durch das Patent vom 5. April 1815 stand es deshalb dem Könige von Preußen auch für diese Teile des Staates zu. Daran änderte auch der Umstand nichts, daß für den links vom Rhein gelegenen Teil der Adel durch das Dekret vom 26. März 1798 abgeschafft war, welches das französische Dekret vom 19. Juni 1790 in die damals von der französischen Republik okkupierten, durch den Luneviller Frieden an Frankreich abgetretenen, auf dem linken Rheinufer belegenen Teile des Kurfürstentums Cöln eingeführt hat. Die danach seit 1815 bestehende Möglichkeit, Einwohnern der neuen Landesteile den Adel zu verleihen, begründete aber an sich nicht die Erneuerung der durch die französische Gesetzgebung verlorenen Adelsrechte. Deshalb wurde durch KabO. vom 18. Januar 1826 verordnet, daß die Gesetze der französischen Regierung, welche die Titel, Prädikate und Wappen des Adels abgeschafft haben, in den zur preußischen Monarchie gehörenden Provinzen am linken Rheinufer außer Kraft treten, und die Familien, welche sie zu führen vor der Abschaffung berechtigt gewesen seien, darin wiederhergestellt sein sollen. Daß etwa die Adelsrechte dieser Familie in Zukunft nach dem ALR. zu beurteilen seien, ist dabei nicht angedeutet. Im Gegenteil kann die angeordnete Wiederherstellung nur dahin verstanden werden, daß die rechtlichen Zustände vor der Aufhebung wieder hergestellt sein, daß also die Adelsrechte der bezeichneten Familien dem vor der Zwischenherrschaft geltenden gemeinen deutschen Recht unterliegen sollten. Daß dies der Sinn ist, ergibt sich auch aus der die Strafe des Adelsverlustes betreffenden KabO. vom 16. Februar 1837, die nicht erforderlich gewesen wäre, wenn die §§ 81 ff., besonders § 91 II 9 und die darin angezogenen Bestimmungen der Kriminalordnung wegen ihres staatsrechtlichen Inhalts ohnehin in der Rheinprovinz gegolten hätten. Auch die Verordnung vom 21. Januar 1837 scheint eine besondere Rechtsstellung derselben vorauszusetzen. Wenn aber hierdurch die KabO. vom 18. Januar 1826 in ihren Adelsrechten wiederhergestellten Familien der links vom Rhein gelegenen Landesteile nicht dem Titel 9 unterliegen, so muß das gleiche auch von den neu Geadelten oder zugezogenen Familien dieses Landesteils und von den Adeligen der rechtsrheinischen Teile der durch das Patent vom 5. April in Besitz genommenen Länder gelten, da dann das aus diesem Patent und der Einheit des Staates entnommene Gegenargument überhaupt versagt.

Diesen aus der streitigen Gesetzgebung abgeleiteten Erwägungen tritt hinzu, daß eine innere Notwendigkeit für die Geltung des Titels 9 im gesamten Staatsgebiet nicht anzuerkennen ist. Die Vorschriften über Erlangung, Erneuerung und Verlust des Adels stimmen in ihren Grundzügen mit den im gemeinen deutschen Recht anerkannten Rechtssätzen überein. Beispielsweise ergibt sich auch der Satz, daß zur Annahme adeliger Prädikate oder Änderung eines adeligen Namens landesherrliche Genehmigung erforderlich sei, wie für das preußische, so für das gemeine deutsche Recht aus dem anerkannten Rechtssatze, daß der Adel nur durch Geburt oder Verleihung erworben werde. Er konnte deshalb in dem für das ganze Staatsgebiet ergangenen Erlaß vom 12. Juli 1867 als allgemein geltend vorausgesetzt werden, ohne daß daraus ein Schluß auf die allgemeine Geltung des ALR. gezogen werden kann. Nur in der Ausgestaltung der Grundzüge im einzelnen finden sich im Titel 9 Abweichungen vom gemeinen Recht, die aber nicht so erheblich sind, daß die Beschränkung ihrer Geltung auf einen Teil des Staates mit der Einheit des Staates unvereinbar wäre. Die Geltung des Titels 9 für das Rheinland ist deshalb abzulehnen. Im gemeinen Recht findet sich ein dem § 19 II 9 entsprechender Rechtssatz nicht. Der Nachweis des Adels ist danach nur durch den Nachweis der Verleihung oder durch die Ahnenprobe möglich (vgl. Runde, Privatrecht §§ 375—394; Eichhorn, Privatrecht § 59; Gierke, Privatrecht S. 407 ff.). Die letztere Beweisart findet ihre Ergänzung in dem Beweismittel der unvordenklichen Verjährung. Vorliegend kommt solche nicht in Frage, da durch das Landgericht die uneheliche Geburt und damit der Nichtadel des Sp. rechtlich einwandfrei festgestellt ist. Mz.

h) **Kein Anspruch des Gefangenen auf Herausgabe von Sendungen und auf den Arbeitslohn.**

OLG. Hamburg, II. ZS. Beschluß v. 29. Dezember 1905.

... Die Beschwerde wegen verweigerten Armenrechts ist unbegründet. Der Antragsteller verlangt zunächst von der Gefängnisverwaltung die dauernde Herausgabe gewisser auf seinen Prozeß bezüglicher und für ihn von seinem Rechtsanwalt gesandter Papiere. Allein die Papiere sind der Verwaltung nicht deshalb behändigt, weil sie in einem privatrechtlichen Verhältnisse zum Antragsteller stände, sondern weil dieser sich zum Zweck der Strafe und ihres Vollzugs in der Gewalt der staatlichen Obrigkeit befindet. Ebensowenig wie der Antragsteller einen klagbaren Anspruch darauf hat, daß er die Gegenstände, welche er bei der Einlieferung an sich trug, auch im Gefängnisse trage, kann er beanspruchen, daß für ihn eingesandte Gegenstände ihm zur unbeschränkten Verfügung ausgeliefert werden. Hierüber zu befinden ist nicht Sache der ordentlichen Gerichte, weil es sich nicht um eine bürgerliche Rechtsstreitigkeit handelt, sondern Sache der Verwaltung, deren Instanzenzug die Gelegenheit eines wiederholten Gehörs bietet (Hans. GZ. 1888 Nr. 113 S. 195). Ob und inwieweit die Organe der Gefängnisverwaltung sich verantwortlich machen, wenn sie die eingebrachten Gegenstände nicht gehörig verwahren, oder wenn sie für die Gefangenen eingehende Sendungen diesen nicht zugängig machen, soweit es die Zwecke der Strafverbüßung gestatten, steht hier nicht in Frage (vgl. a. O. 1900 Nr. 2).

Weiter verlangt der Beschwerdeführer, daß die Gefängnisdirektion ihm 6 Mark herausgebe. Er behauptet nicht etwa, die Gefängnisverwaltung habe widerrechtlich über von ihm eingebrachte oder ihm von Dritten zugewiesene Beträge verfügt, sondern er fühlt sich dadurch beschwert, daß von seinem Guthaben für Arbeitsverdienst, d. h. für im Zentralgefängnis geleistete Arbeiten die 6 Mark gekürzt sind. Es bedarf eines Eingehens auf die Sache nicht, weil auch hier nicht Ansprüche des bürgerlichen Rechts in Frage stehen. Was der Antragsteller als sein „Guthaben" und als seinen „Arbeitsverdienst" beansprucht, ist derartiges nicht. Er hat nichts für seine Arbeit zu beanspruchen, und ihm sind nicht für seine Arbeit Beträge bezahlt (gutgebracht), sondern ihm ist nur die Aussicht (eine spes) eröffnet, daß die Gefängnisverwaltung gewisse Beträge unter gewissen Umständen für ihn verwenden wird. Allerdings arbeitet der Antragsteller im Zentralgefängnis, er leistet aber solche Arbeit nicht auf Grund eines Dienstvertrags oder sonstigen Arbeitsverhältnisses, sondern er wird von der staatlichen Gewalt zur Arbeit angehalten, und dies geschieht in erster Linie nicht, damit der Staat einen wirtschaftlichen Vorteil erzielt, sondern zu den Zwecken der Strafe und ihres Vollzugs. Was der Staat durch die Tätigkeit solcher seiner Gewalt Unterworfenen erzielt, ist Eigentum des Staats, worüber er frei verfügen kann. Wie aber die Reichsgesetzgebung aus humanen Gründen die für Gefangene nicht geltende Arbeiterschutzgesetzgebung durch ein besonderes Gesetz auf die Gefangenen erstreckt hat, soweit es sich um die Unfallfürsorge handelt, so hat auch der Bundesrat (Zentralblatt 1897 S. 308) bestimmt (§ 21), daß zwar der Ertrag der den Gefangenen zugewiesenen Arbeit (und um solche handelt es sich hier) zur Staatskasse fließt, aber die Gutschrift einer Arbeitsbelohnung aus dem Ertrage nicht ausgeschlossen ist. Auf Grund der gemäß § 37 dieser Grundsätze für Hamburg erlassenen Hausordnung § 28 sind dem Antragsteller Arbeitsbelohnungen gutgeschrieben und davon die 6 Mark abgeschrieben, deren Widergutschrift er einklagen will. Für die Zulässigkeit des Rechtswegs ließe sich der Wortlaut des zit. § 28 geltend machen, wo von dem Gutschreiben einer Belohnung, dem Verfügen des Gefangenen über einen Teil derselben, der Auskehrung und der Einziehung des Arbeitslohns gesprochen wird. Berücksichtigt man aber, daß es sich um Belohnungen aus dem Staatsvermögen handelt, worüber sich die

Gefängnisverwaltung weitgehende Verfügungsmacht vorbehält, daß die Auskehrung der gutgeschriebenen Beträge nach der Entlassung „nach Befinden des Direktors“ stattfindet, daß während der Strafverbüßung der Gefangene nur „mit Genehmigung des Direktors“ über einen Teil verfügen kann, so erscheint es richtiger anzunehmen, daß die Hausordnung — welche ja nicht eine lex contractus ist, sondern eine Ordnung für die Gefangenen aufstellt — nur kundgibt, daß unter gewissen Bedingungen und Voraussetzungen der Gefangene einen Teil der von ihm für den Staat erarbeiteten Beträge, sei es während der Gefangenschaft, sei es nachher, zugewandt bzw. ausgekehrt erhalten werde, daß aber, solange der Betrag nicht verausgabt ist, darauf kein rechtlicher Anspruch erworben ist. Die Gutschrift ist somit nicht schon eine feste Überweisung von Beträgen, sondern eine der Ordnung halber nötige Buchoperation, welche lediglich eine rechtlich nicht geschützte Anwartschaft auf die Beträge eröffnet. Die gegenteilige Auffassung würde dazu führen, daß die Gefängnisverwaltung, welche sich die freie Stellung des Gewalthabers verschaffen und wahren will, für ihr Verfahren den einzelnen Gefangenen abrechnungs- und rechenschaftspflichtig sein würde und mit ihnen in Rechtsbeziehungen stehen würde, welche zu schwierigen Verwickelungen und die Disziplin gefährdenden Prozessen führen müßten. Anderseits ist der Gefangene auch bei der hier vertretenen Rechtsauffassung nicht rechtlos; er kann nur nicht die ordentlichen Gerichte angehen, sondern ist auf den Weg der Verwaltung verwiesen. Die Hausordnung sagt ihm, welche Behandlung er zu erwarten hat. Daß er ihr gemäß behandelt werde, darf er erwarten und eventuell im Beschwerdeweg bei den Organen der Gefängnisverwaltung zu erwirken suchen. M. M.

23

a) Vertragsmäßiger Gebrauch. Wohnenbleiben trotz Kündigung.

OLG. Karlsruhe, IV. ZS. Urteil v. 6. April 1906.

Im schriftlichen Vertrag ist nichts davon enthalten, daß dem Kläger ein Bureau oder ein Souterrainraum zu Bureauzwecken vermietet werde. In der Beschreibung der Räume ist zwar auch „ein Souterrainraum hinten“ aufgeführt, ohne daß der Zweck, zu welchem er vermietet werde, angegeben ist. Schon hieraus folgt, daß der Beklagte diesen Raum nicht zu dem bestimmten Zweck als Bureau vermietet oder zugesichert hat, denn dies würde sonst im Vertrag besonders ausgedrückt worden sein, gerade so wie auch bei den übrigen Räumen, soweit sie irgendwie von Bedeutung sind, deren Zweck im Vertrag bezeichnet ist. Souterrainräume werden erfahrungsgemäß, auch wo dies polizeilich nicht beanstandet wird, in Städten der hier fraglichen Größe und Bauzone nur ausnahmsweise zu Bureauzwecken vermietet, um so mehr wäre es Sache des Klägers gewesen, wenn er sich die Verwendung des Souterrainraumes zu Bureauzwecken vertraglich zusichern lassen wollte, dies unzweideutig zum Ausdruck zu bringen. Aus der Bestimmung: „Im Souterrainraum ist Linoleum anzubringen“, „1 Ofen im Souterrain“ geht nicht unzweideutig hervor, daß dieser Raum gerade zu einem Bureau bestimmt und vermietet werde. Ein mit Linoleumbelag und Ofen versehener Souterrainraum kann zu allen möglichen anderen Zwecken bestimmt sein, wobei vorübergehend sich Menschen in diesem Raume aufhalten, wie es gerade bei einem Raum, der zum Ein- und Auspacken von Musterkoffern dient, der Fall ist. Auch im übrigen erwähnt der schriftliche Mietvertrag keinerlei Einrichtungen der Räume und keinerlei Anschaffungen, welche speziell für ein Bureau nötig sind, und dadurch auf den Zweck des Raumes hindeuten würden.

Neben einem schriftlichen Vertrag können unter Umständen auch mündliche Abmachungen wirksam sein. Voraussetzung hierfür ist, daß nachgewiesenermaßen der Wille der Parteien dahin geht, solchen mündlichen Abreden neben dem schriftlichen Vertrag Geltung zu verschaffen (Bad. Rechtspr. 1906 S. 88). Vorliegend haben aber die Parteien im Vertrage die Wirksamkeit mündlicher Abmachungen ausdrücklich ausgeschlossen. Auf die Vorbesprechungen kann es hiernach nicht ankommen. Aus dem Umstand, daß der Kläger allmählich den Souterrainraum zum Bureau einrichtete und verwendete und der Beklagte nicht widersprach, kann der Kläger kein vertragliches Recht für sich ableiten. Der Beklagte hat deshalb auch nicht zu vertreten, daß dem Kläger die weitere Benützung des Souterrains zu diesem Zweck durch die Anordnung des Bezirksamts unmöglich gemacht wurde. Der Kläger war somit zur Kündigung nicht berechtigt, und kann auch keinen Schadensersatz beanspruchen.

Der Kläger hat überdies trotz seiner Kündigung auf 1. Oktober die Wohnung an diesem Tage nicht geräumt, vielmehr nicht bloß am 30. September die Miete für das vierte Quartal vorbehaltslos bezahlt, sondern auch die Wohnung vorbehaltslos über den Kündigungstag hinaus weiter benutzt, durch dieses Verhalten hat er zu erkennen gegeben, daß er auf der Kündigung nicht bestehen bleiben wolle; damit hat er auf die Geltendmachung des Mangels verzichtet, denn neben dieser Kündigung kann nicht der einseitige Wille des Mieters bestehen, das Mietverhältnis auf beliebige Zeit noch fortzusetzen (Rsp. 2 S. 480). Hieran wird dadurch nichts geändert, daß der Kläger am 2. Oktober einen Vorbehalt gemacht hat; dieser hätte vielmehr, um wirksam zu sein, nach § 539, 464 sofort bei der Mietzahlung bzw. bei der Weiterbenützung der Wohnung gemacht werden müssen (Entsch. des RG. 59 S. 379[2]).
Dr. E.r.

b) **Vermietung zur Konditorei und als Café.**

OLG. Dresden, VII. ZS. Urteil v. 7. Juni 1906.

Am 15. August mietete die Klägerin schriftlich einen Laden zum Betrieb einer Konditorei mit Café auf die Zeit vom 1. Oktober 1903 ab. Der Mietzins war im voraus vierteljährlich zu zahlen, widrigenfalls der Beklagte zur sofortigen Auflösung des Vertrags berechtigt würde. Als die erste Rate nicht bezahlt wurde, hat der Beklagte am 10. Oktober den Vertrag aufgelöst.

Die Klägerin fordert Schadensersatz, weil der Beklagte zugesichert hätte, den Laden bis zum 27. September so herzurichten, daß er den polizeilichen Vorschriften genüge, dieser Verpflichtung aber nicht nachgekommen sei. Auf einen Eid über diese Zusicherung wurde erkannt. Gründe:

Die Klägerin würde den Ersatz ihrer Aufwendungen insoweit, als diese infolge der Auflösung des Vertrags die Bedeutung nutzloser Ausgaben erhielten, beanspruchen können, wenn der Beklagte die Nichtgewährung des Gebrauchs zu vertreten hätte, sie also berechtigt gewesen wäre, ihrerseits wegen dieser positiven Vertragsverletzung das Mietverhältnis aufzukündigen und Schadensersatz zu verlangen (§ 542). Der Vertrag, der dem Mieter das Recht versagt, auf den fälligen Mietzins Gegenforderungen aufzurechnen, würde nicht entgegenstehen, denn er hat nur die dem Mieter gegen den Vermieter zustehenden Geldforderungen im Auge, da nach § 387 nur solche an sich fähig wären, der Miete gegenüber aufgerechnet zu werden. Selbst wenn man also aus dem Zwecke der Bestimmung folgern müßte, daß nach dem Willen der Vertragsteile die Ansprüche des Mieters, deren Aufrechnung verboten sei, auch nicht zur Begründung eines Zurückbehaltungsrechts verwertet werden dürften, wäre die Klägerin nicht gehindert gewesen, den Mietzins solange zurückzuhalten, als ihr der zugesicherte Gebrauch nicht gewährt, als insbesondere die Mieträumlichkeit nicht rechtzeitig in den zugesicherten vertragsmäßigen Zustand gebracht worden wäre. Die Konzession herbeizuführen, deren die Klägerin nach GewO. § 33 zur Eröffnung des Betriebs bedurfte, war an sich ihre Sache. Der Mietvertrag bestimmt auch ausdrücklich, daß der Beklagte keinerlei Verpflichtungen in dieser Beziehung übernehme. Diese Festsetzung ergibt in Verbindung mit der bedingungslosen Bestimmung des 1. Oktobers, als des Anfangstermins, daß der Mietvertrag nicht etwa in seiner Rechtswirksamkeit von der Erteilung der Konzession abhängen sollte. Hat aber der Beklagte bei der mündlichen Einigung zugesichert, nicht bloß die Lokalitäten für eine Konditorei mit Café bis zum 27. September 1903 fertigzustellen, sondern auch eine Ventilation einzurichten, so würde das Unterbleiben des letzteren allein schon die Klägerin zur Zurückbehaltung des ganzen Mietzinses berechtigt haben. Denn für sie war der ganze Laden solange wertlos, als auch nur die zur Konzessionserteilung erforderliche Ventilationseinrichtung fehlte, er also zu dem Zwecke, zu dem er ermietet war, mangels der Erteilung der Genehmigung nicht benutzt werden konnte. Dagegen kann in der Zusage der Fertigstellung nicht schon nach dem Zwecke, zu dem der Laden vermietet wurde, die weitere gefunden werden, daß auch der Beklagte alles, was die Verwaltungsbehörde als Voraussetzung für die Konzessionserteilung etwa erfordern werde, herzurichten, und vor allem bis zum 27. September fertig zu stellen übernehme. Tatsächlich hat er die Erfüllung jener Erfordernisse auf sich genommen; da aber die Beschaffung der Konzession ihm nicht oblag, er auch nicht bestimmt im voraus wissen konnte, was im einzelnen als Voraussetzung der Konzession werde erfordert werden, würde insoweit, wenn man seine Erklärungen nach Treu und Glauben auslegt (§ 157), höchstens angenommen werden können, er habe, sobald ihm die Klägerin solche ihr bekannt gegebenen Erfordernisse mitteilte, diesen unverzüglich zu genügen. Dies hat er getan....

Darin, daß die Klägerin sich mit der Auflösung des Vertrags einverstanden erklärte, liegt nur das Einverständnis damit, daß von einer Ausführung des Vertrags durch Übernahme und Benutzung der Räume abgesehen werde, nicht aber ein Verzicht auf etwaige Schädenansprüche, dies schon deshalb nicht, weil Verzichte an sich nicht zu vermuten und keine Tatsachen vorgebracht sind, die für eine solche Absicht der Klägerin sprächen. Nach § 542 war sie aber, wenn ihr ein Zurückbehaltungsrecht am Mietzinse zustand, befugt, wegen der vom Beklagten am 10. Oktober erklärten Erfüllungsverweigerung, ihrerseits, und zwar ohne daß es noch einer Fristsetzung bedurfte, das Mietverhältnis sofort zu lösen und Schadensersatz zu fordern. In der Erklärung ihres Einverständnisses läge die Kündigung nach § 542, aber keineswegs das Anerkenntnis, daß der Beklagte die Auflösung mit Recht erklärt habe. M. z.

c) **Streupflicht des Vermieters einer Wohnung.**

OLG. Rostock, I. ZS. Urteil v. 19. Februar 1906.

Die Klägerin hatte im Hause des Beklagten mietweise das Erdgeschoß inne, während Beklagter den ersten Stock bewohnte. Auf dem Hof, der vom Beklagten nicht benutzt wurde, befanden sich mehrere Stallungen, von denen eine der Klägerin zur Aufbewahrung von Brennmaterial und sonstigen Sachen diente. Sie ist auf der vom Hausflur nach dem Hof führenden Treppe, da die Stufen mit einer Eisschicht bedeckt und nicht bestreut waren, gestürzt und hat sich dadurch verletzt. Ihre Klage auf Schadensersatz wurde abgewiesen. Gründe:

Da eine gesetzliche Bestimmung, welche den Hauseigentümer und Vermieter bei Glatteis schlechthin verpflichtet, alle Hauseingänge, besonders auch die vom Hof hineinführenden zu bestreuen, nicht besteht, und es somit für die vom Hof hineinführenden Hauseingänge an einem Schutzgesetz im Sinne des § 823² ermangelt, so erscheint der Klaganspruch nur dann als gerechtfertigt, wenn entweder durch die Bestimmungen über die Miete, insbesondere durch § 536 oder aber durch § 823 eine dahingehende Verpflichtung für die Beklagten begründet sein würde.

Mit Recht geht die Vorinstanz davon aus, daß der Beklagte sowohl als Vermieter der Klägerin, als auch als Eigentümer des Hauses, in dem er einen Verkehr besonders auch für die Klägerin eröffnet hatte, verpflichtet war, für einen verkehrssicheren Zustand des zum gemeinschaftlichen Gebrauch der Hausbewohner überlassenen Teiles seines Hauses Sorge zu tragen. Ihm lag deshalb auch an sich ob, die Hausbewohner durch Vorbeugungsmaßregeln gegen Unfälle, die diese infolge eines dauernden oder vorübergehenden gefahrdrohenden Zustandes seines Hauses treffen konnten, zu sichern und bei Glatteis die gemeinschaftlichen Zugänge seines Hauses durch Streuen sicher passierbar zu machen. Daraus würde aber immerhin nicht folgen, daß ihm unter allen Umständen die Pflicht obgelegen hätte, alle diejenigen Örtlichkeiten durch Streuen ungefährlich zu machen, die seine Mieter infolge ihres Mietrechts zu betreten befugt waren. Denn es würde eine Verkennung des Begriffs der im Verkehr erforderlichen Sorgfalt bedeuten, wenn man jedem Vermieter eine soweit gehende Verpflichtung schlechthin auferlegen wollte. Namentlich bei so vorübergehenden gefährlichen Zuständen, wie sie das Glatteis mit sich bringt, kann sich die Verbindlichkeit des Vermieters, für einen gefahrlosen Zustand seines Hauses zu sorgen, nur auf solche Örtlichkeiten beziehen, an denen wirklich ein Verkehr stattfindet. Bei solchen Räumlichkeiten aber, die nicht regelmäßig und nur in beschränktem Maße von dem Mieter allein benutzt werden, kann eine Verpflichtung des Vermieters, durch Streuen jedem Unfall vorzubeugen, nicht anerkannt werden; es muß vielmehr bei ihnen dem Mieter als dem die fraglichen Räumlichkeiten ausschließlich Benutzenden selbst überlassen bleiben, Gefahren aus derartigen gefahrbringenden Zuständen, die er selbst ohne Beschwer zu beseitigen sehr wohl in der Lage ist, seinerseits vorzubeugen. Um eine solche Örtlichkeit, an der ein nicht regelmäßiger Verkehr und zwar in nur beschränktem Umfang stattfand, handelt es sich aber hier. Selbst wenn die Klägerin den Hof sowohl zur Benutzung des ihr überwiesenen Klosetts, wie zum Holen von Feuerung und Sand täglich mehrmals betreten mußte, so stand doch immerhin nur eine sehr vereinzelte Benutzung des Hofes zur Frage; deshalb hatte sie bei diesen Gängen etwaige vorübergehende, durch Glatteis entstandene Hindernisse ihrerseits durch Streuen zu beseitigen. Chr.

d) **Mietvertrag. Schilder am Hause.**

Kammergericht, XIV. ZS. Urteil v. 5. Februar 1906.

Der Kläger, ein Arzt, focht den Mietvertrag deshalb an, weil einem im Nachbarhause wohnenden Arzte das Anbringen eines Namenschildes am Miethause gestattet worden war, obwohl der Beklagte versichert hatte, in diesem Hause wohne kein anderer Arzt. Allein die Eigenschaft des Hauses, über welche der Kläger sich im Irrtume befand, daß nämlich der andere Arzt auch sein Schild dort anbringen dürfe, ist keine solche, welche im Verkehr als wesentlich angesehen wird. Bei verständiger Würdigung des Falles konnte der Kläger auch deshalb nicht vom Vertragsschlusse abstehen, weil nicht zu befürchten war, daß durch das Schild des im Nebenhause wohnenden Arztes ihm eine nennenswerte Konkurrenz bereitet werde. In der Zusicherung, im Hause wohne kein anderer Arzt, ist nicht auch zugleich die Zusicherung enthalten, daß auch ein Schild eines anderen Arztes nicht angebracht werden dürfe. Dr. S.

e) **Brand des Mietlokals infolge beiderseitigen Verschuldens.**

OLG. Dresden, VII. ZS. Urteil v. 15. November 1905.

Die Vorinstanz hat unter der Annahme einer gleich großen Fahrlässigkeit beider Teile den klagenden Mieter deshalb abgewiesen, weil auch der Beklagte durch den Brand geschädigt worden sei. Allein Schadensersatz hat lediglich der Mieter beansprucht. Es ist deshalb unzulässig, den Schaden, den beide Parteien erlitten haben, zusammenzuwerfen und jedem Teil den auf seiner Seite erwachsenen Schaden zuzuweisen. Hätte der Beklagte einen Anspruch auf anteiligen Ersatz des ihm erwachsenen Schadens, so könnte dieser Anspruch bei der Entscheidung auf die Klage doch nur berücksichtigt werden, wenn er ihn aufgerechnet hätte. Die Erwägung allein, daß beide Teile in gleichem Grade fahrlässig zum Eintritt des schadenbringenden Ereignisses Anlaß gegeben und beiderseits Schaden dadurch erlitten hätten, könnte, selbst wenn der Schaden des Beklagten den des Klägers erreichen oder gar übersteigen sollte, bei der Selbständigkeit der beiderseitigen Ansprüche nicht zu einer Abweisung der Klage führen. Vor allem folgt aber daraus, daß auch dem Kläger Fahrlässigkeit vorzuwerfen ist, noch keineswegs, daß ihn der Beklagte auf Schadensersatz belangen könnte. Hierfür fehlt die rechtliche Grundlage. Zunächst haftet der Kläger nicht aus dem Mietvertrage, denn er hat den Laden und die Feueranlage nicht anders benutzt, als wozu er berechtigt war. Der Beklagte übergab den Laden mit der von ihm selbst eingerichteten feuergefährlichen Anlage in dem Bewußtsein und mit dem Willen, daß der Kläger beide gemäß dem Mietvertrage trotz der aus der Benutzung sich ergebenden Gefahren gebrauchen werde und gebrauchen dürfe. Eine Verpflichtung des Mieters, im Interesse des Vermieters anders als zur Verminderung seiner Schädenansprüche die diesem bekannten Mängel des Mietgegenstandes selbst zu beseitigen, wenn auch mit dem Rechte auf Ersatz seiner Aufwendungen, besteht nicht. Ebensowenig haftet der Kläger aus § 823 Abs. 1 oder 2, insbesondere hat er das Eigentum nicht verletzt; denn eine Ordnungswidrigkeit in der ihm durch den Vertrag gestatteten Benutzung ist nicht erwiesen. M. z.

f) Rücktritt des Mieters vor dem Beginne der Mietzeit.

OLG. Braunschweig, I. ZS. Urteil v. 19. Januar 1906.

Von dem außerordentlichen Kündigungsrechte des § 542 haben hier die Mieter Gebrauch gemacht, ehe die Zeit, zu welcher das Mietverhältnis beginnen sollte, herangekommen, und ehe der Vermieter mit der Erfüllung seiner Verpflichtung, den vertragsmäßigen Gebrauch der Wohnung zu gewähren, in Verzug geraten war. Dieser Fall ist in den Bestimmungen über die Miete nicht geregelt, weshalb die allgemeinen Vorschriften über den Verzug bei gegenseitigen Verträgen und die sich aus ihnen ergebenden Grundsätze anzuwenden sind. Die Rechtsprechung fordert zum Eintritt der im § 326 Satz 2 bestimmten Verzugsfolgen, insbesondere zum Rücktritt vom Vertrage nicht die daselbst vorgesehene Fristbestimmung, wenn der im Verzuge befindliche Teil die Erfüllung ernstlich weigert. Es ist ferner als eine weitere Rechtsfolge dieses Grundsatzes anerkannt, daß, wenn diese Weigerung im voraus erklärt ist, der andere berechtigt ist, von den ihm zustehenden Rechten sofort Gebrauch zu machen, insbesondere sich vom Vertrage loszusagen vor dem tatsächlichen Eintritt des Erfüllungsverzuges des Gegners. Diese Grundsätze, welche namentlich bei Kaufgeschäften Geltung erlangt haben (Entsch. des RG. 51 S. 347, 52 S. 150, 57 S. 113; Seuffert 57 S. 208, 237 S. 238) auf Mietverhältnisse anzuwenden, hat um so weniger Bedenken, als dem Mieter, wenn sich der Vermieter vor Beginn des Mietsverhältnisses geweigert hat, ihm die Wohnung bei Beginn der Mietzeit in einem zum vertragsmäßigen Gebrauche geeigneten Zustande einzuräumen, nicht zugemutet werden kann, den Zeitpunkt des Beginns der Mietzeit zunächst abzuwarten, um sich dann vor die Alternative versetzt zu sehen, entweder eine unfertige Wohnung zu beziehen oder erst jetzt zu ungeeigneter Zeit unter Ausübung des Rücktrittsrechts für eine andere Wohnung Sorge zu tragen. H.g.

g) **Schadensersatz bei Kündigung aus § 542.**

α) OLG. Braunschweig, I. ZS. Urteil v. 23. Februar 1906.

Die Streitfrage, ob eine Kombination der §§ 538, 542 in der Weise zulässig ist, daß Schadensersatz über die Dauer des vorzeitig beendeten Vertrags hinaus gefordert wird, ist zu bejahen. Die Motive 2 S. 210f., auf die sich die Gegner berufen, sprechen nur vom Rücktritt, nicht von der Kündigung, also nur von dem Rechtsbehelf, durch den das Verhältnis auch für die Vergangenheit aufgehoben wird. Bei solcher weitgehenden Wirkung mag es angezeigt erscheinen, den Berechtigten vor die Wahl zu stellen, ob er Aufhebung oder Schadensersatz vorzieht. Wird dagegen, wie dies das Wesen der Kündigung ist, das Verhältnis nur für die Zukunft aufgehoben, so will nicht einleuchten, warum dem, der vom Kündigungsrecht Gebrauch macht, der Anspruch auf vollen Schadensersatz verkümmert werden soll. Dazu kommt, daß die fr. Beschränkung für die Fälle des Rücktritts und der nach § 467 gleichzubehandelnden Wandlung gesetzlichen Ausdruck gefunden hat (vgl. §§ 325, 326: „Schadensersatz wegen Nichterfüllung verlangen oder von dem Vertrage zurücktreten", § 463: „statt der Wandlung Schadensersatz wegen Nichterfüllung"), während für die Kündigung jede derartige Andeutung im Gesetze, besonders in den hier anzuwendenden §§ 538 und 542, fehlt. H.g.

β) Kammergericht, XIV. ZS. Urteil v. 1. Oktober 1906.

Dem Kläger, der zum Betriebe einer Schlächterei Räume mietsweise inne hatte, wurde polizeilich aufgegeben, in dem zum Aufenthalte von Menschen nicht geeigneten Arbeitskeller binnen 3 Monaten eingreifende bauliche Veränderungen vorzunehmen. Die Vornahme dieser Umbauten lehnte der beklagte Vermieter ab, er wurde jedoch dazu rechtskräftig verurteilt, ohne indessen dem Urteile zu entsprechen. Der Kläger kündigte deshalb am 1. und zog am 2. Juli aus. Sein Anspruch auf Schadensersatz ist dem Grunde nach gerechtfertigt. Allerdings kann zweifelhaft sein, ob der § 538[1] hier anwendbar ist, weil das streitige Mietverhältnis beendet ist; der Kläger hat es fristlos gekündigt und die Räume verlassen, während durch den Vorprozeß rechtskräftig feststeht, daß der Kündigungsgrund gerechtfertigt war. Allein der Beklagte war zur Vornahme der Umbauten rechtskräftig verurteilt; auch mußte er als Hauseigentümer wissen oder bei Anwendung pflichtmäßiger Sorgfalt in Erfahrung bringen, daß der Mieter zu so eingreifenden Umbauten, wie sie die Polizei forderte, nicht einmal berechtigt gewesen wäre, auch die Verantwortung für deren Ausführung verständigerweise nicht übernehmen konnte. Lehnte er trotzdem die Ausführung ab, so ließ er die im Verkehr erforderliche Sorgfalt außer acht. Wer aber fahrlässig seine Vertragspflichten verletzt, wird dem Vertragsgegner schadensersatzpflichtig. Diese allgemeinen Grundsätze haben auch neben dem § 542 zu gelten, das Recht des Mieters erschöpft sich nicht in dem daselbst zugelassenen Rücktritt vom Vertrage, der Mieter kann vielmehr daneben auch den Ersatz des durch die Nichterfüllung während des Restes der Vertragszeit entstehenden Schadens beanspruchen (Niendorff, Mietrecht 7 Aufl. S. 109; Brückner, Miete S. 68; Planck § 543 Note 3; Goldmann-Lilienthal, BGB. 1 S. 553). M.

γ) Kammergericht, XIV. ZS. Urteil v. 22. Oktober 1906.

Der Kläger hatte vom 1. Oktober 1905 ab in einem neu zu erbauenden Hause Räume für eine Fabrik gemietet. Als die Räume nicht rechtzeitig fertig wurden, erklärte er, daß er „vom Vertrage zurücktrete" und Schadensersatz verlange. Sein Anspruch auf Erstattung des Mehrbetrags, zu welchem er die bisher von ihm benutzten Räume von neuem habe mieten müssen, ist begründet.

Nach § 542 hätte der Kläger, da ihm die Mieträume nicht rechtzeitig gewährt wurden, das Mietverhältnis sofort kündigen können, und zwar ohne zuvor eine Nachfrist zu bestimmen, da unter den obwaltenden Umständen die spätere Erfüllung des Vertrags kein Interesse mehr für ihn hatte. Aber der § 542 rechtfertigt noch nicht den Anspruch auf Schadensersatz. Dieser kann nur auf § 326 gestützt werden. Die Haftung eines säumigen Schuldners für den durch Nichterfüllung seiner Vertragspflicht entstandenen Schaden (§ 276) gilt auch im Mietrechte. Sie wird nicht dadurch ausgeschlossen, daß das BGB. in dem Abschnitt „Miete" eine Reihe von Sondervorschriften gibt, welche die an den Verzug eines Vertragsteils geknüpften Rechtsfolgen genauer regeln. Diese Sondervorschriften waren dazu bestimmt, die Rechte des Mieters in einzelnen Beziehungen zu erweitern (Entsch. des RG. 62 S. 228), wie z. B. im § 538 eine Schadensersatzpflicht des Vermieters für Mängel ohne besonderes Verschulden vorgesehen ist. Es kann daher nicht angenommen werden, daß der § 542 im Gegensatz zu diesem Bestreben des Gesetzgebers die allgemeine Haftung des Vertragschuldners für den aus der Nichterfüllung seiner Vertragspflicht entstehenden Schaden gerade für Mietverträge ausschließen wollte. — Im § 326 ist zwar die Befugnis zum Rücktritt und das Recht auf Schadensersatz nur alternativ gegeben. Aber der Kläger ist in Wahrheit gar nicht vom Vertrage zurückgetreten, wie es nach buchstäblicher Auffassung scheinen könnte. Seine Erklärung bedeutet in ihrem Zusammenhange nicht, daß er den Vertrag ganz aufheben und als nicht geschlossen behandeln wolle, sondern, daß er die Annahme der Räume als für ihn nun ohne Interesse ablehne und auf Grund des geschlossenen Vertrags Schadensersatz wegen Nichterfüllung verlange. Der Vertrag besteht also fort; nur der Erfüllungsanspruch ist ausgeschlossen und hat sich in den Anspruch auf Schadensersatz wegen Nichterfüllung umgewandelt. Dr. S.

h) **Heizen als Obhutspflicht des Mieters.**

OLG. Hamburg, II. ZS. Urteil v. 20. Februar 1906.

... Der Vermieter hat dem Mieter die Wohnung im trockenen Zustande übergeben. Erst im Winter hat sich auf den Tapeten, namentlich des hinten belegenen, an den Ostgiebel stoßenden Schlafzimmers Feuchtigkeit gezeigt, die nicht von außen eingedrungen ist; die Mauern und Fenster waren dicht. Sie hatte auch nicht darin ihren Grund, daß die mechanischen Anlagen für die Wasserversorgung und Entwässerung mangelhaft gewesen wären, oder daß die darüber und darunter liegenden Räume schädlich eingewirkt hätten. Es handelt sich vielmehr lediglich um Kondensation der in der Luft vorkommenden Feuchtigkeit. Zugunsten des Beklagten sind die Gutachter davon ausgegangen, daß eine übermäßige Wasserdampfentwicklung durch Wäsche ꝛc nicht nachgewiesen sei. Ob nicht weitergehend anzunehmen ist, daß Beklagter sich hätte entschuldigen müssen, besonders auch in der Richtung, daß eine geeignete Abschließung der anderen Räume gegen Küche und Badezimmer bei Wasserdampfentwicklung stattgefunden hat, mag dahingestellt bleiben; denn auch bei der Unterstellung einer normalerweise in der Luft vorkommenden Feuchtigkeit kommen die Sachverständigen zu dem Ergebnis, daß es sich hier um Übelstände handelt, welchen dadurch mit Erfolg begegnet werden kann, „daß das Mehr an Heizen und Lüften geleistet werde, welches in allen den hamburgischen Häusern aufgewendet werden muß, deren Wände infolge ihrer Lage leicht Abkühlungen ausgesetzt sind. Die Lage der Wohnung ist keine ungewöhnliche: kein Zimmer liegt mit mehr als zwei Seiten frei; der dem Regen besonders ausgesetzte Westgiebel ist durch das Nachbarhaus gedeckt; der freie Ostgiebel ist geteert. Es handelt sich weiter auch nicht etwa darum, daß die Zimmer, um die Niederschlagung von Feuchtigkeit in der kalten Jahreszeit zu verhindern, hätten ständig geheizt werden müssen. Nur gelegentliches Heizen der Räume ist von den Sachverständigen für erforderlich erklärt, um die oberflächliche, geringe Schimmelbildung zu vertreiben, welche bei dem feuchten hamburgischen Klima, zumal wenn gelüftet werde (was Beklagter in besonders großem Maße getan haben will), in ungeheizten Zimmern eintrete. Hiernach hatte die Wohnung keinen Mangel.

Insbesondere sind die Wände dicht und trocken. Sie sind auch nicht wegen ihrer Gestaltung, geringer Dicke oder schlechten Materials besonders starker Abkühlung ausgesetzt, so daß die Anbringung von Isolierungen in Betracht käme, sondern derartig beschaffen, daß schon mit Hilfe gelegentlichen Heizens die andernfalls in der kalten Jahreszeit auf den Tapeten niederschlagende Feuchtigkeit leicht beseitigt werden kann. Die Pflege, die hiernach die Wohnung erfordert, um sie dauernd in einem voll gebrauchsfähigen Zustand zu halten, geht nicht über dasjenige Maß hinaus, das in Anbetracht der hiesigen Verhältnisse, besonders des feuchten Klimas billigerweise einem Mieter zugemutet werden darf. Ob der Vermieter, wenn der Mieter solche Pflege unterläßt, diesen wegen Verletzung der Obhutspflicht belangen könnte, bedarf der Entscheidung nicht. Jedenfalls kann der Mieter, wenn er durch solche Unterlassung verursacht, daß die Räume nicht dauernd voll gebrauchsfähig sind, nicht geltend machen, daß die vermietete Sache mit einem Fehler behaftet sei, der ihre Tauglichkeit zum vertragsmäßigen Gebrauche mindert, denn der Mieter ist es, der solchen Fehler zu vertreten hat. Der Beklagte hat daher, weil ihm der volle vertragsmäßige Gebrauch gewährt ist, die volle Gegenleistung zu entrichten. M. M.

i) **Untermiete. Vertragsmäßige Gestattung.**

α) OLG. Hamburg, II. ZS. Urteil v. 3. Februar 1906.

... Hiernach war der Beklagte nicht berechtigt, die Mieträume anders als zum Betrieb eines Restaurants zu benutzen. Damit hatten die Kläger seine Verfügung über den ihm überlassenen Gebrauch der Räume beschränkt. Wenn sie dann die Untervermietung von ihrer Genehmigung abhängig machen, so hat für den Fall der Untervermietung die gleiche Beschränkung Platz zu greifen. Handelt es sich doch um eine von den Klägern erst zum Wirtschaftsbetrieb eingerichtete Räumlichkeit, die sie nur hierzu vermieteten. Daraus, daß nach § 5 die Genehmigung nicht verweigert werden soll, wenn gegen die Person des Untermieters nichts vorliege, wird nur das Belieben der Vermieter in Erteilung der Genehmigung nach der einen Richtung hin eingeschränkt, daß ein Untermieter, gegen dessen Person nichts Begründetes vorliegt, nicht zurückgewiesen werden darf. In keiner Weise ist aus solcher Beschränkung der Vermieter aber zu entnehmen, daß sie auch jeden Gewerbebetrieb eines seiner Person nach nicht zu beanstandenden Untermieters zu dulden hätten. Die Einschränkung der Gebrauchsbefugnis für die Räume war schlechthin bedungen und nur in dieser gleichen Begrenzung war dem Mieter die Überlassung des Gebrauchs der Räume im Wege der Untervermietung an eine geeignete Person gestattet worden.... M. M.

β) **Faktische Überlassung der Räume an Dritte. Begriff des Schuldanerkenntnisses.**

OLG. Karlsruhe, IV. ZS. Urteil v. 19. Oktober 1906.

Der Kläger hat dem X. durch schriftlichen Vertrag vom 1. Oktober 1903 ab ein Verkaufslokal nebst Wohnung auf 3 Jahre vermietet und bestimmt: „Die Untermiete unterliegt besonderer Vereinbarung; ohne Absprache steht dem Mieter keinesfalls das Recht der Untermiete zu.“ Nachdem X. vom Kläger ein Darlehn von 5000 Mark erhalten hatte, gründete er eine Gesellschaft m. b. H., die die Darlehnsschuld nicht übernahm, und führte als Geschäftsführer namens der Gesellschaft das bisher in eigenem Namen betriebene Geschäft in dem gemieteten Lokal weiter. Am 8. August 1904 willigte X. auf Wunsch des Klägers, der sein Haus verkaufen wollte, in die Auflösung des Mietvertrags. Als er demnächst auf die Rückzahlung des Darlehns verklagt wurde, wandte er ein, daß ihm der Kläger am 8. August den Ersatz der Umzugskosten sowie des Mehrbetrags der künftigen Miete für 2 Jahre zugesichert habe. Er wurde jedoch verurteilt, worauf der Kläger den Anspruch des X. auf Gehalt ꝛc gegen die G. m. b. H. sich überweisen ließ und einklagte. Die Beklagte entgegnet, daß X. zur Aufhebung der Miete nicht berechtigt gewesen und sich dadurch schadensersatzpflichtig gemacht, auch den Schaden von 2000 Mark anerkannt und auf sein Schuldkonto in die Geschäftsbücher der Beklagten eingetragen habe. Gründe:

Die zur Aufrechnung gebrachte Schadensersatzforderung ist unbegründet. Ihr Eintrag in das Geschäftsbuch der Beklagten ist nicht als ein Schuldversprechen des § 780 oder als ein Schuldanerkenntnis des § 781 BGB., sondern nur als ein Beweismittel aufzufassen; auch ein mündliches Schuldanerkenntnis des X. wäre nicht als ein abstrakter Schuldanerkennungsvertrag nach § 781 rechtswirksam, weil die Vorschrift schriftlicher Form nicht erfüllt wäre, auch das Anerkenntnis nicht etwa auf Seite des X. ein nach § 350 HGB. die schriftliche Form entbehrlich machendes Handelsgeschäft wäre.

Infolge der Auflösung des Mietvertrags ist aber der Beklagten kein Schadensersatzanspruch gegen X. entstanden. Es ist nämlich nach den vorliegenden Umständen nicht anzunehmen, daß der Beklagten gegenüber dem X., und noch viel weniger, daß ihr gegenüber dem Kläger ein Recht auf Gebrauch des Verkaufslokals für die vertragsmäßige Mietzeit zustand. X. hat das Verkaufslokal nicht der Beklagten in Untermiete gegeben, sondern „faktisch" in die Gesellschaft eingebracht. Aus dem Gesellschaftsvertrag, der die Einlage des X. bezeichnet, ist nicht zu entnehmen, daß das Mietverhältnis auch Gegenstand der Einlage gewesen, es kann also nicht als zu dieser gehörig angesehen werden, da nach § 54 Ges. betr. d. Ges. m. b. H. der Gegenstand der Einlage im Gesellschaftsvertrag festgesetzt werden muß. Hiernach kann nur angenommen werden, daß X. tatsächlich der Gesellschaft den Gebrauch des Verkaufslokals — selbstverständlich gegen Ersatz des Mietzinses — solange überließ, als eben der Mietvertrag zwischen dem Kläger und X. bestehen blieb. Ein Recht darauf, daß X. den Mietvertrag nicht auflöse, hatte aber hiernach die Gesellschaft nicht erworben, X. durfte vielmehr kraft seines Rechtes als Mieter jederzeit in eigenem Namen — ohne daß dabei seine Eigenschaft als Geschäftsführer der Beklagten in Frage kam — durch Vereinbarung mit seinem Vermieter das Mietverhältnis beendigen und die Beklagte mußte sich damit zufrieden geben. — Wollte man aber auch annehmen, X. habe durch Überlassung des Gebrauchs des Mietobjektes an die Beklagte stillschweigend die Verpflichtung übernommen, den Mietvertrag nicht aufzulösen, so hätte doch die Beklagte dem Kläger gegenüber kein Recht auf den Gebrauch erlangt, da nach § 549 der Mieter den Gebrauch keinem

Dritten überlassen darf, eine Erlaubnis aber vom Kläger nicht erteilt wurde. Wenn auch der Kläger wußte, daß faktisch an Stelle des X. die Beklagte in den Gebrauch des Verkaufslokals eingetreten war, und diesen Zustand stillschweigend duldete, so folgt hieraus nicht, daß er sich damit zur Duldung dieses Zustandes während des Bestehens des Mietvertrags verpflichten wollte, er konnte vielmehr zu jeder Zeit, wenn es ihm in seinem Vorteil zu liegen schien, den vertragswidrigen Gebrauch gemäß § 550 beanstanden und eventuell auf Unterlassung klagen. Da nun der Kläger die Auflösung des Mietvertrags wünschte, so würde er zweifellos, wenn X. wegen seiner Verpflichtung gegenüber der Gesellschaft Anstand genommen hätte, in die Auflösung einzuwilligen, den Gebrauch des Mietobjektes durch die Gesellschaft nicht länger geduldet haben, um auf diese Weise der Beklagten das Interesse an der Aufrechthaltung des Mietvertrags zu entziehen und dem X. die Einwilligung in die Auflösung zu ermöglichen, welche nach den obwaltenden Umständen alsdann auch der Gesellschaft hätte erwünscht sein müssen. Es würde also auch dann, wenn X. dem Wunsche des Klägers nicht nachgekommen wäre, die Beklagte zur Abstandnahme von dem Gebrauche des Verkaufslokals genötigt und zum Mieten eines anderen veranlaßt worden sein. Dr. E.r.

γ) **Vertragsmäßiger Ausschluß der Untermiete.**

OLG. Dresden, VII. ZS. Urteil v. 31. Januar 1906.

Der § 4 des Mietvertrags: „Der Mieter darf ohne Zustimmung des Vermieters keine Untervermietung vornehmen" schließt das Kündigungsrecht des § 549 S. 1 aus. Denn durch die Aufnahme besonderer Bestimmungen wegen des Untervermietens erklären im Zweifel — d. h. falls nicht besondere Umstände, wie namentlich abweichende mündliche Erklärungen vorliegen, die hier nicht vorgebracht sind — die Parteien als ihren Willen, daß diese Bestimmungen für das Mietverhältnis ausschließlich gelten und an Stelle der Vorschriften treten sollen, die ohnedem nach dem Gesetze Platz zu greifen haben würden, daß also die Anwendung dieser letzteren dispositiven Vorschriften im vollen Umfange ausgeschlossen sein solle. Allerdings wird im § 4 nichts darüber bestimmt, welche Folge es habe, wenn die Beklagte die Genehmigung zum Untervermieten versage. Dessen bedurfte es aber auch nicht, die Folge war an sich selbstverständlich; es hatte dann eben das Untervermieten zu unterbleiben. Dafür, daß für diesen Fall die gesetzliche Regel habe eintreten sollen, fehlt jeder Anhalt. War nämlich den Parteien beim Vertragsabschlusse der § 549 bekannt, so ist anzunehmen, daß, wenn sie den Satz 2 gelten lassen wollten, sie eine entsprechende Festsetzung ebenso getroffen haben würden, wie sie das hinsichtlich des Genehmigungserfordernisses des Satz 1 getan haben, daß also die Aufnahme einer dem Satze 1 entsprechenden Bestimmung und die Nichtaufnahme einer solchen, die dem Satze 2 entspräche, auf dem Willen beruhte, zum Untervermieten zwar die Erlaubnis des Vermieters zu erfordern, an deren Versagung aber eine Befugnis des Mieters zur vorzeitigen Vertragsauflösung nicht zu knüpfen.

Unter der Voraussetzung dagegen, daß die Parteien den § 549 nicht kannten, ist als deren Wille anzusehen, daß, möge das geltende Recht Bestimmungen über die Befugnis zum Untervermieten, deren Voraussetzungen und die Folgen der Untermiete oder deren Versagung enthalten oder nicht, und möchten diese welchen Inhalt auch immer besitzen, nicht sie, sondern lediglich das für die Parteien gelten solle, was sie im Vertrage festgelegt hätten.[1] M. z.

k) **Abmahnung an den Mieter. BGB. § 553.**

OLG. Colmar, I. ZS. Urteil v. 23. Februar 1906.

Der Kläger, der seinem Mieter auf Grund des § 553 gekündigt hat, hält es für genügend, wenn der Vermieter an den Mieter eine allgemein gehaltene Abmahnung vor vertragswidrigem Gebrauch richte. Allein sie stellt eine an den Mieter gerichtete Mahnung dar, abzulassen von demjenigen Gebrauch der Mietsache, durch den er nach Ansicht des Vermieters gegen die Vertragspflichten verstößt. Die Abmahnung muß also dem Mieter erkennbar machen, welcher Art die Vertragsverletzung ist, die ihm vorgeworfen wird. Dazu kommt hier, daß der Kläger in dem ersten Briefe nur davon redet, daß Beklagter unbefugt eine Änderung am Schlosse der Haustür habe vornehmen lassen und dringend gebeten wird, „solche Verstöße gegen den Vertrag" zu unterlassen; im zweiten Briefe wird der Mieter lediglich auf den Mißstand aufmerksam gemacht, daß die Fensterläden nicht ordentlich festgelegt seien. Das Verhalten, von dem der Beklagte hier abgemahnt wird, ist also ein ganz anderes als dasjenige, auf das der Kläger sein Kündigungsrecht stützt, nämlich darauf, daß der Beklagte eine Frauensperson in die Wohnung aufgenommen habe.... Frdthl.

l) **Vorbehalt des Räumungsrechts bei nachträglicher Mietzahlung. Anwendung des § 554 S. 2 auf das vertragliche Räumungsrecht.**

Kammergericht, XIV. ZS. Urteil v. 14. Juni 1906.

Das BGB. gibt, zum Teil abweichend vom ALR., dem Vermieter die Befugnis, nach Maßgabe des § 554 fristlos zu kündigen oder, wie der Entw. I es ausdrückte, „für die Zukunft vom Vertrage zurücktreten", wenn der Mieter für zwei aufeinanderfolgende Termine mit der Mietzahlung im Verzug ist. Im Einklange mit dem gemR., das nach cap 4 X de locato 3, 18 (Vangerow III zu § 643) eine Heilung des Verzugs eintreten ließ, wenn die Miete gezahlt wurde, ehe noch gekündigt war, soll aber das Kündigungsrecht ausgeschlossen sein, wenn der Mieter den Vermieter befriedigt, bevor gekündigt ist. Diese Bestimmungen gründen sich nach den Motiven, nicht auf den vermuteten Willen der Beteiligten, sondern sollen das festsetzen, was der Gesetzgeber als den Verhältnissen entsprechend erachtete. Sie sind aber nicht zwingender, sondern dispositiver Natur und treten einer abweichenden Regelung durch die Beteiligten nicht entgegen. Wenn nun die Parteien vereinbart haben: „Der Vermieter ist berechtigt, bei nicht pünktlicher Zahlung der Mietzinsteile ... die sofortige Räumung zu verlangen", so haben sie

[1] Entgegengesetzt entscheidet das Kammergericht; vgl. Niendorff, Mietrecht § 33 a. E.

damit nicht ein von § 554 ganz verschiedenes außerordentliches Kündigungsrecht, nicht etwa eine Vertragsstrafe (§ 339) vereinbart, sondern nur die Voraussetzungen jenes außerordentlichen Kündigungsrechts abweichend vom Gesetze bestimmt, nämlich dahin, daß schon der Verzug mit einer einzigen Rate zur Kündigung berechtigen soll. Aus einer solchen abweichenden Normierung der Voraussetzungen folgt aber noch nicht ohne weiteres der Wille, auch im übrigen die Bestimmungen auszuschließen, die der Gesetzgeber zur näheren Ausgestaltung dieses Kündigungsrechts gegeben hat. Es sind daher auch die vom Gesetzgeber zur sachgemäßen Ergänzung der Parteierklärungen erlassenen Einzelbestimmungen, besonders die erwähnte Einschränkung für den Fall der Heilung des Verzugs vor Erklärung der Kündigung, anzuwenden, soweit sie nicht dem erklärten Vertragswillen widersprechen. Diese Anwendung hat bereits das RG. (Gruchot 48 S. 103) angeregt. In jenem, dem vorliegenden ziemlich gleichartigen Falle hat zwar das Kammergericht bei seiner anderweitigen Entscheidung (s. Niendorff, Mietrecht 7. Aufl., S. 158α) angenommen, daß bei einer so eingehenden Regelung der Verzugsfolgen die Absicht auf erschöpfende Regelung des Vertragsverhältnisses gegangen und daher zur Anwendung der Ergänzungsregel aus § 554², kein Raum sei.

Diese Ansicht kann für den vorliegenden Fall nicht aufrecht erhalten werden. Die Berliner Mietverträge werden meist unter Benutzung von Formularen geschlossen, die von Grundbesitzervereinen im ausschließlichen und einseitigen Interesse der Vermieter entworfen sind. Daher erscheint es geboten, die Rechte des Vermieters nicht noch ausdehnend zu interpretieren. Es kann nicht unterstellt werden, daß der Mieter dem ohnehin schon bevorzugten Vermieter noch mehr Rechte einräumen wollte, als ausdrücklich im Vertrage festgesetzt sind, insbesondere also nicht, daß bei dem schon ungleich härteren Kündigungsrecht des Vertrags auch noch die im Gesetze vorgesehene Milderung wegfallen sollte. Dem sonstigen Inhalte des Vertrags widerspricht diese Annahme nicht, während allerdings der § 554² nicht anwendbar sein kann, weil das dort unterstellte Aufrechnungsrecht durch besonderen Verzicht des Mieters vertraglich ausgeschlossen ist. Daher durfte der Vermieter, der noch nicht gekündigt hatte, die ihm am 3. Januar angebotene Miete nicht zurückweisen und nunmehr kündigen.[1] Dr. S.

m) **Verjährung der Ersatzansprüche.**[2]

OLG. Braunschweig, I. ZS. Urteil v. 21. September 1906.

Nach §§ 558, 581 verjähren die Ansprüche des Mieters (Pächters) auf

[1] Obige Erwägungen allgemeiner Natur dürften kaum einen Schluß auf das zulassen, was im Einzelfalle beide Teile, also nicht bloß der Mieter, sondern auch der Vermieter gewollt haben. Auch kommt in Betracht, daß es sich hier um Bestimmungen handelt, die seit Jahrzehnten üblich und stets zu ungunsten des Mieters aufgefaßt worden sind. In dieser Auffassung ist seit dem 1. Januar 1900 sicherlich keine Änderung eingetreten. D. H.

[2] Ebenso OLG. Dresden, VII. ZS. Urteil vom 29. Juni 1904 (Annalen 26 S. 277). Vgl. Rsp. 8 S. 395 d.

Ersatz von Verwendungen, die er auf das Mietobjekt gemacht hat, in 6 Monaten. Das vorliegende Pachtverhältnis ist am 1. Oktober 1904 beendigt. Da die Klage auf Ersatz von Verwendungen des Pächters X. erst am 15. April 1905 zugestellt ist, würde daher die Verjährung auch gegenüber der Klägerin als neuer Gläubigerin des Pächters eingetreten sein. Allerdings ist X. von dem Beklagten beauftragt worden, das Pachtobjekt instand zu setzen, und er hat infolgedessen die Anschaffungen und Aufwendungen gemacht. Allein auch auf die aus einem Auftragsverhältnisse hervorgegangenen Verwendungen des Pächters ist der § 558 anwendbar. Dem I. Entwurfe ist die abgekürzte Verjährungsfrist fremd. Die Erwägungen der 2. Komm. (Prot. 2 S. 177) lassen aber erkennen, daß der Gesetzgeber weniger Gewicht auf den Rechtsgrund der Verwendungen als auf die wirtschaftliche Seite der Sache gelegt hat; das Entscheidende sollte sein, ob in tatsächlicher und wirtschaftlicher Beziehung Verwendungen auf das Pachtobjekt vorliegen. Es ist daher belanglos, ob der Pachtvertrag oder das Gesetz und speziell dasjenige über Geschäftsführung ohne Auftrag oder über den Auftrag den Rechtsgrund für die Ersatzpflicht abgibt. Der erkennbare Zweck des Gesetzes als: schnelle und sichere Regelung der Rechtsbeziehungen zwischen Pächter und Verpächter und die damit gegebene Vorbeugung gegen die Gefahr der Vermischung der Sachlage durch längeren Zeitablauf trifft auch für Verwendungen kraft Auftrags zu. Die alleinige Erwähnung der Geschäftsführung ohne Auftrag in den Erwägungen darf nicht dazu führen, den Auftrag anders zu behandeln. Die Berührungspunkte der beiden Rechtsformen zugrunde liegenden Tatbestände sind so nahe, daß eine verschiedenartige Behandlung in der hier fr. Richtung zu den größten, vom Gesetzgeber jedenfalls nicht gewollten Inkonvenienzen führen würde. Daß vorliegend der Pachtvertrag den Ersatz von Verwendungen regelt, ist belanglos. Der § 558 unterscheidet endlich nicht zwischen notwendigen und nützlichen Verwendungen; er trifft die Verwendungen überhaupt.

H.g.

d) **Keine Haftung eines Hotelgastes für Schäden infolge seiner Erkrankung.**[1]

OLG. Frankfurt, III. ZS. Urteil v. 4. Juli 1905.

... Darüber, wann ein Gebrauch vertragswidrig ist, läßt sich der § 548 nicht aus; es erscheint daher nicht angängig, hier von Verschulden abzusehen. Mangels einer Sondervorschrift bleibt vielmehr auch für den Mietvertrag der § 276 maßgebend. Allerdings wäre, wenn der Vertrag zwischen Wirt und Gast schlechthin und allgemein die stillschweigende Vereinbarung enthielte, daß das Zimmer stets im bisherigen Zustande zurückgegeben werden müsse, der Gast bei zufälliger Erkrankung verpflichtet, für die Wiederherstellung, namentlich auch die Desinfektion des Zimmers zu sorgen. Der III. ZS. hat auch (3 U 228/89) angenommen, daß das Zimmer nur zum Wohnen, nicht als Krankenlager vermietet werde, und daß letztere

[1] Rsp. 7 S. 11 Nr. 3b; Niendorff, Mietrecht 7. Aufl. S. 200.

Benutzung vertragswidrig sei. Allein weder Wirte noch Gäste pflegen bei dem Vertragsschluß über zufällige Erkrankungen zu sprechen, noch daran zu denken. Würde die Verhandlung hierauf erstreckt, so würde auch wohl in vielen Fällen kein Vertrag zustande kommen. Es erscheint daher unzulässig, eine stillschweigende Vereinbarung über einen Punkt anzunehmen, an den die Parteien überhaupt nicht denken und über den die Meinungen auch in dem in Frage kommenden Teil des Publikums geteilt sind. L., wo die Beklagte in einer Pension Wohnung genommen hatte, als sie am Typhus erkrankte, ist ein Kurort, der auch von Kranken besucht wird; mit dieser Tatsache müssen die Vermieter rechnen. Die Erkrankung eines Gastes stellt sich deshalb als eine dem Gastwirtsberuf eigentümliche Gefahr dar, für die nicht der Gast, sondern der Wirt aufzukommen hat.

Die Klage ist auch aus § 904 nicht zu begründen. Allerdings mußte die Beklagte jedenfalls zur Abwendung einer gegenwärtigen Gefahr für Leben und Gesundheit im klägerischen Hause verbleiben und hierin ist an sich eine „Einwirkung" zu sehen. Danach würden alle Voraussetzungen des § 904 vorliegen, wenn die Beklagte nicht die Mieterin des Zimmers gewesen wäre. Würde sie etwa infolge plötzlicher Erkrankung in das Zimmer gebracht worden sein, sich also im Notstande befunden haben, der sie zur Einwirkung auf die fremde Sache zwang, an der sie sich sonst nicht vergreifen durfte, und an der ihr kein anderweites Recht zustand, dann würde der § 904 in Frage kommen. Vorliegend gewährte aber der Mietvertrag ihr ein Recht auf die Benutzung des Zimmers, so daß von einer Notstandshandlung der Beklagten nicht die Rede sein kann. M.

o) **Scheck als Zahlungsmittel für Mietzins.**

Kammergericht, XIV. ZS. Urteil v. 14. Mai 1906.

Der Vermieter wies die ihm am 2. Januar in einem Scheck auf die Deutsche Bank angebotene Miete zurück und nahm am folgenden Tage die Barzahlung als nur auf Schadensersatz geleistet an. Seine Räumungsklage ist unbegründet. Da die Hingabe eines Schecks nicht Zahlung, sondern nur eine Leistung zahlungshalber ist, konnte der Kläger allerdings die ihm am 2. Januar angebotene Leistung als nicht vertragsmäßig zurückweisen. Auch war die am folgenden Tage geleistete Zahlung nach dem Vertrage nicht mehr rechtzeitig. Die Verspätung muß aber als entschuldigt gelten, weil sie ihren Grund in dem Verhalten des Klägers hat. Der Scheck ist gegenwärtig ein nach der Verkehrssitte ganz übliches Zahlungsmittel, das gewöhnlich gern genommen wird. Die Zahlstelle der Deutschen Bank, auf die der Scheck gezogen war, befand sich in größter Nähe. Der Beklagte konnte um so weniger mit einer Zurückweisung des Schecks rechnen, als der Kläger schon am 1. Juli einen Scheck zahlungshalber auf Mietzins vom Beklagten angenommen hatte, der auch unstreitig eingelöst worden ist. Umstände, die den Verdacht begründen konnten, daß der Beklagte bei Hingabe des Schecks ein entsprechendes Guthaben oder einen entsprechenden Kredit bei der Deutschen Bank nicht gehabt hätte, hat der Kläger nicht angeführt. Sein Bestreiten der Behauptung, daß der Beklagte am 2. Januar ein Depot von 10000 Mark gehabt habe, reicht dazu nicht aus. Wollte er von der strengen Exmissionsklausel Gebrauch machen, so mußte er den Beklagten vor Fälligkeit der nächsten Mietsrate schon darauf aufmerksam machen, daß er sich auf eine Zahlung durch Scheck nicht wieder einlasse. Wenn er jetzt vom Räumungsrechte Gebrauch machen will, obwohl der Beklagte am nächsten Tage nach der unerwarteten Zurückweisung des Schecks Zahlung geleistet hat, so verstößt er gegen Treu und Glauben. Dr. S.

p) **Auch künftige Mietzinsen des eingebrachten Frauenguts kann der Mann abtreten und verpfänden.**

Kammergericht, IX. ZS. Urteil v. 3. April 1906.

Nach § 1408 BGB. ist das Recht, das dem Mann am eingebrachten Gute zusteht, weder übertragbar noch pfändbar, wohl aber sind, wie dies § 861 ZPO. ausdrücklich sagt, die Früchte des eingebrachten Gutes, sobald sie der Mann erworben hat, der Pfändung seiner Gläubiger unterworfen, also Teile seines Vermögens... Nur, wie in den §§ 811, 850 ZPO. im Interesse des Schuldners der Umfang der Pfändbarkeit von Sachen und Ansprüchen eingeschränkt ist, so hat auch — offenbar mit Rücksicht auf den Grund und den Ursprung der Nutzungen, auf die der Mann Anspruch hat — der § 861 S. 2 der Pfändbarkeit der Früchte eine Grenze gezogen, welche den von dem Gläubiger des verschuldeten Mannes zu seiner Befriedigung an Stelle seines Schuldners im Augenblick der Reife und Fälligkeit zu machenden Fruchterwerb einschränkt. Diese Bestimmung will offenbar nicht besagen, daß der Anspruch auf noch nicht erworbene Früchte überhaupt nicht übertragbar und nicht pfändbar sei, wie im Gegensatz zu ihr im § 862 die Unpfändbarkeit der dort bezeichneten Nutznießungsansprüche der Eltern am Kindervermögen vor ihrer Fälligkeit ausdrücklich ausgesprochen ist. Sie deutet nur darauf hin, daß, solange der Erwerb noch betagt oder bedingt oder beides ist, auch der Anspruch auf diesen Erwerb nicht bloß mit dieser Unsicherheit behaftet bleibt, sondern auch jedenfalls durch die für den Erwerbszeitpunkt gegebene Einschränkung zugunsten der Frau und Familie des nutzungsberechtigten Schuldners betroffen wird. Solange der Mann den Erwerb nicht machen konnte, konnte auch die Beschränkung zugunsten seiner Frau und Familie nicht in Wirksamkeit treten und auch den seinen Erwerbsanspruch beschlagnahmenden Gläubigern gegenüber nicht weiter in Betracht kommen oder ihnen entgegengehalten werden. Die Hervorhebung des „Erworben"seins der Früchte erklärt sich hieraus genügend, während die Unpfändbarkeit der aus dem elterlichen Nutznießungsrecht entspringenden Ansprüche vor ihrer Fälligkeit in den Fällen der §§ 1655, 1656 BGB. sich aus der Eigentümlichkeit der in diesen Fällen bestehenden Rechtslage ergibt. Bei anderer Auslegung würde der § 861 S. 2 mit dem § 844 ZPO. in Widerspruch treten, wonach nicht bloß die Möglichkeit und Zulässigkeit betagter, sondern sogar bedingter Ansprüche ohne Ausnahme gesetzlich anerkannt wird (vgl. JW. 1901 S. 653⁹, 1902 S. 634¹², 1903 S. 243²²). Dr. B.r.

q) **Schriftliche Abfassung des Mietvertrags.**

α) Kammergericht, XIV. ZS. Urteil v. 19. Januar 1906.

In Berlin spricht allerdings die Wahrscheinlichkeit dafür, daß der schriftliche Abschluß des Mietvertrags beabsichtigt ist, wenigstens bei Mietern, die gewillt sind, sich den vielfachen Sonderbestimmungen der Berliner Mietverträge zu unterwerfen. Ebenso soll nach § 154 der Vertrag als nicht geschlossen gelten, bis die Beurkundung erfolgt ist, wenn eine solche verabredet war. Vorliegend ist aber anzunehmen, daß die Parteien den Vertrag als mündlichen auch geschlossen hätten, wenn sie gewußt hätten, daß das Gesetz seine Gültigkeit auf ein Jahr beschränkt. Dr. S.

β) Kammergericht, XIV. ZS. Urteil v. 24. September 1906.

Die Absicht der Vertragsteile ging dahin, daß die Beklagten zu der auf Grund des alten Vertrags gemieteten dritten Etage des Fabrikgebäudes noch die zweite Etage hinzumieten, der alte Vertrag aber in den neuen aufgehen und durch ihn ersetzt werden sollte. Im neuen Vertrage sind als Mietgegenstand nur die beiden Etagen angegeben, Nebengelasse aber nicht erwähnt. Nach dem alten Vertrage hatten die Beklagten noch einen Keller mitgemietet und davon, daß sie ihn wegen des neuen Vertrags räumen sollten, war keine Rede. Wenn er im neuen Vertrage nicht wieder besonders erwähnt ist (wie auch die Fahrstuhlbenutzung und Heizung, die der neue Vertrag auch nicht erwähnt, während sie im alten Vertrage bedungen war), so folgt daraus nicht, daß der Keller nicht mehr mitvermietet sein sollte. Nebengelasse werden häufig in den schriftlichen Verträgen nicht besonders genannt, obwohl die Vertragsteile stillschweigend davon ausgehen, daß sie zu den vermieteten Haupträumen gehören. In solchem Falle liegt kein Irrtum vor, auch kein besonderer mündlicher Nebenvertrag, sondern nur eine ungenaue Bezeichnung des Mietgegenstandes, die durch Auslegung ergänzt werden kann. Dr. S.

γ) OLG. Hamburg, II. ZS. Urteil v. 11. Januar 1906.

... Hat vorliegend die Urkunde lediglich zum Beweise des geschlossenen Mietvertrages dienen sollen, so ist der Beklagte nicht berechtigt, vom Vertrage zurückzutreten, weil einige vom Kläger aufgenommene Bestimmungen den mündlichen Abmachungen nicht entsprechen und ihm nicht zusagen. Der Beklagte konnte derartige Zusätze unter Berufung auf die mündliche Vereinbarung einfach ablehnen. Es kommt deshalb nicht darauf an, ob mündlich unter ausdrücklicher Bezugnahme auf den Hamburger Grundeigentümervertrag gemietet worden ist, und ob dem Beklagten die Bestimmungen dieses Vertrages bekannt waren. Der Beklagte konnte eventuell die Unterzeichnung des Grundeigentümervertrages verweigern, und es verblieb alsdann in allen denjenigen Punkten, über welche mündlich nichts vereinbart worden war, bei den allgemeinen gesetzlichen Vorschriften über den Mietvertrag.

Der Beklagte bringt weiter vor, daß der Vertrag, auch wenn er endgültig abgeschlossen wäre, doch infolge mangelnder Beurkundung nur auf unbestimmte Zeit gelte und er einen solchen Vertrag niemals abgeschlossen haben würde. Der § 566 enthält zweifellos eine Ausnahme von § 125; in diesem besonderen Falle soll das Rechtsgeschäft nicht völlig nichtig sein, nur ein Teil der Abrede (die Mietezeit) soll nichtig werden und an seine Stelle eine andere, vom Gesetz vorgeschriebene Mietezeit treten. Es muß aber ferner angenommen werden, daß der § 566 auch eine Ausnahme gegenüber dem § 139 bedeutet. Würde man den § 139 neben dem § 566 S. 2 anwenden, so würde die teilweise Nichtigkeit, die der § 566 vorsieht, auch sofort die völlige Nichtigkeit nach sich ziehen, falls nicht anzunehmen wäre, daß die Parteien auch zum Abschluß eines Mietvertrages auf unbestimmte Dauer bereit gewesen wären. Da die Dauer der gegenseitigen Bindung für das Zustandekommen eines Mietevertrages regelmäßig von erheblicher Bedeutung ist, so würde danach in der Mehrzahl der Fälle der § 566 S. 2 gar nicht zur Wirksamkeit kommen. Jedenfalls aber würde eine große Rechtsunsicherheit eintreten, die sich besonders dann nachteilig geltend machen würde, wenn der Mieter das Grundstück bereits in Gebrauch genommen hätte. Der Vermieter würde dann mit der Behauptung, daß er erst jetzt von dem Erfordernis schriftlicher Beurkundung erfahren habe und daß er einen Vertrag mit vierteljährlicher Kündigung nicht abgeschlossen hätte, den Mieter zur Räumung zwingen und ebenso würde der Mieter dem Vermieter gegenüber handeln können. Daß ein solcher Zustand der Absicht des Gesetzes nicht entsprechen kann, liegt auf der Hand. Es muß vielmehr angenommen werden, daß diese Absicht gerade dahin ging, den mündlich abgeschlossenen langfristigen Mietvertrag, dem die volle Wirksamkeit versagt wurde, wenigstens einigermaßen zu schützen, indem ihm mittels einer Fiktion für alle Fälle eine einjährige Dauer sichergestellt wurde.... Mag auch vielfach die Anwendung des § 566 zu unerwünschten und vom Gesetzgeber vielleicht nicht vorausgesehenen Ergebnissen führen, so kann doch hierin kein genügender Anlaß zu einer Einschränkung gefunden werden, die weder im Wortlaut noch in der Entstehungsgeschichte des § 566 begründet ist. Auch würde sie offenbar zu einer ähnlichen Rechtsunsicherheit führen, wie sie die völlige Unterstellung des § 566 unter den § 139 zur Folge haben würde, der auf der einen Seite gewonnene Vorteil daher mit einem mindestens gleichwertigen Nachteil auf der andern Seite erkauft werden.

Der Einwand des Beklagten würde übrigens auch dann nicht von Erfolg gewesen sein, wenn das Gericht sich den Urteilen (Rsp. 9 S. 302, 10 S. 169) angeschlossen hätte, da vorliegend aus den Umständen keineswegs hervorgeht, daß die Parteien einen Vertrag von unbestimmter Dauer nicht abgeschlossen hätten. Zwar handelt es sich auch hier um ungleiche Mietepreise, da aber die Miete im ersten Jahre geringer sein sollte, so kann sich der Beklagte als Mieter hierauf nicht berufen. Aber auch wenn er dem Kläger ausdrücklich erklärt hätte, er wolle anders als auf drei Jahre nicht mieten, so würde doch immer entgegenstehen, daß er selbst das Zustandekommen des langfristigen Vertrages durch unbegründetes Unterlassen der vereinbarten Beurkundung verhindert hat, daß daher die Geltendmachung dieses Einwandes durch ihn wider Treu und Glauben verstoßen würde.

Darin, daß der Kläger bis Ende 1904 den vermieteten Laden an einen Dritten vermietet hat, liegt keine Vertragsverletzung, welche den Beklagten zum Rücktritt berechtigt. Miete hat der Kläger für jene Zeit nicht verlangt. Er hat ferner den zweiten Mieter verpflichtet, den Laden zu räumen, sobald der Beklagte zum Einzug bereit wäre. Er hat demnach die vermieteten Räume für den Beklagten bereit gehalten und hat noch über seine Vertragspflicht hinaus das Interesse des Beklagten wahrgenommen, indem er ihm den Mietzins für jene Zeit sparte. M. M.

δ) OLG. Frankfurt, III. ZS. Urteil v. 22. Januar 1906.

Nach wiederholten Verhandlungen einigten sich die Parteien mündlich über Mietpreis, Mietzeit von 3 Jahren und Mietobjekt und verabredeten schriftliche Abfassung, zu welchem Zwecke Beklagter (Vermieter) dem Kläger einen Vertragsentwurf mitgab. An der Hand dieses Entwurfs wurden am folgenden Tage die Mieträume nochmals besichtigt, der Entwurf mit Bleistift abgeändert und verabredet, daß er in dieser Fassung neu geschrieben, unterzeichnet und notariell beglaubigt werden solle. Im Anschluß daran erklärten beide Teile, daß, wer die Beurkundung weigere, 1000 Mark Strafe zahlt. Hiernach steht fest, daß zwischen den Parteien mündlich ein Mietvertrag auf 3 Jahre fest vereinbart, daß also entgegen der Auslegungsregel des § 154² ein bindender Abschluß zustande gekommen,[1] daneben aber schriftliche Beurkundung und für den Fall ihrer Verweigerung eine Vertragsstrafe verabredet ist. Nach § 340 ist diese (jetzt eingeklagte) Strafe zu zahlen, falls nicht das zu sichernde Leistungsversprechen selbst und damit die Vereinbarung der Strafe überhaupt unwirksam ist (§ 344). Vorliegend beruhen beide auf mündlicher Abrede; nach § 566 bedurfte jedoch der Mietvertrag der schriftlichen Form und galt bei ihrem Fehlen als auf unbestimmte Zeit geschlossen. Es kann nun keinem Zweifel unterliegen, daß die Strafe dann nicht gefordert werden kann, wenn sie die Leistung aus einem wegen Formmangels nichtigen Rechtsgeschäft (§ 125) zum Gegenstand hat. Nichtig ist aber nicht nur der Hauptvertrag, sondern auch das formlose Versprechen seiner Beurkundung, da sonst die Formvorschrift ohne weiteres umgangen werden könnte. Diese Grundsätze leiden aber auf den Fall des § 566 keine Anwendung.

Daß zunächst der allgemeine Zweck der Formvorschriften für die Regelung des § 566 nicht maßgebend war, ist allseitig anerkannt. Der § 566 bezweckt lediglich den Schutz des dritten Grundstückserwerbers gegen langfristige mündliche Mietverträge. Die Vereinbarung der Schriftform enthält keine Umgehung des Gesetzes, weil sie nur zwischen Mieter und Vermieter wirkt. Das Interesse des Dritten aber erheischt keineswegs, das Versprechen

[1] Vgl. jedoch Entsch. d. RG. 62 S. 78; Rsp. 8 S. 369 Note 2; Niendorff, Mietr. § 13 Nr. 4.

der Beurkundung für nichtig zu erklären (so Helmer, „Recht" 9 S. 466). § 566 S. 2 erklärt denn auch den formlosen Hauptvertrag keineswegs für nichtig, sondern beschränkt ihn nur in der Zeitdauer. Ist er aber wirksam, so muß auch das mündliche Versprechen der Beurkundung wirksam sein, selbst wenn das Gesetz nur an den schriftlichen Abschluß bestimmte Folgen knüpft. Denn der schließlich beurkundete Vertrag ist rechtlich kein andrer als der mündlich vereinbarte, falls nicht etwa, was hier nicht geschehen, dargelegt wird, daß dem Mieter mit einem zunächst einjährigen und sodann auf unbestimmte Zeit laufenden Vertrag überhaupt nicht gedient ist. Übrigens hat die 2. Komm. selbst die mündliche Vereinbarung der Schriftform bei Mietverträgen über unbewegliche Sachen als unwirksam nicht beanstandet (Prot. 2 S. 155). Rundschau.

r) **Gilt der § 570 BGB. auch, wenn der Mieter beim Vertragsschlusse noch nicht Beamter war?**

α) Kammergericht, XIV. ZS. Urteil v. 2. Juli 1906.

Der Kläger hat am 15. Januar 1905 eine Wohnung hier für die Zeit vom 1. April 1905 bis dahin 1907 gemietet. Ende Januar erhielt er zum 1. April 1905 eine auf Kündigung gestellte Assistentenstelle am Kgl. Prüfungsamt in Lichterfelde. Am 29. November 1905 wurde er zu einem Lehramt an der Kgl. Bauschule zu Cöln gegen eine jährliche Vergütung von 3600 Mark für den 1. April 1906 mit dem Bemerken einberufen, daß die endgültige Anstellung als Oberlehrer nach 1—2jähriger Probezeit würde erfolgen können. Darauf hat er zum 1. April 1906 den Mietvertrag gekündigt und verlangt die Feststellung, daß die Kündigung aus § 570 gerechtfertigt sei. Dem Antrage wurde entsprochen. Gründe:

Der Kläger war durch seine Anstellung als Assistent Beamter geworden; seine Berufung nach Cöln ist daher eine „Versetzung". Eine feste Anstellung ist für den Begriff des Beamten nicht wesentlich. Die Fassung des § 570 deckt sich mit der entsprechenden Fassung in den §§ 811, 850 ZPO. Auch nach preuß. Staatsrechte ist nur die Übertragung eines Dienstes zur Erfüllung öffentlicher Aufgaben notwendig; eine Anstellung auf Probe, auf Widerruf oder auf Kündigung genügt. Der Kläger ist daher von einem Staatsamt in ein anderes berufen worden, das sogar dem Bereiche desselben Ministeriums angehört. Die probeweise Beschäftigung in Cöln kann nicht dem Probejahr des Lehramtskandidaten gleichgestellt werden, weil dieser unentgeltlich und nur zu seiner Ausbildung beschäftigt wird.

Die Entscheidung des Rechtsstreites hängt hiernach davon ab, ob der Mieter aus § 570 auch dann kündigen kann, wenn er beim Vertragsschlusse noch nicht Beamter war. Es handelt sich hier nicht um einen Mieter, der bisher nicht Beamter war, eine Anstellung erlangt und infolge dieser Anstellung seinen Wohnsitz verlegt (vgl. Rsp. 11 S. 319), sondern um einen solchen, der während der Vertragszeit Beamter wird und erst dann aus dem erlangten Amte in ein anderes versetzt wird. In der Literatur wird diese Frage bisher verneint, so von Staudinger, Dernburg, Cosack, Goldmann-Lilienthal, ferner von Mittelstein, Miete S. 242 und Niendorff (7) S. 303. Auch das Reichsgericht hat sich beiläufig für die Verneinung ausgesprochen (JW. 1903 Beil. S. 147). Die Frage ist jedoch zu bejahen. Das Kündigungsrecht steht dem Beamten zu, wenn er nur im Zeitpunkte seiner Versetzung „Beamter" ist. Der Wortlaut des § 570 unterscheidet nicht, ob der Mieter, der kündigen will, bereits zur Zeit des Vertragsschlusses Beamteneigenschaft hatte oder nicht. Eine einschränkende Auslegung erscheint um so weniger zulässig, als sie auch nicht durch die Entstehungsgeschichte und den aus ihr zu entnehmenden gesetzgeberischen Zweck gerechtfertigt wird. Der § 570 knüpft an den § 376 I 21 ALR. an, der ein außerordentliches Kündigungsrecht gewährte, wenn der Mieter durch eine „nicht freiwillige Veränderung in seiner Person oder Umständen" außerstande kam, von der Mietsache ferner Gebrauch zu machen. Hieraus hatte die Praxis das Kündigungsrecht der Beamten entwickelt. Das BGB. übernahm diesen Grundsatz des preuß. Rechts, schränkte ihn aber auf die Beamten und die ihnen gleichgestellten Personenkreise ein, so daß nun das außerordentliche Kündigungsrecht zu einem Privileg bestimmter Berufsstände ausgestaltet ist. Der gesetzgeberische Grund ist nach wie vor die Rücksicht auf die veränderten Umstände in der Person des Beamten. Der Beamte soll nicht durch die vertragliche Bindung gehindert werden, einer von der Behörde gewünschten Versetzung Folge zu leisten oder eine sich ihm bietende Gelegenheit zur Verbesserung seiner Stellung zu benutzen. Indem dadurch die Behörde größere Freiheit in der Auswahl der Personen bei Besetzung der öffentlichen Ämter und in der Förderung des einzelnen Beamten in seiner dienstlichen Laufbahn erlangt, dient das Privileg zugleich dem öffentlichen Interesse. Dagegen ist es nicht dazu bestimmt, durch Verringerung der Umzugskosten das finanzielle Interesse des Staates und der öffentlichen Verbände zu fördern, wennschon auch dieser Gesichtspunkt in den Verhandlungen der Reichstagskommission hervorgehoben worden ist. Das Privileg ist daher unabhängig davon, ob der versetzte Beamte Umzugskosten aus öffentlichen Mitteln erhält, und es ist nicht, wie beim Überwiegen des finanziellen Gesichtspunkts nahe gelegen hätte, durch zwingende Vorschrift, sondern nur dispositiv als Ergänzungsregel aufgestellt, so daß es wegbedungen werden kann. Da der Kläger beim Vertragschlusse noch nicht Beamter war, hatte freilich der Beklagte auch keinen Anlaß, eine das Beamtenprivileg betreffende Abrede in den Vertrag aufzunehmen. Darauf kommt es indessen nicht an. Die gesetzlichen Ergänzungsregeln greifen auch ein, wenn die Parteien an den durch sie geregelten Fall nicht gedacht, also weder die Geltung der Ergänzungsregel noch das Gegenteil davon gewollt haben. Hierin unterscheiden sich die Ergänzungsregeln von den Auslegungsregeln. Diese sind Hilfsmittel für die richterliche Auslegung des Parteiwillens; sie bestimmen, in welchem Sinne eine undeutliche oder unvollständig gebliebene Willenserklärung unter gewöhnlichen Umständen und mangels anderer Anhaltspunkte auszudeuten ist.

Die Ergänzungsregeln geben dagegen die vom Gesetzgeber im Normalfall für angemessen und den Bedürfnissen des in Betracht kommenden Lebensverhältnisses entsprechend erachtete Ordnung der beiderseitigen Rechte und Pflichten. Die Parteien können zwar an die Stelle der gesetzlichen Ordnung eine abweichende, von ihnen selbst bestimmte Regelung des Rechtsverhältnisses setzen. Soweit sie das aber nicht getan haben, soweit also der Parteiwille schweigt und in der vertraglichen Regelung eine Lücke geblieben ist, tritt die gesetzliche Dispositivvorschrift ergänzend ein. Ihre Geltung hängt also nicht davon ab, daß sie von dem Vertragschließenden ausdrücklich oder stillschweigend als Vertragsinhalt gewollt wurde. Sie gilt nicht nur, wenn die Beteiligten es bei der gesetzlichen Ordnung belassen wollten, sondern auch wenn sie den Fall gar nicht erwogen hatten (vgl. Dernburg, Bürg. R. 1 S. 53; Crome, System 1 S. 70)[1].... Dr. S.

β) **„Berufspflichtiger Verzug" eines Privatdozenten.**

OLG. Dresden, II. ZS. Urteil v. 30. Mai 1906.

Ein „berufspflichtiger Verzug", für dessen Eintritt sich der Beklagte im Mietvertrag vierteljährige Kündigung ausbedungen hatte, liegt vor. Durch die Klausel sollte unstreitig die entsprechende Anwendung des § 570 gewährleistet werden. Da von einer beruflichen „Versetzung" der an einer Universität nicht angestellten Privatdozenten nicht die Rede sein kann, so mußte unter berufspflichtigem Verzuge auch das freiwillige, infolge Bewerbung und Zulassung an einer anderen Universität notwendig gewordene Aufgeben des Wohnortes L. verstanden sein, sollte die Klausel nicht eben in diesem hauptsächlichsten, beim Vertragsschlusse am nächsten liegenden Falle versagen. Der Wegzug des Beklagten nach M. zum Zwecke seiner darauf auch geschehenen Habilitation daselbst war somit ein berufspflichtiger Verzug in dem von beiden Parteien gemeinten Sinne, der auch durch eine nicht ganz

[1] Obige Entscheidung dürfte weder der Entstehungsgeschichte noch dem Wortlaute des § 570 entsprechen. Schon die Motive zu I § 527 hatten auf den § 526 (jetzt 569) und auf dessen Begründung verwiesen, die dahin ging: „daß die gewährte Kündigungsbefugnis meist denjenigen Intentionen der Parteien entsprechen wird, welche bei Eingehung des Vertrags für sie maßgebend gewesen sind". Die 2. Komm. blieb in den Schranken des durch die öffentlich-rechtlichen Bedürfnisse allerdings gebotenen § 527 und ersetzte das dort gebrauchte Wort „Wohnung" durch „Räume"; denn es käme oft vor, daß ein Mieter, z. B. Offizier, nicht nur einer Wohnung, sondern auch eines Stalles rc bedürfe. Sie ging also davon aus, daß der Mieter schon bei dem Vertragschlusse Militärperson ist. Auch die Reichstagskomm. lehnte die Streichung des § 570 ab, wobei erwogen wurde: „Jedem Vermieter sei bekannt, daß bei Militärpersonen rc eine Versetzung nicht unwahrscheinlich sei. In der Regel werde daher im Vertrage auch ein Kündigungsrecht für diesen Fall vorgesehen und die Vorschrift wolle nur das versehentliche Unterlassen eines solchen Vorbehalts unschädlich machen, mithin dasjenige als vermutlich gewollt hinstellen, was der regelm. Willensmeinung der Kontrahenten entspreche." Damit stimmt der Wortlaut überein. Ersetzt man in dem Relativsatz das „sie" durch „Militärpersonen rc" oder setzt man die Worte „in Ansehung der Räume..." an den Anfang der Vorschrift, so ergibt sich, daß die Militärperson als solche den Vertrag über die Räume für sich oder seine Familie abgeschlossen haben muß. Die herrschende Ansicht verdient daher volle Billigung. D. H.

wahrheitsgemäße Motivierung der Kündigung immerhin seiner Rechtswirksamkeit nicht entkleidet wurde. Dr. v. F.

s) **Erwerb des Mietgrundstücks durch den Mieter.**[1]

α) Kammergericht, XIV. ZS. Urteil v. 19. Februar 1906.

Der Mieter hatte das Mietgrundstück im April erworben, der Vermieter den Mietzins für das dritte Kalendervierteljahr schon vorher abgetreten. Der Anspruch des Zessionars auf diese Zinsrate wurde abgewiesen. Gründe:

Nach § 571 tritt der Erwerber des Grundstücks an Stelle des Veräußerers in die sich während der Dauer seines Eigentums aus dem Mietverhältnis ergebenden Rechte und Verpflichtungen ein. Damit findet nicht eine Rechtsnachfolge in die Vermieterrechte statt, sondern es knüpft sich an die Tatsache des Erwerbes die Entstehung eines Mietverhältnisses mit dem Inhalte des bisher bestehenden (Dernburg, Bürg. R. 2 § 222; Crome, System 1 § 138[23], 2 § 242[16]; Prot. 2, 139). Diese Wirkung ist vom Gesetze zum Schutze des Mieters aufgestellt, damit ihn der neue Erwerber nicht aus dem Mietgebrauche vertreiben kann. Die Entstehung eines neuen Mietverhältnisses mit dem Inhalte des bisher bestehenden ist aber unmöglich, wenn wie hier der bisherige Mieter selbst das Grundstück erwirbt. Denn niemand kann Vermieter und Mieter in einer Person sein. Der Mieter bedarf keines Schutzes gegen den neuen Eigentümer, wenn er selbst der Erwerber ist. Allerdings geben die §§ 573, 574 dem bisherigen Eigentümer das Recht, über den Mietzins für das laufende und das folgende Kalendervierteljahr wirksam zu verfügen. Diese Vorschriften bezwecken ebenfalls den Schutz des Mieters und regeln das Rechtsverhältnis zwischen dem Mieter und dem neuen Erwerber (Crome 2 S. 569[19]). Der Mieter soll durch sie gegen die Gefahr gesichert werden, daß er auf Grund des neu entstandenen Mietverhältnisses an den Erwerber noch einmal leisten müßte. Sie dürfen aber nicht gegen den Mieter dahin ausgelegt werden, daß jene Vorausverfügungen unter allen Umständen wirksam bleiben und das vom Zessionar durch die Abtretung des künftigen Mietzinses erlangte Recht auch durch solche Ereignisse nicht mehr beeinträchtigt werden solle, die den Bestand des Mietverhältnisses selbst berühren. Die Abtretung von Mietzins für eine spätere Vertragszeit ist als Abtretung eines künftigen Anspruchs anzusehen. Die Entstehung des Mietzinsanspruchs hängt noch davon ab, daß der Vermieter ihn sich verdient, d. h. durch die ihm obliegende Überlassung des Mietgegenstandes den Anspruch auf die Gegenleistung erwirbt. Auch der Zessionar des künftigen Mietzinsanspruchs hat daher noch kein endgültiges Recht. Die Entstehung eines Anspruchs hängt davon ab, daß die im Vertrage bestimmte Vorleistung bewirkt wird. Kann sie nicht bewirkt werden, so fällt jeder Zinsanspruch, also auch der des Zessionars, hinweg. Dabei macht es keinen Unterschied, ob die Vorleistung wegen einer auf Kündigung, Rücktritt oder

[1] Abweichend von der früheren Entsch., vgl. Rsp. 7 S. 469 und 10 S. 170, aber in Übereinstimmung mit Niendorff, Miete 7. Aufl. S. 245.

Vereinbarung beruhenden Auflösung des Mietvertrags unterbleibt oder ob sie durch Veräußerung des Mietgrundstücks an den Mieter selbst unmöglich wird (§ 323). Dr. S.

β) **Gilt die Vereinbarung des Gerichtsstandes auch gegenüber dem Erwerber im Falle des § 571?**

Kammergericht, XIV. ZS. Urteil v. 9. April 1906.

In dem Mietvertrage, den der Beklagte mit dem Vorbesitzer geschlossen hatte, war bestimmt: „Für alle Streitigkeiten soll für beide Teile das Land- und Amtsgericht I Berlin zuständig sein." Als der Beklagte im Gerichtsstande des Wohnsitzes (LG. II Berlin) auf Mietzins verklagt wurde, wendete er erfolglos Unzuständigkeit ein. Gründe:

Nach § 38 ZPO. sind die Parteien berechtigt, ein an sich unzuständiges Gericht durch Vereinbarung zuständig zu machen. Aus solcher Vereinbarung folgt aber noch nicht, daß dieses Gericht nunmehr an die Stelle des gesetzlich zuständigen Gerichts tritt. Wenn nichts anderes vereinbart, sind vielmehr beide Gerichte nebeneinander zuständig. Der Beklagte müßte beweisen, daß der Wille, das gesetzlich zuständige Gericht auszuschließen, vorhanden und zum Ausdruck gebracht ist. Der Vertrag sagt nur, daß jeder Teil die Klage bei dem Amts- oder Landgericht I anbringen kann, nicht aber, daß er nur bei diesen Gerichten klagen darf; über die Zuständigkeit oder Unzuständigkeit anderer Gerichte ist darin überhaupt nichts bestimmt.[1] Der Vorbesitzer, welcher den Vertrag abgeschlossen hat, wohnte in Berlin und hat auf den Rat seines beim LG. I zugelassenen Anwalts die Klausel in den Vertrag aufgenommen. Ihm genügte der wahlweise Gerichtsstand, weil die etwa gegen ihn erhobenen Klagen schon wegen seines Wohnsitzes bei dem Amts- oder Landgericht I angebracht werden mußten. Somit kam es nicht erst auf eine Prüfung der Frage an, ob die Vereinbarung des Gerichtsstandes auch für die Erwerberin des Grundstücks gemäß BGB. § 571 verbindlich ist, obwohl diese den Vertrag nicht mit abgeschlossen hat.[2] Dr. S.

γ) **Geltung des bedungenen Vormietungsrechts.**

Kammergericht, XX. ZS. Urteil v. 25. Mai 1906.

In dem schriftlichen Mietvertrage über das zweite Stockwerk ist für den Mieter zugleich ein Vormietungsrecht auf das dritte Stockwerk bedungen.

---

[1] Vgl. jedoch auch Rsp. 6 S. 382f, OLG. Hamburg, 12. Mai 1893 bei Nienborff S. 354 Note 1.

[2] Auch diese Frage würde zu verneinen sein. Wie die Entsch. des RG. 63 S. 66 ausspricht, wird das obligatorische Band zwischen den ursprünglichen Vertragschließenden durch den Eigentumswechsel nicht gelöst; es tritt nicht der Erwerber in alle Vertragsbeziehungen ein, sondern er hat nur die Vermieterpflichten an Stelle des ursprünglichen Vermieters zu erfüllen. Die Gerichtsstandvereinbarung gehört nicht zu den „aus dem Mietverhältnis sich ergebenden Rechten und Verpflichtungen". Es würde die Rechtssicherheit gefährden, wenn ein Besitznachfolger ohne weiteres an den bezeichneten Gerichtsstand gebunden sein sollte, auch wenn die persönlichen Umstände, die dem Vorbesitzer eine solche Vereinbarung angezeigt erscheinen ließen, bei ihm gar nicht zutreffen (vgl. JW. 1903 S. 46 N. 5 über die Gerichtszuständigkeit für einen Wechselanspruch). D. E.

Nachdem das zweite Stockwerk dem Mieter bereits überlassen war, hat der Kläger das Grundstück erworben. Seine negative Feststellungsklage wurde abgewiesen. Gründe:

Was als eine aus dem Mietverhältnis sich ergebende Verpflichtung anzusehen ist, bestimmt das Gesetz nicht ausdrücklich. Durch die Wahl des Ausdrucks „Mietverhältnis" ist aber jedenfalls eine Auslegung unmöglich gemacht, welche ohne Unterschied alle in einem Mietvertrage enthaltenen Verpflichtungen des Vermieters auf den Erwerber des Grundstücks übergehen läßt. Zweifelhaft kann nur sein, ob im Sinne des § 571 alle die Verpflichtungen in concreto aus dem Mietverhältnis übergehen, welche für die Parteien als wesentliche Bestimmungen ihres Mietvertragverhältnisses gewollt sind, welche also wirtschaftlich so eng mit den Vertragsvereinbarungen über die Einräumung und Benutzung des Mietgegenstandes und über den Mietzins und seine Höhe verbunden sind, daß ohne sie der Mietvertrag nicht oder nicht mit solchen Festsetzungen über die Essentialien geschlossen sein würde, — oder ob die Anwendung jenes Begriffs von vornherein auf die gesetzlichen und vertraglichen Verpflichtungen einzuschränken ist, welche die Essentialien eines jeden Mietvertrags betreffen, sich also bezüglich der vermieteten und bereits übergebenen Sache auf die Benutzungsgewährung in dieser bestimmten Art und auf den Mietzins beziehen. Das Reichsgericht (JW. 1906 S. 58[10]) hat sich für die letztere Ansicht ausgesprochen und einen im wesentlichen gleichen Standpunkt hat auch Hamburg (Rsp. 7 S. 467, 10 S. 252) eingenommen. Ob dieser weitgehenden Einschränkung des „Mietverhältnisses" unbedingt beizutreten ist, kann jedoch hier dahingestellt bleiben. Denn es besteht vorliegend zwischen dem Mietvertrage über das zweite Stockwerk und der Einräumung des Vormietungsrechts auf das dritte Stockwerk nicht nur ein wirtschaftlicher, sondern ein rechtlicher Zusammenhang, der die Abrede des Vormietungsrechts als eine solche über ein Essentiale des Mietvertrags über das untere Stockwerk erscheinen läßt. Der Zusammenhang der Vertragsbestimmungen, insbesondere die Verbindung des Mietrechts mit dem Vormietungsrecht, ist dahin auszulegen, daß die Einräumung des Vormietungsrechts auf das dritte Stockwerk als ein Teil der Leistung des Vermieters, der das zweite Stockwerk bereits übergeben hat, zu gelten hat, daß — wirtschaftlich ausgedrückt — für den Betrieb des Beklagten, für den die Räume von vornherein bestimmt waren, nicht das Stockwerk schlechthin, sondern dieses dem Fabrikbetriebe bereits dienende Stockwerk mit der, vertraglich mit ihnen verbundenen, Möglichkeit der Fabrikausdehnung auf die oberen Räume vermietet wurden. Ist aber der Vermieter als solcher aus dieser Bestimmung des Vertrags, die demnach keine Nebenleistung, sondern einen Teil der essentiellen Gebrauchsüberlassungspflicht festsetzt, verbunden, so ist die Verpflichtung auch eine aus dem Mietverhältnis als solchem sich ergebende und der Erwerber des Grundstücks tritt nach § 571 in sie ein. Dem gegenüber kann das Bedenken, daß dem Beklagten das dritte Stockwerk noch nicht überlassen sei, nicht durchdringen; denn die Verpflichtung zur Überlassung eines Stockwerks beruht eben auf der bereits erfolgten mietweisen Überlassung des zweiten Stockwerks. Allerdings wird der Beklagte, obwohl ihm vertraglich nur ein Vormietungsrecht sollte eingeräumt werden, gegenüber dem Erwerber besser gestellt ist, als wenn mit ihm bereits ein fester Mietvertrag über das dritte Stockwerk allein von seinem Vermieter abgeschlossen wäre, da ja dann in Ermanglung der Überlassung der Mieträume die Verpflichtungen gemäß § 571 nicht übergingen. Allein ausschlaggebend ist die wirtschaftliche und rechtliche Abhängigkeit des Vormietungsrechts von der mietweisen Überlassung des zweiten Stockwerks. Einen selbständigen Mietvertrag über das dritte Stockwerk abzuschließen, lag ganz außerhalb der Absichten und des Interesses des Beklagten. Er wollte solche Räumlichkeiten mieten, bei denen ihm zugleich die Ausbreitungsmöglichkeit auf noch andere Räumlichkeiten gewährleistet wurde. Man kann daher die Konsequenzen, die der Abschluß eines selbständigen Mietvertrages über das dritte Stockwerk ohne die Gebrauchsüberlassung gehabt haben würde, nicht zur Beurteilung des vorliegenden, inhaltlich ganz anderen Vertragsverhältnisses heranziehen. Der § 571 entspricht dem § 358 I 21 ALR. Während aber dort der Schutz des Mieters gegenüber dem neuen Erwerber auf der Dinglichkeit des Mietrechts beruht, tritt nach dem BGB. der neue Erwerber unmittelbar kraft Gesetzes mit dem Eigentumserwerb in die Rechte und Pflichten des Vermieters ein. Ob nicht auch nach Landrecht das Vormietungsrecht bezüglich des dritten Stockwerks als Teil des durch Übergabe des zweiten Stockwerks dinglich gewordenen Nutzungsrechts auf den neuen Erwerber übergehen würde, kann dahingestellt bleiben (vgl. Eccius 2 § 136 A 75). Jedenfalls gibt weder der Wortlaut noch die Entstehungsgeschichte des § 571 einen Anhalt dafür, daß nur Ansprüche, welche die mietweise überlassene Sache unmittelbar betreffen und durch die Überlassung gewissermaßen dinglich geworden sind, vom Mieter gegenüber dem neuen Erwerber geltend gemacht werden dürfen. Die bei der zweiten Lesung angeregte Einschränkung der Haftung des Erwerbers auf die dem Vermieter gesetzlich obliegenden Verpflichtungen ist gerade mit Rücksicht darauf abgelehnt worden, daß der Mieter — nach dem Zwecke des Gesetzes — das ihm nach dem Inhalte des Mietvertrages Geschuldete trotz eines Wechsels im Eigentum der vermieteten Sache vom Eigentümer in Natur verlangen dürfe und nicht auf einen Entschädigungsanspruch gegenüber dem Vermieter angewiesen sein soll. Dabei ist weiterhin anerkannt worden, daß erfahrungsgemäß die besonders zugesicherten Eigenschaften von so hohem Werte seien, daß ohne sie der mit der Eingehung des Mietverhältnisses angestrebte Zweck häufig wesentlich beeinträchtigt, wo nicht völlig vereitelt werde. Wenn es sich auch vorliegend nicht um die Zusicherung von Eigenschaften handelt, so ist doch die im schriftlichen Vertrage enthaltene Abrede des Vormietungsrechts von vornherein in gleicher Weise, wie bei der Zusicherung von Eigenschaften, für den Umfang der aus dem Vertrage hervorgehenden

Rechte und Pflichten derart wesentlich gewesen, daß auch das Fortbestehen dieses Vormietungsrechts als eines aus dem Mietverhältnis hervorgehenden Rechts gegenüber dem neuen Erwerber des Grundstücks angenommen werden muß. R.

δ) **Jagdpacht. Übergang auf den Erwerber.**

Kammergericht, XX. ZS. Urteil v. 12. Juni 1906.

Die Kläger stützen sich auf einen 1904 zwischen M. und dem damaligen Eigentümer des Rittergutes geschlossenen Jagdpachtvertrag und auf die von M. mit Zustimmung des Verpächters erfolgte Abtretung seiner Vertragsrechte an sie. Die Ansichten über die rechtliche Natur eines Jagdpachtvertrags sind geteilt; indessen herrscht darüber kein Zweifel, daß seit dem Inkrafttreten des BGB. durch ihn ein dingliches Recht sowenig wie durch einen anderen Pachtvertrag (Entsch. des RG. 54 S. 235) entstehen kann, sondern daß der Jagdpächter nur einen obligatorischen Anspruch auf Vertragserfüllung gegen seinen Vertragsgenossen und diejenigen, welche etwa in das Vertragsverhältnis eingetreten sind, erlangt. Daß die Beklagten bei oder nach dem Erwerb des Ritterguts die Vertragspflichten durch besondere Vereinbarung übernommen hätten, behaupten die Kläger selbst nicht. Sie berufen sich nur darauf, daß die Beklagten infolge des Erwerbes des Ritterguts kraft Gesetzes an die Stelle des bisherigen Verpächters getreten seien. Die §§ 571, 581 beschränken sich jedoch auf die Verpachtung eines Grundstücks und kommen daher hier nur zur Anwendung, wenn die Jagdpacht als Pacht anzusehen ist, welcher nicht das Jagdrecht, sondern das Grundstück, auf dem die Jagd ausgeübt werden soll, zum Gegenstand hat. Für diese Ansicht wird angeführt, daß das Jagdrecht nicht neben dem Eigentum bestehe, sondern nur als eine im Eigentum enthaltene Befugnis sich darstelle und deshalb nicht als ein selbständiges Recht Gegenstand eines Pacht- oder anderen Rechts werden könne. Die rechtliche Natur des Jagdrechts ist nach Landesrecht zu beurteilen, da das BGB. nach EG. Art. 69, 3 die landesgesetzlichen Vorschriften über Jagd abgesehen von der Regelung des Aneignungsrechts in § 958² und des Wildschadensersatzes unberührt gelassen hat; vorausgesetzt ist nur, daß im Rahmen des Vorbehalts der Landesgesetze positive Vorschriften bestehen oder noch erlassen werden (Entsch. des RG. 53 S. 4). Das preußische Recht enthält über das Jagdrecht positive Vorschriften, aus welchen sich die rechtliche Natur des Jagdrechts ergibt. Das ALR. II 16 hat einen besonderen Abschnitt dem Jagdregal gewidmet und dort in § 30 die Jagdgerechtigkeit als das Recht, „jagdbare wilde Tiere aufzusuchen und sich zuzueignen", definiert. Es verweist dabei auf die §§ 107—175 I 9, welche von der Jagd als einer der Erwerbsarten des Eigentums an beweglichen Sachen handeln. Wegen der Jagdgerechtigkeit auf fremdem Boden ist im § 248 I 22 auf die §§ 158—169 I 9 verwiesen. Hiernach ist das Jagdrecht seinem Wesen nach als ein ausschließliches Aneignungsrecht gedacht und nur da, wo das Jagdrecht mit dem Grundeigentum kollidiert, diese Kollision nach den Gesetzen von Dienstbarkeiten (§ 158 I 9) gelöst worden. Das Ges. vom 31. Oktober 1848 hat nicht etwa das Jagdrecht schlechthin, sondern nur das Jagdrecht auf fremdem Boden aufgehoben. Wenn es ferner in § 3 bestimmt: „die Jagd steht jedem Grundbesitzer auf seinem Grund und Boden zu", so hat es damit nicht einen nunmehr selbstverständlichen Satz ausgesprochen, sondern es hat dem Grundeigentümer als solchen das Jagdrecht im bisherigen Sinne eines ausschließlichen Aneignungsrechts übertragen. Im Jagdpolizeiges. vom 7. März 1850 ist es bei dem, dem Grundbesitzer auf seinem Boden nach dem Ges. von 1848 bereits zustehenden „Jagdrechte" belassen und nur die Ausübung dieses Rechts Beschränkungen unterworfen. Ohne Übertragung des Jagdrechts als des ausschließlichen Aneignungsrechts würde der Grundeigentümer kraft seines Eigentums nur tatsächlich in der Lage sein, das Jagen anderer auf seinem Grundstücke zu verhindern und selbst sich das auf dem Grundstücke befindliche jagdbare Wild anzueignen; dagegen würde dadurch der Eigentumserwerb unberechtigt Jagender an dem erlegten Wilde nicht gehindert werden. Daß das Eigentum am Grundstücke für sich allein nicht genügt, um ein Jagdrecht in dem modernen Sinne eines ausschließlichen Aneignungsrechts für den Grundeigentümer zu konstruieren, ergibt der Rechtszustand im Römischen Recht (vgl. Dernburg, Pand. 1 S. 465; Windscheid 3. Aufl. 1 S. 523). Es ist daher durchaus richtig, wenn Dernburg (Preuß. Privatrecht I 2. Aufl. S. 524) sagt, das Gesetz von 1848 habe dem Grundeigentümer das Jagdrecht „übertragen" und wenn Gerber (Privatrecht 12. Aufl. S. 254) darauf hinweist, daß durch die neueren Gesetze nicht der vor Entstehung des Jagdregals vorhandene Rechtszustand wiederhergestellt, sondern an dem Gedanken, daß das Jagdrecht ein dem Berechtigten ausschließlich zustehendes Okkupationsrecht sei, nichts geändert worden sei. Auch das BGB. vertritt diesen Standpunkt; denn es enthält in § 958² die jedes Landesrecht ausschließende Bestimmung, daß durch Aneignung Eigentum nicht erworben wird, wenn durch die Besitzergreifung das Aneignungsrecht eines anderen verletzt wird, und es ist nicht streitig, daß hierbei besonders auch an eine Verletzung des landesrechtlichen Jagdrechts gedacht ist (Planck zu Art. 69 EG.). Hiernach kann der Ansicht von Eccius nicht beigetreten werden, daß das Jagdrecht nicht mehr neben dem Eigentum, sondern nur als eine im Eigentum enthaltene Befugnis bestehe, daß das Jagdrecht in das Eigentum zurückgefallen sei, daß letzteres sich nach dieser Richtung konsolidiert habe. Allerdings bestimmt § 2 Ges. von 1848, daß eine Trennung des Jagdrechts vom Grund und Boden als dingliches Recht künftig nicht stattfinde. Daraus kann aber nicht gefolgert werden, daß das Jagdrecht völlig mit dem Eigentum am Grundstücke verschmolzen sei und deshalb nicht verpachtet werden könne. Denn die Verpachtung der Jagd ist schon durch § 3 ausdrücklich den Grundbesitzern für den Fall der Vereinigung zu einem gemeinschaftlichen Jagdbezirke überlassen und im Jagdpolizeiges. von 1850 § 12 nicht für diesen Fall, sondern auch bezüglich der nicht zu einem gemeinschaftlichen Jagdbezirke gehörenden, in

§ 2 bezeichneten Grundstücke besonders geregelt worden. Davon, daß hier unter der Verpachtung der Jagd etwas anderes als die Verpachtung des Jagdrechts zu verstehen sei, enthalten beide Gesetze nicht das geringste. Daher kann der Ansicht von Eccius, daß eine Verpachtung des Jagdrechts wegen des der Pacht nach ALR. innewohnenden dinglichen Charakters gegen § 2 Ges. von 1848 verstoße, nicht beigetreten werden, vielmehr ist mit Rehbein (ObTrib. 3 S. 810f.) anzunehmen, daß § 2 nicht die im § 3 als zulässig angesehene Verpachtung schlechthin, sondern nur die vollständige Abtrennung des Jagdrechts, besonders auch seine dauernde Verpachtung, verboten habe.

Die Vorschriften über den Pachtvertrag stehen der Verpachtung des Jagdrechts nicht entgegen. Nach § 581 können nicht nur Sachen, sondern auch andere „Gegenstände", also besonders auch Rechte, verpachtet werden. Dem Pächter ist der Genuß der Früchte des verpachteten Gegenstandes, soweit sie nicht nach den Regeln einer ordnungsmäßigen Wirtschaft als Ertrag anzusehen sind, zu gewähren; die Jagdbeute ist aber, wie auch das KG. (Rsp. 4 S. 44) und Hummel-Specht, Stempelsteuergesetz S. 922, annahmen, eine Nutzung aus dem Jagdrecht und nicht aus dem Grundeigentum. Der § 96 kann schon deshalb nicht zur Anwendung kommen, weil das Jagdrecht lediglich nach Landesrecht zu beurteilen ist; er schließt aber auch nicht aus, daß dies mit dem Grundstückseigentum verbundene Recht Gegenstand besonderer Rechte sein könne, da der § 93 sich nur auf wesentliche Bestandteile bezieht, und dann sind die gedachten Rechte nach ihrer eigenen Natur und nicht als Grundstücke zu beurteilen.

Das BGB. spricht in § 835² ausdrücklich von einer „Verpachtung des Jagdrechts" und das EG. Art. 71 Nr. 3, 6 von Pachtung der Jagd und Jagdpächter (vgl. auch Preuß. Wildschadenges. vom 11. Juli 1891 §§ 2, 18). Mit Rücksicht auf diesen Sprachgebrauch der Gesetze über Jagdrecht hält die Verf. des Finanzministers vom 9. Mai 1897 (Weißler, Archiv S. 413) die Stempeltarifstelle über Pachtverträge trotz der von Eccius angeregten Bedenken auf Jagdpachtverträge für anwendbar; wenn sie weiter ausführt, daß der aus der Jagd zu ziehende Gewinn als Ertrag des Grundstücks erscheine, so mag dies im stempelrechtlichen Sinne richtig sein (wenn auch Heinitz 1896 S. 324 anderer Ansicht ist), kann aber hier um so weniger in Betracht kommen, als die Verfügung ausdrücklich unentschieden läßt, welchen Charakter das Recht des Jagdpächters habe und inwieweit die allgemeinen Vorschriften des bürgerlichen Rechts über Pachtverträge anzuwenden seien.

Das Obertribunal hat zwar Jagdpachtverträge stets für gültig angesehen, dagegen über die rechtliche Natur des Jagdrechts sich nicht unzweideutig geäußert (vgl. Striethorst 58 S. 155, Entsch. 77 S. 129, 83 S. 183). Das Reichsgericht hat zunächst (Entsch. 41 S. 349) für rheinisches Recht ausgesprochen, daß der Jagdpächter nicht bloß den obligatorischen Anspruch gegen seinen Verpächter auf Gestattung der Jagdausübung erwerbe, sondern, daß ihm zugleich das Jagdrecht übertragen werde, ein quasi dingliches Recht, bestehend in der ausschließlichen Befugnis zur Verfolgung und Gewinnung des Wildes in dem ihm verpachteten Jagdbezirk. Unter Bezugnahme hierauf hat es sodann (Entsch. 52 S. 128) erklärt, daß auch nach preußischem Recht das Jagdrecht zwar kein dingliches Recht, vielmehr wesentlich obligatorischer Natur sei, wenn auch insoweit mit quasi dinglichem Charakter, als es dem Jagdpächter das Recht auf den Eigentumserwerb an dem Wild durch Okkupation gibt. In Entsch. 51 S. 280 spricht es aus, daß als Gegenstand der Pacht die Jagd — ein nicht körperlicher Gegenstand — anzusehen sei, und in Entsch. 56 S. 84 stellt es in Gegensatz zur Jagdpacht die Pachtung eines Rohrnutzungsrechts, bei welchem nicht (wie bei der Jagd) ein besonderes Nutzungsrecht, sondern das Grundstück selbst, nämlich das Seegrundstück, aus welchem die Rohrnutzung gezogen wird, als Gegenstand der Pachtung anzusehen sei. Die Entsch. des RG. 51 S. 279 hat dem preußischen Gesetzgeber Anlaß gegeben, in § 5 Nr. 1 Ges. vom 4. Juli 1905 auf Grund des Art. 69 EG. ausdrücklich vorzuschreiben, daß die Pachtverträge schriftlich abzuschließen sind. Vgl. auch Entsch. des RG. in Straff. 37 S. 48.

Hiernach besteht kein Bedenken, den vorliegenden Vertrag als einen Pachtvertrag über das Jagdrecht und nicht über das Grundstück anzusehen. Der Umstand, daß dem Jagdpächter noch die Benutzung von zwei Zimmern im Inspektorhause eingeräumt wird, kann den Vertrag weder zu einem Miet-, noch zu einem Grundstückspachtvertrage machen, da es sich hierbei nur um eine Nebenleistung handelt, welche für die rechtliche Natur des Vertrags nicht von Bedeutung sein kann. Ist aber der Jagdpachtvertrag kein Pachtvertrag über ein Grundstück, so ist er auch gegen die Beklagten als die Erwerber des Grundstücks nicht ohne deren Zustimmung wirksam geworden.

Die Klagabweisung würde aber auch dann erfolgen müssen, wenn man die Zulässigkeit einer Verpachtung des Jagdrechts verneinen müßte. Denn für diesen Fall tritt der Senat der Ansicht von Eccius bei, daß nicht eine Verpachtung des Grundstücks zum Zwecke der Nutzung desselben nach der innerhalb der Eigentumsnutzung befindlichen Rubrik der Jagdnutzung anzunehmen ist, daß vielmehr der Jagdpachtvertrag dann nur definiert werden kann als derjenige Vertrag, durch den sich der Eigentümer des Grundstücks persönlich verpflichtet, die Ausübung der Jagd durch den Jagdpächter gegen ein bestimmtes Entgelt der Nutzung zu dulden und als ein ausschließlich vom Pächter zu übendes Recht zu gewähren. Die Anwendung der §§ 571, 581 würde auch in diesem Falle ausgeschlossen sein. R.

Dazu: OLG. Stettin, V. ZS. Urteil v. 2. November 1906.

Die Regel des § 571 gilt nach § 581² auch für die Pacht. Dabei mag zweifelhaft sein, ob nur für die Pacht von Grundstücken, oder auch von sonstigen „Gegenständen", besonders an Rechten, z. B. für die Pacht einer Firma (Denkschrift zum HGB. S. 37), die, ohne gepachteten Sachbesitz, etwa im eigenen Hause des Pächters fortgeführt würde (Prot. 2 S. 138). Vorliegend handelt es sich jedoch nicht um die Wirkung der Veräußerung eines zum Besitze überlassenen Rechts, bei dem man vielleicht an eine entsprechende Anwendbarkeit des § 571 denken könnte (Bauer, Jagdgesetze Preußens, S. 139, 609); sondern um die Veräußerung eines Grundstücks, an dem ein Jagdpachtrecht durch den früheren Eigentümer begründet war. Es fragt sich also nur, ob auch auf Grund eines solchen Vertrags eine „Überlassung" und Besitzeinräumung an diesem Grundstücke zugunsten des Jagdpächters erfolgt war, die der neue Erwerber anzuerkennen hätte. Ob im übrigen von einer (insoweit beschränkten) Verpachtung des Grundstücks selbst oder mit den Entsch. des RG. 51 S. 281, 56 S. 84 nur von einer Verpachtung eines Rechts daran zu sprechen ist, wird für die Anwendung des § 566, nicht aber für die des § 571 von Bedeutung. Es ist zuzugeben, daß unter Umständen mit der Jagdpacht eine Überlassung des Besitzes an einem Grundstück verbunden sein kann, vgl. § 956[1]: „wenn der Besitz überlassen ist", z. B. zwecks Gewinnung von Erzeugnissen, wie etwa beim Verkauf eines Waldes zur Abholzung. So auch bei der Jagdpacht, wenn etwa jede andere Nutzung des Jagdgrundstücks ruhen soll, z. B. bei geschlossenem Jagdgehege, in der der regelrechte Zugang nur dem Jagdpächter möglich ist, oder wenn ein Jagdschloß mitverpachtet ist und vom Jagdpächter und seinen Leuten allein benutzt wird. Im allgemeinen und so auch hier ist dem Jagdpächter der Besitz nicht überlassen, auch nicht ein Mitbesitz. Er hat nur ein Recht, dem Verpächter gegenüber das Grundstück zur Ausübung der Jagd zu betreten; irgendwelche sonstigen Besitzhandlungen stehen ihm nicht zu. Eine „tatsächliche Gewalt" über das Grundstück übt er nicht aus, nicht mehr jedenfalls als ein (nicht dinglich) Berechtigter, der das Recht hätte, auf dem Grundstücke seine verlorene Sache aufzusuchen (§ 867) oder spazieren zu gehen, Obst zu pflücken, Drachen steigen zu lassen usw. Dadurch tritt kein dem § 868 entsprechendes „Verhältnis" ein, obwohl die Grenzen zwischen Besitz und Nichtbesitz, wie gerade die Fassung dieser Vorschriften andeutet („ähnliches Verhältnis"), flüssig sind. Für die Jagdpacht gilt das um so mehr, als die Jagdausübung ja zeitweilig ganz ruht; also von einem ständigen Inbesitzhalten überhaupt nicht die Rede sein könnte. Die Jagdpacht gibt auch deshalb keinen Besitz am Grundstücke, weil sich das aus ihr für den Pächter ergebende Recht der Hauptsache noch gar nicht gegen das Grundstück wendet, nicht auf Aneignung von Bestandteilen (Erzeugnissen) des Grundstücks (wie bei der Rohrnutzung an einem See) geht, sondern auf Aneignung von „herrenlosen beweglichen Sachen", die, stetig wechselnd, sich auf dem Grundstücke befinden.

Es kann auch kein Bedürfnis des Rechtsverkehrs anerkannt werden, einem derartig losen Verhältnisse zu einem Grundstücke den einschneidenden Schutz des § 571 zukommen zu lassen. Er würde sonst ebenso von jemandem beansprucht werden können, der, nach einem der obigen Beispiele, gegen Entgelt das Recht zum Spazierengehen sich hatte einräumen lassen. Deshalb greift auch der Art. 69 EG. nicht ein, selbst wenn das preuß. „Jagdrecht“ dem Jagdpächter mehr Rechte am Grundstücke geben sollte, als nach dem bisher Erwogenen anzunehmen ist. Wenn Art. 69 die landesgesetzlichen Vorschriften „über Jagd“ unberührt sein läßt, so hat das BGB. dadurch keinenfalls seinen grundlegenden Satz über den Verkehr mit Grundstücken, der nur durch die miet- oder pachtweise „Überlassung“ eines solchen eingeengt sein soll, beeinträchtigen lassen wollen. Nur dann soll — abgesehen von den Fällen dinglicher Belastung, zu denen das Jagdpachtrecht zweifellos nicht zählt — ein Erwerb des Eigentums am Grundbesitz, frei von den Anrechten Dritter, nicht stattfinden. In der Richtung dieses gesetzgeberischen Gedankens liegt es auch, wenn ein durch Besitzzuwachs entstehendes eigenes Jagdrecht als Teil des Grundeigentumsrechts unbedingt ein Jagdpachtrecht verdrängt, das von der Zwangsgenossenschaft der nicht selbständigen Jagdberechtigten, darunter jenes Grundeigentümers, einem Jagdpächter über deren Grundstücke eingeräumt war (Entsch. des RG. 52 Nr. 39).

Eine dem Rechte des Klägers nach § 1004 widersprechende Beeinträchtigung ist schon in der Behauptung des, dem Eigentume des Klägers entgegenstehenden Rechts auf Jagdausübung auf seinem Grundstücke gefunden, insbesondere in der schriftlichen Androhung, jeden „Dritten“, also jeden anderen und somit auch den Kläger, an der Ausübung der Jagd, also an der freien Nutzung seines Grundeigentums, verhindern zu wollen. Schn.

t) **Betriebsausfälle des Mieters bei garantierter Einnahmehöhe.**

OLG. Dresden, II. ZS. Urteil v. 13. Juli 1906.

Der Kläger, welcher von der Beklagten deren Zentraltheater gegen Garantie einer gewissen Einnahme gemietet hatte, hält die Einnahmeausfälle infolge der Landestrauer für abzugsfähig. Aus der Vertragsurkunde ist hierüber nichts zu entnehmen, es muß deshalb der Parteiwille in diesem Punkte durch Auslegung des Vertrags erforscht werden. Die Annahme, daß von der garantierten Summe schlechterdings keine Abzüge gemacht werden dürften, ist zurückzuweisen. Größere Unterbrechungen der Spielzeit, namentlich solche unvorhergesehener Art, z. B. Umbau, Aufruhr, werden im Sinne der Vertragschließenden eine Herabsetzung der Garantiesumme unter Umständen rechtfertigen. Das gleiche ist bei kleineren, insbesondere voraussehbaren Unterbrechungen der Spielmöglichkeit nicht anzunehmen. Die hier fragliche umfaßt nur 5 Tage, gehört also zu den kleineren. Sie steht in dieser Beziehung der Passionszeit gleich. Zwar konnte sie nicht, wie diese, bestimmt vorausgesehen werden, immerhin lag ihr Eintritt im Bereiche der Möglichkeit, und es lag um so näher, mit dieser zu rechnen, als zur Zeit des Vertragsabschlusses der Fall der Landestrauer erst kurz vorher durch den Erlaß des Sächs. Ges. darüber vom 25. April 1904 Gegenstand der öffentlichen Besprechung gewesen war. Demzufolge sind auch die in § 11 des Vertrags bestimmten Ausnahmefälle für die Vertragsstrafe nicht entsprechend anwendbar, denn danach ist die Strafe für die Passionszeit **nicht** zu entrichten, während der Kläger selbst für diese Zeit keinen Nachlaß an der Garantiesumme begehrt hat. Dem festgelegten Parteiwillen gegenüber müssen die dispositiven Vorschriften der §§ 552, 323, soweit sie anwendbar wären, zurücktreten. Dr. v. F.

u) **Verpflichtung des Vermieters, die Wohnung von Wanzen reinigen zu lassen. Ist der Kammerjäger Erfüllungsgehilfe?**

OLG. Hamburg, I. ZS. Zwischenurteil v. 12. Oktober 1906.

Nach dem schriftlichen [Miet-] Vertrage hat Beklagter keinerlei [besondere] Verpflichtung in betreff der Reinlichkeit der [von ihm vermieteten] Wohnung übernommen. Damit fällt vorliegend die gesetzliche Verpflichtung des Vermieters aus dem Zustand der Wohnung fort. Die Klage ist denn auch nur auf eine Vereinbarung der Parteien gestützt; der Beklagte soll beim Vertragsschluß zugesagt haben, er wolle das Haus noch vor dem Einzug des Klägers durch einen Kammerjäger reinigen lassen und darüber eine Bescheinigung geben. Gegenüber dem schriftlichen Vertrage sind etwaige Vorverhandlungen irrelevant; dagegen würde die Zusage beim Vertragsschluß durch den schriftlichen Vertrag nicht beseitigt sein. Auch wenn die Zusage gemacht ist, würde jedoch der Beklagte dem Kläger nicht nach § 278 haften.

Es kann fraglich sein, ob die Verpflichtung eines Vermieters, der im Laufe eines Mietvertrages seinem Mieter zusagt, er wolle die Wohnung von Wanzen reinigen lassen, lediglich zum Inhalte hat, daß der Vermieter einen Kammerjäger engagiert, daß er dafür sorgt, daß dieser tätig wird, und daß er ihn bezahlt; vorliegend aber hat die angebliche Verpflichtung diesen Inhalt. Das folgt daraus, daß Beklagter nach dem Vertrage für objektive Reinlichkeit nicht einzustehen hat und sich, wenn überhaupt, nur verpflichtet hat, die Wohnung **vor** Einzug des Klägers durch einen Kammerjäger reinigen zu **lassen** und darüber eine Bescheinigung zu geben. Gerade die Betonung, daß eine Bescheinigung über erfolgte Tätigkeit eines Kammerjägers vor Einzug des Klägers gegeben werden sollte, während jede Verpflichtung in betreff der Reinlichkeit der Wohnung abgelehnt ist, weist darauf hin, daß vorliegend der Inhalt der Verpflichtung nur darauf ging, daß Beklagter einen Kammerjäger beauftragen sollte, daß er dafür zu sorgen hatte, daß er tätig wurde, und daß er ihn zu bezahlen hatte. [Deshalb hafte der Beklagte allenfalls nur nach § 831.] M. M.

v) **Wohnen ohne Mietvertrag. Ersatzpflicht.**

OLG. Cöln, VI. ZS. Urteil v. 6. Dezember 1905.

Die Vorinstanz nimmt zutreffend an, daß in dem Bewohnen eines fremden Hauses ohne Mietvertrag eine Bereicherung liege; sie verneint aber mit dem RG. (JW. 1903 S. 101), daß sie auf Kosten des Klägers geschehen sei, da er das Haus nicht sofort hätte anderweit nutzbar machen können, also keine Vermögensverringerung erlitten habe. Allein die Worte des § 812 „auf dessen Kosten" sind nicht in diesem Sinne zu verstehen. I § 748 gab einen Anspruch demjenigen, aus „dessen Vermögen" der andre bereichert ist. Die 2. Komm. fand diese Fassung zu eng; es müsse genügen, wenn die Bereicherung den Vermögensstand des Andern „berühre". In dieser Erwägung wurde dann die Fassung „auf Kosten" gewählt. Hierdurch ist klargestellt, daß keine positive Verringerung des Vermögens verlangt wird, vielmehr dessen Beeinträchtigung ausreichen soll, wie denn auch das RG. (Rh. Arch. 99 II S. 75) die Ausschlagung einer Erbschaft dem § 812 unterworfen. Auch die Leistung von Diensten, die doch das Vermögen des Leistenden nicht verringert, wird als „auf dessen Kosten" geschehen anerkannt (Neumann § 812 B. II); ebenso finden Örtmann und Kuhlenbeck zu § 812 eine Bereicherung darin, daß jemand durch den Gebrauch der Sache eines Andern einen Vermögenszuwachs erhalten hat. Auch vorliegend wurde der Besitz der Wohnung dem Kläger entzogen, so daß er nicht einmal selbst Gebrauch von ihr machen konnte; auch wurden die Räume durch die Benutzung des Beklagten abgenutzt. Rh. Arch.

w) **Unterpachtverträge des Jagdpächters.**

Kammergericht, XIV. ZS. Urteil v. 25. Oktober 1906.

Der dem Kläger erteilte, bis 1916 laufende „Jagderlaubnisschein", der übrigens als Gegenleistung bezeichnet, daß der Kläger den Wildschaden tragen solle, ist als Unterpachtvertrag der Parteien anzusehen. Ob es nach § 12³ Jagdpolizeiges. vom 7. März 1850 genügt, wenn die Gemeinde die Unterpacht mündlich, also nicht in der durch § 88 LandgemeindeO. vom 3. Juli 1891 vorgeschriebenen Form, genehmigt, kann dahingestellt bleiben. Der § 12³ Jagdpolizeiges. soll dem Verpächter nur das Recht geben, sich eines Unterpächters zu erwehren, berührt aber nicht die Gültigkeit des Unterpachtvertrags selbst und die daraus unter den Parteien entstehenden Rechte und Pflichten (Rsp. 8 S. 34; Urteil 14 U 2370/03). — Nichtig ist dagegen der Unterpachtvertrag, weil danach sowie nach dem Pachtvertrage und den noch an zwei weitere Personen erteilten Jagderlaubnisscheinen gleichen Inhalts für dieselbe Parzelle mehr als drei Jagdpächter geschaffen sein würden. Der Vertrag der Parteien verletzt also den Grundsatz des § 12¹, der auch den Jagdpächtern verbietet, durch Verträge mit Anderen eine Ausübung und Nutzung der Jagd durch mehr als drei Berechtigte tatsächlich herbeizuführen, und ist somit, da er einen unerlaubten Grund und Zweck hat, nichtig (Entsch. d. RG. 27 S. 233). Schadensersatz wegen Nichterfüllung eines nichtigen Vertrags kann der Kläger nicht fordern, sondern nur unter Umständen Vergütung des negativen Vertragsinteresses, wenn er dadurch Schaden gelitten hat, daß er auf die Gültigkeit des Vertrags vertraute (§§ 307, 309 BGB.). Dr. S.

x) **Abdeckereigerechtigkeit. Verpachtung. Verjährung.**

Kammergericht, XVI. ZS. Urteil v. 18. Oktober 1906.

Auch die Abdeckereigerechtigkeit für L. ist als eine mit dem Grundstücke verbundene Realgewerbeberechtigung anzusehen (Rsp. 12 S. 143 f.). Ihre Verpachtung war schon nach ALR. zulässig, und zwar sowohl mit dem Grundstücke wie ohne dieses (§§ 8—10 I 23). Das Gesetz vom 31. Mai 1859 behandelt in § 22² ausdrücklich den Fall, daß die aufgehobene oder abgelöste Abdeckereiberechtigung verpachtet war, und § 24 das. gestattet, daß die nicht aufgehobenen Realgewerbeberechtigungen auf eine andere gesetzlich qualifizierte Person in der Art übertragen werden, daß sie der Erwerber für eigene Rechnung ausüben darf. Die Verpachtung der Scharfrichtereigerechtsame an den nicht in L., sondern in P. wohnenden Beklagten ist daher zulässig. Aber die Lage der Pflichtigen darf dadurch nicht erschwert werden; sie brauchen daher das gefallene Vieh nach wie vor nur in L., nicht in P. anzusagen.

Die Abdeckereigerechtigkeit kann auch gegenüber einem einzelnen Pflichtigen durch Verjährung infolge Nichtgebrauchs erlöschen, aber nur, wenn der Pflichtige die Leistung der Pflicht verweigert und der Berechtigte sich die gesetzmäßige Frist hindurch dabei beruhigt (ALR. I 7 § 128, I 9 §§ 543, 544, 578); dann ist die Freiheit von dem Zwangs- und Bannrecht ersessen. Nichtausübung des Rechtes allein begründet die Verjährung nicht, denn diese könnte auch darauf beruhen, daß lange Zeit hindurch Fälle, auf die das Privileg Anwendung zu finden hätte, nicht vorgekommen sind. Dr. S.

24

a) Stillschweigen auf Vertragsanträge. Kauf eines Loses.

OLG. Braunschweig, II. ZS. Urteil v. 8. November 1906.

Der Kläger hat dem Beklagten am 4. Dezember 1905 anstatt des von diesem bestellten Loses, das er nicht führte, $^1/_8$ Los der Landeslotterie mit der Bitte um Annahme übersandt. Beklagter, der bereits 3 Mark für das von ihm bestellte Los eingesandt hatte, schickte das $^1/_8$ Los nicht wieder zurück, ohne die Annahme vor der Ziehung ausdrücklich zu erklären. Am 11. Januar 1906 kam es mit einem Gewinne, der hinterlegt wurde, zur Ziehung. Die Klage auf Einwilligung in die Auszahlung wurde abgewiesen. Gründe:

Während nach Handelsrecht im Falle des § 362 HGB. verglichen mit § 346 im Stillschweigen auf ein Vertragsangebot regelmäßig eine Annahmeerklärung zu erblicken ist, gilt ein Satz von dieser Allgemeinheit für das BGB. nicht (OLG. Breslau „Recht" 1905 S. 591), vielmehr kommen hier außer dem § 157 lediglich die speziellen Bestimmungen der §§ 151, 416, 516 und 1943 BGB. zur Anwendung, in denen ausnahmsweise das Stillschweigen als Annahme gilt. Der § 151 macht nicht die Annahme der Offerte entbehrlich, sondern bestimmt nur für zwei ganz bestimmte Fälle, daß die ausdrückliche Erklärung dieser Annahme gegenüber dem Gegner unnötig sei (Karlsruhe a. O. S. 342). Diese beiden Fälle sind entweder Verzicht der Offerenten auf solche Erklärung oder das Vorliegen einer solchen Erklärung ausschließenden Verkehrssitte. Einen Verzicht dieser Art hat der Kläger nicht erklärt; denn er schrieb: „ich offeriere Ihnen anliegend nochmals ein $^1/_8$ Los und bitte um gefl. Annahme." Allerdings ist es beim Loshandel durchaus üblich, daß die Verkäufer gerade mit Rücksicht auf die eigenartigen

Verhältnisse dieses Vertrags besondere Vorbehalte zur Wahrung ihrer Rechte auf einen etwaigen Gewinn zu machen und deshalb die Annahme von Bezahlung oder doch von ausdrücklicher Erklärung bis zur Ziehung abhängig zu machen pflegen (Bender, Lotterierecht S. 65). Allein daraus, daß das hier nicht geschehen, ist noch nicht auf einen stillschweigenden Verzicht auf die Annahmeerklärung zu schließen.

Etwas anderes dagegen ist es, ob Treu und Glauben mit Rücksicht auf die Verkehrssitte hier eine Antwort erwarten ließen. Das Landgericht bejaht dies aus der Entstehungsgeschichte des § 151. Allein die Fälle, die nach den Prot. und der Denkschrift allerdings den nächsten Anlaß zu der Fassung des § 151 gegeben haben, sind doch nur von beispielsweiser Bedeutung. Ein bebeschränkendes Prinzip nach der Richtung, daß eine Annahmeerklärung nur dann nicht von der Verkehrssitte erwartet werde, wenn eine Antwort unmöglich sei, haben sie weder aufstellen wollen noch können. Jedenfalls hat eine derartige Beschränkung im Gesetze keinen Ausdruck gefunden und ist deshalb nicht zu unterstellen (Lippmann in D. JZ. 1906 S. 731 f.; Entsch. des RG. 56 S. 202). Es ist vielmehr Tatfrage des Einzelfalles. Entscheidend ist dafür hier die Geschäftsverbindung, in der die Parteien auf Grund ihres Briefwechsels standen. Indessen haben die nach der Ziehung gewechselten Briefe kaum mehr als eine mittelbare Bedeutung. Denn mit der Ziehung erlischt bei der besonderen Rechtsnatur des Lotteriegeschäfts ein jedes bis dahin noch nicht angenommene Angebot und kann in der Regel vom Gegner selbst dann nicht mehr angenommen werden, wenn er noch nichts von der Ziehung wußte (D. JZ. 1902 S. 428; Entsch. des RG. 50 S. 191; vgl. Zeitschr. f. R. 41 S. 204 ff.; Bender S. 66). Der Kläger, dem die nötige Geschäftskenntnis innewohnte, konnte deshalb mit seinem erst am 13. Januar geschriebenen Briefe, in welchem er wegen Annahme des Loses anfragte, höchstens die Absicht verfolgen, sich Gewißheit darüber zu verschaffen, ob der Beklagte bereits angenommen hatte. Wahrscheinlicher aber ist, daß dieser offenbar absichtlich auf den 10. vordatierte Brief, den Beklagten in seinem bereits gefaßten Entschlusse wieder wankend machen und den über den Ausfall der Ziehung noch nicht Unterrichteten zur Auflösung des tatsächlich bereits geschlossenen Vertrags veranlassen sollte. So viel aber läßt dieser Brief mit Sicherheit erkennen, daß der Kläger es nicht etwa schon wegen der fehlenden Antwort für ausgemacht hielt, Beklagter habe die Offerte noch nicht angenommen, denn, wenn er der Meinung gewesen wäre, hätte er jetzt, wo er wußte, daß die Ziehung bereits erfolgt war, eine Annahme seines Angebots überhaupt nicht mehr in Rechnung stellen können. Wie hiernach selbst der Kläger nur die tatsächliche Annahme, nicht auch die Erklärung dieser Annahme für erforderlich gehalten haben muß, so konnte auch nach der Verkehrssitte solche Antwort nicht erwartet werden. Allerdings wird man mit Rücksicht auf die Mißstände beim Loshandel in der Feststellung solcher Verkehrssitte besonders vorsichtig verfahren müssen. Es ist auch zuzugeben, daß im allgemeinen das stillschweigende Behalten eines unbestellten Loses nicht zum Vertragsschlusse genügt. Aber hier war eine Bestellung gemacht, wenn auch nicht gerade auf das streitige Los, und Bezahlung war auch bereits geleistet, wenn auch zwar ebenfalls nicht direkt für dieses. Jedoch die Annahme, daß es dem Beklagten um ein Nicht-Klassenlotterielos zu tun gewesen sei, ist willkürlich. Offenbar kam ihm auf eine bestimmte Art von Losen ebensowenig an, wie überhaupt auf ein bestimmtes Los. Das ergibt sich daraus, daß er zunächst ein Los der Wohlfahrtslotterie oder der Freiburger Geldlotterie bestellte und, als diese nicht zu haben waren, ein Rotes Kreuz-Los. . . . Das war übrigens auch die Auffassung des Klägers, denn sonst hätte er ihm doch nicht wieder ein Klassenlos schicken und dabei bemerken können, daß dieses Los nur 3 Mark koste. Wäre dem Beklagten auch dieses Los nicht genehm gewesen, so hätte gerade nach dem voraufgegangenen Briefwechsel Treu und Glauben die ausdrückliche Ablehnung verlangt. Daß der Beklagte nach der Ziehung die ihm durch Postanweisung vom Kläger zugesandten 3 Mark wieder annahm, spricht schon deshalb nicht gegen die Perfektion des Vertrags, weil gar nicht feststeht, daß Beklagter damals schon wußte, was der Kläger mit dieser Rücksendung bezweckte. H. g.

b) **Vollmachts-, Parzellierungs- oder Maklervertrag?**

OLG. Braunschweig, II. ZS. Urteil v. 25. Oktober 1906.

Die Klage auf Ersatz des durch grundlosen Widerruf des Vollmachtsvertrages zugefügten Schadens ist unbegründet. Durch jenen Vertrag wurde der Kläger bevollmächtigt, für Rechnung des Beklagten dessen Grundstück im ganzen oder parzellenweise zu verkaufen, die Kaufbedingungen festzusetzen, die Auflassungen zu erteilen, über den Empfang der Kaufgelder zu quittieren usw.; dafür sollte er 5 % der Verkaufssumme und außerdem 2 % der von den Käufern zu zahlenden Aufgelder erhalten; die durch den Verkauf entstehenden Kosten sollte Kläger, die Kosten für Löschung der Hypotheken Beklagter tragen. Das Landgericht nimmt an, daß ein „Parzellierungsvertrag" vorliegt, welcher ebenso wie der in der Entsch. des RG. Bd. 50 S. 163ff. behandelte Vertrag der gerichtlichen oder notariellen Beurkundung nach § 313 BGB. bedurft hätte und mangels Wahrung dieser Form nichtig sei. Die Vorinstanz ist zu dieser Auslegung hauptsächlich durch die unrichtigen Worte „im ganzen parzellenweise" gelangt, welche sie auffaßt im Sinne von im ganzen und zwar parzellenweise, und woraus sie folgert, daß nach der Absicht der Parteien der Verkauf parzellenweise erfolgen und so lange fortgesetzt werden sollte, bis sämtliche Parzellen der beiden Anbauerwesen an den Mann gebracht wären. Dieser Schluß ist hinfällig, da im Originale des Vertrages die Worte: „im ganzen oder parzellenweise" lauten, aus diesen Worten aber nur zu entnehmen ist, daß es dem Kläger freigestellt sein sollte, ob er den Verkauf der Höfe im ganzen oder in beliebigen Teilstücken vornehmen wolle. Was das Landgericht sonst noch zur Begründung seiner Auslegung des Vertrages anführt, ist zu diesem Zwecke nicht geeignet. Dies gilt von der Wahl der Vertragsform statt einer einseitigen Erklärung für die Vollmachtserteilung und von der Art der Provisionsbestimmung für den Kläger, da sich 5% der Verkaufssumme stets leicht berechnen lassen, mag es sich um den Verkauf der Anbauerwesen im ganzen oder nur einzelner Teilstücke handeln. Der Kläger konnte allerdings kraft seiner Vollmacht und solange sie zu Recht bestand, die Kaufpreise und alle sonstigen Verkaufsbedingungen mit bindender Kraft für den Beklagten mit den Käufern der Grundstücke festsetzen; daraus folgt aber nichts gegen die vom Gesetz (§ 168) als Regel aufgestellte Widerruflichkeit der Vollmacht. Im Gegenteil läßt sich aus dem Umstande, daß dem Kläger sehr weitgehende Befugnisse in der Vollmacht eingeräumt sind, die Widerruflichkeit der letzteren viel eher schließen, da ohne die Annahme solcher Widerruflichkeit der Beklagte völlig in die Hände des Klägers gegeben wäre. Bei dieser Auslegung hat der Vertrag keine Ähnlichkeit mit dem Falle der Entsch. des RG. 50 S. 163; damals war ausdrücklich festgesetzt, daß der (angebliche) Vollmachtgeber zum Abschluß der notariellen Kaufverträge bei Vermeidung einer Strafe verpflichtet sein sollte und es war bestimmt, daß der Bevollmächtigte einen bestimmten Kaufpreis dem Vollmachtgeber abliefern, den Überschuß aber für sich behalten sollte, endlich war auch eine Vertragsstrafe gegen den Bevollmächtigten festgesetzt, falls er sich nicht um das Zustandekommen der Veräußerung bemühen sollte. Durch solchen Vertrag hatte sich der Vollmachtgeber in wichtigen Beziehungen seiner aus dem Eigentumsrechte fließenden Befugnisse bereits entäußert, und der Vertrag ist deshalb als ein der Form bedürftiger Veräußerungsvertrag angesehen. Die Erteilung einer einfachen widerruflichen Vollmacht zur Veräußerung oder zum Erwerbe von Grundstücken, wie sie hier vorliegt, stellt sich aber lediglich als ein Hilfsgeschäft zum eigentlichen Veräußerungsvertrage dar und bedarf nicht der für das Hauptgeschäft vorschriebenen Form (§ 167²; Entsch. des RG. 54 S. 75, 62 S. 336). Als ein Dienst- oder Werkvertrag kann die Vereinbarung deshalb nicht gelten, weil der Kläger sich weder zu bestimmten einzelnen Diensten, noch zur Herbeiführung eines Erfolges verpflichtet hat, andrerseits aus der Art der Provisionsfestsetzung hervorgeht, daß sie nicht unbedingt, sondern nur für den Fall des Verkaufs aller oder einiger Grundstücke gezahlt werden sollte. Die Natur des Vertrages, besonders sein wirtschaftlicher Zweck deuten auf einen Maklervertrag. Hiergegen spricht nicht der Umstand, daß nicht nur die Vermittelung sondern der selbständige Abschluß der Kaufverträge übertragen ist, denn ein derartiger zweiter Vertrag kann sich an den Maklervertrag anschließen (vgl. Staudinger I 3 zu § 652). Liegt hiernach aber ein Maklervertrag vor, so ist derselbe jederzeit frei widerruflich und zwar mit dem Erfolge, daß der Makler, abgesehen von hier nicht vorliegenden Ausnahmefällen, weder seine Provision noch sonst für seine Bemühungen oder Auslagen Entschädigung verlangen kann (Urteil v. 17. April 1903, Zeitschr. f. R. 51 S. 104 nebst Zit., welchen noch Staudinger II 2a zu § 652 beizufügen ist). Der freie Widerruf kann auch keine Grundlage zu einem Schadensersatzanspruche aus dem Gesichtspunkte einer unerlaubten oder rechtswidrigen Handlung bilden, wenn nicht ausnahmsweise ein Betrug oder ein sonstiger besonderer Grund vorliegt (Staudinger a. O., Planck 2d zu § 652, Motive 2 S. 512, 513). H.g.

c) **Schadensersatz durch Ehrenerklärung und Zulassung zur Rennbahn. BGB. §§ 249, 823, 826.**

Kammergericht, XVII. ZS. Urteil v. 25. Oktober 1905.

Dem Kläger war auf Grund einer Ordnungsvorschrift des beklagten Klubs der Zutritt zu den Rennbahnen verboten, weil er den Jockeis reglementsmäßig verbotene Wetten am Totalisator für diese vermittelt habe. Er verlangt außer dem Widerruf dieser Erklärung die Zulassung zu den Rennbahnen und stützt sie auf die Vorschriften über Schadensersatz für unerlaubte Handlungen und auf den dem Beklagten obliegenden Kontrahierungszwang.

In der Behauptung, der Kläger habe den Jockeis verbotene Wetten für diese vermittelt und in der als Folge daran geknüpften Ausschließung von den Rennbahnen kann allerdings eine Kränkung der Ehre des Klägers gefunden werden. Mögen die Verbote an sich nur als Ordnungsvorschriften anzusehen sein, immerhin wird geradezu auch infolge des Verbots das Wetten eines Jockeis auf ein anderes als das von ihm selbst gerittene Pferd, weil dadurch Verdacht entstehen kann, daß er diesem anderen Pferde zum Siegen verhelfen wird, als eine unehrenhafte Handlung im Publikum angesehen werden. Die Behauptung, daß jemand eine solche ehrenrührige Handlungsweise eines Jockeis durch seine Vermittlertätigkeit ermöglicht habe, muß daher auch geeignet erscheinen, diese Person in der Achtung der Mitmenschen herabzusetzen und sie in ihrem guten Ruf zu schädigen.

Gleichwohl kann der Kläger nicht als Schadensersatz eine Ehrenerklärung, welche in dem Widerruf des Beklagten gefunden werden müßte, im Wege des Zivilprozesses beanspruchen. Denn die Ehrenerklärung enthält keinen Ersatz, sie entspringt vielmehr dem Bedürfnis nach Genugtuung und Sühne. Sie konnte deshalb nur im Wege einer strafrechtlichen Verfolgung erreicht werden (Motive 2 S. 750). Danach ist durch § 11 EG. zur StrPO. der Anspruch auf Ehrenerklärung, Widerruf und Abbitte beseitigt. Auch das Urteil des RG. (JW. 1905 S. 135[9]) hat ausgesprochen, daß eine Klage auf Widerruf einer beleidigenden Äußerung im Wege des Zivilprozesses unzulässig sei.

Der Antrag auf Wiederzulassung zu den Rennen ist dagegen als ein Schadensersatzanspruch an sich zuzulassen. Durch die dauernde Versagung ist der Kläger in seinen äußeren Verhältnissen insofern schlechter als früher gestellt, als ihm das Vergnügen, den Rennen als Zuschauer beizuwohnen, das ihm früher gewährt wurde, und sonst jedermann gestattet wird, jetzt entzogen ist. Der Schaden ist zwar in Geld nicht schätzbar und durch Geld nicht auszugleichen. Der Kläger verlangt auch nicht Entschädigung in Geld. Wenn angeblich auch sein Kredit durch die Ausweisung geschädigt worden, so ist dies an sich unerheblich und deshalb unzutreffend, weil er als Privatier von seinen Renten lebt und einen geschäftlichen Kredit, der durch die Handlung des Beklagten beeinträchtigt wäre, nicht nötig hat. Was er zur Beseitigung des ihm entstandenen immateriellen Schadens allein verlangen könnte und auch tatsächlich allein verlangt, ist die Wiederherstellung des früheren Zustandes, also die Wiederzulassung zu den Rennen, die ihm früher unbeanstandet gewährt wurde. Eines Eingehens auf die streitige Frage, ob der Beklagte einem Kontrahierungszwange unterliegt, kraft dessen er jedem, der eine Eintrittskarte zu einem Rennen löst, den Zutritt zu demselben zu gewähren hat, bedurfte es hiernach nicht. Dagegen war weiter zu prüfen, ob der Schaden durch eine unerlaubte Handlung des Beklagten herbeigeführt ist.

Hat der Beklagte durch seine Maßnahmen gekränkt, so hat er sich, da die Ehre nicht zu den im § 823¹ aufgeführten Lebensgütern gehört, nicht schadensersatzpflichtig gemacht (Entsch. des RG. 51 S. 374). Ebensowenig hat er den § 823² verletzt. Zwar würde in der Behauptung, Kläger habe verbotene Wetten vermittelt, eine strafbare Beleidigung an sich gefunden werden müssen, und die §§ 185 ff. StrGB. sind als den Schutz eines Anderen bezweckenden Gesetze unbedenklich anzusehen. Allein eine strafbare Beleidigung liegt gemäß § 193 StrGB. nicht vor, wenn der Beleidiger in Wahrnehmung berechtigter Interessen gehandelt hat. Dann liegt auch kein Verschulden vor, so daß auch nach § 823² S. 2 eine Ersatzpflicht nicht eintreten würde. Der Beklagte hat aber, wenn er auf Grund von Ermittelungen die Überzeugung gewonnen hatte, der Kläger habe verbotene Wetten vermittelt dadurch, daß er dies dem Kläger gegenüber zum Ausdruck brachte und ihm gleichzeitig seine Ausschließung von den Rennbahnen mitteilte, berechtigte Interessen wahrgenommen, selbst wenn er zum Erlaß der Verordnung, auf Grund deren der Kläger verwiesen wurde, nicht ermächtigt war und diese der formellen Gültigkeit entbehrte. Jedenfalls hat der Beklagte sich zum Erlaß der Verordnung für berechtigt gehalten, und er war es auch. Dagegen läßt sich die Schadensersatzpflicht aus § 826 herleiten. Darin, daß der Beklagte die Ausschließung des Klägers von den Rennplätzen beschlossen hat, liegt zwar an sich kein Verstoß gegen die guten Sitten. Denn er hat sich sowohl zum Erlaß der Verordnung für berechtigt gehalten, als auch auf Grund der Ermittelungen die Überzeugung gehabt, daß der Kläger sich gegen diese Verordnung tatsächlich vergangen habe; er hat sich also in gutem Glauben befunden. Ein Verstoß gegen die guten Sitten würde aber in der Aufrechthaltung der Aussperrung dann gefunden werden müssen, wenn die nachträglichen Ermittelungen ergeben würden, daß die Anordnung zu Unrecht erlassen ist, daß entweder die Verordnung selbst der formellen Gültigkeit entbehrt, oder daß der Kläger gegen sie überhaupt nicht gefehlt hat.... H.z.

d) **Form des § 313 für „partiarische" Beteiligung an der Wiederveräußerung von Grundstücken.**

α) OLG. Karlsruhe, I. ZS. Urteil v. 9. Mai 1906.

Das von den Klägern dargelegte Vertragsverhältnis kann nicht als eine

Gesellschaft der §§ 705 ff. angesehen werden. Ihr Begriff erfordert, daß die Gesellschafter sich gegenseitig verpflichten, die Erreichung eines gemeinsamen Zweckes in der durch den Vertrag bestimmten Weise zu fördern, insbes. die vereinbarten Beiträge zu leisten. Vorliegend würde es aber an jeder auf die Förderung des Gesellschaftszwecks — hier des Ankaufs und der gewinnbringenden Weiterveräußerung der Grundstücke — gerichteten Leistung der Kläger fehlen. Erst nach der Durchführung des Geschäfts, das in Ansehung sowohl der notwendigen Geldmittel als auch der notwendigen Arbeitsleistung dem Beklagten allein oblag, sollte die Beteiligung der Kläger praktische Bedeutung gewinnen und nur in dem Sinne, daß das vom Beklagten allein erzielte finanzielle Ergebnis zugunsten oder zu Lasten auch der Kläger ging. Es liegt deshalb nichts weiter vor als ein partiarisches Verhältnis, in das der Beklagte sich eingelassen hat, um sein Risiko zu vermindern, also zum Zwecke der Versicherung gegen die Gefahr übermäßigen Verlustes.

Mit dem Umstand allein, daß überhaupt eine Beteiligung an Gewinn und Verlust aus einem fremden Geschäfte vereinbart wird, ist ebensowohl vereinbar, daß der Herr des Geschäfts in dessen Führung freie Hand hat, wie daß der dritte Beteiligte eine bestimmte Art der Führung verlangen kann. Nach der Behauptung der Kläger würde hier der erste Fall vorliegen, insofern die Parteien zwar einen nach Möglichkeit gewinnbringenden Weiterverkauf der Grundstücke vorausgesetzt hätten, eine vertragsmäßige Pflicht zur Weiterveräußerung aber nicht begründet worden wäre. Allein zweifellos haben die Kläger, als gewerbsmäßige Händler, wenn sie den behaupteten Vertrag mit dem Beklagten geschlossen haben, dies nicht etwa nur getan, um dem Beklagten einen Gefallen zu erweisen, sondern um sich selbst, wenn möglich, einen Gewinn zu verschaffen. Die Verlustgefahr wurde überhaupt nur der Gewinnaussicht wegen übernommen, sie hatte in jener ihr vertragsmäßiges Äquivalent und stellte sich nicht, wie bei manchen anderen partiarischen Verhältnissen, etwa der Beteiligung der Handlungsgehilfen, nur als eine natürliche Folge der Beteiligung überhaupt dar. Daraus folgt für einen Vertrag des von den Klägern behaupteten Inhalts, daß der Beklagte nicht frei war in der Entschließung, ob er weiterveräußern wollte oder nicht. Der ihm nach § 242 obliegende redliche Vertragsvollzug hätte vielmehr erfordert, daß er nach Tunlichkeit den Eintritt eines Verlustes vermied und einen Gewinn herbeizuführen suchte. Dazu gehörte auch, daß er nicht willkürlich darüber befinden durfte, ob er weiterveräußern wollte oder nicht, sondern nach Umständen den Klägern gegenüber verpflichtet war, von einer Verkaufsgelegenheit Gebrauch zu machen. Sollte aber eine Verpflichtung des Beklagten zur Weiterveräußerung begründet werden, so unterstand der Vertrag der Formvorschrift des § 313. Dabei ist unerheblich, daß die Veräußerungspflicht nur unter Umständen wirksam geworden wäre, denn auch in dieser Beschränkung bildete sie einen wesentlichen Teil des Vertragsinhalts. Dr. E.r.

β) **Nebenabreden[1] im Falle des § 313.**

OLG. Cassel, II. ZS. Urteil v. 4. Januar 1906.

Nach dem notariellen Vertrag hat die Auflassung innerhalb eines Jahres zu erfolgen. Der Verkäufer behauptete gegenüber der Klage auf Auflassung, diese Bestimmung sei in der beiderseitigen Unterstellung aufgenommen worden, daß die Löschung einer auf dem Grundstück eingetragenen Hypothek innerhalb jener Frist herbeigeführt sein werde; die Parteien hätten ausdrücklich vereinbart, daß die Kläger Auflassung erst verlangen könnten, wenn die Hypothek gelöscht sei. Diese Vereinbarung kann aber als selbständige Nebenabrede keine rechtliche Bedeutung haben, da sie der Form des § 313 entbehrt. Auf formlose Vorverhandlungen darf allerdings zu dem Zweck zurückgegangen werden, um den Sinn von rechtswirksam gemäß § 313 zustande gekommenen Willenserklärungen zu ermitteln. Es würde also rechtlich zulässig sein, die angebliche Abrede in diesem Sinne zu verwerten. Allein dies ist hier tatsächlich ausgeschlossen. Denn die Vertragsbestimmung verbietet ihrer klaren Einfachheit wegen jede andere Deutung. Ihr Inhalt läßt vielmehr keine andere Auslegung zu als die, daß die Parteien, um im beiderseitigen Interesse jeden Zweifel über die Erfüllungszeit auszuschließen, eine kalendermäßige Frist, innerhalb welcher die Auflassung zu erfolgen habe, festsetzen wollten (Entsch. d. RG. 52 S. 25). — Auch die einige Wochen nach dem Vertragsschluß getroffene Abrede, daß Kläger erst dann Auflassung zu bekommen habe, wenn die Hypothek gelöscht sei, betrifft einen wesentlichen Bestandteil des ursprünglichen Vertrags und hätte deshalb der Form des § 313 BGB. bedurft (Entsch. des RG. 51 S. 180). Fs.

e) **Aufhebung der Kreditzusage bei Insolvenz.**

OLG. Hamburg, VI. ZS. Urteil v. 10. April 1906.

... Kann sich auch die Beklagte nicht für ihr Vorgehen auf eine Vorschrift des BGB. berufen, so ist doch nicht ausgeschlossen, daß hier das Geschäft als mit der clausula rebus sic stantibus abgeschlossen zu gelten hat. Das Reichsgericht (50 S. 257, 60 S. 59) hat anerkannt, daß es sich in §§ 321, 610 zwar um die singuläre Normierung lediglich zweier besonders gearteter Verhältnisse handelt; daß aber trotzdem für jeden nicht hierunter fallenden Tatbestand unter Berücksichtigung des § 346 HGB. und des § 157 BGB. zu prüfen sei, ob nicht nach der Absicht der Parteien der Rücktritt zulässig ist. Nach der Auffassung des Handelsverkehrs ist aber bei Geschäften der hier fraglichen Art der Widerruf der Leistungszusage infolge wesentlicher Verschlechterung der Vermögensverhältnisse des Versprechensempfängers zulässig (ROHG. 23 S. 137). Es liegt auf der Hand, daß sich diese Auffassung nach Inkrafttreten des BGB. nicht geändert hat. So bestätigen denn auch die Sachverständigen, daß der Zusammenbruch der

[1] Die Abrede, daß das auf dem Grundstücke noch stehende Holz an X. verkauft sei und vom Verkaufe ausgeschlossen werde, kann als eine nicht wesentliche Vertragsbestimmung mündlich getroffen werden (Entsch. d. RG. vom 26. Oktober 1904 V 114/04).

Firma X. die Beklagte zur sofortigen Rücknahme ihrer Kreditzusage berechtigen müsse. Das Reichsgericht selbst (Entsch. 60 S. 60) aber hat ausgesprochen, daß die Kreditzusage unter der stillschweigenden Bedingung unveränderter Kreditwürdigkeit des anderen Teiles stehe. Zwar beschäftigt es sich daselbst mit der Frage, ob der Versicherte bei eintretender Insolvenz des Versicherers rücktrittsberechtigt ist, d. h. also an sich mit einer nach EG. Art. 75 bislang noch unter dem alten Rechte stehenden Materie. Es geht aber aus den Ausführungen, insbesondere der Anführung der einschlägigen Bestimmungen des BGB., unzweideutig hervor, daß es die Streitfrage nach neuem Recht hat entscheiden wollen. M. M.

f) **Versicherung „zugunsten der Rechtsnachfolger". Auslegung der §§ 372, 380.**

α) OLG. Hamburg, IV. ZS. Urteil v. 22. Juni 1906.

Der hier fragliche [Lebens-]Versicherungsvertrag ist nicht als ein Vertrag zugunsten Dritter anzusehen. Mag eine Versicherung „zugunsten der Erben" neuerdings fast allgemein als ein Vertrag angesehen werden, aus dem unmittelbar den Erben ein Anspruch erwachse, so ist doch vorliegend die Versicherung nicht einmal zugunsten der Erben, sondern noch farbloser und unbestimmter zugunsten der Rechtsnachfolger genommen. Hieraus und aus den Umständen, unter denen X. die Versicherung genommen hat, hat der Vorderrichter mit Recht gefolgert, daß es X. nicht in den Sinn gekommen ist, seiner Witwe oder sonst jemandem eine Zuwendung zu machen, sondern lediglich darum, auf Grund der Police ein Darlehn bei dem Kreditverein zu erlangen. Demgemäß fiel der Überschuß der Versicherungssumme über die Forderung des Kreditvereins mit dem Tode des X. auch nicht auf Grund des Vertrages an einen bestimmten Dritten in die Konkursmasse.

Der Beklagten [Versicherungsgesellschaft] gereicht es sodann nicht zum Vorwurf, wenn sie die Rechtslage nicht für zweifellos angesehen und deshalb vorgezogen hat, den vom Kreditverein nicht beanspruchten Restbetrag der Versicherungssumme zu hinterlegen. Wenn nach § 372 die Ungewißheit über die Person des Gläubigers „nicht auf Fahrlässigkeit beruhen" darf, so ist das nicht dahin zu verstehen, daß auch eine beim Vertragsschluß vorhandene Fahrlässigkeit, infolge deren die Person des späteren Forderungsberechtigten nicht scharf genug bezeichnet wurde, genügend ist, um bei späterer Ungewißheit das Recht zur Hinterlegung auszuschließen. Vielmehr ist dabei nach den Gesetzesmaterialien immer nur daran gedacht worden, daß der Schuldner sorgfältig zu prüfen hat, wer sein Gläubiger ist, und zur Hinterlegung befugt sein soll, wenn er auch bei sorgfältiger Prüfung und Überlegung hierüber keine Klarheit bekommen kann. Unter diesen Umständen mag dahingestellt bleiben, ob der Beklagten überhaupt ein Vorwurf daraus zu machen ist, daß sie bei Aufnahme der Versicherung nicht darauf drang, klarzustellen, ob es sich um eine Versicherung zugunsten bestimmter Dritter im Sinne der §§ 328 ff. handelte oder nicht.

Es genügt die Feststellung, daß ihr kein Vorwurf daraus gemacht werden kann, daß sie nach Fälligwerden der Forderung die Legitimation des klagenden Konkursverwalters nicht für zweifellos erachtete. Hiernach ist die Klage, soweit sie auf Zahlung der Versicherungssumme gerichtet ist, mit Recht abgewiesen.

Dagegen kann der Beklagten darin nicht beigetreten werden, daß der Kläger auch die eventuell verlangte Erklärung der Einwilligung in die Erhebung des hinterlegten Betrags nicht oder doch zurzeit nicht beanspruchen kann. Ihre Auffassung, daß § 380 nur für die Fälle gedacht sei, in denen auf das Recht der Rücknahme nicht verzichtet ist, ist nicht richtig. Das zeigt nicht nur die ganz allgemein gehaltene Fassung des § 380 gegenüber den Eingangsworten der §§ 378, 379, sondern auch die Entstehung des § 380, wonach bei der Bestimmung sogar in erster Linie an die Fälle gedacht war, in denen auf das Recht der Rücknahme verzichtet war. Im übrigen aber lautet der § 380 ganz allgemein dahin, daß der Schuldner die Einwilligungserklärung unter denselben Voraussetzungen zu erteilen hat, unter denen er im Falle der Nichthinterlegung Zahlung zu leisten hätte. Nun hat zweifellos die Bremische Hinterlegungsstelle beim Einverständnis zwischen Gläubiger und Schuldner den hinterlegten Betrag auszukehren; andrerseits gehört der Anspruch zur Konkursmasse und die Beklagte würde demnach — falls sie nicht hinterlegt hätte — dem Kläger gegenüber zur Zahlung des Betrages verurteilt werden. Es erscheint daher unmöglich, den auf § 380 gestützten Anspruch auf Einwilligungserklärung zu versagen, ohne dabei in die ihrer Fassung nach völlig klare Bestimmung Unterscheidungen hineinzutragen, die nicht darin enthalten sind. Das Verhältnis des § 380 zum § 378 muß demnach dahin festgelegt werden, daß die nach § 378 im Fall des Verzichts auf Rücknahme eintretende Befreiung von der Verbindlichkeit durch § 380 allerdings — wie gerade der vorliegende Fall zeigt — etwas eingeengt ist. Während im übrigen die Vorschriften über die Hinterlegung auf dem Gedanken beruhen, daß der Schuldner nicht darunter leiden soll, wenn er schuldloserweise über die Person seines Gläubigers im ungewissen ist, wird hier dem Interesse des Schuldners das an sich ebenso berechtigte Interesse des Gläubigers gegenübergestellt. Diesem Interesse wird dadurch Rechnung getragen, daß dem Gläubiger, der die gerichtliche Anerkennung seiner Forderungsberechtigung erwirkt, die Möglichkeit gewährt wird, die hinterlegte Schuld so zu erheben, als wäre vom Schuldner dazu die Einwilligung gegeben. Daher hat vorliegend die Beklagte kein Recht darauf, vom Kläger zunächst den Nachweis zu verlangen, daß die übrigen für die Erhebung des Depots in Betracht kommenden Prätendenten keine Ansprüche mehr darauf erheben. Vielmehr muß ihr überlassen bleiben, falls sie für später Ansprüche befürchtet, das Bestehen dieser anderweitigen Ansprüche schon jetzt den übrigen Prätendenten gegenüber zum Austrag zu bringen. Die ZPO. gibt ihr in der Streitverkündung dafür ein sehr einfaches Mittel. Etwaigen später an die Beklagte herantretenden Prätendenten gegenüber ist übrigens die Hinterlegung nicht als völlig wirkungslos anzusehen. Durch sie ist die Beklagte an sich von ihrer Verbindlichkeit frei geworden und besonders zu keiner Zahlung mehr verpflichtet. Den Forderungsprätendenten haftet nunmehr lediglich das Depot. Gelangt es an einen der Prätendenten, so mögen andere Prätendenten eventuell später von ihm Herausgabe wegen ungerechtfertigter Bereicherung beanspruchen können. Für den Schuldner ist die Sache mit der Auskehrung des Depots endgültig erledigt, und ein Anspruch späterer Prätendenten gegen ihn könnte nur dann in Frage kommen, wenn ihm bei Abgabe der Einwilligungserklärung eine Fahrlässigkeit bezüglich der Prüfung der Legitimation des Gläubigers zur Last fiele. Solche Fahrlässigkeit kann aber sicherlich dann der Beklagten niemals vorgeworfen werden, wenn die Abgabe der Einwilligungserklärung gar nicht freiwillig, sondern durch Urteil erfolgt.... M. M.

β) **Versicherung, mit der Bestimmung, daß an „die legitimierten Erben des Versicherten unter Ausschluß seiner Nachlaßgläubiger und des Fiskus" gezahlt werden solle.**

OLG. Cassel, I. ZS. Urteil v. 29. Juni 1906.

Daß nach dem Willen des Erblassers die Versicherungssumme keinen Teil des Nachlasses bilden soll, wird außer Zweifel gestellt durch die Bedingungen, wonach die Nachlaßgläubiger daran keinen Teil haben sollen. Dies ist rechtlich nur dann möglich, wenn eben die Versicherungssumme nicht zum Nachlaß gehört; denn das Recht der Nachlaßgläubiger auf Befriedigung aus dem Nachlaß konnte der Erblasser nicht einschränken. Es erkennt denn auch die Entsch. des RG. 52 S. 162, welche im Gegensatz zu der Begründung des Entwurfs über den Versicherungsvertrag in der Bezeichnung der „Erben" schlechthin als Empfangsberechtigte den natürlichsten Ausdruck des Willens findet, daß die Versicherungssumme zum Nachlaß gehören und den Erben als solchen zufallen solle, ausdrücklich an, daß auf eine andere Bedeutung der Bestimmung dann geschlossen werden könne, wenn der Versicherungsnehmer die Versicherungssumme dem Zugriff seiner Gläubiger entziehen wolle. Die Bestimmung, daß die Auszahlung an die legitimierten Erben geschehen solle, steht der hier gegebenen Auslegung nicht entgegen, da hiermit nichts weiter als der Nachweis gefordert wird, daß der den Anspruch Erhebende zur Erbschaft berufen ist. Daß endlich aus der Unbestimmtheit des Ausdrucks „Erben" kein Bedenken herzuleiten ist, hat die Entsch. des RG. 62 S. 259 dargetan. Gehört sonach der Anspruch nicht zum Nachlaß, so ist auch der Kläger nicht befugt, ihn geltend zu machen, denn das Recht des Nachlaßpflegers beschränkt sich nach § 1960 auf die Vertretung der Erben in Angelegenheiten des Nachlasses. Mit Unrecht beruft sich endlich der Kläger darauf, daß das Recht aus dem vom Erblasser geschlossenen Versicherungsvertrag fließe; denn der Erblasser hatte nur das Recht gewonnen, von der Gesellschaft die Zahlung der Versicherungssumme an den Dritten zu verlangen, er selbst hatte kein Bezugsrecht. Fs.

g) **Aufrechnungsvertrag. Verjährung.**

OLG. Colmar, III. ZS. Urteil v. 20. März 1906.

Der Beklagte wendet ein, er brauche für die Bezahlung der Waren nicht einzustehen, die die Emma R., seine jetzige Ehefrau, mit welcher er damals gemeinsamen Haushalt führte, in der Spezereihandlung des Klägers gekauft hat. Allein nach der ganzen Art, wie er mit den Schwestern Emma und der Anna zusammenlebte, ist er sowohl nach innen als auch nach außen als Haushaltungsvorstand zu betrachten. Der gemeinsame Haushalt wurde vor der Heirat des Beklagten genau in derselben Weise geführt wie nachher. Da er aber zugibt, für die nach seiner Verheiratung von der Emma R. bestellten Waren aufkommen zu müssen, trifft ihn diese Verpflichtung auch für die vorher bezogenen Waren. Überdies hat er sich auch einmal eine Mietzinsschuld der R. auf eine ihm gegen den Hausherrn zustehende Forderung aus Malerarbeiten anrechnen lassen, eine Tatsache, die nur durch die Annahme erklärt werden kann, daß er sich zur Begleichung des Mietzinses verpflichtet fühlte. Sonst hätte er sich auch gegen das Rechnungsbuch des Klägers, welches die Aufschrift K. und R. trug, ihn also als einen zur Zahlung der Waren Verpflichteten erscheinen ließ, verwahrt.

Die streitige Forderung ist auch nicht verjährt. Zwar kann der Kläger sich nicht auf den Schutz des § 390 berufen. Denn im Falle des § 390 Satz 2 muß derjenige, dessen Forderung verjährt ist, die Aufrechnung erklären, nicht aber, wie hier der Gegner des Inhabers der verjährten Forderung. Vielmehr würde, wenn man eine einseitige Aufrechnungserklärung des Beklagten für gegeben erachten wollte, § 396 anzuwenden sein, da auf beiden Seiten sich mehrere zur Aufrechnung geeignete Forderungen gegenüberstehen. Wollte sich der Kläger aber auf den § 396 berufen, so hätte er, da der Beklagte von dem Recht, die gegeneinander aufzurechnenden Forderungen zu bestimmen, hinsichtlich der Forderungen des Klägers Gebrauch gemacht hat, das ihm im § 396 eingeräumte Widerspruchsrecht ausüben müssen, wenn er nicht damit einverstanden sein wollte, daß der Beklagte die streitige Forderung von 65 Mark von der Aufrechnung ausschloß und infolgedessen die fragliche Forderung überhaupt nicht zur Aufrechnung gelangte. Dieses Widerspruchsrecht wurde dem Gegner des Aufrechnenden eigens zu dem Zwecke gegeben, um ihn der Vorteile des § 390, deren er andernfalls bei Erklärung der Aufrechnung durch seinen Gegner jedesmal verlustig gehen mußte, teilhaftig werden zu lassen.

Allein es ist überhaupt nicht die einseitige Aufrechnungserklärung im Sinne des § 387 ff. maßgebend, vielmehr haben die Parteien einen Aufrechnungsvertrag des Inhalts abgeschlossen, daß das Guthaben des Beklagten aus der Ausführung von Malerarbeiten für den Kläger zur Bezahlung des Guthabens verwendet werden sollte, das dem letzteren aus den Warenlieferungen an ersteren zustand. Die Erfahrung des täglichen Lebens lehrt, daß gerade kleine Geschäftsleute, wie die Prozeßparteien, in der Mehrzahl der Fälle die Bezahlung ihrer Schulden und Einforderung ihrer Guthaben dadurch bewerkstelligen wollen, daß sie ihre beiderseitigen Leistungen miteinander verrechnen, statt sich die ganzen Beträge jedesmal in bar auszahlen zu lassen. Es ist auch allgemein bekannt, daß vielfach ein Gläubiger seinem Schuldner nur deshalb Arbeiten überträgt, um auf diese Weise zu seinem Gelde zu kommen. Mit der Annahme eines Aufrechnungsvertrags stimmt das Verhalten des Beklagten vollkommen überein. . . . Frdthl.

h) **Welches örtliche Recht gilt für die Form der Zession?**

α) Kammergericht, XI. ZS. Urteil v. 5. Oktober 1906.

Bei Prüfung der Frage, nach welchem örtlichen Recht eine Zession zu beurteilen ist, muß die formelle und die materielle Seite scharf auseinander gehalten werden. Hier interessiert nur die formelle Seite, besonders die Frage der Voraussetzungen des Zessionaktes. Dabei kommt das Recht des Ortes zur Anwendung, wo die Zession vorgenommen wurde (vgl. Böhm, Räumliche Herrschaft der Rechtsnormen S. 121). Dieser Ort war hier Wien, so daß österreichisches Recht, nämlich § 1395 A. BGB., maßgebend ist. F.

β) **Fiduziarische Forderungsabtretung.**

OLG. Dresden, II. ZS. Urteil v. 28. Mai 1906.

Wenn der neue Gläubiger verpflichtet wird, die abgetretene Forderung beizutreiben und den Erlös, soweit er seinen eigenen Anspruch überschreitet, dem Abtretenden herauszugeben, so berührt diese Abrede die Wirksamkeit der Abtretung in keiner Weise, letztere bleibt wirkliche Verfügung und stellt sich durchaus nicht als Scheinzession dar (Staudinger § 398 Nr. 5). Der neue Gläubiger ist gerade so berechtigt und verpflichtet, die Forderung einzuziehen, wie derjenige, der sich eine Forderung seines Schuldners lediglich zur Einziehung hat überweisen lassen, §§ 836, 842 ZPO. Dem Schuldner aber kann ganz gleichgültig sein, wie sich der neue Gläubiger mit dem Abtretenden auseinandersetzt. Eine ganz andere Frage ist die, ob einem Gläubiger, der die Forderung ganz oder teilweise als Treuhänder erworben hat, der § 405 BGB. zugute komme. Dr. v. F.

i) **Übernahme einer Gesamthypothek durch den Käufer.**

OLG. Cassel, I. ZS. Urteil v. 20. Februar 1906.

Der Beklagte, welcher von dem Kläger die Grundstücke 1. 2. 3 kaufte, übernahm auf den Kaufpreis eine auf den Grundstücken gegen halbjährige Kündigung eingetragene Hypothek von 13000 Mark. Diese Hypothek ist noch nicht gekündigt und ruht auch auf den Grundstücken 5 und 6, die der Kläger unter Gewähr der Pfandfreiheit anderweit verkauft hat. Der Kläger hält den Beklagten für verpflichtet, die Grundstücke 5 und 6 von der Hypothek zu befreien. Er wurde jedoch abgewiesen. Gründe:

Da die Bestimmung wegen der 13000 Mark bezweckt, daß damit eine teilweise Befriedigung des Verkäufers herbeigeführt werden soll, so kann sie nur den Sinn haben, daß fortan nicht mehr der Verkäufer zur Zahlung der hypothekarischen Forderung verpflichtet sein soll; vielmehr soll der Käufer an seine Stelle treten und bewirken, daß der Verkäufer von den Gläubigern nicht herangezogen werde. Es liegt also die Vereinbarung einer Schuldübernahme im Sinne der §§ 415, 516 vor. Beide Teile haben nichts getan, um die Genehmigung des Gläubigers zur Schuldübernahme herbeizuführen, und deshalb ist der § 415[3] anzuwenden. Solange nicht der Gläubiger genehmigt hat, ist im Zweifel der Übernehmer dem Schuldner gegenüber verpflichtet, den Gläubiger rechtzeitig zu befriedigen. Unter dieser Befriedigung ist nach der auf die Sprachgesetze gegründeten Auslegung diejenige zu verstehen, die dem Gläubiger gegenüber erfolgt (arg. § 2166). Daß dies auch die Absicht des Gesetzgebers ist, ergibt die Entstehungsgeschichte. Die Frage war nach früherem Recht streitig. Während das ObTr. (Entsch. 19 S. 203, 77 S. 171; Striethorst 85 S. 363) ausführte, daß der Übernehmer die Befreiung des Veräußerers erst herbeizuführen brauche, wenn der Gläubiger die Bezahlung der übernommenen Schuld fordern könne und fordere, hat es in Striethorst 2 S. 292, 93 S. 8; Rechtf. 1 S. 292 den Schuldner zur Befreiung schon in dem Zeitpunkt für verpflichtet erklärt, wo der Gläubiger gezwungen werden könne, die Zahlung anzunehmen, und dabei ausgesprochen, daß auch ohne besondere Vertragsbestimmung der Übernehmer diesen Zeitpunkt durch Kündigung, sobald eine solche zulässig sei, herbeiführen müsse. Dieser Ansicht hat sich das Reichsgericht (JW. 1886 S. 359, 1892 S. 70; Gruchot 31 S. 936, 1050; 32 S. 956, 964) angeschlossen. Sie wird auch für das BGB. vertreten von Oberneck, Grundbuchr. § 149 N. 6. Indessen kann sie für dieses Recht nicht als richtig erachtet werden. Es hat nicht einmal der Schuldner-Veräußerer das Recht, die Forderung durch Kündigung fällig zu machen, da in seinem Verhältnis zum Übernehmer die Schuld als dessen Schuld gilt (Motive 2 S. 415; Turnau-Förster Bd. 2 zu §§ 414ff), und er vertragswidrig handeln würde, wenn er gegen den Willen des Übernehmers auf die übernommene Schuld einwirkt. Gerade die Möglichkeit, statt der Barzahlung des Kaufpreises eine Hypothek zu übernehmen, bestimmt oft den Käufer zum Vertragsschluß. Es ist deshalb auch ein Antrag, wonach der Übernehmer verpflichtet werden sollte, „dem Schuldner die Befreiung von der bisherigen Verpflichtung zu verschaffen", aus diesem Grunde abgelehnt (vgl. Prot. 1 S. 406, 411). Wenn nun auch dieser Rechtssatz nur im Zweifel gilt, so ist doch seine Anwendung hier geboten, weil keine Bestimmung der Parteien vorliegt, die eine Abweichung von dem Regelfall des Gesetzes geboten erscheinen ließe.... Allerdings haftet die Hypothek nicht nur auf den erkauften, sondern auch auf den jetzt in Betracht kommenden Grundstücken. Allein weder aus dem Vertrag noch aus dem Gesetz ergibt sich für diesen Fall eine Steigerung der Verpflichtungen des Beklagten. Fs.

k) **Kauf eines Automobils inkl. Fahrenlernen.**

OLG. Hamburg, II. ZS. Urteil v. 10. Mai 1906.

Der Kläger hat sein gebrauchtes Automobil dem Beklagten mit der Beredung verkauft, daß er ihn so lange unterrichten werde, bis er den Fahrschein erhalte. Solcher Erfolg ist nicht erzielt worden, weil der Beklagte, nachdem er auf der Probefahrt einen Unfall erlitten hatte, sich geweigert hat, weiteren Unterricht zu nehmen. Das Landgericht erachtet diese Weigerung für begründet, weil der Kläger sich unfähig zum Unterricht im Fahren gezeigt habe, und weil dem Beklagten nicht zugemutet werden könne, weiter Automobil zu fahren. Sei aber dem Kläger die vertragliche Leistung: das Automobilfahren beizubringen, unmöglich geworden, so verliere er den Anspruch auf die Gegenleistung, d. h. die Bezahlung des Kaufpreises.

Diese Ausführungen entsprechen weder der Sachlage noch dem geltenden Rechte. Nimmt man zugunsten des Beklagten an, daß der Kaufpreis erst fällig wurde, wenn der Unterricht erfolgreich geleistet war, so hat es doch nicht der Kläger zu vertreten, daß dies noch nicht geschehen ist. Er hat den Unterricht begonnen und sich wiederholt bereit erklärt, ihn fortzusetzen. Wäre er auch kein geeigneter Lehrer, so würde, da nicht erkennbar ist, daß gerade seine Persönlichkeit für die Art des Unterrichts maßgebend wäre, der Beklagte allenfalls haben verlangen können, daß ihm ein anderer geeigneter Lehrer gestellt werde. Das will er nicht; er will vielmehr frei sein vom Unterricht und damit von dem Kauf, weil er verständigerweise das Fahren aufgeben wolle und damit die Leistung der Unterrichtserteilung unmöglich geworden sei. Würde es sich hier wirklich um die Unmöglichkeit einer Leistung handeln, so wäre nicht zu verstehen, warum die Unmöglichkeit dieser Nebenleistung ohne weiteres zur Folge haben sollte, daß auch für die nicht unmöglich gewordene Hauptleistung, die Übergabe des Automobils, der Anspruch auf die Gegenleistung (die Zahlung) verloren gegangen sein sollte. Der § 323 bestimmt derartiges nicht einmal für den Fall teilweiser Unmöglichkeit: selbst dann mindert sich nur die Gegenleistung nach Maßgabe der §§ 472, 473. Es ist aber überhaupt irrig, hier davon zu sprechen, daß dem Kläger eine geschuldete Leistung unmöglich geworden sei. Der Kläger ist nach wie vor bereit und imstande Unterricht zu erteilen oder erteilen zu lassen. Daß dies nicht geschieht, liegt nicht daran, daß solche Unterrichtserteilung unmöglich geworden ist, sondern daran, daß der Beklagte den angebotenen Unterricht nicht entgegennehmen will. Das Hindernis liegt somit nicht auf der Seite des Schuldners, sondern auf der des Gläubigers. Der Kläger hat zwar den Unterricht zu erteilen, er ist aber nicht berechtigt, die Abnahme des Unterrichts zu verlangen, und demgemäß besteht hier keine Verpflichtung des Beklagten zur Abnahme, wie sie nach § 433² für den Käufer (Entsch. d. RG. 53 S. 162) und nach § 640¹ für den Besteller des vertragsmäßig hergestellten Werks regelmäßig besteht. Daraus ergibt sich, daß die Vorschriften über die Unmöglichkeit der Leistung des Schuldners (§§ 279ff., 323ff.) nicht Platz greifen, sondern die §§ 293ff. über den (in einem besonderen Titel behandelten) Gläubigerverzug. Hier hat der Schuldner die Leistung wörtlich angeboten, was nach § 295 genügt, weil „eine Handlung des Gläubigers erforderlich ist," nämlich die Entgegennahme der geschuldeten Unterrichtserteilung (§ 642[1]). Weshalb der Beklagte den Unterricht nicht entgegennimmt, insbesondere ob er nicht sehr verständig handelt, wenn er das Automobilfahren mit Rücksicht auf seine Gesundheit und sein Alter aufgibt, ist für die Frage des Gläubigerverzugs ohne Bedeutung (§ 293; vgl. dagegen § 285 für den Schuldnerverzug).

l) **Reduktionsvorbehalt für eine Lieferung bei Mißernte.**

OLG. Dresden, II. ZS. Urteil v. 27. April 1906.

Wenn das LG. das Verhältnis, nach dem die Beklagte bei Eintritt einer Mißernte die dem Kläger zu machende Bohnenlieferung „entsprechend kürzen" konnte, nach dem Verhältnisse der den Abnehmern der Beklagten vertragsmäßig zugesagten Gesamtmenge zu der von der Beklagten verarbeiteten Ernte bestimmt, so läßt diese Bestimmungsart die Rechte des Klägers abhängig sein von individuellen in der Person der Beklagten liegenden Umständen, während sie unabhängig davon zu begrenzen sind. Wäre die Auffassung des LG. richtig, so würden die Ansprüche des Klägers von dem für das Rechtsverhältnis der Parteien an sich gleichgültigen Umstande beeinflußt werden, wieviel Abschlüsse die Beklagte mit anderen Käufern gemacht hat. Je nachdem diese Abschlüsse sich nach dem Abschlusse mit dem Kläger vermehrt haben würden, würden sich die Rechte des Klägers vermindert haben. Bei einer Ernte von 100 Zentnern z. B. und gleichen Abschlüssen würde die Beklagte trotz einer Mißernte nichts kürzen dürfen. Den objektiven Reduktionsmaßstab bildet hier vielmehr das Verhältnis zur *allgemeinen* Mißernte.... Dr. v. F.

m) **§ 440² gilt auch dann, wenn der Nachmann des Käufers die Sache herausgegeben hat.**

OLG. Hamburg, V. ZS. Urteil v. 16. Mai 1906.

Der Beklagte hält den § 440² nur dann für anwendbar, wenn der *Käufer selbst* die ihm verkaufte und übergebene Sache einem Dritten mit Rücksicht auf dessen Recht herausgab; denn es würde eine große Unsicherheit im Verkehr geschaffen, wenn die Haftung des ersten Verkäufers einer gestohlenen Sache auch in dem Falle bestünde, daß ein späterer Nachmann seines Käufers die Sache dem Bestohlenen herausgegeben habe. Allein bei Erlaß des § 440² leitete der Gesichtspunkt, daß der Verkäufer dafür einstehen soll, daß der Käufer das ihm nach § 433 zu verschaffende Eigentum auch wirklich erhält, daß es indessen zu vermeiden sei, daß der Käufer eine Entschädigung wegen des Rechtsmangels empfängt und gleichzeitig im Genusse der Sache verbleibt, und daß deshalb, soweit bewegliche Sachen in Frage kommen, ein Anspruch auf Schadensersatz dem Käufer nur im Fall der Durchführung der Entwehrung gegeben werden solle. Dementsprechend hatte auch der zu I §§ 370—380 gestellte Antrag § d dahin gelautet, daß der Anspruch zustehen solle, „wenn die Sache dem Dritten mit Rücksicht auf dessen Recht herausgegeben ist". Es war also kein Unterschied gemacht je nachdem der Käufer selbst oder dessen Nachmann die Sache herausgegeben hatte. Diesen Antrag hat aber die Kommission angenommen, ohne daß von irgend einer Seite auf eine solch unterschiedliche Behandlung hingewiesen wäre. Erst bei Redaktion ist die jetzige Fassung in das Gesetz gekommen. Deshalb kann nicht wohl zweifelhaft sein, daß der Gesetzgeber trotz des Wortlautes den Anspruch dem Käufer in allen Fällen hat geben wollen, in denen ein Dritter auf Grund seines besseren Rechts die Herausgabe der Sache erlangt hat, einerlei, ob der Käufer selbst oder sein Nachmann, dem er wieder haftete, die Sache herausgegeben hat.

Bei der engen Auslegung des § 440² könnte ohne Schwierigkeit der Anspruch des ersten Käufers dadurch gesichert werden, daß sein Nachmann, sobald ein Dritter Rechte geltend macht, die Sache zunächst dem ersten Käufer und dieser sie sodann dem Dritten herausgibt. Es würde keinen Sinn haben, im Falle eines derartigen Umweges eine andere rechtliche Beurteilung der Sache eintreten zu lassen, als wenn der Nachmann die Sache unmittelbar dem Dritten herausgibt. Auch ein Zusammenhalt der ersten mit der dritten Alternative des § 440² spricht für die hier gebilligte Auslegung, denn auch im Falle des Unterganges der Sache, einerlei, ob bei dem ersten Käufer oder einem Nachmann, kann der Käufer Schadensersatz verlangen. Irgend ein Umstand, welcher für eine andere rechtliche Behandlung dieses Falles als desjenigen der Eviktion spräche, ist nicht erfindlich.

Ist aber die Schadensersatzpflicht begründet, so hat der Verkäufer den Zustand herzustellen, der bestehen würde, wenn er dem Käufer das Recht an der Sache tatsächlich verschafft hätte. In diesem Fall würde der Käufer um denjenigen Betrag reicher sein, den er als Schadensersatz seinem Nachmann hat zahlen müssen. Dieser konnte Ersatz desjenigen Wertes verlangen, welchen das Pferd zur Zeit der Herausgabe an den Bestohlenen hatte, denn um so viel würde er reicher gewesen sein, wenn er das Tier nicht hätte herausgeben müssen. M. M.

n) **Versendungspflicht des Verkäufers.**

OLG. Braunschweig, II. ZS. Urteil v. 31. Mai 1906.

Der Beklagte in B. hat der in Magdeburg wohnhaften Klägerin „bahnfrei B. oder W. nach ihrer Wahl" Roggen verkauft, wovon die erste Rate im September geliefert werden sollte. Er hat am 1. September Abnahme in B. gegen Kasse verlangt, dieses Verlangen am 4. mit Rücktrittsandrohung und Nachfristsetzung bis zum 5. wiederholt und dann seinen Rücktritt erklärt. Die Klägerin, welche auf Anfordern der Gegenseite am 2. September 300 leere Säcke nach B. eingesandt, zugleich auch Versendung des Roggens an ihre Adresse in Burg beordert hatte, beansprucht die unstreitige Preisdifferenz des Roggens mit 300 Mark, sowie 1,20 Mark Sackfracht, und 14,40 Mark Sackmiete. Aus den Gründen:

War Beklagter vertraglich gebunden, der Klägerin den Roggen bahnfrei B. oder W. zu liefern, ohne daß zwischen ihnen Abnahme gegen Kasse in B. oder W. vereinbart war, so fragt es sich, ob Beklagter letzteres gleichwohl verlangen konnte. Erfüllungsort war für letzteren jedenfalls B. (§ 269), und in Ermangelung eines Zahlungsziels war Zug um Zug zu leisten (§§ 433, 320, 322). Gleichwohl ist die Frage zu verneinen, da es sich hier um ein Distanzgeschäft handelt. Letzteres ergibt sich nicht nur aus der Verschiedenheit des Ortes der Handelsniederlassungen der Parteien, sondern ganz unzweideutig auch noch daraus, daß sie durch die Vertragsklausel „bahnfrei ..." die Übersendung der Ware von vornherein ins Auge gefaßt haben. Nun ist es aber ein anerkannter Handelsgebrauch, daß bei Distanzgeschäften vom Käufer erst am Bestimmungsorte gegen Ablieferung der Ware gezahlt zu werden braucht (Bolze 10 S. 347; JW. 1891 S. 134; Seuffert 49 S. 110; Posen Rsp. 2 S. 250; Karlsruhe das. 3 S. 91; Hamburg das. 4 S. 26; auch Lehmann-Ring § 376 Nr. 10 u. a.). Beklagter bestreitet das auch gar nicht mehr. Er meint nur, daß er in diesem Falle Zahlung bereits in B. deshalb habe verlangen können, weil die Klägerin unberechtigt Versendung an ihre Adresse in Burg und nicht in Magdeburg verlangt habe. Aber diese Schlußfolgerung ist unrichtig. Selbst wenn Klägerin nur die Übersendung an den Ort ihrer Handelsniederlassung hätte beanspruchen können, würde sich daraus, daß sie dem Beklagten einen anderen Bestimmungsort aufgab, noch nicht ergeben haben, daß er Abnahme gegen Kasse in B. hätte verlangen können. Vielmehr würde die Folge einer unrichtigen klägerischen Order doch nur die gewesen sein, daß er Abnahme gegen Kasse in B. oder Übersendung nach Magdeburg zur Wahl stellte und erst, nachdem auch letzteres abgelehnt war, den Rücktritt erklärte. Allein das Verlangen der Klägerin war auch gar nicht unberechtigt. Freilich besteht bei Distanzkäufen keineswegs gesetzlich die Versendungspflicht des Verkäufers und folgt auch nicht aus § 447, sondern muß in jedem Falle durch besondere Vertragsabrede oder durch Handelsgebrauch begründet sein (Bolze 19 S. 560; Denkschrift zum HGB. S. 229; Düringer-Hachenburg, HGB. 3 S. 21, 316). Indessen hat sich auch tatsächlich bei Distanzkäufen aus der anfänglichen bloßen Verkehrssitte längst als ganz allgemeiner Handelsgebrauch die Pflicht des Verkäufers herausgebildet, die Ware auch ohne vorgängige Abrede dem Käufer nicht nur an den Ort seiner Handelsniederlassung, sondern auf Verlangen auch an jeden sonstigen Bestimmungsort zu senden, sofern darin nur keine unbillige Zumutung gegen den Verkäufer zu erblicken ist. Muß demnach von der Existenz eines solchen, auch in B. geltenden Handelsgebrauchs ausgegangen werden, so ist es hier ohne Bedeutung, ob dieser den Beklagten auch bei Unkenntnis schlechthin band (JW. 1897 S. 243[52]; Karlsruhe in D. JZ. 1905 S. 176[1]) oder ob er ihm nur dann als unterworfen galt, wenn er ihn beim Vertragsabschlusse tatsächlich kannte oder wenigstens hätte kennen müssen (JW. 1903 S. 9[22], „Recht" 1903 S. 582). Denn jedenfalls fehlte es ihm nicht an der Möglichkeit der Erkundigung. Von dieser aber hätte er als sorgsamer Kaufmann Gebrauch machen müssen, ehe er sich auf einen Distanzhandel einließ. Durfte er mithin nicht auf Abnahme gegen Kasse in B. bestehen, so wird hieran auch nichts dadurch geändert, daß die Klägerin Versendung nach Burg an ihre Adresse beordert hatte. Allerdings hat sie daselbst keine Niederlassung, war aber jederzeit in der Lage, jemanden dort mit der Annahme und Zahlung für sie zu beauftragen. Anderseits wurde Beklagter nicht der Möglichkeit beraubt, zur Wahrung seines Rechts, die Ware nur gegen Zahlung am Bestimmungsort auszuliefern, den Roggen an einen Spediteur in Burg zu senden mit der Anweisung, die Ware der Klägerin oder deren Vertreter zur Prüfung vorzuzeigen und gegen Zahlung auszuhändigen (ROHG. 18 S. 321). Die Klägerin verlangt Frachtkosten nur für die Rücksendung der leeren Säcke, nachdem diese vergeblich in B. gelagert hatten. Diese Unkosten würden nicht entstanden sein, wenn Beklagter vertragsmäßig in den von ihm angeforderten Säcken den Roggen auch wirklich geliefert hätte. Diesen Schaden hat er also zu tragen. Anders liegt es mit der geforderten Sackmiete. Ein Handelsgebrauch spricht solche zwar unter Umständen dem Verkäufer zu, wenn er dem Käufer die Säcke stellt (ROHG. 19 S. 303). Einer Ausdehnung auf andere Rechtsbeziehungen, wie sie hier in Frage stehen, ist aber dieser Handelsgebrauch nicht fähig (Zeitschr. f. Rechtspfl. 42 S. 228 Nr. 196). Allerdings haben durch die unbegründete Erfüllungsweigerung des Beklagten, also durch einen von ihm zu vertretenden Umstand, die Säcke ungenutzt in B. lagern müssen. Einen Schadensersatz würde die Klägerin jedoch dafür nur dann fordern können, wenn sie dadurch einen nachweisbaren Schaden auch wirklich gehabt hätte, daß sie z. B. zwecks Vornahme eines Deckungskaufs oder eines sonstigen Handels andere Säcke in jener Zeit hätte mieten oder anderswie entgeltlich hätte erwerben müssen. H.g.

o) **Umsatzsteuer, Ersatzanspruch des Käufers.**

Kammergericht, XIV. ZS. Urteil v. 3. Mai 1906.

Im Kaufvertrag ist nicht bestimmt, wer die Umsatzsteuer zu tragen hat. Nach der Steuerordnung haften für sie der Veräußerer und der Erwerber als Gesamtschuldner (OVG. 30 S. 77; 35 S. 50). Der Kläger haftet danach der Gemeinde für die ganze Steuer, kann aber nach § 426 verlangen, daß die Beklagten ihn in Höhe der Hälfte von der Steuerschuld befreien, sofern eine Steuerpflicht überhaupt besteht und über die Pflicht, sie zu tragen, zwischen den Parteien nichts anderes verabredet ist.

Die Beklagten bestreiten die Rechtsgültigkeit der Steuerordnung, weil sie nicht gemäß §§ 18, 77 KommunalabgG. vom Bezirksausschusse, sondern nur „namens des Bezirksausschusses vom Vorsitzenden" genehmigt sei. Dessen Zuständigkeit war aber nach § 117 LVG. gegeben. Die Genehmigung einer Steuerordnung fällt unter die „Verfügungen", welche der Vorsitzende des Ausschusses unter bestimmten, nur dem Ermessen der Verwaltungsbehörden unterliegenden Voraussetzungen ohne die hierfür nicht ausdrücklich vorgeschriebene Zustimmung des Kollegiums erlassen kann.

Die SteuerO. ist mit ihrer Verkündung in Kraft getreten und die Steuerpflicht für den vorliegenden Veräußerungsfall mit der Auflassung entstanden. Die Umsatzsteuer gehört nicht zu den Kosten, die nach § 449 der Käufer zu tragen hat. Sie gehört weder zu den Kosten der Auflassung noch des Vertrags, sondern ist eine indirekte Steuer, die bei Gelegenheit des Eigentumswechsels erhoben wird (KGBl. 02 S. 97; 99 S. 39). Sie stellt auch nicht eine auf dem Grundstücke ruhende Last dar, die der Käufer nach § 446 zu tragen hätte (RG. JMBl. 98 S. 42). Im Verhältnisse der Parteien zueinander ist daher aus einer Gesetzesbestimmung die Verpflichtung des Klägers, die ganze Umsatzsteuer zu bezahlen, nicht herzuleiten. Aber auch aus dem Vertrage ergibt sich eine solche Verpflichtung nicht. Eine Verkehrssitte, ob die Umsatzsteuer unter allen Umständen dem Käufer oder aber dem zur Last fällt, der die übrigen Kosten der Veräußerung übernimmt, hat sich bisher nicht gebildet (Rsp. 9 S. 31). Dr. S.

p) **Gefahrübergang beim Eigentumsvorbehalt.**

OLG. Jena, I. ZS. Urteil v. 16. Mai 1906.

Wann die Gefahr beim Eigentumsvorbehalt nach § 455 übergeht, ist streitig. Dernburg (2 § 171[13]), Planck (2 § 446 Note 2c) und Örtmann (§ 445 Note 5) sprechen sich dafür aus, daß die Gefahr erst mit dem Eigentum übergehe, während Kalm („Recht" 1903 S. 546) und Staudinger (§ 455 Note 8) der Ansicht sind, daß schon mit der Übergabe der Sache auch die Gefahr auf den Käufer übergehe, eine Ansicht, der auch die Praxis in einzelnen Entscheidungen z. B. JW. 1902 S. 496 (Dresden), Sörgel Rsp. 1905 S. 98 zu § 455 (OLG. Stuttgart) gefolgt ist. Dieser Ansicht war beizutreten, da der Käufer zufolge der Übergabe doch weit eher als der Verkäufer in der Lage ist, die Sache zu überwachen, da er weiter die Nutzungen der Sache genießt und daher auch billigerweise die Gefahr der Sache zu tragen hat. Diese soll nach der Regel des § 446 mit der Übergabe auf den Käufer übergehen. Beim Kauf mit Eigentumsvorbehalt bis nach Zahlung des Kaufpreises ist nicht der Kaufvertrag bedingt geschlossen, sondern nur der Eigentumsübergang an die Bedingung geknüpft, daß der gestundete Kaufpreis ganz bezahlt werde. Wenn nun nach § 433 der Verkäufer durch den Kaufvertrag verpflichtet wird, dem Käufer die Sache zu übergeben, und das Eigentum zu verschaffen, nach § 446 aber an die Übergabe der Sache der Gefahrübergang geknüpft wird, so ist nicht abzusehen, weshalb dieser Gefahrübergang im Falle eines nach § 455 abgeschlossenen Kaufvertrags nicht an die Übergabe, sondern an den Übergang des Eigentums geknüpft sein soll. Etwaige Härten, die aus dem Gefahrübergang für den Käufer erwachsen könnten, werden, worauf Kalm ganz richtig verweist, dadurch gemildert, daß der Käufer nach § 281, 323[2] das Recht hat, vom Verkäufer Herausgabe des für die untergegangene Sache erlangten Ersatzes oder Abtretung des Ersatzanspruchs z. B. gegen eine Versicherungsgesellschaft zu erlangen. Gr.

q) **Rücktritt vom Grundvertrag (Vorvertrag) wegen Nichtzahlung einiger Lieferungen.**

OLG. Hamburg, II. ZS. Zwischenurteil v. 10. Juli 1906.

Wenn auch der Beklagte mit der Zahlung der eingeklagten vier Lieferungen in Verzug war, so steht ihm doch, da nach dem Vertrage nicht Zug um Zug zu zahlen war, der § 454 zur Seite (vgl. Entsch. des RG. 50 S. 139). Allein daraus folgt zunächst nur, daß der Kläger nicht von diesen einzelnen Geschäften zurücktreten konnte, während der Streit der Parteien sich vielmehr um die Frage dreht, ob der Kläger, wenn der Beklagte mit der Zahlung der einzelnen Lieferungen im Verzuge war, um deswillen von dem bis Ende 1905 geltenden Vertrage zurücktreten durfte, inhalts dessen der Beklagte alle Bestellungen auf Rahmen lediglich dem Kläger zukommen lassen und dieser andrerseits jenen Artikel nur für den Beklagten liefern sollte. Es handelt sich also um die Frage, ob bei einem derartigen auf eine dauernde Geschäftsverbindung berechneten Vertrage, welcher für einen verwandten Fall in den Entsch. des RG. 42 Nr. 8 als Vorvertrag bezeichnet ist — der Verzug des Bestellers in der Bezahlung einzelner erfolgter und gestundeter Lieferungen den andern Teil berechtigt, von dem ganzen Vertrage nach § 326 zurückzutreten. Diese Frage ist zu ungunsten des Klägers zu verneinen. Wenn das RG. 58 Nr. 106, entsprechend der früheren Praxis, den Rücktritt vom Sukzessivlieferungsvertrage zugelassen hat, wo ein Verzug nur wegen einiger Raten vorlag, so hat es das getan auf Grund der besonderen Geschäftslage bei einem solchen Vertrage. Während es sich aber dabei um einen Vertrag handelt, bei welchem ratenweise Lieferung vereinbart ist, handelt es sich hier um einen Vorvertrag, auf Grund dessen die Parteien einen bestimmten Artikel nur unter sich zu handeln haben, so daß in Ausführung dieses Vertrags von Fall zu Fall einzelne, selbständige Kaufverträge abgeschlossen werden mußten. Der behauptete Verzug des Beklagten steht nur in Frage für derartige einzelne Kaufverträge. Nun hat aber der Beklagte nicht etwa ein derartiges Verhalten beobachtet, daß der Kläger daraus nach Treu und Glauben hätte entnehmen dürfen, der Beklagte wolle den Grundvertrag nicht erfüllen. Es handelt sich vielmehr nur darum, daß der Beklagte, der mit der Bezahlung einer Reihe von Sendungen in Rückstand war, ohne daß der Kläger deshalb während mehrerer Wochen gemahnt hätte, auf eine Mahnung sofortige Zahlung versprochen, dann aber am nächsten Tage solche zurückhalten zu wollen erklärt hat, bis die gerade damals bei ihm eingegangene Reklamation eines Kunden erledigt sein würde. Der Kläger hat, statt, wie es seine vertragliche Pflicht gewesen wäre, auf die Sache einzugehen, die „Reklamation mit Entrüstung" zurückgewiesen und den Abbruch aller Beziehungen angedroht. Das Verhalten des Beklagten konnte allenfalls Anlaß geben, abgesehen von der Klage auf Zahlung, die noch nicht effektuierten Orders zurückzuhalten und etwa noch eingehende Orders zurzeit nicht auszuführen. M. M.

r) **Haftung des Verkäufers aus Zusicherungen.**

OLG. Braunschweig, I. ZS. Urteil v. 20. April 1906.

Die Kläger haben von dem Beklagten dessen Grundstück mit dem darin betriebenen Kohlengeschäfte am 29. Juli gekauft und am 1. Oktober aufgelassen erhalten. Sie verlangen Wandlung ev. Minderung, weil der Beklagte über den Jahresumsatz des Geschäfts, die Mieterträge des Hauses und über dessen Brandversicherungswert falsche Zusicherungen gemacht habe.

Aus den Gründen:

Der unbestimmte Wortlaut „Jahresumsatz" nötigt nicht, den von den Klägern zum Vergleich herangezogenen Umsatz aus dem letzten Kalenderjahr vor dem Vertragsschlusse oder aus einem unmittelbar vor dem Vertragsschlusse liegenden Jahresabschnitte als zugesichert anzusehen. Auf welchen Zeitraum die Zusicherung eines Jahresumsatzes zu verstellen ist, und ob und inwieweit dieser Begriff durch die Ergebnisse eines mehrjährigen Zeitraumes bestimmt wird, kommt auf die Umstände des Einzelfalles an. Ist über den jährlichen Umsatz eines Erwerbsgeschäfts ein zutreffendes Urteil nur zu gewinnen, wenn die Ergebnisse mehrerer Jahre in Rechnung gezogen werden, so kann dem Verkäufer kein Vorwurf daraus gemacht werden, wenn er sich nicht auf das letzte der Vergangenheit angehörige Jahr beschränkt, sondern aus einem weiteren, den richtigen Anhalt bietenden Zeitraume den Durchschnitt angibt. Für den Käufer bedeutet die Zusicherung, daß er aus dem in der Vergangenheit erzielten Umsatze auf die in Zukunft zu erwartenden Erträge schließen kann.

Nach dem Vertrag bringt das Haus jährlich 1700 Mark Miete. Tatsächlich haben sich aber die Mieteinkünfte zur Zeit des Vertrages nur auf 1400 Mark belaufen, weil der früher für 300 Mark vermietet gewesene Laden von der im Geschäfte tätigen Nichte des Beklagten unentgeltlich benutzt wurde. Die Kläger haben dies aber noch vor der Auflassung erfahren, ohne bei dieser sich ihre Rechte wegen des Mangels vorzubehalten. Sie können daher nach § 464 ihre Klagansprüche auf den Mangel des Mietwerts nicht stützen und zwar selbst dann nicht, wenn sie arglistig getäuscht sein sollten. Denn auch der arglistig getäuschte Käufer verzichtet, wenn er die mangelhafte Sache in Kenntnis des Mangels vorbehaltslos annimmt, auf die ihm, sei es aus dem Vertragsverhältnisse, sei es aus dem rechtlichen Gesichtspunkte der unerlaubten Handlung zustehenden Ansprüche. Eine nachträgliche Geltendmachung der Ansprüche verstößt gegen Treu und Glauben und ist im Interesse des Verkehrs durch den § 464 positiv ausgeschlossen (Motive zu 486; Entsch. d. RG. 58 S. 265, 59 S. 105). Die Zusicherung über den Brandkassenwert ist zwar nicht in die notarielle Vertragsurkunde aufgenommen, allein die Vermutung, daß die Vertragsurkunde den Parteiwillen vollständig und endgültig zusammenfaßt und festlegt, ist widerlegbar (Seuffert 59 S. 151). Hier ist aus den Umständen, nämlich einerseits aus der Bedeutung, die die Kläger durch ihre Anfrage erkennbar jenem Werte beilegten, andrerseits weil sie die bloße mündliche Zusicherung des objektiv feststehenden und leicht zu ermittelnden Wertes für genügend sicher ansehen konnten und durften, zu entnehmen, daß sie auch bei und nach der schriftlichen Beurkundung des Vertrages an der mündlichen Zusicherung festgehalten haben. Es ist daher der Formmangel durch die Auflassung und Eintragung nach § 313² geheilt. Dem steht auch nicht der vertragsmäßige Ausschluß der Haftung für Fehler oder Mängel nach § 476 entgegen. Denn dafür, daß der Beklagte die vom wahren Versicherungswerte so erheblich abweichende Summe gutgläubig angab, dafür liegt nichts vor. War er sich aber auch nur der Möglichkeit einer unrichtigen Bezifferung des Wertes bewußt, so handelte er arglistig, wenn er die Erklärung ohne Vorbehalt eines Irrtums abgab; denn er handelte dann in dem Bewußtsein einer möglichen Täuschung und Schädigung der Kläger, und dies genügt zur Annahme einer Arglist, die keineswegs eine direkt auf die Schädigung des Gegners gerichtete Absicht verlangt.

Da jeder der beiden Kläger über den Brandversicherungswert getäuscht sein will, so kann der Eid alternativ, dem einen oder dem anderen, auferlegt werden. Die Eidesleistung eines der Kläger genügt aber auch zur Ausübung des Wandlungsrechts. Denn die Wandlung ist ein einheitliches Recht und kann nur von beiden Klägern gemeinsam, nicht teilweise von einem, ausgeübt werden (§ 467 i. V. § 356). Wird durch die Eidesleistung auch nur eines Klägers die die Wandlung begründende Tatsache erwiesen, so kann bei der Unteilbarkeit des Rechts die Rückgängigmachung des Kaufs von beiden verlangt werden. Aus demselben Grunde muß der Eid über den Einwand des Beklagten (Kenntnis des Mangels) von beiden Klägern geleistet werden. Denn das Wandlungsrecht kann nicht teilweise erlöschen (§ 356 Satz 2). Wird durch die Eidesweigerung auch nur eines Klägers die Wandlung für diesen ausgeschlossen, so kann auch der andere sein Recht nicht ausüben.

Jeder der Kläger verlangt endlich eine jährliche Entschädigung von 3000 Mark bis zur Rücknahme der Kaufobjekte als die Differenz zwischen dem Verdienste, den sie im ersten Geschäftsjahre tatsächlich gehabt haben und dem Verdienste, den sie gehabt hätten, wenn die Zusicherungen der Wahrheit entsprochen hätten. Jetzt haben sie noch angeführt, daß sie durch anderweite Verwertung ihrer Arbeitskraft jährlich je 3000 Mark gewonnen hätten. Welche dieser Behauptungen man auch zugrunde legt, in keinem Falle kann der Schadensersatz zugesprochen werden. Aus dem Wandlungsrechte ist die Verpflichtung des Beklagten zur Zahlung nicht herzuleiten. Denn die Wandlung geht auf Rückgängigmachung des Kaufs nach Art des Rücktritts, also daß die empfangenen Leistungen gegenseitig zurückzugewähren sind. Ersatzansprüche, die in den Wirkungen der Wandlung ihre Deckung nicht finden, können auf Grund der Wandlung nicht geltend gemacht werden. Die hier verlangten 3000 Mark bilden aber keinen Teil der zurückzugewährenden Leistungen. Nun ist es zwar zulässig, neben der Wandlung auf Grund eines dazu geeigneten besonderen Tatbestandes einen Schadensersatz zu beanspruchen. Als Grund kann hier nur die durch Täuschung über den Brandkassenwert begangene unerlaubte Handlung des Beklagten in Frage kommen. Es fehlt jedoch an dem erforderlichen ursächlichen Zusammenhange zwischen dieser Täuschung und dem behaupteten Schaden. Wären die Kläger über den Versicherungswert nicht getäuscht, so würde der Erfolg nicht der gewesen sein, daß sie den höheren Verdienst aus dem Kohlengeschäfte erzielt hätten. Denn es ist nicht einzusehen, inwiefern jene Täuschung einen Mindererertrag aus dem geschäftlichen Warenumsatz zur Folge hätte haben sollen, und weshalb die Kläger mehr verdient haben würden, wenn sie den wahren Versicherungswert gekannt hätten. Es ist aber auch nicht anzuerkennen, daß die Kläger ohne die Vorspiegelung ihre Arbeitskraft anderweit höher verwertet hätten. Zu dieser Annahme könnte man gelangen mit Hilfe der Schlußfolgerung, daß sie ohne die Vorspiegelung das Grundstück nebst Kohlengeschäft nicht erworben haben würden und daher in der Lage gewesen wären, sich den höheren Verdienst zu verschaffen. Allein die Täuschung konnte auf die Vorstellungen der Käufer nur den Einfluß haben, das Grundstück höher zu bewerten, als sie es sonst getan hätten. Es ist daher wohl anzunehmen, daß sie ohne die Vorspiegelung für das Grundstück weniger gezahlt, nicht aber, daß sie den Kauf überhaupt nicht abgeschlossen hätten. Eine solche Folgerung widerspricht jeder verständigen Erwägung.... H.g.

s) **Der Unternehmer hat die Auszahlung der im Dringlichkeitsverfahren hinterlegten Enteignungsentschädigung zu bewilligen.**

Kammergericht, XIV. ZS. Urteil v. 31. Mai 1906.

Der Unternehmer hat die ihm obliegende Entschädigungsleistung nach § 242 so zu bewirken, wie Treu und Glauben mit Rücksicht auf die Verkehrssitte es erfordern. Hier ist im Dringlichkeitsverfahren die Enteignung ausgesprochen, nachdem der Unternehmer die vorläufig festgesetzte Entschädigungssumme hinterlegt hat. Die Hinterlegungsstelle macht unter Billigung der Aufsichtsbehörde in einer durch Rechtsbehelfe nicht zu ändernden Weise die Auszahlung des hinterlegten Betrags an den Enteigneten von der Zustimmung des Unternehmers abhängig. Wenn dieser gleichwohl seine Einwilligungserklärung verweigert, so verstößt er gegen Treu und Glauben und erfüllt seine Entschädigungspflicht nicht vollständig. Da die Voraussetzungen des § 37 (vgl. §§ 47—49) EnteignG. nicht vorliegen, fehlte es an jedem Grunde, daß die vorläufig festgesetzte Entschädigung hinterlegt blieb. Der Enteignete hat auch im Dringlichkeitsverfahren einen Anspruch darauf, daß die Entschädigung, wenn sie nicht nach § 37 hinterlegt bleiben muß, ihm ausgezahlt wird, ebenso wie das Grundstück in das Eigentum und den Besitz des Unternehmers gelangt. Die Möglichkeit, daß im Rechtswege die vorläufig festgesetzte Entschädigungssumme herabgesetzt werden könnte, berechtigt den Unternehmer nicht, sie zu hinterlegen oder zurückzuhalten, oder ihrer Auszahlung an den Enteigneten zu widersprechen. Gegen eine Gefahr des Verlustes kann er sich nur durch Arrest ꝛc schützen. Da er sich im Verzuge befindet, hat er auch den durch die verspätete Einwilligung entstandenen

Schaden zu ersetzen, der in dem Unterschiede zwischen den gesetzlichen und den Hinterlegungszinsen besteht. Dr. S.

t) **Mängelanzeige vor der Ablieferung.**

OLG. Marienwerder, II. ZS. Urteil v. 9. Februar 1906.

Beklagter hat dem § 377 HGB. für die nach dem 26. Juni angelieferten Hölzer genügt. Denn an diesem Tage schrieb er dem Kläger: „Inzwischen sind die noch nicht angelieferten Hölzer infolge der warmen Witterung im Walde verschlechtert und minderwertig geworden; ich bin an Abschlüsse gebunden und deshalb genötigt, Ihnen die Hölzer abzunehmen; ich werde Sie aber für den Minderwert, den die Hölzer durch die verspätete Anfuhr erlitten haben und noch erleiden, in Anspruch nehmen." Dadurch hat er rügen wollen, daß das gesamte damals noch nicht angelieferte Holz durch das zu lange Lagern im Walde verschlechtert worden sei; diese Rüge umfaßt also auch diejenigen 2000 cbm, welche hier erheblich sind. Die Rüge ist auch genügend bestimmt. Sie bezeichnet das Holz nicht allgemein als minderwertig, sondern gibt den Grund dafür an, nämlich Verschlechterung durch das Lagern im Walde während der warmen Witterung. Das reicht um so mehr aus, als beide Parteien im Holzgeschäft sachverständig sind und daher wissen, welchen schädlichen Einfluß ein zu langes Lagern im Sommer nach dem regelmäßigen Lauf der Dinge auf das Holz hat, daß es nämlich blau, rindschälig und wurmstichig wird. Beklagter hat somit durch die gewählten Ausdrücke hinreichend deutlich gerade diejenigen Mängel gerügt, welche er auch jetzt verfolgt. Daß aber eine Rüge schon vor der Ablieferung überhaupt zulässig und wirksam ist, kann mit Grund nicht bezweifelt werden (ROHG. 15 S. 268).

Weiter ist zu prüfen, ob Beklagter seine Rechte nach § 464 BGB. verwirkt hat. Denn wenn auch in dem Regelfall, daß die Mängelanzeige nach der Ablieferung erstattet wird, eben diese Anzeige der Auffassung entgegenstehen wird, daß eine vorbehaltlose Annahme stattgefunden habe, so steht die Sache bei einer vor der Ablieferung erstatteten Mängelanzeige doch anders, und es ist die Möglichkeit nicht auszuschließen, daß, trotzdem dann dem § 377 HGB. genügt ist, gleichwohl Ansprüche wegen Mängel nicht erhoben werden können, wenn bei der Annahme kein Vorbehalt gemacht ist. Dies um so mehr, als ein lediglich vorher gemachter Vorbehalt nach dem in der Rechtsprechung überwiegend festgehaltenen Standpunkt zur Wahrung der Rechte gegenüber dem Wortlaut des § 464 BGB. nicht ausreicht. Indessen nach Lage der Sache liegt eine vorbehaltlose Annahme nicht vor. Einmal war bereits im Briefe vom 26. Juni gesagt, daß Beklagter mit Rücksicht auf seine eigenen Verpflichtungen genötigt sei, die Hölzer abzunehmen, daß er aber wegen des Minderwerts Ansprüche erheben werde; daß also Beklagter bereits vor der Abnahme erklärt hatte, daß er das Holz nur unter Wahrung seiner Ansprüche wegen der Verschlechterung annehmen werde, und daß somit eine Sachgestaltung vorliegt wie die Entsch. des RG. 58 S. 263 sie für ausreichend erklärt. In der Folgezeit hat aber der Beklagte den am 26. Juni gemachten Vorbehalt keineswegs zurückgenommen, sondern stets unzweideutig aufrecht erhalten.... H.

n) **Haftung nach vollzogener Wandlung.**

α) OLG. Dresden, II. ZS. Urteil v. 26. Oktober 1906.

Durch das rechtskräftige Urteil war die Wandlung des Pferdetauschs i. S. des § 465 vollzogen (Annalen 25 S. 63). Nach §§ 467, 346 hatten somit die Parteien die empfangenen Leistungen zurückzugewähren. Dazu gehörte insbesondere, daß die Beklagte alles das tat, was erforderlich war, um den von ihr zurückzugebenden Rappen in dem Zustande zu erhalten, in welchem er ihr vom Kläger übergeben war. Bediente sie sich hierbei der Dienste eines andern, so hat sie dessen Verschulden gemäß § 278 wie ihr eigenes zu vertreten, also nach § 276 für jede Fahrlässigkeit des X. einzustehen. Der Umstand, daß sie ihre Leute stets zu ordentlicher Behandlung des Tieres angewiesen habe, vermöchte sie nicht zu schützen, ganz abgesehen davon, daß X. sich schlechthin als Arbeiter bezeichnet und nicht die einem Pferdewärter zukommende besondere Kenntnis besitzt, so daß die Beklagte ohne besondere Unterweisung für jede einzelne Tätigkeit eine sachgemäße Behandlung des Tieres durch X. nicht erwarten konnte. Ob der Kläger wegen der nach Rechtskraft des Wandlungsurteils erfolgten Verschlechterung des Rappens Einwendungen gemäß § 767 ZPO. hätte erheben können, darf dahingestellt bleiben; jedenfalls war er nicht gezwungen, diesen Weg zu beschreiten. Sein Anspruch auf Schadensersatz wegen Verletzung des Tieres durch M. rechtfertigt sich nach §§ 347, 989, 251[1] BGB. Dr. v. F.

β) OLG. Dresden, II. ZS. Urteil v. 18. Juni 1905.

Die Klägerin hat die Zwangsversteigerung und damit die Unmöglichkeit der Zurückgabe des mangelhaften Grundstücks verschuldet. Allein schon lange vorher hat sie das Grundstück unter Bezugnahme auf die Aufkündigung einer Hypothek zur Verfügung gestellt und der Beklagte wäre, wenn er dem begründeten Verlangen nach Aufhebung des Kaufvertrags damals entsprochen hätte, in der Lage gewesen, die Zwangsversteigerung abzuwenden. Nun wurde sie zwar dadurch allein der Verantwortlichkeit in bezug auf die weiteren Schicksale des zurückzugebenden Grundstücks nicht überhoben (Entsch. des RG. 56 S. 269, 59 S. 93). Allein gegenüber dem Grundstückswerte von 102000 Mark und der Belastung mit 106000 Mark Hypotheken war es schon an sich einer so wenig kapitalkräftigen Person, wie der im Armenrechte klagenden Klägerin, sehr schwer, die Zwangsversteigerung abzuwenden. Dies gilt namentlich für die gedrückte Lage des Grundbesitzes in X., und gerade während der Besitzzeit der Klägerin fanden sich einige Mieter aus verschiedenen Gründen veranlaßt, zu kündigen und auszuziehen, ohne daß die Klägerin hieran Schuld trüge. Berechnet man zudem den Aufwand, den die Verwaltungskosten, die Lasten des Grundstücks und die Hypothekenzinsen verursachten, auf der anderen Seite die Mietzinseinnahmen, so war es der Klägerin finanziell unmöglich, die Zwangsversteigerung zu vermeiden. Dr. v. F.

v) **Mangelhaftigkeit einzelner Ballen.**

OLG. Hamburg, VI. ZS. Urteil v. 25. Oktober 1906.

Die 50 Ballen Rotklee sind zwar zu einem Gesamtpreise verkauft, bilden aber im übrigen keine einheitliche, im Sinne des Handelsverkehrs untrennbare Partie, sondern sind quantitativ teilbar. Die Beklagte kann daher an sich nur die Wandlung bezüglich der vier als vertragswidrig befundenen Ballen beanspruchen (§ 469; vgl. Düringer-Hachenburg, Komm. 3 S. 148; Staub, Komm. S. 1376 N. 142). Selbst dann, wenn bei hinreichender Untersuchung die kontraktliche Beschaffenheit eines Teils der Ware nicht festgestellt worden ist, kann dem Verkäufer in solchem Falle ein dahingehender Beweis nicht abgeschnitten werden (Bolze 8 Nr. 502). Zwar behauptet die Beklagte, daß die mangelhaften Sachen nicht ohne Nachteil für sie von den übrigen getrennt werden könnten, da die ganze Partie durch den Inhalt der vier mit Recht zurückgewiesenen Ballen diskreditiert sei. Allein durch die Beweisaufnahme hat sie von autoritärer Seite Atteste dahin erhalten, daß 46 Ballen keine Vermischung mit amerikanischen Körnern enthielten. Sie hätte selbst dieses Ergebnis von Anfang an beschaffen können, da sie aus allen 50 Ballen Proben gezogen hatte. Es ist aber nicht ersichtlich, wie sie mit solchen Attesten beim Weiterverkauf irgendwelchem Mißtrauen begegnen könnte.

Allerdings ist dem Käufer, der nach ordnungsmäßiger Untersuchung Mängel, welche auf die Unkontraktlichkeit der Partie schließen lassen, entdeckt und daraufhin diese als Ganzes zurückweist, nicht zuzumuten, die guten Teile durch eine kostspielige und zeitraubende Aussortierung von den mangelhaften Teilen zu sondern; vielmehr hat in solchem Falle der Verkäufer diese Scheidung vorzunehmen und dem Käufer die ausgeschiedenen mangelfreien Teile anzubieten (Bolze 2 Nr. 980, 5 Nr. 662, 7 Nr. 587; JW. 1896 S. 437[22], 1897 S. 13[35], 1898 S. 16[40]). Allein hier liegt kein solcher Fall vor. Die Atteste sind für jeden einzelnen, besonders gemarkten Ballen und unter Angabe der betr. Marke ausgestellt; die Aussonderung der vier Ballen ist daher überaus einfach. Der Umstand, daß die Beklagte bis zur Beweisaufnahme über die Beschaffenheit der einzelnen Ballen im unklaren war, hat zu ihren Lasten zu gehen. Wäre von vornherein die Annahme gerechtfertigt gewesen, daß die Partie eine durchaus einheitliche Beschaffenheit aufweisen würde, so könnte es zulässig erscheinen, auf Grund des Ergebnisses von Stichproben die ganze Partie aufzuschießen (Staub S. 1350 N. 15; Düringer-Hachenburg 3 S. 278d; ROHG. 7 S. 427, 12 S. 92). Allein eine solche Annahme war nicht ohne weiteres berechtigt. Der Kläger selbst war Händler, nicht Produzent; die Beklagte mußte voraussetzen oder doch damit rechnen, daß ein so erhebliches Quantum, wie das verkaufte, nicht aus einer einzigen Bezugsquelle stammte, sondern von verschiedenen Lieferanten oder Produzenten bezogen werden würde. Tatsächlich war sie aber auch in der Lage, eine solche Prüfung von vornherein vorzunehmen. Da sie aus allen Ballen Proben gezogen hatte, konnte sie die Untersuchung auf alle 50 ausdehnen. Eventuell wäre sie jederzeit in der Lage gewesen, die Ware selbst zu empfangen und zu untersuchen. Ein Recht darauf, daß ihr der Kläger die Besichtigung vor der Abnahme gestattet, besaß sie nicht. Vereitelte sie die normale Abwicklung, d. h. die Ablieferung und die darauf erfolgende Untersuchung, so konnte sie zwar dem Präjudiz des § 377 HGB. nicht verfallen; im übrigen aber ging ihr Verfahren auf ihr eigenes Risiko. M. M.

w) **Verkauf in der Serie gezogener Prämienlose. Angebot. Verzug des Gläubigers.**

OLG. Hamburg, II. ZS. Urteil v. 3. November 1906.

Der Kläger in A. hat der in Hamburg ansässigen Beklagten am 15. Dezember drei Lose, die bereits in der Serie gezogen waren, deren Nummernziehung aber erst am 2. Januar erfolgte, „per Kasse" verkauft. Darüber, wie die Leistungen Zug um Zug ausgetauscht werden sollten, haben am 18. Dezember die Parteieu telephonisch verhandelt. Die Beklagte behauptet: es sei ihr Lieferung am 18. fest zugesagt, wogegen sie sich verpflichtete, am selben Tage „Rimesse abzusenden". Sie hat auch an ihren Bankier in A. brieflich den erforderlichen Betrag angewiesen aber hinzugefügt: „Bevor Sie zahlen, warten Sie mein Telegramm ab." Der Kläger schrieb noch am 18. der Beklagten, daß die Expedierung der Lose an diesem Tage nicht mehr möglich sei, bestimmt aber am 19. erfolgen werde. Am 19. nachmittags ist die Beklagte telephonisch zurückgetreten; die Stücke waren damals noch nicht abgesandt, sind auch nicht später abgesandt worden.

Das LG. hat diesen Rücktritt für gerechtfertigt erachtet, da die Beklagte den Betrag gehörig angewiesen habe. Allein ihre „Anweisung" war nur die Vorbereitung einer Anweisung: sie hat den Betrag in A. zwar bereitgestellt, auch ihren Bankier darüber unterrichtet, wozu er dienen sollte. Zur Auszahlung ermächtigt war er aber noch nicht; das sollte erst später durch ein Telegramm geschehen. Wenn das LG. darauf hinweist, daß die Beklagte sich bis zur Absendung der Lose die Möglichkeit reservieren durfte, die Auszahlung zu sistieren, so setzt die Sistierung einer Anweisung deren vorgängige Erteilung voraus. Hegte die Beklagte Mißtrauen, so hätte ihr der einfache Weg offen gestanden, durch ihren Bankier die Lose gegen Barzahlung in Empfang zu nehmen. Durch ihr jetziges Verfahren gab sie umgekehrt dem Kläger Grund, die Lose nicht abzusenden, weil die Anweisung nicht erfolgt war. Jedenfalls aber ist nicht erfindlich, warum die Beklagte schon am Nachmittage des 19. zurücktreten durfte. Gleichwohl ist die Klage unbegründet.

War der Rücktritt unbegründet, so mußte der Kläger, wenn er Vertragserfüllung fordern wollte, erfüllungsbereit sein. Die Lose konnten überhaupt nur bis zum 2. Januar geliefert werden, da mit der Nummernziehung die für die Stücke wesentlichen Gewinnchancen ihre Erledigung fanden. Wollte der Kläger sich dieser Gefahr, daß die Erfüllung unmöglich wurde, entziehen, so hätte er der Beklagten vor der Ziehung drei ausgeschiedene d. h. nach Serie und Nummer bezeichnete Stücke anbieten müssen (Entsch. des RG. 57 Nr. 90). Mit solchem Angebot, welches gemäß § 295 nur wörtlich zu geschehen brauchte, wäre das Geschäft, das nur der Gattung nach bestimmte Sachen betraf, konkretisiert worden und die Gefahr wäre auf die Beklagte übergegangen (§ 300). So ist der Kläger nicht verfahren. Selbst wenn er die erst im Prozesse nach der Ziehung bezeichneten (mit den kleinsten Gewinnen gezogenen) drei Stücke besessen und für die Beklagte bestimmt hätte, so hat er dies ihr doch nicht kundgegeben. Daran ändert auch nichts, daß er nach einer Usance nicht verpflichtet gewesen sein will, die Nummern vor der Bezahlung kundzugeben. Selbst wenn solche Vertragspflicht nicht bestand, mußte er, sofern er die Beklagte in Verzug versetzen wollte, den Kaufgegenstand individualisieren. M. M.

x) **Ablade- und Erwartungsklausel.**

α) OLG. Hamburg, VI. ZS. Urteil v. 18. Oktober 1906.

Die Beklagte hat Quebrachoextrakt „Dezember 1904 / April 1905 Erwartung" gekauft. Diese Klausel bedeutet, daß der Käufer die Lieferung einer Ware verlangen kann, deren Ankunft im Bestimmungsorte nach Lage der Verhältnisse spätestens im April 1905 zu erwarten war. Diese Bedeutung, die dem Wortlaut der Klausel, der übereinstimmenden Auffassung der Parteien und der vernommenen Sachverständigen entspricht, wird auch der wirtschaftlichen Zweckbestimmung gerecht. Der Sachverständige hat bekundet, daß im Gerbstoffgeschäft bei Käufen aus erster Hand regelmäßig die Abladung innerhalb bestimmter Frist, bei Käufen aus zweiter Hand dagegen häufig die Erwartungsklausel vereinbart werde. Nun hat der Käufer in der Regel ein Interesse daran, zu wissen, wann die Ware zu seiner Verfügung steht und der Kaufpreis fällig ist. Diesem Interesse wird die erste Hand nur durch die Aufnahme der Abladeklausel zu genügen bereit sein, da ihr eine Einwirkung zwar auf die Abladung der Ware, nicht aber auf den Beginn der Reise zustehen wird. Dagegen wird die zweite Hand dem Interesse des Käufers weiter entgegenkommen können, da sie meist bereits wird übersehen können, wann die regelmäßig bereits schwimmende Ware voraussichtlich eintrifft, und daher geneigt sein, die Gewähr dafür zu übernehmen, zwar nicht, daß die Ware binnen einer bestimmten Frist im Bestimmungsorte eintrifft, wohl aber, daß sie unter vernünftiger Beurteilung aller Verhältnisse, besonders der Verkehrsverhältnisse, binnen bestimmter Frist dort erwartet werden kann.... Die Beklagte hat eine Ware, deren Ankunft später als Ende April 1905 zu erwarten war, nicht gekauft und braucht daher auch eine solche Ware nicht anzunehmen. Die Erwartungsklausel hat insoweit keine andere Bedeutung als die Abladeklausel; sie bedeutet die Zusicherung einer bestimmten Eigenschaft der Kaufsache und berechtigt daher den Käufer, die Annahme einer Ware, welcher die zugesicherte Eigenschaft fehlt, als vertragswidrig zu verweigern. M. M.

β) Klausel: „Abnahme in gleichen Raten per Juli bis Mai nach Käufers Wahl."

OLG. Hamburg, V. ZS. Urteil v. 3. Oktober 1906.

... Hiernach waren die Beklagten unbeschränkt verpflichtet, die Ware zur rechten Zeit an den Elbestationen zur Verfügung des Klägers zu halten. Es fragt sich aber, welches die rechte Zeit ist. Eine im voraus für die Leistung nach dem Kalender bestimmte Zeit enthalten die Schlußnoten nicht. Um die Beklagten in Verzug zu setzen, war daher nach § 284 eine Mahnung erforderlich, d. h. der Kläger hatte die Waren abzurufen, und zwar nach der Fälligkeit. Die Beklagten meinen nun, bei Abnahme in Monatsraten sei jede Rate erst mit Ablauf des Monats fällig. Dem ist aber nicht zuzustimmen. Gerade die Bestimmung „Abnahme ꝛc" mit dem Zusatz „nach Käufers Wahl" läßt deutlich erkennen, daß dem Kläger das Recht eingeräumt werden sollte, innerhalb der einzelnen Monate nach seiner Wahl je eine Rate abzunehmen, also ihre Fälligkeit zu bestimmen. Wenn daher der Kläger am 23. September auf die Schlüsse vom Juni Ware per 28. September, und am 3. Oktober auf die Schlüsse vom Juli per 8. Oktober Ware abrief, so wurden die entsprechenden Leistungen der Beklagten am 28. September und am 8. Oktober fällig, d. h. an diesen Tagen mußte die Ware zur Verfügung des Klägers an den Elbestationen liegen, nach denen sie abgerufen war. War sie nicht da, so gerieten die Beklagten in Verzug ... M. M.

γ) Cif-Kauf. Fracht-Verrechnung.

OLG. Hamburg, V. ZS. Urteil v. 24. Oktober 1906.

Die Beklagte hat dem Kläger Galläpfel cif Hamburg verkauft, die mit dem Dampfer Serbia verschifft sind. Bei Überreichung des Dokumentes hat der Kläger eine Faktura bezahlt, auf der der Preis berechnet, von dem dann aber die Fracht abgesetzt war, die er als Empfänger beim Eintreffen der Ware zu zahlen hatte. Er hat jedoch die Fracht, weil die „Serbia" auf der Reise unterging, nicht bezahlt, aber die Versicherungssumme für die Ware hat er von der Versicherungsgesellschaft erhalten. Unter diesen Umständen glaubt die Beklagte, daß ihr die vom Kaufpreis abgesetzte Fracht nachträglich zu zahlen sei. Die Ansicht des Klägers, es sei gleichgültig, ob er den Frachtbetrag an den Reeder gezahlt habe oder nicht, ist nicht zutreffend. Bei cif-Geschäften hat der Verkäufer die Fracht für die übersandte Ware zu bezahlen. Wird im regelmäßigen Geschäftsgange diese Zahlung nicht vom Verkäufer persönlich, sondern vom Käufer in seiner Eigenschaft als Empfänger gemacht und wird in Rücksicht hierauf von vornherein von dem Fakturenbetrage der Frachtbetrag abgezogen, so läuft neben dem Kaufvertrage ein Auftragsverhältnis her. Der Käufer erhält stillschweigend den Auftrag, für Rechnung des Verkäufers bei Eingang der Ware die Fracht an den Reeder zu bezahlen; der Auftraggeber übermittelt ihm deren Betrag im voraus durch Absatz vom Fakturenbetrage und leistet so für die Aufwendung einen Vorschuß. Kommt es demnächst nicht zur Frachtzahlung, macht also der Beauftragte die Aufwendung nicht, so ist er nach § 667 BGB. verpflichtet, den ihm vorschußweise gezahlten Frachtbetrag herauszugeben. M. M.

δ) **Erfüllungsort beim Cif-Kauf.**

OLG. Hamburg, II. ZS. Urteil v. 9. Oktober 1906.

Für den regelmäßigen Fall, daß der Verkäufer die Versendung der Ware von seiner gewerblichen Niederlassung aus an einen auswärtigen Bestimmungsort auf seine Kosten übernimmt, darf aus dieser Übernahme nicht gefolgert werden, daß der für den Verkäufer auswärtige Bestimmungsort auch der Erfüllungsort für ihn sei. Hier aber handelt es sich darum, daß zwei hier ansässige Kaufleute einen Kaufvertrag über eine aus Görz nach hier zu verladende Ware in der Weise abschließen, daß nicht etwa der Verkäufer sich die Ware hierher kommen läßt, um sie hier am Platze dem Käufer zu übergeben, sondern in der Weise, daß der Verkäufer die Ware von Görz über Triest auf seine Kosten an den Käufer zu übersenden hat, der nach ihrer in Triest erfolgten Verladung der Ware in das Schiff zu zahlen hat („Kassa gegen Dokumente"). Daß bei diesem Distanzgeschäft nicht Hamburg, sondern der auswärtige Abladeort (Görz), von wo aus die Beklagte die Ware an die Klägerin abzusenden hatte, der Erfüllungsort für die Beklagte war, ergibt sich ohne weiteres aus der Natur des hier fraglichen Rechtsgeschäfts... M. M.

25

a) **Form der schenkungsweisen Übertragung eines Grundstücks auf eine Stadtgemeinde.**

OLG. Cöln, IX. ZS. Urteil v. 10. April 1905.

Der § 518 erfordert zur Gültigkeit eines Vertrages, durch den eine Leistung schenkweise versprochen wird, die gerichtliche oder notarielle Beurkundung des Versprechens. Von dieser Bestimmung hat das Reichsgesetz keine Ausnahme zugelassen. Die Bestimmungen des Art. 12 §§ 1 und 2 Pr. AG. geben ihre die Beurkundung erleichternden Formvorschriften nur als Ausnahmen von den Regeln der §§ 313, 873². Gegenüber diesen reichsrechtlichen Vorschriften konnte das abweichende Landesrecht nur insoweit aufrecht erhalten bleiben und das Landesrecht konnte nur insoweit abweichende Formvorschriften neu festsetzen, als hierzu reichsgesetzlich die Grundlage gegeben war. Diese Grundlage für §§ 1, 2 Art. 12 bildet Art. 142 EG, der den landesgesetzlichen Vorschriften nur insofern Raum gibt, als es sich um Beurkundung des in § 313 bezeichneten Vertrages oder um die nach § 873², zur Bindung der Beteiligten erforderliche Beurkundung der Erklärung handelt. Deshalb kann ein Rechtsgeschäft, bei dem zugleich die Voraussetzungen der §§ 313, 873 und diejenigen des § 518 vorliegen, nur gerichtlich oder notariell, nicht aber in den für die §§ 313, 873 zugelassenen erleichterten Formen rechtswirksam beurkundet werden. Dies Ergebnis ist deshalb nicht befremdlich, weil der Gesetzgeber die Formvorschrift der §§ 313, 873² aus anderen

Gründen gegeben hat, wie die des § 518, und weil der Beweggrund möglichster Erleichterung der Beurkundung, der ihn zur Zulassung landesgesetzlicher Vorschriften neben den §§ 313, 873 bestimmt hat, bezüglich der Schenkungsversprechen nicht besteht. Dr. N.

b) **Teilung einer Erbschaft mit Nichterben als Schenkung.**

OLG. Hamburg, I. ZS. Urteil v. 2. Mai 1906.

Die Klägerin hat die Absicht des Verstorbenen, sie zur Alleinerbin einzusetzen, den Beklagten (Schwestern des Verstorbenen) mitgeteilt und die Antwort erhalten: „sie wüßten, was die Klägerin dem Verstorbenen gewesen sei, sie wollten ehrlich mit ihr teilen, sie müsse dann aber auch ehrlich angeben, was da sei." Diese Erklärung ist ein Schenkungsversprechen auf Auskehrung eines Teiles des Wertes der Erbschaft. Das Landgericht hat daher zu Unrecht den § 2033 angewandt. Es kann sich nicht um die Aufnahme der Klägerin in die Gemeinschaft der Erben handeln; eine dingliche Verfügung über ihren Anteil am Nachlasse haben die Beklagten nicht getroffen. Aber auch der von den Beklagten zitierte § 2385 trifft nicht zu, wenn auch der Klagantrag auf Leistung der Hälfte oder $1/3$ des Nachlasses verleitlich gefaßt sein mag. Ein Vertrag, der auf die Veräußerung einer angefallenen Erbschaft gerichtet wäre, ist in der klägerischen Sachdarstellung nicht behauptet, sondern die Klägerin behauptet nur, eine Forderung auf einen Teil desjenigen Geldbetrages erworben zu haben, der bei der Teilung des Nachlasses unter den Erben auf die Beklagten fallen würde. Korrekt ist daher lediglich der modifizierte Klagantrag, jede der Beklagten zu verurteilen, nach Abwicklung der Erbschaft an die Klägerin eine Summe zu zahlen, die $1/6$ des Wertes des Nachlasses gleichkommt. Für diesen Vertrag ist nach § 518 gerichtliche oder notarielle Beurkundung des Versprechens erforderlich. Es ist eine Zuwendung versprochen, durch die die Beklagten aus ihrem Vermögen die Klägerin bereichern würden; auch müßte man annehmen, daß die Zuwendung unentgeltlich erfolgen sollte und daß subjektiv beide Teile hierüber einig gewesen seien.... M. M.

c) **Umwandlung eines Darlehns in eine Gesellschaftseinlage.**

OLG. Dresden, VII. ZS. Urteil v. 20. Oktober 1905.

Es ist vorauszusetzen, daß alle Beteiligten darüber einig waren, es solle das Gesellschaftsverhältnis erst dann in Kraft treten, wenn X. die Einlage von 25000 Mark gewähre, und nur unter dieser aufschiebenden Bedingung solle der Darlehnsanspruch des Klägers endgültig als umgewandelt gelten und es so angesehen werden, als habe er nicht dem Gemeinschuldner 25000 Mark dargeliehen, sondern in die offene Gesellschaft eingelegt. Jedenfalls wäre, da infolge der Konkurseröffnung die Begründung der Gesellschaft endgültig gescheitert ist, ohne daß sie vorher einen Geschäftsbetrieb begonnen hatte, eine Auseinandersetzung der Gesellschafter also nicht in Frage kommt, der Gemeinschuldner verpflichtet, die 25000 Mark, die er als Einlage des Klägers empfangen hatte, diesem wegen Wegfalls des bezweckten Erfolgs in der Weise zurückzugewähren, daß er sie wieder als ein ihm gegebenes Darlehn behandeln ließe. Auch bei dieser Auffassung würde sonach der eingeklagte Anspruch begründet sein, der Einwand des Beklagten, daß das Darlehn nachträglich als Gesellschaftseinlage charakterisiert worden sei, durch die Replik geschlagen werden, der Gesellschaftsvertrag sei, ohne daß das Gesellschaftsverhältnis wirklich ins Leben getreten wäre, zusammengefallen. M. z.

d) **Darlehnsversprechen. Abtretbarkeit.**

OLG. Braunschweig, II. ZS. Urteil v. 22. November 1906.

Der § 399 war im wesentlichen gleichlautend als § 295 bereits in den I. Entwurf aufgenommen und zwar unter ausdrücklichem Hinweis auf das gemeine Recht (Motive 2 S. 122). Auch dieses hatte schon den Satz anerkannt, daß eine solche Forderung unabtretbar sei, welche durch die Abtretung ihren Leistungsinhalt zu ungunsten des Schuldners verändern oder bei der die Abtretung dem ausdrücklichen oder mutmaßlichen Willen der Parteien widerspreche. Demgemäß galt unbestritten ein Darlehnsversprechen der Zession nicht für fähig. Es liegt kein Grund vor, den auf diesen Rechtssätzen fußenden § 399 anders auszulegen. Schon die 2. Kommission hat erwogen, daß in manchen Fällen bei einer Leistung, die an sich auch an einen anderen Gläubiger bewirkt werden könne, der Schuldner ein berechtigtes Interesse daran habe, sich nur gegenüber dem bestimmten Gläubiger verbindlich zu machen, so daß durch Eintritt eines Zessionars die versprochene Leistung eine unstatthafte Veränderung erleide (Prot. 1 S. 384). Man hatte dabei neben Versicherungsverträgen gerade Fälle der vorliegenden Art im Auge. Denn daß Darlehnsversprechen in ganz besonderem Maße mit Rücksicht auf die Person des Empfängers und dessen Kreditwürdigkeit erteilt zu werden pflegen, liegt auf der Hand und hat auch durch § 610 noch nach einer bestimmten Richtung hin einen deutlichen Ausdruck gefunden. Es kann dem Versprechenden regelmäßig nicht zugemutet werden, daß ohne seinen Willen an die Stelle des ursprünglichen Gläubigers durch Abtretung ein anderer tritt. Das widerspricht bei einem Darlehnsversprechen dem offenbaren Willen der Vertragsgegner und würde auch den Inhalt der Schuld im allgemeinen wesentlich verändern. Demgemäß hat denn auch die Wissenschaft die Abtretbarkeit eines Darlehnsversprechens verneint (Planck § 610 IV 1; Rehbein 2 S. 387; Crome, System 2 S. 325; Staudinger § 399 N. 1a; Endemann S. 868a; Örtmann § 399) und auch die Rechtsprechung hat dieser Ansicht bereits zugestimmt (Beschl. OLG. München im „Recht" 1901 S. 231). Ob in besonders gearteten Fällen ausnahmsweise gleichwohl die Abtretbarkeit eines Darlehnsversprechens angenommen werden könnte, bedarf hier keiner Prüfung. H. g.

e) **Inhalt des Dienstzeugnisses. BGB. § 630.**

α) Kammergericht, VIII. ZS. Urteil v. 19. Mai 1906.

Der Kläger A. hat von 1901—1905 im bautechnischen Bureau der beklagten Regierung gearbeitet und dann ein Zeugnis erhalten, in welchem er als „Bautechniker" bezeichnet ist. Sein Anspruch, ihm ein Zeugnis auf den Namen „Architekt A." zu erteilen, ist unbegründet.

Der Rechtsweg ist, auch wenn der Kläger als Beamter anzusehen ist, zulässig; denn nach § 1 des Ges. vom 24. Mai 1861 findet über vermögensrechtliche Ansprüche der Staatsbeamten aus ihrem Dienstverhältnis der Rechtsweg statt. Zu diesen Ansprüchen gehört unbedenklich der Anspruch auf ein Zeugnis, da es dazu bestimmt ist, das wirtschaftliche Fortkommen desjenigen zu sichern, auf dessen Leistungen es sich bezieht. Die Klage ist auch innerhalb der 6monatigen Frist erhoben.

Daß der Kläger ein Zeugnis über seine Leistungen beanspruchen kann, gibt der Beklagte zu. Er bestreitet aber, daß der Kläger, weil er keine Hochschule besucht hat, den Titel „Architekt" verlangen könne, und will ihm nur den Titel „Bautechniker" zubilligen. Zur Entscheidung ist die Frage wesentlich, welche Stellung der Kläger im Dienste des Beklagten gehabt hat. Die Bekanntmachung, auf die hin der Kläger engagiert wurde, besagt: „Als Hilfsarbeiter im hochbau-technischen Bureau wird ein tüchtiger Architekt, der sich als guter Zeichner und Techniker ausweisen kann, gesucht." Hiernach hatte der Kläger eine unselbständige Stellung im Bureau. Er gibt ferner zu, daß er ein akademisches Studium nicht genossen hat. Wenn nun auch die Bezeichnung „Architekt" keine gesetzlich bestimmte ist, so wird sie doch nach der herrschenden und als richtig anzuerkennenden Übung nicht allen Bausachverständigen beigelegt. Vielmehr sind dafür die beiden erwähnten Momente (Selbständigkeit der Tätigkeit und akadamisches Studium) wesentlich. Aus diesem Gesichtspunkte kann nicht als unrichtig bezeichnet werden, wenn die Regierung dem Kläger die Bezeichnung als „Architekt" versagt und nur diejenige als „Bautechniker" — welche im § 133a GewO. vorgesehen ist — zugebilligt hat. Daß der Kläger, wie er angibt, auch die wissenschaftliche Seite der Baukunde beherrscht, indem er sich dieses höhere Wissen durch Selbststudium angeeignet hat, ist nicht entscheidend; ebensowenig der Umstand, daß in der Bekanntmachung ein „Architekt" verlangt wird und daß der Kläger wiederholt in amtlichen Schriftstücken als „Architekt" bezeichnet worden ist. In einer besonders wichtigen Urkunde, dem Aufnahmeprotokoll, ist er als „Bautechniker" aufgeführt, wogegen er allerdings protestiert haben will.

Wenn der Kläger jetzt noch die Beifügung seines Vornamens im Zeugnisse verlangt, so liegt hierin kein neuer Anspruch, sondern nur eine Erweiterung der Klage. Ein solches Verlangen kann unter Umständen begründet sein, insbesondere dann, wenn die Häufigkeit des Namens die Gefahr einer Verwechslung nahe legt. Dies ist hier nicht der Fall, da der Name des Klägers weder überhaupt noch im Baugewerbe derartig häufig vorkommt. B. M.

β) OLG. Dresden, III. ZS. Urteil v. 15. Oktober 1906.

Nach § 630 ist das Dienstzeugnis auf Verlangen des Verpflichteten auf die Leistungen und die Führung im Dienste zu erstrecken. Schon der § 113

GewO., dem der § 630 nachgebildet ist, hat, obwohl er nur von Führung schlechthin spricht, augenscheinlich nur das Verhalten des Arbeiters im Arbeitsverhältnisse im Auge. § 630 ist in dieser Hinsicht bestimmter gefaßt. Nach seinem klaren Wortlaut darf, wenn überhaupt der Verpflichtete das erweiterte Zeugnis verlangt, der Dienstberechtigte darin das außerdienstliche Verhalten nicht erwähnen. Das muß auch gelten, falls das außerdienstliche Verhalten für ihn den Entlassungsgrund bildet. Es kann zwar unter Umständen der Entlassungsgrund mit angegeben werden. Der Grund hierfür liegt aber nur darin, daß jener in der Regel für die Beurteilung der Leistungen oder der Führung wichtig ist. Soll nun das Zeugnis nach dem Gesetz bloß Aufschluß geben über Tatsachen, die die Leistungen und die Führung im Dienste betreffen, so hat es auch nur Aufschluß zu geben über Entlassungsgründe, die auf dienstlichem Gebiete liegen. Außerdienstliche, besonders das Privatleben betreffende Umstände und Ereignisse, gehören, auch wenn sie die Entlassung rechtfertigten, schlechterdings nicht in das Dienstzeugnis; betreffs ihrer kann das Zeugnis auch für die Personen, denen es später vorgelegt wird, nicht die sachgemäße Erkenntnisquelle abgeben. Bei gegenteiliger Meinung wäre für die Erwähnung wichtiger außerdienstlicher Vorgänge im Zeugnis überhaupt keine sichere Grenze zu ziehen. Denn das außerdienstliche Verhalten des Verpflichteten (in moralischer, politischer 2c Beziehung) kann für seine Beurteilung wichtig sein, auch wenn es nicht den Entlassungsgrund, sondern nur einen Grund zur Kündigung oder auch nicht einmal einen solchen gebildet hat. Der Beklagte, ein Rechtsanwalt, hat deshalb in dem vom Kläger, seinem früheren Expedienten und Kassierer, bemängelten Zeugnisse den Passus über dessen Verhalten gegenüber der X. auszuscheiden, auch darf er die Worte des Zeugnisses, die sich auf die Führung im Dienste beziehen, nicht durch Unterstreichung hervorheben, weil darin eine Beurteilung des außerdienstlichen Verhaltens mittelbar enthalten sein würde.

Anlangend den weiteren Anspruch des Klägers, daß er in seinen Leistungen „tüchtig und zuverlässig" gewesen sei, so hat der Beklagte bereits nach dem ersten Urteil im Zeugnis zum Ausdruck zu bringen, „daß die Leistungen des Klägers zu irgendwelchem Tadel keinen Anlaß gegeben haben". Damit muß sich der Kläger begnügen. Denn in einer derartigen Erklärung kommt die Zufriedenheit des Dienstberechtigten mit den Leistungen genügend zum Ausdruck.[1]

Dr. v. F.

f) Werkvertrag oder Kauf einzelner Bestandteile?

OLG. Karlsruhe, III. ZS. Urteil v. 12. Juli 1906.

Der Vertrag der Parteien ist nicht auf die Errichtung einer ganzen Mühlenanlage nach einem von vornherein aufgestellten Plan und Überschlag

---

[1] Der Oberste Gerichtshof in Wien hat den Beklagten zur Ausstellung eines Zeugnisses dahin verurteilt, daß der Kläger von .. bis .. bei ihm an Sams- und Sonntagen gleich einem Rasierer gearbeitet, die Rasierarbeit zufriedenstellend besorgt und sich redlich und treu benommen habe (Urteil v. 7. Januar 1903, Gellers Z. S. 292).

gerichtet, vielmehr hat sich aus dem mit einem Einzelauftrag zur Lieferung einer Radwelle beginnenden, auf die Lieferung weiterer Bestandteile ausgedehnten Auftrag das Vertragsverhältnis dahin erweitert, daß die Klägerin mit Bezug auf die im Zusammenhang stehenden Lieferungsaufträge zugleich die Montierung d. h. Einsetzung und Zusammenfügung der von ihr bezogenen alten und von ihr zu liefernden neuen Bestandteile übernommen hat. Sowenig der Einwand zutrifft, daß die Klägerin die alten Bestandteile nur kommissionsweise für den Beklagten angekauft habe, da sie mit ihm den Preis selbständig vereinbarte und nicht lediglich den ausgelegten Preis berechnete, so wenig steht der Annahme eines einheitlichen nach den Grundsätzen des Werkvertrags zu beurteilenden Vertragsverhältnisses der Umstand entgegen, daß die Vergütung für die als Montage bezeichnete Arbeit der Zusammensetzung des Mühlengetriebes teils im Gewichtspreis der neuen Bestandteile enthalten, teils in Form von Taglohn des Mechanikers vereinbart war, den die Klägerin bezog, ebenso wie die Vergütung von 10 Mark als Spesen für die Reise ihres Mechanikers.

Die Umstände, welche es bewirkten, daß die Verwendung und Zusammensetzung der Bestandteile zu einem Mühlengetriebe ausgeschlossen war, hat die Klägerin zu vertreten. Denn der Beklagte besaß keine ausreichende Sachkenntnis und hat sich, wie insbesondere bei der Prüfung und Beurteilung der Verwendbarkeit der alten Bestandteile (Kammrad und Sortierzylinder) dem sachverständigen Urteil des Mechanikers N. untergeordnet. Deshalb hat er auch trotz seiner Bedenken gegen die aus Holz und Eisen gemischte Konstruktion des Kammrades sich bei der Versicherung des N. beruhigt, daß das Rad den Trieb aushalten werde; Beklagter hat sich auch auf ganz allgemein gehaltene Anordnungen bezüglich der Zahnung und Stärke des neuen Getriebes beschränkt. Hier wäre es Sache des die Ausführung beratenden N., dessen Verschulden die Klägerin zu vertreten hat (§ 278), gewesen, die Verhältnisse an Ort und Stelle unter Aufnahme der Maße zu prüfen. Bei Aufwendung dieser nach den Umständen gebotenen Sorgfalt, wozu das Vertragsverhältnis ihn verpflichtete, wäre N. nicht dazu gekommen, die Verwendung des alten Kammrads und des Sortierzylinders zu empfehlen. Auf § 645 kann sich die Klägerin daher mit Bezug auf die vom Besteller gegebenen Anweisungen zu ihrer Entlastung nicht berufen. Den etwaigen Einwand, daß zunächst — vor Wandelung oder Minderung — nur ein Anspruch auf Beseitigung der Mängel geltend gemacht werden könnte (§ 634 BGB.), steht die Feststellung des Gutachtens entgegen, daß Abhilfe unmöglich ist (vgl. Bad. Rechtspraxis 1904 S. 4, 77). Hiernach ist die Abweisung der Klage gerechtfertigt. . . .

g) **Rücktritt des Bestellers nach § 636.**

OLG. Karlsruhe, I. ZS. Urteil v. 28. April 1906.

Die Ausübung des Kündigungsrechts des § 649 läßt die rechtliche Wirksamkeit des Vertrags unberührt und führt nur zu einer Modifikation des

Vollzugs; der Unternehmer kann grundsätzlich nach wie vor die Entrichtung der ganzen vereinbarten Vergütung verlangen und ist hierin nur insoweit beschränkt, als er sich auf Kosten des Bestellers rechtlos bereichern würde. Von einem Rechtsbehelfe dieser Art wollte aber der Beklagte trotz des im Briefe gewählten Ausdrucks „Kündigung" keinen Gebrauch machen. Das ergibt der sonstige Inhalt in Verbindung mit den begleitenden Umständen. Der Brief bringt deutlich zum Ausdruck, daß der Beklagte nicht nur etwa davon absehe, die weiteren Dienste des Klägers in Anspruch zu nehmen, sondern daß er — nachdem wider seiner Voraussetzung die Behörde die Zulassung des Klägers als Bauleiter abgelehnt hatte — die gegenseitigen Rechte und Pflichten aus dem Vertrag als erloschen betrachte. Es ist also im Briefe der Sache nach ein Rücktritt erklärt und ein solcher war auch gerechtfertigt.

Die Voraussetzung der nichtrechtzeitigen Herstellung eines Teiles des Werkes (§ 636) ist hier gegeben. Denn nachdem der Kläger, der nicht nur als Planfertiger, sondern auch als Bauleiter tätig sein sollte, von der Baukommission als Bauleiter zurückgewiesen worden war, war es ihm überhaupt nicht mehr möglich, seiner weiteren Vertragspflicht nachzukommen oder es hätte zum mindesten der Versuch, eine Änderung der Entschließung der Behörde herbeizuführen, zu einer den ordnungsmäßigen Fortgang der Arbeit hemmenden Verzögerung geführt. Einer besonderen Nachfrist bedurfte es hier nicht, weil der sofortige Rücktritt durch ein besonderes Interesse gerechtfertigt war; denn die ganze Bauausführung des Beklagten wäre ohne den sofortigen Rücktritt ins Stocken geraten. Allerdings hat der Kläger auf seine Kosten für die Bauleitung einen Ersatzmann stellen wollen; dabei handelte es sich jedoch um die Vorschiebung eines Dritten, der formell der Behörde gegenüber als Bauleiter bezeichnet werden sollte, während der Kläger die Geschäfte weiter besorgen wollte. Eine Vereinbarung solchen Inhalts würde, weil auf die Umgehung behördlicher Anordnungen und sicherheitspolizeilicher Vorschriften gerichtet, gegen die guten Sitten verstoßen. Dr. E.r.

h) **Fallen Ausschachtungs- und Tüncherarbeiten unter § 648?**

α) Kammergericht, XX. ZS. Urteil v. 18. Mai 1906.

Der Kläger, welcher auf Bestellung des Beklagten für dessen Neubau Ausschachtungsarbeiten ausgeführt und den Boden hat abfahren lassen, verlangt die Eintragung einer Sicherungshypothek. Allein dieses Recht gibt der § 648 nur denjenigen Baugläubigern, die als Unternehmer eines Bauwerks tätig waren. Daß der Kläger kein Bauwerk hergestellt hat, bedarf keiner Ausführung; denn die von ihm hergestellte Baugrube ist keine unbewegliche, durch Verwendung von Arbeit und Material in Verbindung mit dem Erdboden hergestellte Sache (Entsch. des RG. 56 S. 43). Eine Baugrube ist aber auch nicht ein Teil eines Bauwerks. Dies kann nur wieder ein durch Verwendung von Arbeit und Material hergestellter Bestandteil des Bauwerks sein. Nur wer an einem solchen Bestandteil, sei es durch Verwendung von Arbeit und Material, sei es nur durch Verwendung von Arbeit tätig war, kann als Unternehmer eines Teiles des Bauwerks angesehen werden. Bei der Herstellung einer Baugrube wird aber nur Arbeit, nicht Material, verwendet. Der Umstand, daß sie nötig ist, um das Bauwerk herzustellen, ist nicht maßgebend. Die Baugrube dient nur zur Vorbereitung des Bauwerks und ist zu diesem Zwecke zwar in der Regel nötig. Daraus folgt aber nicht, daß sie ein einzelner Teil des Bauwerks selbst ist, ebenso wie andere notwendige Vorbereitungsarbeiten, z. B. die Herstellung der Baupläne, anerkanntermaßen nicht unter den § 648 fallen.

Gegen die hier vertretene Ansicht weist der Kläger auf die Entstehung des § 648 hin. Bei der zweiten Beratung im Reichstage sagte Frohme: „Es fragt sich immer nur, was die Judikatur unter ‚einzelne Teile eines Bauwerks' verstehen wird." Der Berichterstatter Enneccerus antwortete zwar: „Wer irgendeine Arbeit, welcher Art sie auch sei, bei der Errichtung eines Gebäudes geleistet hat, infolge eines unmittelbar mit dem Eigentümer des Gebäudes geschlossenen Werkvertrags, der hat ein Recht auf die Sicherungshypothek." Diese Antwort stimmt jedoch, wie auch Rümelin (Dienst- und Werkvertrag 1905 S. 248) andeutet, mit dem Wortlaute des § 648 nicht durchweg überein. Rümelin erwähnt den Fuhrhalter, der für den Bau Fuhrwerk stellt, und spricht die Ansicht aus, daß dieser zwar zweifellos bei der Errichtung des Gebäudes Arbeit leiste, daß es aber kaum möglich sei, ihn als Unternehmer eines Teiles eines Bauwerks zu bezeichnen. Auf diesem Standpunkt steht auch der Entwurf die Sicherung der Bauforderungen § 10 und dessen Begründung S. 32. R.

β) OLG. Karlsruhe, IV. ZS. Beschluß v. 1. November 1905.

Auch Tüncherarbeiten sind als „Teile des Bauwerks" anzusehen. Der § 648 hat seinen Grund hauptsächlich darin, weil durch die auf das Grundstück verwendeten Arbeiten zur Herstellung eines Bauwerks das Grundstück an Wert gewinnt und es daher als gerecht erscheint, daß besonders die Bauhandwerker für ihre Forderungen aus solchen Arbeiten durch ein Vorzugsrecht auf diesen Wert durch Hypothek gesichert werden. Der Begriff „eines einzelnen Teils eines Bauwerkes", für dessen Herstellung der § 648 dem Unternehmer ebenso wie für Herstellung eines ganzen Bauwerkes den Anspruch auf eine Sicherungshypothek einräumt, ist daher nicht eng auszulegen. Es ist darunter nicht notwendig ein abgeschlossener selbständiger Teil zu verstehen (vgl. Planck § 648 Note 2), und es ist insbesondere auf die [unter *α* wiedergegebene] Erklärung des Dr. Enneccerus hinzuweisen. So wird denn auch von Crome, System 2 § 267[19] der „Anstreicher" unter den Handwerkern aufgeführt, welche eine Sicherungshypothek zu beanspruchen haben. Dr. E.r.

i) **Gesellschaft. Kündigungsgrund.**

OLG. Augsburg, II. ZS. Urteil v. 26. Mai 1906.

Die Parteien haben 1899 verabredet, daß Beklagter ein Anwesen zur Weiterveräußerung auf gemeinschaftliche Rechnung einsteigere und verwalte, der Kläger aber die Barmittel vorzuschießen habe. 1904 haben sie jenes Anwesen gegen ein anderes vertauscht und die bisherige Gesellschaft stillschweigend fortgesetzt. 1905 aber kündigte der Kläger und diese Kündigung wurde für zulässig erklärt. Gründe:

Mag man hier das vor 1900 in Geltung gewesene gemeine Recht oder das BGB. anwenden, so gehört immerhin die zwischen den Parteien bestandene Gesellschaft zu den für eine bestimmte Zeit eingegangenen. Eine solche kann aber vor Ablauf der Zeit gekündigt werden, wenn ein wichtiger Grund besteht (§ 723). Aus der Korrespondenz erhellt nun, daß an der Unterlassung des Anwesenverkaufs nur das Verlangen des Beklagten, die mit dem Kaufliebhaber vereinbarte Baranzahlung von 1000 Mark allein zu empfangen, schuld war. Beklagter konnte aber während des Bestehens und vor Auflösung der Gesellschaft lediglich die Hälfte jener Zahlung verlangen, weil nach § 719 jede Verfügung der Gesellschafter über ihre Anteile am Gesellschaftsvermögen und an den einzelnen dazu gehörenden Gegenständen ausgeschlossen war, ohne welche Verfügung ein Übergang der Baranzahlung in das Eigentum des Beklagten nicht erfolgen konnte. D.

k) **Gemeinschaft. Ohne Mitwirkung der Minderheit gefaßte Beschlüsse.** OLG. Kiel, III. ZS. Urteil v. 25. November 1905.

Der Kläger ist Miteigentümer zu $1/4$ an einem zu Spekulationszwecken erworbenen Bauterrain und hat von dem Beklagten, dem die übrigen Miteigentümer einen Teil davon vermieteten, Räumung verlangt, weil der Mietvertrag, vor dessen Abschluß er von den übrigen Miteigentümern nicht gehört sei, rechtsungültig sei. Allein das BGB. enthält keine Bestimmung darüber, ob bei dem Vorliegen eines Mehrheitsbeschlusses die Mehrheit berechtigt ist, in Ausführung des Beschlusses zum Zwecke der ordnungsmäßigen Verwaltung und Benutzung die dazu erforderlichen Handlungen auch ohne Mitwirkung der Minderheit vorzunehmen. Der Zweck des § 745 geht dahin, eine ordnungsmäßige Verwaltung und Benutzung des gemeinschaftlichen Gegenstandes auch dann zu ermöglichen, wenn eine Einigung sämtlicher Berechtigten nicht zu erzielen ist. Dieser Zweck würde aber zum größten Teile vereitelt werden, wenn die beschlußfassende Mehrheit nicht dem Beschlusse gemäß zu handeln berechtigt wäre, sondern erst die widerstrebende Minderheit auf Einwilligung verklagen müßte. Bis zur Erwirkung eines Urteils wäre alsdann jede Verwaltung und Benutzung ausgeschlossen. Bei jeder neuen Verwaltungs- und Benutzungshandlung müßte dieses Vorgehen wiederholt werden. Es entspricht daher dem Zweck des Gesetzes, daß die Mehrheit berechtigt ist, auch ohne Mitwirkung der Minderheit die zur Ausführung des Beschlusses erforderlichen Handlungen vorzunehmen, z. B. das Grundstück zu bestellen, abzuernten 2c, und die hierzu erforderlichen Verträge abzuschließen. So auch muß die Mehrheit für berechtigt erachtet werden, zur Ausführung eines Beschlusses ohne Mitwirkung der Minderheit den gemeinschaftlichen Gegenstand einem Dritten mietweise zu überlassen. Bei dem Abschlusse der zur Ausführung des Beschlusses erforderlichen Verträge vertritt die

Mehrheit die Minderheit kraft der ihr durch § 745 stillschweigend erteilten gesetzlichen Vollmacht. Die Vermietung des Platzes stellt sich auch als eine der Beschaffenheit des gemeinschaftlichen Gegenstandes entsprechende ordnungsmäßige Benutzung dar. Ebenso ist sie durch Stimmenmehrheit der Miteigentümer in rechtsgültiger Weise beschlossen worden. Der § 745 enthält im Gegensatz zu den für Vereine geltenden §§ 32 ff. keine Vorschrift über die Art und Weise, auf welche der Mehrheitsbeschluß zu fassen ist. Die Motive sprechen sich zum § 635 (§ 709 BGB.) dahin aus, daß die Mehrheit der Gesellschaften, wenn nach dem Gesellschaftsvertrage die Mehrheit der Stimmen entscheiden soll, im Zweifel der Minderheit das vorherige Gehör nicht versagen dürfe. Eine gleiche Auffassung vertritt auch Planck § 745 Note 1a. Wenn man sich dieser Auffassung auch anschließt, so ist daraus doch nur zu folgern, daß die Verletzung dieses Rechtsgrundsatzes die Mehrheit unter Umständen schadensersatzpflichtig macht und für die Minderheit gemäß § 749² einen wichtigen Grund abgibt, die Aufhebung der Gemeinschaft auch dann zu verlangen, wenn sie der Vertrag ausschließt. Dagegen kann nicht gefolgert werden, daß die Rechtsgültigkeit eines Mehrheitsbeschlusses und der infolgedessen mit Dritten abgeschlossenen Verträge von der vorherigen Anhörung der Minderheit abhängig sei. Die Rechtssicherheit erfordert auch, daß in solchem Falle der Dritte, welcher mit der Mehrheit abschließt, geschützt ist, da er regelmäßig nicht sich die Gewißheit verschaffen kann, ob die Minderheit gehört ist. Die hier vertretene Auffassung wird auf Grund des § 491 (Art. 458) HGB., der für die Reederei eine dem § 745¹ BGB. entsprechende Vorschrift enthält, gebilligt (ROHG. 16 S. 382, 22 S. 219; Seuffert 27 Nr. 164; Entsch. des RG. 9 S. 140). Gr.

l) **Vergleich. Wirkung. Form.**

α) Kammergericht, XIV. ZS. Urteil v. 5. April 1906.

Der Vergleich hat ebenso, wie wenn der Prozeß durch Urteil entschieden wäre, nur zwischen den damaligen Prozeßparteien, den Forderungsprätendenten, Recht hergestellt. Der jetzt Beklagte, der dabei nicht zugezogen wurde, kann sich daher als Schuldner jener Forderung, über deren Gläubigerschaft damals unter den Prozeßparteien gestritten wurde, auf den Vergleich nicht berufen. Es müßte denn in jenem Vergleich eine Abtretung der Rechte des damaligen Beklagten an seine Prozeßgegnerin enthalten und damit zugleich die Aktivlegitimation des damaligen Beklagten erloschen sein. Dr. S.

β) OLG. Braunschweig, II. ZS. Urteil v. 17. Mai 1906.

Das LG. erachtet die vom Kläger behauptete Vereinbarung, daß der Beklagte [der am 1. Juli das Haus gekauft hatte] am 1. Oktober generell auf die ihm durch die arglistige Täuschung erwachsenen Nachteile gegen Nachlaß von 50 Mark am Kaufpreise für das Grundstück verzichtet habe, für wesentlich. Diese Vereinbarung bedurfte jedoch ebenso wie der Hauskauf der gerichtlichen oder notariellen Form und ist ohne diese — mangels nachfolgender Auflassung — nichtig. Nach § 313 stehen nicht etwa bloß der einzelne auf

Eigentumsübertragung gerichtete Bestandteil des Vertrages, sondern der ganze Vertrag, d. h. alle Vereinbarungen, aus denen sich nach dem Willen der Beteiligten der obligatorische Veräußerungsvertrag zusammensetzt, also alle mit der Eigentumsübertragung in unslöslicher Verbindung stehenden Abmachungen, also auch alle Änderungen des ursprünglichen Vertrages unter dem Formzwange (Entsch. des RG. 51 S. 181, 52 S. 1; JW. 1902 S. 247 Nr. 145; Rsp. 4 S. 207, 208; Bd. 6 S. 40). Demgemäß sind auch nur unwesentlich abändernde Abmachungen z. B. betreffs Berichtigung des Kaufpreises formbedürftig, ebenso Zusicherungen über Mieterträge (Zeitschr. 1904 S. 77, 158) und andere Eigenschaften (Entsch. des RG. 52 S. 1). Wenngleich der Vergleich als solcher an keine Form gebunden ist, so kann trotzdem die Rechtsänderung, die durch ihn herbeigeführt wird oder vorgenommen werden soll, die Beobachtung einer Form erforderlich machen. Ein rechtsgeschäftlicher Verzicht auf Einreden ist Teil der Haupterklärung selbst, also in dessen Form zum Ausdruck zu bringen, einen typischen rechtsgeschäftlichen Vorgang beim Verzicht gibt es nicht: Entsch. des RG. in D.JZ. 1906 S. 144 (angewandt auf Veräußerung von Erbschaften §§ 2371 [1], 2385 [1]); Eccius bei Gruchot 1906 S. 1. Die hiernach erforderliche Form für die Verzichtseinigung wird auch dadurch nicht ersetzt, daß die Parteien laut eines gerichtlichen Protokolls vom 6. Januar 1905 mit den Hypothekgläubigern erschienen sind, diese ihre Hypotheken an Dritte abgetreten haben und der Beklagte sich in Kenntnis des Mangels unter Bezugnahme auf den Kaufvertrag als Schuldner bekannt hat. H.g.

m) **„Befriedigung" im Sinne des § 774 BGB.**

α) OLG. Naumburg, II. ZS. Urteil v. 13. Februar 1906.

Der Kläger verlangt aus einer für den Beklagten eingegangenen Bürgschaft Erstattung von 1500 Mark, die er dem Gläubiger gezahlt haben will. Dieser Anspruch ist aber gemäß § 774 nur dann gerechtfertigt, wenn er die durch ihn erfolgte Tilgung der Hauptschuld nachweist. Nun hat er die 1500 Mark nicht in bar abgeführt, vielmehr insofern aus seinem Vermögen den Gläubiger befriedigt, als dieser von der auf dem Grundstück des Beklagten lastenden klägerischen Hypothek von 3000 Mark einen Betrag von 1500 Mark pfändete und sich überweisen ließ, sowie auch die Umschreibung dieser 1500 Mark auf seinen Namen im Grundbuch durchsetzte. Diese Hypothek hatte nämlich der Kläger an seine Töchter abgetreten und der Gläubiger dies als fraudulos angefochten und auch rechtskräftig die Unwirksamkeit der Zession erstritten. Es mag dahingestellt bleiben, ob infolgedessen der Kläger wieder als Gläubiger der Hypothek anzusehen war. Jedenfalls kann die Pfändung der Hypothek und ihre Umschreibung auf den Namen des Gläubigers nicht als eine „Befriedigung" erachtet werden. Denn hierdurch hat der Kläger die Forderung nicht getilgt, sondern nur sichergestellt. P.

β) OLG. Hamburg, II. ZS. Urteil v. 25. September 1906.

Ist die X.-Bank dem ihr vom beklagten Schuldner angebotenen Akkorde vorbehaltlos beigetreten und hat ihm derartig einen Teil der Schuld erlassen, so ist die vorliegende Klage der Bürgin und Pfandbestellerin, welche die Bank für den [durch den Akkord erlittenen] Ausfall schadlos gehalten hat, mit Recht abgewiesen. Denn diese Klage gründet sich lediglich darauf, daß die Forderung der Bank, sei es nach § 774 oder § 1225, auf die Klägerin übergegangen sei. Eine solche Forderung konnte aber nicht übergehen, wenn sie dem Schuldner erlassen und dadurch untergegangen war. Das konnte auch dann nicht geschehen, wenn die Bank nur dem Schuldner persönlich die Restschuld erlassen, den Bürgen aber nicht entlassen wollte. Ist auch bei einem Gesamtschuldverhältnis ein solcher Erlaß nach der Regel des § 423 zulässig, so ist er es doch nicht, soweit es sich um die Bürgschaft handelt, denn für die Verbindlichkeit des Bürgen ist gemäß § 767 der jeweilige Bestand der Hauptverbindlichkeit maßgebend, und nach § 768 stehen dem Bürgen alle Einreden des Hauptschuldners zu (Motive 2 S. 662[2]; Planck zu § 423 Nr. 1), was durch die Sondervorschrift der KO. § 193 Satz 2 ausdrückliche Bestätigung findet.... Die X-Bank hat aber durch vorbehaltlose Unterzeichnung des Akkordreverses auf den Ausfall glatt verzichtet. Allerdings bittet sie, bei Übersendung der „Zustimmungserklärung dafür Sorge tragen zu wollen, daß das" bei der Bank von der Klägerin „gestellte Depot ... baldmöglichst ausgelöst wird, so daß unsere Forderung an die Firma durch auflaufende Zinsen nicht noch vergrößert wird." Das zeigt, daß sie nur in der ausgesprochenen Meinung, ihre Rechte gegen die Bürgin bzw. auf das Pfand für den Ausfall nicht zu verlieren, den Erlaß erklärt hat, eine Rechtsauffassung übrigens, welche der Empfänger der Erklärung teilte. Solche Meinungsäußerung würde aber erst dann aufhören, ein unbeachtliches Motiv zu sein, wenn sich sagen ließe, daß der Erlaß nur mit solcher Einschränkung hat erklärt werden sollen (vgl. den Fall des RG. Entsch. 56 Nr. 77). Das läßt sich jedoch nicht annehmen: die Erlaßerklärung ist nicht eingeschränkt; es sind auch nicht zwei Erklärungen abgegeben, von denen die eine die andere einschränkt, sondern ein vorbehaltloser Erlaß ist dem Schuldner erklärt und daneben wird nur noch darauf hingewiesen, wie die Gläubigerin von ihrer Rechtsauffassung aus mit dem Bürgen bzw. dem Pfande zu verfahren gedenke. M. M.

n) **Vertragliche Auskunfterteilung?**

a) OLG. Braunschweig, I. ZS. Urteil v. 23. November 1906.

Der Kläger kann seinen Anspruch gegen den Beklagten auf Ersatz des Schadens, der ihm durch seine Beteiligung als offener Handelsgesellschafter an der Firma X. entstanden ist, nicht aus einem Vertrage herleiten. Die Umstände lassen in keiner Weise erkennen, daß Beklagter den Willen, sich dadurch dem Kläger verbindlich zu machen, gehabt und geäußert habe, als er ihm auf dessen Bitten Auskunft über die Verhältnisse der Firma und Rat über den geplanten Eintritt in das Fabrikgeschäft erteilte. Auch aus seiner Eigenschaft als Bankdirektor ist seine Haftung nicht herzuleiten; vielmehr spricht die Unentgeltlichkeit seiner Ratserteilung in Verbindung mit dem Umstande, daß die Schwester des Klägers mit der Frau des Beklagten befreundet gewesen ist, dafür, daß nach der Ansicht beider Teile der Beklagte dem Kläger nur eine Gefälligkeit erwiesen hat, woraus kontraktliche Verbindlichkeiten nicht entsprungen sind....

Aus § 826 ist aber der Anspruch nicht begründet, weil den Beklagten nur der Vorwurf trifft, daß er sich bei Beurteilung des X.schen Fabrikgeschäfts dem Kläger gegenüber einer Übertreibung (durch das Reden von der Vertrautheit und dem genauen Bekanntsein mit der Firma) oder einer wahrheitswidrigen Mitteilung (durch die Behauptung der kürzlichen Einsicht in die X.schen Geschäftsbücher) schuldig gemacht und damit gegen die sittliche Verpflichtung zur Wahrheit verstoßen hätte. Es würde daraus aber nicht folgen, daß der Beklagte seine Äußerungen gemacht habe in dem Bewußtsein, der Kläger könne durch seine Beteiligung am Geschäfte Schaden an seinem Vermögen erleiden. H.g.

β) OLG. Hamburg, I. ZS. Urteil v. 2. Mai 1906.

Die Ansicht des LG., daß schon das Bestehen einer Geschäftsverbindung genüge, um die Erteilung einer Auskunft zu einer der vertraglichen Sorgfaltspflicht unterstehenden Leistung zu machen, geht viel zu weit. Sie ist richtig nur mit der Beschränkung, daß die Auskunfterteilung — abgesehen davon natürlich, daß es sich um eine handelsgeschäftliche Auskunft handeln muß — in den Rahmen dieser Geschäftsverbindung hineingehört. Ist das nicht der Fall, so ist nicht ersichtlich, weshalb einer völlig außerhalb der sonstigen geschäftlichen Beziehungen liegenden Rat- oder Auskunfterteilung ein vertraglicher Charakter mit der daraus folgenden Sorgfaltspflicht beigelegt werden soll. Anderes will offenbar auch das RG. Entsch. 27 S. 118 nicht aussprechen. Dort hatte die Beklagte für den Kläger bzw. von ihm und an ihn bedeutende Beträge von Wertpapieren gekauft und verkauft und wurde nunmehr belangt, weil sie zum Ankauf von Papieren geraten hatte, bei denen der Kläger dann zu Schaden gekommen war; die Ratserteilung fiel also in den Rahmen der Geschäftsverbindung hinein. Vorliegend hat aber die ganze Geschäftsverbindung der Parteien darin bestanden, daß Kläger dem Beklagten regelmäßig seine gedruckten Getreideofferten zusandte und auch zahlreiche briefliche Spezialofferten machte, und daß es auf Grund dieser Offerten zu einer Reihe von Abschlüssen gekommen ist, die dann — anscheinend zur beiderseitigen Zufriedenheit — reguliert worden sind. Es liegt auf der Hand, daß die bei dem Beklagten erbetene Auskunft über die Vermögensverhältnisse seines Schwagers X. mit diesen Geschäften nicht das mindeste zu tun haben, zumal Beklagter, wenn er auch als Kaufmann ins Handelsregister eingetragen ist, wirtschaftlich offenbar kaum mehr ist als ein kleiner Mühlenbesitzer, der nebenher noch etwas Getreide- und Futtermittelhandel betreibt, mit kaufmännischen Auskunftserteilungen aber schwerlich bisher zu tun gehabt haben wird.... M. M.

Wortregister.

Verfaßt vom Staatsanwalt Dr. Rindfleisch in Göttingen.

(Die Zahlen bedeuten die Seiten.)

Nachträge.

Zu Band 5.

S. 366. Ebenso Entsch. d. RG. am 5. Juli 1906. VI 600/05.

Zu Band 9.

S. 445. Vgl. dagegen Entsch. d. RG. 62 S. 400.

Zu Band 11.

S. 103. Nr. 6a. Vgl. Gruchot 50 S. 361.
S. 333. Nr. 26a. Bestätigt vom RG. am 23. Mai 1906 (JW. S. 485[10]).

Zu Band 12.

S. 9γ. Bestätigt: Entsch. d. RG. 62 S. 406.
S. 45k. Vgl. Entsch. d. RG. 63 S. 57.
S. 100γ. Bestätigt am 17. September 1906 (JW. 685^{5}).
S. 123c. Aufgehoben am 27. Juni 1906 (JW. 554).

Zu Band 13.

S. 33. Nr. 5k. Teilweise aufgehoben vom RG. am 14. November 1906 (JW. 1907 S. 56^{21}).
S. 145. Bestätigt am 3. Juli 1906. III 90/06.

Berichtigungen.

Dreizehnter Band.

S. 6 Z. 18 v. u. statt „S. 291^{1} . . .“ lies: „Satz 2, § 91^{1}“.
S. 8 Z. 16 v. u. statt „vertreten. Diese . . .“ lies: „vertreten, diese . . .“
S. 11 Z. 15 v. u. statt „ZwVG.), daß . . .“ lies: „ZwVG.). Daß . . .“
S. 26 Z. 17 v. o. statt „von den . . . Gesellschaften zu leisten sind“ lies: „von den . . . Gesellschaftern zu leisten sind“.
S. 31 Z. 19 v. u. statt „auf Qualitätsmängel ausdehnen“ lies: „auf Quantitätsmängel ausdehnen“.
S. 33 Z. 1 v. u. statt „Die EVO. vom 16. Oktober 1899“ lies: „Die EVO. vom 26. Oktober 1899“.
S. 43 Z. 10 v. u. statt „zu beanstanden hat“ lies: „zu beanspruchen hat“.
S. 50 Z. 12 v. o. statt „SeemannsO. § 57“ lies: „SeemannsO. vom 27. Dezember 1872 §§ 57, 84 (70 Nr. 2, 96 v. 1902)“.
S. 56 Z. 1 v. o. statt „der Klagebeweisung“ lies: „der Klagabweisung“.
S. 56 Z. 3 v. o. statt „§ 402“ lies: „§ 40^{2}“.
S. 56 Z. 3 v. u. statt „die Abweichung der Klage“ lies: „die Abweisung der Klage“.
S. 58 Z. 17 v. u. statt „von 44 Tagen“ lies: „von 14 Tagen“.
S. 68 Z. 1 v. o. statt „an dem Schadensersatzanspruche“ lies: „von dem Schadensersatzanspruche“.
S. 118 Z. 6 v. o. statt „italienische Nationalität“ lies: „nordamerikanische Nationalität“.
S. 127 Z. 9 v. o. statt „in seinem Rechtsstreit“ lies: „in jenem Rechtsstreit“.
S. 176 Z. 2 v. o. statt „welcher Verträge“ lies: „welcher Beträge“.
S. 192 Z. 12 v. o. statt „Vorbehelt“ lies: „Vorbehalt“.
S. 208 Z. 21 v. o. statt „§ 863^{3} ZPO.“ lies: „§ 836^{3} ZPO.“
S. 218 Z. 12 v. o. statt „anzuhalten“ lies: „abzuhalten“.
S. 222 Z. 13 v. o. statt „in dem durch rechtskräftig“ lies: „in dem rechtskräftig“.
S. 222 Z. 15 v. o. statt „wenn in dem“ lies: „wenn er in dem“.
S. 231 Z. 15 v. o. statt „2. Januar“ lies: „11. Januar“.
S. 231 Z. 20 v. u. statt „einen der Eintragung“ lies: „einen die Eintragung“.
S. 251 Z. 19 v. o. statt „Buches angesehen werden“ lies: „Buches gehörig angesehen werden“.
S. 253 Z. 3 v. u. statt „i. S. des § 13“ lies: „i. S. des § 23“.
S. 282 Z. 16 v. u. statt „der Gebühren“ lies: „der Gebühr“.
S. 290, S. 291 Überschrift der Seiten statt „TSt. 31^{5}“ lies: „TSt. 32^{5}“.
S. 290 Z. 5 v. u. statt „Tarifstelle 31^{5}“ lies: „Tarifstelle 32^{5}“.
S. 293 Z. 11 v. o. statt „TSt. 37^{5}“ lies: „TSt. 32^{5}“.
S. 295 Z. 15 v. o. statt „TSt. 38“ lies: „TSt. 32“.
S. 330 Anm. 3 Z. 2 statt „§ 1716 Abs. 2“ lies: „§ 1726 Abs. 2“.
S. 346 Z. 4 v. u. statt „(BGB. § 829)“ lies: „(BGB. § 839)“.
S. 374 Z. 1 v. u. statt „369“ lies: „396“.
S. 390 Z. 5 v. u. statt „einer solchen Erklärung ausschließenden“ lies: „einer solche Erklärung ausschließenden“.
S. 398 Z. 18 v. u. statt „Dritten in die Konkursmasse“ lies: „Dritten, sondern in die Konkursmasse“.
S. 403 Z. 3 v. o. statt „§§ 415, 516“ lies: „§§ 415, 416“.

FSC
www.fsc.org
MIX
Papier | Fördert
gute Waldnutzung
FSC® C083411

Kolibri 360 GmbH
Ferdinand-Jühlke-Straße 7
99095 Erfurt, Deutschland
produktsicherheit@kolibri360.de